Jahrbuch Junger Zivilrechtswissenschaftler 2001

Das neue Schuldrecht

Jahrbuch Junger Zivilrechtswissenschaftler 2001

Das neue Schuldrecht

Freiburger Tagung
5. bis 8. September 2001

Für die Gesellschaft Junger Zivilrechtswissenschaftler e. V.

herausgegeben von

Tobias Helms, Daniela Neumann, Georg Caspers,
Rita Sailer, Martin Schmidt-Kessel

RICHARD BOORBERG VERLAG
Stuttgart · München · Hannover · Berlin · Weimar · Dresden

Zitierweise: Jb.J.ZivRWiss. 2001, S. ...

Die Deutsche Bibliothek – CIP-Einheitsaufnahme
Das neue Schuldrecht:
Freiburger Tagung, 5. bis 8. September 2001 / für die Gesellschaft Junger Zivilrechtswissenschaftler hrsg. von Daniela Neumann . . .
– Stuttgart ; München ; Hannover ; Berlin ; Weimar ; Dresden : Boorberg, 2001
   (Jahrbuch Junger Zivilrechtswissenschaftler . . .; 2001)
   ISBN 3-415-02954-9

Druck und Verarbeitung: Druckhaus „Thomas Müntzer", Bad Langensalza
© Richard Boorberg Verlag GmbH & Co, 2001

Vorwort

Vom 5. bis 8. September 2001 fand an der Albert-Ludwigs-Universität Freiburg im Breisgau die 12. Tagung der Gesellschaft Junger Zivilrechtswissenschaftler statt. Die Veranstaltung stand ganz im Zeichen der andauernden rechtspolitischen Debatte um das voraussichtlich zum 1. Januar 2002 in Kraft tretende Gesetz zur Modernisierung des Schuldrechts. Die Tagung markiert zugleich den Zeitpunkt der Ablösung dieser Debatte durch eine erste Phase der Exegese des neuen Rechts.

Die dem Thema „Das neue Schuldrecht" gewidmeten zwölf Referate sind in diesem Band veröffentlicht. Sie behandeln eine Reihe zentraler Punkte der vorgesehenen Neuregelung aus sehr unterschiedlichen Perspektiven. Rechtshistorische und rechtsvergleichende Aspekte kommen dabei ebenso zur Sprache wie allgemeine Methodenfragen und das Verhältnis des neuen Gesetzes zu den Überlegungen einer umfassenden europäischen Schuldrechtsangleichung. Den Referentinnen und Referenten sowie den Kolleginnen und Kollegen, welche Themenvorschläge eingereicht oder sich an der Diskussion beteiligt haben, gilt unser herzlicher Dank. Die abgedruckten Referate basieren auf dem Regierungsentwurf; die Manuskripte sind auf dem Stand vom 8. September 2001.

Besonderen Dank schulden wir Professor Dr. Dr. h.c. Peter Schlechtriem für seinen Festvortrag zum Thema „Entwicklung des deutschen Schuldrechts und europäische Rechtsangleichung" und die Bereitschaft, uns diesen für den Tagungsband zur Verfügung zu stellen. Ebenso danken wir den Teilnehmern der Podiumsdiskussion „Das neue Schuldrecht – seine praktische Bewältigung und die Rolle der Wissenschaft": Notar Prof. Dr. Günter Brambring, RiBGH Dr. Reinhard Gaier, Prof. Dr. Dr. h.c. Manfred Löwisch, RiLG Dr. Jan Maifeld und RA beim BGH Dr. Michael Schultz sowie Jens Kleinschmidt, LL.M. für den Diskussionsbericht.

Tagung und Tagungsband wären nicht möglich, hätte die Gesellschaft nicht auch in diesem Jahr von vielen Seiten großzügige ideelle und materielle Unterstützung erfahren. An erster Stelle gilt der Dank hier der Albert-Ludwigs-Universität und ihrer Rechtswissenschaftlichen Fakultät sowie Prorektor Prof. Dr. Gerhard Oesten und Dekan Prof. Dr. Rolf Stürner für ihre Grußworte zur Tagungseröffnung. Zu danken haben wir ferner Prof. Dr. Karin Nelsen-von Stryk, Prof. Dr. Dr. h.c. Karl Kroeschell, Dr. Rita Sailer, Bettina Bubach und Margret Opladen für den rechtshistorischen Stadtrundgang. Ohne die unermüdliche Hilfe unserer studentischen Helferinnen und Helfer wäre die Tagung wohl kaum gelungen. Dies gilt insbesondere für Frau stud. iur. Sarah Schliewe, die während der gesamten Vorbereitungszeit Unglaubliches geleistet hat. Gefördert haben uns außerdem die Badische Staatsbrauerei Rothaus, der C.F. Müller Verlag, die Deutsche Anwalt- und Notarversicherung, die Deutsche notarrechtliche Vereinigung, die Hanns Martin Schleyer-Stiftung im Rahmen ihrer Förderinitiative „Interdisziplinäre Dozenten-Kolloquien", der Heymanns Verlag, der Luchterhand Verlag, der Manz Verlag, der RWS Verlag, der Verlag Sellier.European Law Publishers und der Verlag C.H. Beck. Zu besonderem Dank verpflichtet sind wir dem Richard Boorberg Verlag, welcher die Tagungen der Gesellschaft von Beginn an mit Rat und Tat unterstützt hat.

Die nächsten Jahrestagungen der Gesellschaft werden vom 4. – 7. September 2002 in Heidelberg sowie im September 2003 voraussichtlich in Salzburg stattfinden.

Freiburg, im September 2001   Tobias Helms
                                                Daniela Neumann

Inhaltsverzeichnis

Peter Schlechtriem
Entwicklung des deutschen Schuldrechts und europäische
Rechtsangleichung 9

Jan Dirk Harke
Unmöglichkeit und Pflichtverletzung: Römisches Recht, BGB und
Schuldrechtsmodernisierung 29

Gundula Maria Peer
Die Rechtsfolgen von Störungen der Geschäftsgrundlage. Ein Vergleich
zwischen § 313 RegE eines Schuldrechtsmodernisierungsgesetzes und
dem geltenden deutschen und österreichischen Recht sowie modernen
Regelwerken 61

Eleanor Cashin-Ritaine
Imprévision, Hardship und Störung der Geschäftsgrundlage: Pacta
sunt servanda und die Wege zur Anpassung des Vertrages im deutsch-
französischen Rechtsverkehr 85

Beate Gsell
Der Schadensersatz statt der Leistung nach dem neuen Schuldrecht 105

Christoph J.M. Safferling
Re-Kodifizierung des BGB im Zeitalter der Europäisierung des
Zivilrechts – ein Anachronismus? 133

Götz Schulze
Grundfragen zum Umgang mit modernisiertem Schuldrecht – Wandel
oder Umbruch im Methodenverständnis? 167

Urs Peter Gruber
Die Nacherfüllung als zentraler Rechtsbehelf im neuen deutschen
Kaufrecht – eine methodische und vergleichende Betrachtung zur
Auslegung 187

Brigitta Jud
Die Rangordnung der Gewährleistungsbehelfe. Verbrauchsgüterkauf-
richtlinie, österreichisches, deutsches und UN-Kaufrecht im Vergleich 205

Markus Artz
Neues Verbraucherkreditrecht im BGB 227

Christoph Jeloschek / Roland Lohnert
Ein (neues) Recht der Dienstleistungen jenseits von Werk- und
Dienstvertrag. Ideen zu einer Reform des Besonderen Schuldrechts 255

Annette Nordhausen
Die E-Commerce-Richtlinie 2000/31 und ihre Auswirkungen auf das
deutsche und schweizerische Recht, insbesondere das Verbraucherrecht.
Schafft die Anpassung des Privatrechts an die elektronische Kommunikation den Sonderstatus des Verbraucherrechts ab? 287

Andreas Piekenbrock
Reform des allgemeinen Verjährungsrechts: Ausweg oder Irrweg? 309

Jens Kleinschmidt
Bericht zur Podiumsdiskussion „Das neue Schuldrecht – seine
praktische Bewältigung und die Rolle der Wissenschaft" 341

Autoren und Herausgeber 349

Entwicklung des deutschen Schuldrechts und europäische Rechtsangleichung[*]

Peter Schlechtriem

I. Verjährung
II. Grundstrukturen des Leistungsstörungsrechts im Vergleich zu den europäischen Vereinheitlichungsprojekten
III. Rechtsbehelfe bei Pflichtverletzungen
   1. Erfüllungsanspruch und Nacherfüllung
   2. Schadenersatz
   3. Rücktritt
   4. Störung der Geschäftsgrundlage
   5. Minderung

Herr Prorektor, Spectabilis, verehrte Kolleginnen und Kollegen, meine Damen und Herren. Lieber Herr *Helms*, lassen Sie mich zunächst Ihnen und den Veranstaltern dieser Tagung herzlich für die ehrenvolle Einladung danken. Sie – die Gesellschaft Junger Zivilrechtswissenschaftler e.V. – haben die Reform des deutschen Schuldrechts zum Thema gewählt, die das Bundesjustizministerium mit dem Schuldrechtsmodernisierungsgesetz ins Werk gesetzt hat. Das ist ein in mehrfacher Hinsicht verdienstvolles Vorhaben. Zunächst hat die für viele überraschende Neuregelung des Schuldrechts einen enormen Informationsbedarf erzeugt, dem durch Tagungen wie diese und die entsprechenden Fachreferate entsprochen wird. Vor allem aber geht es nicht nur um die platte Vermittlung des Inhalts der Reform, sondern sie muß wie jedes neue Gesetz – und wie es auch bei Inkrafttreten des BGB nicht anders war – einer kritischen wissenschaftlichen Analyse unterzogen werden, die – auch hier ist ein Rückblick auf die ersten Jahre nach dem Inkrafttreten des BGB hilfreich – Inkonsistenzen und Lücken nicht nur aufspüren, sondern möglichst auch mit sinnvollen Vorschlägen bereinigen kann. Die Themen, die Sie im einzelnen behandeln werden und der versammelte Sachverstand der Referenten werden diese Herausforderung, die das neue Recht für uns alle darstellt, sicher aufs Eindrucksvollste bestehen. Freilich bleibt für mich die Frage, was ein Festvortrag beitragen kann und welchen Erwartungen er zu entsprechen hat. Jedenfalls kann es meine Aufgabe nicht sein, die Neuregelung darzustellen und in Vorwegnahme der Fachvorträge

---

[*] Die Vortragsform wurde beibehalten.

Mängel vorzustellen oder den Entwurf vorbeugend zu loben. Wenn ich damals, als ich vor vielen Monaten angesprochen worden bin, diesen Festvortrag zu halten und ein Thema vorzuschlagen, formuliert habe „Entwicklung des deutschen Schuldrechts und europäische Rechtsangleichung", dann habe ich freilich ausnahmsweise genau gewußt, auf was ich mich eingelassen habe und wie ich mich zu bescheiden habe. Ich möchte mein Thema als die Frage verstehen, wie sich das deutsche Schuldrecht und damit das Reformvorhaben zur Rechtsangleichung in Europa und darüber hinaus verhält und damit ein wenig auch die Maßstäbe und Parameter vorgeben, an denen in den folgenden Vorträgen das neue Recht hoffentlich auch gemessen wird: Zu fragen ist, ob unser Schuldrecht in der alten oder in der neuen Form besser „anschlußfähig" ist, d.h. den Grundstrukturen und Entwicklungslinien der europäischen Rechtsangleichung folgt oder ob es seine Eigenständigkeit, ja Eigenartigkeit bewahrt und betont, die es mehr oder weniger abkoppelt von der europäischen und internationalen Rechtsentwicklung und es in einer zunehmenden, wenn auch großartigen *splendid isolation* in der europäischen Rechtsfamilie beläßt.

Natürlich bedeutet diese Aufforderung, das Schuldrechtsmodernisierungsgesetz an den Grundstrukturen der Entwicklung hin zu einer europäischen und internationalen Rechtsangleichung zu messen, daß ich eine Reihe von Kritikpunkten am Entwurf für vernachlässigenswert halte. Ohne Frage enthält der Entwurf in der Fassung, die meinem Referat im wesentlichen zugrunde liegt (RegE vom 9.5.2001), noch erhebliche Mängel, und es ist zweifelhaft, ob sie wirklich noch im weiteren Verlauf des Gesetzgebungsverfahrens behoben werden können. Sicher werden diese Mängel in den Einzelreferaten aufgezeigt werden, doch bitte ich Sie um Zurückhaltung, wenn Sie Ihre Kritik auf einen Vergleich mit der vermeintlichen Perfektion des BGB stützen sollten: Es ist daran zu erinnern, daß es keine zwei Jahre nach dem Inkrafttreten des BGB gedauert hat, bis *Staub* auf die bekannte große Lücke aufmerksam machen mußte, die dann mehr oder weniger elegant und in den Folgen für andere durchgeregelte Komplexe zu erheblichen Unsicherheiten führend zu beheben versucht worden ist, was bekanntlich wegen der Systembrüche zwischen allgemeinem Schuldrecht und besonders geregelten Schuldverhältnissen – insbesondere den Vertragsschuldverhältnissen – nicht gelungen ist und nicht gelingen konnte. Der Hinweis auf einen solch gravierenden Geburtsfehler des Schuldrechts des BGB – andere ließen sich unschwer nennen – sollte zur Bescheidenheit mahnen und vor allem Zurückhaltung im Gebrauch des Arguments, das BGB sei ein unantastbares Kulturdenkmal. Und daß solche im Rückblick wie auch im Rechtsvergleich unbegreiflichen Lücken und Antinomien im Schuldrecht des BGB geblieben waren, obwohl die Beratungszeit – nimmt man den Dresdner Entwurf hinzu – fast 30 Jahre gedauert hat und die Fachkompetenz der verschiedenen Gremien und Kommissionen, die es erarbeitet haben, sicher außer Frage stand, dann sollte auch die Forderung, man brauche viel mehr Zeit für eine Beratung des Entwurfs, mit Skepsis aufgenommen werden, zumal sowohl die Geschichte des BGB als auch die des Schuldrechtsmodernisierungsgesetzes belegen, daß erneute Beratungen durch weitere Kommissionen nicht immer zur Verbesserung der ersten Entwürfe führen. Auch zweite und dritte Kommissionen können irren.

Auch die viel gerühmte Konsistenz des BGB und seiner Einzelregelungen sollte man nicht vorschnell als Maßstab beiziehen und loben, wenn man auf – unbestreitbare – Widersprüche im Entwurf stößt: Ich erlaube mir an die Inkonsistenz zwischen der Regelung der Nebenfolgen der Vindikation einerseits und einer Rückabwicklung nach Bereicherungsrecht andererseits zu erinnern, die der Große Senat des Reichsgerichts erst mit dem gewaltsamen Schnitt, den rechtsgrundlosen Besitzer wie einen unentgeltlichen Besitzer zu behandeln, gelöst hat, oder an die Unstimmigkeiten bei der Rückabwicklung gescheiterter Verträge je nach dem, ob der Weg über Rücktritts- oder Bereicherungsrecht gewählt wird, zu erinnern. Vor allem sind noch einmal die Widersprüche im Rechtsbehelfssystem der allgemeinen Lehren des Schuldrechts und der einzelnen Vertragsschuldverhältnisse zu erwähnen.

Erst recht kann über einzelne rechtspolitische Entscheidungen gestritten werden, jedoch sollte man sie als das nehmen, was sie sind, nämlich zeitgebundene Wertentscheidungen anhand eines oft beschränkten Anschauungsmaterials und aufgrund zuweilen singulärer Modelle, nicht aber vom Berg Sinai herabgetragene Gebote. Sie können sich deshalb schon morgen wieder als korrekturbedürftig erweisen.

Nicht wert darauf einzugehen finde ich auch die Kritik an der Einstellung von Nebengesetzen ins BGB, denn das scheint mir eine sehr deutsche Debatte zu sein: In Österreich hat man keine Bedenken gehabt, das ABGB durch Teilrechtsnovellen ständig zu modernisieren; die Schweizer haben immer wieder am OR gefeilt und sind gerade dabei, im Nachvollzug der E-Commerce-Richtlinie etwa die Art. 4 ff. OR zu ändern; die Franzosen, weiß Gott geschichtsbewußt und kulturstolz, auch und gerade wenn es um den Code civil geht, haben ihn immer wieder ergänzt, etwa durch Einfügung der Produkthaftungsrichtlinie ins Deliktsrecht, obwohl das Ergebnis jedenfalls Erwartungen an eine transparente Systematik kaum genügen kann. Nicht die Einstellung der Nebengesetze ins BGB als solche, sondern ihre technische Durchführung im einzelnen kann Anlaß zur Kritik bieten.

Wenn ich als Maßstab für die Bewertung des Entwurfs statt des BGB die Ergebnisse der europäischen und internationalen Rechtsangleichung empfehle, dann meine ich damit freilich nicht die Rechtsakte der Europäischen Gemeinschaften. Rechtsangleichung durch Richtlinien hat jedenfalls im Bereich des Privatrechts nicht in eine Sackgasse, sondern in einen Irrgarten geführt, weil – wie oft bemerkt worden ist – Richtlinien pointillistisch, rechtspolitischen Augenblicksbedürfnissen – oft von Politikern und Interessentengruppen lautstark artikuliert – entsprechend und ohne den Anspruch auf Konsistenz und damit Entwicklungsfähigkeit produziert werden. Selten enthalten sie Lösungsbegriffe, die über die jeweilige Richtlinie hinausführen können; wo tragfähige Zentralbegriffe zu finden sind – wie der der vertragsgemäßen Beschaffenheit in der Verbrauchsgüterkaufrichtlinie – sind sie aus anderen Regelungen rezipiert worden. Als Maßstab kommen deshalb m.E. nur solche Rechtsvereinheitlichungs- oder Angleichungsprojekte in Betracht, die einen Gesamtentwurf auf der Grundlage umfassender rechtsvergleichender Analysen versucht haben, wie vor allem die European Principles of Contract Law, die – obwohl nicht auf Europa beschränkten – UNIDROIT-Principles for International Commercial Contracts und beider Quelle, das Einheitliche UN-Kaufrecht. Beachtung verdient auch der jüngst von der Akademie Europäischer Privatrechtswissenschaftler vorgelegte Entwurf eines Vertragsgesetzbuchs, der sog. Gandolfi-Entwurf.[1] Und zu vergleichen sind die in diesen Projekten getroffenen bzw. zugrunde gelegten Grundentscheidungen mit den vergleichbaren Lösungen im Entwurf, nicht etwa Details, wobei hier in diesem Vortrag eine Auswahl auch bei den Grundentscheidungen unvermeidlich ist.

Lassen Sie mich deshalb einige grundsätzliche Entscheidungen des Reformentwurfs mit den entsprechenden Lösungen vor allem der European Principles of Contract Law und der UNIDROIT-Principles vergleichen, und zwar auch zu Fragenkreisen, zu denen die Principles noch nicht veröffentlicht, aber bereits endgültig beraten sind.

I. Verjährung

Daß ich mit der Verjährung beginne, sollte nicht überraschen, hat doch gerade die ausdifferenzierte Regelung des Verjährungsrechts im BGB maßgeblich zu den Verwerfungen bei den materiellen Rechtsbehelfen beigetragen; scharfsinnige Schöpfungen wie der entfernte Mangelfolgeschaden oder der Weiterfresserschaden verdanken ihre Entstehung letztlich Verjährungsnormen, die als rechtspolitisch unpassend bewertet worden sind. Die Tauglichkeit der Schuldrechtsmodernisierung wird sich deshalb auch und gerade daran erweisen müssen, ob das neu gestaltete Verjährungsrecht wieder Anlaß gibt, im Gefüge des materiellen Rechts Verbiegungen vorzunehmen, um zu passenden Verjährungsergebnissen zu kommen. Allerdings möchte ich mich nicht mit Argumenten aufhalten, die von Interessengruppen propagiert werden, etwa, wenn es um die Verjährungsfrist für Ansprüche des Käufers wegen Sachmängeln geht: Daß eine Verlängerung der Verkäuferhaftung Mehrkosten für Handel und Industrie verursacht, ist wohl richtig, aber ebenso unbestreitbar ist, daß Mängelkosten dadurch gerechter verteilt werden: Während die gesamtwirtschaftlichen Verluste aus Mängeln bei weitgehender Immunisierung von Verkäufern und Herstellern

---

1   Hierzu *Sonnenberger*, Der Entwurf eines Europäischen Vertragsgesetzbuchs der Akademie Europäischer Privatrechtswissenschaftler - ein Meilenstein, RIW 2001, 409.

jene Zufallsopfer treffen, die zu den 5, 10 oder 20% mängelbetroffener Käufer gehören, werden die bei einer Rückverlagerung dieses Risikos auf Verkäufer und Hersteller zur Mangelvermeidung erforderlichen Aufwendungen durch Überwälzung im Preis auf die Endkäufer gleichmäßig verteilt. Das halte ich für vorzugswürdig.

1. Der Verlust von Ansprüchen und Rechten durch Zeitablauf – Verjährung ist insoweit nur das wichtigste Institut, das diesen Verlust regelt – ist als Grundprinzip einleuchtend, in der praktischen Regelung aber äußerst schwierig. *Ulrich Huber* hat[2] den Rechtsverlust durch Zeitablauf eine Enteignung des Berechtigten genannt, und dessen Interesse, nicht enteignet zu werden, muß abgewogen werden gegen die Gegeninteressen des Schuldners, sich irgendwann einmal darauf einstellen zu können, den Gegenstand seiner Leistungsverpflichtung nicht mehr vorhalten zu müssen, sowie die Interessen der Allgemeinheit, Rechtsfrieden eintreten zu lassen und das Ansehen gerichtlicher Urteile nicht dadurch zu beschädigen, daß sie auf einer durch Zeitablauf unsicher gewordenen Beweisgrundlage gefällt werden müssen. Aber die Darstellung der kollidierenden Interessen ist das eine, ihre Austarierung das andere, und man kann, will man das Verjährungsrecht des BGB einerseits und den Reformvorschlag sowie die entsprechenden Entwürfe in den Rechtsangleichungsprojekten andererseits vergleichen, zwei deutlich unterscheidbare Lösungsmöglichkeiten[3] erkennen:

a) *Ein* Ansatz, die kollidierenden Interessen von Gläubiger und Schuldner hinsichtlich der Dauer der Verjährungsfrist auszutarieren, ist es, die Verjährungsfristen und die sie flankierenden Unterbrechungs- und Hemmungsgründe nach materiellen Ansprüchen zu differenzieren in der Hoffnung, daß die jeweilige Eigenart eines Anspruchs und seines Gegenstandes Sachgesichtspunkte verdeutlichen kann, die bei der Bestimmung der Dauer, für die er durchsetzbar bleiben soll, einleuchtende Kriterien bieten. So kann für die Verjährung der Ansprüche des Käufers wegen Sachmängeln wichtig sein, daß der Verkäufer nicht allzulange Rückstellungen vorhalten muß, sondern das Geschäft möglichst bald

---

2 In einem mündlichen Diskussionsbeitrag auf dem Regensburger Symposium Zivilrechtswissenschaft und Schuldrechtsreform am 17./18. November 2000.
3 Vernachlässigen kann man m.E. die – dritte – Möglichkeit einer radikalen Vereinfachung des Verjährungsrechts durch Einführung *einer* einzigen Frist wie von der Schuldrechtsreformkommission in ihrem Entwurf für vertragliche Ansprüche vorgesehen war (3 Jahre ab Fälligkeit, §§ 195, 196 KE), der im übrigen nicht einmal in KE durchgehalten worden ist, vor allem aber die Austarierung der gegenläufigen Interessen von Schuldner und Gläubiger nicht leisten konnte. Die im UN-Übereinkommen über die Verjährung beim internationalen Warenkauf vom 14. Juni 1974 vorgesehene Einheitsfrist von 4 Jahren – Art. 8 –, obwohl nur für internationale Kaufverträge gedacht, dürfte ebenfalls zu unflexibel sein, um die Interessen der Parteien in ihren jeweils wechselnden Rollen als Gläubiger oder Schuldner verjährender Ansprüche sachgerecht zu erfassen; in den Beratungen der zuständigen Arbeitsgruppe bei UNIDROIT hat man deshalb die ursprünglich erwogene Anlehnung an das UN-Verjährungsübereinkommen aufgegeben.

als endgültig abgewickelt sehen möchte, während den Interessen des Käufers mit einer überschaubaren Frist, innerhalb derer Mängel regelmäßig deutlich werden und er sie erkennen und geltend machen kann, ausreichend Genüge getan sein könnte; weitere Differenzierungen je nach Kaufgegenstand bieten sich dabei an. Oder: So darf es als berechtigtes Interesse des Mieters oder Pächters gelten, nach Rückgabe der Sache innerhalb kurzer Fristen sicher zu sein, daß keine Schadenersatzansprüche mehr geltend gemacht werden können, während vom Vermieter oder Verpächter billigerweise erwartet werden kann, daß er sich in dieser kurzen Frist vergewissert, in welchem Zustand die Miet- oder Pachtsache ist. Tatsächlich beruht das Verjährungsrecht des BGB auf dieser Grundidee einer Abstimmung der Verjährungsfristen auf einzelne Ansprüche, wie bereits ein Blick in den Katalog des § 196 BGB zeigt, aber Ihnen allen natürlich auch für die vielen einzelnen und detaillierten Verjährungsnormen, die von 6 Wochen bis 30 Jahre reichen, gegenwärtig ist.

Und ein solches System eines Katalogs ausdifferenzierter Verjährungsfristen ist scheinbar auch flexibel und entwicklungsfähig, finden wir doch z.B. in § 196 Abs. 1 nicht nur in Ziff. 10 die heute wohl obsoleten Ansprüche der Lehrherren und Lehrmeister wegen des Lehrgeldes gegen den Lehrling oder seine Eltern, sondern auch – ganz modern – in Ziff. 3 die Ansprüche wegen des Fahrpreises für die Beförderung mit Magnetschwebebahnen. Aber es ist gerade diese Ausdifferenzierung, die m.E. dem Verjährungssystem des BGB zum Verhängnis geworden ist: Manche Fristen haben sich einfach als unpassend erwiesen, wie z.B. die 6-monatige Verjährung für bestimmte Werkmängel, wenn etwa das fehlerhafte Gutachten erst Jahre später zu entdeckbaren Schäden geführt hatte – eine mißglückte Regelung, die uns bekanntlich entferntere Mangelfolgeschäden – im Rechtssystem und als Begriff – beschert hat. Probleme der Anspruchskonkurrenz sind häufig solche von Verjährungskonkurrenzen, die zu einer Vielzahl nur noch von Spezialisten hinreichend beherrschter, präjudiziell entwickelter Rechtsregeln geführt hat, die dem Gesamtsystem jede Plausibilität genommen haben. Das macht nachvollziehbar, daß und warum man jetzt einen neuen Weg versucht.

b) Schuldrechtsmodernisierungsgesetz, aber auch die European Principles in ihrem noch nicht veröffentlichten dritten Teil und die bisher nur als Beratungsergebnisse vorliegenden UNIDROIT-Principles versuchen einen Ansatz, dessen Prinzip uns bereits aus § 852 BGB und dem Produkthaftungsgesetz vertraut ist: Statt einer Vielzahl von dem Einzelanspruch scheinbar maßgeschneidert angepaßter Verjährungsfristen werden einige wenige Regelfristen aufgestellt, wobei eine kurze Verjährungsfrist dem Interesse des Schuldners entspricht, möglichst bald in Ruhe gelassen zu werden, das Interesse des Gläubigers dagegen dadurch berücksichtigt wird, daß diese kurze Frist erst mit Kenntnis oder Kenntnismöglichkeit zu laufen beginnt, so daß er jedenfalls eine Chance der Durchsetzung seines Anspruchs hatte. Äußerste, erheblich längere Fristen sollen dagegen unabhängig davon, ob der Gläubiger seinen Anspruch überhaupt kannte und deshalb geltend machen konnte, den Schuldner schützen und Rechtsfrieden bewirken. Das ist das Grundmodell, in dem das Schuldrechtsmodernisierungsgesetz und die europäischen Entwürfe übereinstimmen, und sie stimmen sogar in dem Detail überein, daß die kurze, kenntnisabhängige Frist 3 Jahre betragen soll, und eine absolute Regelfrist, die ab Fälligkeit – nach den neuesten Vorschlägen ab Entstehung – zu laufen beginnt, 10 Jahre beträgt. Leider ließ sich dieses Modell im Schuldrechtsmodernisierungsgesetz nicht durchhalten, denn wir finden teilweise doch wieder die 30-Jahresfrist für Schadenersatzansprüche wegen Verletzung besonders hochrangiger Rechtsgüter, teils Sonderfristen für Mängel, insbesondere Sachmängel bei verkauften oder aufgrund Werkvertrags hergestellten Sachen. Auch hatte man im RegE noch das Problem der Spätschäden, das schon das geltende Verjährungsrecht und mit ihm das materielle Anspruchsystem bei Werkmängeln gesprengt hat, durch eine weitere – äußerste und absolute – Frist von 30 Jahren für Schadenersatzansprüche, die ab Begehung einer unerlaubten Handlung oder Gefährdungshandlung oder Pflichtverletzung zu laufen beginnen sollte, in den Griff zu bekommen versucht, doch liegen jetzt zu diesen 30-Jahresfristen freilich Änderungsvorschläge vor, durch die die als Text unklare und in der Sache angreifbare 30-Jahresfrist für Spätschäden[4] wieder aufgegeben worden ist. Solche zusätzlichen äußersten Fristen kennen die Vereinheitlichungsprojekte, soweit ich sie kenne, nicht. Man muß aber dazu erinnern, daß die Rechtsvereinheitlichungsprojekte noch gar nicht bei einzelnen Vertragstypen und bei der deliktischen Haftung angelangt sind, so daß noch offen ist, ob nicht das Grundkonzept doch durch Sonderfristen ergänzt wird; erforderlich wird das jedenfalls dort, wo solche speziellen Fristen durch europäische Richtlinien bindend vorgeschrieben sind. Solche Sonderfristen werden sich sicher als Störfaktoren erweisen, wenn etwa eine abgelaufene Gewährleistungsfrist zu unterlaufen versucht wird, in dem man eine vertragswidrige Eigenschaft etwa als Beratungspflichtverletzung aufzuzäumen versucht.[5] Die europarechtlich – d.h. von der Verbrauchsgüterkaufrichtlinie – nicht geforderte Geltung der zweijährigen Verjährungsfrist auch für Schadenersatzansprüche des Käufers wird vermutlich den deliktisch abzuwickelnden „Weiterfresserschäden" ebenso ein zweites Leben geben wie die Fristen für Werkmängel Schadenersatzansprüchen wegen ihres Verschweigens – Schadenersatzansprüche wegen Mängel wären besser im Anwendungsbereich der Regelfristen belassen worden.[6]

---

4   Vgl. hierzu noch *Heinrichs*, BB 2001, 1417, 1417.
5   Vgl. jüngstens BGH v. 27.06.2001, NJW 2001, 2630.
6   *Zimmermann/Leenen/Mansel/Ernst*, Finis Litium? Zum Verjährungsrecht nach dem Regierungsentwurf eines Schuldrechtsmodernisierungsgesetzes, JZ 2001, 684, 689 f.

II. Grundstrukturen des Leistungsstörungsrechts im Vergleich zu den europäischen Vereinheitlichungsprojekten

1. Eine tiefgreifende Umstellung im Recht der Leistungsstörungen ist auf den ersten Blick zu sehen und das, was der erste Blick zeigt, ist denn auch bereits Ziel heftigster Kritik geworden: Der alle Leistungsstörungen überspannende Begriff der Pflichtverletzung wird ungeteilt befürwortet wohl nur von denen, die an der Reform beteiligt waren. Da ich zu dieser Gruppe gehöre, möchte ich mich in einer Verteidigung versuchen: Als der Kollege *Treitel* in Oxford und ich die Bearbeitung eines Kapitels in der Encyclopedia of Comparative Law zum Vertragsbruch übernommen hatten, haben wir große Schwierigkeiten mit der Vorgabe des Herausgebers des Bandes, Professor *von Mehren*, Harvard, gehabt, der unser Kapitel überschrieben hatte: Wann ist eine Partei durch das Verhalten der anderen Partei beschwert (*aggrieved*)? Wir haben darüber beraten, was damit gemeint sei bzw. welche Kurzfassung für diesen schwerfälligen Titel zu verwenden sei, und haben schließlich in den ersten Eingangsabschnitten dieses Kapitels dargetan, daß ein Gläubiger immer dann in rechtlich erheblicher Weise beschwert ist, wenn der Schuldner von seinem Pflichtenprogramm abweicht, also eine „duty" oder „obligation", d.h. im Deutschen leichter umfassend zu formulieren: eine „Pflicht" verletzt hat. Die Chefredaktion der Encyclopedia in Hamburg hat schließlich den Titel ganz gestrichen und einfach „breach of contract", d.h. Vertragsbruch eingesetzt. Das konnte die Schuldrechtsreformkommission nicht übernehmen, denn sie hatte ja nicht nur vertragliche Schuldverhältnisse zu regeln. Die Vereinheitlichungsprojekte bezeichnen diese Beschwerung des Gläubigers durch Abweichung des Schuldners von seinem Pflichtenprogramm als „non-performance", „inexécution"[7], also Nichterfüllung, ein Terminus, den *Huber* seinerzeit in seinem Gutachten zum Recht der Leistungsstörungen, von dem er inzwischen abgerückt ist, ebenfalls vorgeschlagen hatte. Auch dieser Ausdruck hat freilich damals heftige und nachvollziehbare Kritik veranlaßt, denn es hätte wieder einer „Einstimmung" der nächsten Juristengeneration in vielen Semestern bedurft, um die Überzeugung zu implementieren, daß auch eine verzögerte Erfüllung oder eine Schlechterfüllung Nichterfüllung sei. M.E. ist der Streit, ob das Wort „Pflichtverletzung" die erforderliche Abstraktionshöhe hat, um alle Leistungsstörungen zu umfassen und richtig zu bezeichnen, zunächst wenig ergiebig. Freilich verbirgt sich dahinter auch ein Mißverständnis: Der heute heftigste Kritiker der Verwendung dieses Wortes, *Ulrich Huber*, aber auch viele andere sehen durch die Verwendung des Wortes „Pflichtverletzung" den Unterschied zwischen Leistungsstörung und Vertretenmüssen verschliffen, habe man doch nur eine Pflichtverletzung zu vertreten. Diese Gleichsetzung von Pflichtverletzung und Vertretenmüssen, insbesondere Verschulden ist aber schon nach geltendem Recht nicht richtig, wie die Ge-

---

[7] So auch der sog. Gandolfi-Entwurf in Artt. 89 ff., s. dazu oben Fn. 1.

währleistungsregeln insbesondere im Werkvertragsrecht zeigen: Der Werkunternehmer, der mängelbehaftet herstellt, verletzt zweifellos seine Pflichten aus dem Werkvertrag, schuldet Schadenersatz wegen Nichterfüllung aber nur, wenn er diese Pflichtverletzung zusätzlich zu vertreten, d.h. zu verantworten hat. Es geht aber beim Begriff der Pflichtverletzung auch nicht um eine einzelne Pflicht oder einen einzelnen Aspekt einer Obligation, sondern ein gestuftes Pflichtenprogramm: Zunächst ist der Schuldner zur Erfüllung verpflichtet, aber, falls und soweit dies nicht oder nicht richtig möglich ist und geschieht, treffen ihn weitere, abgestufte Pflichten zur Vermeidung oder Überwindung von Hindernissen, an denen Verantwortung und Schadenshaftung festgemacht sind; Art. 79 I CISG und die entsprechenden Regeln zur Verantwortung oder Entlastung des Schuldners in European und UNIDROIT-Principles bringen dieses gestufte Pflichtenprogramm gut zum Ausdruck.

2. Der Streit um die Tauglichkeit des Oberbegriffs „Pflichtverletzung" ist aber nicht nur semantisch-begrifflicher Natur. Tatsächlich hat, im Begriff der Pflichtverletzung und der Regelung ihrer Rechtsfolgen zum Ausdruck gebracht, im Recht der Leistungsstörung ein grundlegender Paradigmenwechsel stattgefunden, der – das ist hier zu zeigen – das deutsche Recht der Leistungsstörungen in Einklang bringt mit dem, was uns die Rechtsvergleichung als Grundstrukturen des Leistungsstörungsrechts wichtiger anderer Rechtsordnungen der Welt, insbesondere aber der Vereinheitlichungsprojekte, zeigt. Der Paradigmenwechsel liegt darin, daß unser Leistungsstörungsrecht nach dem Modernisierungsgesetz stärker nach Rechtsbehelfen strukturiert sein wird und nicht mehr nach Erscheinungsformen von Leistungsstörungen. Erscheinungsformen der Leistungsstörungen wie Nichtleistung, verzögerte Leistung oder Schlechtleistung wirken sich überhaupt erst bei den Rechtsbehelfen aus, und vor allem die Unmöglichkeit ist nicht mehr zentrale Störungs*form*, sondern mögliche *Ursache* von Pflichtverletzungen, nämlich der Nichtleistung oder – bei der vorübergehenden Unmöglichkeit – der verzögerten Leistung, aber u.U. auch der mangelhaften Leistung. Ob Nichtleistung oder Mangel ihren Grund in objektiver Unmöglichkeit, subjektivem Unvermögen oder schlicht Unwilligkeit des Schuldners haben, interessiert erst, wenn es um die Rechtsbehelfe des Gläubigers geht. Erst hier, also etwa bei der Frage, ob der Schuldner Schadenersatz schuldet, ob Erfüllung verlangt werden kann, ob ein Vertrag aufgelöst oder angepaßt werden kann, wird die Störungsursache wichtig. Das gilt auch für anfängliche, d.h. vor Entstehung der Obligation durch Vertragsschluß bereits vorliegende Leistungshindernisse. So jedenfalls sehen es auch die Einheitsrechtsprojekte. Die Sonderbehandlung der Schadenshaftung bei anfänglichen Leistungshindernissen, die letztlich als Haftung für vorwerfbaren Irrtum über die eigene Leistungsfähigkeit erscheint – § 311a II RegE –, ist dabei m.E. durchaus mit den Rechtsvereinheitlichungsprojekten kompatibel: Nach Art. 79 I CISG kann den Schuldner von der Schadenshaftung entlasten, wenn er einen außer-

halb seines Einflußbereichs liegenden Hinderungsgrund[8] bei Vertragsschluß nicht in Betracht ziehen konnte, und ähnlich formulieren Art. 8:108 PECL[9] und Art. 7.1.7 (1) UNIDROIT-Principles. Entscheidend dafür, ob tatsächlich eine Abweichung von der strikten Haftung für anfängliches Unvermögen, Rechtsmängel und – beim Rechtskauf – Bestand des verkauften Rechts nach geltendem Recht die Folge ist, dürfte sein, welche Unkenntnis tatsächlich ausnahmsweise einmal nicht zu vertreten ist: Entspricht der vorvertraglichen Pflicht des Schuldners, sich über seine Leistungsfähigkeit vor Vertragsschluß zu vergewissern, ein entsprechendes Beschaffungsrisiko, dann dürfte Entlastung kaum je in Betracht kommen[10] – wenn man nicht überhaupt in der Vertragsschlußerklärung eine Garantie der entsprechenden Information und Kenntnis sehen will, so daß *deshalb* ein entsprechender Irrtum stets zu vertreten ist.[11] Das alles scheint mir gerade auf dem Hintergrund der Rechtsvereinheitlichungsprojekte so plausibel und einleuchtend zu sein, daß ich mich bei der Niederschrift gefragt habe, ob ich Ihnen etwas so Selbstverständliches anbieten darf. Ich rette mich deshalb in einige Einzelheiten der Rechtsbehelfe und den Vergleich mit den Vereinheitlichungsprojekten, wobei ich freilich bei den Einzelheiten in der gleichen Schwierigkeit wie alle Referenten bin, daß der endgültige Text noch nicht feststeht.

---

8   Vgl. hierzu den von *Stoll* in der Kommentierung des Art. 79 CISG in *Schlechtriem/Stoll*, Kommentar zum Einheitlichen UN-Kaufrecht, 3. Aufl. 2000, Art. 79 Rn. 18 ausgewerteten, vom High Court of Australia entschiedenen Fall des Verkaufs eines angeblich an einer bestimmten Stelle in der Südsee liegenden, in Wahrheit aber gar nicht existierenden Wrack eines Tankers: Da die Nichtexistenz des Tankers mit zumutbaren Untersuchungsmethoden jederzeit hätte festgestellt werden können, lag keine entlastende Nichterkennbarkeit des anfänglichen Leistungshindernisses vor.
9   Die European Principles of Contract Law gehen freilich in ihrem Kommentar zu Art. 8:108 sub B. davon aus, daß anfängliche Leistungshindernisse nie unter die Entlastungsvorschrift fallen, sondern als Irrtumsproblem gelöst werden müssen. Ob dieser Verfasserkommentar die Auslegung bindet, ist fraglich; der Weg über Anfechtungsrecht führt freilich wohl zu gleichen Ergebnissen: Ein zur Anfechtung berechtigender Irrtum nach Art. 4:103 muß *fundamental* sein, was gerade auch in den Fällen anfänglicher Unmöglichkeit angenommen wird (s. Kommentar G). Aber Anfechtung scheidet aus, wenn der Irrtum *inexcusable* (Art. 4:103 (2) (a)) ist – wo Unkenntnis des Schuldners über das Leistungshindernis also vorwerfbar ist, liegt ein nicht entschuldbarer Irrtum vor und der Schuldner wird an seiner Verpflichtung festgehalten, haftet also auf das Erfüllungsinteresse.
10 Dazu noch einmal *Stoll* (Fn. 8).
11 Vgl. *Canaris*, ZRP 2001, 329, 332.

III. Rechtsbehelfe bei Pflichtverletzungen

1. Erfüllungsanspruch und Nacherfüllung

Primärer Rechtsbehelf des Gläubigers ist durchgehend der Erfüllungsanspruch, und zwar auch bei Schlechterfüllung in Gestalt des Nacherfüllungsanspruchs, der wiederum je nach Art der Schlechterfüllung und Vertragstyp als Nachleistung oder Nachbesserung, d.h. Mängelbeseitigung, vertraut aus Werk- und Mietrecht, zur Verfügung steht. Die Ursache für eine Nichtleistung oder Schlechtleistung rückt, wie bereits erwähnt, erst als Begrenzung des Erfüllungsanspruchs in den Blick: Objektive Unmöglichkeit, gleich, ob bei Vertragsschluß bereits vorliegend oder später eingetreten, befreit den Schuldner für die Dauer der Unmöglichkeit von seiner *Erfüllungs*pflicht, aber nicht von seiner Bindung und deshalb auch nicht von anderen Rechtsbehelfen, die dem Gläubiger bei Nichtleistung zustehen mögen. Es ist deshalb auch eine aus dem geltenden Recht nachwirkende Fehlvorstellung, daß nicht zu vertretende Unmöglichkeit die Pflicht des Schuldners *erlöschen* lasse (und u.U. deshalb keine Fälligkeit mehr eintreten könne und bei an Fälligkeit anknüpfenden Konsequenzen Schwierigkeiten zu bedenken seien): Die Pflicht des Schuldners erlischt nicht bei unüberwindbaren Leistungshindernissen, sondern wird nur in ihrem Erfüllungsaspekt undurchsetzbar und deshalb wirkungslos – ansonsten, d.h. als Auslöser und Bezugspunkt anderer Rechtsbehelfe, bleibt sie wirksam. Das ist eine in allen Rechtsvereinheitlichungsprojekten zu findende Sicht der Dinge: Während es zunächst schwer war, sowohl in der Ausarbeitung des Einheitlichen UN-Kaufrechts als auch bei Erarbeitung der UNIDROIT-Principles und der European Principles unsere angelsächsischen Kollegen überhaupt davon zu überzeugen, daß der Anspruch auf *specific performance* das „Rückgrat der Obligation" ist, will auch nach Durchsetzung des allgemeinen Anspruchs auf Erfüllung niemand Unmögliches verlangen in direktem und übertragenem Sinn. So sahen es auch die Reformentwürfe von Anfang an vor, wenn auch in unterschiedlicher technischer Ausgestaltung der entsprechenden Einschränkung des Erfüllungsanspruchs. Die Abkoppelung dieser Einschränkung von der Verantwortung des Schuldners scheint mir aber eine hervorhebenswerte Verbesserung der Entwürfe zu sein: Gewagte Konstruktionen, wie sie uns heute noch § 275 I BGB abverlangt, um bei einer zu vertretenden Unmöglichkeit einen Erfüllungsanspruch des Gläubigers abzublocken, brauchen wir künftig nicht mehr und verlangen auch die Einheitsprojekte nicht: Art. 9:102 (2) (a) PECL sieht ebenso wie Art. 7.2.2 (a) vor, daß bei rechtlicher oder faktischer Unmöglichkeit Erfüllung nicht verlangt werden kann.

Eine zweite Grenze für den Erfüllungsanspruch zieht § 275 II RegE im Falle eines unverhältnismäßigen Aufwandes für den Schuldner. Diese von der Rechtsprechung des BGH seit langem anerkannte immanente Beschränkung des Erfüllungsanspruchs ist in der Sache einleuchtend, in der Formulierung unnötig kompliziert; sie entspricht wieder den Einheitsprojekten, die ähnliche Einschränkungen bei „unreasonable effort or expense" für den Schuldner neben anderen Schranken für den Erfüllungsanspruch vorsehen.[12] Daß in die erforderliche Gesamtabwägung bereits die Verantwortung des Schuldners für sein Unvermögen eingehen soll, ist hinnehmbar, wenn auch inkonsequent.

2. Schadenersatz

Die Regelung der Schadenersatzansprüche eines Gläubigers ist leider auf den ersten Blick wenig durchsichtig, in den Grundlagen aber doch plausibel oder doch jedenfalls erklärbar:

a) Schadenersatz schuldet der Schuldner nur, wenn er seine Pflichtverletzung zu vertreten hat. In Anlehnung an die alte – noch geltende – Regelung, bei der das Vertretenmüssen zentrale Bedeutung auch für andere Rechtsbehelfe, insbesondere den Rücktritt, hat, zieht die Neuregelung die Definition des Vertretenmüssens in dem neu gefaßten § 276 RegE ebenfalls vor die Klammer, obwohl die Hauptbedeutung der Verantwortung des Schuldners künftig nur noch in der Begründung seiner Schadenersatzpflicht liegen dürfte.

b) Der Rechtsbehelf des Schadenersatzes für den Gläubiger ist vor allem deshalb für denjenigen, der vom alten System herkommt, zunächst verwirrend, weil der neue Begriff des „Schadenersatzes statt der Leistung" eingeführt worden und an zusätzliche Voraussetzungen gebunden ist. Lassen Sie mich versuchen, Einzelpunkte der Neuregelung im Kontext der Rechtsvereinheitlichungsprojekte ein wenig transparenter werden zu lassen, ohne insoweit dem Spezialreferat von Frau *Gsell*[13] vorgreifen zu wollen:

aa) Schadenersatz ist nur geschuldet, wenn – wie gesagt – der Schuldner für die Pflichtverletzung verantwortlich ist. § 276 RegE enthält auf den ersten Blick die vertraute Regelung, daß Vorsatz oder Fahrlässigkeit zu vertreten sind, sofern nichts anderes bestimmt ist. Als etwas anderes bestimmt soll aber insbesondere „die Übernahme einer Garantie" oder eines „Beschaffungsrisikos" gelten oder – in der überholten Fassung des RegE – u.U. aus der Natur der Schuld zu entnehmen sein. Übernahme eines Beschaffungsrisikos, für das der Schuldner unabhängig von Verschulden einzustehen hat, ersetzt nicht nur die verschuldensunabhängige Einstandspflicht für Gattungssachen im noch geltenden § 279 BGB, sondern sollte auch die verschuldensunabhängige Haftung des Schuldners, der Geld zu leisten oder Geld für die Beschaffung aufzuwenden hat, abdecken; sollte die Übernahme des Beschaffungsrisikos fallen, wie es eine Änderungsvorlage vom 9.8.2001 vorsieht, dann wird es m.E. unter dem Begriff der Garantie als Beschaffungsgarantie wieder auferstehen. Der Beschaffungsauf-

---

12 Vgl. Art. 9:102 (2) (b) PECL, Art. 7.2.2 (b) UNIDROIT-Principles: Unreasonable burdensome or expensive.
13 Siehe unten S. 105 ff.

wand mag unverhältnismäßig und unzumutbar sein und deshalb nach § 275 II RegE dem Schuldner eine Einrede gegen ein Erfüllungsverlangen des Gläubigers geben, doch ändert das nichts daran, daß er grundsätzlich seine Beschaffungsunfähigkeit zu vertreten hat und dafür Schadenersatz schuldet. Damit nähert man sich der verschuldensunabhängigen Haftung des Vertragsschuldners in den internationalen Vereinheitlichungsprojekten und im Einheitskaufrecht recht weitgehend, und ich wage zu prognostizieren, daß bei der Konkretisierung des Beschaffungsrisikos die in Art. 79 I CISG, Art. 8:108 (1) PECL und Art. 7.1.7 (1) UNIDROIT-Principles – dort verkürzt als Entlastung wegen *force majeure* bezeichnet – festgelegten Voraussetzungen Eingang in die Formulierungen der Verantwortung des Schuldners für zu beschaffende Leistungsgegenstände bei vertraglichen Verpflichtungen finden werden. Eine vollständige Übereinstimmung mit diesen Regeln ist natürlich nicht möglich, weil die Regelung des Vertretenmüssens eben nicht nur Vertragsschuldner betrifft. Für Vertragsschuldner eröffnen die im einzelnen noch nicht entschiedenen Formulierungen aber wohl praktisch den Weg zu einer verschuldensunabhängigen Schadenersatzhaftung, von der als Begrenzung seiner Garantie wie auch des Beschaffungsrisikos nur die in den genannten Vorschriften der Einheitsprojekte konkretisierten Entlastungsgründe gelten sollten.

bb) Das lenkt den Blick noch einmal auf § 311a II RegE, d.h. auf die im Entwurf vorgesehene Schadenersatzpflicht des Schuldners für zu vertretende Unkenntnis der Leistungsunfähigkeit und ihren Umfang: Die Kritik an der Schadenersatzregelung in § 311a II RegE halte ich für unberechtigt, und sie stößt auch nicht zum Kern der Sache vor, wenn sie Rückkehr zum § 307 BGB, also zum Ersatz nur des negativen Interesses fordert und dazu postuliert, daß die Verletzung vorvertraglicher Pflichten (hier: zur Vergewisserung über die eigene Leistungsfähigkeit) nur zur Haftung auf das negative Interesse führen könne oder dürfe: Die §§ 249 ff. BGB gehörten weder zum Auftrag der Schuldrechtsreformkommission noch zum Modernisierungsvorhaben insgesamt, so daß auch die Berechtigung von Schadenskategorien wie Nichterfüllungsschaden und negatives Interesse in diesem Zusammenhang nicht neu zu überlegen war. Gerade bei den vorvertraglichen Pflichten aus Vertragsanbahnung – und dazu gehört die Pflicht zur Vergewisserung über die eigene Leistungsfähigkeit – hat sich aber seit langem gezeigt, daß die durch diese Kategorien vorgegebene Unterscheidung nicht sachgerecht ist und daß vielmehr wie auch sonst im Schadenersatzrecht darauf abzustellen ist, welchen Nachteil abzuwenden die jeweilige Pflicht entweder nach den Intentionen der Parteien bei vertraglichen Pflichten oder des Gesetzgebers bei gesetzlichen Pflichten bezweckte. Die Verpflichtung, sich über die eigene Leistungsfähigkeit vor Vertragsschluß zu vergewissern, soll gewiß den anderen Vertragspartner zunächst vor nutzlosen Aufwendungen auf einen erwarteten Vertrag schützen, der dann scheitert. Sie soll ihn aber doch wohl auch davor schützen, den falschen Vertragspartner zu wählen, m.a.W. sich mit einem leistungsunfähigen Schuldner einzulassen, statt mit einem anderen Partner zu kontrahieren oder überhaupt ein anderes Geschäft zu machen. Insoweit soll die Pflicht zur Vergewisserung über die eigene Leistungsfähigkeit durchaus auch das Erfüllungsinteresse des anderen schützen. Die Verfasser der Einheitsrechtsprojekte und die Praxis in Anwendung des Einheitlichen UN-Kaufrechts haben jedenfalls keine Bedenken gehabt, die allgemeinen Regeln zu Umfang und zur Begrenzung des ersatzfähigen Schadens auch für den Fall anfänglicher Unmöglichkeit oder anfänglichen Unvermögens gelten zu lassen.

b) Große Verständnisschwierigkeiten dürfte der Begriff des „Schadenersatzes statt der Leistung" und vor allem die Regelung seiner Voraussetzungen bereiten. Die Verständnisschwierigkeiten sind aber auch dadurch veranlaßt, daß der deutsche Jurist für den Schadenersatz bei Vertragsbruch geprägt ist durch die falsche, wenn auch historisch nachvollziehbare Entscheidung der Verfasser des BGB für eine Alternativität von Rücktritt und Schadenersatz, die zu den bekannten Umgehungsstrategien wie etwa der Kumulierung von Schadenersatz und Rücktritt in der Berechnung des Schadens geführt haben.

Die Einheitsrechtsprojekte, beginnend mit dem Haager und vor allem dem Einheitlichen UN-Kaufrecht gehen dagegen für die Schadenersatzverpflichtung des verantwortlichen Vertragsschuldners von einem anderen Grundmodell aus, das letztlich wohl auch – wenn auch vielleicht nur als List der unbewußten Vernunft – den verschiedenen deutschen Reformentwürfen zugrunde liegt: Grundsätzlich zu unterscheiden ist, ob der Vertragsgläubiger Schadenersatz *neben Auflösung des Vertrages* verlangt oder Schadenersatz *neben Festhalten am Vertrag*, d.h. neben der Leistung.[14] Schadenersatz „statt der Leistung" ist deshalb zunächst einmal Schadenersatz neben Vertragsauflösung, also Rücktritt und insoweit an die gleich noch einmal zu erinnernden generellen Voraussetzungen für einen Rücktritt gebunden, insbesondere vergebliche Nachfristsetzung, d.h. der Eröffnung einer zweiten Chance für den Schuldner (und Klärung der Schwere der Vertragsverletzung). In dieser Situation ist Schadenersatz Ersatz für das Interesse aus dem gescheiterten Vertrag. Wo der Vertragsschuldner aufgrund der Begrenzung seiner Leistungspflicht aus § 275 RegE, also insbesondere bei objektiver Unmöglichkeit, nicht zu leisten braucht, seine Pflichtverletzung aber zu vertreten hat und deshalb schadenersatzpflichtig ist, könnte der Gläubiger an sich also zurücktreten und daneben Schadenersatz „statt der Leistung", d.h. als Liquidierung des Interesses am gescheiterten Vertrag verlangen; so – d.h. als Schadenersatz neben dem wegen vollständiger Nichtleistung wohl stets möglichen Rücktritt – hatte es noch die Schuldrechtsreformkommission gesehen. Aber Rücktritt ist nicht stets erforderlich oder möglich. Deshalb war die Liquidation des Leistungsinteresses an bestimmte weitere Voraussetzungen zu binden.

---

14 S. Art. 74 ff. CISG, Art. 9:501 ff. PECL einerseits, Art. 9:506 PECL andererseits, Art. 7.4.1 ff. UNIDROIT-Principles einerseits, Art. 7.4.5 UNIDROIT-Principles andererseits.

Man muß m.E. drei Konstellationen unterscheiden:

aa) Die Neuregelung der Befreiung von der Erfüllungspflicht bei objektiver Unmöglichkeit und des Leistungsweigerungsrechts des Schuldners im Falle unzumutbarer Anstrengungen zur Erfüllung dürften einem *Vertragsgläubiger* zwar regelmäßig den Weg zum Rücktritt und zum Erfüllungsinteresse eröffnen, doch gelten die Leistungsstörungsregeln eben nicht nur für Verträge, so daß man schon für gesetzliche Schuldverhältnisse eine Sonderregelung benötigte: Kann der Geschäftsführer ohne Auftrag das aus der Geschäftsführung erlangte Objekt nicht herausgeben, weil es untergegangen oder gestohlen worden ist, dann schuldet er unter der Voraussetzung, daß er dies zu vertreten hat, nach §§ 281, 283 RegE Schadenersatz statt der Leistung. Die den Schuldner schützenden Voraussetzungen für einen Rücktritt schützen ihn aber auch hier; vor allem ist ihm regelmäßig durch Nachfristsetzung eine zweite Chance, soweit möglich, einzuräumen.

bb) Verlangt der Vertragsgläubiger Schadenersatz, ohne Rücktritt zu erklären, dann könnte Schadenersatz wegen Nichterfüllung auf eine faktische Aufsage, d.h. Lösung des Vertrages und Liquidierung des Vertragsinteresses, hinauslaufen, ohne daß die Rücktrittsvoraussetzungen gegeben sein müssen. Die jetzt für einen Schadenersatzanspruch statt der Leistung normierten Voraussetzungen, die den Rücktrittsvoraussetzungen parallel laufen, sollen also für die faktische Liquidierung eines Vertrages vermittels eines Schadenersatzanspruchs die Schwelle wahren, die für die rechtliche Lösung des Vertragsbandes, d.h. den Rücktritt, vorgesehen ist.

cc) Ein Vertragsschuldner kann aber auch Schadenersatz statt der Leistung verlangen, wenn Vertragsaufhebung, d.h. Rücktritt, gar nicht mehr in Frage kommt, also insbesondere bei Verletzung von Rückabwicklungspflichten. Wird der gemietete Computer nicht oder nicht wie geschuldet zurückgegeben, dann kann der Gläubiger auf die Erfüllung verzichten und Schadenersatz statt der Leistung unter den in § 281 RegE geregelten Voraussetzungen, also insbesondere nach Setzung einer angemessenen Nachfrist, verlangen, es sei denn, der Schuldner habe Erfüllung bereits ernsthaft und endgültig verweigert oder eine Interessenabwägung ergibt, daß die sofortige Geltendmachung des Schadensersatzanspruchs unter Verzicht auf die Rückgabe des Computers gerechtfertigt ist, § 281 II RegE. Die scheinbar komplizierten Voraussetzungen entsprechen wieder denen für den Rücktritt und sollen genau wie diese sicherstellen, daß der Schuldner prinzipiell eine zweite Chance hat, also den Vorrang der Vertragserfüllung wahren, soweit sie noch in Betracht kommt.

Vereinfacht sollen die komplizierten Voraussetzungen für einen Schadenersatz statt der Leistung also nur sicherstellen, daß die gleichen, den Schuldner schützenden Voraussetzungen wie für einen Rücktritt vom Vertrag eingehalten werden, bevor das Nichterfüllungsinteresse verlangt werden kann. Das halte ich für sachgerecht. Ob eine transparentere Formulierung des Grundprinzips, um die man bis zuletzt gerungen hat, zu erreichen gewesen wäre, lasse ich dahingestellt.

3. Rücktritt

Am tiefsten reichen die Schnitte des Reformvorhabens wohl bei der Ausgestaltung des Rechts zum Rücktritt wegen Pflichtverletzungen, § 323 RegE. Um die Tiefe des Schnitts zu ermessen, sei noch einmal daran erinnert, wie vielfältig die Möglichkeit der Vertragsauflösung wegen Leistungsstörungen in Voraussetzungen und Durchführung im geltenden Recht geregelt ist: Sie kann Rücktritt durch Gestaltungserklärung oder Wandlung durch Aufhebungsvertrag sein, sie kann von der Schwere der Vertragsverletzung wie beim Rücktritt wegen positiver Forderungsverletzung einerseits abhängig oder als Wandlung auch bei geringfügigen Mängeln andererseits unabhängig sein, sie kann Nachfristsetzung erfordern oder auch nicht und kann schließlich vom Vertretenmüssen, oft also Verschulden einer Partei abhängen oder – wie die Wandlung – auch nicht. Hinzu kommen rücktrittsähnliche Auflösungen des vertraglichen Bandes, etwa beim Abstehen vom Vertrag nach § 323 I BGB oder durch Widerruf bei den verbraucherschützenden Widerrufsrechten. Unterschiedliche und in den Einzelheiten höchst unsichere Rücktrittssperren und schwer zu handhabende, teilweise inkonsistent konkurrierende Rückabwicklungsregeln sind einerseits unerschöpfliche Quelle für Monographien, andererseits ein Buch mit sieben Siegeln für Studierende und nicht nur für diese. Die Reform will grundsätzliche Vereinfachungen erreichen.

a) Für alle Pflichtverletzungen, gleich ob in Form der Nichtleistung, der Leistungsverzögerung oder der Schlechtleistung gilt künftig ein einheitliches Aufhebungsregime in Form des Rücktritts durch Gestaltungserklärung. Das entspricht den Einheitsrechtsprojekten.[15]

b) Rücktritt ist künftig unabhängig vom Vertretenmüssen, ein Fortschritt, den sogar *Huber* eingeräumt hat, freilich auch nach geltendem Recht wohl für erreichbar hält. Auch das ist völlig konform mit CISG, PECL und UNIDROIT-Principles.

c) Entscheidend für die Vertragsaufhebung soll künftig allein die Schwere der Pflichtverletzung und ihre Auswirkung auf das Gläubigerinteresse sein; die grundsätzliche Wertung bringt noch der Regierungsentwurf in § 324 RegE – wesentlicher Bruch einer sonstigen Pflicht – zum Ausdruck, der freilich leider entfallen soll. Das entspricht wieder den Einheitsprojekten, insbesondere der Regelung des CISG, aber auch den Artt. 9:301 ff. PECL und den Artt. 7.3.1 ff. UNIDROIT-Principles. Auf den ersten Blick ist diese Übereinstimmung freilich schwer zu erkennen, weil für die Feststellung der Grundvoraussetzung für eine

---

15 Vgl. Art. 26 CISG, Art. 7.3.2 (1) UNIDROIT-Principles, Art. 9:303 PECL.

Lösung des Vertragsbandes, daß es sich um eine schwere Pflichtverletzung handeln muß, zwei Regelungsmodelle zur Auswahl stehen:

aa) Man kann Vertragsaufhebung wegen Wesentlichkeit des Vertragsbruchs an den Anfang stellen und für die Zweifelsfälle, in denen die Wesentlichkeit nicht eindeutig feststeht, das Nachfristmodell wählen, d.h. das Verstreichen einer vergeblich gesetzten Nachfrist als Nachweis einer schweren Vertragsstörung nehmen. Das ist die Lösung der Einheitsrechtsprojekte.

bb) Man kann aber auch zur optischen Schonung des Schuldners die Nachfristsetzung an den Anfang stellen und von ihr in bestimmten Fällen eines *fundamental breach* entbinden, also bei ernsthafter und endgültiger Erfüllungsweigerung, bei Überschreitung des Leistungstermins beim Fixgeschäft oder bei einer anderen wesentlichen Vertragsverletzung. Die letztere Lösung liegt dem Schweizer Obligationenrecht und dem Entwurf in § 323 I, II und § 324 RegE zugrunde.

d) Gefallen ist die in § 326 BGB geregelte Ablehnungsandrohung; nach den Beratungen am vergangenen Mittwoch soll jetzt auch der schwächere Ersatz der Ablehnungsandrohung, daß der Schuldner jedenfalls mit dem Rücktritt rechnen mußte, entfallen. Das halte ich für sinnvoll, denn die Abschwächung verkannte die eigentliche Bedeutung und Funktion der Ablehnungsandrohung[16]: Sie ließ den Erfüllungsanspruch des Gläubigers nach Fristablauf undurchsetzbar werden – nach Ansicht vieler sogar erlöschen – und damit auch die Möglichkeit des Gläubigers enden, auf Kosten des Schuldners durch Zuwarten mit den wahlweise offenen Möglichkeiten, Erfüllung zu verlangen oder über Rücktritt und Schadenersatz vorzugehen, zu spekulieren. Auf den ersten Blick ist der Wegfall der Ablehnungsandrohung, die bekanntlich in der Praxis häufig Stolperstein war, einheitsrechtskonform, denn weder CISG noch PECL und UNIDROIT-Principles kennen sie in dieser Form. Aber die Einheitsrechtsprojekte sehen jedenfalls teilweise, d.h. für bestimmte Störungsfälle, funktionsäquivalente Instrumente vor, um den Gläubiger zu einer Entscheidung zu zwingen, muß er doch nach Art. 49 (2) CISG und Art. 63 (2) b) CISG, nach Art. 7.3.2 (2) UNIDROIT-Principles und nach Art. 9:303 (2) und (3) PECL in den geregelten Störungsfällen innerhalb angemessener Frist Aufhebung erklären; die Funktionsähnlichkeit mit der Ablehnungsandrohung wird besonders in Art. 9:303 (3) (b) PECL deutlich, wo dem verletzten Gläubiger, der noch mit Erfüllungsabsicht des Schuldners zu rechnen hat, eine Art Ablehnungsankündigung auferlegt wird. Die Unsicherheit, in der der rücktrittsberechtigte Gläubiger den Schuldner nach dem RegE halten kann, ist denn auch schon als grundlegender Mangel der

---

16 Deshalb war die Abschwächung alles andere als ein «optimaler Kompromiß», so aber *Canaris*, Die Reform des Rechts der Leistungsstörungen, JZ 2001, 499, 510.

§§ 323 ff. RegE gerügt worden.[17] Man wird damit aber leben können, weil eine Verzögerung der Wahl durch den Gläubiger, die zu Lasten des Schuldners den Schaden des Gläubigers erhöht, den Ersatzanspruch des Gläubigers nach § 254 II 1 BGB mindern wird. Das bewirkt Entscheidungsdruck auf den Gläubiger.

e) Auch das Rückabwicklungsregime wird bekanntlich vereinfacht werden: Rücktrittssperren wegen Unfähigkeit zur Rückgewähr der erhaltenen Leistung gibt es nicht mehr; Rückabwicklung nach Widerruf soll nach den gleichen Rückabwicklungsregeln erfolgen, § 357 I RegE. Den Grundgedanken, insbesondere die Aufgabe von Rücktrittssperren, halte ich für überzeugend; die Ausführung in den Details freilich in Einzelheiten kritikwürdig. Die Abstimmung zur Rückabwicklung in anderen Fällen des Scheiterns eines Vertrages ist freilich ebensowenig wie in den Einheitsrechtsprojekten versucht worden.

4. Störung der Geschäftsgrundlage

In § 313 RegE wird für den Fall schwerwiegender Veränderungen der Geschäftsgrundlage die Möglichkeit der Vertragsanpassung und als *ultima ratio* Rücktritt für den betroffenen Vertragspartner geregelt. Auch dieser Reformvorschlag ist teilweise angegriffen, von seinen Befürwortern dagegen mit dem Hinweis verteidigt worden, daß man nur das geltende Recht in eine Norm gegossen habe und im übrigen vergleichbare Regeln in den European- und den UNIDROIT-Principles zu finden seien. Letzteres ist richtig, aber zeigt auch die Grenzen einer solchen Rückversicherung auf, denn auch die Vereinheitlichungsprojekte sind zeitgebunden und können zuweilen Schwächen aufgrund ihrer Entstehungsgeschichte nicht verbergen. Da die entsprechenden Bestimmungen in eigenen Referaten[18] gewürdigt werden, kann ich mich kurz fassen und auf einen Punkt hinweisen, der vielleicht noch Schwierigkeiten bereiten könnte:

a) Bekanntlich gibt es Rechtsordnungen, die eine Berücksichtigung der Veränderung der Geschäftsgrundlage strikt ablehnen. Ihre Vertreter bei UNIDROIT und in der Lando-Kommission (Verfasserin der European Principles) dazu zu bewegen, Regeln zuzustimmen, die von ihrem nationalen Recht abweichen, war gewiß keine leichte Aufgabe, und in dem Bemühen, eine allseits akzeptable Regelung zu formulieren, hat man wohl versäumt, die richtige Abstimmung zu anderen Regeln, die auf den Einbruch der Wirklichkeit in das Vertragsgefüge antworten, zu suchen. Denn die Störungen, die die Geschäftsgrundlage nach Vertragsschluß schwerwiegend verändern, sind fast immer auch solche, die auch Rücktrittsrechte auslösen können. Nur ist der Blickwinkel verschieden:

---

17 *Bartsch*, Das kommende Schuldrecht – Auswirkungen auf das EDV-Vertragsrecht, CR 2001 (erscheint demnächst) sub B.I.2.c), 3., der die positive Beurteilung der abgeschwächten (und jetzt ganz entfallenen) Ablehnungsandrohung im RegE als Beleg für Weltfremdheit bezeichnet.

18 Siehe unten S. 61 ff. (*Peer*) und S. 85 ff. (*Cashin-Ritaine*).

Wird die Einhaltung eines festen Liefertermins für eine bestimmte Ware durch den unvorhersehbaren Ausbruch eines Bürgerkriegs oder eine Naturkatastrophe unmöglich, dann ist das für den Gläubiger ein Auflösungsgrund und er kann nach dem Reformentwurf wie nach den Einheitsprojekten durch eine entsprechende Erklärung aus dem Vertrag aussteigen. Für den Schuldner ist es dagegen eine Störung der Geschäftsgrundlage, die für ihn eine Anpassung des Vertrages – etwa Verlängerung des Liefertermins gegen Preisnachlässe usw. – als sinnvoll erscheinen lassen kann, bevor der Vertrag als *ultima ratio* aufgelöst wird. Sowohl im Reformentwurf als auch in den Einheitsprojekten besteht aber eine gewisse Antinomie zwischen dem Recht des Gläubigers, auch schon vor Eintritt der Fälligkeit durch einseitige Gestaltungserklärung – Rücktritt – den Vertrag aufzulösen, weil die Überschreitung des Fixtermins offensichtlich ist – § 323 III RegE –, und dem Recht des Schuldners, Vertragsanpassung zu verlangen. Hält man an dem Dogma fest, daß der Rücktritt als Gestaltungserklärung die Rechtslage unwiderruflich umgestaltet, dann kann das Anpassungsverlangen des Schuldners zu spät kommen, wenn es denn überhaupt – das kann man aber aus § 313 III RegE herauslesen – die Ausübung eines Rücktrittsrechts hindert.

Sicher läßt sich diese Antinomie beheben, etwa durch ein Unwirksamwerden des Rücktritts bei berechtigtem Verlangen nach Vertragsanpassung. Aber sie zeigt m.E. *in nuce* auf, daß auch unser Reformprojekt wie auch die Einheitsrechtsprojekte zeitbedingt und damit bestimmt durch Erfahrungen der Vergangenheit ist, die eine noch grundsätzlichere Neuordnung oder jedenfalls den Blick auf eine solche Möglichkeit verstellt haben. Um das zu verdeutlichen, muß ich zuvor noch einen weiteren Rechtsbehelf erwähnen, in dessen Ausgestaltung der Entwurf hinter einem Einheitsrechtsprojekt zurückbleibt.

5. Minderung

Minderung ist – wie bisher – nur bei Mängeln von Werken, Kauf- und Mietsachen vorgesehen; abweichend vom geltenden Recht soll freilich die Minderung bei Kauf- und Werkvertrag künftig durch Ausübung eines Gestaltungsrechts erreicht werden können. Eine Verallgemeinerung des Minderungsrechts, die auch Dienstleistungen erfaßt hätte, war in der Schuldrechtsreformkommission nicht durchzusetzen, weil man einerseits Widerstand der freien Berufe, andererseits der Gewerkschaften fürchtete. Ich halte diesen Verzicht für bedauerlich, nicht nur, weil ich es attraktiv fände, dem einen oder anderen Dienstleister sein Honorar bei Schlechterfüllung kürzen zu können, sondern vor allem auch, weil man damit auf die Entwicklung eines abgestuften Systems von Rechtsbehelfen bei nicht zu vertretenden Pflichtverletzungen verzichtet hat. Die European Principles enthalten dagegen in Art. 9:401 ein generelles Recht der Preisherabsetzung, wenn die Leistung der anderen Seite nicht von vertragsgemäßer Beschaffenheit ist; die Preisminderung soll proportional zum Minderwert der nicht-konformen Leistung erfolgen. UNIDROIT hat dagegen noch keine entsprechende Regel entwickelt und der Widerstand der angelsächsischen Kollegen, die die

Minderung schon im Einheitlichen Kaufrecht nur widerwillig hingenommen haben, dürfte dort wohl eine entsprechende Regelung verhindern.

M.E. gehören Rücktritt, Vertragsanpassung wegen Veränderung der Geschäftsgrundlage und Minderung in einen Gesamtzusammenhang der Rechtsbehelfe im Falle von Leistungsstörungen, die nicht, jedenfalls nicht immer vom Schuldner der verletzten Pflicht, zu vertreten sind. Sie stehen dabei in einem Stufenverhältnis, das das Ausmaß der Vertragsbeeinträchtigung durch die planwidrig eingetretene Pflichtverletzung dergestalt berücksichtigt, daß zunächst die milderen Rechtsbehelfe zur Vertragsanpassung genutzt werden können, bevor der Vertrag als gänzlich gescheitert aufgelöst werden kann. Minderung ist dabei – eben gerade anders als unsere angelsächsischen Kollegen das immer verstehen – kein Schadenersatzanspruch, mit dem *ipso iure* aufgerechnet wird, sondern ein einfacher Mechanismus zur Anpassung des durch die mangelhafte Leistung gestörten Äquivalenzverhältnisses so, wie es die Parteien in der Preisfestsetzung zugrunde gelegt haben. Es ist die schnellste und einfachste Anpassung des Vertrages an die durch die Mangelhaftigkeit der Leistung veränderten Umstände und hat nichts zu tun mit einem eventuellen Schadenersatzanspruch des Gläubigers, falls die Mangelhaftigkeit zu vertreten ist. Die nächste Stufe ist dann die Anpassung des Vertrages wegen tiefgreifender Veränderung der Geschäftsgrundlage, die zu verlangen nicht nur dem Schuldner, sondern auch dem Gläubiger zustehen sollte. Auflösung des Vertrages durch Rücktritt ist dagegen der äußerste und weitestgehende Rechtsbehelf, der – wie es § 313 III RegE zum Ausdruck bringt – nur eingesetzt werden soll, wenn Anpassung ohnehin nicht möglich oder wegen der Schwere der Vertragsverletzung nicht zumutbar ist. Ob dies und damit die Stufenfolge in die Auslegung des § 323 II Ziff. 3 RegE, d.h. der besonderen Umstände, die ausnahmsweise einen sofortigen Rücktritt ohne Nachfristsetzung rechtfertigen, eingebracht werden kann, und ob das genügt, um die von mir anvisierte Stufenfolge zu erreichen, stelle ich als Frage und Anregung für künftige Dissertationsthemen in den Raum.

Meinen Vorsatz, mich auf die Sache, d.h. auf den Entwurf des Modernisierungsgesetzes, nicht einzulassen, habe ich nun doch nicht einhalten können. An Versuchen entsprechender Abstinenz hat es nicht gefehlt – sie sind alle im Papierkorb gelandet, weil sie zwar die in einem langen Hochschullehrerleben erworbene Fähigkeit, mit vielen Worten möglichst wenig zu sagen, nachgewiesen hätten, einem solchen Publikum, wie es heute hier versammelt ist, aber völlig unangemessen gewesen wäre. Und wenn ich Ihnen mit meiner Einlassung zur Sache Gelegenheit gegeben haben sollte, meine Ausführungen in den kommenden Tagen von Grund auf zu falsifizieren, kann ich nur sagen: Wunderbar, wenn es der Wahrheitsfindung dient.

Unmöglichkeit und Pflichtverletzung:
Römisches Recht, BGB und Schuldrechtsmodernisierung[1]

Jan Dirk Harke

I. Die Unmöglichkeit im klassischen römischen Recht
   1. Kaufrecht
      a) Kauf der eigenen Sache
      b) Kauf verkehrsunfähiger Sachen
      c) Kauf nicht existierender Sachen
      d) Ergebnis
   2. Stipulationsrecht
      a) Einheitliche Unmöglichkeitsregel
      b) Nachträgliche Unmöglichkeit
      c) Unvermögen und Leistungsschwierigkeiten
      d) Ergebnis
   3. Vergleich der Haftungssysteme
II. Das BGB: Unmöglichkeit als Folge des Anspruchs auf Naturalerfüllung
   1. Ausschluß des Erfüllungsanspruchs durch Unmöglichkeit der Leistung
   2. Unmöglichkeit als Haftungsgrund
   3. System des Unmöglichkeitsrechts und seine Stellung im Leistungsstörungsrecht
   4. Unvermögen und andere Leistungshindernisse
III. Das Reformvorhaben
   1. Neuregelung von anfänglicher Unmöglichkeit und anfänglichem Unvermögen
   2. Einheitliche Bestimmung über den Ausschluß des Erfüllungsanspruchs
   3. Allgemeiner Haftungstatbestand der Pflichtverletzung

---

[1] Nur mit Namen des Verfassers (und ggf. einem Zusatz) werden zitiert: *Rabel*, Origine de la règle: ‚*impossibilium nulla obligatio*‘, Mélanges Gérardin (1907) 473ff. [„*Rabel*, Mélanges Gérardin"]; ders., Unmöglichkeit der Leistung, FS Bekker (1907) 171ff. (=Gesammelte Aufsätze I [1965] 1ff.) [„*Rabel*, FS Bekker]; *Genzmer*, Der subjektive Tatbestand des Schuldnerverzugs im klassischen römischen Recht, SZ 44 (1924) 86ff.; *Sargenti*, Problemi della responsabilità contrattuale, in: SDHI 20 (1954) 127ff.; *Mayer-Maly*, Perpetuatio obligationis: D 45.1.91, IURA 7 (1956) 6ff.; *Medicus*, Id quod interest (1962) [„*Medicus*, Id quod interest"]; *Wieacker*, Leistungshandlung und Leistungserfolg im bürgerlichen Schuldrecht, FS Nipperdey I (1965) 783ff.; *Cannata*, Appunti sulla impossibilità sopravvenuta e la ‚culpa debitoris‘ nelle obbligazioni da ‚stipulatio in dando‘, SDHI 32 (1966) 63ff.; *Beuthien*, Zweckerreichung und Zweckstörung im Schuldverhältnis (1969); *Honsell*, Quod interest im bonae-fidei-iudicium (1969); *Jakobs*, Unmöglichkeit und Nichterfüllung (1969); *Medicus*, Zur Funktion der Leistungsunmöglichkeit, SZ 86 (1969) 67ff. [„*Medicus*, Unmöglichkeit"]; *Wollschläger*, Die Ent-
(Fortsetzung auf der nächsten Seite)

Die zunächst geplante, nun anscheinend abgewendete Aufhebung des Unmöglichkeitstatbestandes durch das Schuldrechtsmodernisierungsgesetz wirft die Frage nach der Herkunft der Unmöglichkeitslehre und ihrer ursprünglichen Funktion im klassischen römischen Schuldrecht auf.[2] Nur diese kann Auskunft darüber geben, ob die Lehre von der Unmöglichkeit der Leistung lediglich Überbleibsel einer vergangenen Rechtsordnung oder sinnvoller, vielleicht sogar notwendiger Bestandteil des modernen Rechts ist.

I. Die Unmöglichkeit im klassischen römischen Recht

Konfrontiert sehen wir uns zunächst mit der Auffassung, die klassische römische Jurisprudenz habe gar keine Unmöglichkeitslehre ausbilden können, weil das System der *condemnatio pecuniaria* nur auf Verwirklichung der Schuldnerhaftung, nicht jedoch auf Durchsetzung des Erfüllungsanspruchs angelegt war.[3] Diese Ansicht unterschätzt schon Bedeutung und Verschiedenheit der Klageformulare. Zwar war allen Klagen des klassischen Formularprozesses gemein, daß der Schuldner nur zu einer Geldleistung verurteilt werden konnte. Der Anknüpfungspunkt dieser Haftung wurde jedoch in der *intentio* der Klageformel benannt und variierte in Abhängigkeit vom Inhalt der Obligation: Die *intentio* einer *formula incerta* war auf *quidquid ob eam rem dare facere oportet* –

---

stehung der Unmöglichkeitslehre (1970); *Meincke*, Rechtsfolgen nachträglicher Unmöglichkeit der Leistung beim gegenseitigen Vertrag, AcP 171 (1971) 19ff.; *Peters*, Zur dogmatischen Einordnung der anfänglichen objektiven Unmöglichkeit beim Kauf, FS Kaser (1976), 285ff.; *J.G. Wolf*, Barkauf und Haftung, TR 45 (1977) 1ff.; *Kaser*, ‚Perpetuari obligationem', SDHI 46 (1980) 87ff.; *Arp*, Anfängliche Unmöglichkeit (1988); *Flume*, Rechtsakt und Rechtsverhältnis (1990); *Zimmermann*, The Law of Obligations (1990); *Huber*, Handbuch des Schuldrechts: Leistungsstörungen I, II (1999) [„*Huber*, Leistungsstörungen"]; ders., Das allgemeine Recht der Leistungsstörungen im Entwurf eines Schuldrechtsmodernisierungsgesetzes, Zivilrechtswissenschaft und Schuldrechtsreform (2001) [„*Huber*, Schuldrechtsmodernisierungsgesetz"]; *Wilhelm/Deeg*, Nachträgliche Unmöglichkeit und nachträgliches Unvermögen, JZ 2001, 223ff; *Grunewald*, Vorschläge für eine Neuregelung der anfänglichen Unmöglichkeit und des anfänglichen Unvermögens, JZ 2001, 433ff.; *Canaris*, Die Reform des Rechts der Leistungsstörungen, JZ 2001, 499ff.; *Schapp*, Empfiehlt sich die „Pflichtverletzung" als Generaltatbestand des Leistungsstörungsrechts, JZ 2001, 583ff.; *Stoll*, Notizen zur Neuordnung des Rechts der Leistungsstörungen, JZ 2001, 589ff.; *Altmeppen*, Untaugliche Regeln zum Vertrauensschaden und Erfüllungsinteresse im Schuldrechtsmodernisierungsentwurf, DB 2001, 1399ff.

2   Deren Verständnis wird durch die Tradition von Gemeinrechtswissenschaft und Pandektistik erschwert und nicht erleichtert. Die Entwicklung, die die Unmöglichkeitslehre nach der justinianischen Kodifikation genommen hat, behandelt *Wollschläger* eingehend; sie ist nicht Gegenstand dieser Untersuchung.

3   So *Jakobs* 175ff.

mit oder ohne Zusatz *ex fide bona* – gerichtet und überließ es dem Richter festzustellen, was der Beklagte dem Kläger im einzelnen schuldig war. Das mit einer *formula certa* zu verfolgende Klageziel bestand dagegen in der Erbringung einer bestimmten Leistung in Form der Übereignung (*dare*). Deren Beanspruchung durch den Kläger konnte der Richter nur befürworten oder ablehnen. Grundlage der Verurteilung war hier die Nichterfüllung einer in ihrem Inhalt bereits feststehenden Verpflichtung, dort die Verletzung einer vom Richter erst zu ermittelnden Schuldnerpflicht. Erlaubte die Unbestimmtheit einer *formula incerta* dem Richter, individuelle Pflichten für den Schuldner aufzustellen und dessen Verhalten hieran zu messen, mußte sich die Beurteilung bei der *formula certa* auf die Frage beschränken, ob der Schuldner seiner bestimmten Pflicht zur Übereignung entsprochen hatte oder nicht. Allein hierzu war der Schuldner verpflichtet. Abgesehen von Einwendungen gegen Verpflichtungsgrund oder wegen Erlaß und Erfüllung, konnte seine Verteidigung nur darin bestehen, daß er die Unmöglichkeit der Leistung behauptete. Die Berufung auf andere Leistungshindernisse schied aus, da ihre Anerkennung der Schuldnerpflicht einen neuen Inhalt gegeben hätte, den sie nach dem Klageformular gerade nicht haben konnte. Der Befund der Pflichtverletzung verengte sich bei den Klagen, die auf ein *certum* gerichtet waren, auf die Nichterfüllung der bestimmten Leistungspflicht; und eine Haftung des Schuldners konnte von vornherein nur im Fall der Unmöglichkeit ausscheiden. Da die Übereignung nicht nur das erwartete Schuldnerverhalten, sondern vor allem dessen Ergebnis, den Eigentumsübergang, bezeichnete, war Nichterfüllung stets Nichteintritt des Leistungszieles und Unmöglichkeit stets Unerreichbarkeit des Leistungserfolgs.[4]

Diese Unterschiede im Haftungssystem und ihre Berechtigung jenseits der Formellogik zeigen sich bei einem Vergleich des Kaufrechts mit dem Recht, das für die Stipulation einer bestimmten Sache galt:

1. Kaufrecht

Die aus dem Kaufvertrag entspringenden Klagen waren *bonae fidei iudicia* und verpflichteten die Vertragsparteien zu *quidquid ob eam rem ex fide bona dare facere oportet*. Nicht davon erfaßt war die Übertragung des Eigentums an der Kaufsache.[5] Die zentrale Verkäuferpflicht bestand vielmehr darin, dem Käufer

---

[4] Der Unterschied zwischen Erfolgshaftung und Verhaltenspflicht beruht also entgegen *Wieacker* 800ff. nicht auf der *bona-fides*-Klausel, die den *formulae incertae* nur teilweise zu eigen war. Vergrößerte sie auch den Spielraum des Richters bei der Ermittlung der Schuldnerpflichten, ist doch nicht diese Klausel, sondern der unterschiedliche Grad der Bestimmung der Schuldnerpflichten entscheidend. Das Richtige sagt *Zimmermann* 690f., wenn er von einer größeren Flexibilität des Richters bei der Beurteilung des mit einer *formula incerta* ausgestatteten Geschäfts spricht; diese scheint *Zimmermann* freilich im Anschluß an *Peters passim* nur auf eine lockere Handhabung des Unwirksamkeitsbegriffs zu beziehen.

[5] D 19.4.1pr. Paul 32 ed; D 18.1.25.2 Ulp 34 Sab.

den Besitz an der Kaufsache zu verschaffen und ihm diesen ungestört zu erhalten. Die Verletzung dieser Pflicht durch einfache Nichtleistung führte zur Haftung auf das Interesse, das der Käufer am Innehaben der Sache hatte.[6] Die Haftung für Rechtsmängel ging schon darüber hinaus, indem sie das Interesse an der Eigentumsübertragung erfaßte.[7] Sie mußte daher zunächst an eine andere Verkäuferpflicht, nämlich die Verpflichtung zur Unterlassung arglistigen Handelns, anknüpfen.[8] Auch die Haftung bei nachträglicher Unmöglichkeit war keine Folge der ausbleibenden Besitzverschaffung, sondern sanktionierte die Verletzung anderer Verkäuferpflichten: War die Kaufsache nach Vertragsabschluß unter- oder verlorengegangen, haftete der Verkäufer, wenn und weil er seine Pflicht zur Bewachung der Kaufsache verletzt hatte.[9] War die Leistung aus rechtlichen Gründen unmöglich geworden, etwa weil der Verkäufer den zu übereignenden Sklaven freigelassen hatte, knüpfte die Haftung unmittelbar an die schädigende Handlung, namentlich die Freilassung, an, zu deren Unterlassung der Verkäufer aufgrund des Kaufvertrages verpflichtet war.[10]

Regeln, die einer Unmöglichkeitslehre nahekommen, gab es im klassischen römischen Kaufrecht bei anfänglichen Leistungshindernissen: Ein Kaufvertrag war grundsätzlich nichtig, wenn die Kaufsache bei Vertragsabschluß nicht existierte, dem Rechtsverkehr entzogen war oder bereits im Eigentum des Käufers stand. Eine Formel, durch die diese Fälle auf den einheitlichen Gesichtspunkt der Unmöglichkeit der Verkäuferleistung reduziert worden wären, gab es jedoch ebensowenig wie eine einheitliche Bestimmung der Rechtsfolgen. Zwar verallgemeinert der Spätklassiker Paulus, daß ein Kauf nur dann gültig sei, wenn die Kaufsache besessen oder verfolgt werden könne (*habere vel possidere vel persequi potest*).[11] Daß damit nicht die Erfüllbarkeit der Verkäuferpflicht zur Besitzverschaffung gemeint war, enthüllt jedoch schon die von demselben Juristen formulierte Umkehrung dieses Satzes, derzufolge der Kauf von Sachen ungültig war, die aufgrund ihrer Natur, dem *ius gentium* oder den Sitten der *civitas* dem Rechtsverkehr entzogen waren: Nicht die Unerfüllbarkeit der Verkäuferleistung, sondern die dem Rechtsverkehr allgemein gesetzten Schranken zeitigen die Nichtigkeit des Vertrages.

---

6   D 19.1.1pr. Ulp 28 Sab. Zu dem von der heutigen Interessenlehre abweichenden Haftungsumfang vgl. *Medicus*, Id quod interest 29ff. und *Honsell* 1ff.
7   D 21.2.8 Iul 15 dig.
8   D 19.1.30.1 Afr 8 quaest.
9   Vgl. *Medicus*, Id quod interest 28f. Diese sog. *custodia*-Haftung des Verkäufers, die eines Sachentleihers entspricht, beruht ebenso wie der Grundsatz, daß die Preisgefahr bereits mit Abschluß des Vertrages auf den Käufer übergeht, auf der Struktur des Kaufvertrags als – gestreckter – Barkauf; vgl. *Kaser*, RP I^2 547, 552.
10 D 19.1.23 Iul 13 dig; vgl. *J.G. Wolf* 14f. gegen *Medicus*, Id quod interest 41ff., und *Honsell* 16ff.
11 Vgl. D 18.1.34.1 Paul 33 ed.

a) Kauf der eigenen Sache

Das von Paulus entwickelte Kriterium, wonach es auf die Möglichkeit zum *habere, possidere* oder *persequi* der Kaufsache ankommt, vermag zudem nicht das Verbot des Kaufs der eigenen Sache zu erfassen. Dieses war Teil einer den Vertragstypus und sogar das Schuldrecht überschreitenden Regel, derzufolge außer dem Kaufvertrag auch Miete und Verwahrung der eigenen Sache ebenso unwirksam waren wie die hierauf bezogene Bestellung eines Pfandrechts oder die Einräumung einer Besitzposition in Form eines *precarium*.[12] Denkbar war allenfalls ein Kaufvertrag, dessen Gegenstand zwar nicht die käufereigene Sache selbst, wohl aber der – für Beweislast und Obsiegen im Eigentumsrechtsstreit entscheidende – Besitz der Sache war.[13] Ansonsten war dem Kauf der eigenen Sache die Wirkung versagt, ohne daß es auf die Kenntnis des Käufers von der wahren Eigentumslage ankam.[14]

b) Kauf verkehrsunfähiger Sachen

Anders verhielt es sich beim Kauf von Sachen, die dem Rechtsverkehr entzogen waren. Hierzu zählten freie Menschen, gestohlene, heilige oder solche Sachen, die dem öffentlichen Nutzen dienten. Der Kauf eines freien Menschen war nach wohl überwiegender Auffassung wirksam, falls der Käufer diesen irrtümlich für einen Sklaven hielt.[15] Entsprechendes galt, wenn der Käufer nicht wußte, daß die Kaufsache gestohlen war.[16] Was den Kauf von heiligen oder öffentlichen Sachen anbelangt, sind die Stimmen, die den Vertrag bei Gutgläubigkeit des Käufers für wirksam halten, weniger zahlreich.[17]

---

12 D 50.17.45pr. Ulp 30 ed.; für Miete und Kauf ferner D 41.3.21 Iav 6 epist.
13 D 18.1.34.4 Paul 33 ed. Entgegen *Arp* 95 läßt der Text keine Aussage über Sinn oder Unsinn des Kaufs der eigenen Sache erkennen. Grund für die Wirksamkeit des Geschäfts ist dessen Ausrichtung auf die Anerkennung von Besitzrecht und Eigentum des Käufers, die es dem Kauf einer fremden Sache vergleichbar macht.
14 D 18.1.16pr. Pomp 9 Sab.
15 D 18.1.4, 6pr. Pomp 9 Sab; D 21.2.39.3 Iul 57 dig; D 18.1.5 Paul 5 Sab; D 40.13.4 Paul 12 quaest; D 18.1.70 Lic Ruf 8 reg.
16 D 18.1.34.3 Paul 33 ed (mit Pomponius-Zitat).
17 Es fehlen insbesondere positive Aussagen von Julian, Paulus oder Ulpian, dessen Haltung sich auch aus der undeutlichen Stelle D 11.7.8.1 nicht entnehmen läßt. Damit verbleiben nur D 18.1.4 Pomp 9 Sab und D 18.1.62.1 Mod 5 reg. Die dort erwähnte *actio empti* entspringt nicht, wie *Zimmermann* 690 meint, einem unwirksamen Kaufvertrag. Wenn Modestin sagt: „*licet emptio non teneat*", bedeutet dies nur, daß dem Verkäufer aus dem wirksamen Kaufvertrag keine Klage gegen den Käufer erwächst. Entgegen *Flume* 114ff. kommt mit diesem Einschub nicht nur zum Ausdruck, daß der Käufer durch den Kauf eines heiligen oder öffentlichen Platzes zwangsläufig nicht gebunden sein kann, weil der Kaufpreis nur zum Abzugsposten in der Schadensrechnung wird. Statt dessen will Modestin klarstellen, daß ein zum Schutz des gutgläubigen Käufers als wirksam anerkannter Kauf keine nachteiligen Rechtsfolgen für diesen zeitigen kann.

Die Haftung des Verkäufers, der einen freien Menschen verkauft hatte, folgte den Grundsätzen der Eviktionshaftung beim Verkauf einer fremden Sache.[18] Die Ähnlichkeit zu diesem Fall könnte der materielle Grund dafür gewesen sein, daß zum Schutz des gutgläubigen Käufers Ausnahmen von der Unwirksamkeitsregel gemacht wurden. Möglich waren diese, weil der Grund der Nichtigkeitsfolge nicht in der anfänglichen Unmöglichkeit der Verkäuferleistung, sondern in dem Sittenverstoß lag, den der Abschluß eines Kaufvertrages über eine dem Rechtsverkehr entzogene Sache bedeutete. Dieser Vorwurf traf auch den Kauf eines freien Menschen, der unter der Bedingung abgeschlossen wurde, daß dieser zum Sklaven werde. Dies war ein keineswegs unerfüllbares Geschäft, dem die Wirksamkeit nur wegen der Frevelhaftigkeit der Spekulation über das Schicksal eines freien Dritten abgesprochen wurde.[19]

c)   Kauf nicht existierender Sachen

Keinen moralischen Bedenken begegnete hingegen der Kauf nicht existierender Sachen. Dieser war grundsätzlich ungültig,[20] konnte jedoch Wirksamkeit erlangen, wenn eine zukünftige Sache verkauft worden war und diese wirklich zur Entstehung kam.[21] Da die Unwirksamkeitsfolge hier nicht auf Sittlichkeitserwägungen beruhte, konnte sie auch nicht dem Schutz einer redlichen Vertragspartei weichen: Wußten Verkäufer oder Käufer beim Vertragsabschluß von der vorhergehenden Zerstörung der Kaufsache, stand eine Bindung der arglistigen Vertragspartei unter dem Vorbehalt, daß zumindest irgendein Teil der Kaufsache erhalten war. Deren vollständiger Untergang machte eine Berücksichtigung des Parteiwissens und eine Aufrechterhaltung des Vertrages zum Schutz der redlichen Partei unmöglich.[22]

---

18   D 21.2.39.3 Iul 57 dig.
19   Vgl. D 18.1.34.2 Paul 33 ed: ,... *nec enim fas est eiusmodi casus expectare.*'
20   Allgemein zum Fall der vor Vertragsschluß untergegangenen Sache D 18.1.15pr. Paul 5 Sab. Der in § 1 des Fragments überlieferte Textauszug, demzufolge die nicht auf Fahrlässigkeit beruhende Unkenntnis dem Käufer nützt, entzieht sich wegen seiner Abstraktheit dem Verständnis. Er kann nicht als Grundlage für die Annahme dienen, der Käufer habe in diesem Fall Ersatz seines Vertrauensschadens verlangen können; vgl. *Arp* 121.
21   Pomponius (9 Sab) D 18.1.8pr. sagt ausdrücklich, daß die Wirksamkeit des Kaufs im Normalfall von der Entstehung der Sache abhängt. Wenn er bei deren Vereitelung durch den Verkäufer dennoch die *actio ex empto* gewährt, folgt dies entgegen *Flume* 118 nicht aus einer unbedingten Geltung des Vertrages, sondern aus einer Fiktion des Bedingungseintritts. Auf diesen Gesichtspunkt läßt sich vermutlich auch die in D 19.1.21pr. (33 ed) überlieferte Entscheidung Paulus' zurückführen, der den Verkäufer eines erst noch zu gebährenden Sklavenkindes haften läßt, falls die als Mutter auserkorene Sklavin unfruchtbar oder älter als 25 Jahre ist.
22   Paulus-Neratius D 18.1.57.1, 2. *Wollschläger* 12 sieht hierin das Aufeinandertreffen von altertümlicher Nichtigkeitsregel und fortschrittlicher Interessehaftung für *dolus*. Die von *Arp* 111ff. geäußerte Interpolationsvermutung ist ebenso haltlos wie seine Verdächtigung von § 3 des Fragments, wo Neraz bei beiderseitiger Kenntnis des Sachuntergangs
(Fortsetzung auf der nächsten Seite)

Die Ausnahmen, die einige Juristen von der Voraussetzung der Sachexistenz machten, waren objektbezogen und betrafen den Kauf nicht existierender Forderungen[23] oder Erbschaften[24] und den Kauf einer bloßen Chance, die sogenannte *emptio spei*.[25] Diese hätte auch durch weite Auslegung des Begriffs ‚Kaufsache' in das Feld der zulässigen Geschäfte integriert werden können. Die Juristen sahen sie jedoch als Kauf *sine re* und damit als regelrechte Ausnahme vom Gebot der Sachexistenz an.[26] Auf die Anerkennung des Hoffnungskaufs ging vermutlich auch die Zulassung von Forderungs- und Erbschaftskauf trotz Nichtexistenz des Kaufobjekts zurück. Bei diesen Geschäften besteht nämlich eine vergleichbare Ungewißheit über den Kaufgegenstand, die ihre Deutung als Hoffnungskauf erlaubt.[27] Dafür spricht, daß sich die Gegner des Kaufs einer

---

Nichtigkeit des Vertrages annimmt. Daß dieser Fall in der Praxis schwerlich vorkommen kann, bedeutet nicht, daß der Jurist ihn von seiner Betrachtung hätte ausnehmen müssen. Die Begründung der Entscheidung, die mit dem beiderseitigen *dolus* der Vertragsparteien motiviert wird, stimmt mit der *ratio* der vorangehenden Fallösungen überein: Setzt sich eine der beiden Seiten dem Vorwurf des *dolus* aus, wird der Vertrag zum Schutz der anderen Partei bis zur äußersten Grenze aufrechterhalten, ab der die Unwirksamkeitsregel eingreifen muß. Fällt demgegenüber beiden Parteien *dolus* zur Last, besteht für Neraz kein Grund, von den überlieferten Entscheidungen des Nerva, Sabinus und Cassius abzuweichen, die den Kauf eines abgebrannten Hauses für nichtig halten; und es gibt auch keinen Anlaß für die im *principium* angestellte Differenzierung nach dem Umfang der Zerstörung, die einer angemessenen Verteilung des Risikos von Vertragsgeltung und –unwirksamkeit dient. Für echt hält die Entscheidung in § 3 trotz Zweifel an der Begründung auch *Peters* 290. *Flume* 107f. äußert sich zurückhaltend gegenüber der Vermutung einer Interpolation, die er allenfalls einem nachklasssischen Bearbeiter zuschreiben will und in der er keine Abweichung vom klassischen Rechtszustand erkennt; das gesamte Fragment deutet er zu Recht als Bestätigung für den rechtsaktsbezogenen Charakter der Nichtigkeitsregeln im Kaufrecht.

23 D 18.4.4 Ulp 32 ed (mit Celsus-Zitat).
24 D 18.4.8 Iav 2 Plaut in offenem Gegensatz zu D 18.4.1Pomp 9 Sab und D 18.4.7 Paul 14 Plaut. Bei dem an das Javolen-Fragment angehängten Auszug aus Paulus' Ediktskommentar (D 18.4.9), in dem ohne nähere Erläuterung eine Interessehaftung statuiert wird, muß es sich um ein Fehlzitat der Kompilatoren handeln, vgl. *Honsell* 112 und *Flume* 110, der jedoch zu Unrecht auch die Echtheit des Javolen-Textes bezweifelt; anders *Peters* 297f., dessen Verteidigung der Authentizität des Paulus-Fragments jedoch nicht zu überzeugen vermag.
25 D 18.1.8.1 Pomp 9 Sab; D 19.1.11.18 Ulp 32 ed (mit Julian-Zitat); D 19.1.12 Cels 27 dig.
26 Vgl. die Worte des Pomponius a.a.O.: ‚*Aliquando tamen et sine re venditio intellegitur, veluti cum quasi alea emitur. ...*'
27 *Arp* 122 vermag nicht anzugeben, warum der Kauf einer nicht existierenden Forderung einen Sinnhaftigkeitsvorsprung vor dem Kauf einer nicht existierenden Sache haben sollte. Daß der Kauf einer inexistenten Forderung auch weder dem Kauf einer dem Verkäufer nicht gehörenden Sache gleichgestellt noch mit der *dolus*-Haftung des Verkäufers begründet werden kann, macht *Flume* 118f. und N. 96 geltend, der ebenso wie *Rabel*, Mélanges Gérardin 503 die Sonderstellung des Forderungskaufs zu Recht daraus ableitet, daß dieser von vornherein ohne Kaufsache im naturalistischen Sinn auskommen muß.

nicht existierenden Erbschaft gerade darauf berufen, daß dieser nicht Kauf einer Chance, sondern einer *res* sei,[28] welcher der Voraussetzung der Sachexistenz unterliege.[29]

d) Ergebnis

Die hinter der Scheidung von *emptio spei* und Sachkauf stehende naturalistische Auffassung der *res* als Kaufgegenstand spricht dafür, daß das Unwirksamkeitsverdikt, das den Kauf einer nicht existierenden Sache traf, seine Wurzel in der ursprünglichen Struktur des Geschäfts als Barkauf[30] hat.[31] Zumindest im klassischen Recht besteht keine Verbindung zu dem unmittelbar aus Sittlichkeitsvorstellungen abgeleiteten Verbot des Kaufs einer verkehrsunfähigen Sache oder dem übergreifenden Prinzip einer Unzulässigkeit von Geschäften mit der *res sua*.[32] Erst recht konnten diese drei Unwirksamkeitsgründe von den klassischen Juristen nicht auf den gemeinsamen Gesichtspunkt einer Unmöglichkeit der Verkäuferpflicht zurückgeführt werden.[33] Gerade wegen des Fehlens einer

---

28 War dies die Streitfrage, so ist kein Raum für den Harmonisierungsversuch von *Apathy*, SZ 111 (1994) 114ff., der glaubt, Javolen gehe bei seiner Entscheidung in D 18.4.8 ebenfalls von der Unwirksamkeit des Kaufvertrages aus, gewähre aber trotzdem die *actio empti* mit redhibitorischer Funktion und mißachte die Nichtigkeitsregel als dogmatisches Hindernis.

29 D 18.4.7 Paul 14 Plaut: „... *nec enim alea emitur, ut in venatione et similibus, sed res: quae si non est, non contrahitur emptio* ...'. Ebenso Ulpian (32 ed) D 18.4.11, der nur den Erbschaftskauf, der mit der Klausel „*si qua sit hereditas*' versehen ist, als Hoffnungskauf deutet und mit dem Fällen „*in retibus*' vergleicht.

30 Dessen Rückstände sind im klassischen Recht auch sonst vielfach zu beobachten; vgl. *Kaser*, RP I² 547, *J.G. Wolf* 13f.

31 Ebenso *Wieacker* 801 N. 43, *Wollschläger* 11f. Anders *Arp* 105f., der nicht zu Unrecht von der „Entäußerungsnatur" des Kaufs ausgeht, diese jedoch mit einem Sinnhaftigkeitsurteil verquickt und dabei die von den römischen Juristen vorgenommene Unterscheidung zwischen *emptio rei* und *emptio spei* übersieht. Eine ähnliche Auffassung wie *Arp* vertritt *Peters* 289, 305f., der Nichtigkeit nur bei fehlender Ernstlichkeit des Geschäftes annimmt und die Formulierungen der römischen Juristen ansonsten nur für verkürzte Umschreibungen der Folgenlosigkeit eines Kaufvertrages hält.

32 Damit ist ein gemeinsamer Ursprung dieser Nichtigkeitsgründe nicht ausgeschlossen. Er ist wiederum im Barkauf zu suchen, der als Übereignungsgeschäft auf die Eigentumsübertragung ausgerichtet war und daher immer dann scheitern mußte, wenn eine nicht existierende, verkehrsunfähige oder käufereigene Sache zum Verkauf kam. Da das Übereignungselement im Rechtsakt der *emptio venditio* versteckt war und nicht zum Gegenstand des dadurch begründeten Rechtsverhältnisses werden konnte, mußte es mit der Entwicklung des Geschäfts zum Distanzkauf in Vergessenheit geraten. Mit ihm verschwand zugleich das einheitliche Fundament der Nichtigkeitstatbestände, denen fortan ein getrenntes Dasein beschieden war. Als Unmöglichkeitsdoktrin taugten diese wegen der Vielgestaltigkeit der Verkäuferpflichten von vornherein nicht.

33 Im Ergebnis ebenso *Flume* 106. Die Unmöglichkeitsregel, die – wie sich erweisen wird – den Besonderheiten der Verpflichtung zur Leistung eines *certum* entsprang, galt entgegen *Rabel*, Mélanges Gérardin 487 und FS Bekker 195f. auch nicht „der Sache nach" für das Kaufrecht. Die Celsus-Sentenz „*impossibilium nulla obligatio est*' (8 dig D

(Fortsetzung auf der nächsten Seite)

solchen Verankerung trachteten die klassischen Juristen auch nach Überwindung der Nichtigkeitsfolge und sahen von ihr vollends ab, wenn das Kaufobjekt keine Sache im naturalistischen Sinn war.

2. Stipulationsrecht

a) Einheitliche Unmöglichkeitsregel

Völlig anders war dies im Recht der Stipulation, deren Durchsetzung bei Zusage der Übereignung einer bestimmten Sache mit Hilfe der *formula certa* erfolgte:[34] Zwar blieb dem Schuldversprechen hier in den gleichen Fällen die Wirkung versagt, in denen auch ein Kauf nichtig gewesen wäre.[35] Die Unwirksamkeit der Stipulation einer nicht existierenden, verkehrsunfähigen oder gläubigereigenen Sache entschied sich jedoch an einem einheitlichen Kriterium, das dogmatischer Natur war. Es bestand darin, daß die versprochene Übereignung, das *rem dare* des Stipulations- und Klageformulars, nicht möglich war:

Gai inst 3.97, 99:

Si id quod dari stipulamur, tale sit, ut dari non possit, inutilis est stipulatio, velut si quis hominem liberum, quem servum esse credebat, aut mortuum, quem vivum esse credebat, aut locum sacrum vel religiosum, quem putabat humani iuris esse, dari stipuletur. ... Praeterea inutilis est stipulatio, si quis ignorans rem suam esse dari sibi eam stipuletur; quippe quod alicuius est, id ei *dari non potest.*[36]

50.17.85) verortet *Wollschläger* 14 daher zu Recht bei den strengrechtlichen Verbindlichkeiten.

34 Die auf *facere* gerichtete Stipulation wurde als Versprechen eines *incertum* begriffen (D 45.1.75.7 Ulp 22 ed), das mit Hilfe einer *formula incerta* eingefordert wurde (Gai inst 4.136).

35 In Grenzfällen wurde zuweilen auch bei der Stipulation auf die im Kaufrecht offen gelegte Wertung zurückgegriffen. Dies zeigt D 18.1.34.2 Paul. 33 ed, wo die Wirksamkeit des Geschäfts über einen freien Menschen, das unter der Bedingung seiner künftigen Versklavung steht, einheitlich für Kaufvertrag und Stipulation verneint und mit dem Sittenverstoß begründet wird, den die Spekulation über das Schicksal eines freien Dritten bedeutet. Nur für die Stipulation findet sich die gleiche Begründung in D 45.1.83.5 Paul 72 ed, freilich in Verbindung mit dem dogmatischen Argument, daß die aus der Stipulation entspringende Obligation nicht sofort entstehen könne und keinen möglichen Gegenstand habe. Eine Interpolation dieser Texte, wie sie *Rabel*, Mélanges Gérardin 507 annimmt, ist unwahrscheinlich und kann jedenfalls nicht auf die Kompilatoren zurückgehen, die sich in IJ 3.19.2 einer moralischen Bewertung solcher Geschäfte enthalten.

36 Den Wortlaut dieses Textes übergeht *Flume* 102ff., der meint, Existenz und Verkehrsfähigkeit der versprochenen Sache seien nicht für die Leistungsverpflichtung von Belang, sondern ähnlich wie im Kaufrecht Voraussetzungen der Wirksamkeit der Stipulation als Rechtsakt. Aus IJ 3.19.1 ergibt sich dies jedoch ebensowenig wie aus der Ablehnung eines Schwebezustandes in IJ 3.19.2: Die vage Möglichkeit, daß die dem Rechtsverkehr entzogene Sache verkehrsfähig werden könnte, kann nicht mit der konkreten Aussicht auf Erfüllung eines Versprechens verglichen werden, das nach Paulus D 45.1.73pr. einer *dilatio ex re ipsa* unterliegt.

> Wenn dasjenige, dessen Übereignung wir uns versprechen lassen, dergestalt ist, daß es *nicht übereignet werden kann*, so ist die Stipulation unwirksam, wie zum Beispiel, wenn sich jemand einen freien Menschen, den er für einen Sklaven hielt, oder einen verstorbenen Sklaven, den er für lebend hielt, oder einen heiligen oder religiösen Ort, den er dem Rechtsverkehr zurechnete, versprechen läßt ... Unwirksam ist die Stipulation auch, wenn sich jemand in Unkenntnis die Übereignung einer ihm bereits gehörenden Sache versprechen läßt, weil dasjenige, was jemandem bereits gehört, diesem *nicht übereignet werden kann*.

Dieser Auszug aus den Institutionen des Gaius belegt zudem, daß von der Unwirksamkeitsregel hier anders als im Kaufrecht keine Ausnahmen zugunsten des redlichen Gläubigers gemacht wurden.[37] Der Grund hierfür liegt in der Beschränkung der Schuldnerpflicht auf einen bestimmten Leistungserfolg. Der Inhalt der versprochenen Leistung war durch den Wortlaut der Stipulation und das daran anknüpfende Klageformular abschließend bestimmt. War die zugesagte Leistung unmöglich, konnte der Schuldinhalt nicht durch eine andere Leistung ersetzt werden. Ausdrücklich sagt dies

D 45.1.103 Mod 5 resp:

> Liber homo in stipulatum deduci non potest, *quia nec dari oportere intendi nec aestimatio eius praestari potest*, non magis quam si quis dari stipulatus fuerit mortuum hominem aut fundum hostium.
>
> Ein freier Mensch kann nicht zum Gegenstand einer Stipulation gemacht werden, *weil weder die Pflicht zu seiner Übereignung verfolgt noch sein Schätzwert geleistet werden kann*; dies gilt hier nicht weniger als in dem Fall, daß sich jemand einen toten Sklaven oder ein in Feindeshand befindliches Grundstück hat versprechen lassen.

Die Übereignung eines freien oder verstorbenen Menschen oder eines in Feindeshand befindlichen Grundstücks kann der Gläubiger weder begehren, noch ist eine Zahlung des Schätzwertes der versprochenen Sache möglich:[38] Die *intentio* der auf Übereignung gerichteten Klage geht ebenso ins Leere wie die Schadensersatzforderung. Die zu übereignende Sache hatte wegen der Unmöglichkeit des Eigentumserwerbs nämlich keinen Wert, der mit der Kondemnationsformel „*quanti ea res erit*" bemessen werden konnte.[39][40] Die Schätzung des Interesses,

---

37 *Arps* abweichendes Verständnis (vgl. S. 89, 94), gegen das sich auch *Flume* 102 N. 18 wendet, ist erkennbar der Verwechslung von *stipulator* und *promissor* geschuldet.

38 In dieser Präzisierung liegt entgegen Arp 76 sehr wohl eine – dogmatische – Begründung, die dem Gesichtspunkt der Unsittlichkeit des Versprechens vorgeschaltet ist. Dieser kann im übrigen keine Geltung für die zum Vergleich herangezogenen Stipulationen eines *homo mortuus* oder eines *fundus hostium* Geltung beanspruchen.

39 Damit ist nicht die fehlende Möglichkeit zur Ermittlung eines Marktpreises gemeint, die *Medicus*, Unmöglichkeit 75ff. unter verhaltener Zustimmung von *Zimmermann* 689f. für den Ausgangspunkt der Unmöglichkeitsregel hält (dagegen auch *Arp* 97). Entscheidend ist allein die Wertlosigkeit des konkret zugesagten Gegenstandes, die nicht durch Schätzung des Wertes eines vergleichbaren Sklaven ersetzt werden konnte; vgl. *Rabel*, Mélanges Gérardin 506. Diese Wertlosigkeit macht *Kaser* 127f. wegen des Tempus der
(Fortsetzung auf der nächsten Seite)

das der Gläubiger an einer vergleichbaren fungiblen Sache oder dem Unterbleiben des Geschäfts hatte, schied aus. Denn weder für die Leistung einer anderen als der versprochenen Sache noch für die Unterlassung des Geschäftsabschlusses bestand eine einklagbare Verpflichtung des Schuldners.

Damit führten weder die bloße Formellogik[41] noch die vermeintliche Widersinnigkeit[42] der auf eine unmögliche Leistung gerichteten Stipulation zur Unwirksamkeit des Geschäfts. Entscheidend war allein die abschließende Festlegung des Schuldinhalts, der keiner Umwandlung oder Veränderung zugänglich war.[43] [44]

b) Nachträgliche Unmöglichkeit

Da diese Erwägungen gleichermaßen für die nachträgliche Unmöglichkeit gelten, mußte die auf Übereignung einer bestimmten Sache gerichtete Stipulation auch in diesem Fall ihre Wirksamkeit einbüßen. Für die Befreiung des wirksam

---

Klageformel („*est*") auch für die Notwendigkeit der *perpetuatio obligationis* beim nachträglichen Sachuntergang verantwortlich.

40 Diese Lösung erschien so einfach, daß der Verfasser der *aurea* sagen konnte, sie ergebe sich *naturali ratione*, vgl. D 44.7.1.9.

41 *Wieacker* 801, *Wollschläger* 92 und *Kaser* 127 gehen von einer streng wortgetreuen Auslegung der Klageformel aus, deren *intentio* bei Unmöglichkeit der eingeklagten Leistung „nicht zutreffe", „unwahr sei" oder „nicht stimme"; ähnlich *Zimmermann* 689; dagegen zu Recht *Medicus*, Unmöglichkeit 70 und *Arp* 98.

42 *Arp* 78ff., 123 erkennt hierin den eigentlichen Gehalt der Unmöglichkeitsregel und übersetzt *impossibilis* als „unsinnig", ohne jedoch auf die sich aufdrängende Ähnlichkeit dieses Begriffs zu der stets wiederkehrenden Formulierung ‚*dari non potest*' einzugehen. Sein Vergleich zur *condicio impossibilis*, bei der nicht die Bedingung als Verknüpfung des Rechtsgeschäfts mit einem ungewissen Umstand, sondern der Eintritt dieses Umstandes unmöglich ist, leidet ebenso unter einer unzulässigen Verengung der Begrifflichkeit wie seine Interpretation der *repromissio* in IJ 3.15.5: Beide Ausdrücke bezeichnen nicht nur das jeweilige Rechtsinstitut, sondern auch dessen Gegenstand. Unvereinbar ist *Arps* Verständnis des Begriffs *impossibilis* jedenfalls mit der Regel des Celsus: ‚*impossibilium nulla obligatio est*' (8 dig D 50.17.185). Hier ist es eindeutig der Schuldinhalt, den Celus *impossibilis* nennt, während die *obligatio* nicht widersinnig, sondern *nulla* ist.

43 Als unberechtigt kann daher schon jetzt der Vorwurf von *Rabel* 197ff. gelten, die Unmöglichkeitsregel sei das Relikt einer „grobsinnlich denkenden Zeit", die den Begriff der Möglichkeit stets mit materieller Potentialität verknüpft habe; dagegen auch *Cannata* 111 und *Arp* 97. – Eher läßt die Unmöglichkeitsregel mit *Wieacker* 801 als Ausdruck der Beschränkung des Rechtsschutzes auf die Ordnung sozialwertiger und realer Interessen deuten. Dies entspricht ihrer heutigen Funktion; vgl. unten III.1.

44 Die Übertragung der Unmöglichkeitsregel auf die *facere*-Stipulation in D 45.1.35pr. Paul 12 Sab stellt dieses Ergebnis wegen ihrer Herleitung aus dem für die *dare*-Stipulation geltenden Recht nicht in Frage, ist aber ebenso bedenklich wie die in diesem Text befürwortete Ausdehnung der *perpetuatio obligationis* auf die anfängliche Unmöglichkeit. Daß diese im klassischen Recht nur für eine nachträglich unmöglich gewordene Leistung galt, nimmt *Medicus*, Unmöglichkeit 71 zu Recht an.

verpflichteten Schuldners war keine separate Regel nötig: Mit der Unmöglichkeit der Leistung war auch hier die Verwirklichung des in seinem Inhalt unveränderlichen Gläubigerrechts ausgeschlossen. Anfängliche Nichtigkeit des Versprechens und nachträgliche Befreiung des Schuldners waren nur Erscheinungsformen desselben Prinzips, dessen Grundlage die Beschränkung des Schuldinhalts war.[45]

Es bedurfte daher auch einer wahrhaften Ausnahmeregelung, um den Schuldner, der für das Unmöglichwerden der Leistung verantwortlich war, weiterhin haften zu lassen: Durch die von republikanischen Juristen erfundene und später *perpetuatio obligationis* genannte[46] Lösung wurde fingiert, daß die Leistung, deren Unmöglichkeit der Schuldner zu vertreten hatte, im Zeitpunkt der Streitbegründung noch möglich war. Die untergegangene Sache wurde als weiterhin existierend[47] und der Gegenstand, der dem Rechtsverkehr mittlerweile entzogen war, als noch verkehrsfähig[48] angesehen.[49] Nur mit Hilfe dieser Fiktion wurde erreicht, daß der Gläubiger immer noch die Übereignung der Sache fordern,[50] der Schuldner in deren Schätzwert verurteilt werden[51] konnte. Dazu mußten weder das Klageformular eine Änderung erfahren[52] noch die Stipulation um

---

45 Vgl. D 45.1.83.5 Paul 72 ed: „... *quoniam una atque eadem causa et liberandi et obligandi esset, quod aut dari non possit aut dari possit. ...'*. Nicht zutreffend ist daher die Annahme von *Wilhelm/Deeg* 225, der Satz „*impossibilium nulla obligatio est*' gelte nur für die anfängliche Unmöglichkeit.
46 Der Begriff stammt von Paulus (17 Plaut) D 45.1.91.3, der sich auf eine *constitutio veterum* beruft
47 D 45.1.82.1 Ulp.78 ed; PS 5.7.4.
48 D 45.1.91.1 Paul 17 Plaut (ohne ausdrückliche Erwähnung der Fiktion).
49 *Jakobs* 180ff. und *Bianchi Fossati Vanzetti*, Perpetuatio obligationis (1979) 12ff. meinen statt dessen, die *perpetuatio obligationis* sei nur Ausdruck des Fortbestandes der Haftung trotz Unmöglichkeit gewesen und habe deshalb auch für Ansprüche aus *bonae fidei iudicia* gegolten. Diese Annahme beruht auf einer mangelnden Differenzierung zwischen dem Schuldinhalt bei den mit *formulae certae* ausgestatteten und den mit *formulae incertae* versehenen Schuldverhältnissen; dagegen auch *Kaser* 127ff., der freilich nicht über die Formellogik hinausgeht und damit den Ansatzpunkt der Kritik von *Jakobs* und *Bianchi Fossati Vanzetti* nicht beseitigen kann. *Genzmer* 114f. begründet die Unanwendbarkeit der *constitutio veterum* auf *bonae fidei iudicia* mit seiner Deutung des Ausdrucks *perpetuari* als Gegenbegriff zu *extingui*. Mag diese Gegenüberstellung auch richtig sein, ist durch die bloße Begriffsbestimmung doch noch nichts gewonnen. Von *perpetuari* und *extingui* läßt sich nämlich, wie *Jakobs* a.a.O. zutreffend geltend macht, auch im Recht der *bonae fidei iudicia* sprechen. Entscheidend ist, daß es einer Verewigung der Obligation von vornherein nicht bedarf, wenn diese nicht nur einen bestimmten Inhalt hat, sondern aus einem Strauß von Schuldnerpflichten besteht.
50 D 45.1.91.6 Paul. 17 Plaut.: „*Effectus huius constitutionis ille est, ut adhuc homo* [=der gestorbene Sklave] *peti potest. ...'*
51 *Kaser* 127.
52 *Medicus*, Unmöglichkeit 72f., *Kaser* 128f. und *Flume* 104 gegen *v. Lübtow*, Beiträge zur Lehre von der *condictio* (1952) 81.

einen weiteren Schuldinhalt ergänzt werden, der nicht der Parteivereinbarung entsprach.[53] [54]

Daß man sich auch hier an die durch den Inhalt der Stipulation gesetzten Grenzen gebunden fühlte, zeigt der beschränkte Anwendungsbereich der *perpetuatio obligationis*: Sie trat ohne weiteres ein, wenn die Leistung während des Verzuges unmöglich wurde. Dies war nämlich ein Umstand, den der Schuldner gerade durch rechtzeitige Erfüllung seiner Leistungspflicht hätte abwenden können. Außerhalb des Verzugs erfolgte eine Verewigung des Schuldverhältnisses dagegen nur, wenn der Schuldner die Unmöglichkeit durch ein positives Tun herbeigeführt hatte, sei es, daß er die geschuldete Sache eigens vernichtet[55] oder zu einer verkehrsunfähigen gemacht[56] hatte, sei es, daß er einem Dritten diese Handlungen ermöglicht hatte.[57] Eine Haftung wegen bloßer Vernachlässigung der Kaufsache[58] schied ebenso aus wie eine Haftung für Handlungen des Eigentümers beim Versprechen einer fremden Sache.[59] In beiden Fällen konnte dem Schuldner kein Handeln,[60] sondern allenfalls ein Unterlassen zum Vorwurf gemacht werden.[61] Die Verewigung des Schuldverhältnisses wäre hier offensichtlich der Anerkennung einer Pflicht zum Handeln (*facere*) gleichgekommen.

---

53 Die Fiktion beruhte entgegen *Wollschläger* 37 nicht darauf, daß sich ein „altertümlicher Formalismus" ein *dare oportere* bei Nichtexistenz der Sache „nicht vorstellen" konnte. Was überwunden werden mußte, war nicht eine engstirnige Auffassung des Klageformulars, sondern die auf dem Parteiwillen beruhende Begrenzung des Schuldinhalts; vgl. auch *Cannata* 111.

54 Mißverständlich, aber richtig ist die Formulierung von *Genzmer* 101, demzufolge die Rechtsfolge der *perpetuatio* gewesen sei, daß sie keine Rechtsfolge gehabt habe. Die *perpetutatio* sorgte dafür, daß eine sich aus anderem Grund ergebende Rechtsfolge nicht eintreten konnte, indem sie nicht diese, sondern deren Grund beseitigte.

55 Dieser Fall war nach D 45.1.91pr. Paul 17 Plaut ausgemacht.

56 Dies ist der gemeinsame Kern der in D 45.1.91.1 Paul 17 Plaut aufgeführten Fälle, vgl. *Cannata* 106ff. und *Kaser* 96 N. 28 gegen die von *Genzmer* 96f., *Sargenti* 174, 191f. und *Mayer-Maly* 12ff. geübte unberechtigte Textkritik.

57 Paulus a.a.O.

58 D 45.1.91pr. Paul 17 Plaut. Die Kritik von *Genzmer* a.a.O., *Sargenti* 170 und *Mayer-Maly* 9ff. an dem als *ratio dubitandi* angeführten Vergleich zum Vindikationsbeklagten ist unbegründet; vgl. *Kaser* 96.

59 D 45.1.91.1 Paul 17 Plaut.

60 Daß diese auch in einem Unterlassen bestehen konnte, wenn der Schuldner den bestehenden Zustand nicht aufrechterhielt, behauptet *Cannata* 95ff. zwar unter Zustimmung von *Kaser* 95, 105, jedoch wohl zu Unrecht.

61 Die Begründung, die D 45.1.91.1 Paul 17 Plaut für den Fall der Unmöglichmachung der Leistung durch einen vom Schuldner verschiedenen Eigentümer gibt, lautet: ‚*quia nihil fecit*' und ist sachlich nicht zu beanstanden. Entgegen *Mayer-Maly* 14 besteht kein Widerspruch zu einer „sachenrechtlich orientierten *distinctio*", weil es diese als solche gar nicht gibt: Die Unterscheidung nach der Person des Eigentümers ergibt sich daraus, daß sämtliche aufgeführten Fälle der Verkehrsunfähigkeit nur vom Sacheigentümer herbeigeführt werden können, so daß auch nur diesem eine Vereitelung der Erfüllung durch positives Tun zum Vorwurf gemacht werden kann; vgl. *Cannata* 105.

Als *incertum*⁶² wäre dies jedoch ein völlig fremder Schuldinhalt gewesen, für den das Versprechen einer Übereignung (*dare*) keinesfalls eine Grundlage bot.⁶³ Die Sanktionierung der vom Schuldner zu vertretenden Unmöglichkeit sollte ihre Grenze in der Unzulässigkeit der Erweiterung des Schuldinhalts um zusätzliche Pflichten finden. Der Erkenntnis, daß diese Grenze durch die Haftung des Schuldners für das aktive Unmöglichmachen der Leistung bereits überschritten war,⁶⁴ konnten sich die römischen Juristen noch verschließen. Denn die Verwendung einer Fiktion zwang gerade nicht zur Aufdeckung der eigentlichen Haftungsgrundlage und ließ eine Verurteilung wegen Nichterfüllung der Leistungspflicht zu.⁶⁵

c) *Unvermögen und Leistungsschwierigkeiten*

Die genaue Festlegung des Schuldinhalts auf einen bestimmten Leistungserfolg hatte nicht nur schuldnerfreundliche Konsequenzen. Sie hatte auch zur Folge, daß nur die Unmöglichkeit obligationshindernde oder befreiende Wirkung haben konnte. Die Berücksichtigung anderer Leistungshindernisse hätte nämlich eine Einschränkung der Obligation auf eine bloße Verhaltenspflicht bedeutet. Dies hätte jedoch ebenso wie die Ausweitung der Schuldnerpflicht in Widerspruch zum Stipulationsinhalt gestanden. Unbeachtlich war daher nicht nur das Unvermögen des Schuldners,⁶⁶ sondern auch eine für jedermann bestehende *difficultas dandi*, sofern das Stipulationsversprechen selbst keinen Anhalt für

---

62 Vgl. oben N. 34.
63 So ausdrücklich Paulus (17 Plaut) D 45.1.91pr.: ‚... *quia qui dari promisit, ad dandum, non faciendum tenetur.*'
64 *Wieacker* 802 sieht hierin zu Recht einen ‚Einbruch subjektiver Verhaltensforderungen an den Schuldner in das Spiel der strengrechtlichen Klagen'. Ebenso wie die Unmöglichmachung durch Unterlassen der Verstoß gegen eine Pflicht zum Handeln ist, kann das schadenstrechtige aktive Handeln des Schuldners nur die Verletzung einer Pflicht zur Unterlassung sein, die ebenfalls ein *incertum* darstellt (vgl. D 45.1.75.7 Ulp 22 ed) und damit in dem Schuldversprechen gleichfalls keine Grundlage hat. Diese Inkonsequenz bestätigt ebenso wie die Beschränkung der *perpetuatio obligationis* auf die nachträgliche Unmöglichkeit nur den Ausnahmecharakter dieser Haftungsfigur und zwingt weder zu der von *Medicus*, Unmöglichkeit 71ff. vorgeschlagenen Erklärung der Unmöglichkeitsregel aus Schätzungsschwierigkeiten noch zu der Deutung von *Flume* 106, der in dem beschränkten Anwendungsbereich der *perpetuatio obligationis* ein Zeichen für den Bezug der Unmöglichkeitsregel auf den Rechtsakt sieht.
65 Deshalb wird die weniger in D 45.1.82.1 Ulp 78 ed und PS 5.7.4 als vielmehr in D 45.1.91.6 Paul 17 Plaut (vgl. oben N. 50) beschriebene *perpetuatio obligationis* entgegen *Flume* 104 auch vollkommen zu Recht mit dem Begriff ‚Fiktion' belegt. Ihre Wirkung beschränkt sich eben nicht auf eine Entkräftung des Unmöglichkeitseinwands; statt dessen führt sie zur Verurteilung wegen Nichterfüllung einer an sich nicht mehr bestehenden Leistungspflicht.
66 D 45.1.137.5 Venul 1 stip. Des Gedankens einer Garantieübernahme bedarf es hier entgegen *Kaser* 104 nicht. Die verschuldensunabhängige Haftung ergibt sich schon aus der Beschränkung des Schuldinhalts auf einen bestimmten Leistungserfolg.

deren Beachtlichkeit bot.[67] Lediglich bei vorübergehenden Leistungshindernissen wurde ein vom Richter kraft seines *officium* zu berücksichtigendes Ruhen der Verpflichtung erwogen.[68]

---

67   D 45.1.137.4 Venul. 1 stip. Die hier angestellte Unterscheidung zwischen *impedimentum naturale* und *difficultas dandi* ist entgegen *Rabel* 198, *Wollschläger* 10 und *Medicus*, Unmöglichkeit 84 nicht deckungsgleich mit der heutigen Differenzierung zwischen Unmöglichkeit und Unvermögen. Zwar führt Venuleius am Ende des Textes zur *reductio ad absurdum* den offenbar unzweifelhaften Fall des Versprechens eines fremden Sklaven an, dessen Eigentümer nicht zur Veräußerung bereit ist. Der vorangehende Fall einer in Rom vollzogenen Stipulation, durch die ein in Ephesus befindlicher Sklave ohne weitere Zeit- und Ortsangabe versprochen wurde, unterscheidet sich von seinem Gegenstück, der Stipulation mit Nennung des Leistungsortes Ephesus, nur durch den Stipulationsinhalt, mit dessen Hilfe ein der *res* selbst anhaftendes *impedimentum naturale* begründet wird. Fehlt der Hinweis auf die Unmöglichkeit einer sofortigen Leistung im Stipulationsformular, liegt wegen der fehlenden Angabe eines Leistungstermins zwar keine obligationsvernichtende Unmöglichkeit (*dare non posse*) vor, die Fälligkeit der Leistung wird jedoch ebensowenig aufgeschoben wie im Ausgangsfall der finanziellen Schwierigkeiten des Schuldners: Wer in Rom Stichus verspricht, ohne kenntlich zu machen, daß sich der Sklave in Ephesus befindet, haftet für dessen sofortige Übereignung in Rom. Daß die unbeachtliche *difficultas dandi* keine subjektiven Leistungshindernisse des Schuldners bezeichnet, zeigen die weiteren Entscheidungen zum Fall einer Stipulation unter Angabe eines entfernten Leistungsortes: Hier ist entweder die Fälligkeit aufgeschoben (D 13.4.2.6 Ulp 27 ed mit Julian-Zitat; D 40.7.34.1 Pap 21 quaest; D 46.1.49.2 Pap 27 quaest; D 45.1.73pr. Paul 24 ed; D 45.1.60 Ulp 20 ed; D 45.1.137.2 Venul 1 stip) oder, wenn zugleich ein nicht einzuhaltender Leistungstermin genannt ist, die Stipulation nichtig (D 13.4.2.6 Ulp 27 ed mit Julian-Zitat und D 45.1.141.4 Gai 2 verb obl), obwohl selbstverständlich ein am Erfüllungsort ansässiger Dritter sofort leisten könnte. Entscheidend ist, daß die Parteien in Rom kontrahiert haben; von diesem Ort aus kann aber niemand sofort leisten. Durch Aufnahme dieses objektiven Hindernisses in das Stipulationsversprechen wird es zum – fälligkeitsverzögernden oder nichtigkeitsbegründenden – *impedimentum naturale*; ohne seine Erwähnung bleibt es in jeder Hinsicht unbeachtliche *diffacultas dandi*. – Kein subjektives, sondern ein für jeden römischen Bürger bestehendes objektives Leistungshindernis stellt daher eine die Gefangennahme des versprochenen Sklaven durch Feinde dar, die Pomponius (2 epist) D 19.1.55 als *difficultas in praestando* im Unterschied zur *difficultas in natura* bezeichnet. Zwischen diesem – nur durch das *officium iudicis* zu berücksichtigenden – Hindernis und den eine Erfüllungsfrist auslösenden Leistungserschwernissen besteht entgegen *Medicus*, Unmöglichkeit 86ff. kein Unterschied, was die Objektivität des hindernden Umstandes anbelangt. – Daß es in D 45.1.137.4 zunächst nicht um die Differenz zwischen objektiver und subjektiver Unmöglichkeit geht, erkennt auch *Arp* 73ff., dessen Annahme, dem Schuldner werde stets die zur Bewirkung der Leistung erforderliche Zeit eingeräumt, jedoch daran scheitert, daß in diesem Fall die Unterscheidung zwischen *impedimentum naturale* und *difficultas dandi* ihren Sinn verlieren würde. Die *difficultas dandi* bewirkt weder eine dauernde noch eine vorübergehende Befreiung des Schuldners; vgl. *Genzmer* 123f.

68   Das *officium iudicis* wird bemüht von D 19.1.55 Pomp 10 epist (mit Octaven-Zitat - zum Fall eines *servus in potestate hostium*; für den Interpolationsverdacht von *Rabel*, Mélanges Gérardin 479 gibt es keinen Anlaß). Von *obligatio cessare* als Gegenbegriff zu *extingui* spricht D 46.3.98.8 Paul 15 quaest (zum Fall eines in Einzelteile zerlegten
(Fortsetzung auf der nächsten Seite)

d) Ergebnis

Für die Verpflichtung des Stipulationsschuldners zur Übereignung einer bestimmten Sache bestand im klassischen römischen Recht eine ausgebildete Unmöglichkeitslehre. Diese galt einheitlich für Fälle der anfänglichen und nachträglichen Unmöglichkeit und beruhte auf der Beschränkung des Schuldinhalts. War die versprochene Leistung von vornherein nicht zu erbringen oder nach Abschluß des Vertrages unmöglich geworden, mußte der Stipulation die Wirkung versagt bleiben oder Befreiung des Schuldners eintreten. Wegen ihrer Unmöglichkeit war die zugesagte Leistung in beiden Fällen wertlos. Sie konnte daher weder begehrt noch zum Gegenstand einer Haftung auf den Schätzwert gemacht werden. Die Anknüpfung der Haftung an eine vergleichbare Leistung oder sonstige Pflicht kam grundsätzlich nicht Betracht, weil der Schuldner außer der Übereignung zu nichts verpflichtet war.

Die Beschränkung des Schuldinhalts wirkte sich nicht nur zugunsten, sondern auch zulasten des Schuldners aus: Ebenso, wie der Gläubiger anstelle der unmöglichen Übereignung keinen anderen Leistungserfolg und kein anderes Verhalten des Schuldners verlangen durfte, konnte dessen Verpflichtung zur Herbeiführung des versprochenen Erfolges auch nicht durch weniger belastende Pflichten, insbesondere die hinreichende Bemühung um den Leistungserfolg, ersetzt werden. Unvermögen und andere Leistungshindernisse mußten daher unberücksichtigt, die Verteidigung des Schuldners auf die Unmöglichkeit seiner Leistung beschränkt bleiben.

Diese wirkte grundsätzlich obligations- und haftungszerstörend und blieb nur dann ohne Einfluß auf die Haftung, wenn im – rechtlichen, nicht praktischen – Ausnahmefall der *perpetuatio obligationis* die Möglichkeit der Leistung fingiert wurde. Die Verwendung dieses Hilfsmittel verdeckte, daß die Haftung des Schuldners hier eigentlich nicht auf der Nichterfüllung der Leistungspflicht beruhte. In Wahrheit konnte sie sich nur aus der Pflicht zur Unterlassung leistungshindernder Handlungen ergeben, die zu der Verpflichtung auf den Leistungserfolg hinzutrat.

3. Vergleich der Haftungssysteme

Die Unterschiede zwischen diesem Haftungssystem, in dem der Leistungsunmöglichkeit zentrale Bedeutung zukommt, und dem Kaufrecht, das weder anfängliche noch nachträgliche Unmöglichkeit kennt, beruhten nicht allein auf formallogischen Schlüssen aus dem jeweiligen Klageformular. Sie waren Folge des verschiedenartigen Schuldinhalts, der in dem einen Fall nur eine einzige Pflicht zur Herbeiführung eines bestimmten Erfolges, in dem anderen Fall sämt-

---

Schiffs und des *servus ab hostibus captus*; den Widerspruch zur Entscheidung Paulus' in 17 Plaut D 45.1.91.1 untersucht *Medicus*, Unmöglichkeit 87f.; das Verhältnis zu D 45.1.83.5 Paul 72 ed beleuchtet *Cannata* 84ff.).

liche Pflichten umfaßte, die sich im Einzelfall aus der *bona fides* ergaben. Dieser Unterschied hat seinen Grund wiederum in der verschiedenen Struktur der Rechtsgeschäfte: Der formlose Kaufvertrag war selbst Rechtsboden für den gegenseitigen Leistungsaustausch, die Stipulation dagegen einseitiges Schuldversprechen, das allein aufgrund seines formalen Begründungsakts wirkte und einen Rechtsgrund außerhalb seiner selbst hatte.[69] Als inhaltlich neutrales Rechtsgeschäft kam die Stipulation auch im Rahmen von Austauschverträgen zum Einsatz.[70] Ihre Funktion bestand hier in einer Erleichterung der Rechtsdurchsetzung. Sie entband den Richter von einer umfassenden Prüfung der gegenseitigen Pflichten und beschränkte seine Untersuchung auf die Frage, ob der Schuldner einen bestimmten Leistungserfolg hergestellt hatte. Wer sich hierauf einließ und an der Konkretisierung des Schuldinhalts mitwirkte, verdiente weder als Gläubiger noch als Schuldner Schutz, wenn er die begründete Verpflichtung durch eine andere zu ersetzen wünschte. Der Gläubiger durfte nicht auf einen anderen als den versprochenen Leistungserfolg zählen und auch kein bestimmtes Schuldnerverhalten erwarten. Der Schuldner konnte nicht damit rechnen, nur nach seinem Verhalten und ohne Rücksicht auf den zugesagten Leistungserfolg beurteilt zu werden.

II. Das BGB: Unmöglichkeit als Folge des Anspruchs auf Naturalerfüllung

Erfolgs- und Verhaltenspflicht, die sich im römischen Recht auf zwei unterschiedliche Arten von Schuldverhältnissen verteilten, hat die Lehre zum geltenden Recht in der einheitlichen Figur des Schuldverhältnis verortet.[71] Hier er-

---

69 Er ergibt sich aus der *causa stipulationis* als materialer Zweckbestimmung; vgl. *Wolf*, Causa stipulationis (1970) *passim*, insbesondere S. 153ff.

70 Einen Überblick über die Verwendungsmöglichkeiten der Stipulation gibt *Kaser*, RP I² 539, der sie vor allem als Mittel zur Herstellung der Vertragsfreiheit deutet.

71 *Wieacker* 800ff. erkannte, daß die Regelung des BGB unterschiedlichen Einflüssen aus dem Recht der erfolgsorientierten *dare*-Obligation und dem Recht der verhaltensbezogenen *dare-facere*-Obligationen ausgesetzt war. Diese Einflüsse sah er in der nur vordergründig einheitlichen Konzeption der Leistungspflicht am Werke. Hier stünden sich ein am Gläubigerinteresse ausgerichteter, erfolgsbezogener Leistungsbegriff und eine das Schuldnerverhalten regelnde Pflichtenordnung gegenüber. Während der Leistungserfolg die Bestimmungen zu Erfüllung, Leistungszeit und den Begriff der Unmöglichkeit präge (S. 792ff.), knüpften die Rechtsfolgen von Nichtleistung und Unmöglichkeit an das Schuldnerverhalten an. Wie insbesondere die Regelung des nachträglichen Unvermögens zeige, beruhe die Befreiung des Schuldners bei nachträglicher objektiver oder subjektiver Unmöglichkeit (§ 275 Abs. 1 und 2 BGB) darauf, daß der Schuldner keinen Leistungserfolg, sondern nur ein bestimmtes Verhalten schulde. Die Haftung bei zu vertretender Unmöglichkeit und Unvermögen (§ 280 Abs. 1 BGB) ergebe sich nicht aus dem Ausbleiben des Leistungserfolgs, sondern allein aus der Pflichtwidrigkeit des Schuldnerverhaltens (S. 801ff.). Praktische Konsequenz dieser Erkenntnis ist, daß so-
(Fortsetzung auf der nächsten Seite)

scheinen sie als Gegensatz von Erfolgsinteresse des Gläubigers und Verhaltenspflicht des Schuldners. Dies ist scheinbar konsequent, weil es keine Schuldbeziehungen mehr gibt, die wie die römische Stipulation auf einen einzigen Schuldinhalt festgelegt sind. Auch wenn nur eine einzige Hauptleistungspflicht für einen oder beide Teile besteht, erzeugt das dadurch charakterisierte Verhältnis von Gläubiger und Schuldner kraft der Gebote von Treu und Glauben weitere Pflichten, die nach Zahl und Inhalt unbestimmt sind. Ist die Trennung von strengrechtlichen und offenen Schuldverhältnissen damit überwunden, muß auch die aus dem Recht der strengen Obligationen stammende Unmöglichkeitslehre ihre Selbstverständlichkeit verlieren. Es muß die Frage auftauchen, ob sich deren Ergebnisse nicht auch aus einer gehörigen dogmatischen Erfassung der Verhaltensordnung für den Schuldner ergeben.

---

wohl in den Fällen der Zweckverfehlung als auch in denen der Zweckerreichung die Unmöglichkeitsregeln Anwendung finden müssen, weil hier die Leistung als ein durch Schuldnerverhalten herbeizuführender Erfolg nicht mehr erbringbar ist (S. 807, 811). – Obwohl *Wieacker* dem Schuldnerverhältnis damit Doppelcharakter zumaß und es als Opfer eines unaufhebbaren Widerspruchs deutete, erkannte *Jakobs* in diesen Überlegungen eine Hinwendung zur überwundenen Kraftanstrengungslehre. Dieser warf ihr im Anschluß an *Siber* vor, den erfolgsbezogenen Verpflichtungsbegriffs des BGB und die sich daraus ergebenden Widersprüche zu verkennen: Zum einen werde der Schuldner, der nur zu Anstrengungen verpflichtet sei, durch das Leistungsurteil zu etwas verurteilt, was er gar nicht schulde (S. 216). Zum anderen könne der Haftungstatbestand der Pflichtverletzung in diesem Fall auch bei Bewirkung oder Unerreichbarkeit des Leistungserfolges schon dann verwirklicht sein, wenn der Schuldner sich nicht genügend anstrenge (S. 215). Die Auflösung des Widerspruchs zwischen Erfolgs- und Verhaltenspflicht gelingt *Jakobs*, indem er die Verpflichtung des Schuldners sowohl auf Leistung als auch auf Anwendung der hierfür erforderlichen Sorgfalt erstreckt (S. 204). § 276 BGB sei nur wegen des historischen Primats der Haftung als Zurechnungsnorm ausgestaltet (S. 190), umschreibe jedoch negativ, was § 242 BGB als Inhalt der Leistungspflicht vorgebe (S. 220). Diese sei bedingt durch die Möglichkeit der Leistung (S. 214) und ende, wenn der Schuldner sie bei Aufwendung der gebotenen Sorgfalt nicht zu bewirken vermöge (S. 225, 229). Haftungsgrund ist danach allein die Nichterfüllung, die ohne weiteres eine Pflichtverletzung darstellt. Die Unmöglichkeit bewirke dagegen weder eine Haftung noch eine Befreiung des Schuldners (S. 222f.); sie sei Befreiungsgrund allein für den Gläubiger (S. 225f., 229), der nach ihrem Eintritt Schadensersatz statt der Leistung verlangen kann, weil hier ebenso wie im Fall der Leistungsverweigerung feststeht, daß der Schuldner nicht mehr leisten wird (ähnlich *Huber*, Leistungsstörungen I 101f., 114, II 647f., 655f., der die Unmöglichkeitsregeln als Sondertatbestände zur Abkürzung des Gläubigerwegs zum Schadensersatzanspruch versteht). – *Jakobs* Deutung der Unmöglichkeit setzt voraus, daß der Erfüllungsanspruch des Gläubigers trotz Eintritt der Unmöglichkeit erhalten bleibt. Diese zuvor schon von *Rabel*, FS Bekker 180, 183 und später auch von *Huber*, Leistungsstörungen II 656, 775, Schuldrechtsmodernisierungsgesetz 55 vertretene Ansicht findet *Jakobs* in der Rechtsprechung des Reichsgerichts bestätigt, wonach trotz Behauptung der Unmöglichkeit durch den Schuldner und ohne Beweisaufnahme hierüber ein auf Erfüllung gerichtetes Leistungsurteil ergehen darf, sofern der Schuldner nicht zugleich Umstände vorträgt, die auf seine Befreiung wegen fehlenden Verschuldens schließen lassen (S. 233ff.); vgl. dazu unten III.1.

Gestellt wurde diese Frage bereits in der 2. Kommission: Die dort gegen den späteren § 275 Abs. 1 BGB erhobene Kritik lautete, der Schuldner müsse bei einer von ihm nicht zu vertretenden Unmöglichkeit erst gar nicht von seiner Verbindlichkeit befreit werden, da sich diese von vornherein nicht auf jenen Fall erstrecke.[72] Die Kommissionsmehrheit, die sich für eine Beibehaltung der Vorschrift aussprach, begründete ihre Entscheidung allein mit der praktischen Handhabbarkeit dieses eingängigen Rechtssatzes und seiner Funktion als passende Einleitung in das Recht der Leistungsstörungen.[73] Die Auffassung, daß sich die Rechtsfolge des § 275 Abs. 1 BGB eigentlich von selbst ergebe, wurde auch hier geteilt.[74] Dies bedeutet, daß schon dem BGB-Gesetzgeber der Sinn eines eigenständigen Unmöglichkeitstatbestandes neben einer ausgebildeten Pflichtenlehre nicht mehr einleuchtete.

Es kann daher nur eine List der Vernunft gewesen sein, daß die Unmöglichkeitslehre dennoch Eingang in das Gesetz fand. Obwohl die Stipulation des römischen Rechts nicht mehr existiert, hatten und haben die Unmöglichkeitsregeln nichts von ihrer Berechtigung eingebüßt. An die Stelle des römischen Schuldversprechens ist nämlich ein anderes Institut getreten, das in seiner Funktion den Stipulationen entspricht, die man in Rom im Rahmen eines anderen Vertrages zur Konkretisierung des Schuldinhalts und erleichterten Durchsetzung des Gläubigerrechts abschloß. Es ist der Anspruch auf Naturalerfüllung, der kraft gesetzlicher Anordnung oder aufgrund des Parteiwillens einzelne der zahllosen Pflichten des Schuldners hervorhebt und ihnen einen konkreten Inhalt in Form eines bestimmten Leistungserfolgs gibt.[75] Nur dieser ist einer Durchsetzung im Klagewege und mit Hilfe eines Leistungsurteils zugänglich. Die übrigen – unbenannten – Schuldnerpflichten sind Verhaltenspflichten. Ebenso wie die Verpflichtung des römischen Verkäufers *zu quidquid ob eam rem (ex fide bona) dare facere oportet* führen auch sie lediglich zu einer *condemnatio pecuniaria*, deren Anknüpfungspunkt die Pflichtverletzung ist.[76] Die Unmög-

---

72 *Mugdan* 528. *Jakobs* 211ff. muß diese Kritik von seinem Standpunkt aus für berechtigt halten; der Vorschrift des § 275 Abs. 1 BGB schreibt er wegen der Unvorhersehbarkeit der Umstände, die das Pflichtenende markieren, aber dennoch eine Funktion zu
73 *Mugdan* 529.
74 *Mugdan* a.a.O.
75 Dieser Leistungserfolg existiert auch bei den zunächst als reinen Verhaltenspflichten erscheinenden Dienst- und Unterlassungspflichten; vgl. *Beuthien* 12ff. Entscheidend ist nicht die Erfolgsbezogenheit des Handelns oder Unterlassens, sondern daß sich dieses Handeln oder Unterlassen selbst als ein der Naturalerfüllung zugänglicher Leistungserfolg von einmaliger oder dauernder Natur beschreiben läßt.
76 Zu einer ähnlichen Differenzierung gelangt *Jakobs* 41, 47, 59, der die Schulderpflichten danach unterscheidet, ob der Gläubiger hieran ein negatives oder positives Interesse hat; während die gesetzliche Regelung nur diese Pflichten erfasse, gelte für jene der selbstverständliche Satz, daß eine schuldhafte Pflichtverletzung zum Schadensersatz führe. *Wollschläger* 180, 188 glaubt dagegen, daß nach dem Willen des Gesetzgebers jegliche Pflichtverletzung als Unterfall der – teilweisen – Unmöglichkeit zu begreifen sei.

lichkeitsregeln des BGB, die aus dem obsoleten Recht der strengrechtlichen
Obligationen stammen, erweisen sich heute als Umsetzung des Prinzips der
Naturalerfüllung:

1. Ausschluß des Erfüllungsanspruchs durch Unmöglichkeit der Leistung

Im Erfüllungsanspruch sind Schuldnerpflicht und Gläubigerinteresse zu einem
bestimmten Leistungserfolg verdichtet, dessen Unerreichbarkeit zum Ausschluß
des Erfüllungsanspruchs führen muß. Dieser darf nicht zur Entstehung gelangen, wenn der Leistungserfolg von vornherein nicht zu bewirken ist. Er muß
untergehen, wenn die Herstellung des Leistungserfolgs im nachhinein unmöglich wird. Der von den römischen Juristen gezogene Schluß von der Wertlosigkeit der unmöglichen Leistung auf die Nichtexistenz der Obligation hat auch
heute noch Gültigkeit: Die unmögliche Leistung ist nicht nur unerbringbar. Sie
ist auch für den Gläubiger ohne Interesse und darf daher nicht Gegenstand eines
Anspruchs sein.

Jakobs'[77] und *Hubers*[78] Bemühungen um den Nachweis, daß die Verurteilung
zu einer unmöglichen Leistung nicht am materiellen, sondern erst am Prozeßrecht scheitere,[79] gehen fehl. Die von ihnen als prozeßrechtliches Argument
gewertete Widersinnigkeit der Verurteilung zu einer unmöglichen Leistung
erfaßt auch den Anspruch.[80] Dieser ist zwar Institut des materiellen Privatrechts
und besteht unabhängig von seiner Verwirklichung im Zivilprozeß. Auch in
dieser Form ist er jedoch nur Mittel für den Gläubiger, den Schuldner zur Herstellung eines bestimmten Erfolgs zu zwingen. Wo dieser Erfolg nicht erreicht
werden kann und die Vollstreckung von vornherein scheitern muß, verliert nicht
nur das Leistungsurteil als reines Bindeglied zwischen Anspruch und zwangsweiser Befriedigung seine Berechtigung. Auch der Erfüllungsanspruch darf
nicht bestehen, weil sein Zweck gerade die Naturalvollstreckung ist.[81] Der von
Reichsgericht und Bundesgerichtshof stets bekräftigte Satz, die Verurteilung zu

---

[77] S. 233ff. (vgl. oben N.71)

[78] Leistungsstörungen II 656, 775f., Schuldrechtsmodernisierungsgesetz 55 (vgl. oben N. 71).

[79] Diese schon von *Rabel*, FS Bekker 180ff. vertretene Auffassung machen sich auch *Wilhelm/Deeg* 225ff. und *Stoll* 590 zu eigen.

[80] Daß niemand zu einer unmöglichen Leistung verpflichtet sein kann, ist auch die Auffassung von Staudinger[13]-*Löwisch* § 275 Rn. 56.

[81] Daß das Rechtsinstitut des Anspruchs durch seine Erfüllbarkeit charakterisiert ist und der nicht erfüllbare Anspruch daher den gesetzlichen Rahmen sprengt, glaubt auch *Meincke* 25.

einer Leistung, deren Unmöglichkeit feststeht, sei unzulässig,[82] ist nicht prozeß-, sondern materiellrechtlichen Ursprungs.[83]

Nichts anderes ergibt sich aus der Zulässigkeit einer Verurteilung zur Naturalerfüllung, wenn der Schuldner zwar einseitig die nachträgliche Unmöglichkeit der Leistung behauptet, zugleich aber keine Umstände vorträgt, aus denen sich sein mangelndes Verschulden ergibt. Diese Lösung beruht nicht auf der Anerkennung eines Anspruchs auf unmögliche Leistung. Sie ist, wie von der Rechtsprechung auch erkannt,[84] Folge der Bestimmung des § 283 BGB. Mit dieser wird eine Konsequenz aus der Doppelerheblichkeit der Unmöglichkeit als Befreiungsgrund und Haftungsvoraussetzung gezogen. Der Gläubiger, der sich selbst kein Bild von der Leistungsunmöglichkeit machen kann, soll deren Nachweis erspart bleiben. Er soll in den Genuß der Haftung des Schuldners schon dann kommen, wenn dieser innerhalb einer angemessenen Frist nach Erlaß des Leistungsurteils nicht erfüllt hat. Der Gläubiger kann so eine Haftung des Schuldners ohne Behauptung der Unmöglichkeit und die damit verbundene vorzeitige Vernichtung des eigenen Erfüllungsanspruchs herbeiführen.[85] Dieser Vorzug darf ihm nicht durch die einseitige Unmöglichkeitsbehauptung des Schuldners genommen werden. Auch deren Ergebnis könnte nämlich nicht die Befreiung des Schuldners, sondern nur dessen Haftung sein. Trotz dieser Lösung bleibt die Haftung aus § 283 BGB eine solche wegen fingierter Unmöglichkeit. Vor deren Eintritt besteht der Leistungsanspruch auch bei tatsächlicher Unmöglichkeit nur, wenn diese für das Gericht nicht feststeht und damit aus seiner Sicht noch nicht gegeben ist. Da dies auch die Auffassung des historischen Gesetzgebers war,[86] kann jene ebensowenig wie die Rechtsprechung für die These in Anspruch

---

82   *RGZ* 107, 15, 17; 160, 257, 263; 168, 321, 324; *BGHZ* 56, 308, 312; 62, 388, 393; 68, 372, 377; 97, 178, 181; *BGH*, NJW 1972, 152; 1974, 943, 944; ZIP 1999, 790.

83   Zuweilen wird dies auch ausgesprochen; vgl. *RGZ* 107, 15, 17, und *BGH*, ZIP 1999, 790, wo die Unzulässigkeit der Verurteilung bei feststehendem Unvermögen des Schuldners aus § 275 Abs. 2 BGB abgeleitet wird. Bei der Frage des Rechtsschutzbedürfnisses wird das Problem dagegen angesiedelt von *BGHZ* 56, 308, 312; 97, 178, 181f.

84   Grundlegend *RGZ* 54, 28, 33 und 107, 15, 17; ferner *OLG Koblenz*, NJW 1960, 1253, 1255, und neuerdings *OLG Hamm*, WM 1998, 1949, 1950.

85   Dies und nicht etwa der „Schadensnachweis" ist der Vorteil von § 283 BGB, der dem Gläubiger nach *RGZ* 54, 28, 33 nicht entzogen werden soll. Dabei handelt es sich um einen Vorzug, der der Regelung des § 283 BGB unmittelbar anhaftet und daher entgegen *Meincke* 23 und *Wittig*, NJW 1993, 635, 637 nicht nur im Sekundär-, sondern auch im Primärprozeß zu berücksichtigen ist.

86   Vgl. Mot. II 49, 53f.. Dort ist nicht nur von der Fiktion einer vom Schuldner zu vertretenden Unmöglichkeit, sondern auch von der Anwendbarkeit des späteren § 283 BGB bei „vorliegender" Unmöglichkeit die Rede. Zu dieser soll es nur kommen, wenn die Unmöglichkeit in den Einzelheiten unbekannt oder „nicht beweisbar", aus Sicht des Richters also inexistent, ist.

genommen werden, der Erfüllungsanspruch existiere trotz Unmöglichkeit der Leistung fort.[87]

Der Ausschluß des Erfüllungsanspruchs durch die Unmöglichkeit der Leistung hat seinen gesetzlichen Ausdruck in §§ 275 Abs. 1 und 280 Abs. 1 BGB gefunden. Diese sind Komplementärvorschriften[88] und lassen die beiden Alternativen Befreiung oder Haftung zu.[89] Das Zusammenwirken dieser Bestimmungen und ihre gegenseitige Ergänzung zu einer einheitlichen Regelung zeigen, daß das Gesetz mit der Befreiung des Schuldners keine – pflichtentheoretische oder ontologische – Selbstverständlichkeit aussprechen will. Ebensowenig, wie sich die Haftung des Schuldners unmittelbar aus seiner Leistungspflicht entwickeln läßt und ohne gesetzliche Anordnung auskommen könnte, werden durch § 275 Abs. 1 BGB nur die der Schuldnerpflicht ohnehin immanenten Grenzen aufgedeckt. Der Erfüllungsanspruch selbst unterliegt keinen inneren Schranken, weil er keine Verhaltensordnung für den Schuldner enthält, sondern diesen unbedingt zur Herstellung des geschuldeten Erfolgs verpflichtet. Entscheidend für seinen Ausschluß ist das fehlende Gläubigerinteresse an der unmöglichen Leistung, dessen Beachtung im römischen Recht das Klageformular vorgab und heute die gesetzliche Anordnung über den Ausschluß des Erfüllungsanspruchs vorschreibt.[90]

2. Unmöglichkeit als Haftungsgrund

Wird dem Gläubiger der Erfüllungsanspruch versagt, weil er wegen Unmöglichkeit der Leistung kein Interesse an der konkreten Verpflichtung des Schuldners hat, kann deren Nichterfüllung auch nicht Anknüpfungspunkt der Schuldnerhaftung sein. Eine Pflicht, die der Schuldner nicht erfüllen muß, kann er

---

87   Dies gilt, zumal auch die weiteren Aussagen in den Motiven unergiebig sind: Wenn es in Mot. II 49f. heißt, aus den Unmöglichkeitsvorschriften folge, daß weder der Gläubiger vorzeitig das Interesse fordern noch der Schuldner ihm dieses aufdrängen könne, ist damit der Fall vor und nicht nach Eintritt der Unmöglichkeit gemeint; ein Umkehrschluß, falls überhaupt zulässig, kann sich also nur hierauf beziehen. Die Ungewißheit, die Mot. II 50 in der Frage des Fortbestandes der Verbindlichkeit erkennen läßt, betrifft allein das Problem, ob der Schadensersatzanspruch mit dem Erfüllungsanspruch identisch ist oder die „Umwandlung" eines einheitlichen Anspruchs stattfindet. Diese Frage läßt sich mit Hilfe des objektiven Zwecks des Gesetzes lösen; ihre Antwort lautet entgegen *Huber*, Schuldrechtsmodernisierungsgesetz 82f. und *Stoll* 590 gerade nicht, daß der Anspruch auf Naturalleistung und der Schadensersatzanspruch identisch sind.
88   Ebenso Staudinger[13]-*Löwisch* § 280 Rn. 1.
89   Ein Nebeneinander von Erfüllungs- und Ersatzanspruch ist dem Gesetz, wie aus den Ausschlußklauseln in §§ 283 Abs. 1 Satz 3, 326 Abs. 1 Satz 2 BGB ersichtlich, grundsätzlich fremd, vgl. *Meincke* 24.
90   Weder dem römischen noch dem geltenden bürgerlichen Recht läßt sich daher mit *Rabel* 178 eine Verwechslung von Sollen und Sein vorwerfen.

auch nicht verletzen.[91] Bei der anfänglichen Unmöglichkeit folgt die Haftung aus dem Verstoß gegen die Pflicht zur Vergewisserung über die Leistungsmöglichkeit und die Aufklärung des Vertragspartners über die festgestellte Leistungsunmöglichkeit. Wegen der von § 306 BGB angeordneten Nichtigkeit des Vertrages mußte hieraus der selbständige Haftungstatbestand des § 307 BGB werden. Die Haftung bei nachträglicher Unmöglichkeit kann sich nur aus dieser selbst ergeben. Der Schuldner haftet dafür, daß er den Gläubiger seines Erfüllungsanspruch beraubt hat, indem er die Unmöglichkeit der Leistung in vorwerfbarer Weise herbeigeführt hat.[92] Wendet man den Haftungstatbestand des § 280 Abs. 1 BGB in eine positive Aussage über die Schuldnerpflicht, ergibt sich, daß den Schuldner neben der Verpflichtung zur Herstellung des Leistungserfolgs die Pflicht trifft, die vom Verkehr erwartete Sorgfalt aufzuwenden, um die Leistung nicht unmöglich zu machen und dem Gläubiger nicht das Interesse an der Naturalerfüllung zu nehmen.[93] Da sie reine Verhaltenspflicht ist, konnte sie nur in der Form eines Haftungstatbestandes erscheinen. Ihre Anerkennung bereitet anders als im römischen Recht keine Schwierigkeiten mehr, da es keine auf die Erfolgspflicht beschränkten Schuldbeziehungen mehr gibt.[94]

3. System des Unmöglichkeitsrechts und seine Stellung im Leistungsstörungsrecht

Das aus den beiden Komponenten: Untergang des Erfüllungsanspruchs wegen Unmöglichkeit und Haftung für deren Herbeiführung gebildete System des BGB spiegelt einen Dialog von Gläubiger und Schuldner wieder und entspricht dem logischen Verhältnis der Ansprüche. In § 275 Abs. 1 BGB erscheint zunächst der Unmöglichkeitseinwand als dasjenige Verteidigungsvorbringen, mit dem der Schuldner, der einen bestimmten Erfolg herzustellen hat, gegen den vorrangigen Erfüllungsanspruch durchdringen kann. Ist dieser Einwand erfolgreich, so besteht die Reaktion des Gläubigers darin, daß er dem Schuldner gerade den Untergang des Erfüllungsanspruchs vorwirft. Die an diesen Vorwurf anknüpfende Haftung ist sekundär und – rechtliche, nicht praktische – Ausnahme zu der vom Schuldner mit dem Unmöglichkeitseinwand angestrebten

---

91 Daß die Nichterfüllung allein keine rechtswidrige Handlung darstellt, glaubt auch *Schapp* 585.
92 Ähnlich *Schapp* 587. Daß keine Identität zwischen Erfüllungs- und Schadensersatzanspruch besteht und letzterer auf der Unmöglichkeit gründet, nimmt auch *Meincke* 27ff. an, der für die Gegenansicht jedoch gerade die Tradition des römischen Rechts verantwortlich machen möchte.
93 Der zuletzt genannte Umstand ist für die vom Gläubiger erwartete Darlegung der Pflichtverletzung hinreichend; die Frage, ob der Schuldner die verkehrsübliche Sorgfalt eingehalten hat oder nicht, unterliegt gemäß § 282 BGB dessen Beweislast.
94 An diesem objektiven Befund ändert es nichts, wenn sich der Gesetzgeber, wie *Wollschläger* 170 meint, dem Unmöglichkeitsbegriff von *Brinz* anschließen wollte, demzufolge die Haftung Satisfaktion für den ausgebliebenen Leistungserfolg ist.

Befreiung.[95] Sie erscheint folgerichtig erst in § 280 Abs. 1 BGB. Für dessen Rechtsfolge hat der Schuldner durch den Unmöglichkeitseinwand bereits den Grundstein gelegt. Sie tritt ein, wenn der Schuldner darüber hinaus den ihm nach § 282 BGB obliegenden Nachweis des fehlenden Verschuldens nicht führen kann.[96]

Diese Regeln stehen zu Recht räumlich am Anfang und sachlich im Mittelpunkt des Leistungsstörungsrechts, das sich zunächst und zuvörderst mit dem Anspruch auf Naturalerfüllung befassen muß. Die Unmöglichkeit bezeichnet hier das Verteidigungsvorbringen des Schuldners, das zu einer Entscheidung über den Bestand der Obligation nötigt. Eine andere Reaktion des Schuldners, vor allem seine Leistungsverweigerung, wirft keine Probleme auf. Sie kann von vornherein nicht geeignet sein, den Schuldner vor der Durchsetzung des Erfüllungsanspruchs zu bewahren. Statt dessen nötigt sie nur zu der über § 283 BGB oder im Recht des Verzugs zu lösenden Frage, ab wann der Gläubiger den Schuldner auf Schadensersatz in Anspruch nehmen kann. Haftungsgrund ist auch hier wie den anderen Fällen, in denen das Gesetz den Ersatz des Nichterfüllungsschadens anordnet, daß der Schuldner durch sein Verhalten dem Gläubiger das Interesse am geschuldeten Leistungserfolg genommen hat.[97]

Hält man für die vom Gesetz nicht geregelten Fälle einer Haftung für Pflichtverletzung einen gesetzlichen Anknüpfungspunkt für erforderlich,[98] findet man diesen in den Vorschriften über die Haftung bei nachträglicher Unmöglichkeit. Diese beruht nämlich ebenfalls auf dem Verstoß des Schuldners gegen eine Verhaltenspflicht, die im Gesetz nicht positiv erwähnt ist, sondern nur als Grundlage für eine Haftung wegen Pflichtverletzung erscheint.

---

95 *Wollschlägers* Vorwurf eines „dogmatischen Krebsgangs" (S. 35) ist daher ebenso unberechtigt wie die Kritik von *Rabel* 222, der im BGB die „Dinge auf den Kopf" gestellt sieht.

96 Unterläßt der Schuldner es, sich mit dem Unmöglichkeitseinwand zu verteidigen, leistet aber gleichwohl nicht, kann der Gläubiger auch ohne die Hilfe des Schuldners den Eintritt der Rechtsfolgen des § 280 Abs. 1 BGB bewirken, indem er den von § 283 BGB vorgegebenen Weg beschreitet und die Fiktion einer vom Schuldner zu vertretenden Unmöglichkeit herbeiführt.

97 Ob das vorwerfbare Verhalten des Schuldners in einer Verzögerung oder Unmöglichmachung der Leistung besteht, entscheidet sich daran, ob der Leistungserfolg durch die Leistungszeit bestimmt ist oder nicht.

98 *Jakobs* 41 und *Huber*, Schuldrechtsmodernisierungsgesetz 67 halten den Satz, daß der Schuldner für eine von ihm zu vertretende Pflichtverletzung hafte, für selbstverständlich und einer Normierung unwürdig. Da beide den Haftungsgrund bei Unmöglichkeit in der Nichterfüllung der Leistungspflicht sehen, stellt sich für sie das Problem nicht, daß auch § 280 Abs. 1 BGB einen Fall der Haftung für Pflichtverletzung regelt, der aus *Jakobs'* und *Hubers* Sicht nicht minder selbstverständlich sein müßte.

4. Unvermögen und andere Leistungshindernisse

Mit der von § 275 Abs. 2 BGB angeordneten Gleichbehandlung von nachträglicher Unmöglichkeit und nachträglichem Unvermögen reißt die Tradition des römischen Rechts ab. Mag dies auch nicht auf einer bewußten Entscheidung des Gesetzgebers beruhen,[99] ist diese Lösung dennoch richtig. Die Ähnlichkeit von Stipulation und Anspruch auf Naturalerfüllung, die die Übernahme der römischen Unmöglichkeitslehre im übrigen rechtfertigt, trägt deren Beibehaltung im Fall des Unvermögens nicht. Kann ein Prozeß wie in Rom ohnehin nur zur *condemnatio pecuniaria* führen, kommt es auf die Person, die den Leistungserfolg herzustellen vermag, nicht an. Das Gläubigerinteresse fällt erst mit der objektiven Unmöglichkeit der Leistung weg. In einem System der Naturalvollstreckung kann der Gläubiger dagegen weder Interesse an einer Leistung haben, die von niemandem zu erbringen ist, noch an einer solchen, die lediglich vom Anspruchsgegner nicht bewirkt werden kann,. Der Makel der Widersinnigkeit trifft den Anspruch auf Naturalerfüllung in beiden Fällen gleichermaßen.[100]

Es ist ein Versäumnis des Gesetzgebers, daß er das anfängliche Unvermögen keiner Regelung zugeführt und sich auf den Gegenschluß aus §§ 306 und 275 Abs. 2 BGB verlassen hat. Selbst wenn man die Ungleichbehandlung von anfänglicher Unmöglichkeit und ursprünglichem Unvermögen für gerechtfertigt hält,[101] hätte es doch einer gesetzlichen Anordnung bedurft, die klargestellt hätte, was erst durch Rechtsprechung und Literatur entwickelt werden mußte: Der von vornherein zur Leistung unfähige Schuldner setzt sich weder einem Anspruch auf Naturalerfüllung noch einer Haftung wegen Pflichtverletzung aus. Seine Verpflichtung beruht statt dessen auf einer Garantie für seine Leistungsfähigkeit, deren Gegenstand von vornherein nur die Haftung auf das Interesse ist.[102]

Was die Fälle der übermäßigen Leistungserschwernis anbelangt, mag deren Zahl bei Erlaß des BGB geringer und der Anwendungsbereich des Unmöglichkeitstatbestandes größer gewesen sein als heute.[103] Dennoch bietet das Gesetz,

---

99   Eingehend *Jakobs* 145ff., der den gesetzlichen Terminus des Unvermögens für eine fehlerhafte Übersetzung von *Windscheids* Begriff des Außerstandsetzens und einen mißglückten Ausdruck für die unzumutbare Leistungserschwerung hält; anders *Huber*, Leistungsstörungen I 121 und Schuldrechtsmodernisierungsgesetz 57.
100 *Wieackers* Urteil, der Anschluß des Unvermögens an die Theorie der objektiven Leistungshindernisse sei künstlich und „nicht glücklich" (S. 803f.), würde die Regelung des BGB allenfalls dann treffen, wenn diese nicht von der Naturalerfüllung, sondern von der *condemnatio pecuniaria* ausginge.
101 Sie ruft die von *Rabel* 212ff. dargestellten Abgrenzungsschwierigkeiten hervor, deren Kern ist, daß dem Dritten, dessen Leistungsfähigkeit zur Annahme des Unvermögens bejaht werden muß, das Schuldverhältnis fremd ist.
102 Dazu Staudinger[13]-*Löwisch* § 306 Rn. 45ff. *Wieacker* 804 sieht diesen „inneren" Grund der Einstandspflicht zu Recht als „eher verdeckt" an.
103 Als Grund für den Reformbedarf betrachtet dies RegE-Begr. 288 (=DiskE-Begr. 307f.).

wie schon *Rabel*[104] erkannt hat, auch für diese Fälle einen passenden Lösungsansatz. Außerhalb des eigentlichen Leistungsstörungsrechts gibt es dem Schuldner in den Fällen der §§ 251 Abs. 2 Satz 1, 633 Abs. 2 Satz 3 und 2170 Abs. 2 Satz 2 BGB das Recht, die nur mit unverhältnismäßigem Aufwand zu bewirkende Naturalleistung zu verweigern und den Gläubiger durch Geldleistung abzufinden.[105] Die Rechtsprechung[106] deutet diese Vorschriften richtig, indem sie ihnen einen allgemeinen Rechtsgedanken entnimmt. Dieser lautet, daß das Verlangen nach Herstellung eines an sich gebotenen Zustandes rechtsmißbräuchlich ist, wenn der Schuldner diesen nur mit unverhältnismäßigem und vernünftigerweise nicht zumutbarem Aufwand herbeiführen kann. Die Zuordnung zum Problemkreis des Rechtsmißbrauchs legt offen, worum es in diesen Fällen geht. Den Ausschluß des Erfüllungsanspruchs bewirkt nicht die immanente Beschränkung der Schuldnerpflichten, sondern das Mißverhältnis zwischen Aufwand und Gläubigerinteresse. Ebenso wie der Verlust des Gläubigerinteresses wegen Unmöglichkeit oder Unvermögen ist dies ein von außen an das Schuldverhältnis herantretender Umstand. Er gibt dem Schuldner hier das Recht, die Erfüllung seiner eigentlich unbegrenzten Pflicht zum Leistungserfolg zu verweigern.[107]

III. Das Reformvorhaben

Haben sich die Unmöglichkeitsregeln des BGB als Konsequenz des Anspruchs auf Naturalerfüllung herausgestellt, können sie auch nur gemeinsam mit diesem abgeschafft werden. Der Diskussionsentwurf des Schuldrechtsmodernisierungsgesetzes, der sich über diesen Zusammenhang hinwegsetzte, hat durch den Regierungsentwurf daher eine berechtigte Korrektur erfahren. Ansonsten bleibt dieser hinter dem Diskussionsentwurf zurück. Jener enthielt wünschenswerte Verbesserungen des geltenden Leistungsstörungsrechts, die nun teilweise rückgängig gemacht, teilweise verdeckt sind:

1. Neuregelung von anfänglicher Unmöglichkeit und anfänglichem Unvermögen

Dies gilt vor allem für die Streichung der §§ 306 bis 308 BGB. Die Anordnung der Nichtigkeitsfolge für einen Vertrag, der auf eine unmögliche Leistung ge-

---

104 Unmöglichkeit 232f.
105 In §§ 251 und 2170 BGB sind diese Fälle sogar mit denen der Unmöglichkeit und des Unvermögens zusammengestellt.
106 *BGHZ* 62, 388, 391; *BGH*, WM 74, 572, 573; NJW 1988, 699, 700.
107 Macht der Schuldner von diesem Recht keinen Gebrauch, besteht kein Anlaß, ihn durch Ausdehnung des Unmöglichkeitsbegriffs von seiner Verpflichtung zur Herstellung des Leistungserfolgs zu befreien.

richtet ist, beruht unmittelbar auf dem römischen Stipulationsrecht und hat durch die Aufhebung der Trennung von strengrechtlichen und unbestimmten Obligationen ihren Sinn verloren. Daß der auf eine unmögliche Leistung gerichtete Vertrag keinen Erfüllungsanspruch hervorzubringen vermag, berechtigt hier ebensowenig wie im Fall des anfänglichen Unvermögens dazu, dem Vertrag selbst die Gültigkeit abzusprechen. Er kann in jedem Fall Grundlage für vielfältige gegenseitige Verhaltenspflichten und eine darauf gegründete Haftung der Parteien sein. Diese sind bei Undurchführbarkeit des Vertrages nicht weniger schutzwürdig als sonst.[108]

Das mit der Aufhebung der §§ 306 bis 308 BGB verfolgte Ziel einer Beseitigung von zeitlichen Abgrenzungsschwierigkeiten[109] wird sich freilich nicht verwirklichen lassen: Auch wenn man den Vertrag anerkennt und die Haftung wie im Diskussionsentwurf aus einem allgemeinen Tatbestand der Pflichtverletzung herleitet oder wie in § 311a Abs. 2 RegE ausdrücklich normiert, kommt man um eine Differenzierung nach der jeweils verletzten Pflicht nicht umhin. Stets stellt sich die Frage, ob dem Schuldner die mangelnde vorherige Information und Aufklärung des Vertragspartners oder das Unmöglichwerden der Leistung zum Vorwurf gemacht werden kann.[110] Umgehen läßt sie sich nur, wenn man sich die erst seit der konsolidierten Fassung des Diskussionsentwurfs geplante Anordnung einer Haftung auf das positive Interesse zunutze macht und den Schuldner im Wege einer Wahlfeststellung nach § 311a Abs. 2 RegE oder §§ 280, 283 RegE haften läßt, weil er weder seine unverschuldete Unkenntnis der Unmöglichkeit noch sein fehlendes Vertretenmüssen nachweisen kann. Gelingt ihm einer dieser Entlastungsbeweise, ist eine Abgrenzung zwischen ursprünglicher und nachträglicher Unmöglichkeit nach wie vor unumgänglich.

Erweist sich damit ein Vorteil der einheitlichen Interessehaftung bei anfänglicher und nachträglicher Unmöglichkeit als nur teilweise wirksam, begegnet die Vorschrift des § 311a Abs. 2 RegE weiteren Bedenken. Zwar ist der fehlende Zusammenhang zwischen Pflichtverletzung und Inhalt des Schadensersatzes[111] nicht ohne Vorbild. Er ist auch bei der Haftung für arglistiges Verschweigen eines Mangels nach § 463 Satz 2 BGB nicht gewahrt[112] und bestand in diesem

---

108 Das Recht darf sich nicht anmaßen, die Sinnhaftigkeit von Verträgen zu beurteilen, und hat dies entgegen *Arp* 155ff. auch weder in den Zeiten der römischen Juristen noch unter Herrschaft des BGB getan. Das Urteil der Sinnlosigkeit trifft immer nur den Anspruch auf eine unmögliche Leistung, nicht den Vertrag selbst, den das geltende Recht nur wegen einer unbedachten Übernahme des klassischen Stipulationsrechts für nichtig erklärt.
109 Vgl. *Grunewald* 435 und RegE-Begr. 377. Entscheidenden Wert auf diese Abgrenzungsschwierigkeiten legt DiskE-Begr. 338.
110 Daß die Unterscheidung zwischen anfänglicher und nachträglicher Unmöglichkeit wegen Verschiedenheit der betroffenen Schuldnerpflichten unumgänglich ist, bezweifelt selbst *Rabel* 219 nicht.
111 Diesen bemängelt *Altmeppen* 1400ff.
112 Hierauf verweist auch RegE-Begr. 377.

Fall vermutlich schon im römischen Recht nicht.[113] Das Auseinanderfallen von Pflichtverletzung und Schadensersatz läßt sich hier jedoch aus der Nähe zur Haftung für zugesicherte Eigenschaften erklären. Diese ist Garantiehaftung und wird auch dem Verkäufer auferlegt, der es trotz Kenntnis der Wirklichkeit unterläßt, den Anschein der Mangelfreiheit zu zerstören.[114] Nur die vergleichbare Erwägung, daß der Schuldner nichts gegen Anschein der Leistungsmöglichkeit unternommen hat, ist auch geeignet, seine Haftung auf das positive Interesse bei anfänglicher Unmöglichkeit zu rechtfertigen.[115] Als sachgerecht kann man diese nur empfinden, wenn man sich zu deren Charakter als bedingter Garantiehaftung bekennt[116] und damit zu den Zielen des Reformvorhabens in Widerspruch setzt.[117]

2. Einheitliche Bestimmung über den Ausschluß des Erfüllungsanspruchs

Daß bei anfänglicher Unmöglichkeit von dem Prinzip der Haftung für Pflichtverletzung abgewichen wird, paßt auch nicht zu dem begrüßenswerten Plan der Neufassung von § 275 BGB. Schon nach dem Diskussionsentwurf sollte dieser die gebotene einheitliche Regelung für den Ausschluß des Anspruchs auf Naturalerfüllung enthalten, die ebenso wie ihr römisches Vorbild sowohl die anfängliche als auch die nachträgliche Unmöglichkeit erfaßt. Zudem sollte sie von dem schwer verständlichen Merkmal des Vertretenmüssens befreit werden, das bislang nur im Zusammenhang mit der Komplementärvorschrift des § 280 Abs. 1 BGB Sinn ergibt.[118] Mit der konsolidierten Fassung des Diskussionsentwurfs ist schließlich auch der Unmöglichkeitstatbestand als anspruchsvernichtende Einwendung wiedergekehrt. Die zunächst vorgesehene Einredelösung, die zum Ausdruck der Widersinnigkeit eines auf unmögliche Leistung gerichteten Anspruchs nicht taugte, ist auf die in § 275 Abs. 2 RegE geregelten

---

113 Vgl. *Honsell* 89 im Anschluß an *Bechmann*, Der Kauf III.2 (1908) 196
114 Der von RegE-Begr. 377 ebenfalls erwähnten Haftung nach § 437 BGB, die aus D 18.4.4 Ulp 32 ed übernommen wurde, dürfte die gleiche Erwägung zugrunde liegen.
115 Die Überlegungen, daß der Schuldner nicht leisten kann, was er versprochen hat (so *Grunewald* 435), und daß sich der Anspruch auf das positive Interesse aus der Nichterfüllung des Leistungsversprechens und nicht aus der Verletzung der Leistungspflicht ergibt (vgl. *Canaris* 507 und RegE-Begr. 380), vermag die von § 311a RegE angeordnete Rechtsfolge nicht mit dem Prinzip einer Haftung für Pflichtverletzung zu versöhnen. Vor dessen Hintergrund kommt man um das Urteil einer Inkongruenz von Tatbestand und Haftungsfolge nicht herum.
116 Richtig *Altmeppen* 1402.
117 Die Ersetzung des Garantieprinzips durch den Verschuldensgrundsatz nennen *Grunewald* 435f., *Canaris* 506, RegE-Begr. 381 ausdrücklich als Ziel des Reformvorhabens.
118 Die begrüßenswerte Beseitigung dieser Verständnishürde ist erklärtes Ziel der Reform; vgl. DiskE-Begr. 307, RegE-Begr. 288. In bewußtem Gegensatz zur Ansicht *Jakobs* und *Hubers* heißt es dort: „Was der Schuldner nicht leisten kann, das schuldet er auch nicht."

Fälle der übermäßigen Leistungserschwernis beschränkt.[119] Hier ist sie Konsequenz der richtigen Erwägung, der zu einer Gegenleistung berechtigte Schuldner solle selbst entscheiden, ob er diese zugunsten seiner Entlastung opfern wolle.[120] Als deren Voraussetzung ist in Anlehnung an den Rechtsgedanken der bisherigen §§ 251 Abs. 2, 633 Abs. 2 und 2170 Abs. 2 BGB[121] ein Mißverhältnis von Leistungsaufwand und Gläubigerinteresse vorgesehen.[122] Das Leistungsverweigerungsrecht des Schuldners wird so richtigerweise an einen dem Schuldverhältnis äußerlichen Umstand und nicht mehr wie im Diskussionsentwurf an dessen Inhalt und Natur geknüpft.[123] Der Verweis auf die sich hieraus ergebenden Pflichten war nicht nur unfruchtbar, sondern falsch. Den Schuldner eines Anspruchs auf Naturalerfüllung trifft nämlich nicht die Verpflichtung zu bloßen Anstrengungen, sondern die unbedingte Pflicht zur Herstellung des geschuldeten Erfolgs.[124] Seine Verpflichtung kann nicht immanenten Schranken unterliegen und damit von vornherein hinter dem Anspruch des Gläubigers zurückbleiben. Ihre Begrenzung kann nur durch äußere Umstände oder durch vereinbarte Leistungsbedingungen herbeigeführt werden, für die es jedoch keiner Bezugnahme im Gesetz bedarf.[125]

---

119   Die Regelung in Satz 1 soll nur die sog. faktische, nicht die sog. wirtschaftliche Unmöglichkeit erfassen, vgl. *Canaris* 501, RegE-Begr. 294 (dagegen *Stoll* 591 N. 15). Hinzu kommen die in der KF noch nicht enthaltenen individuellen Ausschlußgründe bei personenbezogener Leistung in Satz 2. Diese sind nach RegE-Begr. 296 als Fall der Unmöglichkeit, gemeint ist wohl: unmöglichkeitsähnlich, anzusehen.

120   Diese Überlegung lag der auch für die Unmöglichkeit geltenden Einredelösung des DiskE zugrunde, die entgegen *Huber*, Schuldrechtsmodernisierungsgesetz 80 damit keineswegs frei von Rücksichten auf schutzwürdige Interessen war. Daß der Satz, ein Gläubiger dürfe die überobligationsmäßige Leistung des Schuldners nicht ablehnen, der vorgesehenen Regelung überlegen ist, glaubt *Canaris* 504, der damit die Rechtsfigur der Einrede schlechthin in Frage stellt.

121   Als Vorbild für die Neufassung von § 275 Abs. 2 BGB nennen diese Vorschriften *Canaris* 502f. und RegE-Begr. 295.

122   Daß allein dieses maßgeblich sein darf, meinte vor dem RegE auch *Huber*, Schuldrechtsmodernisierungsgesetz 75.

123   Zugleich scheint sich die noch von DiskE-Begr. 309f. ausgesprochene Vermutung einer Spezialität der Vorschrift über Störungen der Geschäftsgrundlage erledigt zu haben; vgl. RegE-Begr. 407. Diese konnte es von vornherein nicht geben, da der Schuldner, dem nur das Leistungsverweigerungsrecht nach § 275 zur Verfügung steht, nicht besser gestellt sein darf als der Schuldner, der sich sowohl auf die Einrede nach § 275 als auch auf eine Störung der Geschäftsgrunlage berufen kann.

124   So auch *Wilhelm/Deeg* 230.

125   Der entscheidende Einwand gegen die ursprünglich vorgesehene Regelung war insoweit entgegen *Huber*, Schuldrechtsmodernisierungsgesetz 85 nicht ihre Ausgestaltung als Zweifelssatz, sondern die Wertlosigkeit der Bezugnahme, die auch bei vertraglichen Schuldverhältnissen keinen Maßstab für den Normalfall bietet, in dem es an Anhaltspunkten in der zugrundeliegenden Vereinbarung fehlt. Die Formulierung „im Zweifel" ist dagegen unschädlich, weil sie wie bei allen Normen des dispositiven Gesetzesrechts allenfalls überflüssig, aber nicht falsch sein kann.

3. Allgemeiner Haftungstatbestand der Pflichtverletzung

Dieser positiven Entwicklung bei § 275 BGB steht eine Verschlechterung der ursprünglich geplanten Haftungs- und Rücktrittsregelung gegenüber. Die Sonderbestimmungen der §§ 281 – 283, 324 und 326 RegE, in denen die alten Tatbestände von Verzug, Unmöglichkeit und positiver Vertragsverletzung wiederkehren,[126] verwässern den allgemeinen Haftungs- und Rücktrittstatbestand der Pflichtverletzung (§§ 280 und 323 RegE).[127] Dieser hat sein Vorbild in den mit unbestimmten Klagen durchsetzbaren Obligationen des römischen Rechts. Er umfaßt nicht nur die Fälle der positiven Forderungsverletzung, sondern hätte durch Zusammenfassung mit der Haftung des Schuldners bei Unmöglichkeit oder Unvermögen auch deren Grund herausgestellt.[128] Dieser liegt schon nach geltendem Recht keineswegs in der Nichterfüllung der Pflicht zur Leistung. Sie ist unmöglich und daher auch nicht geschuldet.[129] Die Haftung des Schuldners beruht statt dessen auf der Verletzung einer sogenannten Nebenpflicht, nämlich die Leistung nicht unmöglich zu machen oder sich hierzu außerstande zu setzen und dem Gläubiger so das Interesse an der Naturalerfüllung zu nehmen.[130] Dieser Zusammenhang wird vor allem durch die neuen Vorschriften in §§ 282 und 324 RegE verdeckt, die eine Sonderregelung für Schadensersatz oder Rücktritt wegen Verletzung einer „sonstigen Pflicht" enthalten. Gemeint ist damit die Verletzung einer Pflicht, die ohne direkten Bezug zur Verpflichtung auf den Leistungserfolg ist.[131] Auf den ersten Blick vermittelt das Attribut „sonstig" allerdings den nach wie vor unrichtigen Eindruck, bei Verzug und Unmöglich-

---

126 So ausdrücklich *Canaris* 512.
127 Daß § 280 RegE, wie von RegE-Begr. 307f., 313 beabsichtigt, einzige Anspruchsgrundlage neben § 311a RegE bleiben wird, darf man bezweifeln. Von einer „tatbestandlichen Verselbständigung" bei den Rücktrittsvorschriften spricht selbst RegE-Begr. 423.
128 *Flume*, ZIP 1994, 1497f., *Ernst*, JZ 1994, 806, *Huber*, Schuldrechtsmodernisierungsgesetz 102 und *Stoll* 593 halten den Begriff der Pflichtverletzung zu Recht für unpassend, wenn man mit ihm die Nichterfüllung der Leistungspflicht beschreiben will.
129 Ebenso *Schapp* 586 und wohl auch *Ehmann*, JZ 2001, 529.
130 Der zuletzt genannte Umstand ist ausreichend für die objektive Feststellung einer Pflichtverletzung, die den Schuldner zum Beweis der fehlenden Verletzung einer Sorgfaltspflicht nötigt. Daß der Haftungstatbestand des § 280 RegE aus Rücksicht auf eine angemessene Beweislastverteilung in objektive Pflichtverletzung und Vertretenmüssen aufgespalten ist, ändert nichts an der Einheitlichkeit des Haftungsgrundes, der in der pflichtwidrigen Vereitelung der Möglichkeit zur Leistung besteht. Dieser kommt im geltenden § 280 BGB zwar besser zum Ausdruck; Preis hierfür sind jedoch die unbefriedigende Isolierung der Unmöglichkeit von den übrigen Haftungsfällen und die unelegante Vorschrift des § 282 BGB.
131 *Canaris* 509 und RegE-Begr. 307 nennen diese „nicht leistungsbezogene Nebenpflichten".

keit sei Haftungsgrund die Nichterfüllung der Verpflichtung auf Naturalleistung.[132]

Zu begrüßen ist hingegen, daß im Regierungsentwurf der für Unmöglichkeit und Leistungsverweigerung gleichermaßen gedachte Tatbestand einer offensichtlichen Erfolglosigkeit der Aufforderung zur Leistung (§§ 282 Abs. 2, 323 Abs. 2 Nr. 1 DiskE) verschwunden ist. Anstelle dieser abstrakten und unhandlichen Bestimmung wird die Erfüllungsverweigerung nun richtigerweise beim Namen genannt (§ 281 Abs. 2, 323 Abs. 2 Nr. 1 RegE). Die Unmöglichkeit wird dagegen unverständlicherweise immer noch vom Fortfall des Leistungsinteresses beim Fixgeschäft (§ 323 Abs. 2 Nr. 2 RegE) getrennt. Sie erscheint zudem nicht allein, sondern ist mit den Fällen der übermäßigen Leistungserschwernis zu dem einheitlichen Tatbestand zusammengefaßt, daß der Schuldner nach § 275 RegE nicht zu leisten braucht (§§ 283, 326 Abs. 1 Satz 1 RegE). Dieser ist im Fall des Verweigerungsrechts wegen Leistungserschwerung höchst fragwürdig, weil er die Entscheidung über die Haftung an die Wirkung der Einrede bindet. In deren Geltendmachung liegt jedoch unabhängig von ihrem Bestehen schon eine ernsthafte und endgültige Leistungsverweigerung, die dem Gläubiger bei einer Pflichtverletzung des Schuldners ohne weiteres den Weg zum Schadensersatzanspruch ebnet.

---

132 Diese auch von *Schapp* 587 als solche erkannte Fehlvorstellung ist offensichtlich die Auffassung der Bundesregierung, die Nichterfüllung und Pflichtverletzung für Synonyme (vgl. RegE-Begr. 303f.) und die Nichtleistung für die dem Schuldner bei Verzug und Unmöglichkeit vorzuwerfende Pflichtverletzung hält (vgl. RegE-Begr. 308). Dabei verstrickt sie sich in einen unauflösbaren Widerspruch, wenn sie die Pflichtverletzung zugleich als ein im Schuldverhältnis objektiv nicht entsprechendes Verhalten des Schuldners definiert. Eine Verhaltensordnung für den Schuldner enthalten nur die Nebenpflichten, nicht jedoch der Anspruch auf Naturalerfüllung, der den Schuldner allein zu einem bestimmten Erfolg verpflichtet. Konsequenz der Verwechslung von Verhaltens- und Erfolgspflicht ist die Befürchtung, man könne die Auffassung vertreten, daß eine Pflichtverletzung bei Unmöglichkeit ausgeschlossen sei. Begegnet werden soll dieser bloß vermeintlichen Gefahr durch die Verweisung in § 283 RegE (vgl. RegE-Begr. 324). – Ähnlich *Canaris*, der einerseits den Begriff der Nichterfüllung dem Terminus der Pflichtverletzung für überlegen hält (S. 523), andererseits aber meint, die Haftung bei Unmöglichkeit knüpfe an die Nebenpflicht zum sorgfältigen Umgang mit der zum Leistungsgegenstand gemachten Sache an (vgl. den Diskussionsbericht auf S. 529).

Die Rechtsfolgen von Störungen der Geschäftsgrundlage

Ein Vergleich zwischen § 313 RegE eines
Schuldrechtsmodernisierungsgesetzes und dem geltenden deutschen und
österreichischen Recht sowie modernen Regelwerken

Gundula Maria Peer

I. Problemstellung
II. § 313 RegE im Vergleich zur bisherigen deutschen Rechtslage
   1. Der Entwurf des § 313 RegE
   2. Vergleich mit der bisherigen Rechtslage in Deutschland
III. Vergleich mit der österreichischen Rechtslage
   1. Die Lehre von der Geschäftsgrundlage im österreichischen Recht
   2. Die Rechtsfolgen im österreichischen Recht
IV. Ein kurzer Blick auf die Principles of European Contract Law
V. Résumé

I. Problemstellung

Die Lehre vom Wegfall (bzw Fehlen) der Geschäftsgrundlage hat das Verhältnis von Rechtsgeschäft und Wirklichkeit zum Inhalt: Jedes Rechtsgeschäft, insb der Schuldvertrag, ist nämlich auf eine bestimmte Wirklichkeit, bestehend aus tatsächlichen und rechtlichen Verhältnissen, "bezogen".[1] Oftmals haben die Parteien konkrete, "positive" Vorstellungen von den Umständen im Vertragsumfeld, die für die Sinnhaftigkeit des Vertrages relevant sind. Es kann aber auch sein, dass sie überhaupt keine diesbezüglichen Vorstellungen haben, sondern ganz selbstverständlich vom Gleichbleiben der Verhältnisse ausgegangen sind, ohne sich darüber irgendwelche Gedanken zu machen.[2]

---

1 Vgl *Flume*, Rechtsgeschäft und Privatautonomie, in FS zum 100-jährigen Bestehen des DJZ I (1960) 135 (207); *Roth* in MünchKomm II^3 (1994) § 242 Rz 537.
2 Dazu ausführlich *Larenz*, Geschäftsgrundlage und Vertragserfüllung: Die Bedeutung "veränderter Umstände" im Zivilrecht^3 (1963) 17 ff; vgl auch *dens*, Lehrbuch des Schuldrechts I: Allgemeiner Teil^{14} (1987) 322; *dens*, Allgemeiner Teil des deutschen Bürgerlichen Rechts^7 (1988) 392 f; siehe auch *Roth* in MünchKomm II^3 § 242 Rz 537.

Ändern sich nun die maßgeblichen Verhältnisse im Vertragsumfeld oder stellt sich heraus, dass diese in Wahrheit nie so gegeben waren wie von den Parteien angenommen, so kann dies dazu führen, dass dem Vertrag gewissermaßen seine "Grundlage" entzogen wird, sodass eine der Parteien den angestrebten Vertragszweck überhaupt nicht mehr erreichen kann. Es kann sein, dass sich das Erbringen der Sachleistung als viel schwieriger oder kostspieliger erweist als erwartet, was für den Schuldner einen schweren wirtschaftlichen Verlust, vielleicht sogar Ruin anstelle des vom Vertrag erwarteten Gewinnes bedeutet (sog Leistungserschwerungen); dass die Erfüllung des Vertrages für den Gläubiger keinen Sinn mehr macht (sog. Zweckstörungen oder Zweckvereitelung); weiters kann die dem Vertrag zugrundegelegte subjektive Äquivalenz aus dem Gleichgewicht geraten (sog. Äquivalenzstörungen);[3] möglicherweise stellt sich auch heraus, dass die Parteien gemeinsam demselben Irrtum über die maßgeblichen Umstände unterlegen sind (sog. gemeinsamer Irrtum über die subjektive Geschäftsgrundlage).[4]

Grundsätzlich erfordert es das Prinzip der Vertragstreue, dass die betroffene Partei das Risiko veränderter (oder schon anfänglich anderer) Umstände selbst zu tragen hat. So trifft den Schuldner grundsätzlich das Beschaffungsrisiko, den Gläubiger das Verwendungsrisiko.[5] Ein Motivirrtum ist prinzipiell unbeachtlich.[6] (vgl § 901 ABGB).

Es kann aber sein, dass eine unvorhersehbare, völlige Veränderung jener maßgeblichen Verhältnisse dazu führt, dass der Vertrag "den ihm zugedachten Zweck" überhaupt nicht mehr erfüllen bzw "die Intentionen der Vertragsparteien" nicht mehr verwirklichen kann.[7] Dann kann ein unverändertes Festhalten am Vertrag für die betroffene Partei unzumutbar[8] werden. Dabei handelt es sich um die Verwirklichung eines Risikos, das keine vertragliche Regelung erfahren

---

3   Zu diesen drei Gruppen siehe nur BT-Drucks 14/6040, 174.
4   ZB *Larenz*, AT^7, 391 ff.
5   *Larenz*, Schuldrecht I^{14}, 326; *Huber*, Verpflichtungszweck, Vertragsinhalt und Geschäftsgrundlage, JuS 1972, 57 (60 ff); OGH SZ 55/51; BGH BGHZ 74, 370 (374); BGHZ 101, 143 (152).
6   Zum österreichischen Recht siehe § 901 ABGB (zu diesem noch unten); für unentgeltliche Geschäfte verweist § 901 ABGB auf die §§ 570 ff ABGB, die die Anfechtung von letztwilligen Verfügungen wegen eines Motivirrtums regeln. Im deutschen Recht ergibt sich die Unbeachtlichkeit des Motivirrtums aus einem Umkehrschluss aus § 119 BGB; zum Motivirrtum im deutschen Recht siehe etwa *Larenz*, AT^7, 377 ff; *Heinrichs* in *Palandt*, BGB^{60} (2001) § 119 Rz 29.
7   *Larenz*, Schuldrecht I^{14}, 321; vgl auch *Roth*, Stornierung von Hotelreservierungen, JBl 1991, 1 (5).
8   Dazu zB *Fikentscher*, Die Geschäftsgrundlage als Frage des Vertragsrisikos (1971) 36, 47; *Köbler*, Die "clausula rebus sic stantibus" als allgemeiner Rechtsgrundsatz (1991) 214 ff; *Roth* in MünchKomm II^3 § 242 Rz 496, 498; BGH NJW 1951, 836; BGHZ 47, 48 (51 f); WM 1969, 335 (337) uva; OGH JBl 1970, 420 (421 f); EvBl 1974/29; EvBl 1975/31 = JBl 1975, 203 (204) ua.

hat und über jenes, welches vernünftigerweise von jeder Partei zu tragen wäre oder aber besonders übernommen worden war, weit hinausgeht. Dann stellt sich die Frage, unter welchen Voraussetzungen ein Abgehen vom Vertrag oder eine Anpassung an die Wirklichkeit möglich ist; mit anderen Worten: ob und ab wann der Grundsatz "pacta sunt servanda" durchbrochen wird. Je nach Betrachtungsweise könnte man auch fragen, wie weit das Prinzip der Vertragstreue reicht. Die Vertragstreue endet demnach eben dort, wo die Unzumutbarkeit des (unveränderten) Fortsetzens beginnt.[9]

Mit dieser Problemstellung hat sich jede Rechtsordnung auseinander zu setzen.

Bereits die auf die Zeit der Glossatoren und Postglossatoren zurückreichende, im älteren Gemeinen Recht und im Naturrecht gelehrte „clausula rebus sic stantibus", der „Vorbehalt gleichbleibender Verhältnisse"[10], besagte, dass jedem Rechtsakt eine stillschweigende Bedingung – eine „tacita conditio"[11] – innewohne, dass er nur so lange Gültigkeit haben sollte, als die für ihn maßgeblichen Umstände unverändert Bestand hätten.[12] Zunächst als allgemeiner Rechtsgrundsatz verstanden, wurde die „clausula" später zunehmend restringiert – sie fand zwar noch Eingang in die älteren Kodifikationen des aufgeklärten Absolutismus (Codex Maximilianeus Bavaricus civilis, ALR)[13]; als allgemeiner Rechtsgedanke ist sie aber weder dem österreichischen ABGB[14] noch dem deutschen BGB[15] bekannt.

Heute gibt es in einigen Ländern gesetzliche Regelungen für diese Probleme - beispielsweise in Italien (Art 1467 ff codice civile), Griechenland (Art 388 griechisches ZGB) und im neuen Bürgerlichen Gesetzbuch (nieuwe Burgerlijk Wetboek) der Niederlande (Art 6:258; vgl auch Art 6:228-230 BW über den Irrtum).[16] Anders ist die Situation etwa in Österreich oder bislang in der BRD. In beiden Ländern kam es mit der Entwicklung der Rechtsfigur des Wegfalls bzw Fehlens der Geschäftsgrundlage zur Rechtsfortbildung praeter legem.

---

9   In diesem Sinne *Ulmer*, Wirtschaftslenkung und Vertragserfüllung, AcP 174 (1974) 167 (183 f); vgl auch die Formulierung in der Begründung zum RegE BT-Drucks 14/6040, 174.
10 *Larenz*, Schuldrecht I^{14}, 321; zu anderen Übersetzungsvorschlägen vgl *Köbler*, „clausula rebus sic stantibus" 1 f.
11 *Köbler*, „clausula rebus sic stantibus" 30.
12 Zur "clausula" siehe vor allem *Pfaff*, Die Clausel: Rebus sic stantibus in der Doctrin und der österreichischen Gesetzgebung (1898); *Köbler*, „clausula rebus sic stantibus" 27 ff.
13 Dazu *Pfaff*, Clausel 79 ff, 87 ff; *Köbler*, „clausula rebus sic stantibus" 43 f, 47 ff.
14 ZB *Pisko* in *Klang*, ABGB II/2^1 (1934) 350 f; *Gschnitzer* in *Klang*, ABGB IV/1^2 (1968) 336 f.
15 ZB *Larenz*, Schuldrecht I^{14}, 321.
16 Siehe BT-Drucks 14/6040, 175; siehe weiters den Überblick *Fenyves*, Der Einfluss geänderter Verhältnisse auf Langzeitverträge; Gutachten zu den Verhandlungen des 13. Österreichischen Juristentages in Salzburg 1997 II/1 (1997) 27 ff, 32 ff.

Zwar war die Notwendigkeit und Berechtigung einer eigenständigen Rechtsfigur der Geschäftsgrundlage gerade in Deutschland bisweilen bestritten worden.[17] Allerdings zeigt einerseits die Praxis, die sich in einer Fülle von Entscheidungen mit diesen Fragestellungen zu befassen hatte, die "Existenzberechtigung" dieses Instituts bzw den Bedarf an sachgerechten Lösungen.[18] Wenn auch nach wie vor viele Detailfragen äußerst umstritten sind, kann man mittlerweile wohl von einer allgemeinen grundsätzlichen Akzeptanz dieses Rechtsinstituts ausgehen. Andererseits beinhalten gerade auch moderne Regelwerke - etwa das bereits erwähnte niederländische BW oder die von der *Lando*-Kommission entwickelten "Principles of European Contract Law" (PECL) entsprechende Regelungen (Art 6:111: "change of circumstances"; vgl Art 4:103: "mistake"), weiters die von UNIDROIT erarbeiteten „Principles for International Commercial Contracts" (Art 5.2.2.).[19] Mit dem geplanten § 313 RegE weist der deutsche Gesetzgeber nun in dieselbe Richtung.

II. § 313 RegE im Vergleich zur bisherigen deutschen Rechtslage

1. Der Entwurf des § 313 RegE

Der geplante § 313 BGB (§ 313 RegE) sieht folgendes vor[20]:

Im Abs 1 werden Tatbestand und grundsätzliche Rechtsfolge des Wegfalls der Geschäftsgrundlage normiert. Ein solcher liegt dann vor, wenn "sich die Umstände, die zur Grundlage des Vertrags geworden sind, nach Vertragsschluss schwerwiegend verändert" haben; nicht jede Änderung ist also rechtlich beacht-

---

17 Insbesondere von *Flume* (Allgemeiner Teil des Bürgerlichen Rechts II: Das Rechtsgeschäft³ (1979) 494 ff; *ders* in DJT-FS 507 ff; siehe auch *Littbarski*, Neuere Tendenzen zum Anwendungsbereich der Lehre von der Geschäftsgrundlage, JZ 1981, 8.
18 ZB *Kerschner*, Zum Wegfall der Geschäftsgrundlage bei unwiderruflichen Sozialleistungen, WBl 1988, 211.
19 Siehe *Fenyves*, Gutachten 13. ÖJT II/1, 32, 34.
20 § 313 RegE lautet: „(1) Haben sich Umstände, die zur Grundlage des Vertrags geworden sind, nach Vertragsschluss schwerwiegend verändert und hätten die Parteien den Vertrag nicht oder mit anderem Inhalt geschlossen, wenn sie diese Veränderung vorausgesehen hätten, so kann Anpassung des Vertrags verlangt werden, soweit einem Teil unter Berücksichtigung aller Umstände des Einzelfalles, insbesondere der vertraglichen oder gesetzlichen Risikoverteilung, das Festhalten am unveränderten Vertrag nicht zugemutet werden kann.
(2) Einer Veränderung der Umstände steht es gleich, wenn wesentliche Vorstellungen, die zur Grundlage des Vertrags geworden sind, sich als falsch herausstellen.
(3) Ist eine Anpassung des Vertrags nicht möglich oder einem Teil nicht zumutbar, so kann der benachteiligte Teil vom Vertrag zurücktreten. An die Stelle des Rücktrittsrechts tritt für Dauerschuldverhältnisse das Recht zur Kündigung."

lich. Aus der Formulierung "Grundlage" ergibt sich, dass die maßgeblichen Umstände nicht Vertragsinhalt geworden sein dürfen (dann nämlich würde die vertragliche Regelung gelten und § 313 käme gar nicht zur Anwendung). Erforderlich ist, dass der Vertrag nicht oder mit anderem Inhalt zustande gekommen wäre, wenn die nunmehrige Änderung vorausgesehen worden wäre. Weiters muss ein Festhalten am unveränderten Vertrag für die betroffene Partei unzumutbar sein ("soweit einem Teil unter Berücksichtigung aller Umstände des Einzelfalles, insbesondere der vertraglichen oder gesetzlichen Risikoverteilung, das Festhalten am unveränderten Vertrag nicht zugemutet werden kann"). Liegen all diese Tatbestandsmerkmale kumulativ vor, so besteht gem § 313 RegE ein Anspruch auf Anpassung des Vertrages.[21]

Im Abs 2 des § 313 RegE wird dem nachträglichen Wegfall das bereits anfängliche Fehlen der Geschäftsgrundlage gleichgestellt. Damit erfasst der Gesetzgeber im wesentlichen die Fälle des bereits ursprünglichen Felhlens der sog subjektiven Geschäftsgrundlage, bei der die Parteien beim Vertragsabschluss von konkreten falschen Vorstellungen gleitet wurden.[22]

Abs 3 schließlich sieht vor, dass dann - und nur dann! - , wenn einer der Parteien eine Anpassung des Vertrages für eine Partei unzumutbar oder nicht möglich ist, für den durch die Geschäftsgrundlagenstörung Benachteiligten ein Rücktrittsrecht besteht. Bei Dauerschuldverhältnissen besteht anstelle des Rücktrittsrechts ein Kündigungsrecht.

Wenn die Geschäftsgrundlagenstörung überhaupt rechtlich erheblich ist - der Ausnahmecharakter soll wohl durch das Abstellen auf eine "schwerwiegende", "unzumutbare" Umstandsänderung zum Ausdruck kommen -, so ist die zentrale Rechtsfolge grundsätzlich die Anpassung des Vertrages. Aus dem Zusammenspiel von Abs 1 und Abs 3 ergibt sich mE, dass die Anpassung auch dann vorrangige Rechtsfolge sein soll, wenn die Parteien bei Kenntnis der wahren Umstände bzw bei Vorhersehen der Änderung den Vertrag gar nicht abgeschlossen hätten (vgl den Wortlaut des Abs 1).

Der Vertrag kann nur dann durch Rücktritt aufgelöst werden, wenn die Anpassung unmöglich oder einer der Parteien unzumutbar ist. Während es bei der Un-

---

21   Siehe dazu BT-Drucks 14/6040, 175.
22   BT-Drucks 14/6040, 176; es sei jedoch darauf hingewiesen, dass der Begriff der „subjektiven Geschäftsgrundlage" in der bisherigen Literatur nicht einheitlich verstanden wurde: Während etwa *Wieacker* [Gemeinschaftlicher Irrtum der Vertragspartner und clausula rebus sic stantibus, in *Wilburg-FS* (1965) 229 (238, 242)] unter dem gemeinschaftlichen Irrtum bzw der subjektiven Geschäftsgrundlage nur das bereits anfängliche Fehlen versteht, geht *Larenz* (Geschäftsgrundlage^3, 51, 184; AT^7, 394 f) davon aus, dass die subjektive Geschäftsgrundlage auch später wegfallen kann, etwa bei enttäuschten Erwartungen der Parteien. Letzteres Verständnis lag auch schon den Ausführungen *Oertmanns*, dem Begründer der Geschäftsgrundlagenlehre, zugrunde (vgl *Oertmann*, Die Geschäftsgrundlage – ein neuer Rechtsbegriff [1921] 25 ff).

zumutbarkeit als Tatbestandsmerkmal im Abs 1 um die Unzumutbarkeit seitens desjenigen, der sich auf die Geschäftsgrundlagenstörung beruft, geht, kann die Unzumutbarkeit der Anpassung iSd § 313 RegE sowohl auf Seiten dessen, der die Geschäftsgrundlage geltend macht, als auch auf Seiten des Gegners vorliegen. Freilich könnte die Anpassung für den "clausula-Gegner"[23] bisweilen unzumutbar sein, wenn er den Vertrag nicht mit anderem Inhalt, sondern "entweder so oder gar nicht" abgeschlossen hätte - dies muss aber nicht notwendigerweise so sein. Bei Unmöglichkeit bzw Unzumutbarkeit der Anpassung handelt es sich um objektive, normative Kriterien, die von der Frage nach dem subjektiven Willen der Partei zu unterscheiden sind.

Die Anpassung ist gem § 313 RegE als Anspruch konstruiert[24]: Es "kann Anpassung verlangt werden". Der Gesetzgeber hält dies aus "Gründen der Rechtssicherheit" für angebracht; es wurde bewusst "davon abgesehen, die rechtliche Ausgestaltung der Anpassung weitgehend offen zu lassen, etwa durch die Formulierung `so ist der Vertrag ... anzupassen`"[25]. Im Gegensatz dazu war die bisherige hM ja davon ausgegangen, dass die Anpassung ipso iure eintrete und vom Richter nur noch festgestellt werde.[26] Fraglich erscheint freilich, wie das Klagebegehren im Einzelnen aussehen soll. Zwar meint der Gesetzgeber, dass die Anspruchskonstruktion die Möglichkeit, eine Leistungsklage, direkt auf Erbringung der angepassten Leistung gerichtet, gäbe.[27] Dem Kläger wird damit aber das Risiko eingeräumt, die Anpassung richtig einzuschätzen – und bei dem weiten Begriffsverständnis der Anpassung, auf das ich noch zu sprechen kommen werde, erscheint dies nahezu unmöglich.

Der Gesetzgeber erwartet sich durch seine Formulierung offensichtlich auch, dass die Parteien zunächst selbst über eine Anpassung verhandeln. Zumindest bringt er dies in der Begründung des RegE – wenn auch bloß mit einem Satz – zum Ausdruck: „Insbesondere sollen die Parteien zunächst selbst über die Anpassung verhandeln".[28, 29] Ob es sich dabei um eine bloße Obliegenheit[30] oder um eine tatsächliche Neuverhandlungspflicht, deren Erfüllung einklagbar und deren Verletzung schadenersatzrechtliche Konsequenzen nach sich ziehen

---

23 Diesen Begriff verwendet *Fenyves,* Gutachten 13. ÖJT II/1, zB 95.
24 BT-Drucks 14/6040, 176
25 BT-Drucks 14/6040, 176.
26 ZB Heinrichs in Palandt, BGB[60] § 242 Rz ...
27 BT-Drucks 14/6040, 176.
28 BT-Drucks 14/6040, 176.
29 *Horn,* Neuverhandlungspflicht, AcP 181 (1981) 255 (276 ff) vertritt bereits zum bisher geltenden Recht die Ansicht, dass unter der Prämisse, „dass die Rechtsfolgen des Wegfalls der Geschäftsgrundlage nur eintreten, wenn sich zumindest eine Partei darauf beruft", „der Vollzug der Vertragsanpassung erst darin liegt, dass sich die Parteien über das Anpassungsergebnis einigen" (*Horn,* AcP 181, 277).
30 Vgl *Eidenmüller,* Neuverhandlungspflichten bei Wegfall der Geschäftsgrundlage, ZIP 1995, 1063 (1070).

könnte, handelt, bleibt in der Begründung des Entwurfes unklar. Ob die Aussage "insbesondere sollen die Parteien zunächst selbst über die Anpassung verhandeln" bereits zur Annahme von Neuverhandlungs*pflichten* reicht, erscheint zweifelhaft. Allerdings würde ja auch die Verletzung einer Obliegenheit nicht ohne Folgen bleiben – es ließe sich etwa argumentieren, dass demjenigen, der den Wegfall der Geschäftsgrundlage geltend machen will, der Anspruch auf Anpassung oder allenfalls das Rücktrittsrecht versagt bleibt, wenn diese Obliegenheit verletzt wurde.[31] Im geplanten Gesetzestext selbst kommt allerdings auch keine solche Obliegenheit zum Ausdruck. Sie ließe sich allenfalls aus dem allgemeinen Prinzip von Treu und Glauben iSd § 242 BGB ableiten.[32]

2. Vergleich mit der bisherigen Rechtslage in Deutschland

Bislang wird die Rechtsfigur des Wegfalls der Geschäftsgrundlage auf § 242 BGB, also auf das Prinzip von Treu und Glauben gestützt. Nach der stRspr des BGH wird die Geschäftsgrundlage gebildet durch die nicht zum eigentlichen Vertragsinhalt erhobenen, aber bei Vertragsschluss zutage getretenen gemeinschaftlichen Vorstellungen beider Vertragsparteien oder die dem Geschäftsgegner erkennbaren und von ihm nicht beanstandeten Vorstellungen der einen Vertragspartei vom Vorhandensein oder dem künftigen Eintritt oder dem Fortbestand gewisser Umstände, auf denen der Vertragswille sich aufbaut.[33] Der BGH hat damit – wie davor schon das RG[34] – die Definition *Oertmanns*[35], der den Begriff "Geschäftsgrundlage" geprägt hat, übernommen – eine rein subjektive Formel[36].

Diese Definition der Geschäftsgrundlage wird freilich oft nur stereotyp wiederholt, ohne dass eine konkrete Subsumtion erfolgen würde. Allerdings löst nach der Rspr nicht jede Geschäftsgrundlagenstörung bereits Rechtsfolgen aus. Vielmehr muss es sich um eine erhebliche Störung handeln – ein Wegfall der Geschäftsgrundlage ist nur dann beachtlich, "wenn das zur Vermeidung eines untragbaren, mit Recht und Gerechtigkeit nicht zu vereinbarenden und damit

---

31 *Eidenmüller*, ZIP 1995, 1071.
32 Vgl dazu *Eidenmüller*, ZIP 1995, 1070.
33 BGH NJW 1951, 863; BGHZ 25, 390 (392); BGHZ 40, 334 (335 f); JZ 1978, 235 = WM 1978, 322 (323); BGHZ 74, 370 (373); BGHZ 84, 1 (8 f); BGHZ 88, 180 (191); BGHZ 89, 226 (231); NJW 1984, 1746 (1747); NJW 1991, 1478 ua.
34 RGZ 103, 328 (332); RGZ 168, 121.
35 Geschäftsgrundlage 37: "Geschäftsgrundlage ist die beim Geschäftsschluss zutage tretende und vom etwaigen Gegner in ihrer Bedeutsamkeit erkannte und nicht beanstandete Vorstellung eines Beteiligten oder die gemeinsame Vorstellung der mehreren Beteiligten vom Sein oder vom Eintritt gewisser Umstände, auf deren Grundlage der Geschäftswille sich aufbaut".
36 Nach *Oertmanns* Verständnis ist die Geschäftsgrundlage etwas "Subjektives, dh durch die Parteien Bestimmtes"; das Abstellen auf objektive Gesichtspunkte würde nach seiner Auffassung "maßlose Unsicherheit hervorrufen" sowie "den besonderen Parteiwillen, den individuellen Interessen Gewalt antun": *Oertmann*, Geschäftsgrundlage 35 f.

der betroffenen Partei nicht zumutbaren Ergebnisses unabweislich erscheint".[37] Diese Unzumutbarkeit, die Billigkeitsentscheidung im Einzelfall, ist das wahre Entscheidungskriterium der deutschen Rechtsprechung.

In der Lehre sind freilich zahlreiche unterschiedliche Theorien zur dogmatischen Erfassung von Geschäftsgrundlagenstörungen entwickelt worden, die allerdings meist - wenn auch auf abweichendem Wege - zu weitgehend übereinstimmenden Ergebnissen führen. Darauf kann hier nicht näher eingegangen werden; es seien nur einige Theorien erwähnt: *Larenz*[38] etwa hat zwischen subjektiver und objektiver Geschäftsgrundlage unterschieden, *Kegel*[39] führte die Unterscheidung zwischen großer und kleiner Geschäftsgrundlage ein; *Medicus*[40] und *Nicklisch*[41] wollen die in Rede stehenden Fragen mittels ergänzender Vertragsauslegung iSd § 157 BGB lösen; *Fikentscher*[42] spricht von "Vertrauens"-, *Schmidt-Rimpler*[43] von rein subjektiven "Wertungsgrundlagen". Von manchen wurde die Geschäftsgrundlage, wie bereits erwähnt, überhaupt abgelehnt.[44]

§ 313 RegE schreibt die Grundsätze der ganz hA, vor allem der stRspr fest. Etwas anderes wollte der Gesetzgeber auch nicht. Es handelt sich hier gewissermaßen um den "kleinsten gemeinsamen Nenner" des Meinungsstandes, ganz im Sinne von "restatements". Bei der Formulierung des Tatbestandes wurde zwar auf die subjektiven, oftmals zur bloßen Floskel verkommene Definition des BGH verzichtet. Inhaltlich ergibt sich aber zur bisherigen Praxis kein Unterschied. Vor allem sollen die strengen Kriterien, die bereits bisher zur Berufung auf eine Geschäftsgrundlagenstörung erforderlich waren, weiterhin unverändert relevant sein, wie der Gesetzgeber ausdrücklich betont.[45]

U. Huber[46] befürchtet allerdings, dass es durch die geplante Neuregelung[47] zu einer wahrscheinlich unbeabsichtigten Abmilderung der Anforderungen an den

---

37 So wörtlich etwa BGH JZ 1978, 235 (236) = WM 1978, 322 (323); ganz ähnlich bereits BGHZ 2, 177 (188 f); NJW 1958, 1772; BGHZ 40, 334 (337); NJW 1976, 565 (566); weiters BGHZ 84, 1 (8 f); NJW 1984, 1746 (1747); NJW 1991, 1478 (1479) ua; vgl auch BGH JZ 1992, 370 (372).
38 Siehe FN 2.
39 Empfiehlt es sich, den Einfluss grundlegender Veränderungen des Wirtschaftslebens auf Verträge gesetzlich zu regeln und in welchem Sinn? (Geschäftsgrundlage, Vertragshilfe, Leistungsverweigerungsrecht, in Gutachten für den 40. Deutschen Juristentag (1953) 138 (200 ff).
40 Vertragsauslegung und Geschäftsgrundlage, in Flume-FS I (1978) 629.
41 Ergänzende Vertragsauslegung und Geschäftsgrundlage - ein einheitliches Rechtsinstitut zur Lückenfüllung? BB 1980, 949.
42 Die Geschäftsgrundlage als Frage des Vertragsrisikos (1971).
43 Zum Problem der Geschäftsgrundlage, in *Nipperdey*-FS (1955) 1.
44 Siehe FN 17.
45 BT-Drucks 14/6040, 176.
46 Das geplante Recht der Leistungsstörungen, in *Ernst/Zimmermann* (Hrsg), Zivilrechtswissenschaft und Schuldrechtsreform (2001) 31 (79 FN 176).

Wegfall der Geschäftsgrundlage kommen wird – er vermisst das bereits erwähnte Abstellen der bisherigen Rspr darauf, ob die Aufrechterhaltung zu einem „unvereinbaren, mit Recht und Gerechtigkeit schlechthin unvereinbaren Ergebnis" führt. Allerdings handelt es sich bei dieser Floskel der Rspr um nichts anderes als eine Verdeutlichung der Unzumutbarkeit. Ein entsprechend strenger Maßstab hinsichtlich des Tatbestandsmerkmales der Unzumutbarkeit könnte dieser von *U. Huber* konstatierten Abmilderung entgegenwirken.

Das in Lehre und Rspr häufig betonte Kriterium der Unvorhersehbarkeit[48] (siehe dazu auch das österreichische Recht) findet sich nicht als Tatbestandsmerkmal des § 313 RegE. Wie sich aus der Begründung zu § 313 RegE ergibt, hat der Gesetzgeber bewusst auf dieses Kriterium verzichtet, weil die Berufung auf einen Wegfall der Geschäftsgrundlage durch die Unvorhersehbarkeit nach bisherigem Recht zwar in der Regel, aber nicht ausnahmslos ausgeschlossen ist.[49] Auf den ersten Blick könnte man meinen, dies sei im Abs 1 des § 313 RegE enthalten, geht es doch um solche Umstandsänderungen, bei deren Voraussehen der Vertrag nicht oder anders zustande gekommen wäre[50]. Dabei geht es aber um ein tatsächliches Voraussehen und nicht um Vorhersehbarkeit. Die Vorhersehbarkeit lässt sich aber durchaus in den Tatbestand des § 313 RegE „hineininterpretieren":

Nach § 313 RegE ist eine Störung der Geschäftsgrundlage nämlich nur beachtlich, „soweit einem Teil unter Berücksichtigung aller Umstände des Einzelfalles, insbesondere der vertraglichen oder gesetzlichen Risikoverteilung, das Festhalten am unveränderten Vertrag nicht zugemutet werden kann". Daraus wird deutlich, dass es sich bei dem verwirklichten Risiko um ein solches handeln muss, welches über die vertragliche (und gesetzliche) Risikoverteilung hinausgeht. Und genau dies kann wiederum nur für unvorhersehbare Risiken gelten. Schließt nämlich eine Partei trotz Vorhersehbarkeit ohne Vorbehalte einen Vertrag ab, so ist in aller Regel davon auszugehen, dass sie dieses Risiko eben – wenn auch bloß konkludent – vertraglich übernommen hat. Das wird wiederum prinzipiell nicht zur von § 313 Abs 1 RegE geforderten Unzumutbarkeit führen können.[51]

---

47 Seine Ausführungen beziehen sich noch auf § 307 DiskE.
48 Siehe zB *Heinrichs* in *Palandt*, BGB[60] § 242 Rz 128; ausführlich dazu *Lembke*, Vorhersehbarkeit und Geschäftsgrundlage; eine Untersuchung über die Bedeutung der Vorhersehbarkeit und der Erkennbarkeit für den Rechtsbehelf des Fehlens oder Wegfalls der Geschäftsgrundlage (Diss Köln 1991).
49 BT-Drucks 16/6040, 175.
50 „(...) und hätten die Parteien den Vertrag nicht oder mit anderem Inhalt geschlossen, wenn sie diese Veränderung vorausgesehen hätten (...)".
51 In der Begründung heißt es auch ganz ähnlich, dass „bei zumindest voraussehbarer Änderung (..) ein Festhalten am Vertrag aber oft zumutbar sein" wird, „etwa dann, wenn Vorkehrungen hätten getroffen werden können" (BT-Drucks 14/6040, 175 f).

Die gleiche Argumentationslinie gilt mE auch für jene Risiken, die aus der eigenen Sphäre des „Clausula-Interessenten"[52] stammen. Risiken, die eine Partei in aller Regel zumindest abstrakt beherrschen[53] kann, gehören – mangels abweichender Vereinbarung – grundsätzlich zu den von der vertraglichen Risikoverteilung der betroffenen Partei bereits zugewiesenen Risiken.

Hinsichtlich der Rechtsfolgen entspricht der Vorrang der Anpassung der ganz hM[54, 55]. Der Entwurf sagt nichts darüber aus, nach welchen Kriterien die Anpassung vorzunehmen ist und wie weit die Anpassung gehen kann. Dafür sind wohl vielmehr die bisher entwickelten Kriterien heranzuziehen; danach wird die Anpassung sehr weit verstanden, sie ist gewissermaßen *"richterliche Vertragshilfe"*.[56] Der BGH berücksichtigt auch außervertragliche Faktoren wie zB die wirtschaftlichen Verhältnisse der Parteien. Wohl nicht ganz zu Unrecht hat das dem Höchstgericht den Vorwurf der "Billigkeitsjustiz" eingebracht, die für die Rechtssuchenden überhaupt nicht einschätzbar ist.[57] Die in § 313 RegE gewählte Anspruchskonstruktion weicht allerdings von der bisher hM ab: diese ging davon aus, dass die Anpassung bereits ipso iure erfolge und vom Richter nur noch festgestellt werde.[58]

Auf die möglichen "Anpassungsvarianten" werde ich später noch kurz zu sprechen kommen; nun aber zunächst zur österreichischen Rechtslage:

---

52 Begriff übernommen von *Fenyves*, Gutachten 13. ÖJT II/1, 75, 100.
53 Zur „abstrakten Beherrschbarkeit" siehe etwa *I. Köller*, Die Risikozurechnung bei Vertragsstörungen in Austauschverträgen (1979) 78 ff; zur eigenen Risikosphäre siehe unten III.1. zum österreichischen Recht.
54 So bereits RG RGZ 103, 328 (333 f); BGH NJW 1984, 1746 (1747) ua; *Roth* in MünchKomm II³ § 242 Rz 544; *Heinrichs* in *Palandt*, BGB⁶⁰ § 242 Rz 130 ua.
55 Auf den ersten Blick abweichend noch der Begründer der Geschäftsgrundlagenlehre in Deutschland, *Oertmann*: Für ihn gab es nur die Vertragsaufhebung durch Rücktritt, Widerruf oder Kündigung (Geschäftsgrundlage 161 ff); allerdings sei auch ein bloß teilweises Aufheben der gegenseitigen Rechte und Pflichten denkbar (Geschäftsgrundlage 159, 164). Das kommt de facto einer Anpassung gleich (vgl *Köbler*, „clausula rebus sic stantibus" 96).
56 Dazu statt vieler *Köbler*, „clausula rebus sic stantibus" 254 ff; *Roth*, Vom Wegfall der Geschäftsgrundlage zur richterlichen Vertragsanpassung, in *Krejci*-FS II (2001) 1251.
57 ZB *Larenz*, Geschäftsgrundlage³, 111 ff; *Wieling*, Wegfall der Geschäftsgrundlage bei Revolutionen? - BGH, NJW 1984, 1746, JuS 1986, 272 (273 f); *Tempel*, Stornokosten bei Kündigung des Reisevertrages wegen höherer Gewalt?, NJW 1990, 821 (822).
58 ZB *Heinrichs* in *Palandt*, BGB⁶⁰ § 242 Rz 130 mwN; aA aber zB *Horn*, AcP 181, 275 ff.

III. Vergleich mit der österreichischen Rechtslage

1. Die Lehre von der Geschäftsgrundlage im österreichischen Recht

Im österreichischen Recht gibt es einerseits keine dem § 242 BGB entsprechende Generalnorm. Andererseits ist § 901 ABGB zu beachten:[59] Äußerungen der Parteien über den "Bewegungsgrund" oder den "Endzweck ihrer Einwilligung" haben nach dieser Bestimmung bei entgeltlichen Verträgen nur dann Relevanz, wenn sie ausdrücklich (also hinreichend deutlich: vgl § 863 ABGB) zur Bedingung erhoben wurden. Andernfalls sind sie als bloßer Motivirrtum zu werten, der bei entgeltlichen Verträgen unerheblich ist. Mit anderen Worten: Haben die Parteien nicht durch entsprechende vertragliche Vereinbarung eine andere Risikoverteilung vorgenommen, weist § 901 ABGB dem in seinen Vorstellungen oder Erwartungen Enttäuschten das Risiko zu.

Hier setzt die traditionelle, auf *Pisko*[60] zurückgehende Geschäftsgrundlagenlehre an: Nachdem *Oertmann* 1921 seine Geschäftsgrundlagenlehre fürs deutsche Recht entwickelt hatte, suchte *Pisko* nach Möglichkeiten, diese Lehre ins österreichische Recht zu übertragen. § 901 ABGB soll sich nach dieser Auffassung nur auf individuelle Motive, nicht aber auf typische Voraussetzungen, die jedermann mit einem Geschäft wie dem abgeschlossenen verbindet, beziehen. Solche "typischen Voraussetzungen" sind nicht vom Tatbestand des § 901 ABGB erfasst. Dieser beziehe sich vielmehr nur auf den "besonderen Beweggrund". *Pisko* greift also - ohne dies freilich ausdrücklich zu sagen - zum methodischen Instrument der sogenannten teleologischen Reduktion[61]. Hinsichtlich der ungeregelten typischen Voraussetzungen besteht nach *Pisko* eine Regelungslücke, die mittels Rechtsanalogie iSd § 7 ABGB[62] zu schließen sei. Diese Analogie stützt *Pisko* insbesondere auf § 936 Satz 1 ABGB[63] und auf § 1052 Satz 2 ABGB[64].

---

59   Darauf wies bereits *Pisko* in *Klang*, ABGB IV/2¹, 348 f hin.
60   In *Klang*, ABGB IV/2¹, 349 ff.
61   Siehe dazu etwa *Koziol/Welser*, Grundriss des bürgerlichen Rechts I¹¹ (2000) 31 mwN.
62   Zur Rechts- bzw Gesamtanalogie zB *Koziol/Welser*, Grundriss I¹¹, 28 f mwN.
63   § 936 ABGB: "Die Verabredung, künftig einen Vertrag schliessen zu wollen, ist nur dann verbindlich, wenn (...) die Umstände inzwischen nicht dergestalt verändert worden sind,dass dadurch der ausdrücklich bestimmte, oder aus den Umständen hervorleuchtende Zweck vereitelt, oder das Zutrauen des einen oder andern Teiles verloren wird. (...)." Typische Voraussetzung des in § 936 ABGB geregelten Vorvertrages ist die Vertrauenswürdigkeit des Vorvertragspartners; die ebenfalls in § 936 ABGB enthaltene Umstandsklausel sieht *Pisko* jedoch nicht als typische, sondern bloß als individuelle Voraussetzung; ein allgemeiner Rechtsgrundsatz, dass alle Verträge als unter der clausula rebus sic stantibus abgeschlossen sind, wird fürs österreichische - wie auch fürs deutsche - Recht ganz allgemein abgelehnt.
64   § 1052 Satz 2: "Auch der zur Vorausleistung Verpflichtete kann seine Leistung bis zur
(Fortsetzung auf der nächsten Seite)

Nicht jeder Wegfall von typischen Voraussetzungen ist allerdings beachtlich: Dies ist vielmehr nur dann der Fall, wenn die Störung unvorhersehbar war und nicht der Risikosphäre desjenigen entstammt, der sich auf die Geschäftsgrundlagenstörung beruft[65].

Der OGH hat diese Kriterien - Typizität, Unvorsehbarkeit, Risikosphäre - in stRspr übernommen;[66] bisweilen geschieht das aber auch nur formal, während er sich in Wahrheit auf andere Kriterien, etwa die "gemeinsamen" Voraussetzungen[67], stützt.[68] Diese sind aber, wie *Pisko* selbst deutlich gezeigt hat, nicht deckungsgleich mit der *Pisko'*schen "typischen" Voraussetzung. Bisweilen verwendet die Rspr auch den Begriff der objektiven Geschäftsgrundlage iSv *Larenz* und spricht davon, dass der im Vertragsinhalt zum Ausdruck gelangte, von beiden Teilen anerkannte wesentliche Vertragszweck, der Endzweck iSd § 901 ABGB, nicht nur zeitweilig unerreichbar geworden sei, wobei objektive und typische Geschäftsgrundlage meist als synonym betrachtet werden.[69]

Oftmals löst die Rspr die hier in Rede stehenden Probleme aber ohne jegliche Bezugnahme auf das Institut der Geschäftsgrundlage.[70] Bisweilen wird mit (ergänzender) Vertragsauslegung iSv § 914 ABGB oder mit stillschweigenden Vereinbarungen gem § 863 ABGB operiert. Die Fälle der Leistungserschwerungen werden mit „wirtschaftlicher Unmöglichkeit" bzw „Unerschwinglichkeit" gelöst[71] – übrigens auch von der bisher nach wie vor hA in der Literatur[72],

---

Bewirkung oder Sicherstellung der Gegenleistung verweigern, wenn diese durch schlechte Vermögensverhältnisse des anderen Teiles gefährdet ist, die ihm zur Zeit des Vertragsabschlusses nicht bekannt sein mussten." Die typische Voraussetzung in § 1052 Satz 2 ABGB, der das Zurückbehaltungsrecht des Vorleistungspflichtigen regelt, besteht nach *Piskos* Ansicht darin, dass der Vertragspartner kreditwürdig sei und es auch noch im Zeitpunkt der Fälligkeit der Vorleistung sein werde.

65 *Pisko* in *Klang*, ABGB II/2¹, 353 f.
66 OGH JBl 1960, 187; SZ 35/7; EvBl 1966/109; EvBl 1970/203; JBl 1970, 420 (422); JBl 1971, 257 (258); EvBl 1972/142; EvBl 1975/90; DZ 47/149; JBl 1976, 145 (148); SZ 49/13; EvBl 1976/285; EvBl 1977/68; NZ 1979, 172; EvBl 1978/137; JBl 1979, 651; JBl 1979, 652 (653); SZ 52/189 = EvBl 1980/118 = JBl 1980, 652 (653); SZ 53/8; JBl 1981, 30 (31); SZ 55/51; SZ 60/218; WBl 1987, 212; JBl 1988, 723 (726); JBl 1989, 264 (267 f);JBl 1989, 650 (651); ZAS 1978/3; SZ 59/17; ecolex 1991, 386; JBl 1992, 517 (520); RdW 1998, 199.
67 ZB SZ 35/47; JBl 1971, 257 (258); JBl 1987, 390; vgl auch JBl 1982, 431 (432).
68 Vgl *Rummel*, Gemeinsamer Irrtum und Geschäftsgrundlage, JBl 1980, 1 (5 ff); *ders* in *Rummel*, ABGB I³ (2000) § 901 Rz 5; *Kerschner*, WBl 1988, 214; siehe auch *Tomandl*, Geänderte Verhältnisse – dargestellt am Beispiel der Betriebspension, ZAS 1988, 1 (4 ff).
69 Vgl dazu OGH JBl 1970, 420 (421); EvBl 1974/29; EvBl 1978/137; JBl 1988, 723 (726); JBl 1989, 650 (651) ua.
70 Siehe dazu die eingehende Judikaturanalyse bei *Fenyves*, Gutachten 13.ÖJT II/1, 56 ff mwN.
71 Vgl dazu etwa OGH EvBl 1952/103; SZ 36/44.

wenngleich bisweilen auf die Parallele zum Wegfall der Geschäftsgrundlage hingewiesen wird.[73] Manche Fälle wurden vom OGH wiederum über eine gänzlich andere Argumentationsschiene gelöst: nämlich unter Berufung auf § 879 ABGB (dem österreichischen Pendant zu § 138 BGB); das Bestehen auf Vertragserfüllung wurde in diesen Entscheidungen als sittenwidrig qualifiziert, wenn durch die Vertragserfüllung einer der Vertragspartner aus einem bei Vertragsabschluss unvorhersehbaren Grund unverhältnismäßig bereichert werden würde.[74]

Erst seit den achtziger Jahren hat die Rechtsfigur der Geschäftsgrundlage in der Lehre genauere Beachtung erfahren.[75] Teilweise versucht man, alternative Lösungswege zu gehen.[76] *Rummel*[77] etwa schlägt den Weg der ergänzenden Vertragsauslegung gem § 914 ABGB vor.[78] Andere wiederum verfeinern die *Pisko´sche* Formel: So hat etwa *Fenyves*[79] aufgezeigt, dass sich das Herausfallen der gemeinsamen Voraussetzungen aus dem Tatbestand des § 901 ABGB ebenso begründen ließe wie das der typischen. Er schlägt weiters – je nach dem, ob es sich um konkrete Vorstellungen der Parteien handelt oder um eine Änderung von Verhältnissen, über die überhaupt keine Vorstellungen bestanden – entweder eine Orientierung an den Wertungen des Irrtumsrechts (§§ 871 f ABGB) oder am Recht der Leistungsstörungen vor.[80] *F. Bydlinski*[81] verfolgt einen rein irrtumsrechtlichen Ansatz; die Geschäftsgrundlage ist zwar kein Ge-

---

72 So schon *Pisko/Gschnitzer* in *Klang*, ABGB VI^2 (1951) 541 ff; aus jüngerer Zeit *Ehrenzweig/Mayrhofer*, System des österreichischen allgemeinen Privatrechts II: Das Recht der Schuldverhältnisse; allgemeine Lehren^3 (1986) 396 f; *Dullinger*, Bürgerliches Recht II: Schuldrecht – allgemeiner Teil (2000) Rz 3/50; *Koziol/Welser*, Grundriss des bürgerlichen Rechts II^{11} (2000) 47; aA *F. Bydlinski*, Zum Wegfall der Geschäftsgrundlage im österreichischen Recht,ÖBA 1996, 499 (500).
73 *Ehrenzweig/Mayrhofer*, Schuldrecht AT^3, 397; *Koziol/Welser*, Grundriss II^{11}, 47.
74 OGH SZ 6/172; MietSlg 12/44; es handelt sich dabei um Fälle der „Entwertung der Gegenleistung, die eine Geldleistung darstellt": *Fenyves*, Gutachten 13. ÖJT II/1, 63.
75 *Rummel*, JBl 1981, 5 ff; *ders*, Betriebspension in der Krise – Widerruf wegen Dürftigkeit? DRdA 1989, 366; *ders* in *Rummel*, ABGB I^3 § 901 Rz 6; *Kerschner*, WBl 1988, 211 ff; *Tomandl*, ZAS 1988, 1; *F. Bydlinski*, ÖBA 1996, 499 ff; *Graf*, Vertrag und Vernunft; eine Untersuchung zum Modellcharakter des vernünftigen Vertrages (1997) 126 ff, 131 ff, 276 ff; *Fenyves*, Gutachten 13. ÖJT II/1; *Schilcher*, Geschäftsgrundlage und Anpassungsklauseln im Zivilrecht, VR 1999, 32.
76 So *Rummel* und *Kerschner*: dazu sogleich im Text. Nicht näher eingegangen werden kann hier in diesem Rahmen auf die Ansichten von *Tomandl* und *Graf* (siehe dazu die Nw in der vorhergehenden FN). Insbesondere die – sicher sehr interessante – Auseinandersetzung mit den Thesen *Grafs* würde den Rahmen des Vortrages sprengen.
77 JBl 1981, 8; DRdA 1989, 366; in *Rummel*, ABGB I^3 § 901 Rz 6; zust *Mazal*, Zur Anpassung betrieblicher Alterspensionen, RdW 1985, 52; *Kerschner*, WBl 1988, 215 ff; krit aber *F. Bydlinski*, ÖBA 1996, 503 f.
78 Zur Rechtsfolgenbestimmung siehe unten III.2.
79 Gutachten 13. ÖJT II/1, 42 f.
80 *Fenyves*, Gutachten 13. ÖJT II/1, 84 ff.
81 ÖBA 1996, 499 ff.

schäftsirrtum (denn dann wäre ja nicht mehr die Vertragsgrundlage, das maßgebliche Umfeld beeinträchtigt, sondern der Vertragsinhalt selbst), komme diesem aber sehr nahe. *Piskos* Kriterien hält er für weiterhin maßgebend; er ergänzt diese einerseits durch ein Abstellen auf eine beträchtliche Äquivalenzstörung – ein sog „Schwerekriterium"; als Maßstab ist grundsätzlich auf § 934 ABGB, der die laesio enormis zum Inhalt hat, abzustellen.[82] Andererseits bezieht die Fälle unzumutbarer Leistungserschwerungen - die früher unter dem Begriff "wirtschaftliche Unmöglichkeit" dem Leistungsstörungsrecht zugeordnet wurden - in die Geschäftsgrundlage mit ein.

2. Die Rechtsfolgen im österreichischen Recht

Als Rechtsfolge kommt nach mittlerweile[83] ganz einhelliger Auffassung Anpassung oder Aufhebung des Vertrages in Frage.[84]

Traditionellerweise wird die Geschäftsgrundlage eher in die Nähe des Irrtumsrechts als in die Nähe des Leistungsstörungsrechts gerückt.[85] Die Anpassung wird daher meist mittels Analogie zu § 872 ABGB, der die Anpassung wegen eines unwesentlichen, beachtlichen Geschäftsirrtums regelt, begründet. Hinsichtlich gänzlicher Auflösung des Vertrages wird entweder Anfechtung analog zur Irrtumsanfechtung iSd § 871 ABGB angenommen oder schlicht von Auflösung oder Aufhebung gesprochen, was eher wie ein Rücktrittsrecht (wie nach deutscher Rechtslage) klingt.[86]

Jene Entscheidungen, die in Wahrheit auf die objektive Geschäftsgrundlage im Sinne deutscher Lehren zurückgreifen, bestimmen die Rechtsfolgen oft mittels "ergänzender Vertragsauslegung" gem § 914 ABGB; in diesen Urteilen heißt es, dass ein Vertrag unter Umständen aufgelöst werden kann, wenn die Auslegung des Vertrages nach Treu und Glauben, also nach der Übung des redlichen Verkehrs iSd § 914 ABGB ergibt, dass ein weiters Festhalten am Vertrag unzumutbar sei - was insbesondere dann der Fall sei, wenn die typische bzw die

---

[82] Dies ist nach seiner Ansicht aber nur die „Basiswertung" im Rahmen eines beweglichen Systems, dazu genauer ÖBA 1996, 506 ff.

[83] AA noch *Pisko* in *Klang*, ABGB II/2^1, 353; ihm folgend *Gschnitzer* in *Klang*, ABGB IV/1^2, 339.

[84] *Koziol/Welser*, Grundriss I^{11}, 147; *Rummel* in *Rummel*, ABGB I^3 § 901 Rz 6a; OGH JBl 1979, 652 (653); JBl 1982, 431 (432); SZ 54/4; JBl 1988, 723 (726); RdW 1990, 249; JBl 1995, 173.

[85] Siehe aber auch *Fenyves*, Gutachten 13. ÖJT II/1, 93, der für die Fälle der objektiven Geschäftsgrundlage die Nähe zum Leistungsstörungsrecht betont.

[86] *Koziol/Welser*, Grundriss I^{11}, 147; *Rummel* in *Rummel*, ABGB I^3 § 901 Rz 6a; OGH JBl 1982, 431 (432) (hinsichtlich analoger Anwendung des § 872 ABGB).

objektive Geschäftsgrundlage weggefallen sei.[87] Die Parallele zu *Larenz*'s "korrigierender Vertragsauslegung"[88] ist offensichtlich.

Wenn man die Geschäftsgrundlagenprobleme überhaupt mittels ergänzender Vertragsauslegung gem § 914 ABGB lösen will, so setzt dies allerdings ein sehr weites Verständnis der ergänzenden Vertragsauslegung voraus. Denn in jenen Fällen, in denen die Frage nach dem hypothetischen Parteiwillen[89] bloß ergibt, dass der Vertrag gar nicht zustande gekommen wäre, wäre nach herkömmlicher Auffassung die Grenze der ergänzenden Auslegung erreicht.[90] Eine Lösung über ergänzende Vertragsauslegung kann nur funktionieren, wenn man die Frage nach dem hypothetischen Parteiwillen danach stellt, ob die Parteien (bzw allenfalls redliche Parteien), wenn sie das nun verwirklichte Risiko in Betracht gezogen hätten, eine Rücktrittsklausel oder eine auch eine Bedingung vereinbart hätten, und den Vertrag dann entsprechend ergänzen.

Auch in Österreich wird der Vorrang der Anpassung als Rechtsfolge betont; die Auflösung soll nur ultima ratio sein.[91] Ein Blick auf die Spruchpraxis zeigt aber, dass in jenen Fällen, in denen der Berufung auf den Wegfall der Geschäftsgrundlage stattgegeben wurde, der Vertrag fast immer aufgehoben wurde[92] - im Vergleich zu Deutschland ergibt sich, dass einerseits der Wegfall der Geschäftsgrundlage viel vorsichtiger bejaht wird;[93] andererseits gibt es in Deutschland mehr Fälle, in denen der Vertrag angepasst wurde, als solche, in denen es zur vollständigen Auflösung des Vertrages kam[94]. Von dem in der Lehre betonten Vorrang der Vertragsanpassung, der in Deutschland auch tatsächlich Rechtswirklichkeit ist, ist in Österreich de facto herzlich wenig zu spüren. Ganz im Gegensatz zur Situation in Deutschland kann also schon allein aufgrund der bisher geübten Spruchpraxis von richterlicher Vertragshilfe keine Rede sein.[95]

Von dieser rechtstatsächlichen Ebene zu unterscheiden ist jedoch die Frage, wie weit eine Anpassung nach österreichischem Recht gehen kann. Wie bereits angedeutet, wird im deutschen Recht die Anpassung ja sehr weit verstanden: Es geht um eine angemessene Neuverteilung des Vertragsrisikos, bei der der Richter gewissermaßen die Rolle des Rechtsgestalters hat, um eine möglichst flexi-

---

87 ZB OGH JBl 1970, 420 (421); EvBl 1974/29;EvBl 1975/31 = JBl 1975, 203 (204).
88 Geschäftsgrundlage³, 166, 169; Schuldrecht I¹⁴, 330.
89 Dazu etwa *Rummel* in *Rummel*, ABGB I³ § 914 Rz 9; *Koziol/Welser*, Grundriss I¹¹, 97.
90 Siehe zB *Gschnitzer* in *Klang*, ABGB IV/1², 410; *F. Bydlinski*, ÖBA 1996, 503 f; vgl auch *F. und M. Bydlinski*, Unwirksame Befristung und Entgeltsbestimmung als zusammenhängende Mietvertragsklauseln, NZ 1986, 73 (79) (impliciter).
91 Siehe nur *Rummel* in *Rummel*, ABGB I³ § 901 Rz 6a.
92 Siehe dazu vor allem *Roth* in *Krejci*-FS II 1254 mwN.
93 *Roth* in *Krejci*-FS II 1252.
94 Siehe dazu *Brockmeyer*, Das Rechtsinstitut der Geschäftsgrundlage aus der Sicht der ökonomischen Analyse des Rechts (1993) 31 FN 122 (unter Berufung auf *Chiotellis*).
95 *Roth* in *Krejci*-FS II 1254.

ble Interessenberücksichtigung. Vertragsanpassung kann nicht nur in Gestalt von wertmäßiger oder quantitativer Anpassung von Leistung und Gegenleistung, sondern auch in Form von Kosten- oder Schadensteilung, Aufwandersatz, Ausgleichsansprüchen (also jeweils eine völlige oder teilweise Überwälzung dieses Risikos), Stundung oder Teilzahlung geschehen.[96] Der BGH ging sogar so weit, unter Anpassung auch die Teilung von Kosten, die erst anlässlich der Auflösung des Vertrages entstanden, zu verstehen[97]. ME hat dies mit Anpassung nichts mehr zu tun - es sei denn, man spräche mit *Ulmer*[98] von einer Anpassung zwischen 0 - 100 %; die 100 %-ige "Anpassung" würde die Vertragsauflösung im herkömmlichen Sinne darstellen. Das ist aber nicht das Begriffsverständnis des BGH.

Die Anpassung geht nach hA im deutschen Recht jedenfalls weit über den hypothetischen Willen der Parteien hinaus. Es geht vielmehr um normative Risikoneuverteilung nach dem generellen Kriterium der (Un-)zumutbarkeit. Nachdem der Gesetzgeber mit der Normierung der Geschäftsgrundlage keine Änderung der Rechtslage herbeiführen will, wird dies ebenso auch für den geplanten § 313 gelten müssen.

Fraglich ist, inwieweit dieser weit verstandene Begriff der Vertragsanpassung auf das österreichische Recht übertragbar ist. Kommt es auf den tatsächlich feststellbaren Parteiwillen an, sodass Anpassung nur dann vorgenommen werden kann, wenn die Parteien, hätten sie die wahre bzw die nunmehr eingetretene Sachlage gekannt, den Vertrag mit anderem - nachträglich feststellbarem - Inhalt dennoch abgeschlossen? Oder kann man weiter gehen und auf den Willen von redlichen, vernünftigen Parteien in eben dieser Situation abstellen? Damit wäre bereits ein Abstellen auf objektive, normative Kriterien verbunden. Eine vollkommene Risikoumverteilung wie in Deutschland wird, wenn sich nicht konkrete Anhaltspunkte aus der vertraglichen Risikoverteilung ergeben, auf diesem Wege aber jedenfalls nicht erreichbar sein. Und da immer wieder der Vorrang der Anpassung betont wird, stellt sich weiters die Frage, wie weit der "favor negotii" reicht bzw ob es diesen überhaupt gibt.

Betrachtet man zunächst § 872 ABGB, der die Anpassung des Vertrages wegen eines unwesentlichen Geschäftsirrtumes vorsieht (nichts anderes als Anpassung meint nämlich § 872 ABGB, wenn er von "angemessener Vergütung" spricht), so ergibt sich folgendes Bild: Erstens handelt es sich dabei um die Anpassung

---

[96] Siehe dazu nur *Köbler*, „clausula rebus sic stantibus" 261 ff; *Brockmeyer*, Geschäftsgrundlage 30 f; *Roth* in MünchKomm II³ § 242 Rz 550; *Heinrichs* in *Palandt*, BGB[60] (2001) § 242 Rz 131 (jeweils mwN).
[97] BGH NJW 1990, 572 = BGHZ 109, 224 = JZ 1990, 434 (*Teichmann*) (im konkreten Fall ging es um Stornokosten, die der Reiseveranstalter an seinen Leistungsträger - ein Hotel - wegen der auf § 651j BGB gestützten Kündigung des Reisenden zu entrichten hatte).
[98] Wirtschaftslenkung und Vertragserfüllung, AcP 174 (1974) 167.

von Leistung und Gegenleistung, um die Wiederherstellung der subjektiven Äquivalenz. Das ist viel enger als das deutsche Verständnis. Zweitens kommt es nach dieser Bestimmung nur dann zur Anpassung, wenn beide Parteien, Kenntnis der wahren Verhältnisse vorausgesetzt, den Vertrag mit anderem Inhalt abgeschlossen hätten. Es geht um die Erforschung des hypothetischen Willens beider Parteien, auch desjenigen, der sich nicht auf den Irrtum - oder in den hier interessierenden Fällen - auf die Grundlagenstörung beruft.[99] Hier besteht ein wesentlicher Unterschied zu § 313 Abs 1 und 3 RegE: nach der geplanten deutschen Neuregelung würde die Tatsache, dass der Vertrag gar nicht zustande gekommen wäre, gem Abs 1 des § 313 RegE dennoch grundsätzlich zu Anpassung führen.

Zwar findet sich auch im Zusammenhang mit § 872 ABGB bisweilen nicht bloß das Abstellen auf den tatsächlich nachträglich erforschbaren Parteiwillen, sondern auch das Kriterium der "redlichen, vernünftigen Parteien".[100] So gesehen ist der Unterschied, ob man zur Lösung der Geschäftsgrundlagenstörungen auf § 872 ABGB oder aber auf die Kriterien der ergänzenden Vertragsauslegung iSd § 914 ABGB abstellt, nicht so gravierend. Allerdings - und hier besteht doch ein beachtlicher Unterschied zur deutschen hM - kann dem "Clausula"-Gegner mE niemals geänderter Vertrag aufgezwungen werden, den er ursprünglich nicht wollte.[101]

Ich halte es für sinnvoll, wie folgt zu unterscheiden: Es kommt klarerweise zur Anpassung, wenn beide Parteien den Vertrag auf andere Weise geschlossen hätten. Ebenso muss der erweisliche Wille beider Parteien, unter den nunmehrigen Umständen gar keine vertragliche Bindung zu wollen, zur Auflösung führen. Lässt sich ein solcher gemeinsamer Wille aber nicht feststellen, dann kommt es auf normative Kriterien, nämlich den hypothetischen Willen redlich denkender Vertragsparteien in dieser Situation an. Auf jeden Fall hat aber ein tatsächlich erweislicher Parteiwille Vorrang vor dem hypothetischen Willen.[102]

Das oben bereits erwähnte Argument, dass niemandem ein Vertrag aufgezwungen werden soll, den er nicht will und auch nie gewollt hätte, ist mE nur zugunsten des „Clausula"-Gegners zu beachten.[103] Er ist insofern schützenswert. Das gilt aber nicht unbedingt auf der Seiten dessen, der die Berücksichtigung der Geschäftsgrundlagenstörung anstrebt. Jener müsste also unter Umständen auch eine Anpassung gegen sich wirken lassen, wenn er den Vertrag eigentlich gar nicht abgeschlossen hätte. So nämlich kann das Interesse des Gegners am Bestand des Vertrages zumindest teilweise gewahrt werden. Das kann natürlich nur gelten, wenn dem Gegner der angepasste Vertrag allemal lieber ist als die

---

99   Vgl *Rummel* in *Rummel*, ABGB I³ § 872 Rz 1 mwN.
100 Siehe dazu *Rummel* in *Rummel*, ABGB I³ § 872 Rz 1 mwN.
101 Siehe auch die Argumentation von *Larenz*, AT⁷,
102 Vgl auch *Kerschner*, WBl 1988, 216.
103 Siehe dazu hinsichtlich des Geschäftsirrtums *Koziol/Welser*, Grundriss I¹¹, 140 mwN.

gänzliche Auflösung. Sobald aber der Gegner die Auflösung wünscht, bleibt mE für die Anpassung nach den Wertungen des § 872 ABGB einerseits und des § 914 ABGB andererseits kein Raum.

Unter diesen Prämissen könnte man danach fragen, ob man überhaupt von einem unumschränkten "favor negotii" sprechen kann. Es ist doch vielmehr in erster Linie der - wenn auch hypothetische - Parteiwille, der über Fortbestehen oder Auflösung bestimmt; und es ist keinesfalls gesagt, dass dieser Wille in erster Linie auf die Aufrechterhaltung des - wenn auch angepassten - Vertrages gerichtet ist. *Fenyves*[104] bezweifelt für das österreichische Recht ganz generell einen solchen "favor negotii". Hier kommt es sicher auch auf den Blickwinkel an: Soweit weder ein entgegenstehender Parteiwille besteht oder die Aufrechterhaltung des Vertrages für zumindest eine der Parteien unzumutbar ist, kommt es zur Anpassung als weniger radikales Mittel. Damit wird schließlich dem Grundsatz der Vertragstreue eher Rechnung getragen. Dieser Grundsatz, dessen Ziel ja der Vertrauensschutz des clausula-Gegners ist, würde allerdings ad absurdum geführt, wenn für diesen ein letztlich so nicht gewollter Vertrag erhalten bliebe. Genau hier findet der -grundsätzlich zu bejahende - Vorrang der Vertragsanpassung seine Grenze.

Je eher man nach § 313 RegE Unzumutbarkeit der Anpassung dann annimmt, wenn der clausula-Gegner gar keinen Vertrag gewollt hätte, desto näher käme man im Ergebnis der vorwiegend fürs österreichische Recht vertretenen Auffassung. Der Wortlaut des § 313 RegE lässt hierfür allerdings einen Spielraum offen, zumindest ist es ganz sicher nicht ausgeschlossen, dass trotz eines anderen Willens eines Vertragspartners angepasst wird.

Angesichts der in der Praxis bis jetzt eher untergeordneten Bedeutung der Anpassung sind die in Deutschland durchaus auch unter "Anpassung" verstandenen Möglichkeiten wie Erfüllungserleichterungen, Ausgleichzahlungen, Schadensteilungen etc[105] noch nicht diskutiert worden.[106]

Auch hinsichtlich der Auflösung des Vertrages stellt sich die Frage, ob es im östereichischen Recht eine Grundlage für den Ersatz frustrierter Aufwendungen zw einen Vertrauensschaden gibt.[107] Bisher wurde bei einer Vertragsauflösung von einem "Alles-oder-Nichts-Prinzip" ausgegangen und dieselbe Risikoverteilung vorgenommen wie etwa bei nachträglichem zufälligem Unmöglichwerden

---

104 Gutachten 13. ÖJT II/1, 76; krit dazu aber *Rummel* in *Rummel*, ABGB I³ § 901 Rz 6a.
105 ZB *Roth* in MünchKomm II³ § 343 Rz 550; siehe auch *Köbler*, aaO.
106 Lediglich *Fenyves* (Gutachten 13. ÖJZ 96) hat diese Fragen aufgeworfen und auf deren Klärungsbedürftigkeit hingewiesen.
107 Zum deutschen Recht ausführlich hinsichtlich der Auflösung des Vertrages wegen Zweckstörungen *Larenz*, Geschäftsgrundlage³, 178 ff; siehe auch *Roth* in MünchKomm II³ § 242 Rz 550.

iSd § 1447 ABGB.[108] Ein eventueller Ersatz von Aufwendungen oder Schadenersatzansprüche wurden bis jetzt nur angedacht.[109] Ich selbst habe solche Schadenersatzansprüche im Zusammenhang mit der oben bereits erwähnten "Tschernobyl-Entscheidung" des BGH, in der der BGH die Stornokosten des Veranstalters zur Hälfte teilte, für das österreichische Recht verneint, weil es mE am Verschulden mangelte.[110]

Was hier vielleicht noch ins Kalkül zu ziehen wäre: In Österreich gibt es keine dem § 122 BGB vergleichbare Bestimmung, die dem Irrenden, der den Vertrag anficht, eine Pflicht zum Ersatz des Vertrauensschadens auferlegt. Das liegt an der vertrauenstheoretischen Konzeption des ABGB. Der Irrende hat nämlich im Vergleich zur deutschen Rechtslage nur viel eingeschränktere Möglichkeiten, einen Geschäftsirrtum gelten zu machen (vgl § 871 Abs 1 ABGB). Entweder handelt es sich dabei um Fälle, in denen der Irrtum dem Anfechtungsgegner in irgendeiner Weise zurechenbar ist[111] oder aber um solche, in denen noch kein Vertrauensschaden entstanden ist. Das ABGB steht diesbezüglich auf dem Standpunkt der res- integra-Lehre. Eine spätere Anfechtbarkeit gegen Ersatz des entstandenen Vertauensschadens oder der getätigten Aufwendungen wird ganz allgemein als nicht mit dem ABGB vereinbar gesehen.[112] Diese Wertungen wären selbstverständlich bei einer Untersuchung, ob unter Umständen eine Berücksichtigung der Geschäftsgrundlagenstörung "im Gegenzug" zum Ersatz des Vertrauensschadens führen könnte, zu berücksichtigen. Mit herkömmlichen Verschuldenskriterien wird man jedenfalls nicht weit kommen: Denn sobald auf Seiten dessen, der sich auf den Wegfall der Geschäftgrundlage berufen will, ein Verschulden vorliegt, wird ihm dieser Rechtsbehelf ja in aller Regel versagt bleiben.

Zu überlegen wäre auch, ob eventuell in jenen Fällen, in denen der relevante Vertrag Elemente der Geschäftsbesorgung enthält, die Wertungen des § 1014 ABGB analog herangezogen werden könnten: § 1014 ABGB sieht sowohl ei-

---

108 Ich selbst habe versucht, eine davon abweichende Lösung zu finden: *Peer,* Der Wegfall der Geschäftsgrundlage im Reisevertragsrecht am Beispiel der Thschernobyl-Entscheidung des BGH, ZfRV 1994, 177; dazu kritisch und an der überkommenen Risikoverteilung festhaltend *Graziani-Weiss,* Österreichisches Reiserecht 138 ff.
109 Wiederum hat *Fenyves* (Gutachten 13. ÖJT 97) darauf aufmerksam gemacht, dass diese Fragen für das österreichische Recht noch zu diskutieren wären; er verweist dabei auf meine Überlegungen (ZfRV 1994, 184). Ich habe damals für den Sachverhalt, der der sog. „Tschernobyl-Entscheidung des BGH" zugrunde lag, einen Schadenersatzanspruch verneint.
110 *Peer,* ZfRV 1994, 177.
111 Siehe dazu zuletzt *Thunhart,* Die Beachtlichkeit des Irrtums als Interessenabwägung - § 871 ABGB, ÖJZ 2000, 447.
112 Siehe dazu nur *Koziol/Welser,* Grundriss I[11], 138 mwN.

nen Ersatz von Aufwendungen als auch den verschuldensunabhängigen Ersatz von geschäftstypischen Schäden vor.[113, 114]

Ebenso wie im deutschen Recht ist zu fragen, ob eine Pflicht zum Versuch einer einvernehmlichen Lösung zwischen den Parteien existiert und wie man sie begründen könnte. Es wäre mE zu überprüfen, ob eine weit verstandene, allgemeine Schadensminderungspflicht eine tragfähige Argumentationsgrundlage dafür bieten könnte.

Kurz erwähnen möchte ich noch, dass in Österreich davon ausgegangen wird, dass die Berufung auf den Wegfall der Geschäftsgrundlage, insbesondere auch die Anpassung, ganz unbestritten ein Gestaltungsrecht darstellt, die vom Berechtigten gerichtlich geltend zu machen sind.[115] Hier besteht sowohl ein Unterschied zur zum geltenden deutschen Recht vertretenen Ansicht, nach der davon ausgegangen wird, dass die Anpassung eine bloße Feststellung der bereits eo ipso veränderten Rechtslage sein soll,[116] als auch zur Anspruchskonstruktion des geplanten § 313 RegE.

IV. Ein kurzer Blick auf die Principles of European Contract Law

Zuletzt sei - stellvertretend für moderne Regelwerke - ein kurzer Blick auf die Rechtsfolgenanordnung der Principles of European Contract Law[117] geworfen. Bemerkenswert sind die Konsequenzen beim "Change of Circumstances", wie sie in Art 6:111 PECL[118] geregelt sind: Zunächst trifft die Parteien die Pflicht,

---

113 Zu § 1014 ABGB allgemein *Koziol/Welser*, Grundriss II[11], 188.
114 Vgl die Argumentation von *Larenz* (Geschäftsgrundlage[3], 178) hinsichtlich des Ersatzes von Aufwendungen.
115 Vgl dazu *Rummel* in *Rummel*, ABGB I[3] § 901 Rz 7a.
116 Siehe oben FN 58.
117 siehe dazu *Lando/Beale* (Ed.), Principles of European Contract Law; prepared by The Commission on European Contract Law (2000).
118 (1) A party is bound to fulfil its obligations even if performance has become more onerous, whether because the cost of performance has increased or because the value of the performance it receives has diminished.
(2) If, however, performance of the contract becomes excessively onerous because of a change of circumstances, the parties are bound to enter into negotiations with a view to adapting the contract or terminating it, provided that:
(a) the change of circumstances occurred after the time of conclusion of the contract,
(b) the possibility of a change of circumstances was not one which could reasonably hav been taken into account at the time of conclusion of the contract, and
(c) the risk of the change of circumstances is not one which, according to the contract, the party affected should be required to bear.
(3) If the parties fail to reach agreement within a reasonable period, the court may:
(a) terminate the contract at a date and on terms to be determined by the court; or
(Fortsetzung auf der nächsten Seite)

in Verhandlungen zu treten ("renegotiation"). Kommt es innerhalb angemessener Zeit zu keiner Einigung, kann der Richter das Vertragsverhältnis entweder beenden oder anpassen. Die Anpassung erfolgt durch Verteilung der Einbussen und Vorteile "in a just and equitable manner", also nach Billigkeitsgesichtspunkten; hinsichtlich der Aufhebung kann der Richter die genaueren Bedingungen festsetzen. Die Verletzung der Verhandlungspflichten kann schadenersatzpflichtig machen.

Aus der vorrangigen Pflicht zu Neuverhandlungen ergibt sich klar der Vorrang der Vertragsanpassung; denn solche Verhandlungen sollen ja mit dem Ziel geführt werden, den Vertrag in einer für beide Parteien zumutbaren Weise aufrechtzuerhalten. Nur in letzter Konsequenz kommt es zum Eingreifen des Gerichts. Nach der Formulierung des Art 6:111 PECL scheinen die beiden Möglichkeiten – Anpassung und Auflösung – gleichwertig nebeneinander zu stehen. Aus den „comments" ergibt sich aber, dass zunächst die Anpassung angestrebt werden sollte.[119]

Bei einem "mistake" iSd Art 4:103 PECL[120], der wohl auch Fälle des bereits anfänglichen Fehlens der (subjektiven) Geschäftsgrundlage umfasst[121], kommt hingegen grundsätzlich "avoidance" in Betracht. Allerdings hat der Vertragspartner des Anfechtungsberechtigten - vergleichbar dem italienischen Recht -

---

(b) adapt the contract in order to distribute between the parties in a just and equitable manner the losses and gains resulting from the change of circumstances.
In either case, the court may award damages for the loss suffered through a party refusing to negotiate or breaking off negotiations contrary to good faith and fair dealing. A party is bound to fulfil its obligations even if performance has become more onerous, whether because the cost of performance has increased or because the value of the performance it receives diminished.

119 „If the parties´´negotiations do not succeed, either of the parties may bring the matter before the court. The court will intervene only in the last resort, but it is given wide powers. The court may, in effect, either terminate the contract or modify its terms. In accordance with the purpose of the provision, its first aim should be to preserve the contract" (*Lando/Beale*, Principles 326.

120 „Fundamental Mistake as to Facts or Law: (1) A party may avoid a contract for mistake of fact or law existing when the contract was concluded if:
  (a) (i) the mistake was caused by information given by the other party; or (ii) the other party knew or ought to have known of the mistake and it was contrary to good faith and fair dealing to leave the mistaken party in error; or (iii) the other party made the same mistake, and
  (b) the other party knew or ought to have known that the mistaken party, had it known the truth, would not have entered the contract or would have done so only on fundamentally different terms.
  (2) However a party may not avoid the contract if:
  (a) In the circumstances its mistake was inexcusable, or
  (b) The risk of the mistake was assumed, or in the circumstances should be borne, by it."

121 Siehe dazu die „notes": *Lando/Beale*, Principles 235 f.

eine facultas alternativa: er kann die "avoidance" abwenden, indem er bereit ist, den Vertrag in entsprechend geänderter Form zu erfüllen bzw indem er den Vertrag tatsächlich entsprechend verändert erfüllt. Auf diese Weise wird der Vertrag angepasst (Art 4:105: "Adaptation of Contract").[122] Hier ist es also genau umgekehrt: grundsätzliche Rechtsfolge ist die „avoidance". Beim gemeinsamen Irrtum hat das Gericht aber auch die Möglichkeit, den Vertrag anzupassen, und zwar gemessen an jenem Inhalt, der vernünftigerweise ohne Irrtum vereinbart worden wäre (Abs 3). Die „Grundregel" ist allerdings die Rechtsfolgenanordnung des Abs 1, wie sich aus den „comments" zu Art 4:105 PECL ergibt.[123]

V. Résumé

Es hat sich also gezeigt, dass durchwegs sowohl die Vertragsanpassung als auch die vollständige Auflösung des Vertrages als Rechtsfolge in Frage kommen. Die Gewichtung zwischen diesen beiden Möglichkeiten und die Ausgestaltung im einzelnen sind aber durchaus verschieden. Das deutsche Recht ermöglicht wohl die weitestgehende Umgestaltung des Vertrages nach normativen Kriterien. Für das deutsche Recht ist auf jeden Fall ein „favor negotii"zu konstatieren. Das kommt im Abs 1 des geplanten § 313 RegE auch ganz klar zum Ausdruck. Für das österreichische Recht gilt das mE nur bedingt; freilich kann man sagen, dass die Anpassung als „geringerer Eingriff" grundsätzlich Vorrang vor der Auflösung haben soll; ich glaube aber deutlich gemacht zu haben, dass dies nur dann gilt, wenn dadurch der wahre Wille des „clausula-Gegners" (auch dieser darf freilich nicht unredlicherweise die Anpassung verweigern) nicht vereitelt wird. So gesehen kann man also sagen, dass der Vorrang der Anpassung nach den Gesichtspunkten der Redlichkeit erst auf einer zweiten Ebene relevant wird – nämlich dann, wenn klar ist, dass der „clausula-Gegner" den Vertrag unter anderen Umständen redlicherweise dennoch abgeschlossen hätte.

---

122 „(1) If a party is entitled to avoid the contract for mistake but the other party indicates that it is willing to perform, or actually does perform, the contract as it was understood by the party entitled to avoid it, the contract is to be treated as if it had been concluded as the that party understood it. The other party must indicate its willingness to perform, or render such performance, promptly after being informed of the manner in which the party entitled to avoid it understood the contract and before that party acts in reliance on any notice of avoidance.
(2) After such indication or performance the right to avoid is lost and any earlier notice of avoidance is ineffective.
(3) Where both parties have made the same mistake, the court may at the request of either party bring the contract into accordance with what might reasonably have been agreed had the mistake not occured."
123 *Lando/Beale*, Principles 246.

Hinsichtlich der PECL fällt ins Auge, dass beim „change of circumstances", der objektiv formuliert ist und so in die Nähe des Leistungsstörungsrechts gerückt ist, die Anpassung als vorrangige Rechtsfolge zu bezeichnen ist; beim „mistake" hingegen – dort also, wo der wahre Wille der Parteien im Vordergrund steht – ist es genau umgekehrt: die grundsätzliche Rechtsfolge ist die „avoidance", die „adaptation" hingegen wird – mit Ausnahme der Fälle des Abs 3 des Art 4:105 PECL - im Wege einer „facultas alternativa" des „clausula-Gegners" erreicht. Ob der Vertrag letztendlich mit anderem Inhalt aufrechterhalten wird, hängt also in erster Linie vom Willen des „clausula-Gegners" ab. Damit nähert man sich im Ergebnis (wenn auch gewissermaßen „vom anderen Ende kommend") der hier für das österreichische Recht vertretenen Ansicht, die ja auch aus irrtumsrechtlichen Wertungen abgeleitet wurde.

Imprévision, Hardship und Störung der Geschäftsgrundlage: Pacta sunt servanda und die Wege zur Anpassung des Vertrages im deutsch-französischen Rechtsverkehr

Eleanor Cashin-Ritaine

I. Der trügerische Schein: Das Prinzip der Unabänderlichkeit des Vertrags
   (L'apparence trompeuse: le principe d'immutabilité du contrat)
   1. Das Prinzip der Unabänderlichkeit des Vertrages
   2. Die Linderungsmittel (Les palliatifs)
II. Die pragmatische Wirklichkeit: Die nötige Anpassung des Vertrags (Une réalité pragmatique: la nécessaire adaptation du contrat)
   1. Die Durchführung der Anpassung
   2. Die Grenzen der Anpassung

Der Entwurf des Schuldrechtsmodernisierungsgesetzes vom 9. Mai 2001 erfaßt und kodifiziert in einem neuen § 313 RegE die bisherige Rechtsprechung zum Wegfall der Geschäftsgrundlage. Unter Bezugnahme auf § 242 BGB hatten Rechtsprechung[1] und Rechtslehre[2] den Parteien die Möglichkeit gegeben, bei Fehlen oder Wegfall der Geschäftsgrundlage einen Anspruch auf Anpassung des Vertrages geltend zu machen. Als Geschäftsgrundlage wurde dabei verstanden *„die nicht zum eigentlichen Vertragsinhalt gewordenen, bei Vertragsschluß aber zutage getretenen gemeinsamen Vorstellungen von dem Vorhandensein oder dem künftigem Eintritt bestimmter Umstände, auf denen der Geschäftswille sich aufbaut"*[3]. Diese Rechtsprechung ermöglichte also eine Anpassung des Vertrages, wenn nach Vertragsschluß die Leistungen nicht mehr gleichwertig (Äquivalenzstörung), die Leistung stark erschwert (Leistungserschwernisse), oder die Erreichung des Leistungszweckes sinnlos geworden war (Zweckstörungen). Der neue § 313 RegE soll diese gefestigte Rechtsprechung festschreiben, auch wenn der Wortlaut des Gesetzesentwurfes nicht völlig mit der bisherigen Rechtsprechung übereinstimmt.

Der neue § 313 RegE bringt interessante Perspektiven in der Rechtsvergleichung. Seit der Mitte des 19. Jahrhunderts ist die französische Rechtsprechung

---

1   BGHZ 128, 230, 236; BGHZ 120, 10, 23; BGH NJW 1984, 1746, 1747.
2   Bibliographie: Siehe insbesondere *P. Jung*, Die Bindungswirkung des Vertrages unter veränderten geschäftswesentlichen Umständen, Nomos Verlag 1995.
3   RGZ 103, 328, 332; BGHZ 89, 226, 231.

über die Frage der sogenannten „*imprévision*" geteilt[4]. So hatte die Cour de Cassation in dem Fall Canal de Craponne (6. 3. 1876)[5] vorgelegt und entschieden, daß die Gerichte, auch wenn es billig erscheint, den Vertrag nicht an neue, geänderte Umstände anpassen dürfen. Demgegenüber hat der Conseil d'Etat in seiner Entscheidung Gaz de Bordeaux (30. 3. 1916)[6] eine Anpassung von Verträgen in bestimmten Fällen für zulässig erklärt und auf diese Weise verhindert, daß die Gasversorgung in Bordeaux infolge der drohenden Insolvenz der Compagnie générale de Gaz unterbrochen wurde. Diese doppelte Rechtsprechung ist bis heute aufrechterhalten worden: Noch immer wird die nötige Anpassung des Vertrages infolge einer Erschwerung der Leistungen von der Cour de Cassation nicht zugelassen. Ob sich diese jahrhundertealte Rechtsprechung allerdings weiter fortsetzen wird, kann seit kurzem als durchaus fraglich angesehen werden.

Die französische Rechtsprechung hat in den letzten Jahrzehnten das Konzept der Geschäftsgrundlage (*économie du contrat*) entdeckt, wonach dem Vertrag ein sozialer und wirtschaftlicher Sinn zukommt. Dieses Konzept, dessen Existenz und Bedeutung in der Rechtslehre aber sehr umstritten ist[7], scheint sich in der jüngsten Rechtsprechung sogar zu einem wesentlichen Merkmal des Vertrages zu entwickeln, und dies sowohl um den Vertrag zu interpretieren (*conception subjective*) als auch um die Leistungen zu kontrollieren (*conception objective*). Darüber hinaus hat sich die Rechtsprechung in den letzten Jahren große Mühe gegeben, das Vertragsverhältnis so gerecht wie möglich auszugestalten, insbesondere in den Verbraucherverträgen und im Kreditwesen.

---

4 Bibliographie: Siehe insbesondere *J. Ghestin, Ch. Jamin, M. Billiau*, Traité de droit civil, Les effets du contrat, 2e éd. 1994, n° 263, p. 310; *D.-M Philippe*, Changement de circonstances et bouleversement de l'économie contractuelle, Bruylant 1986, préface M. Fontaine; *P. Voirin*, De l'imprévision dans les rapports de droit privé, th. Nancy 1922; *Les modifications du contrat au cours de son exécution en raison de circonstances nouvelles*, sous la direction de R. Rodière et D. Tallon, Pédone 1986; *J.M. Mousseron*, la gestion des risques par le contrat, RTD civ. 1988, p. 481; *I. de Lamberterie*, Incidences des changements de circonstances sur les contrats de longue durée, Rapport français, in D. Tallon et D. Harris (dir), Le contrat aujourd'hui: comparaisons franco-anglaises, LGDJ 1987, p. 217.
5 Cass. civ., 6 mars 1876 = D. 1876, I, 193, note Giboulot = Les grands arrêts de la jurisprudence civile, tome 2, 11e éd. 2000 n° 163.: „*que dans aucun cas, il n'appartient aux tribunaux, quelque équitable que puisse leur paraître leur décision, de prendre en considération le temps et les circonstances pour modifier les conventions des parties et substituer des clauses nouvelles à celles qui ont été librement acceptées par les contractants*".
6 CE, 30 mars 1916: D. 1916, 3, 25 = S. 1916, 3, 17 = Les grands arrêts de la jurisprudence administrative, 12e éd., n° 49.
7 *A. Zelcevic-Duhamel*, La notion d'économie du contrat en droit privé, JCP éd. G, 2001, I, 300; *J. Moury*, Une embarassante notion: l'économie du contrat, D. 2000, chr. 382.

Auf internationaler Ebene behandeln die Unidroit Principles (Art. 6.2.1 bis 6.2.3 über den Hardship), der Art. 6:111 (Change of circumstances) der Principles of European Contract Law (1998)[8], sowie der Art. 79 des Einheitlichen UN-Kaufrecht als auch der Art. 74 des EKG vom 1. 7. 1964 die Frage des Wegfalls der Geschäftsgrundlage und die damit zusammenhängende Möglichkeit einer Anpassung des Vertrages auf verschiedene Weise. Es erscheint daher durchaus möglich, daß auch die französische Rechtsprechung in absehbarer Zeit endlich eine Anpassung von Verträgen ermöglichen wird.

In deutsch-französischen rechtsvergleichenden Studien über Leistungsstörungen findet sich häufig die Feststellung, daß das deutsche Recht die Anpassung des Vertrages erlaube, während das französische Recht auch im Falle einer grundsätzlichen Änderung der Vertragsumstände starr an dem ursprünglichen Vertrag festhalte[9]. Wer jedoch die französische Kultur ein bißchen kennt, weiß auch, daß die französischen Juristen die Nachfolger von *Charles-Louis de Montesquieu* sind. Für den Verfasser des „*Esprit des lois*", können „*la lettre et l'esprit*", das Wort und der Geist des Gesetzes, sehr verschieden sein. Daß solch ein Geist auch im Vertragsrecht spukt, wollen wir im folgenden denn auch beweisen. Dabei werden wir zunächst den trügerischen Schein: Das Prinzip der Unabänderlichkeit des Vertrages (Teil I) beseitigen, um uns anschließend mit einer pragmatischeren Wirklichkeit: Der nötigen Anpassung des Vertrages (Teil II) zu befassen.

I. Der trügerische Schein: Das Prinzip der Unabänderlichkeit des Vertrags (L'apparence trompeuse: le principe d'immutabilité du contrat)

Wer ein Prinzip aufstellt, muß auch Ausnahmen davon zulassen. Diese Regel gilt auch im Vertragsrecht: Wenn das Prinzip der Unabänderlichkeit des Vertrages als Grundsatz anerkannt wird (1), so müssen auch Mittel bestehen, die es in begründeten Fällen lindern und abschwächen können (2).

---

8   Bibliographie: *D. Tallon*, Les principes pour le droit européen du contrat: quelles perspectives pour la pratique, Def. 2000, Art. 37182; *Cl. Witz*, Plaidoyer pour un Code européen des obligations, D. 2000, Chr. p. 79
9   *D.-M Philippe*, Changement de circonstances et bouleversement de l'économie contractuelle, Bruylant 1986, préface M. Fontaine; *Klopp*, Evolution comparée de la notion d'imprévision en droit allemand et en droit français, th. Paris dactyl., 1969.

1. Das Prinzip der Unabänderlichkeit des Vertrages

Art. 1134 Abs. 1 Code civil[10] stellt den Vertrag dem Gesetz gleich: Aus Gründen der Rechtssicherheit und der Erhaltung der Gesellschaftsordnung[11] dürfen weder die Parteien noch der Richter den Vertrag einseitig abändern[12]. Traditionell kann die Anpassung des Vertrages zwar von den Parteien vorgesehen werden (*Hardshipklausel, clause d'adaptation*)[13], sonst aber nur durch den Gesetzgeber (z.B. im Mietrecht)[14] erfolgen. Individualität, Willensfreiheit (*autonomie de la volonté*), *Pacta sunt servanda*[15], und Rechtssicherheit (*sécurité juridique*) sind die fundamentalen Säulen des französischen Vertragsrechts[16]. Das *pacta-sunt-servanda*-Prinzip, die Beständigkeit des Vertrages sind Ausprägungen der konkreten Umsetzung einer voluntaristischen Konzeption des Vertrages[17], welche auf dem Grundsatz der Willensautonomie (*principe d'autonomie de la volonté*) beruht[18]. Aufgrund der Vertragsfreiheit können beide Vertragspartner selbständig und verantwortlich die gegenseitigen Leistungen und deren Äqui-

---

10 Art. 1134 al. 1 C. civ.: « *Les conventions légalement formées tiennent lieu de loi à ceux qui les ont faites.* »
11 *Ch. Jamin*, op. cit., Droit et patrimoine 1998, n° 58, p. 51.
12 *G. Paisant*, Introduction au colloque de Chambéry, Que reste-t-il de l'intangibilité du contrat, Dr. et patrimoine 1998, p. 42.
13 Es gibt verschiedene Sorten: clause monétaire, clause du client le plus favorisé, clause de l'offre concurrente, clause de hardship, clause de force majeure. Näheres dazu findet sich in, *Les grands arrêts de la jurisprudence civile*, Dalloz, 11ᵉ éd. 2000, p. 123, n° 163; *G. Rouhette*, La révision conventionnelle du contrat, RID comp. 1986, p. 269; *Ch. Jarrosson*, Les clauses de renégociation, de conciliation et de médiation, in, Les principales clauses des contrats conclus entre professionnels, avant-propos J. Mestre, PUAM 1990, p. 141; *Ch. Jamin*, op. cit. p. 47; insbesondere *J. Ghestin, Ch. Jamin, M. Billiau*, op. cit., n° 285, p. 332. Siehe auch Cass. com., 31 mai 1988: Bull. civ. IV, n° 189, p. 132; RTD civ. 1989, p. 71, obs. Mestre.
14 Siehe Art. 1769 bis 1773 C. civ. (baux à ferme): wenn die Ernte zur Hälfte zerstört wird, kann der Bauer eine Reduktion der Pacht beantragen; *Jamin*, op. cit. p. 47.
15 *H. Lecuyer*, Redéfinir la force obligatoire du contrat? In Les Petites Affiches 6 mai 1998, p. 44.
16 *J. Ghestin, Ch. Jamin, M. Billiau*, op. cit., n° 266, p. 313.
17 *J. Ghestin, Ch. Jamin, M. Billiau*, op. cit., n° 269, p. 316 spricht von einer „conception volontariste du contrat inspirée du dogme de l'autonomie de la volonté"; *J.-M. Mousseron*, „Responsable mais pas coupable" – La gestion des risques d'inexécution du contrat, Mel. Ch. Mouly, Litec 1998, t. 2, p. 141, p. 145, n° 10: „la volonté des partenaires l'emporte sur la justice du rapport. Le problème n'est pas de maintenir ou de (re)créer „*un*" équilibre idéal tenu par la règle pour une exigence de validité – naissance et survie – même du contrat mais „*l*"équilibre voulu par les parties dans les limites et les conditions recherchées par elles."
18 *C. Thibierge-Guelfucci*, Libres propos sur la transformation du droit des contrats, RTD civ. 1997, p. 357, n° 1.

valenz festlegen[19]. Diese Willenserklärung muß aus moralischen Gründen respektiert werden.

Im deutschen Zivilrecht spielen die §§ 241 und 305 BGB eine ähnliche Rolle. Das Schuldverhältnis berechtigt den Gläubiger, von dem Schuldner eine Leistung oder eine Unterlassung zu fordern. Zur inhaltlichen Änderung eines Schuldverhältnisses ist ein Vertrag zwischen den Beteiligten erforderlich. Es ist nicht möglich, sich einseitig seiner vertraglichen Verpflichtung zu entziehen.

Trotz dieser scheinbar eindeutigen Regelungen werden sowohl im französischen als auch im deutschen Recht die Veränderung der Vertragsumstände in Betracht genommen. Die Vermehrung von Dauerschuldverhältnissen (etwa Sukzessivlieferungsverträgen[20]), die umfangreiche Verpflichtungen schaffen, und damit die Leistungsfristen erhöhen, hat die Notwendigkeit zu einer größeren Vertragssicherheit verstärkt.

Die Stabilität des Vertrages als „Voraussehungsakt" (*acte de prévision*)[21] ist wesentliches Merkmal des Vertrages: Sie begründet das Vertrauen zwischen den Parteien und gibt dem Vertrag seine soziale Nützlichkeit[22]. Doch gerade diese Stabilität kann unerwünschte Folgen haben, woraus sich die dringende Notwendigkeit einer Anpassung ergeben kann.

In Prinzip scheint das französische Recht gegenüber einer Änderung der Vertragsverhältnisse nicht empfänglich zu sein. Die Rechtslehre[23] sowie die Rechtsprechung[24] verwerfen jederlei Anpassung des Vertrages an die veränderten Umstände. Hierfür werden verschiedene Gründe angeführt.

Erstens besteht die Furcht, daß sich die Vertragspartner ihren Verpflichtungen auf unredliche Art und Weise entziehen könnten[25].

Zweitens, so die Rechtslehre, bestünde die Gefahr, daß eine Anpassung durch den Richter nur willkürlich erfolge (*arbitraire du juge*)[26].

---

19 *J. Ghestin, Ch. Jamin, M. Billiau*, op. cit., n° 266, p. 314; *Ch. Jamin*, op. cit. p. 52: „Les parties ne sont pas libres au moment de conclure un contrat qui doit être exécuté sur un certain laps de temps, car elles ne sont pas en mesure d'apprécier à la fois l'environnement externe de leurs relations et l'évolution du comportement de leur partenaire."
20 Die aber nicht Dauerschuldverträge im Sinne des § 314 RegE sind.
21 *H. Lecuyer*, Le contrat, acte de prévision, in Mél. François Terré, 1999, p. 643.
22 *C. Thibierge-Guelfucci*, op. cit., RTD civ. 1997, p. 366, n° 11.
23 *J. Ghestin, Ch. Jamin, M. Billiau*, op. cit., n° 263, p. 310 et suiv.- *C. Thibierge-Guelfucci*, op. cit., RTD civ. 1997, p. 357; Jedoch *P.-Y. Gautier*, obs sous CE 31 juil. 1996 = RTD civ. 1997, p. 444.
24 Cf. supra.
25 *G. Ripert*, Le droit de ne pas payer ses dettes, D. H. 1936, chr. 57.
26 *J. Ghestin, Ch. Jamin, M. Billiau*, op. cit., n° 269, p. 317: „l'article 1134 du Code civil est une réaction contre l'attitude des parlements d'Ancien Régime: Dieu nous garde de
(Fortsetzung auf der nächsten Seite)

Drittens seien, auch wenn mit der Anpassung der Untergang einer Partei vermieden werden soll, die Richter nicht imstande, ihre Entscheidung in Bezug auf die globale wirtschaftliche Situation zu überprüfen[27]. Allein der Gesetzgeber könne die tatsächlichen wirtschaftlichen Konsequenzen einer Anpassung nachvollziehen. Deswegen sei es Sache des Gesetzgebers, wenn nötig, ein Ausnahmegesetz zu erlassen[28]. Allerdings finden sich im Code civil durchaus gewisse Texte, die eine Anpassung erlauben (z.B. Artt. 833-1[29], 900-2 C. civ.[30]).

Demgegenüber bemerkt *Catherine Thibierge-Guelfucci*[31], daß Stabilität des Vertrages nicht mit dem Konzept der Unberührbarkeit des Vertrages (*principe d'intangibilité du contrat*) gleichgesetzt werden dürfe: Jedenfalls müsse eine bestimmte Flexibilität im Vertrag existieren. Auch dürfe die Vertragssicherheit nicht die einzige Priorität sein, vielmehr müsse sie mit einer gewissen Vertragsgerechtigkeit (*justice contractuelle*) einher gehen. Hiernach muß der Vertrag also angepaßt werden, wenn höhere Imperative es gebieten[32]. *Thibierge-Guelfucci* schlägt daher vor, die drei den Vertrag beherrschenden Grundsätze neu zu betrachten[33].

---

l'équité des parlements. La loi des parties devait donc s'imposer également au juge dont l'unique mission est d'en garantir l'application. L'article 1134 édicte ainsi une règle de compétence, interdisant au juge toute immixion dans le contrat afin d'éviter l'arbitraire"; Cf. *Niboyet*, von *J. Ghestin, Ch. Jamin, M. Billiau* zitiert, op. cit. p. 360: „du jour où le juge peut refaire un contrat, il n'y a plus vraiment un contrat, mais une obligation légale qui prend la place de celle qui existait."; jedoch, *D. Mazeaud*, Loyauté, solidarité, fraternité: la nouvelle devise contractuelle?, Mél. F. Terré, 1999, p. 603, p. 626-629, spéc. n° 27.

27 *J. Flour, J.-L. Aubert, E. Savaux*, Droit civil, Les obligations, 1. L'acte juridique, 9ᵉ éd. 2000, n° 410, p. 297.

28 *J. Ghestin, Ch. Jamin, M. Billiau*, op. cit., n° 274, p. 319 zählt verschiedene Umstandsgesetze auf. Insbesondere nach dem ersten Weltkrieg: la *loi Faillot* (21 janvier 1918), die zwar keine Anpassung der Verträge vorsieht, wohl aber eine Stundung der Verpflichtungen oder den Rücktritt erlaubt. Im Mietrecht wurden auch zahlreiche Gesetze erlassen um den Vertrag der neuen Umstände anzupassen (loi du 9 mars 1918; loi du 6 juillet 1925).

29 Art. 833-1 C. civ.: „*Lorsque le débiteur d'une soulte a obtenu des délais de paiement, et que, par suite des circonstances économiques, la valeur des biens mis dans son lot a augmenté ou diminué de plus du quart depuis le partage, les sommes restant dues augmentent ou diminuent dans la même proportion.*
Les parties peuvent toutefois convenir que le montant de la soulte ne varira pas."

30 Art. 900-2 C. civ.: „*Tout gratifié peut demander que soient révisées en justice les conditions et charges grevant les donations ou legs qu'il a reçus, lorsque, par suite d'un changement de circonstances, l'exécution en est devenue pour lui soit extrêmement difficile, soit sérieusement dommageable.*"

31 *C. Thibierge-Guelfucci*, op. cit., RTD civ. 1997, p. 357, p. 366, n° 11; auch *D. Mazeaud*, op. cit. in Mél. Terré, p. 631, n° 29.

32 *Ch. Jamin*, op. cit., Droit et patrimoine 1998, n° 58, p. 49: „il convient pour renverser un principe, de disposer d'un principe concurrent."

33 *C. Thibierge-Guelfucci*, op. cit., RTD civ. 1997, p. 357, p. 367, n° 12.

Erstens, das *pacta-sunt-servanda*-Prinzip. Zwar beruht es auf moralischen und religiösen Fundamenten – durch sein Versprechen verpflichtet sich die Vertragspartei in erster Linie gegenüber Gott – doch kann man überhaupt von einem Bruch des Versprechens sprechen wenn sich die Umstände unter denen die Verpflichtung getätigt worden ist, grundlegend verändert haben? Bereits der heilige Thomas schrieb: Der Vertragspartner ist nicht untreu, wenn er sein Versprechen nicht erfüllt nachdem die Umstände sich verändert haben[34]. Diese sogenannte ausgleichende Gerechtigkeit (*justice commutative*) soll die Anpassung des Vertrages immer dann ermöglichen, wenn eine Partei mehr geben muß als ursprünglich vorgesehen, ohne hierfür die entsprechende Gegenleistung zu bekommen[35].

Zweitens verpflichten sich die Parteien nicht nur durch ihre Willenserklärung, sondern auch weil das objektive Recht es ihnen erlaubt[36]. Wenn aber im objektiven Recht andere Ziele als die Stabilität des Vertrages erreicht werden sollen, wie z.B. die Vertragsgerechtigkeit, um den Vertrag nützlich und gerecht (*utile et juste*)[37] zu gestalten, dann kann eine Anpassung des Vertrages vorgenommen werden[38].

Drittens ist der Vertrag auch ein Instrument der Handelsbeziehungen: Er muß für beide Parteien eine konkrete und gegenseitige Nützlichkeit erweisen, sonst verfehlt er sein Ziel als Austauschinstrument. Nach *Christophe Jamin*[39] darf die Anpassung des Vertrages jedoch nur erfolgen, wenn die Erhöhung der Kosten des Vertrages den Vertrag vernichten würde, so insbesondere im Falle einer Insolvenz des Schuldners. Zusätzlich schreibt er, daß es, auch wenn der Vertrag

---

34 *Ph. Stoffel-Munck*, Regards sur la théorie de l'imprévision, Vers une souplesse contractuelle en droit privé contemporain, préf. R. Bout, PUAM 1994; *F. Chabas*, Introduction au droit, Leçons de droit civil, Montchrestien 12ᵉ éd. 2000, p. 407: Der Schuldner hat den Vertrag in Betracht auf die gegenwärtige Umstände geschlossen: der Gläubiger kann ihn nicht dazu zwingen, mehr als das Versprochene zu leisten.
35 *J. Ghestin, Ch. Jamin, M. Billiau*, op. cit., n° 266, p. 313; n° 298, p. 346; *J. Carbonnier*, in Le droit contemporain du contrat, PUF 1987, spéc. p. 35: „ce qui fonde la force obligatoire du contrat, c'est l'attente du créancier, qui ne doit pas être déçue. Corrollaire: le débiteur n'est obligé que dans la limite de ce qu'attendait le créancier, de ce à quoi il pouvait s'attendre raisonnablement."
36 *H. Kelsen*, La théorie juridique de la convention, Archives de philosophie du droit, 1940, p. 33, n° 13: „la convention est obligatoire (...) dans la mesure (...) où une norme d'un degré supérieur autorise les sujets à créer (par délégation) une norme d'un degré inférieur".
37 *J. Ghestin, Ch. Jamin, M. Billiau*, op. cit., n° 266, p. 314; n° 314, p. 358: „le contrat a force obligatoire parce qu'il est utile et à la condition qu'il soit juste. (...) Il s'agit ici de l'utilité sociale et non de l'utilité particulière, cette dernière étant nécessairement atteinte par le déséquilibre des prestations."; *J. Ghestin*, L'utile et le juste, D. 1982, p. 1.
38 *C. Thibierge-Guelfucci*, op. cit., RTD civ. 1997, p. 357, p. 367, n° 12.
39 *Ch. Jamin*, Révision et intangibilité du contrat ou la double philosophie de l'article 1134 du Code civil, Droit et patrimoine 1998, n° 58, p. 46, p. 53

als „Vorsehungsakt" betrachtet wird, unmöglich ist, alle Umstände vorauszusehen: Deshalb sollte im Vertragsrecht die „*imprévision*" eingegliedert werden.

Obwohl alle diese Argumente sehr sinnvoll scheinen, vermochten sie es bislang nicht, die Rechtsprechung zu überzeugen: Außer im öffentlichen Recht (*imprévision*)[40] kann und darf der Vertrag den veränderten wirtschaftlichen Umständen nicht angepaßt werden.

Im Vergleich hierzu hat die deutsche Rechtsprechung einen anderen Weg beschritten. Unter Rückgriff auf den Grundsatz von Treu und Glauben (§ 242 BGB) hat die Rechtsprechung seit den zwanziger Jahren[41] mit dem Begriff des Wegfalls der Geschäftsgrundlage die Anpassung des Vertrages ermöglicht. Auch internationale Rechtsinstrumente wie die Principles of European Contract Law (*change of circumstances*)[42] und die Unidroit Principles (*hardship*) erlauben die Anpassung, wenn sich aufgrund der veränderten Umstände die Leistung für eine Partei verteuert oder erschwert. Inwiefern sich diese Rechtsinstitute ähneln bzw. unterscheiden wird im folgenden noch festgestellt werden müssen.

Der Wortlaut der einzelnen Texte scheint vier voneinander verschiedene Rechtsinstitute zu bezeichnen: Imprévision, hardship, change of circumstances, Wegfall der Geschäftsgrundlage. In jedem Fall handelt es sich hierbei um eine Anpassung des Vertrages, doch muß geklärt werden, was unter diesen Rechtsinstituten zu verstehen ist.

Eine Anpassung des Vertrages kommt nur in Betracht, wenn die sich aus dem Vertrag ergebenden Verpflichtungen nicht auf einmal zu erfüllen sind (*Contrat à exécution échelonnée*, Sukzessivlieferungsverträge). Die gestörte Verpflichtung muß nicht unbedingt eine Geldschuld sein. Um eine Anpassung zu ermöglichen, müssen eine Reihe von Bedingungen erfüllt sein.

Erstens müssen die Verpflichtungen unter Berücksichtigung der wirtschaftlichen Umstände im Zeitpunkt des Vertragsschlusses betrachtet werden. In diesem Sinne spricht § 313 Abs. 1 RegE von „*Umständen, die zur Grundlage des Vertrages geworden sind*". Die Principles of European Contract Law sowie die Unidroit Principles kennen diese Bedingung nicht, doch dürfen hier die veränderten Umstände im Zeitpunkt des Vertragsschlusses nicht vorhersehbar gewesen sein. Dies bedeutet *a contrario*, daß die Umstände, wie sie zur Zeit der Vertragsschließung bestanden, von verantwortlichen Vertragspartnern in Betracht gezogen worden wären. Dies wird auch von § 313 RegE implizit voraus-

---

40 *Laubadère, Venezia, Gaudement*, Traité de droit administratif, 13ᵉ éd. 1994, p. 734, n° 1072 et suiv.; *J. Ghestin, Ch. Jamin, M. Billiau*, op. cit., n° 283, p. 331
41 *Oertmann*, Die Geschäftsgrundlage, 1921.
42 *Ole Lando*, Performance and Remedies in the Law of Contracts, in Hartkamp et allii, Towards a European Civil Code, 1994, p. 203; *La documentation française*, Les principes du droit européen du contrat, 1998, p. 1026.

gesetzt, daß die veränderten Umstände nicht von den Parteien vorhersehbar waren: *„Keine Bestimmung ist für den Fall getroffen, daß die Vertragspartner die eingetretene Änderung als möglich vorausgesehen haben oder hätten voraussehen können"*. Das französische Recht wiederum begründet die Theorie der *„imprévision"* gerade mit dieser Vorhersehbarkeit[43]. Diese muß die Änderung der Umstände oder deren Folgen betreffen. Fraglich könnte hier allerdings sein, ob die Änderung der Vertragsumstände nur objektiv (allgemein) oder subjektiv (nur von den Vertragspartnern) vorhersehbar gewesen sein muß. Die Lösung ist klar: Nur das Mißverhältnis zwischen Leistung und Gegenleistung darf allgemein (objektiv) nicht vorhersehbar gewesen sein[44].

Dieses Erfordernis der (Un-)Vorhersehbarkeit hat eine wichtige Folge: Die Änderung der Umstände muß außerordentlich sein, denn sonst hätten die Parteien diese Änderungen ja in Betracht nehmen können. Damit zusammen hängt auch die Abgrenzung zu Rechtsinstituten wie der Unmöglichkeit, und der höheren Gewalt *(force majeure)*[45]. Solche Umstände führen zur Vernichtung des Vertrages und nicht zu deren Anpassung. Dieser Fall wird im UN-Kaufrecht insbesondere in Art. 79 behandelt[46], der für diesen Fall keine Anpassung des Vertrages vorsieht.

Zweitens muß eine Änderung der wirtschaftlichen, politischen, sozialen Verhältnisse oder der Währungsumstände eingetreten sein. Das deutsche Recht unterscheidet hierbei zwischen der großen und der kleinen Geschäftsgrundlage sowie zwischen subjektiver und objektiver Geschäftsgrundlage[47]. Solche Unterschiede existieren in den anderen hier betrachteten Rechtssystemen nicht. So beschränkt sich das französische Recht[48] auf eine Änderung der *wirtschaftlichen* Bedingungen. Die Principles of European Contract Law und die Unidroit Principles haben dagegen einen breiteren Ansatz: Hier genügt eine bloße Änderung der Umstände (*events* oder *circumstances*), unabhängig von ihrer Natur. Doch wie immer der Text auch lautet, in jedem Fall wird nur eine direkte Auswirkung dieser Umstände auf das wirtschaftliche Gleichgewicht des Vertrages

---

43 *J. Ghestin, Ch. Jamin, M. Billiau*, op. cit., n° 297, p. 343.
44 *J. Ghestin, Ch. Jamin, M. Billiau*, op. cit., n° 298, p. 345: „C'est le déséquilibre objectif des prestations, apparu après coup, qui pose la question du maintien intégral ou de la révision du contrat, et non la survenance d'une circonstance nouvelle et imprévisible".
45 *J. Ghestin, Ch. Jamin, M. Billiau*, op. cit., n° 294, p. 339: „dans ses effets, l'imprévision se distingue de la force majeure en ce que celle-ci ne peut conduire à une adpatation du contrat, mais seulement à sa suspension ou à son anéantissement."; Contra, *Ph. Kahn*, Force majeure et contrats de longue durée, JDI 1975, p. 467, p. 478.
46 *J. Honnold*, Uniform law for international sales under the 1980 United Nations convention, Kluwer 1989, p. 423; *Reithmann/ Martiny*, Internationales Vertragsrecht, Das internationale Privatrecht der Schuldverträge, Otto Schmidt Verlag 1999, S. 243.
47 *Palandt/Heinrichs*, Bürgerliches Gesetzbuch, 60. Aufl. 2001, § 242, Rdnr. 122.
48 *J. Ghestin, Ch. Jamin, M. Billiau*, op. cit., n° 263, p. 310: „circonstances économiques imprévues".

zu einer Anpassung führen, und natürlich dürfen diese Änderungen nicht von einem Vertragsteil veranlaßt worden sein[49].

Fraglich bleibt, inwiefern die ursprünglichen Umstände mit dem Vertrag verbunden sein müssen. Auch hierzu gibt es zwei Ansichten. Soll man unter „Geschäftsgrundlage" die äußeren objektiven Umstände verstehen, die aber nicht Inhalt des Vertrages geworden sind (z.B. die politische Lage), oder handelt es sich vielmehr um innere Umstände wie die subjektive Vorstellungen der Parteien (z.B. den Vertragszweck)? Glaubt man dem neuen § 313 RegE, so scheint die Antwort klar zu sein: Sowohl äußere Umstände (Abs. 1) wie auch innere Vorstellungen (Abs. 2) können zur Geschäftsgrundlage eines Vertrages werden. Im letzteren Fall liegt eine Originalität des deutschen Rechts: Auch falsche oder veränderte subjektive Vorstellungen der Parteien können zu eine Anpassung des Vertrages führen. Das französische Recht und die internationalen Instrumente gehen demgegenüber nicht ganz so weit. Insbesondere im französischen Recht werden die subjektiven Vorstellungen nur als Gültigkeitsbedingungen betrachtet, deren Fehlen zur Nichtigkeit des Vertrages führt.

Drittens muß das ursprüngliche Gleichgewicht (*équilibre initial*) der Leistungen verschwunden sein: Die Leistungen sollen durch die Änderung der Umstände für eine Partei stark erschwert sein. Diese Erschütterung des Gleichgewichts kann entweder subjektiv oder objektiv betrachtet werden. Auch in diesem Punkt unterscheiden sich deutsches und französisches Recht. So verlangt § 313 RegE, daß „*die Parteien ... den Vertrag nicht oder mit anderem Inhalt geschlossen* [hätten]" und folgt mithin einer subjektiven Analyse. Im Gegensatz hierzu wird im französischen Recht wiederum nur das objektive wirtschaftliche Gleichgewicht in Betracht genommen.

Viertens verlangt das deutsche Recht schließlich, daß das Festhalten am Vertrag für eine Partei unzumutbar sein muß. Diese subjektive Analyse, die sich direkt auf die Parteien bezieht, kontrastiert mit den Regelungen der internationalen Instrumente, wo rein objektiv bestimmt wird, daß die Leistung zu teuer (Art. 6:111 European Principles: „*excessively onerous*") oder das Gleichgewicht des Vertrages schwerwiegend verändert worden ist (Art. 6.2.2 Unidroit Principles: „*fundamentally alters the equilibrium of the contract*"). Auch im französischen Recht erscheint diese Bedingung nicht; vielmehr muß, so die Formulierung von *Jacques Ghestin*, die Leistung entweder extrem erschwert oder sehr viel teurer geworden sein[50]. Im öffentlichen Recht muß demgegenüber eine „Erschütterung" des Vertrages vorliegen[51]. Wiederum benützt das französische Recht somit im Gegensatz zum deutschen Recht ein rein objektives Kriterium.

---

49 *J. Ghestin, Ch. Jamin, M. Billiau*, op. cit., n° 300, p. 347, für Beispiele.
50 *J. Ghestin, Ch. Jamin, M. Billiau*, op. cit., n° 263, p. 310.
51 *Laubadère, Venezia, Gaudement*, Traité de droit administratif, 13ᵉ éd. 1994, p. 738, n° 1075.

Als Zwischenergebnis kann somit festgehalten werden: Die behandelten Rechtsinstitute – imprévision, hardship, change of circumstances, Wegfall der Geschäftsgrundlage – ähneln sich zwar, da sie die Folgen einer Änderung der Vertragsumstände für die Vertragsparteien nach Vertragsschluß bestimmen und drei wesentliche Merkmale teilen: Unvorsehbarkeit der Umstände, Unabhängigkeit der Änderung vom Verhalten der Parteien, Erschütterung des vertraglichen Gleichgewichts ohne Unmöglichkeit der Leistung. Dennoch sind sie, und zwar in grundsätzlicher Hinsicht, verschieden. Insbesondere die französische Rechtsprechung kennt als Leistungsstörungen nur die Äquivalenzstörungen und Leistungserschwernisse (Änderung der wirtschaftlichen Bedingungen), also objektive Tatbestandsmerkmale, nicht aber Zweckstörungen (subjektive Änderungen). Eine Anpassung des Vertrages ist hier – außer im öffentlichen Recht – nicht möglich, bestenfalls kann in bestimmten Fällen die Nichtigkeit des Vertrages beantragt werden.

Die starre Beständigkeit des Vertrages im französischen Recht hat sich jedoch in der Praxis als problematisch erwiesen, was die französische Rechtsprechung dazu bewogen hat, nach Linderungsmitteln zu suchen.

2. Die Linderungsmittel (Les palliatifs)

Die französische Rechtslehre betont seit Jahrzehnten die Notwendigkeit einer Erneuerung der Theorie des Vertragsrechts[52]. Daneben hat sich im Laufe der Jahre auch die Philosophie des Vertrages grundlegend geändert. Um den Vertrag im Bedarfsfall anpassen zu können hat die französische Rechtsprechung drei verschiedene Mittel herangezogen: Die Interpretation des Vertrages, eine neue Analyse der Gültigkeitsvoraussetzungen des Rechtsgeschäfts, schließlich die Erfindung der Geschäftsgrundlage (*économie du contrat*).

Die Interpretation des Vertrages hat sich in letzter Zeit fortentwickelt, indem Rechtsprechung und Rechtslehre einen neuen Blick auf die bestehenden Vorschriften des Code civil geworfen haben, und dies in zwei Richtungen. Zunächst durch eine neue Betrachtungsweise des Art. 1134 C. civ., der in seinem ersten Absatz zwar das Prinzip der Unabänderlichkeit des Vertrages festschreibt, dessen Abs. 3 jedoch auch anordnet[53], daß Verträge unter Beachtung des Grundsatzes von Treu und Glauben zu erfüllen sind[54]. Art. 1135 C. civ. fügt

---

52 C. *Thibierge-Guelfucci*, op. cit., RTD civ. 1997, p. 357, n° 1; L. *Josserand*, Aperçu général des tendances actuelles de la théorie des contrats, RTD civ. 1937, p. 1; D. *Mazeaud*, Le contrat, liberté contractuelle et sécurité juridique, Rapport de synthèse présenté au 94ᵉ Congrès des Notaires, Def. 1998, Art. 36874, p. 1137.
53 Art. 1134 al. 3 C. civ.: «*(Les conventions) doivent être exécutées de bonne foi.*»
54 Ch. *Jamin*, op. cit., Droit et patrimoine 1998, n° 58, p. 46, p. 49: „Si la force obligatoire du contrat était le garant de la bonne foi au moment de la discussion du code civil, la bonne foi apparaît aujourd'hui être le garant de cette force obligatoire"; J. *Ghestin, Ch. Jamin, M. Billiau*, op. cit., n° 308, p. 353.

hinzu, daß der Vertrag nicht nur zu dem ausdrücklich Vereinbarten verpflichtet, sondern auch zu allen Folgen, die die Billigkeit, das Gewohnheitsrecht oder das Gesetz der Verbindlichkeit seiner Natur nach ergeben[55].

Auf dieser Basis hat die Rechtsprechung eine Anzahl von Verpflichtungen entdeckt, die nicht ausdrücklich im Vertrag festgeschrieben sein müssen (*forçage du contrat*)[56]. Auf diese Weise wurden die Verträge durch zahlreiche ungeschriebene Verpflichtungen ergänzt wie: Informationspflichten, Sicherheitspflichten und Beratungspflichten[57]. So sind der Code civil und die allgemeine Theorie des Vertragsrechts (*théorie générale du contrat*) in letzter Zeit wesentlich bereichert geworden. Allerdings handelt es sich hierbei nicht um eine wahre Anpassung des Vertrages: Denn der Richter darf zwar den Willen der Parteien interpretieren (Art. 1160 C. civ.[58]), jedoch darf er den Willen der Parteien nicht mißverstehen und erst recht darf er die sich aus dem Vertrag ergebenden Pflichten der Parteien nicht ändern[59]. Jedoch scheint eine gewisse Verpflichtung zur Wiederverhandlung des Vertrages an den Tag zu treten: Die Cour de Cassation hat vor kurzem diesen Weg angebahnt indem sie entschied, daß die Vertragsparteien kooperieren müssen, um Leistungshürden zu beseitigen[60].

Eine direkte Anpassung des Vertrages auf der Grundlage von Treu und Glauben, wie sie im deutschen Recht heute existiert, gibt es jedoch nicht. In dieser Hinsicht ist die Rechtsprechung zudem sehr mager und dies aus zwei Grün-

---

55   Art. 1135 C. civ.: „*Les conventions obligent non seulement à ce qui y est exprimé, mais encore à toutes les suites que l'équité, l'usage ou la loi donnent à l'obligation d'après sa nature.*". Siehe auch Art. 1.7 Unidroit Principles und Artt. 1:201 und Art. 1:202 European Principles.

56   L. Leveneur, Le forçage du contrat, Droit et patrimoine 1998, n° 58, p. 69; C. Thibierge-Guelfucci, op. cit., RTD civ. 1997, p. 357, p. 368, n° 13.

57   Die Rechtsprechung hat sich auch das Recht genommen, den Vertragspreis zu ändern. Cf. Cass. com., 31 mars 1992 = RJDA 1992, n° 552, p. 447 = RTD civ. 1992, p. 760, n° 5 obs. Mestre.

58   Art. 1160 C. civ.: « *On doit suppléer dans le contrat les clauses qui y sont d'usage, quoiqu'elles n'y soient pas exprimées.* »

59   Rouen, 29 nov. 1968: D. 1969, 146: „si l'Art. 1160 autorise à suppléer dans les contrats les clauses qui y sont d'usage, ce texte ne peut avoir pour but et pour effet de modifier l'économie du contrat en y introduisant, en raison du silence des parties, une clause qui modifie l'essentiel de leurs droits et de leurs obligations"; Com., 2 déc. 1947: Gaz. Pal. 1948, I, p. 36: „que si aux termes de l'article 1135, l'équité ou l'usage doivent être pris en considération dans l'interprétation des contrats et des suites qu'ils comportent, le juge n'en saurait faire état pour soustraire l'un des contractants à l'accomplissement des engagements clairs et précis, qu'il a librement assumés."

60   Cass. com., 24 nov. 1998 = Rep. Def. 1999, p. 371 obs. D. Mazeaud = RTD civ. 1999, p. 98, obs. Mestre; Siehe auch Cass. soc., 25 fév. 1992 (*Expovit*) = Bull. civ. V, n° 121, p. 74 = D. 1992, p. 390 note Deffossez = D. 1992, somm.. p. 294, note Lyon-Caen. und Cass. com., 3 nov. 1992 (*Huard*) = Bull. civ. IV, n° 340, p. 242 = JCP éd. G, 1993 II, 22164 note Virassamy = RTD civ. 1993, p. 124, n° 7, obs. Mestre.

den[61]: Die Anpassung betrifft in der Regel Handelsverträge, in denen die Auseinandersetzungen häufig durch Schiedsurteil gelöst werden. Hinzu kommt, daß es sich bei diesen Verträgen oft nur um Rahmenverträge handelt, die dehnbare finanzielle Klauseln enthalten, wodurch Anpassungsprobleme in der Regel vermieden werden.

Als zweite Illustration der Interpretation durch die französischen Gerichte ist die *Clausula rebus sic stantibus*[62] zu nennen, die als systematisch stillschweigend in den Vertrag einbezogen angesehen wird. Hiernach wird vermutet, die Vertragspartner hätten den mutmaßlichen Willen gehabt, den Vertrag nur unter der Bedingung gleichbleibender Vertragsumstände zu schließen. Diese *Clausula* kann ihre Rechtfertigung in Art. 1156 C. civ.[63] finden, der anordnet, daß der Richter den gemeinsamen Willen der Parteien zu erforschen hat. Allerdings darf der Richter den Willen der Parteien nicht ausschalten, indem er, unter dem Vorwand der Interpretation, den Vertragsinhalt verfälscht („*dénaturation du contrat*"). Zudem wird dieser zweiten Theorie mit der Begründung widersprochen, ein Vertrag werde ohnehin als „Vorhersehungsakt" gerade dazu benützt, um sich vor unvorhersehbaren Umständen zu schützen[64]; ferner, daß eine solche Klausel ohnehin im Vertrag nicht vorhanden sei.

Die Rechtslehre hat als zweites Mittel der Anpassung eine neue Analyse der Gültigkeitsvoraussetzungen des Vertrages vorgeschlagen. Art. 1108 C. civ. nennt derer vier, nämlich: Geschäftsfähigkeit, Vertragswillen, Vertragszweck (*causa*) und Gegenstand (*capacité, consentement, cause, objet*). Hier wären bei einer Änderung der Geschäftsgrundlage entweder der Vertragswillen oder der Vertragszweck (*causa*) betroffen. Doch Fragen der *causa* und des Irrtums (Art. 1110 C. civ.) sind im französischen Recht Gültigkeitsvoraussetzungen des Vertrages und daher nicht zu den Leistungsstörungen zu zählen.

Der Irrtum ist zum Zeitpunkt des Vertragsschlusses zu beurteilen, auch wenn es die Rechtsprechung zuläßt, Umstände in Betracht zu nehmen, die sich erst nach Vertragsschluß ereignet haben[65]. Dabei ist der reine Motivirrtum nur im Falle der arglistigen Täuschung (*dol*) als Wirksamkeitsvoraussetzung beachtlich. Beim gemeinsamen Irrtum beider Vertragspartner muß dieser zudem objektiver Vertragsinhalt geworden sein. Die *causa remota* (*cause subjective*) dient der Prüfung der Sittenwidrigkeit und der Rechtswidrigkeit des Verwendungszwe-

---

61 *Ch. Jamin*, op. cit, Droit et patrimoine 1998, n° 58, p. 46, p. 50.
62 *F. Chabas*, Introduction au droit, Leçons de droit civil, Montchrestien 12ᵉ éd. 2000, p. 407: Der Schuldner hat den Vertrag in Betracht auf die gegenwärtige Umstände geschlossen: der Gläubiger kann ihn nicht dazu zwingen mehr als das versprochen zu leisten.
63 Art. 1156 C. civ.: „*On doit dans les conventions rechercher quelle a été la commune intention des parties contractantes, plutôt que de s'arrêter au sens littéral des termes.*"
64 *G. Ripert*, La règle morale dans les obligations civiles, 4e éd. LGDJ 1949, p. 146-147.
65 Cass. 1ᵉ civ., 13 déc. 1983: D. 1984, p. 340, note Aubert.

ckes, nicht aber um dessen Vorhandensein oder Verwirklichung zu kontrollieren[66].

Schließlich kommt als Rechtsfolge dieser Gültigkeitsvoraussetzungen nur die Nichtigkeit des Vertrages, nicht aber die Anpassung des Vertrages[67] in Betracht.

Als drittes und letztes Mittel wird schließlich eine neue Analyse des Vertrages vorgeschlagen: Die Erfindung der Geschäftsgrundlage (*économie du contrat*). Dieser Begriff, der trotz seines Wortlautes von der deutschen Geschäftsgrundlage zu unterscheiden ist, wird von der Rechtsprechung nicht definiert. Die Rechtslehre versteht unter dieser Bezeichnung dreierlei: Entweder die Gesetze, denen der Vertrag unterliegt („*l'ensemble des lois qui régissent la structure du contrat*"), das Herz des Vertrages („*l'essentiel du contrat, le cœur de la convention, ce qui est nécessaire à la réalisation*") oder das finanzielle Gleichgewicht („*équilibre financier*"). Im Ergebnis wird man die „*économie du contrat*" mit der deutschen Geschäftsgrundlage vergleichen können, da mit diesem Begriff der Vertragsinhalt ergänzt wird. Doch hat die Rechtsprechung mit diesem Begriff bis jetzt keine direkte Anpassung des Vertrages erlaubt, vielmehr nur die Feststellung der Nichtigkeit derjenigen Klauseln ermöglicht, die nicht mit der Gesamtheit des Vertrages übereinstimmen[68]. Ausnahmsweise kann der Vertrag auch in seiner Gesamtheit für nichtig erklärt werden[69]. In Hinsicht auf die soziale Entwicklung des Vertrages könnte jedoch in Zukunft dieses Konzept der „*économie du contrat*" die Anpassung erlauben.

Im Ergebnis zeigt diese Analyse, daß das deutsche Recht und das französische Recht zwei verschiedene Methoden angewandt haben. Das deutsche Recht gebraucht unterschiedslos objektive und subjektive Tatbestandsmerkmale und nimmt Rücksicht auf die Parteien und den Vertragszweck. Das französische Recht hingegen folgt einer rein objektiven Methode: Die Änderung der Umstände bezieht sich nur auf objektive wirtschaftliche Merkmale unabhängig vom Vertragszweck. Dieser wesentliche Unterschied geht auf die Grundlagen der Anpassung zurück: Treu und Glauben im deutschen Recht, ausgleichende Gerechtigkeit (*justice commutative*) im französischen Recht.

Der Schein trügt also tatsächlich: Zwar existiert im französischen Zivilrecht keine Anpassung von bestehenden Verträgen, dennoch ist die traditionelle Vertragstheorie in den letzten Jahren stark erschüttert worden. Die Wirklichkeit sieht somit heute anders aus als in den Anfangszeiten des Code civil, denn auch

---

66 Dazu dient die *causa proxima* (*cause objective*), cf. Cass. com., 22 oct. 1996 (*Chronoposte*) = D. 1997, 121, note Sériaux = JCP 1997, II, 22881 note Cohen.
67 Contra: Cass. Civ., 23 juin 1873 = D. 1874, 1, 332 = S. 1873, 1, 330.
68 Cass. com., 15 fév. 2000: RTD civ., 2000, p. 325, obs. Mestre: „une clause peut être jugée intolérable, non seulement quand elle contredit l'obligation essentielle (arrêt Chronoposte), mais également lorsqu'elle détonne par rapport au reste du contrat".
69 Cass. 1e civ., 3 juil. 1996: D. 1997, p. 500; JCP 1997, I, 4015; RTD civ. 1996, p. 903.

die französischen Richter haben inzwischen einen pragmatischen Weg hin zur Anpassung des Vertrages eingeschlagen.

II. Die pragmatische Wirklichkeit: Die nötige Anpassung des Vertrags (Une réalité pragmatique: la nécessaire adaptation du contrat)

Wenn sich die Vertragsumstände stark verändert haben, so muß der Vertrag angepaßt werden. Diese Anpassung kann auf verschiedene Weise durchgeführt werden (1), wobei allerdings gewisse Grenzen eingehalten werden müssen (2).

1. Die Durchführung der Anpassung

In neuerer Zeit hat die französische Rechtsprechung mehr Macht bekommen (Artt. 1244-1 al.1[70], 1152 C. Civ.[71], Art. 331-7 C. cons et suiv.) oder sie sich auch genommen (durch eine extensive Auslegung der Treuepflicht der Art. 1134 al. 3 C. civ. und Art. 1135 C. civ., cf. infra) und somit eine neue Gestaltung der Theorie des Vertragsrechts ermöglicht.

Im Gegensatz zum deutschen Recht bezieht sich die Anpassung im französischen Privatrecht nicht auf ein individualistisches, bilaterales Generalprinzip wie den Grundsatz von Treu und Glauben des § 242 BGB (*principe général de bonne foi*), sondern auf eine juristische Sozialpolitik, mit der der schwächere Teil geschützt werden soll[72]. Der Grundsatz von Treu und Glauben wird zwar auch von der Cour de Cassation herangezogen, eine Anpassung von Verträgen läßt sich auf dieser Grundlage jedoch nicht erreichen[73].

---

[70] Art. 1244-1 al. 1.C. civ.: „*Toutefois, compte tenu de la situation du débiteur et en considération des besoins du créancier, le juge peut, dans la limite de deux années, reporter ou échelonner le paiement des sommes dues.*"; R. Viprey, Vers une relative généralisation du principe de l'imprévision en droit privé?, D. Aff. 1997, n° 29, p. 918; D. Mazeaud, La réduction des obligations contractuelles, Droit et patrimoine n° 58, 1998, p. 58.

[71] Art. 1152 C. civ.: „*Lorsque la convention porte que celui qui manquera de l'exécuter payera une certaine somme à titre de dommages-intérêts, il ne peut être alloué à l'autre partie une somme plus forte, ni moindre. Néanmoins, le juge peut, même d'office, modérer ou augmenter la peine qui avait été convenue, si elle est manifestement excessive ou dérisoire. Toute stipulation contraire sera réputée non écrite.*"

[72] Ch. Jamin, op. cit. p. 57 spricht von „solidarisme contractuel"; J. Ghestin, Ch. Jamin, M. Billiau, op. cit. n° 314, p. 359: „la révision ou la résiliation du contrat consécutive à un déséquilibre économique des prestations n'est admissible que si l'injustice qu'elle crée rend le contrat inutile ou risque de le priver de son utilité sociale."

[73] Cass. com., 3 nov. 1992: Bull. civ. IV, n° 338, p. 241; JCP 1993, II, 22164; RTD civ. 1993, p. 124, obs. Mestre.

Dabei hat sich der Vertrag zu einem kollektiven sozialen Gebilde entwickelt[74]: Neue Grundsätze der Solidarität (*solidarité*)[75], der Ehrenhaftigkeit (*loyauté*)[76], und der Brüderlichkeit (*fraternité*)[77] durchdringen den Vertrag und schützen nunmehr den Mieter, den Verbraucher, den Kreditnehmer. Es ist heute wichtig, daß der Vertrag nützlich und gerecht (*utile et juste*) gestaltet wird[78].

Der Vertrag muß also heute im französischen Recht angepaßt werden, um ausgleichende Gerechtigkeit (*Aristoteles – justice commutative*) zu ermöglichen. Gerade diese Begründung wird auch im öffentlichen Recht vorgetragen, um die Anpassung zu vollziehen. Auch hier wird die ausgleichende Gerechtigkeit durch die Anpassung sichergestellt, vor allem aber wird hierdurch die Kontinuität des „Gemeindienstes" (*continuité du service public*) und damit auch die soziale Nützlichkeit gewährleistet.

Dabei steht allerdings noch nicht fest, inwiefern auch Rechte Dritter geschützt werden sollen. Es kann aber als ein Generalprinzip angesehen werden, daß wenn die Anpassung die Rechte Dritter beeinträchtigen sollte, diese Anpassung keine Rechtsfolgen gegenüber den Dritten hätte (*défaut d'opposabilité*).

Die Anpassung kann auf mehrere Weisen erfolgen. In erster Linie kommt die Änderung (*révision*) des Vertrages in Betracht, da hierdurch der Vertrag sowohl

---

74   D. *Mazeaud* (note sous Cass. com., 24 nov. 1998 = Def. 1999, Art. 36953, p. 374) spricht von einer „conception humaniste du droit des contrats" und auch (op. cit. in Mél. Terré p. 609, n° 8) von „civisme contractuel", von „éthique contractuelle", und von „altruisme contractuel, respectueux des intérêts particuliers, mais sensible à l'intérêt collectif des contractants et aux difficultés qui peuvent frapper chacun".

75   Ch. *Jamin*, op. cit., p. 57; Cass. 1ᵉ civ., 11 juin 1996 = Rep. Def. 1996, 1007, obs. Mazeaud = RTD civ. 1997, p. 425, obs. Mestre: débiteur est tenu d'exécuter le contrat au mieux des intérêts de son créancier.

76   Cass. com., 27 fév. 1996 = D. 1996, p. 518 note Malaurie = JCP éd. G, II, 22665 obs. Ghestin = RTD civ. 1997, p. 114, obs. Mestre; *D. Mazeaud* (op. cit. in Mél. Terré p. 617, n° 13) bezeichnet dieses Begriff dreierlei: „Transparence, décence et cohérence sont donc les trois fleurons du devoir de loyauté dont la vitalité contribue à faire du contrat un`"lieu de sociabilité".

77   *C. Thibierge-Guelfucci*, op. cit., RTD civ. 1997, p. 357, p. 368, n°13: „impératifs supérieurs d'égalité, de justice, d'équilibre ou d'efficacité".; *G. Paisant*, op. cit. Dr. et Patrimoine 1998, n° 58, p. 44; *D. Mazeaud*, Loyauté, solidarité, fraternité: la nouvelle devise contractuelle?, Mél. F. Terré, 1999, p. 603; und auch *Y. Picod*, Le devoir de loyauté dans l'exécution du contrat, LGDJ 1989; *Y. Picod*, L'obligation de coopération dans l'exécution du contrat, JCP 1988, I, 3318; Cass. 1ᵉ civ., 23 janv. 1996: D. 1997, p. 571 note P. Soustelle = Rep. Def. 1996, p. 744, obs. Delebecque: un contractant doit, au nom de la solidarité contractuelle, (...) avertir son créancier de l'erreur qu'il commet en omettant de lui facturer ses prestations; Cass. com., 28 nov. 1998 = Def. 1999, Art. 36953, p. 371 obs. Mazeaud.

78   Schon in 1907 hat *Demogue* (Des modifications aux contrats par volonté unilatérale, RTD civ. 1907, p. 245, spéc. 246) geschrieben: „le contrat n'est pas une chose respectable en elle-même, le contrat est respectable en fonction de la solidarité humaine"; Kritisch aber *D. Mazeaud*, op. cit. in Mél. Terré, p. 623, n° 19.

dem Vertragszweck als auch der wirtschaftlichen Umgebung angepaßt wird. Zusätzlich ist es möglich, Schadensersatz zu gewähren oder eine Kündigung zu ermöglichen. Im französischen Recht, und zwar dort, wo eine Anpassung möglich ist, sind alle diese Möglichkeiten vorgesehen. So waren im Rahmen der *loi Faillot* von 1918 sowohl die *révision*, wie auch Kündigung oder Schadensersatz möglich.

Wie konkret allerdings die Revision erfolgen soll, muß noch festgestellt werden. § 313 RegE begründet zwar einen Anspruch auf Anpassung des Vertrages, erklärt jedoch nicht, wie diese Anpassung erfolgen soll. Es ist anzunehmen, daß diese Anpassung von den Parteien einvernehmlich organisiert werden soll, wobei der Richter wohl keine große Rolle spielen wird. Nur wenn die Anpassung unmöglich oder einer Partei nicht zumutbar ist, soll der Rücktritt vom Vertrag erfolgen. Ob Schadensersatz zugesprochen werden kann, wird von § 313 RegE nicht explizit festgelegt, doch dürften diesbezüglich die allgemeinen Grundsätze des Schuldrechts Anwendung finden.

Die Principles of European Contract Law sowie die Unidroit Principles legen fest, daß die Parteien den Vertrag neu verhandeln müssen. Diese Neuverhandlung soll nach Treu und Glauben geführt werden, sonst muß der unwillige Vertragspartner haften. Wenn die Neuverhandlung scheitert, dann kann der Richter den Vertrag entweder anpassen oder den Rücktritt anordnen.

In diesem Punkt kontrastiert das deutsche Recht mit den internationalen Instrumenten und dem französischen Recht: In den Principles of European Contract Law wie auch in den Unidroit Principles wird der Richter mit dem Rücktrittsrecht investiert: er kann den Rücktritt anordnen und Schadensersatz zusprechen. Auch im französischen öffentlichen Recht erfolgt die Anpassung nur durch den Richter: Er kann entweder Schadensersatz gewähren oder den Rücktritt anordnen.

Hier ergibt sich wieder ein Unterschied der Methode: Im deutschen Recht haben die Parteien eine große Freiheit: sie müssen zwar den Vertrag neu verhandeln, wenn jedoch die Verhandlungen scheitern, kann jede Partei einseitig vom Vertrag zurücktreten. Im französischen Recht hingegen gibt es keinen Zwang zur Neuverhandelung, doch können die Parteien von dem Vertrag nur durch Richterspruch befreit werden. In beiden Rechten kann Schadensersatz durch den Richter zugesprochen werden.

Obwohl die Anpassung für den benachteiligten Vertragspartner ein Vorteil ist, da gerade dadurch der Rücktritt sowie die Kündigung vermieden werden, müssen (aus Gründen der Rechtssicherheit) jedoch gewisse Grenzen bleiben.

2. Die Grenzen der Anpassung

Hierbei kommen zum einen technische Grenzen in Betracht und zwar die vertragliche oder gesetzliche Risikoverteilung. Denn die Frage der Anpassung des

Vertrages ist eigentlich eine Frage der Risikoverteilung: Wer soll das Risiko einer Änderung der Vertragsumstände tragen?

Wenn der Vertrag diese Eventualität vorsieht, so sehen alle Rechtsinstitute vergleichbare Lösungen vor: Der Vertrag muß respektiert werden, es kann keine Anpassung erfolgen. Wenn der Vertrag hingegen nichts vorsieht, ist eine andere Analyse erforderlich: Entweder kann sich die Risikoverteilung dann aus einem Gesetz ergeben, so z.B. das Prinzip *res debitori pereunt*. Oder aber das Gesetz sieht keine ausdrückliche Lösung vor, aber die Änderung der Umstände war vorhersehbar. Dann wird der Schuldner für seine Nachlässigkeit bestraft: Er ist verantwortlich und muß das Risiko tragen.

Zweitens kommen wirtschaftliche Grenzen in Betracht. So schlägt *Christopher Jamin*[79] vor, daß die Anpassung nicht möglich sein solle, wenn der Vertragspartner versichert ist[80] oder wenn der Vertrag nur einen kleinen Teil von seinem Geschäftsumsatz repräsentiert. Des Weiteren schlägt er vor, die Anpassung zu Lasten des am wenigsten benachteiligten Vertragspartners vorzunehmen, was eine gewisse Form der Solidarität darstellt. Auch dann könne eine Anpassung aber nur erfolgen, wenn die Bereicherung durch den Vertrag höher sei als die Belastung durch die Änderung der Vertragsumstände. In anderen Worten, wenn der Gläubiger imstande sei, sich anderweitig billiger zu versorgen, solle keine Anpassung vorgenommen werden, vielmehr solle ihm lediglich der Rücktritt mit oder ohne Gewährung von Schadensersatz ermöglicht werden.

Anpassung und Rücktritt vom Vertrag können somit im französischen Recht nur durch Richterspruch erfolgen. Im öffentlichen Recht bleibt die vertragliche Verpflichtung bestehen, der Schuldner erhält jedoch Schadensersatz, um das wirtschaftliche Gleichgewicht des Vertrages wiederherzustellen. Die Anpassung erfolgt im Zivilrecht nur in bestimmten Grenzen und unter strenger richterlicher Kontrolle. Im Vergleich der beiden Rechte haben die deutschen Vertragspartner große Freiheit: Die Anpassung erfolgt ohne Richtereingriff, der Rücktritt kann einseitig erklärt werden.

Sowohl die Bedingungen als auch die Folgen der Anpassung sind somit in beiden Rechten sehr verschieden. Die Frage der Rechtswahl hat daher eine große praktische Bedeutung. Da in diesem Bereich Parteiautonomie herrscht und die Rechtswahl entweder direkt von den Parteien getroffen wird, oder aber im deutsch-französischen Rechtsverkehr durch das Römische EWG-Übereinkommen über das auf vertragliche Schuldverhältnisse anzuwendende Recht vom 19. 6. 1980 (EVÜ) bestimmt wird, erübrigen sich weitere Ausführungen. Normalerweise wird also das Recht des Landes von dem Niederlassungssitz desjenigen Vertragspartners, der die charakteristische Leistung erfüllen soll, anwendbar

---

79 *Ch. Jamin*, op. cit., p. 53
80 Wir könnten hinzufügen „oder sich hätte versichern können".

sein. Dies wird im Rahmen eines Kaufvertrages zumeist das Recht des Verkäufers sein.

Es bleibt eine letzte Anmerkung: Diese Flexibilität des deutschen Rechts ist von größter Bedeutung für den deutsch-französischen Rechtsverkehr. Mangels Anpassungsmöglichkeiten werden die französischen Unternehmen in den Ruin getrieben, während die deutschen Unternehmen, eine viel größere Freiheit genießen. Um eine europäische Rechtsvereinheitlichung zu vollziehen, müssen solche Unterschiede beseitigt werden[81]. Da wo der deutsche Gesetzgeber im § 313 RegE die bisherige Rechtsprechung zum Wegfall der Geschäftsgrundlage konsolidiert, ermöglicht jetzt erst die französische Rechtsprechung, mit größter Zurückhaltung, die Anpassung des Vertrages. Ob der französische Gesetzgeber auch Jahrzehnte warten wird, ist angesichts der Forschung nach einem europäischen *ius commune* aber sehr unwahrscheinlich.

---

[81] *H. Smit*, Seven Impertinent Proposals, Mél. Gavalda, Dalloz 2001, p. 279, p. 282.

Der Schadensersatz statt der Leistung nach dem neuen Schuldrecht

Beate Gsell

I. Einführung
  1. Schadensersatz „statt der Leistung" an Stelle des bisherigen Schadensersatzes wegen Nichterfüllung
  2. Schadensersatz statt der Leistung grundsätzlich als Unterfall des Schadensersatzes wegen Pflichtverletzung nach § 280 RegE
II. Schadensersatz statt der Leistung wegen nicht oder nicht wie geschuldet erbrachter Leistung (§ 281 RegE)
  1. Zusätzliche Voraussetzungen
     a) Grundsätzlich Fristsetzung
     b) Abgeschwächte Ablehnungsandrohung
     c) Verhältnis zu den Verzugsvoraussetzungen
  2. Besonderheiten des „großen" Schadensersatzes
     a) Höhere Schwelle für den „großen" Schadensersatz bei Schlechtleistung
     b) Maßgeblichkeit des Leistungsinteresses des Gläubigers
     c) Angemessenheit der Schwelle für den „großen" Schadensersatz
     d) Andere Schwelle als im Rücktrittsrecht
     e) Rückabwicklung nach Rücktrittsrecht
  3. Das Schicksal des Naturalerfüllungsanspruchs
III. Schadensersatz statt der Leistung bei nachträglichem Entfallen der Leistungspflicht (§ 283 RegE)
  1. Abgrenzung zu § 281 RegE
  2. Notwendigkeit einer Sonderregelung dieser Fallgruppe
  3. Verzicht auf die Fristsetzung
  4. Schicksal des Naturalerfüllungsanspruchs bei vorübergehender Unmöglichkeit
IV. Schadensersatz statt der Leistung wegen Verletzung einer sonstigen Pflicht (§ 282 RegE)
  1. Anwendungsbereich
  2. Sonderregelung gerechtfertigt?
V. Schadensersatz statt der Leistung bei anfänglichem Ausschluß der Leistungspflicht (§ 311a RegE)
  1. Annäherung an die Behandlung nachträglicher Leistungshindernisse
  2. Haftung aus dem Vertragsversprechen
VI. Das Verhältnis von Schadensersatz statt der Leistung und Rücktritt beim gegenseitigen Vertrag
  1. Kein völliger Gleichlauf der Tatbestände des § 281 RegE und des § 323 RegE
  2. Grundsätzlich kein Ausschluß des Schadensersatzes statt der Leistung durch den Rücktritt

3. Grenzen der Vereinbarkeit von Rücktritt und Schadensersatz statt der Leistung bei Nichtleistung
4. Grenzen der Vereinbarkeit von Rücktritt und Schadensersatz statt der Leistung bei Schlechtleistung
5. Bindung an die Rücktrittserklärung?
6. Keine Koppelung des Schadensersatzes wegen Nichterfüllung des Vertrages an den vorherigen Rücktritt

VII. Zusammenfassung der wichtigsten Ergebnisse

I. Einführung

1. Schadensersatz „statt der Leistung" an Stelle des bisherigen Schadensersatzes wegen Nichterfüllung

Im neuen Schuldrecht wird der bisherige Schadensersatz wegen Nichterfüllung als Schadensersatz „statt der Leistung" bezeichnet.[1] Ebenso wie der Schadensersatz wegen Nichterfüllung schließt deshalb künftig auch der Schadensersatz statt der Leistung grundsätzlich den Ausgleich für Folgeschäden aus dem Ausbleiben der Leistung bzw. aus der Schlechtleistung ein.[2] Schadensfolgen, die sich auch bei Nachholung der versäumten Leistung nicht mehr korrigieren lassen, sind allerdings dann, wenn eine fällige Leistung nicht erbracht wurde, grundsätzlich als Verzögerungsschäden gem. §§ 280 Abs. 2, 286 RegE einzuordnen. Sie finden nach diesen Regelungen nur dann Ersatz, wenn bei ihrem Eintritt bereits Verzug vorlag. Diese Einschränkung würde unterlaufen, wenn man für Verzögerungsschäden unabhängig vom Zeitpunkt des Verzugseintritts Schadensersatz statt der Leistung gewähren würde.

Schwierigkeiten bereitet in diesem Zusammenhang allerdings die Schlechtleistung sowie die ungehörige Nichterfüllung leistungsbezogener Nebenpflichten. Fraglich ist, ob auch die *unzureichende* Leistung eine Leistungs*verzögerung* darstellt, die § 286 RegE unterfällt. Angenommen etwa, V liefert dem K eine Maschine, die einen für V erkennbaren behebbaren Mangel aufweist. Bei Inbetriebnahme wird durch diesen Mangel Material des K zerstört. Hier wird man nicht sagen können, V schulde keinen Ersatz des verlorenen Materials, weil er sich mangels Mahnung mit der Pflicht zur Leistung einer mangelfreien Sache (§ 433 Abs. 1 S. 2 RegE) nicht in Verzug befunden habe. Wie man dieses Ergebnis vermeidet, diese Frage soll hier nicht weiter vertieft werden. Man könnte zum einen daran denken, die Schlechtleistung schon gar nicht als Leistungs*ver-*

---

1 Daß mit Schadensersatz „statt der Leistung" der bisherige Schadensersatz wegen Nichterfüllung gemeint ist, nahm auch bereits etwa *Krebs*, Beil. Nr. 14 zu DB 2000, S. 10, an; ebenso *Canaris*, JZ 2001, 499, 512.
2 So auch *Teichmann*, BB 2001, 1485, 1488.

zögerung im Sinne des § 286 RegE einzuordnen. Der Schadensersatzanspruch ergäbe sich dann unmittelbar aus § 280 Abs. 1 RegE. Dafür daß die Leistung einer mangelhaften Kaufsache nicht nach Verzugsrecht behandelt werden soll, spricht, daß in § 437 Nr. 3 RegE nicht auf § 286 RegE verwiesen wird. Zum andern könnte man zwar das Verzugsrecht für anwendbar halten, jedoch die Mahnung jedenfalls dann für entbehrlich erachten, wenn der Mangel für den Gläubiger nicht erkennbar ist. Denn der Gläubiger kann unmöglich gehalten sein, sozusagen präventiv *jeden einzelnen Aspekt* der Leistung anzumahnen. Ein Anlaß, *nur überhaupt* zur Leistung aufzufordern, besteht aber nicht, wenn eine anscheinend korrekte Leistung angeboten wird.

2. Schadensersatz statt der Leistung grundsätzlich als Unterfall des Schadensersatzes wegen Pflichtverletzung nach § 280 RegE

Im neuen allgemeinen Leistungsstörungsrecht stellt § 280 RegE die zentrale und einheitliche Anspruchsgrundlage für Schadensersatzansprüche dar. Ihr Anwendungsbereich erstreckt sich grundsätzlich auf jegliche Verletzung einer beliebigen, aus einem Schuldverhältnis resultierenden Pflicht, wobei auch nichtvertragliche Schuldverhältnisse erfaßt werden.

Bei sämtlichen nachträglichen Leistungshindernissen ergibt sich dementsprechend auch der Schadensersatz *statt der Leistung* aus § 280 RegE. Zu seinen Voraussetzungen gehören zunächst die in § 280 Abs. 1 RegE genannte Pflichtverletzung und das ebenfalls dort bestimmte Erfordernis des Vertretenmüssens. Darüber hinaus müssen aber nach § 280 Abs. 3 RegE die zusätzlichen und damit einschränkenden Voraussetzungen des § 281, des § 282 oder des § 283 RegE erfüllt sein.

An der Spitze der besonderen Vorschriften über den Schadensersatz statt der Leistung steht § 281 RegE, der die in der Praxis häufigsten Leistungsstörungen erfaßt, daß nämlich bei Fälligkeit die Leistung nicht oder nicht wie geschuldet erbracht wird, obwohl der Schuldner zur Leistung verpflichtet ist. § 282 RegE regelt dagegen die seltenen Fälle, in denen die Verletzung einer sonstigen, nicht leistungsbezogenen Pflicht die Gewährung von Schadensersatz statt der Leistung erlaubt. Erst in § 283 RegE wird, seiner geringen praktischen Bedeutung entsprechend, der Schadensersatz statt der Leistung bei nachträglichem Ausschluß der Leistungspflicht nach § 275 RegE geregelt, also im wesentlichen der Fall nachträglicher objektiver oder subjektiver Unmöglichkeit.

Lediglich für den Fall des anfänglichen Ausschlusses der Leistungspflicht nach § 275 RegE, d.h. im wesentlichen für die anfängliche Unmöglichkeit bzw. das anfängliche Unvermögen, ergibt sich der Schadensersatz statt der Leistung aus der selbständigen Anspruchsgrundlage des § 311a Abs. 2 RegE. Dort erfolgt kein Verweis auf § 280 RegE und dessen tatbestandliche Voraussetzungen.[3] Mit der Unterscheidung der drei in §§ 281-283 RegE, jeweils in Verbindung mit § 280 RegE erfaßten Fallgruppen sowie der in § 311a Abs. 2 RegE für die anfängliche objektive wie subjektive Unmöglichkeit vorgesehenen eigenständigen Anspruchsgrundlage enthält der RegE vier gesondert geregelte Leistungsstörungs-Tatbestände, die zum Schadensersatz statt der Leistung führen. Anders als die sehr abstrakte Einheitsnorm des § 282 DiskE läßt diese Untergliederung für die Voraussetzungen des Schadensersatzes statt der Leistung durchaus eine deutliche Anknüpfung an die herkömmliche Einteilung der Leistungsstörungen in Verzug, anfängliche und nachträgliche Unmöglichkeit sowie positive Forderungsverletzung erkennen. Dadurch sind die Regelungen des RegE transparenter und einfacher handhabbar als § 282 DiskE.

II. Schadensersatz statt der Leistung wegen nicht oder nicht wie geschuldet erbrachter Leistung (§ 281 RegE)

Die Mehrzahl der Fälle, in denen sich dem Gläubiger die Frage nach einem Übergang auf den Schadensersatz statt der Leistung stellt, zeichnen sich dadurch aus, daß die Leistung bei Fälligkeit nicht oder nicht wie geschuldet erbracht wird. Die Pflichtverletzung im Sinne des § 280 RegE liegt also in der Nichtleistung bzw. Schlechtleistung, wobei jedoch die korrekte Leistung nach wie vor vom Schuldner erbracht werden muß. § 281 RegE regelt diese Fälle. Dabei wird anders als in §§ 280, 286 Abs. 2, 325, 326 BGB neben der *Nicht*leistung die *unzureichende* Leistung erfaßt. Das allgemeine Leistungsstörungsrecht enthält also nunmehr auch für die Verletzung leistungsbezogener Nebenpflichten sowie für den Fall, daß die erbrachte Leistung Mängel aufweist, eine ausdrückliche Regelung. Gleichzeitig sind im Kaufrecht Zusicherung und Arglist als Voraussetzungen des Schadensersatzes wegen Nichterfüllung entfallen (§§ 433 Abs. 1 S. 2, 437 Nr. 3 RegE). Zum Anwendungsbereich des § 281 RegE ein Beispiel: Sowohl dann, wenn die versprochene Kaufsache bei Fälligkeit überhaupt nicht geliefert wird, als auch dann, wenn eine mangelhafte Sache geliefert wird, wie auch schließlich dann, wenn etwa die geschuldete Einweisung in die Kaufsache ausbleibt, ergeben sich aus § 281 RegE die (zusätzlichen) Voraussetzungen, unter denen der Käufer Schadensersatz wegen Nichterfüllung verlangen kann.

---

[3] Näher dazu sogleich unter V.

1. Zusätzliche Voraussetzungen

Als zusätzliche Voraussetzungen für den Übergang auf den Schadensersatz statt der Leistung sieht § 281 RegE ebenso wie bisher § 326 BGB grundsätzlich den erfolglosen Ablauf einer dem Schuldner zur Nacherfüllung gesetzten angemessenen Frist vor. Im Gegensatz zum geltenden Recht ist jedoch nur eine abgeschwächte Ablehnungsandrohung vorgesehen.

a) Grundsätzlich Fristsetzung

Die gegenüber dem DiskE erfolgte Rückkehr zum Erfordernis der Frist*setzung* ist zu begrüßen. Die in § 282 Abs. 1 S. 2 DiskE ursprünglich vorgesehene Fiktion, derzufolge bei fehlender Fristsetzung mit der Leistungsaufforderung eine angemessene Frist als gesetzt gelten sollte, war zu gläubigerfreundlich. Sie trug dem Interesse des Schuldners, der Möglichkeit der Naturalerfüllung erst nach deutlicher vorheriger Warnung verlustig zu gehen, nur unzureichend Rechnung.

Weil § 281 RegE auch für die Verzögerung einer *ordnungsgemäßen* Leistung gilt, ist insbesondere die Lieferung einer mangelhaften Kaufsache deutlich anders als nach bisherigem Recht zu behandeln. Die Schadensersatzhaftung des Verkäufers ist künftig grundsätzlich davon abhängig, daß der Käufer ihm eine angemessene Nacherfüllungsfrist gesetzt hat.

Nach § 281 Abs. 2 Alt. 1 RegE ist die Fristsetzung bei ernsthafter und endgültiger Leistungsverweigerung entbehrlich. Und nach der Generalklausel des § 281 Abs. 2 Alt. 2 RegE ist eine Fristsetzung auch dann überflüssig, wenn besondere Umstände vorliegen, die unter Abwägung der beiderseitigen Interessen die sofortige Geltendmachung des Schadensersatzanspruchs rechtfertigen. Beide Regelungen kann man mit gutem Grund für überflüssig halten, weil man in Fällen, in denen eine Fristsetzung sinnlos erscheint, auch nach bisherigem Recht schon zum Fristverzicht gelangte. Andererseits ist die Gefahr, daß die Rechtsprechung von der Generalklausel des § 281 Abs. 2 Alt. 2 RegE in unangemessener Weise Gebrauch macht, wohl nicht sehr groß.[4]

b) Abgeschwächte Ablehnungsandrohung

Die abgeschwächte Ablehnungsandrohung in § 281 Abs. 1 S. 2 RegE ist so gefaßt, daß eine Pflicht zum Schadensersatz statt der Leistung ausnahmsweise dann nicht gegeben ist, wenn feststeht, daß der Schuldner trotz der Fristsetzung nicht mit der Schadensersatzpflicht rechnen mußte. Damit wird ein angemessener Ausgleich zwischen den gegenläufigen Interessen von Gläubiger und

---

4 Anders *Schapp*, JZ 2001, 583, der die Handhabung der entsprechenden Regelung der KF offenbar nicht für voraussehbar hält.

Schuldner erreicht.[5] Einerseits wird dem Interesse des Schuldners an deutlicher Warnung Rechnung getragen und andererseits der Gefahr begegnet, daß der rechtsunkundige Gläubiger mangels harter Ablehnungsandrohung keinen Schadensersatz erhält, obwohl er deutlich zum Ausdruck gebracht hat, daß der Schuldner nach Fristablauf nicht mit einem Leistungsvollzug in den vorhergesehenen Bahnen rechnen könne. Daß die Formulierung der Auslegung zugänglich ist, schafft meines Erachtens keine unvertretbare Rechtsunsicherheit.[6] Denn für den Gläubiger, der eine harte Ablehnungsandrohung versäumt hat, ist das Risiko, daß dem Schuldner der Nachweis gelingt, er habe mit dem Schadensersatzverlangen nicht rechnen müssen, immer noch weniger belastend, als eine Regelung, die bei fehlender Ablehnungsandrohung stets den Schadensersatz versagt. Hält er dieses Risiko im konkreten Fall für unkalkulierbar, so mag er eine erneute Frist mit harter Ablehnungsandrohung setzen. Umgekehrt fehlen im Regelfall Umstände, die es rechtfertigen würden, daß der Schuldner trotz Versäumung der Nachfrist mit planmäßigem Leistungsvollzug rechnen darf.

c) Verhältnis zu den Verzugsvoraussetzungen

Kritik verdient es, daß § 281 RegE, der ja ebenso wie die Verzugsvorschriften der §§ 286-288 RegE Folgen der Leistungsverzögerung bestimmt, mit diesen Regelungen nicht ausreichend harmoniert.[7] So macht § 281 RegE den Verzug nicht zur Voraussetzung des Laufes der Nachfrist. Vielmehr kann bei Ausbleiben der Leistung die Berechtigung zum Übergang auf den Schadensersatz statt der Leistung eintreten, obwohl der Schuldner sich bis zum Ablauf der Nachfrist nicht in Verzug befand. Denn das Setzen der Nachfrist führt nicht notwendig zum *sofortigen* Verzugseintritt. Das liegt daran, daß die in § 281 RegE geforderte Nachfristsetzung nicht gleichgesetzt werden kann mit einer unmittelbar verzugsbegründenden Mahnung im Sinne des § 286 RegE. Zwar ist es zutreffend, daß eine Fristsetzung, die nicht gleichzeitig die Aufforderung zur Leistung enthält, kaum denkbar ist.[8] Die Fristsetzung enthält jedoch nicht notwendig eine Sofortmahnung, d.h. eine Aufforderung sofort, aber jedenfalls bis zum Fristablauf zu leisten, sondern unter Umständen nur eine befristete Mahnung. Damit droht das paradoxe Ergebnis, daß der Gläubiger Schadensersatz statt der Leistung verlangen kann, nicht aber den bloßen

---

5 *Canaris*, JZ 2001, 499, 510 spricht in Bezug auf die Parallelregelung im Rücktrittsrecht (der KF) von einem „optimalen Kompromiß zwischen den Interessen von Gläubiger und Schuldner".
6 Anders *Schapp*, JZ 2001, 583, der die entsprechenden Regelungen in § 281 Abs. 1 S. 2 KF und § 323 Abs. 1 letzter HS KF als Bestimmungen nennt, welche „die Rechte der Beteiligten in für diese nicht absehbarer Weise zerfließen lassen".
7 Vgl. bereits *Ernst/Gsell*, ZIP 2001, 1389, 1392 f.
8 In diesem Sinne auch *Teichmann*, BB 2001, 1485, 1489; *Dauner-Lieb/Arnold/Dötsch/Kitz*, Anmerkungen und Fragen zur konsolidierten Fassung des Diskussionsentwurfs eines Schuldrechtsmodernisierungsgesetzes, 2001, S. 32, sowie die vom Justizministerium der Vorschrift des § 286 KF beigefügte Fußn. 2.

stung verlangen kann, nicht aber den bloßen Verzögerungsschaden nach §§ 280 Abs. 1, Abs. 2, 286 RegE.

2. Besonderheiten des „großen" Schadensersatzes

a) Höhere Schwelle für den „großen" Schadensersatz bei Schlechtleistung

Im Gegensatz zum KE und zum DiskE erhöht der RegE bei Schlechtleistung die nach dem geltenden Recht für den Schadensersatz statt der *ganzen* Leistung, also für den sog. „großen" Schadensersatz geltende Schwelle. Für die teilweise Leistung war bisher in §§ 280 Abs. 2 S. 1, 325 Abs. 1 S. 2, 326 Abs. 1 S. 3 BGB vorgesehen, daß ein Schadensersatzanspruch wegen Nichterfüllung der ganzen Verbindlichkeit nur bestand, wenn die teilweise Erfüllung für den Gläubiger kein Interesse hatte. Dagegen hatte der Gläubiger bei Schlechtleistung nach bisherigem Kaufrecht[9] wie Werkvertragsrecht[10] grundsätzlich freie Wahl zwischen „kleinem" und „großem" Schadensersatz. Er konnte also frei entscheiden, ob er entweder die unzureichende Leistung behalten und lediglich die dann noch bestehende Differenz zum Zustand ordnungsgemäßer Erfüllung fordern wollte oder ob es ihm günstiger schien, sich unter Rückerstattung der mängelbehafteten Leistung insgesamt in Geld entschädigen zu lassen.

Nach geltendem Recht mußte der Käufer also im Rahmen des Schadensersatzes zwar eine Teilleistung behalten, an der er ein Interesse hatte, nicht aber eine mangelhafte Leistung. Nach dem neuen Recht wird dagegen der „große" Schadensersatz bei Teilleistungen und bei Schlechtleistungen an eine einheitliche Schwelle gebunden. Nach § 281 Abs. 1 S. 3 RegE soll der Gläubiger Schadensersatz statt der *ganzen* Leistung bei Teilleistung wie auch bei Schlechtleistung nur dann verlangen können, wenn sein Interesse an der geschuldeten Leistung dies erfordert. Diese Neuerung wirft vor allem zwei Fragen auf: Erstens ist zu klären, welches die Voraussetzungen sind, unter denen das Leistungsinteresse des Gläubigers Schadensersatz statt der ganzen Leistung erfordert. Und zweitens ist zu fragen, ob die mit dieser Formel für den „großen" Schadensersatz bei der Schlechtleistung gegenüber dem geltenden Recht angeordnete Erschwerung sachgerecht ist.

b) Maßgeblichkeit des Leistungsinteresses des Gläubigers

Zunächst zu der Frage, wann das Leistungsinteresse des Gläubigers „großen" Schadensersatz erfordert oder umgekehrt formuliert, wann der „kleine" Schadensersatz dem Interesse des Gläubigers an der Leistung genügt: Wenn § 281 Abs. 1 S. 3 RegE die Gewährung „großen" Schadensersatzes unter die einschränkende Voraussetzung stellt, daß das Interesse des Gläubigers an der ge-

---

9   Siehe nur *Soergel/Huber*, 12. Aufl., 1991, § 463 m. w. Nachw.
10 Siehe nur *Staud./Peters*, Neubearb. 2000, § 635 Rz. 31 m. w. Nachw.

schuldeten Leistung dies erfordert, so kann dies nicht dahin verstanden werden, daß der Gläubiger eine mangelhafte Leistung nun regelmäßig behalten müßte. Indem das *Leistungsinteresse* des Gläubigers entscheidendes Kriterium sein soll, wird zunächst deutlich, daß eine Beschränkung auf den „kleinen" Schadensersatz nicht schon dann besteht, wenn der Gläubiger mit der empfangenen unvollständigen Leistung nur überhaupt etwas anfangen könnte. Hat etwa ein Spediteur mit großem Fuhrpark einen Lkw gekauft, dem das versprochene besondere Bremssystem fehlt, so kommt es für die Berechtigung zum „großen" Schadensersatz nicht darauf an, ob der Spediteur auch Wagen ohne dieses System im Einsatz hat und ob er deshalb auch das gelieferte Fahrzeug gebrauchen könnte.

Vor allem aber macht die Maßgeblichkeit des *Leistungs*interesses deutlich, daß eine Beschränkung auf den „kleinen" Schadensersatz nicht schon dann gegeben ist, wenn der „kleine" Schadensersatz genügen würde, die *Vermögens*nachteile des Gläubigers vollständig zu kompensieren. Entscheidend ist vielmehr, ob der Gläubiger, wenn er die unzureichende Leistung behält und lediglich einen Geldausgleich für das Leistungsdefizit erhält, so gestellt wird, wie er bei vollständiger Leistung, d.h. vollständiger *Naturalerfüllung* stünde. Das ist nur dann der Fall, wenn der Gläubiger mit dem Empfangenen plus dem Geldausgleich des Leistungsdefizits einen Zustand herzustellen vermag, der dem vollständiger *Natural*erfüllung entspricht. Eine Beschränkung auf den „kleinen" Schadensersatz ist folglich lediglich dann gegeben, wenn sich die unzureichende Leistung mit dem Geldausgleich *in natura* komplettieren läßt. Kann etwa in dem vorhin genannten Beispiel der Lkw, dem das versprochene Bremssystem fehlt, nicht nachträglich umgerüstet werden, so darf der Käufer „großen" Schadensersatz verlangen. Läßt sich das Bremssystem hingegen ohne größere Schwierigkeiten einbauen, so muß der Gläubiger sich mit dem Ersatz der dafür erforderlichen Kosten begnügen.

c) Angemessenheit der Schwelle für den „großen" Schadensersatz

Nun zu der Frage, ob die bei der Schlechtleistung gegenüber dem geltenden Recht höhere Schwelle für den „großen" Schadensersatz sachlich angemessen ist. Versteht man diese Schwelle in dem eben genannten Sinne, also so, daß Komplettierbarkeit der unvollständigen Naturalerfüllung entscheidend ist, dann wird lediglich verhindert, daß der Schuldner für einen bereits erbrachten Leistungsteil auch dann Geldersatz leisten muß, wenn der Gläubiger damit sein Leistungsinteresse sehr wohl verwirklichen könnte. Der Schuldner wird davor bewahrt, daß der Gläubiger das Leistungsdefizit dazu mißbraucht, von einer ihm mittlerweile unliebsam gewordenen Leistung loszukommen. Diese Beschränkung stellt jedenfalls grundsätzlich keine unangemessene Belastung des Gläubigers dar. Aus Sicht des Schuldners ist sie sinnvoll, weil die Rücknahme der unzureichenden Leistung häufig mit Aufwand, Kosten und Einbußen verbunden ist. Der Schuldner kann dann den Wert der unvollständigen Leistung nur unter Abzügen in sein Vermögen zurückführen. Es ist für ihn deshalb regelmäßig nicht gleichgültig, ob er die erbrachte Leistung zurückerhält und er (auch) deren Wert in Geld zu ersetzen hat oder ob der Gläubiger das Empfangene behält und lediglich der übrige Schaden in Geld ausgeglichen wird.

Für die Berechtigung der höheren Schwelle des „großen" Schadensersatzes sprechen schließlich noch zwei Gesichtspunkte, die bereits erwähnt wurden: Erstens kann Schadensersatz statt der Leistung nach § 281 RegE auch bei bloßer Verletzung leistungsbezogener Nebenpflichten verlangt werden und zweitens ist die kaufrechtliche Beschränkung des Nichterfüllungsschadensersatzes auf die Fälle der Zusicherung und der Arglist entfallen (§§ 433 Abs. 1 S. 2, 437 Nr. 3 RegE). Beides läßt einen Schutz des Schuldnerinteresses an Aufrechterhaltung wenigstens der bereits abgewickelten Leistungsteile dringlicher erscheinen als nach bisherigem Recht. Versäumt es etwa der Verkäufer, den Käufer in die Reinigung der Kaufsache einzuweisen, so ist nicht einzusehen, warum der Käufer „großen" Schadensersatz wählen können sollte, wenn die notwendigen Informationen auch anderweitig erhältlich sind. Weil eine bloße Nebenpflichtverletzung vorliegt, war der Käufer dazu auch nach bisherigem Recht grundsätzlich nicht berechtigt.

d) Andere Schwelle als im Rücktrittsrecht

Daß nach § 281 Abs. 1 S. 3 RegE als Schwelle für den „großen" Schadensersatz maßgeblich ist, ob die unvollständige Leistung *plus Geldzahlung* ungeeignet ist, das Naturalerfüllungsinteresse vollständig zu befriedigen, erklärt übrigens, warum für die ähnliche Frage der Zulässigkeit des Rücktritts vom *ganzen* Vertrag in § 323 Abs. 4 RegE an ein abweichendes Kriterium angeknüpft werden mußte.[11] So hängt bei teilweiser Leistung die Berechtigung, sich vom Gesamtvertrag zu lösen, davon ab, daß der Gläubiger an der Teilleistung kein Interesse hat (§ 323 Abs. 4 S. 1 RegE), während bei Schlechtleistung der Rücktritt vom Vertrag lediglich dann ausgeschlossen ist, wenn die Pflichtverletzung unerheblich ist (§ 323 Abs. 4 S. 2 RegE). Der bloße Rücktritt gewährt dem Gläubiger keinen Anspruch auf Ausgleich der zwischen dem erbrachten Leistungsteil und der vollständigen Leistung bestehenden Differenz. Vielmehr erhält der Gläubiger beim Teilrücktritt lediglich einen Teil der von ihm selbst erbrachten Leistung zurück bzw. entfällt insoweit die Leistungspflicht (§ 346 Abs. 1 RegE). Folglich kann es für die Zulässigkeit des Rücktritts vom ganzen Vertrag auch nicht darauf ankommen, ob ein (potentieller) allein im Schadensrecht vorgesehener Ausgleich des Minderwertes der Teilleistung in Geld das Leistungsdefizit ausgleichen würde. Allenfalls hätte man also parallel zu § 281 Abs. 1 S. 3 RegE darauf abstellen können, ob sich das Leistungsinteresse mit der teilweise zurückge-

---

11   Kritisch gegenüber der unterschiedlichen Fassung beider Regelungen äußerten sich *Dauner-Lieb/Arnold/Dötsch/Kitz*, Anmerkungen und Fragen zur konsolidierten Fassung des Diskussionsentwurfs eines Schuldrechtsmodernisierungsgesetzes, 2001, S. 63; *Canaris*, JZ 2001, 499, 513.

währten bzw. nicht mehr geschuldeten Gegenleistung komplettieren ließe. Das ist aber insofern wenig überzeugend, als der Teilrücktritt ja doch immerhin auf eine *teilweise Rückabwicklung* des Vertrages geht. Es ist deshalb nicht einzusehen, warum die teilweise zurückerstattete bzw. nicht mehr zu erbringende Gegenleistung vom Gläubiger zur Verwirklichung seines Leistungsinteresses eingesetzt werden sollte.

e) Rückabwicklung nach Rücktrittsrecht

Im geltenden Recht ist nicht bestimmt, nach welchen Regelungen sich beim „großen" Schadenersatz die Rückabwicklung bereits erbrachter Leistungen vollzieht. Nunmehr verweist § 281 Abs. 4 RegE auf die entsprechenden Vorschriften aus dem Rücktrittsrecht. Damit wird nicht nur ein Zugewinn an Klarheit erreicht, sondern vor allem gewährleistet, daß sich die Rückabwicklung nach einem einheitlichen Regime richtet, unabhängig davon, ob eine empfangene Leistung im Rahmen des „großen" Schadensersatzes und/oder nach einem Rücktritt vom Vertrag zurückerstattet werden muß.

3. Das Schicksal des Naturalerfüllungsanspruchs

Eine wesentliche Änderung gegenüber dem bisher für den Übergang auf den Schadensersatz wegen Nichterfüllung geltenden Regime besteht hinsichtlich der Folgen des Nachfristablaufes. Nach § 326 BGB muß der Gläubiger sich bereits im Zeitpunkt der Nachfrist*setzung* für ein Erlöschen des Erfüllungsanspruchs bei Fristende entscheiden. Anders das neue Recht. Nach § 281 RegE ist der Gläubiger auch nach Fristablauf noch berechtigt, wahlweise an Stelle des Schadensersatzes statt der Leistung Naturalleistung zu verlangen (§ 281 Abs. 3 RegE). Der Erfüllungsanspruch und der Anspruch auf Schadensersatz statt der Leistung bestehen also nach Fristablauf zunächst parallel. Dem Gläubiger wird damit ermöglicht, sich den Weg zum Schadensersatz statt der Leistung zu ebnen, ohne seinen Erfüllungsanspruch preiszugeben. Erst wenn er Schadensersatz statt der Leistung *verlangt hat*, ist der Anspruch auf die Primärleistung ausgeschlossen.[12]

Auch wenn zuzugeben ist, daß die Abgrenzung zwischen dem Schadensersatzverlangen und der bloßen Androhung von Schadensersatz im Einzelfall Schwierigkeiten bereiten kann, verdient diese Regelung den Vorzug vor Vorschlägen, den Naturalerfüllungsanspruch erst dann auszuschließen, wenn Schadensersatz statt der Leistung gerichtlich geltend gemacht wird[13] oder gar erst dann, wenn der Schadensersatzanspruch befriedigt wird.[14] Denn bleiben Zweifel am Vorliegen eines Schadensersatzverlangens offen, so geht dies ohnehin zu Lasten des

---

12 So bereits § 282 Abs. 4 DiskE.
13 So der Vorschlag von *Canaris*, JZ 2001, 499, 515 u. *ders.*, ZRP 2001, 329, 334.
14 So § 283 Abs. 4 S. 1 KE.

Schuldners, weil die Voraussetzungen des § 281 Abs. 3 RegE dann nicht feststehen. Hat der Gläubiger aber erst einmal klipp und klar zu verstehen gegeben, er wolle statt der Leistung Geldersatz, so ist nicht einzusehen, warum der Schuldner noch weiter damit rechnen sollte, auf Naturalerfüllung in Anspruch genommen zu werden. Er wird möglicherweise anderweitig über den Leistungsgegenstand disponieren und muß vor einer neuerlichen Inanspruchnahme geschützt werden.

Bedauerlich ist jedoch, daß nach dem RegE die in der KF vorgeschlagene Möglichkeit des Schuldners entfallen ist, dem Gläubiger nach Ablauf der Nachfrist nun seinerseits eine Frist zu setzen zur Entscheidung zwischen Schadensersatz und Naturalerfüllung. Zwar sollte die Fristsetzung dann, wenn der Gläubiger keine Entscheidung treffen würde, ohnehin nur die Folge haben, daß er Schadensersatz statt der Leistung erst nach erneuter Fristsetzung verlangen durfte.[15] Dies würde den Schuldner jedoch immerhin davor bewahren, die Naturalleistung möglicherweise mit erheblichem Aufwand vorzubereiten und dann vom Schadensersatzverlangen des Gläubigers überrascht zu werden.

Die Erwägung, der Schuldner dürfe nicht bis zur Klageerhebung im Unklaren darüber bleiben, was der Gläubiger letztlich von ihm erwarte[16], ist von *Canaris* angegriffen worden.[17] Er macht geltend, daß der Schuldner sich aus dieser Unklarheit jederzeit befreien könne, indem er den Primäranspruch erfülle[18], so daß ein erst für das gerichtliche Schadensersatzverlangen vorgesehenes Erlöschen des Primäranspruchs dem Schuldner auch die Chance biete, noch länger *in natura* zu erfüllen. Meines Erachtens ist es jedoch nicht zutreffend, daß der Schuldner die nach Ablauf der Nachfrist bestehende Unklarheit jederzeit durch Naturalerfüllung beseitigen darf. Vielmehr entsteht nach § 281 Abs. 1 RegE mit dem erfolglosen Ablauf der Nachfrist das Recht des Gläubigers, Schadensersatz statt der Leistung zu verlangen. Das bedeutet aber, daß der Gläubiger nun gerade nicht mehr gezwungen ist, die Primärleistung zu akzeptieren. Für den Schuldner besteht also sehr wohl die Ungewißheit, ob der Gläubiger weiterhin bereit ist, das Angebot der Naturalerfüllung anzunehmen und ob deren unter Umständen aufwendige Vorbereitung noch sinnvoll ist. Folgte man dem Vorschlag von *Canaris*, dann könnte der Schuldner dem Gläubiger selbst dann, wenn dieser bereits klar zu verstehen gegeben hätte, daß er auf Schadensersatz bestehe, den Schadensersatzanspruch noch bis zur Klageerhebung durch Naturalerfüllung aus der Hand schlagen.

---

15   Vgl. § 281 Abs. 3 S. 2 Alt. 2 KF, der sich seinerseits – allerdings mit gewissen Modifikationen – an § 283 Abs. 4 KE anlehnt.
16   Vgl. die Begründung zu § 281 Abs. 3 RegE, BT-Drucks. 14/6040 v. 14.5.2001, S. 141.
17   Siehe ZRP 2001, 329, 334.
18   Dies wird auch in der Begründung zu § 281 Abs. 3 RegE, BT-Drucks. 14/6040 v. 14.5.2001, S. 140, behauptet.

Die Regelung des § 281 Abs. 4 RegE ist übrigens – selbstverständlich – einschränkend dahin auszulegen, daß das Erlöschen des Erfüllungsanspruchs nur dann eintritt, wenn die Schadensersatzvoraussetzungen tatsächlich vorliegen.[19]

III. Schadensersatz statt der Leistung bei nachträglichem Entfallen der Leistungspflicht (§ 283 RegE)

1. Abgrenzung zu § 281 RegE

§ 283 RegE regelt den Anspruch auf Schadensersatz statt der Leistung bei nachträglichem Ausschluß der Leistungspflicht gem. § 275 RegE. Anders als bei § 281 RegE geht es also nicht um das Ausbleiben der (korrekten) Leistung bei fortbestehender Leistungspflicht. Geregelt werden vielmehr die Voraussetzungen des Schadensersatzes in Konstellationen, in denen der Schuldner nicht mehr *in natura* zu leisten braucht, so vor allem wegen nachträglicher objektiver oder subjektiver Unmöglichkeit (§ 275 Abs. 1 RegE) oder weil er mit Rücksicht auf den unverhältnismäßigen Leistungsaufwand die Einrede des § 275 Abs. 1 RegE erhoben hat.

2. Notwendigkeit einer Sonderregelung dieser Fallgruppe

Die Sonderregelung des Schadensersatzes bei nachträglichem Ausschluß der Leistungspflicht ist aus einem Grund notwendig und darüber hinaus aus einem zweiten Grund sinnvoll. Die im RegE vorgesehene (teilweise) Rückkehr zur Unmöglichkeitslehre des BGB bringt es mit sich, daß bei Unmöglichkeit nach § 275 Abs. 1 RegE der Erfüllungsanspruch *ipso iure* entfällt. Damit fehlt bei Unmöglichkeit eine Voraussetzung des Anspruchs auf Schadensersatz statt der Leistung wegen nicht oder nicht wie geschuldet erbrachter Leistung nach § 281 RegE, nämlich die Nichterbringung einer *fälligen* Leistung. Im übrigen ist die in § 283 RegE vorgesehene Sonderregelung auch deshalb gerechtfertigt, weil sie es erlaubt, die Regelung des weit häufigeren „Normalfalles", der bloß verzögerten (korrekten) Leistung, also der trotz fortbestehender Leistungspflicht ausbleibenden Leistung, frei zu halten von den Besonderheiten der seltenen Fälle, in denen ein Leistungshindernis vorliegt, das der Schuldner nicht zu überwinden braucht.

3. Verzicht auf die Fristsetzung

Über die Voraussetzungen des § 280 Abs. 1 RegE hinaus, also Pflichtverletzung und Vertretenmüssen, sieht § 283 RegE lediglich dann ein zusätzliches Erfor-

---

19 *Krebs*, Beil. Nr. 14 zu DB 2000, S. 11, hat eine ausdrückliche Klarstellung im Gesetzestext gefordert, die meines Erachtens jedoch entbehrlich ist.

dernis vor, wenn der Gläubiger Schadensersatz statt der *ganzen* Leistung verlangt. Es gilt dann § 281 Abs. 1 S. 3 RegE. „Großer" Schadensersatz wird also auch hier nur geschuldet, wenn das Interesse des Gläubigers an der Leistung dies erfordert.

Dagegen braucht der Gläubiger beim Übergang auf den Schadensersatz statt der Leistung nach § 283 RegE dem Schuldner, anders als nach § 281 RegE, keine (Nach)erfüllungsfrist zu setzen. Während der Verzicht auf das Fristerfordernis für die Fälle dauernder Unmöglichkeit ohne weiteres einleuchtet, ist nicht ersichtlich, warum eine Fristsetzung generell entbehrlich sein soll, wenn die Leistung nur vorübergehend nicht erbracht werden kann. Denn häufig wird sich die zeitweilige Unmöglichkeit sehr wohl binnen angemessener Frist heben lassen. Hier zeigt sich, ebenso wie auch an anderen Stellen des Entwurfes[20], daß die Eigenarten der nur vorübergehenden Unmöglichkeit nicht hinreichend berücksichtigt wurden.

4. Schicksal des Naturalerfüllungsanspruchs bei vorübergehender Unmöglichkeit

Die Norm des § 283 RegE unterscheidet sich auch insofern von § 281 RegE, als sie keine Regelung über den Zeitpunkt enthält, ab dem der Naturalerfüllungsanspruch ausgeschlossen ist und der Gläubiger nurmehr Schadensersatz verlangen kann. Für die Fälle dauernder Unmöglichkeit wäre eine solche Regelung in der Tat unsinnig, da es ja bereits Voraussetzung für ein Eingreifen des § 283 RegE ist, daß der Schuldner nicht mehr *in natura* zu leisten braucht. Anderes gilt jedoch bei vorübergehender objektiver oder subjektiver Unmöglichkeit. Hier lebt der Erfüllungsanspruch nach Hebung des Leistungshindernisses wieder auf. Verlangt der Gläubiger dennoch Schadensersatz statt der Leistung, so stellt sich genauso wie bei der bloßen Leistungsverzögerung die Frage nach dem Schicksal des Erfüllungsanspruches. Sollte es nicht zu einer Streichung der Erstreckung des § 275 RegE auf die vorübergehende Unmöglichkeit kommen, so wird man § 281 Abs. 3 RegE analog anwenden müssen:[21] Sobald der Gläubiger Schadensersatz statt der Leistung verlangt hat, ist der Anspruch auf Erfüllung ausgeschlossen.

---

20 Zu weiteren Schwierigkeiten, welche die ausdrückliche Einbeziehung der zeitweiligen Unmöglichkeit in § 275 RegE mit sich bringt, vgl. *Canaris*, JZ 2001, 499, 508, 510; unklar ist vor allem die Abgrenzung zum Verzug und damit einhergehend die Frage, inwieweit Ersatz des Verzögerungsschadens in Betracht kommt.
21 So bereits *Canaris*, JZ 2001, 499, 515.

IV. Schadensersatz statt der Leistung wegen Verletzung einer sonstigen Pflicht (§ 282 RegE)

1. Anwendungsbereich

Es sind Fälle denkbar, in denen der Schuldner zwar das Leistungsinteresse des Gläubigers vollständig befriedigt, in denen er jedoch ein sonstiges Verhalten an den Tag legt, das den planmäßigen Leistungsvollzug für den Gläubiger unzumutbar macht, so etwa dann, wenn der Schuldner rassistische oder in anderer Weise massiv beleidigende Äußerungen von sich gibt. Dem trägt die Regelung des § 282 RegE Rechnung, die auch für einen solchen Fall unter bestimmten Umständen den Übergang auf den Schadensersatz statt der Leistung ermöglicht. Dabei läßt die Forderung der Verletzung einer „sonstigen Pflicht" klar erkennen, daß hier keine *leistungsbezogenen* Nebenpflichten gemeint sind. Die strengen Voraussetzungen der wesentlichen Pflichtverletzung sowie der Unzumutbarkeit der Leistung für den Gläubiger machen den Ausnahmecharakter der erfaßten Fallkonstellation deutlich.

2. Sonderregelung gerechtfertigt?

Es erscheint zweifelhaft, ob eine Sonderregelung dieses sicherlich seltenen Falles gerechtfertigt ist. Fest steht wohl, daß man über § 242 BGB auch ohne ausdrückliche Regelung zu entsprechenden Ergebnissen gelangen würde.

V. Schadensersatz statt der Leistung bei anfänglichem Ausschluß der Leistungspflicht (§ 311a RegE)

1. Annäherung an die Behandlung nachträglicher Leistungshindernisse

Der Entwurf regelt die Schadensersatzpflicht bei anfänglichen Leistungshindernissen neu. Nach § 311a Abs. 1 RegE steht es der Wirksamkeit des Vertrages nicht entgegen, daß der Schuldner wegen eines anfänglichen Leistungshindernisses gem. § 275 RegE nicht zu leisten braucht. Und in § 311a Abs. 2 RegE ist vorgesehen, daß der Gläubiger in einem solchen Fall Schadensersatz statt der Leistung, also das positive Interesse verlangen darf, es sei denn, der Schuldner kannte das Leistungshindernis nicht und hat seine Unkenntnis auch nicht zu vertreten. Damit wird zum einen die Nichtigkeitsfolge des § 306 BGB bei anfänglicher objektiver Unmöglichkeit beseitigt und die grundsätzliche Beschränkung der Haftung in diesen Fällen auf das negative Interesse (§ 307 BGB). Zum andern hat man sich aber auch gegen die Garantiehaftung bzw. eingeschränkte

Garantiehaftung bei anfänglichem Unvermögen entschieden, wie sie von vielen befürwortet wird.[22] Einheitlich soll in beiden Fällen der Vertrag Bestand haben. Die Haftung auf das positive Interesse ist jeweils vom Vertretenmüssen des Schuldners abhängig. Damit wird die Schadensersatzpflicht weitgehend parallel geregelt zu den Fällen des Ausschlusses der Leistungspflicht bei nachträglichen Leistungshindernissen (§ 283 RegE). Anders als bei den nachträglichen Leistungshindernissen wird das Vertretenmüssen allerdings auf die Kenntnis bzw. das Kennenmüssen des anfänglichen Leistungshindernisses bezogen.

2. Haftung aus dem Vertragsversprechen

Die Regelung des § 311a Abs. 2 RegE ist als Verstoß gegen zwingende Grundregeln der Schadensdogmatik massiv kritisiert worden.[23] Geltend gemacht wird, daß sich mit einer von der Kenntnis bzw. dem Kennenmüssen des Leistungshindernisses abhängigen Haftung kein Ersatz des Erfüllungsinteresses rechtfertigen lasse. Die Kritik beruht maßgeblich auf der Annahme, die in § 311a Abs. 2 RegE vorgesehene Haftung auf das positive Interesse knüpfe an die Verletzung der Pflicht, bei Vertragsschluß das anfängliche Leistungshindernis zu erkennen und gegebenenfalls zu verlautbaren. Es wird also unterstellt, der Haftungstatbestand sei nach § 311a RegE in der Unterlassung ausreichender Aufklärung bei der Vertragsanbahnung zu sehen. Diese Pflichtverletzung sei aber, so wird weiter argumentiert, gar nicht kausal für den zu ersetzenden Erfüllungsschaden. Denn wenn der Schuldner bei der Vertragsanbahnung das anfängliche Leistungshindernis erkannt hätte, dann wäre der Vertrag gar nicht zustande gekommen und hätte der Gläubiger folglich keinen Erfüllungsanspruch erworben. Es fehle deshalb an der Kausalität zwischen Pflichtverletzung und Erfüllungsschaden. Eine auf die Kenntnis des anfänglichen Leistungshindernisses bei Vertragsschluß gestützte Haftung dürfte nur auf das negative Interesse gehen.[24]

Ob bei anfänglichen Leistungshindernissen eine kenntnisabhängige Haftung auf das positive Interesse sachlich gerechtfertigt ist und insbesondere, ob sie ausreichend mit dem Anfechtungsrecht harmoniert[25], darüber mag man streiten. Die

---

22 Vgl. nur die Nachw. bei *Staud./Löwisch*, 13. Bearb., 1995, § 306 Rz. 45.
23 Vgl. *Altmeppen*, DB 2001, 1399 ff. u. *ders.*, DB 2001, 1821, 1823; ablehnend auch *Knütel*, NJW 2001, 2519, 2520.
24 Vgl. *Altmeppen*, DB 2001, 1399 ff., 1402; für das anfängliche Unvermögen hält *Altmeppen* eine solche Haftung auf das bloße Vertrauensinteresse allerdings für verfehlt; er möchte insofern an der bislang herrschenden Garantiehaftung festhalten, siehe DB 2001, 1399, 1402.
25 Meist stellen sich die Fälle anfänglicher Leistungshindernisse als Irrtumsfälle dar, vgl. dazu die Nachw. bei *Huber* in: Ernst/Zimmermann (Hg.), Zivilrechtswissenschaft und Schuldrechtsreform, 2001, 31, 68 f. Ließe man die Anfechtung nach § 119 Abs. 2 BGB zu, so hätte dies abweichend von den Rechtsfolgen des § 311a RegE eine zwar auf das negative Interesse beschränkte, jedoch kenntnisunabhängige Schadensersatzpflicht zur

(Fortsetzung auf der nächsten Seite)

These vom Verstoß einer solchen Schadensersatzpflicht gegen zwingende Schadensrechtsdogmatik kann allerdings nicht überzeugen. Indem § 311a Abs. 1 RegE ausdrücklich bestimmt, daß der Vertrag trotz anfänglicher Leistungshindernisse wirksam ist, wird die in Abs. 2 statuierte Schadenersatzhaftung auf das positive Interesse nicht an die Verletzung vorvertraglicher Pflichten angeknüpft, sondern an den wirksam zustande gekommen Vertrag.[26] Grundlage der Haftung ist das Vertragsversprechen zur Leistung. Der Schuldner haftet nicht etwa auf das positive Interesse, weil er es unterlassen hat, sich über seine Erfüllungsfähigkeit zu vergewissern, sondern weil er Erfüllung versprochen hat. Dementsprechend stellt § 311a Abs. 2 RegE eine eigenständige Anspruchsgrundlage dar und wird nicht auf § 280 RegE mit der Pflichtverletzung als Haftungsgrund verwiesen. Daß die Haftung ausscheidet, wenn der Schuldner das Hindernis nicht erkennen konnte, stellt lediglich eine Einschränkung dieser Haftung aus dem Vertrag dar, ändert aber nichts daran, daß aus dem wirksamen Vertrag gehaftet wird. Man könnte auch so formulieren: Die aus dem wirksamen Vertragsschluß resultierende Einstandspflicht für das Vertragsversprechen wird dahin begrenzt, daß bei nicht zu vertretender Unkenntnis des

---

Konsequenz (§ 122 BGB). *Huber* regt in: Ernst/Zimmermann (Hg.), Zivilrechtswissenschaft und Schuldrechtsreform, 2001, 31, 159 f. auf der Grundlage der herrschenden Ansicht einer Garantiehaftung für das anfängliche Unvermögen die Prüfung der Frage an, ob der Tatbestand der Irrtumsanfechtung (§ 119 Abs. 2 BGB) nach dem Vorbild der Unidroit Principles und der European Principles ergänzt werden sollte um das Recht des Schuldners, der sein Unvermögen nicht kennt, den Vertrag unter bestimmten Voraussetzungen anzufechten. Die Begründung zu § 311a Abs. 1 RegE, vgl. BT-Drucks. 14/6040 v. 14.5.2001, S. 165, hält es für denkbar, daß bei anfänglichen Leistungshindernissen der Tatbestand einer Anfechtung nach § 119 Abs. 2 BGB erfüllt sein kann. Sie geht jedoch unter Berufung auf BGH NJW 1988, 2598 davon aus, daß eine Anfechtung unzulässig sei, wenn sie nur das Ziel haben könne, sich etwaigen Schadensersatz- oder Gewährleistungsansprüchen zu entziehen; ebenso *Canaris*, JZ 2001, 499, 506, der in Schulze/Schulte-Nölke (Hg.), Die Schuldrechtsreform vor dem Hintergrund des Gemeinschaftsrechts, 2001, S. 43, 61 ff., vorgeschlagen hatte, im Gesetz ausdrücklich klarzustellen, daß die Unkenntnis eines anfänglichen Leistungshindernisses den Schuldner nicht zur Anfechtung nach § 119 Abs. 2 BGB berechtigt. Andererseits beklagt *Canaris*, JZ 2001, 499, 507 f., daß ein Wertungswiderspruch zwischen § 311a RegE und § 122 BGB bestehe, weil derjenige, der seine anfängliche Leistungsunfähigkeit nicht zu vertreten hat, nach § 311a RegE keinerlei Schadensersatz schuldet. Er hält eine analoge Anwendung des § 122 BGB für unumgänglich. Wenn man jedoch eine Abweichung gegenüber dem Anfechtungsrecht insofern für erträglich hält, als man dem Schuldner in § 311a Abs. 2 RegE bei Erkennbarkeit der Unmöglichkeit eine Pflicht zum Ersatz des positiven Interesses auferlegt, obwohl er nach Anfechtung nur das negative Interesse zu ersetzen hätte, so erscheint es umgekehrt nicht zwingend, bei mangelnder Erkennbarkeit des Irrtums Übereinstimmung mit dem Anfechtungsrecht herzustellen und den Schuldner jedenfalls mit einer Schadensersatzpflicht zu belasten. Wertungswidersprüche zwischen § 311a RegE und § 122 BGB kritisiert auch *Knütel*, NJW 2001, 2519, 2520.

26 So zutreffend gegen *Altmeppen* bereits *Canaris*, DB 2001, 1815, 1818.

Leistungshindernisses ausnahmsweise keine Schadensersatzhaftung besteht.[27] Maßgeblich für die Kausalitätsfeststellung bei der Schadensberechnung ist danach, wie der Gläubiger bei Erfüllung des Vertragsversprechens stehen würde und nicht, wie er stünde, wenn sich der Schuldner über das Leistungshindernis informiert und infolge dessen die Leistung gar nicht versprochen hätte. Widersprüche gegenüber der allgemeinen Schadensdogmatik ergeben sich nicht. Allerdings ist der Kritik an der kenntnisabhängigen Haftung auf das positive Interesse zuzugeben, daß die Begründung zum RegE nicht mit der wünschenswerten Eindeutigkeit auf das wirksame Vertragsversprechen als Haftungsgrund verweist.[28]

Der These, daß § 311a RegE die Haftung an das Vertragsversprechen knüpft und nicht an die Verletzung vorvertraglicher Aufklärungspflichten steht auch nicht entgegen, daß nach § 275 RegE eine Pflicht zur Leistung des vertraglich Versprochenen gerade fehlt. Denn § 275 RegE beseitigt allein den Naturalerfüllungsanspruch, nicht aber das Vertragsversprechen überhaupt. Der Gesetzgeber

---

27 *Wilhelm/Deeg*, JZ 2001, 223, 230 machen für die anfängliche Unmöglichkeit und das anfängliche Unvermögen geltend, der Schuldner könne die Nichtleistung nicht wegen Umständen zu vertreten haben, die aus der Zeit vor Entstehung der Leistungspflicht stammten. Ähnlich nimmt *Knütel*, NJW 2001, 2519, 2520 an, es sei logisch nur dann möglich, aufgrund des nicht erfüllten Leistungsversprechens das positive Interesse zu gewähren, wenn auch das Verschulden die Nichterfüllung der Leistungspflicht betreffe. Erkennt man jedoch erst einmal an, daß die Haftung bei anfänglichen Leistungshindernissen im Vertragsversprechen ihren Grund hat, so ist nicht ersichtlich, was den Gesetzgeber dazu zwingen sollte, deren Begrenzung unabhängig von Umständen auszugestalten, die in den Zeitraum der Vertragsanbahnung zurückreichen.

28 Mißverständlich wird etwa in der Vorbemerkung der Begründung zu § 311a RegE, vgl. BT-Drucks. 14/6040 v. 14.5.2001, S. 164, im Zusammenhang mit der Haftung auf das positive Interesse ausgeführt, der Schuldner habe „eigentlich eine vorvertragliche Pflicht zur Prüfung seines Leistungsvermögens verletzt". Zwar wird dann in der Begründung zu § 311a Abs. 1 RegE, vgl. BT-Drucks. 14/6040 v. 14.5.2001, S. 164 f., zutreffend festgestellt, daß der wirksame Vertragsschluß „Grundlage für [...] die Ersatzansprüche nach § 311a Abs. 2 RegE [bildet]" und in der Begründung zu § 311a Abs. 2 RegE, vgl. BT-Drucks. 14/6040 v. 14.5.2001, S. 165, wird ähnlich deutlich formuliert: „Dogmatisch gesehen folgt der Anspruch auf das positive Interesse aus der Nichterfüllung des – nach § 311a Abs. 1 RegE wirksamen – Leistungsversprechens". Nur zwei Sätze weiter oben wird aber in Widerspruch dazu die ausdrückliche Regelung des Schadensersatzanspruchs damit gerechtfertigt, daß „sich aus der Verletzung einer vorvertraglichen Informationspflicht nach den allgemeinen Regeln des Schadensersatzrechts nun einmal grundsätzlich nur ein Anspruch auf das negative Interesse ergibt, wohingegen der Entwurf einen Anspruch auf das positive Interesse als die angemessene Rechtsfolge ansieht." Auch diese Formulierung läßt den Eindruck entstehen, es bilde die mangelnde Vergewisserung über das Leistungshindernis den Grund der Haftung auf das positive Interesse, während doch nach § 311a RegE das Einstehenmüssen für das Erfüllungsinteresse aus dem Vertrag folgt und das Nicht-Kennenmüssen des anfänglichen Hindernisses diese Haftung aus dem Vertragsversprechen lediglich begrenzt.

ist aber durchaus frei, den Vertrag als Grundlage für Sekundäransprüche heranzuziehen.[29]

VI. Das Verhältnis von Schadensersatz statt der Leistung und Rücktritt beim gegenseitigen Vertrag

1. Kein völliger Gleichlauf der Tatbestände des § 281 RegE und des § 323 RegE

Eine ganz wesentliche Abweichung des neuen Schuldrechts von den bisherigen §§ 325, 326 BGB besteht darin, daß es keinen einheitlichen Tatbestand mehr gibt, der gleichzeitig die Voraussetzungen für den Übergang auf den Schadensersatz statt der Leistung benennt wie auch für den Rücktritt vom Vertrag. Vergleicht man die Voraussetzungen des Schadensersatzes statt der Leistung bei Nichterfüllung bzw. Schlechterfüllung einer fälligen Leistung nach § 281 RegE mit den in § 323 RegE geregelten Voraussetzungen des Rücktritts vom Vertrag in diesen Fällen, so stellt man allerdings eine weitgehend parallele Ausgestaltung fest. Zwar betrifft § 323 RegE nur den Rücktritt vom gegenseitigen Vertrag. Anders als nach dem geltenden Recht und parallel zum Tatbestand des § 281 RegE knüpft die Rücktrittsmöglichkeit jedoch nicht allein an die Nichterfüllung einer im Gegenseitigkeitsverhältnis stehenden Leistungspflicht an. Wie nach § 281 RegE genügt vielmehr auch nach § 323 RegE die Verletzung einer sonstigen Leistungspflicht und wird neben der Nichtleistung die Schlechtleistung sowie die Verletzung leistungsbezogener Nebenpflichten erfaßt. Ebenfalls parallel zum Übergang auf den Schadensersatz statt der Leistung ist auch der Rücktritt vom Vertrag grundsätzlich nur dann möglich, wenn dem Schuldner eine angemessene Nachfrist gesetzt wurde, die erfolglos verstrichen ist (§ 323 Abs. 1 RegE).[30]

Die parallele Ausgestaltung der Tatbestände bringt es mit sich, daß der Vertragsteil, der bei Fälligkeit vergeblich auf Leistung oder ordnungsgemäße Leistung wartet, nach fruchtlosem Ablauf der angemessenen Nachfrist regelmäßig sowohl berechtigt ist nach § 281 RegE Schadensersatz statt der Leistung zu verlangen als auch nach § 323 RegE vom Vertrag zurückzutreten.

---

29 So zutreffend die Begründung zu § 311a Abs. 1 RegE, vgl. BT-Drucks. 14/6040 v. 14.5.2001, S. 164 f.
30 Ebenfalls parallel zu den Voraussetzungen des Übergangs auf den Schadensersatz statt der Leistung ist der Rücktritt wegen Verletzung einer sonstigen Pflicht (§ 324 RegE) sowie der Rücktritt wegen Schlechtleistung bei Ausschluß der Nacherfüllungspflicht nach § 275 RegE (§ 326 Abs. 1 S. 2 RegE) nicht an eine Nachfrist gebunden.

Allerdings sind die Voraussetzungen beider Normen nicht völlig gleichgelagert. Vielmehr sind Fälle denkbar, in denen der Gläubiger zum Rücktritt berechtigt ist, ohne daß er Schadensersatz statt der Leistung verlangen darf. Und umgekehrt ist auch nicht auszuschließen, daß ein Anspruch auf Schadensersatz gegeben ist, ohne daß die Voraussetzungen des Rücktritts vorliegen.

Der wohl bedeutsamste Unterschied in den Tatbestandsvoraussetzungen liegt darin, daß der Rücktritt künftig, anders als nach dem BGB, unabhängig vom Vertretenmüssen erfolgen kann. Damit wird endlich anerkannt, daß auch bei nicht zu vertretenden Störungen in gewissen Fällen ein Bedürfnis besteht, vom geplanten Vertragsprogramm abzugehen.

Eine weitere Abweichung zu den Voraussetzungen des Schadensersatzes statt der Leistung nach § 281 RegE besteht darin, daß beim (relativen) Fixgeschäft wie auch bisher gem. § 361 BGB das Rücktrittsrecht ohne weiteres durch die Versäumung rechtzeitiger Leistung ausgelöst wird, ohne daß es noch einer Nachfristsetzung bedürfte (§ 323 Abs. 1 Nr. 2 RegE).

Nicht völlig parallel ausgestaltet sind schließlich die Voraussetzungen für den *"großen"* Schadensersatz statt der Leistung einerseits und für den Rücktritt vom *ganzen* Vertrag andererseits. Anders als in § 281 RegE für den Schadensersatz statt der *ganzen* Leistung wird für den Rücktritt vom *ganzen* Vertrag nicht darauf abgestellt, ob das Interesse des Gläubigers an der Leistung dies erfordert. Vielmehr hängt bei teilweiser Leistung die Berechtigung, sich vom Gesamtvertrag zu lösen, davon ab, daß der Gläubiger an der Teilleistung kein Interesse hat (§ 323 Abs. 4 S. 1 RegE). Bei Schlechtleistung ist der (einheitliche) Rücktritt vom Vertrag dagegen lediglich dann ausgeschlossen, wenn die Pflichtverletzung unerheblich ist (§ 323 Abs. 4 S. 2 RegE).[31] Bedenkt man, daß unter § 323 RegE die unzureichende Erfüllung beliebiger (leistungsbezogener) Vertragspflichten fällt, so kann man sich fragen, ob diese sehr niedrige Schwelle für den Rücktritt bei Schlechterfüllung nicht in manchen Fällen eine zu weitgehende Preisgabe des Vertragsvollzugs erlaubt.

Aufgrund der unterschiedlichen Schwelle für den „großen" Schadensersatz einerseits und für den Rücktritt bei Schlechtleistung andererseits ist etwa beim Kauf einer mangelhaften Sache ohne weiteres denkbar, daß der Käufer zwar berechtigt ist, sich vom Vertrag zu lösen, weil der Mangel nicht unerheblich ist, daß ihm jedoch nach § 281 Abs. Abs. 1 S. 2 RegE lediglich ein Anspruch auf „kleinen" Schadensersatz zusteht, weil die Kaufsache ohne größere Schwierigkeiten instandgesetzt werden kann, weil also „kleiner" Schadensersatz zur Befriedigung seines Leistungsinteresses genügt. Umgekehrt ist aber auch nicht auszuschließen, daß zwar die Erheblichkeitsschwelle für den Rücktritt verfehlt

---

31 Vgl. zu den Gründen für diese unterschiedliche Schwelle bereits oben II.2.d).

wird, immerhin jedoch ein geringer Mangelunwert gegeben ist, der im Wege des „kleinen" Schadensersatzes ausgeglichen werden muß.[32]

2. Grundsätzlich kein Ausschluß des Schadensersatzes statt der Leistung durch den Rücktritt

Daß der Schadensersatz statt der Leistung einerseits und der Rücktritt vom Vertrag andererseits jeweils in eigenständigen, wenn auch weitgehend parallelen Tatbeständen geregelt sind, wirft die Frage auf, in welchem Verhältnis die beiden Rechtsbehelfe zueinander stehen. Bisher gilt (§§ 325, 326 BGB): Der Gläubiger muß sich entscheiden: Entweder er verlangt Schadensersatz wegen Nichterfüllung oder er tritt vom Vertrag zurück. Anders das neue Recht: § 325 RegE sagt ausdrücklich, daß das Recht, bei einem gegenseitigen Vertrag Schadensersatz zu verlangen, durch den Rücktritt nicht ausgeschlossen wird. Jedenfalls grundsätzlich stehen damit Rücktritt und Schadensersatz statt der Leistung nicht mehr in einem Verhältnis der Alternativität. Der Gläubiger kann vielmehr Rücktritt und Schadensersatz statt der Leistung kumulieren.

Fraglich ist allerdings, wie weit die in § 325 RegE gegenüber dem geltenden Recht vorgenommene Änderung reicht. Meines Erachtens ist ihre Bedeutung begrenzt. § 325 RegE ist lediglich dahin zu verstehen, daß in der Rückabwicklung des Vertrages einerseits und im Ausgleich der durch die unzureichende Erfüllung entstandenen Nachteile im Wege des Schadensersatzes andererseits keine sich prinzipiell widersprechenden oder gar gegenseitig ausschließenden Ziele zu sehen sind. Aus § 325 RegE folgt also, daß das Schadensersatzverlangen eines Gläubigers, der zurückgetreten ist, nicht schon mit der Erwägung zu Fall gebracht werden kann, er verhalte sich widersprüchlich, wenn er zugleich die Rückabwicklung des Vertrages verfolge und Ersatz des positiven Interesses begehre. Der Gläubiger darf damit, anders als nach bisheriger Rechtsprechung[33], seine eigene Leistung zurückverlangen und dennoch Ausgleich des Nichterfüllungsschadens fordern.

Dagegen bietet § 325 RegE für zwei Schlußfolgerungen, die man vielleicht geneigt sein könnte, aus der Norm zu ziehen, keine Rechtfertigung: Erstens bedeutet die grundsätzliche Vereinbarkeit von Rücktritt und Schadensersatz statt der Leistung nicht, daß mit Rücksicht auf den erklärten Rücktritt eine bestimmte Form des positiven Interesses auch dann zu gewähren wäre, wenn ihre Voraussetzungen nicht vorliegen. Steht also beispielsweise dem Käufer nach § 281 Abs. 1 S. 3 RegE kein Anspruch auf „großen" Schadensersatz zu, weil „kleiner" Schadensersatz zur Befriedigung seines Leistungsinteresses

---

32 Dagegen wird man bei einem unerheblichen Mangel das Leistungsinteresse des Gläubigers wohl auch bei fehlender (völliger) Komplettierbarkeit der Naturalerfüllung so weitgehend für verwirklicht halten müssen, daß für „großen" Schadensersatz kaum einmal Raum sein wird.

33 Siehe nur die Nachw. bei *Soergel/Wiedemann*, 12. Aufl., 1990, § 325 Rz. 35.

Schadensersatz zur Befriedigung seines Leistungsinteresses genügt, so ist er auch nach Rücktritt nicht berechtigt, „großen" Schadensersatz zu verlangen.

Zweitens darf die Vorschrift des § 325 RegE aber auch nicht dahin gedeutet werden, daß sie es dem Gläubiger erlauben würde, eine bestimmte Form des Schadensersatzes zu verlangen, deren Berechnung *in Widerspruch* steht zu den Rechtsfolgen des Rücktritts. Denn selbstverständlich können unvereinbare Rechtsfolgen nicht durch gesetzliche Anordnung in Einklang gebracht werden.

Interpretiert man § 325 RegE auf diese Weise, so gewinnt damit eine Frage zentrale Bedeutung: Geklärt werden muß, inwieweit die einzelnen Berechnungsformen des positiven Interesses mit dem auf Rückabwicklung des Vertrages gerichteten Rücktritt vereinbar sind. Die Schwierigkeiten, die mit dieser Frage zusammenhängen, können hier nicht erschöpfend behandelt werden. Zu ihrer Verdeutlichung soll die Problematik sowohl für den Fall der Nichtleistung als auch für den Fall der Schlechtleistung im Folgenden kurz angerissen werden.

3. Grenzen der Vereinbarkeit von Rücktritt und Schadensersatz statt der Leistung bei Nichtleistung

Zunächst zum Fall der Nichtleistung: Angenommen, jemand hat sein altes Auto gegen ein neues Fahrrad eingetauscht und wartet nun nach Übergabe und Übereignung des Wagens vergeblich auf Leistung des Rades. Tritt der Gläubiger hier nach erfolgloser Nachfristsetzung gem. § 323 RegE vom Vertrag zurück und verlangt er gleichzeitig nach § 281 RegE Schadensersatz statt der Leistung, so ist fraglich, wie dieser Schadensersatz zu berechnen ist. Zu denken ist einmal an die Surrogationsmethode, nach welcher die Gegenleistungspflicht des Gläubigers unberührt bleibt und lediglich die ihm geschuldete Leistung durch einen Geldanspruch ersetzt wird.[34] Danach würde der Wagen beim Schuldner verbleiben und der Gläubiger statt des Fahrrades Geldersatz erhalten. Dies steht jedoch in Widerspruch dazu, daß nach dem Rücktritt die empfangenen Leistungen zurückzugewähren sind bzw. die bestehenden Leistungspflichten erlöschen (§ 346 RegE). Der Gläubiger, der zurückgetreten ist, kann deshalb auch im Wege des Schadensersatzes statt der Leistung nicht mehr verlangen, daß er seine Leistung noch erbringen darf bzw. daß seine erbrachte Leistung beim Schuldner verbleibt. Der Schadensersatz statt der Leistung kann vielmehr nach dem Rücktritt allein nach der Differenzmethode[35] berechnet werden. Der Gläubiger erhält also in dem Beispielsfall den Wagen zurück und bekommt lediglich die Differenz zwischen dessen Wert und dem Wert des Fahrrades sowie eventuelle Folgeschäden in Geld ersetzt. Will er hingegen den gesamten Wert des Fahrrades in Geld ausgeglichen haben, so darf er nicht vom Vertrag zurücktreten.

---

34 Vgl. zur Surrogations- und zur Differenzmethode etwa *Soergel/Wiedemann*, 12. Aufl., 1990, § 325 Rz. 30 ff.
35 Vgl. zur Differenzmethode den Nachw. in der vorhergehenden Fußn.

4. Grenzen der Vereinbarkeit von Rücktritt und Schadensersatz statt der Leistung bei Schlechtleistung

Nun zur Problematik, inwieweit bei Leistung einer mangelhaften Sache der Rücktritt mit dem „kleinen" Schadensersatz vereinbar ist. Angenommen etwa, der Verkäufer sollte eine Maschine liefern, die aufgrund eines Mangels weniger wert ist als versprochen. Tritt der Käufer, nachdem der Verkäufer die fristgemäße Behebung des Mangels versäumt hat, vom Kaufvertrag zurück (§§ 433 Abs. 1 S. 2, 437 Nr. 2, 439, 323 RegE), so kann sich wiederum die Frage stellen, wie der Schadensersatz statt der Leistung zu berechnen ist.

a) Liegen die Voraussetzungen des „großen" Schadensersatzes vor und möchte der Käufer die mangelhafte Sache zurückgeben, so ergeben sich keine größeren Schwierigkeiten. Der Käufer erhält dann seinen Kaufpreis zurück zuzüglich eines Geldbetrages, der die zwischen dem Kaufpreis und dem Sollwert der Kaufsache möglicherweise noch bestehende Differenz ausgleicht. War also beispielsweise für die Maschine ein Kaufpreis von 80 vereinbart worden, während ihr in mangelfreiem Zustand ein Wert von 100 zugekommen wäre, so wird dem Käufer gegen Rückgabe der Kaufsache der Kaufpreis in Höhe von 80 erstattet und er darf zusätzlich die Differenz von 20 zum vertraglich geschuldeten Sollwert der Sache von 100 ersetzt verlangen. Außerdem werden eventuelle Folgeschäden aus der mangelhaften Leistung in Geld ausgeglichen.

b) Schwieriger ist die Frage zu beantworten, was gilt, wenn der Käufer „kleinen" Schadensersatz geltend machen möchte. Dies kommt vor allem in dem bereits mehrmals erwähnten Fall in Betracht, daß dem Käufer ein Anspruch auf „großen" Schadensersatz gar nicht zusteht, weil die Schwelle des § 281 Abs. 1 S. 3 RegE nicht erreicht wird, weil sich also das Leistungsinteresse des Gläubigers mit der mangelhaften Sache plus Geldausgleich vollständig verwirklichen läßt. Diese Voraussetzung wäre in dem eben genannten Beispiel des Kaufs einer Maschine dann gegeben, wenn der Käufer durch Ersatz der Reparaturkosten in die Lage versetzt würde, den Mangel der Maschine beseitigen zu lassen.

Auch für die Frage der Kumulation von „kleinem" Schadensersatz und Rücktritt gilt, daß die in § 325 RegE angeordnete grundsätzliche Vereinbarkeit von Rücktritt und Schadensersatz statt der Leistung nicht bedeutet, daß der Gläubiger Rechtsfolgen geltend machen dürfte, die einander widersprechen. Auch hier muß also dem Käufer die Geltendmachung „kleinen" Schadensersatzes versagt bleiben, soweit dessen Folgen mit den Rücktrittsfolgen in Widerspruch stehen. Dies gilt selbst dann, wenn der Käufer alternativ zum Anspruch auf „kleinen" Schadensersatz nicht berechtigt ist, „großen" Schadensersatz, also Schadensersatz wegen der gesamten Leistung zu verlangen. Denn wie bereits ausgeführt, kann die prinzipielle Beseitigung der Alternativität von Rücktritt und Schadensersatz nicht dahin verstanden werden, daß der Gesetzgeber die Vereinbarkeit unvereinbarer Rechtsfolgen angeordnet hat.

Man könnte nun allerdings annehmen wollen, daß sich Rücktritt und „kleiner" Schadensersatz gänzlich unvereinbar gegenüberstehen. Denn während der Käufer beim Rücktritt die mangelhafte Sache zurückgeben muß, zeichnet sich der „kleine" Schadensersatz gerade dadurch aus, daß er die empfangene unzureichende Leistung behält. Oder anders gesagt: Daß der Käufer nur „kleinen" Schadensersatz geltend macht, vermag nichts daran zu ändern, daß der Rücktritt zur Rückabwicklung der erbrachten Leistungen verpflichtet, daß also der Verkäufer die mangelhafte Kaufsache gegen Erstattung des Kaufpreises zurückverlangen kann.

Dennoch erscheint eine generelle Unvereinbarkeit von Rücktritt und „kleinem" Schadensersatz zweifelhaft. Diese Zweifel ergeben sich aus dem bereits oben[36] angesprochenen Zweck der Erschwerung des „großen" Schadensersatzes. Soweit der Gläubiger nach § 281 Abs. 1 S. 3 RegE auf den „kleinen" Schadensersatz beschränkt bleibt, dient dies dem Interesse des Schuldners, neben der Abweichung der mangelhaften Leistung vom geschuldeten Soll sowie etwaigen Folgeschäden nicht auch noch den Wert der bereits erbrachten mangelhaften Leistung in Geld ausgleichen zu müssen. Ein solcher Geldausgleich ist für den Schuldner oft belastend, weil er die mangelhafte Leistung nur unter erheblichen Kosten und Einbußen zurücknehmen kann und deren Wert deshalb nur unvollständig in sein Vermögen zurückfließt. Sieht man aber den Sinn der Beschränkung des „großen" Schadensersatzes in § 281 RegE lediglich darin, den Schuldner davor zu schützen, auch den Wert der mangelhaften Leistung in Geld auszugleichen, liegt es nahe, den „kleinen" Schadensersatz mit dem Rücktritt wenigstens insoweit für vereinbar zu halten, als der Verkäufer davor geschützt bleibt, *Schadensersatz* für die mangelhafte Leistung zahlen zu müssen. Nur soweit die Kumulation von „kleinem" Schadensersatz und Rücktritt dazu führen würde, daß der Schuldner auch für den Wert der mangelhaften Leistung Schadensersatz leisten müßte, hätte also eine parallele Geltendmachung beider Rechtsbehelfe auszuscheiden.

Was dies bedeutet, sei anhand des bereits genannten – für die folgenden Ausführungen noch etwas zu präzisierenden – Beispiels illustriert: Angenommen, die Maschine wurde zum Kaufpreis von 80 verkauft, wäre bei Mängelfreiheit 100 wert, hat aber tatsächlich mangelbedingt einen Wert von nur 95. Ist der Käufer hier vom Vertrag zurückgetreten, so löst dies auch dann, wenn ihm nur ein Anspruch auf „kleinen" Schadensersatz zusteht, die Rücktrittsfolgen aus. Die Leistungen werden also ungeachtet der schadensrechtlichen Beschränkung des Käufers auf den „kleinen" Schadensersatz rückabgewickelt. Der Käufer muß folglich gegen Erstattung des Kaufpreises von 80 die mangelhafte Sache im Wert von 95 zurückgeben.

---

36 Siehe II.2.c).

Die Beschränkung auf den „kleinen" Schadensersatz schützt nun den Verkäufer sicherlich davor, die Differenz von 15 in Geld auszugleichen, die zwischen dem Kaufpreis von 80 und dem Wert der mangelhaften Sache von 95 besteht. Der Käufer kann also nach Rücktritt nicht verlangen, daß der Verkäufer ihm zusätzlich zur Rückerstattung seines Kaufpreises auch dessen Negativabweichung vom Wert der mangelhaften Sache ausgleicht. Denn nochmals: Der Verkäufer soll allein beim „großen" Schadensersatz gezwungen sein, den Wert der mangelhaften Sache in Geld auszugleichen. Meine Erachtens spricht der erklärte Rücktritt jedoch nicht dagegen, daß der Verkäufer die zwischen dem Wert der mangelhaften Sache von 95 und dem vertraglichen Sollwert von 100 bestehende Differenz von 5 in Geld ersetzt. Denn auch wenn der Verkäufer über die Rückerstattung des Kaufpreises hinaus diese Differenz ausgleichen muß, so bleibt es doch dabei, daß er keinen Geldersatz für den Wert der mangelhaften Sache leistet. Der Käufer würde also nach Rücktritt zusätzlich zur Rückerstattung seines Kaufpreises von 80 als „kleinen" Schadensersatz einen Betrag von 5 erhalten. Mit dieser Zahlung von 5 würde lediglich der Minderwert der mangelhaften Sache, also deren Zurückbleiben hinter dem geschuldeten Vertragssoll ausgeglichen, nicht aber der Wert der mangelhaften Sache.

Nur zur Vermeidung von Mißverständnissen sei noch angemerkt, daß der Käufer auch bei Annahme einer begrenzten Vereinbarkeit von „kleinem" Schadensersatz und Rücktritt dann keinen Schadensersatz erhält, wenn der erlittene Schaden durch die Rücktrittsfolgen bereits vollständig ausgeglichen wurde. Hätte etwa in dem genannten Beispiel der Kaufpreis nicht 80, sondern 100 betragen, so dürfte der Käufer nach dem Rücktritt die Differenz von 5 zwischen dem Wert der mangelhaften Sache von 95 und ihrem Sollwert von 100 nicht mehr ersetzt verlangen. Denn durch die Rückerstattung des Kaufpreises wäre diese Einbuße bereits vollständig kompensiert.

5. Bindung an die Rücktrittserklärung?

Die vorstehenden Ausführungen haben gezeigt, daß der Gläubiger nach erklärtem Rücktritt bei Fehlen der Voraussetzungen des „großen" Schadensersatzes gehindert ist, Rechtsfolgen eines ihm zustehenden Anspruchs auf „kleinen" Schadensersatz geltend zu machen, die mit den Rücktrittsfolgen unvereinbar sind. Trotz grundsätzlicher Vereinbarkeit von Rücktritt und Schadensersatz statt der Leistung sind folglich auch nach dem neuen Schuldrecht noch Fälle denkbar, in denen der Gläubiger ein Interesse hat, von einer voreiligen Rücktrittserklärung loszukommen, weil der Rücktritt seinem Verlangen nach Schadensersatz im Wege steht. Inwieweit dies möglich ist, dazu sagt § 325 RegE meines Erachtens nichts.[37] Diese Frage bleibt damit – wie auch nach geltendem Recht – Rechtswissenschaft und Rechtsprechung überlassen. Nach bisheriger Recht-

---

37 A.A. *Canaris*, JZ 2001, 499, 514, der annimmt, die Möglichkeit zum Wechsel vom Rücktritt auf den Schadensersatz ergebe sich aus § 325 RegE.

sprechung ist ein Wechsel vom Schadensersatzverlangen zum Rücktritt grundsätzlich möglich, während umgekehrt der rechtsgestaltende Charakter der Rücktrittserklärung einem Übergang auf den Schadensersatz im Wege stehen soll.[38]

6. Keine Koppelung des Schadensersatzes wegen Nichtausführung des Vertrages an den vorherigen Rücktritt

Die ursprünglich in §§ 280 Abs. 2 S. 3, 325 Abs. 1 S. 1 DiskE ebenso wie bereits im KE (§ 327 Abs. 1 S. 1 KE) vorgesehene Koppelung des Schadensersatzes wegen Nichtausführung des Vertrages an den vorherigen Rücktritt hält der RegE nicht aufrecht. Diese Koppelung sollte die Folgen der Stornierung des Vertrages unter ein einheitliches Regime stellen. Auch dann, wenn „großer" Schadensersatz verlangt würde, sollte Rücktrittsrecht eingreifen, weil auch der „große" Schadensersatz im Ergebnis zu einer Rückabwicklung des Vertrages führt. Indem jedoch in § 281 Abs. 4 RegE bestimmt ist, daß sich auch beim „großen" Schadensersatz die Rückerstattung empfangener Leistung nach Rücktrittsrecht richtet, ist ein einheitliches Rückabwicklungsregime ohnehin gewährleistet, unabhängig davon, ob es zu einer Rücktrittserklärung kommt.

Eine Kopplung des „großen" Schadensersatzes an den vorhergehenden Rücktritt[39] wäre insofern problematisch, als – wie dargelegt – nach dem RegE die Schwelle für den Rücktritt vom ganzen Vertrag erreicht sein kann, ohne daß gleichzeitig die Voraussetzungen für den „großen" Schadensersatz vorliegen. Würde man dessen ungeachtet den Rücktritt vom Vertrag als Voraussetzung des „großen" Schadensersatzes verlangen, so liefe der Gläubiger in Fällen, in denen zweifelhaft ist, ob dessen Voraussetzungen tatsächlich vorliegen, unter Umständen Gefahr, seinen Anspruch auf „kleinen" Schadensersatz ganz oder teilweise zu verlieren. Denn sein Verlangen nach „großem" Schadensersatz wäre ohne den vorherigen Rücktritt aussichtslos. Sollte sich jedoch nach Erklärung des Rücktritts herausstellen, daß ein Anspruch auf „großen" Schadensersatz gar nicht gegeben ist, sondern nur ein Anspruch auf „kleinen" Schadenersatz, so wäre der Gläubiger gehindert, mit dem Rücktritt unvereinbare Folgen des „kleinen" Schadensersatzes geltend zu machen.

VII. Zusammenfassung der wichtigsten Ergebnisse

1. Mit „Schadenersatz statt der Leistung" ist im RegE der bisherige Schadensersatz wegen Nichterfüllung gemeint. Er schließt grundsätzlich auch Folgeschä-

---

[38] Siehe dazu die Nachw. bei *Staud./Otto*, 13. Bearb., 1995, § 325 Rz. 95 ff.
[39] Dagegen auch *Canaris*, JZ 2001, 499, 512 mit der Erwägung, dadurch werde dem Gläubiger ohne hinreichenden Grund die Erklärung des Rücktritts als Voraussetzung für einen Schadensersatzanspruch aufgezwungen.

den aus dem Ausbleiben der (ordnungsgemäßen) Leistung ein. Bloße Verzögerungsschäden unterfallen jedoch §§ 280 Abs. 1, 286 RegE.

2. Der RegE unterscheidet vier gesondert geregelte Leistungsstörungs-Tatbestände, die zum Schadensersatz statt der Leistung führen. Bei nachträglichen Leistungshindernissen ist zwar § 280 RegE einheitliche Anspruchsgrundlage auch für den Schadensersatz statt der Leistung. Über das Erfordernis der Pflichtverletzung und des Vertretenmüssens hinaus müssen jedoch die zusätzlichen Voraussetzungen entweder des § 281, des § 282 oder des § 283 RegE erfüllt sein. Lediglich für den Fall einer anfänglichen Befreiung des Schuldners von der Leistungspflicht nach § 275 RegE (vor allem wegen anfänglicher objektiver oder subjektiver Unmöglichkeit) ergibt sich der Schadensersatz statt der Leistung aus der eigenständigen Anspruchsgrundlage des § 311a RegE.

3. § 281 RegE erfaßt sowohl die Fälle, in denen die nach § 280 RegE geforderte Pflichtverletzung in der Nichterbringung der fälligen Leistung liegt, ebenso wie die Fälle, in denen den Schuldner der Vorwurf nicht ordnungsgemäßer Leistung trifft. Die Norm nennt zusätzliche Voraussetzungen für den Übergang auf den Schadensersatz statt der Leistung. So wie bereits bisher nach § 326 BGB ist es danach grundsätzlich Voraussetzung für den Anspruch auf das positive Interesse, daß der Gläubiger dem Schuldner eine erfolglos abgelaufene angemessene Nachfrist gesetzt hat. Anders als nach dem geltenden Recht erlischt jedoch der Anspruch auf die Primärleistung erst, wenn der Gläubiger Schadensersatz statt der Leistung verlangt hat.

4. Die abgeschwächte Ablehnungsandrohung in § 281 Abs. 1 S. 2 RegE bringt die gegenläufigen Interessen von Schuldner und Gläubiger zu einem angemessenen Ausgleich, ohne eine unvertretbare Rechtsunsicherheit zu schaffen.

5. Die Schwelle, die § 281 Abs. 1 S. 3 RegE bei unvollständiger Leistung für den „großen" Schadensersatz vorsieht, stellt grundsätzlich keine unangemessene Belastung des Gläubigers dar. Sie bewahrt den Schuldner davor, in Fällen, in denen sich die unvollständige Naturalerfüllung komplettieren läßt und sich deshalb das Leistungsinteresse des Gläubigers durch „kleinen" Schadensersatz vollständig verwirklichen läßt, auch den Wert des bereits erbrachten Leistungsteils in Geld zu ersetzen.

6. Die in § 311a Abs. 2 RegE für die Fälle eines anfänglichen Ausschlusses der Leistungspflicht nach § 275 RegE, also im wesentlichen für die anfängliche objektive oder subjektive Unmöglichkeit vorgesehene Haftung auf das positive Interesse knüpft nicht an eine Pflichtverletzung im Sinne des § 280 RegE an. Haftungsgrund ist vielmehr der nach § 311a Abs. 1 RegE ausdrücklich für wirksam erklärte Vertrag. Das wirksame Vertragsversprechen löst hier zwar keine Primärleistungspflicht aus. Jedoch begründet es eine Haftung auf Schadensersatz statt der Leistung, die lediglich dann nicht gegeben ist, wenn der Schuldner seine Unkenntnis des Leistungshindernisses nicht zu vertreten hat.

7. Wird bei Fälligkeit die Leistung nicht oder nicht ordnungsgemäß erbracht, so ergeben sich nur die Voraussetzungen für den Schadensersatz statt der Leistung aus § 281 RegE. Dagegen ist der Rücktritt vom Vertrag in dem selbständigen, wenngleich weitgehend parallel ausgestalteten Tatbestand des § 323 RegE geregelt.

8. Die in § 325 RegE angeordnete Beseitigung der Alternativität von Rücktritt und Schadensersatz bedeutet lediglich, daß in der Rückabwicklung des Vertrages einerseits und im Ausgleich des positiven Interesses andererseits keine sich prinzipiell widersprechenden Ziele zu sehen sind. Dagegen hilft der erklärte Rücktritt weder über fehlende Voraussetzungen des Schadensersatzanspruches hinweg noch erlaubt es § 325 RegE dem Gläubiger, eine bestimmte Form des Schadensersatzes statt der Leistung zu verlangen, deren Berechnung in Widerspruch steht zu den Folgen des Rücktritts.

9. Es liegt nahe, eine Unvereinbarkeit des „kleinen" Schadensersatz mit dem Rücktritt nur insoweit anzuerkennen, als der Schuldner bei einer Kumulation beider Rechtsbehelfe auch für die bereits erbrachte unvollständige Leistung Schadensersatz in Geld zahlen müßte.

Re-Kodifizierung des BGB im Zeitalter der Europäisierung des Zivilrechts – ein Anachronismus?

Christoph J.M. Safferling

I. Einleitung
II. Kodifizierung als nationalstaatliches Instrument
  1. Herkunft und Entwicklung von Gesetzeskodices
    a) Der Code civil
    b) Das BGB
    c) Das ZGB-DDR
    d) Die neuen Kodifizierungen in Osteuropa
    e) Der US Uniform Commercial Code
  2. Gesellschaftliche Voraussetzung für Kodifizierung
  3. Kodifizierungskritik und De-Kodifizierung
    a) Kodifikation, Rechtsquellenlehre und Demokratie
    b) Dekodifikationstheorien
  4. Zusammenfassung: Was meint Kodifikation
    a) Materielle Grundlagen der Kodifikation
      aa) Republikanische Staatsverfassung (verfassungspolitische Säule)
      bb) Kodifikationsidee (ideengeschichtliche Säule)
      cc) Rechtsvereinheitlichungsbestrebung
      dd) Identitätsstiftung
    b) Verwirklichung in einem Kodex als Rechtssystem (Kodifikationsinnenleben)
      aa) Der kodifikationsgebende Gesetzgeber (*pouvoir codifiant*)
      bb) Kodifikationskonforme Wissenschaft und Rechtsprechung
      cc) Der kodifikationsändernde Gesetzgeber (*pouvoir codifié*)
    c) Formelle Voraussetzungen der Kodifikation (Kodifikationsaußenleben)
III. Wandel des Zivilrechts
  1. Europäisierung der Privatrechtsordnung
    a) Kompetenzkatalog
    b) Inhaltsbestimmung und Durchsetzbarkeit
    c) Prognose der weiteren Entwicklung
  2. Konsequenzen der Europäisierung für den nationalen Gesetzgeber
    a) Rechtssetzungskompetenz
    b) Rechtssetzungsmacht
  3. Re-Kodifizierung oder De-Kodifizierung
IV. Fazit

I. Einleitung

Der Bundesgesetzgeber steht vor der größten Reform des Bürgerlichen Gesetzbuchs (BGB) seit dessen Inkrafttreten am 1. Januar 1900[1]. Er setzt allerdings nicht nur den Korrekturstift an, um gesetzesimmanent das zurecht zu rücken, was sich als unzeitgemäß, unpraktikabel und überholt erweist. Die Notwendigkeit einer derartigen Modernisierung insbesondere des Schuldrechts wurde seit langem gesehen und ausführlich diskutiert. Trotz Gutachten[2], Tagungen[3] und Kommission[4] [5] schien die Umsetzungsfreudigkeit des Parlaments peremtorisch gehemmt[6], so dass die wenigsten ernstlich mit einer Schuldrechtsmodernisierung des jetzigen Zuschnitts und Umfangs gerechnet hätten. Der Gesetzgeber ist aber auch diesmal nicht aus eigenem Antrieb tätig geworden. Der Anstoß für die Wiederaufnahme der Reformbestrebungen – das wird im Laufe unserer Diskussion noch Bedeutung haben – kam aus Brüssel. Drei Richtlinien sind es insgesamt, die umgesetzt werden müssen. Insbesondere die Richtlinie 1999/44/EG des Europäischen Parlaments und des Rates vom 25. 1. 1999 zu bestimmten Aspekten des Gebrauchsgüterkaufs und der Garantien für Verbrauchsgüter[7] bringt so erhebliche Einschnitte in das bisherige Leistungsstörungs- und Gewährleistungsrecht mit sich, dass sich das Bundesjustizministerium für die so genannte Große Lösung[8], d.h. zur Komplettrevision und Re-Kodifikation des BGB entschied. Das Vorhaben umfasst nicht nur eine Korrektur des allgemei-

---

1 So auch *Schulze/Schulte-Nölke* in: Schulze/Schulte-Nölke (Hg.), Die Schuldrechtsreform vor dem Hintergrund des Gemeinschaftsrechts, 2001, 3 (4). Im 4. Buch des BGB, dem Familienrecht, wurden zwar erhebliche Modifikationen vorgenommen, zuletzt etwa das Kindschaftsrechtsreformgesetz vom 16. 12. 1997 (BGBl. I, 2942), das zusammen mit anderen Reformgesetzen am 1. 7. 1998 in Kraft getreten ist. Einige Neuerungen wurden auch außerhalb des BGB durchgeführt, z.B. das Gesetz zur Beendigung der Diskriminierung gleichgeschlechtlicher Gemeinschaften: Lebenspartnerschaften vom 16. 2. 2001 (BGBl. I, 266). Vom Umfang her reichen diese Reformen allerdings nicht an die Schuldrechtsmodernisierung heran.
2 Vgl. die Aufstellung bei *Zimmermann* JZ 2001, 171 (176) Fn. 92.
3 Vgl. die veröffentlichten Referate in AcP 183 (1983), 327 ff.
4 Vgl. hierzu der damalige Bundesminister der Justiz *Engelhard* NJW 1984, 1201 ff.; zur Arbeitsweise *Medicus* AcP 188 (1988), 168; zum Ergebnis: Bundesministerium der Justiz (Hg.), Abschlussbericht der Kommission zur Überarbeitung des Schuldrechts, 1992.
5 Vgl. die Tagungsberichte NJW 1994, 3070 und JZ 1995, 190 sowie ZEuP 3 (1995), 303.
6 Die Einfügung des Reisevertrages in den Text des BGB mit Gesetz vom 4. 5. 1979, BGBl. I, 509 hatte nicht die Anstoßwirkung wie sie von *Schwark* JZ 1980, 741 prophezeit wurde. Im Übrigen ist die Umsetzungsscheu nicht ohne Vorbild. Auch die in Frankreich bei der Jahrhundertfeier des *Code civil* eingesetzte Reformkommission verlief 1904 im Sande; vgl. *Zweigert/Kötz* Einführung in die Rechtsvergleichung, 3. Aufl. 1996, § 7 III, S. 96.
7 ABlEG Nr. L 171, S. 12; vgl. dazu *Faber* JurBl. 1999, 413.
8 Vgl. *Däubler-Gmelin* NJW 2001, 2281.

nen und besonderen Schuldrechts, sondern will die sog. Nebengesetze in den Kodex des BGB integrieren. Die spätestens seit der Schaffung des Gesetzes zur Regelung der Allgemeinen Geschäftsbedingungen (AGBG) im Jahr 1976 begonnene Tendenz zur Ausgliederung von Regelungen[9], die mit dem privatautonomen Konzept des BGB schwer zu vereinbaren waren[10], insbesondere des Verbraucherschutzes, d.h. die Tendenz der De-Kodifizierung[11], soll nunmehr umgekehrt und ein einheitlicher Gesetzeskodex geschaffen werden. Diese Integration[12] stellt das eigentliche Novum der Großen Lösung dar. Der damalige Bundesjustizminister *Vogel* propagierte zwar ein ähnliches Konzept auf dem 52. Deutschen Juristentag[13], in der weiteren Arbeit an dem Reformvorhaben fiel dieser Ansatz allerdings unter den Tisch[14]. Die Idee der Re-Kodifikation kam erstmals mit dem Diskussionsentwurf auf die Tagesordnung[15].

Ebenso wie die Integration der Nebengesetze in das BGB bisher wenig diskutiert wurde, traf auch die theoretische Hinterfragung der Kodifizierung in jüngerer Zeit kaum auf wissenschaftliches Interesse. Eine längere Abhandlung zu dem Thema Kodifikation bietet *Karsten Schmidt* in seinem am 16. Februar 1984

---

9   Zum AGBG vgl. *Ulmer* in: Schulze/Schulte-Nölke (Hg.), Die Schuldrechtsreform vor dem Hintergrund des Gemeinschaftsrechts, 2001, 215 (215 f.).
10 *Westermann* AcP 178 (1978), 150 (156) spricht hier von einer „Stillen Umwälzung des Privatrechts": An die Stelle einer formalen Freiheitsethik tritt eine materielle Ethik sozialer Verantwortung; vgl. dazu auch *Canaris* AcP 200 (2000), 273, der von einer ‚Materialisierung' des Schuldvertragsrechts spricht.
11 In anderen europäischen Ländern ist im Übrigen ein ganz ähnlicher Weg eingeschlagen worden; vgl. die Nachweise bei *Roth* in: Grundmann/Medicus/Rolland (Hg.), Europäisches Kaufgewährleistungsrecht, 2000, 113 (115 f.). Bei der Schaffung des BGB selbst wurden die Materien des Abzahlungskaufes, der Gefährdungshaftung und der Reichshaftpflicht auch nicht in das BGB aufgenommen, um Friktionen mit der Privatautonomie zu vermeiden, vgl. *Schwark* JZ 1980, 741 (742).
12 Gelegentlich wird von Re-Integration gesprochen, z.B. *Schmidt-Räntsch* in: Schulze/Schulte-Nölke (Hg.), Die Schuldrechtsreform vor dem Hintergrund des Gemeinschaftsrechts, 2001, 169. Der Begriff setzt aber voraus, dass schon einmal eine Integration vorhanden war, andernfalls könnte nicht von einer Re-, also Wieder-Integration gesprochen werden. Die Verbraucherschutzgesetze waren aber niemals in das BGB integriert.
13 Vgl. *A. Wolf* ZRP 1978, 249.
14 Für das AGBG vgl. wiederum *Ulmer* in: Schulze/Schulte-Nölke (Hg.), Die Schuldrechtsreform vor dem Hintergrund des Gemeinschaftsrechts, 2001, 215 (216); für den Verbraucherschutz allgemein vgl. *Drexl* Die wirtschaftliche Selbstbestimmung des Verbrauchers, 1998, 74 f. Soweit ersichtlich forderte einzig *Schwark* JZ 1980, 741 (742, 744 f.) die Rück(!)führung der Sondergesetze in den Corpus des BGB.
15 *Ulmer* in: Schulze/Schulte-Nölke (Hg.), Die Schuldrechtsreform vor dem Hintergrund des Gemeinschaftsrechts, 2001, 215 (216 f.) erkennt allerdings einige Indizien für eine Re-Kodifizierungspolitik des Bundesministeriums für Justiz. So auch das Bundesministerium der Justiz selbst in: Diskussionsentwurf eines Schuldrechtsmodernisierungsgesetzes, 2000, 216; schon früher, allerdings ohne Begründung, *Hübner* Allgemeiner Teil des BGB, 2. Aufl. 1996, § 2 Rz. 24.

vor der Karlsruher Juristischen Studiengesellschaft gehaltenen Vortrag, Die Zukunft der Kodifikationsidee[16], in einer Zeit, als zu Beginn der Schuldrechtsdiskussion auch die Kodifikation angesprochen wurde[17]. Diese Lethargie mag insofern überraschen, als zu Beginn des vorletzten Jahrhunderts unter dem Eindruck des französischen *Code civil* in Deutschland ein heftiger Streit um den Sinn von Kodifikationen tobte[18]. Im Gesetzgebungsverfahren der Schuldrechtsmodernisierung spielte die Kodifikationstheorie so gut wie keine Rolle. Die Notwendigkeit der Beibehaltung der über 100 Jahre alten Kodifikationstechnik scheint im Wesentlichen unhinterfragt akzeptiert zu werden, obwohl sich die rechtlichen und politischen Verhältnisse seit der reichsvereinheitlichenden Kodifizierung hin zu einer europäischen Vereinheitlichung dramatisch gewandelt haben[19].

Ungeachtet der Kritikpunkte an der Einfügung dieser Nebengesetze in das BGB im Einzelnen[20] soll hier der Frage nachgegangen werden, ob eine Re-Kodifizierung des BGB zum jetzigen Zeitpunkt zu rechtfertigen ist. Ausgangspunkt ist dabei die historische und theoretische Basis einer Kodifizierung (II.). Gerade durch Betrachtung der historischen Evolution kodifizierten Rechts soll dessen Zweck und Wirkung herausgearbeitet werden. In einem weiteren Schritt wird untersucht, ob die unter II. gefundenen Voraussetzungen einer Kodifizierung im Bereich des Zivilrechts vorliegen (III.). Eine besondere Rolle spielen dabei das europäische Zivilrecht und die Europäisierung des nationalen Zivilrechts. Die Auswirkungen der zunehmenden Verzahnung unterschiedlicher Gesetzesebenen auf das nationale Kodifizierungsvorhaben sind bislang eher von marginalem Interesse gewesen. Bei der Betrachtung der Ebenenverschränkung sehen wir uns mit dem Problem konfrontiert, dass die Schaffung einer Kodifikation im Sinne

---

16 *K. Schmidt* Die Zukunft der Kodifikationsidee: Rechtsprechung, Wissenschaft und Gesetzgebung vor den Gesetzeswerken des geltenden Rechts, 1985.
17 In diesem Zusammenhang auch *Kindermann* Rechtstheorie 1979, 357; *Schwark* JZ 1980, 740; *Brüggemeier* KJ 1983, 386.
18 Der sog. Kodifikationsstreit zwischen dem Heidelberger *Thibaut* und dem Berliner *Savigny* wurde im übrigen ausgelöst durch die Schrift des königlich-hannoverschen Hofrats *Rehberg* mit seinem um die Jahreswende 1813/1814 erschienenen Büchlein, Über den Code Napoléon und dessen Einführung in Deutschland. Die darin in national-konservativer Art geäußerte ablehnende Haltung gegenüber einer umfassenden Kodifizierung *à la* Code civil und Propagierung der Beibehaltung der Partikularzivilrechte provozierte *Thibauts* Reaktion in den Heidelberger Jahrbüchern der Literatur 1814, Nr. 1 u. 2, S. 1-32 und später seine berühmte Schrift, Über die Notwendigkeit eines allgemeinen bürgerlichen Rechts für Deutschland. Vgl. dazu *Hattenhauer* in: Hattenhauer (Hg.), Thibaut und Savigny, 1973, 40-43.
19 Auf diese Dichotomie zwischen nationaler Reform und europäischer Vereinheitlichung weist *Chr. Schmid* JZ 2001, 674 (Fn. 10a) am Rande hin.
20 Vgl. dazu etwa die Beiträge von *Schmidt-Räntsch, Dörner, Micklitz* und *Ulmer* in: Schulze/Schulte-Nölke (Hg.), Die Schuldrechtsreform vor dem Hintergrund des Gemeinschaftsrechts, 2001, 169 ff.

eines geschlossenen Regelungssystems an ihre Grenzen stößt. Dieser Frage soll im Folgenden nachgegangen werden.

II. Kodifizierung als nationalstaatliches Instrument

Zur Überprüfung, ob ein Kodifikationsvorhaben unter den heutigen Voraussetzungen möglich ist, ist zunächst zu klären, was Kodifikation bedeutet. Dazu wird in einem ersten Teil der Blick in die teilweise noch sehr lebendige Vergangenheit und exemplarisch auf die wichtigsten Kodifikationen der Rechtsgeschichte geworfen. Aus der historischen Entwicklung werden sich die ersten Steine für das Mosaik der Kodifikation finden lassen (1.). Daran anschließend wird die gesellschaftliche Rolle der Kodices zusammengefasst (2.). In einem dritten Teil erfolgt eine Auseinandersetzung mit den prominentesten Kritikern der Kodifikationstechnik (3.). Das Gesamtbild der gesellschaftlichen und theoretischen Grundlagen unseres Überprüfungsgegenstandes, wie es sich aus dem Vorangegangenen präsentiert, soll in einem vierten Abschnitt als Grundlage für unsere anschließenden Überlegungen hinsichtlich der Kodifikation zu Beginn des 21. Jahrhunderts entworfen werden (4.).

1. Herkunft und Entwicklung von Gesetzeskodices

In der Geschichte des Rechts gibt es eine ganze Reihe von großartigen Kodifizierungsprojekten. Das erste und vielleicht gewaltigste Vorhaben datiert aus der späten römischen Kaiserzeit und wird häufig nach seinem Auftraggeber Codex Justinianus genannt. Es soll hier nicht weiter untersucht werden, da ihm vor allem eine einheitliche Systematisierung fehlte[21]. Gesetzessysteme zu schaffen wurde daraufhin erst wieder nach der französischen Revolution zu Beginn des 19. Jahrhunderts aktuell. In diese gelegentlich „Urwelle" der Kodifikation genannte Zeit[22] fallen allen voran der französische *Code civil*, das österreichische Allgemeine Bürgerliche Gesetzbuch und das preußische Allgemeine Landrecht (b.). Etwa hundert Jahre später wurde unter veränderten Vorzeichen erneut kodifiziert; so entstanden das BGB, das schweizerische Zivilgesetzbuch oder auch das japanische Bürgerliche Gesetzbuch (c.). Ohne den Anspruch auf Vollständigkeit sei noch eine weitere (dritte) Welle[23] erwähnt: die sozialistischen Zivilkodices der 60er Jahre des letzten Jahrhunderts, insbesondere das ZGB der DDR (d.). Man wird noch eine vierte Welle ansprechen müssen, nämlich die zivilrechtlichen Kodifizierungen in den Staaten Osteuropas nach der Auflösung

---

21 Vgl. *Wieacker* in: FS Boehmer, 1954, 34; ders. Vom römischen Recht, 2. Aufl. 1961, 244, 247.
22 *Zweigert/Puttfarken* in: FS Zajtay, 1982, 569 (571).
23 *Zweigert/Puttfarken* in: FS Zajtay, 1982, 569 (571 f.).

der sozialistischen Regime[24] (e.). Zuletzt sei der Uniform Commercial Code der Vereinigten Staaten angesprochen, der als groß angelegte Kodifizierung im angloamerikanischen Rechtskreis eine Sonderrolle einnimmt (f.).

a) *Der* Code civil

Das erste moderne Zivilgesetzbuch stammt aus der Zeit Napoleons, 1804. Wegen seines immensen Einflusses auf die Gesetzgebung im 19. Jahrhundert wird der *Code civil* oft mit der Rezeptionsgeschichte des römischen Rechts verglichen[25]. In seiner griffigen, knappen Art erfüllte er in geradezu idealer Weise die Anforderungen eines Modellgesetzes[26]. Außerdem forcierte die aggressive Expansionspolitik Napoleons natürlich die flächendeckende Verbreitung des neuen Kodex: „Wohin Napoleons Truppen auch zogen, sein *Code* schien immer zu folgen"[27]. Aber auch nach der militärischen Niederlage blieb die Faszination für dieses Gesetzeswerk ungebrochen[28]. Gedacht war der *Code Napoléon* als ein umfassendes, alle Bürgerpflichten inkorporierendes Werk von autoritativer Kraft, das, weil aus sich selbst heraus verständlich, keine Kommentierung benötigte[29]. So erklärt sich auch der berühmte Ausspruch Napoleons, „mon code est perdu!", als er von der Veröffentlichung des ersten Lehrbuchs erfuhr[30]. Auch wenn der *Code* in napoleonischer, also monarchistischer Zeit verfasst wurde[31], so hat er seine geistigen Wurzeln im Gedankengut der Revolution, der Aufklärung und des Vernunftrechts[32]. Der *Code* ist sicherlich geprägt von Individualismus und Liberalismus[33]; nicht zu übersehen sind aber auch die Anknüp-

---

24 Vgl. *Basedow* AcP 200 (2000), 445 (466).
25 *Zajtay* AcP 156 (1957), 361; *Koschaker* Europa und das römische Recht, 1947, 135 ff. Einen Überblick über die Rezeptionsgeschichte des *Code civil* weltweit findet sich bei *Zweigert/Kötz* Einführung in die Rechtsvergleichung, 3. Aufl. 1996, § 8, S. 96-117.
26 Das preußische ALR war hingegen viel zu weitschweifig, vgl. *Dilcher* ZEuP 1 (1994), 446; *Schwennicke* Die Entstehung der Einleitung des Preußischen Allgemeinen Landrechts von 1794, 1993.
27 *Herman* in: Zimmermann (Hg.), Amerikanische Rechtskultur und europäisches Privatrecht, 1995, 45 (48).
28 *Hattenhauer* in: Hattenhauer (Hg.), Thibaut und Savigny, 1973, 40.
29 Vgl. *Herman* in: Zimmermann (Hg.), Amerikanische Rechtskultur und europäisches Privatrecht, 1995, 45 (51).
30 Vgl. *Karl H. Neumayer* in: Coing/Wilhelm (Hg.), Wissenschaft und Kodifikation des Privatrechts im 19. Jahrhundert, Band I, 1974, 173 (183 f.).
31 *Zweigert/Kötz* Einführung in die Rechtsvergleichung, 3. Aufl. 1996, § 10 III, S. 135 sprechen von Geburtshelferdiensten Bonapartes.
32 *Zweigert/Kötz* Einführung in die Rechtsvergleichung, 3. Aufl. 1996, § 7 I, S. 84 f. In eingeschränktem Umfange trifft dies auch auf das preußische ALR und das österreichische ABGB zu, auch wenn dort das Gesetz von den alten Regimeeliten oktroyiert wurde und nicht aus der ‚reinigenden' Kraft der Revolution selbst entsprang.
33 Bisher wurden das Vertrags-, Eigentums- und Deliktsrecht des Code civil neben den offensichtlichen Neuerungen im Familien- oder Erbrecht immer als die ‚revolutionären' Teile des Gesetzes angesehen. Neuere Forschung hält dagegen, dass das spezifisch

(Fortsetzung auf der nächsten Seite)

fung an Vorhandenes und die Repetition überkommener Institutionen[34]. Gleichviel: Der Gedanke, ein Rechtssystem durch Kodifizierung von Recht zu schaffen und damit eine von Menschen gemachte sittlich-vernünftige Gesellschaftsordnung aufzustellen, ist vernunftrechtlicher und damit aufklärerischer Natur[35]. Ohne die Schriften *Rousseaus* und *Voltaires* ebenso wie die Entwicklung der Staatstheorie *Montesquieus* wäre kodifiziertes Recht nicht zustande gekommen. Die Formulierung des *Code* und schließlich auch die Missionierung in besetzten Ländern war eng verbunden mit dem erwachenden Nationalgefühl der *Grande Nation*. Die politische Umsetzung der Kodifizierung lag in dem in der Revolution fundierten Machtgewinn des *tiers état*. Vehikel dieser Durchsetzung waren die seit langem etablierte zentralistische Macht, die nunmehr durch den Monarchen Napoleon symbolisiert wurde, und die durch die revolutionäre Umwälzung geschaffene Gestaltungsfreiheit der Sieger der Revolution, des Bürgertums. Die in dieser Bevölkerungsschicht ausgeprägte Zufriedenheit über das Erreichte ging Hand in Hand mit einem elementaren Stolz auf die Nation. Das Gesetzbuch ist Ausdruck dieser Eigenständigkeit und dieses Stolzes, denn es beendet das vorherige Prinzipat des fremden Rechts und der ebenso fremden Sprache, nämlich des Lateins als Sprache der juristischen Elite[36].

Der Konnex des *Code civil* zum evolvierenden Nationalstaat kommt deutlich durch die Rezeptionsgeschichte und den sog. Kodifikationsstreit in Deutschland ans Licht. Nach der militärischen Niederlage wurde mit dem gleichen Nationalstolz, der auf Seiten der Franzosen die Verbreitung des *Code* beflügelte, auf deutscher Seite die Adaption abgelehnt[37]. Den Vätern des *Code* wurden Ideologielastigkeit, grenzenloser Idealismus und philosophische Schwärmerei vorgeworfen[38]. *Thibaut* wandte sich zwar gegen die Übernahme des französischen

---

Individualistische und Freiheitliche von den Vätern des Codes nicht intendiert war, sondern erst im Laufe des 19. Jahrhunderts von Kommentatoren hineininterpretiert wurde; vgl. *Bürge* Das französische Privatrecht im 19. Jahrhundert zwischen Tradition und Pandektenwissenschaft, Liberalismus und Etatismus, 1991; dezidert auch *Gordley* Am. J. Comp. L. 42 (1994), 459.

34 *Gordley* Am. J. Comp. L. 42 (1994), 459 sieht den Einfluss der Revolution auf den Code denkbar reduziert. Seiner Ansicht nach ist der Code maßgeblich bestimmt vom Naturrecht des 16. Und 17. Jahrhundert. Die Revolution hätte weder einen dezidiert republikanischen Charakter, noch die Umsetzung des Gleichheitsgrundsatzes in den *Code civil* einbringen können. Zustimmend: *Harmathy* ZEuP 1998, 553 (558 f.).

35 *Zweigert/Kötz* Einführung in die Rechtsvergleichung, 3. Aufl. 1996, § 7 I, S. 87, § 10 III, S. 134.

36 Vgl. *Basedow* AcP 200 (2000), 445 (467).

37 *Hattenhauer* in: Hattenhauer (Hg.), Thibaut und Savigny, 1973, 40. Der *Code civil* galt immerhin unmittelbar für 16% der deutschen Bevölkerung vor allem in Baden. Das RG hatte einen ‚französischen Senat', welcher in den Jahren 1879-1900 ca. 4000 Entscheidungen zum französischen Recht verkündete, s. *Großfeld* JZ 1999, 1.

38 *Rehberg* Über den Code Napoléon und dessen Einführung in Deutschland, 1814, IV; *Savigny* in: Stoll: Friedrich Carl von Savigny. Ein Bild seines Lebens mit einer Sammlung seiner Briefe, 2. Band, 1929, Nr. 443.

Vorbildes, begeisterte sich aber für dessen Grundidee: Die Schaffung eines gemeinsamen Gesetzbuches für alle Deutschen[39]. Seine Motive dafür waren Vaterlandsliebe und Rechtsvereinheitlichung[40] einerseits und eine praktische Verbesserung des Zivilrechts sowie Erhöhung des Verständnisses und der Akzeptanz des Rechts beim Volk andererseits[41]. Die Zeit dafür war in Deutschland noch nicht reif, so dass auch ohne dass *Savigny* seine Feder gespitzt hätte *Thibauts* Traum an der politischen Realität zerplatzt wäre[42].

Mit dem *Code civil* wird zum ersten Mal in der Rechtsgeschichte ein sich auf menschliche Autorität stützendes systematisches Gesetzeswerk versucht[43]. Der Entwurf einer Gesellschaftsordnung basiert auf einer einheitlichen Staats- und Gerechtigkeitstheorie, namentlich der Gewaltenteilung und dem Prinzip der Gleichheit vor dem Gesetz, erreichbar durch Stärkung der Rechtssicherheit, zusätzlich getragen von der Bildung des modernen Nationalstaatsverständnisses.

b) **Das BGB**

Die Bedeutung und der Einfluss des *Code civil* waren im 19. Jahrhundert im Grunde unangefochten. Erst gegen Ende des 19. Jahrhunderts regte sich materieller Widerstand gegen den *Code*[44], und allen voran das BGB machte eine Abkehr von der französischen Kodifizierung deutlich. Die Zeiten hatten sich wahrlich geändert. Was der *Code* noch nicht kannte[45], war das Phänomen der Industrialisierung, das sich zum zentralen Regelungsbedürfnis entwickelt hatte. Eine rein liberale Zivilrechtsverfassung nach dem Vorbild des Nachtwächterstaates ließ sich unter dem Eindruck der *bismarckschen* Sozialgesetzgebung[46] und der sehr einflussreichen Schriften *Otto von Gierkes*, der selbst zwar nicht an den Kommissionen zur Erstellung des BGB beteiligt, aber wohl prominen-

---

[39] Vgl. *Thibaut* Über die Notwendigkeit eines allgemeinen bürgerlichen Rechts für Deutschland, abgedruckt in Hattenhauer (Hg.), Thibaut und Savigny, 1973, 61.

[40] Vgl. *Caroni* 39 Tijdschrift voor Rechtsgeschiedenis (1971), 451 (455).

[41] *Hattenhauer* in: Hattenhauer (Hg.), Thibaut und Savigny, 1973, 42 f.

[42] *Kunkel* JZ 1962, 457 (460 f.); *Caroni* 39 Tijdschrift voor Rechtsgeschiedenis (1971), 451 (466 f.).

[43] Mag es auch sein, dass strukturell und linguistisch der *Code civil* nicht stringent systematisiert und einheitlich war. In der Folgezeit fand, nachdem die dogmatische Schule sich durchsetzen konnte, durch die induktive Bildung von systematisierenden Obersätzen und integrierenden Rechtsprinzipien eine vollständige und einheitliche Systematisierung des Gesetzestextes statt; vgl. *Neumayer* in: Coing/Wilhelm (Hg.), Wissenschaft und Kodifikation des Privatrechts im 19. Jahrhundert, Band I, 1974, 173 (183 f.).

[44] „La révolte des législations étrangères contre le Code civil" im ersten Bericht des Generalsekretärs der Reformkommission des Code civil, zitiert bei: *Zajtay* AcP 157 (1957), 479 (481).

[45] *Zweigert/Kötz* Einführung in die Rechtsvergleichung, 3. Aufl. 1996, § 7 III, S. 92.

[46] Vgl. *Ost/Mohr/Estelmann* Grundzüge des Sozialrechts, 2. Aufl. 1998, 18 ff.

tester zeitgenössischer Kritiker der Entwürfe war[47], nicht mehr durchsetzen. Auch die Geistesgeschichte hatte sich gewandelt. Mit *Savignys* Ablehnung des *Code civil* ging die Begründung der historischen Schule der Rechtswissenschaften einher, die damit die schon strauchelnde Naturrechtstheorie ablöste. *Savigny* hatte sich ja gerade deswegen in seiner Streitschrift „Vom Beruf unserer Zeit für Gesetzgebung und Rechtswissenschaft"[48] so pointiert ablehnend gegenüber der von *Thibaut* präferierten Kodifikation geäußert, weil für ihn Recht in organischer Weise aus still wirkenden Kräften des Volkes entstand und eine gesetzliche Rechtsquelle daher *a priori* nicht in Betracht kam (Volksgeistlehre)[49]. Die im Zeitalter der Restauration florierende und idealisierende[50] historische Schule konnte sich nach der Reichsgründung 1871 nicht länger den schon seit der Paulskirchenverfassung 1848 propagierten[51] Kodifizierungsbestrebungen widersetzen und wollte das auch gar nicht. Das jetzige Reich war schon seit Mitte der 50er Jahre insbesondere im Rahmen des Handels-[52] und Wertpapierrechts[53] näher zusammengerückt und nach der Reichsgründung 1879 durch die Reichsjustizgesetze prozessual uniert worden. Die bei Sedan erkämpfte politische Einheit des Reichs und das damit verbundene Aufblühen des Nationalbewusstseins weckten nun das Bedürfnis nach einem einheitlichen Zivilgesetz für das gesamte Deutsche Reich[54]. Dem Nationalstolz sollte damit ein weithin leuchtendes Denkmal und der schmerzhaften Rechtszersplitterung ein endgültiges Ende gesetzt werden[55]. Ohne verfassungspolitische Widerstände ließ sich dieses Vorhaben indes nicht realisieren. Die föderative Ordnung des Reichs sah zunächst keine einheitliche Gesetzgebungskompetenz für das bürgerliche Recht vor und erst 1873 konnte diese durch die sog. lex Miquel-Lasker durchgesetzt werden[56]. Unter maßgeblicher Federführung des Reichsjustizamtes entstand schließlich ein pragmatischer Kompromiss zwischen der älteren libe-

---

47 Vgl. *von Gierke* Der Entwurf eines bürgerlichen Gesetzbuchs und das deutsche Recht, 1888/1889.
48 Abgedruckt in Hattenhauer (Hg.), Thibaut und Savigny, 1973, 95.
49 *Caroni* 39 Tijdschrift voor Rechtsgeschiedenis (1971), 451 (455 f.). Diese strenge Sicht hat *Savigny* freilich später revidiert. Weiterhin lehnte er jedoch Kodifikationen ab, da er keinen Pluralismus der Rechtsquellen zulassen wollte.
50 *Zweigert/Kötz* Einführung in die Rechtsvergleichung, 3. Aufl. 1996, § 10 IV, S. 138 f.
51 *Wesenberg* Zeitschrift der Savigny-Stiftung für Rechtsgeschichte, Rom. Abt. 72 (1955), 359 ff.; so auch *Hübner* Allgemeiner Teil des BGB, 2. Aufl. 1996, § 2 Rz. 10.
52 Das Allgemeine Deutsche Handelsgesetzbuch von 1861; vgl. dazu *K. Schmidt* Handelsrecht, 4. Aufl. 1994, § 2 II 2.
53 Die Wechselordnung von 1848; vgl. *Canaris* Handelsrecht, 22. Aufl. 1995, § 1 IV.
54 Vgl. *K. Schmidt* Die Zukunft der Kodifikationsidee, 1985, 33; *Bork* Allgemeiner Teil des BGB, 2001, § 2 Rz. 31; *Larenz/Wolf* Allgemeiner Teil des deutschen bürgerlichen Rechts, 8. Aufl. 1997, § 2 Rz. 100; *Schulte-Nölke* NJW 1996, 1705 (1709).
55 *Lüderitz* in: Bundesministerium der Justiz (Hg.), Vom Reichsjustizamt zum Bundesministerium der Justiz, FS zum 100 Jährigen Gründungstag des Reichsjustizamtes am 1. Januar 1877, 1977, 213 (219 f.).
56 Vgl. Palandt-*Heinrichs* BGB, 60. Aufl. 2001, Einl. Rz. 5.

ralen Gesetzeskonzeption und den neueren ‚interventionistischen' Anforderungen[57]. So ist das BGB zwar geprägt vom klassischen Liberalismus[58], öffnet sich aber (wenn auch nur geringfügig) den sozialpolitischen Aufgaben des Zivilrechts und entpuppt sich – wie jüngst gelegentlich angemerkt wird – in einem solchen Maße der Zukunft zugewandt, dass es erst nach dem Zweiten Weltkrieg in der Bundesrepublik die zu ihm passende Gesellschaft gefunden hat[59].

Das in der zu realisierenden Kodifikationsidee angestrebte System hatte sich demnach gegenüber dem *Code civil* fortentwickelt. In stärkerem Maße als in Frankreich war das BGB Symbol der Reichseinheit. Verwirklicht wurden diese Ziele in der Erstellung eines rechtswissenschaftlich und geistig einheitlichen, freilich stark von Pandektistik getränkten Systems, das durch angestrebte Lückenlosigkeit dem Richter für alle Fragen eine aus dem Gesetz ableitbare Antwort ermöglichen sollte[60].

c) Das ZGB

Nach der russischen Revolution im Oktober 1917 und der Transformation des Gesellschaftssystems dort in ein sozialistisches musste auch das Zivilrecht entsprechend umgeformt werden. Die Revolution kommt zwar nicht durch das Recht, genauso wenig wie das in Frankreich nach 1794 der Fall war, die Anpassung des Rechtssystems an die veränderten sozialen und politischen Verhältnisse ist für die Systemstabilisierung und auch Ideologieverwirklichung indes unerlässlich[61]. Nach dem Zweiten Weltkrieg mussten demnach die neuen sozialistischen Staaten ihr bürgerliches Recht ebenfalls anpassen. Russland gab sich selbst 1964 ein neues Zivilgesetzbuch. Zur selben Zeit wurde in Polen eine Zivilrechtskodifikation im sozialistischen Stil eingeführt[62]. 1975 wurde in der DDR, in der bis dahin das BGB galt, das ZGB eingeführt. Die Funktion des Zivilrechts ist – wie das Verständnis von Recht im Sozialismus im allgemeinen funktional geprägt ist – die einer Leitungsinstanz. Die Gesellschaft soll durch Orientierung an den zivilrechtlichen Rechtsregeln im Transformationsprozess hin zu einer kommunistischen Gesellschaft geleitet werden[63]. Rechtstechnisch wurde daher die zivilrechtliche Kodifikation als lückenlose und abschließende Regelung begriffen. Staatliche Auslegungsvorgaben (zentrales Lehrbuch, einheitlicher Kommentar) sollten zwar keine zusätzlichen Rechtsquellen darstellen,

---

57 Vgl. *Schulte-Nölke* NJW 1996, 1705 (1708).
58 *Wieacker* nannte das BGB bekanntlich ein ‚spätgeborenes Kind des klassischen Liberalismus', in: *Wieacker* Industriegesellschaft und Privatrechtsordnung, 1974, 9 (22).
59 So *Schulte-Nölke* NJW 1996, 1705 (1709).
60 Vgl. *Larenz/Wolf* Allgemeiner Teil des bürgerlichen Rechts, 8. Aufl. 1997, § 2 Rz. 100.
61 *Harmathy* ZEuP 1998, 553 (554), der indes – wohl zu Recht – die umgekehrte Vorstellung, Recht könne ein neues Wirtschaftssystem hervorbringen, vehement ablehnt (ibid. 559-562).
62 *Poczobut* ZEuP 1999, 75 (76 f.).
63 Vgl. DDR Justizministerium (Hg.), Zivilrecht – Lehrbuch Teil 1, 1981, 2.

das Gesetz aber weiterentwickeln und abrunden[64]. Andererseits war auch dem DDR-Gesetzgeber klar, dass die Kodifikation nicht hinreichend abschließend sein kann. Die zu regelnde Materie war zu umfangreich und änderungsanfällig. Zusätzlich zu den allgemeinen Regeln waren daher Nebengesetze notwendig[65]. Als stabile und überschaubare Grundnorm sollte aber das ZGB Ordnungsfunktion ausüben und Lösungsanweisungen bieten.

d) Die neuen Kodifizierungen in Osteuropa

Nach dem Zusammenbruch des so genannten Ostblocks und des damit einhergehenden Rückgangs des sozialistischen Wirtschaftssystems begannen die ehemals sozialistischen Gesellschaften ihr Privatrecht zu liberalisieren. Auf dem Gebiet der ehemaligen DDR geschah dies durch den Beitritt zum Grundgesetz vom 3. Oktober 1990 und der dadurch bedingten Wiedereinführung des BGB[66]. In Russland wurde am 24. Dezember 1990 durch das Eigentumsgesetz und andere Partikulargesetze das sozialistische Staatsmodell aufgehoben und vor allem das Privateigentum wieder eingeführt und selbständige unternehmerische Tätigkeit gestattet. Daraufhin wurde eine Kodifikationskommission mit der Generalüberholung des Zivilrechts beauftragt, basierend auf der einheitlichen Kompetenz von Art. 71o der Verfassung der russischen Föderation vom 12. Dezember 1993. Im Unterschied zu Reformen in Westeuropa ging und geht es in Russland um eine grundlegende Neuordnung des Privatrechtssystems infolge politischer Umwälzungen. Bisher ungebräuchliche oder negierte Grundsätze und Institutionen müssen geschaffen werden, es bedarf schließlich eines überschaubaren, hierarchisch geordneten Systems zivilrechtlicher Normen[67]. Bei einem solchen ungeheueren Vorhaben ist eine zeitnahe Umsetzung natürlich illusorisch. Insgesamt sind drei zivilrechtliche Bücher geplant. Das Erste betrifft das Personen-, Eigentums- und Schuldrecht und trat am 1. Januar 1995 in Kraft[68]. Das Zweite Buch die einzelnen Vertragstypen, Deliktsrecht und Bereicherungsrecht betreffend ist in Kraft seit 1. März 1996, das Dritte zum Patent-, Urheber- und Erbrecht ist in Vorbereitung[69]. Der russische Gesetzgeber schafft damit eine Systemerneuerung durch Kodifikation. Er ist bestrebt, durch eine erhöhte Abstraktion der Normen Vollständigkeit zu erreichen und möglichst Nebengesetze zu vermeiden[70].

---

64 Vgl. DDR Justizministerium (Hg.), Zivilrecht – Kommentar, 1985, 25.
65 DDR Justizministerium (Hg.), Zivilrecht – Lehrbuch Teil 1, Berlin 1981, 52.
66 Vgl. Palandt-*Heinrichs* BGB, 60. Aufl. 2001, Einl. Rz. 18.
67 Vgl. *Solotych* Das Zivilgesetzbuch der Russischen Föderation – Erster Teil, 1996, 15.
68 Vgl. *Sadikov* ZEuP 4 (1996), 259 (260); ausführlich: *Solotych* Das Zivilgesetzbuch der Russischen Föderation – Erster Teil, 1996.
69 Vgl. *Sadikov* ZEuP 7 (1999), 903.
70 Bisher scheint auch tatsächlich eine Reduzierung der Partikulargesetze gelungen zu sein, vgl. *Sadikov* ZEuP 7 (1999), 903 (905).

Die neuen Zivilgesetzbücher osteuropäischer Staaten orientieren sich an der Kodifizierungspraxis westlicher Usancen[71]. Struktur und Sprache sind geprägt von einem hohen Abstraktheitsgrad zur Schaffung eines flexiblen, umfassenden Systems[72].

e) Der US Uniform Commercial Code

Im anglo-amerikanischen Rechtskreis wird man spontan keine Kodifizierung vermuten. Das etablierte *common law* lässt – so sollte man meinen – umfassende geschriebene Gesetzessammlungen nicht zu. Dementsprechend gibt es im Vereinigten Königreich zwar etliche *Statutes*, kodifiziertes Recht gibt es aber keines. Ein wichtiger Aspekt, warum es dort keiner systematischen Kodifizierung bedurfte, ist in dem Umstand zu sehen, dass sich das *common law* auf der Grundlage des Naturrechts zur allgemeinen (common) und alleinigen Rechtsquelle entwickelt hatte. Bedarf für Rechtsvereinheitlichung gab es demnach nicht[73]. Das englische Volk musste sich auch nicht aus Gründen der nationalen Identität oder durch Anpassung der Sprache von früheren Systemen oder ausländischen Rechtsordnungen distanzieren[74].

In den nordamerikanischen Kolonien nahm die Entwicklung einen etwas anderen Verlauf. Trotz des vorhandenen englischen Gesetzesskeptizismus war der französische Einfluss auf Nordamerika erheblich. Hinzu kam ein gesundes Maß an Ablehnung gegenüber dem feudalen Recht der englischen Unterdrücker, gepaart indes mit dem mitgebrachten und tief verwurzelten englischen Rechtsdenken[75]. Der Glaube an die Erfahrung und nicht an die Logik als Grundstein jeden Rechts wurde von dem Oxforder Juraprofessor *Sir William Blackstone* (1723-1780) ebenso als Argument gegen kodifiziertes Recht angeführt[76] wie sie später vom Supreme Court Richter *Oliver Wendell Holmes* (1841-1935) in seiner Vortragsreihe von 1881 unter dem Titel *The Common Law* pointiert hervorgehoben wurde[77]. Aus diesem ambivalenten Spannungsfeld, welches noch potentiert wurde durch die horizontale Komponente der Bundesstaatlichkeit, gingen

---

71 Insbesondere die jüngste zivilrechtliche Kodifikation in Westeuropa, das Niederländische Zivilgesetzbuch, aber auch das BGB werden bei den Normierungsvorhaben in Osteuropa herangezogen. Die russische Kodifikation ist allerdings insoweit besonders, als sie von der Einheit von Zivil- und Handelsrecht ausgeht, vgl. *Solotych* Das Zivilgesetzbuch der Russischen Föderation – Erster Teil, 1996, 17; *dies.* in: F.C. Schroeder (Hg.), Die neuen Kodifikationen in Russland, 1997, 27 (38).
72 Vgl. *Pocsobut* ZEuP 7 (1999), 75 (90).
73 Vgl. *Basedow* AcP 200 (2000), 445 (467).
74 Auch dieser Aspekt stammt von *Basedow* AcP 200 (2000), 445 (467).
75 Vgl. dazu *Herman* in: Zimmermann (Hg.), Amerikanische Rechtskultur und europäisches Privatrecht, 1995, 45 (54 f.).
76 Vgl. *Basedow* AcP 200 (2000), 445 (468).
77 *O.W. Holmes* The Common Law, Nachdruck 1963, 5.

unter heftigen Diskussionen[78] unterschiedliche Wege hervor. Einzelne Bundesstaaten gingen daran, ihr Recht zu kodifizieren, allen voran – stark beeinflusst vom kontinentaleuropäischen Frankreich – Louisiana mit dem Louisiana Civil Code von 1825[79]. Das New Yorker Recht wurde zusammengefasst von *David Dudley Field*, seine Kodifizierungsvorschläge sind allerdings in New York[80] nie Gesetz geworden[81]. Über die Staatsgrenzen hinweg wurde allerdings in der zweiten Hälfte des 19. Jahrhunderts ein Manko der US-amerikanischen Gesetzgebung sichtbar, das weder durch *restatements*[82] noch durch *uniform laws*[83] geheilt werden konnte[84]: Im US-weiten Handel versagte das *common law*[85]. Das Handelsrecht wurde nach erneuten längeren Diskussionen 1956 im Uniform Commercial Code (UCC) auf der Grundlage von art. 1 sec. 8 clause 3 der US-Verfassung vereinheitlicht[86]. Dieser Code, der in allen Staaten mit Ausnahme

---

78 Vgl. dazu *Herman* in: Zimmermann (Hg.), Amerikanische Rechtskultur und europäisches Privatrecht, 1995, 45 (52-61).

79 Der Staat Louisiana ist mit diesem umfassenden Codex allerdings ein Einzelfall geblieben; vgl. *Zekoll* in: Zimmermann (Hg.), Amerikanische Rechtskultur und europäisches Privatrecht, 1995, 11 (12 ff.); zur Entstehung und zum Einfluss des römischen Rechts vgl. *Herman* Zeitschrift der Savigny-Stiftung für Rechtsgeschichte, Rom. Abt. 113 (1996), 293.

80 Andere Staaten übernahmen jedoch das Obligationenrecht aus der *Field'schen* Sammlung; vgl. *Herman* in: Zimmermann (Hg.), Amerikanische Rechtskultur und europäisches Privatrecht, 1995, 45 (69).

81 Er entfachte allerdings im New York der 1870er und 80er Jahre einen Streit mit *James Coolidge Carter*, der fast wie eine Kopie des sog. Kodifikationsstreits von 1814 in Deutschland aussieht. Ein Anhänger *Savignys* traf hier auf einen Jünger *Benthams* und *Thibauts*; vgl. *Reimann* 37 Am. J. Comp. L. (1989), 95 (insbesondere 97-107).

82 Vom *American Law Institute* herausgegebene Rechtsdarstellungen, die zwar auf Präjudizien basieren, formal aber aus Rechtsnormen mit Kommentierungen und Beispielen bestehen; vgl. *Hay* US-Amerikanisches Recht, 2000, Rz. 27. Sie ähneln in Systematik und Abstraktheit den Gesetzbüchern des *civil law*, vgl. *Zweigert/Kötz* Einführung in die Rechtsvergleichung, 3. Aufl. 1996, § 17 III, S. 247.

83 Von der *National Conference of Commissioners on Uniform State Laws* ausgearbeitete Modellgesetze, die aber in den einzelnen Bundesstaaten umgesetzt werden müssen, um jeweils gültig zu sein; vgl. *Schack* Einführung in das US-amerikanische Zivilprozeßrecht, 2. Aufl. 1995, 13 f.

84 Die vermeintliche Unheilbarkeit begründet sich wohl auch aus der sog. *Erie*-Doktrin des US Supreme Courts, wonach es kein einheitliches Bundes-*common law* gebe, sondern das Recht sich auch für die Bundesgerichte jeweils nach dem Recht des Bundesstaates richtet; US Supreme Court *Erie Railroad Co.* v. *Tompkins* 304 US 64, 78 (1938); vgl. *Schack* Einführung in das US-amerikanische Zivilprozeßrecht, 2. Aufl. 1995, 15, m.w.N.

85 *Stein* 52 Virginia Law Review (1965), 412.

86 Art. 1 sec. 8 clause 3 lautet: „The Congress shall have power [...] to regulate commerce with foreign nations, and among several states, and with Indian tribes." Diese Norm wird vom Supreme Court gemeinhin extensiv ausgelegt und auf alle wirtschaftlich relevanten Sachgebiete, einschließlich dem Kernbereich des Zivilrechts angewendet.

Louisianas übernommen wurde[87], knüpft in seiner Ausgestaltung und Funktion an die kontinentaleuropäischen Kodifizierungstraditionen an, da er nicht nur eine Sammlung von Rechtsregeln bilden, sondern gleichzeitig eine Rechtsquelle darstellen will, auf den die Rechtsprechung bei der Lösung neuer Fragen zurückgreifen soll[88]. Auslöser der Kodifizierung des UCC waren ausschließlich Realismus und Pragmatismus bei der Lösung eines Problems, für das sich keine Alternative zur Kodifizierung anbot: Die Rechtszersplitterung. Trotz der großen Akzeptanz des UCC in Rechtsprechung und Kautelarjurisprudenz ist der UCC (bisher) eine ‚*civil law*-Insel im Meer des *common law*'[89] geblieben, nicht zuletzt wegen seines beschränkten materiellen Regelungsbereiches.

2. Die Gesellschaftliche Funktion von Kodifizierungen

Jeremy Bentham, der im anglo-amerikanischen Rechtsraum sicherlich einflussreichste – in seinem Mutterland England aber bekanntermaßen erfolglose – Kodifikationsprotagonist, bezeichnet die Kodifikation als Motor des sozialen Fortschritts[90]. In revolutionären Zeiten wurde die Kodifikation sicherlich als Trägerin des rechtlichen und auch gesellschaftlichen Wandels begriffen. Der Sturz des alten und die Ersetzung durch ein neues System konnte mit größtmöglicher Effizienz durch ein kodifiziertes Gesetzeswerk vollzogen werden. Insoweit ist die Kodifikation immer ein in die Zukunft gerichtetes Vorhaben, durchaus im Sinne eines Motors des sozialen Fortschritts, mag sie auch inhaltlich nicht ohne Anknüpfung an Traditionelles auskommen[91]. Die gesellschaftliche Transponierung eines politischen oder weltanschaulichen Zieles kann aber nicht als Kerngehalt, schon gar nicht als hinreichende Bedingung für eine Kodifikation bezeichnet werden[92]. Allenfalls kann kodifiziertes Recht als Schaffung eines Rechtssystems zum unterstützenden Vehikel der Ideologieverwirklichung ge-

---

87 Durch das Fehlen einer einheitlichen Auslegungsinstanz ist allerdings eine erneute Rechtszersplitterung zu beobachten, der durch die Einsetzung des ‚Permanent Editorial Board for the UCC' begegnet werden soll, vgl. *Blumenwitz* Einführung in das anglo-amerikanische Recht, 5. Aufl. 1994, 48.
88 Das ist vor allem dem Einfluss des Rechtsrealisten *Karl N. Llewellyn* zuzuschreiben. Vgl. *Herman* in: Zimmermann (Hg.), Amerikanische Rechtskultur und europäisches Privatrecht, 1995, 45 (74-78).
89 In Anlehnung an *Herman, Combe, Carbonneau* zitiert nach *Zekoll* in: Zimmermann (Hg.), Amerikanische Rechtskultur und europäisches Privatrecht, 1995, 11 (12).
90 *Bentham* De l'Organisation judiciarie et de la Codification, 333; dazu und zum Folgenden auch *Herman* in: Zimmermann (Hg.), Amerikanische Rechtskultur und europäisches Privatrecht, 1995, 45 (51).
91 Vgl. *Ernst Hirsch* Das Recht im sozialen Ordnungsgefüge, 1966, 140, der in jeder Kodifikation einerseits einen Schlussstrich unter eine vergangene Periode und andererseits zugleich die rechtliche Grundlage für ein neues Kapitel der Rechtsgeschichte sieht.
92 In diesem Widerspruch verliert sich *Esser* Gesetzesrationalität im Kodifikationszeitalter und heute, in: Vogel/Esser (Hg.), 100 Jahre oberste deutsche Justizbehörde, 1977, 13, wie *K. Schmidt* Die Zukunft der Kodifikationsidee, 1985, 42 f., nachweist.

macht werden. Das Binnenverhältnis zwischen Gesellschaft und Rechtssystem ist multipolar von wechselseitiger Beeinflussung geprägt, so dass, um mit *Luhmann* zu sprechen, die Gesellschaft zwar einerseits Umwelt ihres Rechtssystems ist, andererseits alle Operationen des Rechtssystems zugleich Operationen der Gesellschaft sind[93].

Häufig beschworen werden die angeblich mit der Kodifikation verbundene Vereinfachung[94] und Übersichtlichkeit des Rechtsstoffs[95] sowie die Erhöhung der Rechtssicherheit und Rechtsklarheit[96]. Zwar wird es nie das allgemein verständliche Gesetzbuch für den Hausgebrauch geben, es wird aber die Brücke zu der eigentlichen Finalität von Gesetzen deutlich, namentlich die Verwirklichung von Gerechtigkeit. Die Klarheit und darauf begründete Sicherheit des Systems ist dabei im pluralistischen Rechtsstaat Garant für die Gleichheit vor dem Gesetz, einem der Fundamente der objektiven und subjektiven Verfassungsordnung (Art. 3 Abs. 1 GG), und damit zugleich Garant für die materiale Gerechtigkeit[97]. Die Kodifikation bietet somit eine besondere Gesetzestechnik, mit deren Hilfe soziale Gerechtigkeit in der Gesellschaft erreicht werden soll. Das lebendige System soll als Grundlage der rechtlichen Beziehungen der Privatrechtssubjekte untereinander dienen, die Gesellschaft wiederum die Lebendigkeit im Wandel des Rechts bezeugen.

3. Kodifizierungskritik und De-Kodifizierung

a) Kodifikation, Rechtsquellenlehre und Demokratie

Die Kodifizierungskritik ist so alt wie die Kodifizierungsidee selbst. Unser historischer Überblick hat gezeigt, dass die modernen Kodifizierungen wegen insistierender Kritik gelegentlich Geburtsschwierigkeiten hatten. So vertrug sich *Savignys* historisch begründete Vorstellung von der Entstehung des Rechts durch den Volksgeist[98] grundsätzlich schlecht mit legislativen Akten eines Parlaments[99]. Sein Hauptkritikpunkt an der Kodifizierung war aber noch ein ande-

---

93 *Luhmann* Das Recht der Gesellschaft, Frankfurt/Main, 1995, 34 f.
94 Dieser Punkt mag zunächst einleuchten, dass dem aber nicht so ist, zeigt sich schon an der Länge der juristischen Ausbildung, vergleicht man Kontinentaleuropa mit *common law*-Ländern.
95 Vgl. z.B. *Ernst Hirsch* Das Recht im sozialen Ordnungsgefüge, 1966, 154.
96 Dieser Ansatz ist stark geprägt von kontinentaleuropäischem Denken, da der angloamerikanische Jurist mit der Abstraktheit der *lex scripta* große Schwierigkeiten hat und daher gerade auf Einzelfallentscheidungen vertraut; vgl. *Herman* in: Zimmermann (Hg.), Amerikanische Rechtskultur und europäisches Privatrecht, 1995, 45 (56 f., insbesondere Fn. 39).
97 Vgl. *Canaris* Systemdenken und Systembegriff der Jurisprudenz, 2. Aufl. 1983, 107; *Wieacker* in: FS Boehmer, 34 (48).
98 Über Herkunft und Vorstellung der Volksgeistlehre spöttelnd, *Koschaker* Europa und das römische Recht, 1947, 196-200.
99 Vgl. *Reimann* 37 Am. J. Comp. L. (1989), 95 (114).

rer, der dann auch die Relativierung der Volksgeisttheorie überdauern konnte[100]. *Savignys* Sorge war die Einheit der Rechtsquelle. Ein Kodex ist naturgemäß ausfüllungsbedürftig, denn eine lückenlose Erfassung eines Rechtsbereichs wurde zwar häufig gefordert, war aber schon zu *Savignys* Zeiten Illusion[101]. Dementsprechend treten Lücken im Gesetz auf, die gefüllt werden wollen. In der Vorstellung *Savignys* ist das kodifizierte Recht darin funktionell überfordert, was konsequenterweise bedeutet, dass andere Rechtsquellen befragt werden müssen, allen voran – so jedenfalls *Savigny* – die Pandektenwissenschaft.

Umgekehrt wurde die Kodifikation bei Schaffung des BGB als einziges Medium verstanden, andere Rechtsquellen zu beseitigen und die Einheit im Recht herbeizuführen[102]. Gerade um Subjektivierung und Partikularisierung vorzubeugen, fiel die Wahl auf ein legislatives System, welches, in sich geschlossen gedacht, aus sich heraus Lösungen für alle denkbaren Sachverhalte anbieten sollte. Kodifiziertes Recht bedeutet demnach die explizite und zwingende Reduzierung des Rechts auf eine einzige positive Rechtsquelle. Eine wissenschaftliche Ergebnisherleitung ist deshalb nicht *per se* präkludiert; die Furcht vor dem richterlichen Subsumtionsautomaten ist schon vom Ansatz der Kodifikationsidee her konsolidiert, denn das kodifikatorische System nötigt wissenschaftliche Lückenfüllung[103]. Die Wissenschaft mag immerhin eine andere sein, denn die Ergebnisfindung erfolgt hermeneutisch, dogmatisch und systematisch, nämlich in Abhängigkeit von legislativen Vorgaben[104]. Diese wiederum haben ihren Urgrund im gewalteteiligen Rechtsstaat. Kodifiziertes Recht ist in dieser Hinsicht ur-demokratisches Recht.

b) Dekodifikationstheorie

Im letzten Drittel des 20. Jahrhunderts kam eine neue kritische Welle auf, die den Zerfall der großen Kodifikationen observierte und diesen Prozess terminologisch als „De-Kodifikation" fasste. Allen voran beklagte *Natalino Irti* den

---

100 Diesen Gedanken hat besonders eindrücklich *Caroni* 39 Tijdschrift voor Rechtsgeschiedenis (1971), 451 (460 ff.) herausgearbeitet.
101 Vgl. *Rüthers* Rechtstheorie, 1999, Rz. 822, der allerdings, entgegen der hier vertretenen Ansicht davon ausgeht, dass an der Lückenhaftigkeit die Kodifikationsidee zerbrach.
102 Vgl. *Hölder* Kommentar zum Allgemeinen Theil des Bürgerlichen Gesetzbuchs, 1900, 3 f.
103 Vgl. *Rüthers* Rechtstheorie, 1999, Rz. 835; vgl. umfassend dazu *Canaris* Die Feststellung von Lücken im Gesetz, 2. Aufl. 1983; *ders.* Systemdenken und Systembegriff in der Jurisprudenz, 2. Aufl. 1983, 95-100.
104 Dass damit vom Standpunkt der Wissenschaftlichkeit ein Souveränitätsverlust verbunden sein soll, wie *Luhmann* Ausdifferenzierung des Rechts, 187, meint, vermag ich nicht zu erkennen. Hermeneutische Wissenschaft scheint mir nicht weniger wissenschaftlich zu sein als heuristische Ergebnisfindung.

Verlust an Sicherheit[105] im Ordnungssystem des modernen Gesetzesstaates. *Friedrich Kübler* sah darüber hinaus in der modernen Demokratie die Kodifizierung als schlicht undurchführbar und nicht wünschenswert. Das de-kodifizierende Einzelgesetz sei anpassungsfähiger und kompromissbereiter und daher der Ökonomie des politischen Systems angemessen[106]. Diese allgemeine systemische Kritik erscheint konkretisiert häufig auf die Umformung der Gesellschaft im sozialstaatlichen Sinne. Die Umformung des BGB im sozialrechtlichen Sinne unter Wahrung des geschlossenen Kodifikationsstils wird als nicht möglich angesehen[107]. Als Kontrast zu dieser These wird im Rahmen der rechtlichen Umwälzungsprozesse in Osteuropa wiederum die Kodifikation als einziges hinreichendes Medium zur Verwirklichung des neuen Rechts begriffen[108].

Das Bild der Kodifikation ist sicherlich kein statisches. Das System ist, will es überleben, ein sich wandelndes, beeinflusst von Rechtsprechung und Gesetzgebung. Die vormalige Kritik an kodifiziertem Recht, dass es nicht flexibel auf den Einzelfall reagieren könne, dass es Vollständigkeit vorgaukele, wo es keine abschließende Sicherheit gibt, kann daher relativ rasch beiseite geschoben werden. Geschaffen werden soll keine vorgreifliche Fallsammlung, sondern ein ‚inneres System' im Sinne von *Canaris*, aus dem heraus rechtliche Antworten auf gesellschaftliche Probleme entwickelt werden können[109]. Eine Rechtskultur der Kodifikation zeichnet sich durch Systemdenken aus, basierend auf Abstraktion und Analogie. *Karsten Schmidt* ist sicherlich Recht zu geben, wenn er schreibt: „[D]ie Feststellung von Dekodifikationsprozessen [steht] nicht notwendig in Widerspruch zur Kodifikationsidee. Diese ist vielmehr lebendig, solange nur der Gesetzgeber um den Blick auf das Ganze bemüht bleibt"[110]. Das Ganze, das System ist daher Dreh- und Angelpunkt der Kodifikation[111]. Das Wechselspiel von Kodifikation und Dekodifikation ist im Sinne *Karsten Schmidts* systemimmanent, vielleicht könnte man es als das normale Kodifikationsinnenleben umschreiben. In Systemreinheit betrachtet verläuft die Kodifikation zirkulär – oder wie *Karsten Schmidt* sagt, dialektisch – über verschiedentliche dekodifizierende, zentrifugale wie zentripetale Weiterentwicklungen des Rechts durch Wis-

---

105 *Irti* L'età della codificatione, 1979, 3 (59 ff.).
106 *Kübler* JZ 1969, 645, (649-651).
107 Vgl. z.B. *Wieacker* in: FS Boehmer, 34 (49 f.); das Verbraucherschutzsystem betreffend stimmt *Drexl* Die wirtschaftliche Selbstbestimmung des Verbrauchers, 1998, 75 f. der Kodifikationswidrigkeit wohl zu.
108 *F.C. Schroeder* in: F.C. Schroeder (Hg.), Die neuen Kodifikationen in Russland, 9 (26), spricht von einer materiellen wie idealtypischen Verfehltheit der These *Küblers*.
109 Vgl. *Canaris* Systemdenken und Systembegriff in der Jurisprudenz, 2. Aufl. 1983, 40 ff.
110 *K. Schmidt* Die Zukunft der Kodifikationsidee, 1985, 48.
111 Wenn *Dörner* in: Schulze/Schulte-Nölke (Hg.), Die Schuldrechtsreform vor dem Hintergrund des Gemeinschaftsrechts, 2001, 177 (178) davon spricht, dass eine Integration der Nebengesetze in das BGB vom Gesetzgeber eine erhöhte systematische Disziplin abverlangt, so dürfte das ein wenig zu kurz gegriffen sein. Die Systemschaffung ist das Hauptanliegen der Kodifikation.

senschaft, Rechtsprechung und Gesetzgebung hin zu einer Re-Kodifikation, zurück zum Beginn des Kreises[112].

Die Idee ist lebendig und auch im modernen demokratischen Rechtsstaat – entgegen *Kübler*[113] – ein wirksames und demokratisches Medium, um die Gesellschaft sozial und gerecht zu ordnen. In Anbetracht der niederländischen Re-Kodifikation des Zivilrechts von 1992 wurde daher zu Recht von einer Renaissance der Idee der Kodifikation gesprochen[114].

4. Zusammenfassung: Was meint Kodifikation

Was versteht man nun also unter Kodifikation? Kann eventuell heute gar nicht mehr von Kodifikation gesprochen werden oder haben sich Funktion und unser Verständnis grundlegend gewandelt?

a)   Materielle Grundlagen der Kodifikation

Die von uns betrachtete Entwicklung bringt uns zu der Annahme, dass Kodifikation auf vier Säulen ruht:

aa)   Republikanische Staatsverfassung (Verfassungspolitische Säule)

Gedanklich zuerst ist die Schaffung eines konstitutionellen Systems, welches auf dem Prinzip der Gewaltenteilung basiert. In der Staatsverfassung muss sich der Glaube an die Unterscheidbarkeit und Trennung von Legislative einerseits und Judikative andererseits niedergeschlagen haben und in diesem *kantischen* Sinne republikanisch[115], modern würden wir sagen rechtsstaatlich sein[116]. Die Verfassung muss ein Rechtssetzungsmonopol eines souveränen Legislators vorsehen[117], der im Übrigen nicht unbedingt ein demokratischer sein muss, wie der Blick auf die Entstehung des *Code Napoléon* gezeigt hat.

bb)   Kodifikationsidee (Ideengeschichtliche Säule)

Die Kodifikation muss getragen sein von einem einheitlichen Willen, der in einer einheitlichen Gerechtigkeitskonzeption seinen Niederschlag gefunden haben muss. Die Kodifikation will – in den Worten *Wieackers* – die Gerechtigkeit neu

---

112   Vgl. *K. Schmidt* Die Zukunft der Kodifikationsidee, 1985, 48-54.
113   Für *F. Bydlinski* Juristische Methodenlehre und Rechtsbegriff, 1982, 577 f. Fn. 394 war die Sicht Küblers zu pessimistisch. Die Entwicklung der Kodifikation hat ihm wohl Recht gegeben; vgl. auch *Schmoekel* NJW 1996, 1697 (1703).
114   So der Titel von F. Bydlinski/Mayer-Maly/Pichler (Hg.), Renaissance der Idee der Kodifikation, 1991.
115   Vgl. *Kant* Zum ewigen Frieden, Reclam-Ausgabe, 13 f. Der dort das demokratische System als despotisch geißelt, weil er es versteht als ein System direkter Demokratie. Das gewaltenteilige ist aber notwendigerweise ein repräsentatives System.
116   *Hill* Einführung in die Gesetzgebungslehre, Heidelberg 1982, 27.
117   *Wieacker* in: FS Boehmer, 34 (36).

erfinden[118]. Einer der tragenden Gerechtigkeitsgesichtspunkte ist dabei das Prinzip der Gleichheit vor dem Gesetz, verankert in Art. 3 GG. Die Realisation der Gesetzesgleichheit produziert Rechtssicherheit und Berechenbarkeit[119], zwei tragende Eckpfeiler des Rechtsstaatsprinzips[120]. Kodifikation bedeutet in diesem Zusammenhang die Fixierung und Absicherung rechtlicher Positionen[121] gegenüber staatlicher Willkür und richterlicher Innovation[122]. Widerspruchsfreiheit, Stabilität, Bestimmtheit und Berechenbarkeit, also Rechtssicherheit im weiteren Sinne, sind Qualitäten des objektiven Rechts[123]. In diesem Sinne impliziert ein Kodifizierungsvorhaben eine Selbstbindung des Gesetzgebers. Die Verwirklichung dieser Prinzipien sind in sich materielle Gerechtigkeitsprinzipien, die implementiert werden mit sozialen und gesellschaftlichen Gerechtigkeitsbestrebungen. In unserem historischen Überblick haben wir stark liberal geprägte Systeme, allen voran den *Code civil* und in abgeschwächter Form auch das BGB, kennen gelernt, aber auch gesehen, dass sozialistische Rechtssysteme kodifiziertes Recht instrumentalisiert haben. Ein gesellschaftspolitisches Ordnungsmuster wird in der Regel vorhanden sein.

cc) Rechtsvereinheitlichungsbestrebung

Die historische Betrachtung moderner Kodifikation, namentlich des BGB[124], hat gezeigt, dass diese als Medium der Rechtsvereinheitlichung diente. Vormals rechtspartikularisierte Territorien wurden durch Geltungsverschaffung eines einzigen Gesetzeskodex uniert. Historisch fand diese Partikularisierung meist auf der vertikalen Ebene statt, d.h. zur Umsetzung der Vereinheitlichung musste die Rechtssetzungskompetenz auf eine höhere Systemebene gebracht werden.

Kodifikation strebt aber auch stets einen Vereinheitlichungseffekt auf horizontaler Ebene an. Von einer Kodifikation lässt sich nur dann sprechen, wenn ein sozialer Teilbereich in einem einheitlichen Gesetzeswerk systemisch lückenlos normativ – durchaus im wörtlichen Sinne – umfasst werden soll, also das gesamte bürgerliche Recht, das gesamte Zivilprozessrecht oder das Verbraucher-

---

118 *Wieacker* in: FS Boehmer, 34 (36).
119 *Hill* Einführung in die Gesetzgebungslehre, 1982, 28.
120 Vgl. *Herzog* in: Maunz/Dürig/Herzog/Scholz (Hg.), Kommentar zum Grundgesetz, Art. 20 VII, Rz. 58 ff.; *Schulze-Fielitz* in: Dreier (Hg.), Grundgesetz, Band II, 1998, Art. 20, Rz. 136; *H. Maurer* in: Isensee/Kirchhof (Hg.), Handbuch des Staatsrechts, Band III, 1988, § 60, Rz. 26.
121 Die Notwendigkeit dieser Absicherung setzt natürlich die Entstehung subjektiver Rechte voraus, vgl. dazu *Habermas* Faktizität und Geltung, 5. Aufl. 1997, 109-135.
122 Vgl. *Hassemer* in: Einführung in die Rechtsphilosophie und Rechtstheorie der Gegenwart, 6. Aufl. 1994, 252.
123 Vgl. *Basedow* ZEuP 1996, 570 (573).
124 *Lüderitz* in: Bundesministerium der Justiz (Hg.), Vom Reichsjustizamt zum Bundesministerium der Justiz, FS zum 100 Jährigen Gründungstag des Reichsjustizamtes am 1. Januar 1877, 1977, 213 (219).

schutzrecht, das Recht der Kaufleute usw.[125]. Die Auswahl des Bereichs oder die Beschränkung auf einen Teilbereich obliegt dabei dem kodifikationsgebenden Gesetzgeber.

dd) Zeugnis nationaler Identität

Ein vierter Punkt ergibt sich aus dem Vorangehenden: Die Kodifikation stiftet Identität, im modernen Nationalstaat war das explizit die nationale Identität. Die Kodifikation wurde begriffen als Symbol der Unabhängigkeit, sei es von anderen Staaten, wie im jungen deutschen Reich die Abkehr vom französischen[126] und auch vom römischen[127] und damit fremden Recht, sei es von vorangegangenen Staats- und Gesellschaftsformen, wie im postrevolutionären Frankreich oder im kommunistischen Russland, die Kodifikation wurde angesehen als nationaler Beitrag zum geistigen und kulturellen Kampf der Nationen[128].

b) *Verwirklichung in einem Kodex als Rechtssystem*

Haben wir soeben die materiellen oder gesellschaftlichen Säulen gefunden, auf denen die Kodifikation als Gesetzestechnik ruht, müssen wir uns nun fragen, wie ein solches System praktisch funktionieren kann.

aa) Der kodifikationsgebende Gesetzgeber (*pouvoir codifiant*)

Die finale Umsetzung der dargestellten Voraussetzungen geschieht durch funktionale Systematisierung des Rechts. Die ‚Positivierung des Rechts' im Sinne *Luhmanns*[129] geschieht durch den Akt der Institution eines von einheitlichen Rechtsprinzipien getragenen, in die Zukunft gerichteten Systems. Das geschieht durch die Zusammenfassung von Werten in der Annahme, dass die in Bezug genommenen Grundsituationen massenhaft und typisch vorkommen und daher Modellcharakter haben[130]. Der Kodifikationsgeber systematisiert daher vornehmlich durch Abstraktion der Rechtsfragen in allgemein gültige Normen. Zwar besteht zugleich ein inhärenter legislativer Alternierbarkeitsvorbehalt, dem aber regelmäßig ein verfahrensrechtlich konstituierter Begründungsdiskurs[131] vor den Augen des Bürgers[132] vorauszugehen hat. Der Kodifizierungsge-

---

125 Von Kodifikation in anderen Rechtsgebieten, etwa dem StGB oder der VwGO, dem SGB und anderen soll hier nicht gesprochen werden.
126 Vgl. die Hinweise bei *Schulte-Nölke* NJW 1996, 1705 (1709).
127 Vgl. *Hölder* Kommentar zum Allgemeinen Theil des Bürgerlichen Gesetzbuchs, 1900, 1.
128 Vgl. *Lüderitz* in: Bundesministerium der Justiz (Hg.), Vom Reichsjustizamt zum Bundesministerium der Justiz, FS zum 100 Jährigen Gründungstag des Reichsjustizamtes am 1. Januar 1877, 1977, 213 (220).
129 *Luhmann* Rechtssoziologie 1, 1972, 190 ff.
130 Vgl. *Westermann* AcP 178 (1978), 150 (159).
131 Die Unterscheidung zwischen Begründungs- und Anwendungsdiskurs stammt von *Habermas* Faktizität und Geltung, 5. Aufl. 1997, 211 ff.

ber legt sich aber – nicht nur aus verfassungsrechtlichen, sondern auch aus ökonomischen Gründen – regelmäßig selbst Zurückhaltung auf.

bb) Kodifikationskonforme Wissenschaft und Rechtsprechung

Die richterliche Rechtsanwendung ist nicht nur an Regeln, sondern auch an System und Methodik gebunden[133]. Die Gewähr von Gleichmäßigkeit, Gleichheit und Rechtssicherheit ist notwendig und auch hinreichend bedingt durch ein konklusives System. *Karsten Schmidt* nennt diesen Aspekt die Notwendigkeit der kodifikationsgerechten Rechtsprechung[134]. Demnach haben sich Rechtsprechung und ebenso die Rechtswissenschaft an der theoretischen Durchdringung und Weiterentwicklung des kodifizierten Rechtssystems durch Bildung von Rechtsgrundsätzen und Institutionen zu beteiligen. Die Vorbehalte *Savignys* bezüglich der Rechtsquellenreinheit sind dann gegenstandslos, denn eine systematisch strukturierte Kodifikation benötigt in der Rechtsanwendung neben sich keine sekundären Rechtsquellen[135].

cc) Der kodifikationsändernde Gesetzgeber (*pouvoir codifié*)

Neben der Anwendung ist aber auch die Fortentwicklung des gesetzten Rechts für den kodifikationsändernden Gesetzgeber präjudiziert durch die Kodifikationsidee; mit anderen Worten, gesellschaftlich notwendige oder politisch gewünschte Adaptionen des kodifizierten Rechts müssen vom kodifizierungsändernden Gesetzgeber systemisch integriert werden. *Karsten Schmidt* könnte demnach terminologisch um eine kodifikationsgerechte Gesetzgebung ergänzt werden[136].

Wie bereits oben angedeutet, kann die Entwicklung zirkulär beschrieben werden als Wechselwirkung zwischen Gesetzestext, wissenschaftlicher Ausformung, Rechtsprechung und Gesetzesnovellen. Dadurch gelangen wir zu einem konklusiven und kohärenten System, dem Kodifikationsinnenleben. Systembrüche sowohl durch Rechtsanwendung und Wissenschaft als auch durch den ändernden Gesetzgeber implizieren zugleich potentielle Verletzungen des Gleichheitspostulats.

---

132 *Herzog* in: Maunz/Dürig/Herzog/Scholz (Hg.), Kommentar zum Grundgesetz, Art. 20 VII, Rz. 59.
133 Vgl. *Hassemer* in: Einführung in die Rechtsphilosophie und Rechtstheorie der Gegenwart, 6. Aufl. 1994, 262.
134 Vgl. *K. Schmidt* Die Zukunft der Kodifikationsidee, 1985, 68 ff.
135 Vgl. *Esser* in: Vogel/Esser (Hg.), 100 Jahre oberste deutsche Justizbehörde, 1977, 13 (20).
136 *K. Schmidt* Die Zukunft der Kodifikationsidee, 1985, 74-76, spricht nur von einer rechtsprechungsgerechten Kodifikation, in dem Sinne, dass die Gesetzgebung die Entwicklung der Kodifikation in Rechtsprechung und Wissenschaft zu berücksichtigen habe.

c) Formelle Voraussetzungen einer Kodifikation

Es fehlen uns nun noch die formellen Voraussetzungen, die das Kodifikationsmodell ermöglichen können. Ein kodifiziertes Rechtssystem in dem soeben beschriebenen Sinne ist – will es tatsächlich Träger der Gerechtigkeitsverwirklichung sein – an vor allem zwei formelle Voraussetzungen geknüpft. Systemreinheit lässt sich nur durch Einheit der Gesetzgebungsebenen erreichen. Der Anspruch des BGB – und jeder Kodifikation – auf systematische Geschlossenheit und Vollständigkeit setzt gedanklich voraus, dass alle Rechtssätze auf den Willen eines einzigen Gesetzgebers zurückgeführt werden können[137]. Dabei lassen sich zwei Differenzierungen einführen:

1. Der kodifizierende Gesetzgeber muss in dem zu kodifizierenden Bereich die umfassende Kompetenz zur Gesetzgebung haben, d.h. er muss die verfassungsrechtliche Befugnis zur uneingeschränkten autonomen Rechtssetzung haben. Wäre dem nicht so, könnte er nicht ein einheitliches und im lebendigen Sinne abgeschlossenes Rechtssystem schaffen und erhalten. In Abhängigkeit zu einem weiteren Kompetenzinhaber ließe sich die Einheitlichkeit und Reinheit des Systems nicht gewährleisten. Es handelt sich hierbei um ein verfassungsrechtliches Element.

2. Der Gesetzgeber muss die uneingeschränkte Rechtssetzungsmacht haben, verstanden als die rechtstatsächliche Fähigkeit, bestimmte, inhaltlich für richtig erkannte Ziele in Rechtsnormen zu gießen und diesen innerhalb seines Wirkungsbereiches, für einen von ihm gewählten Zeitraum Geltung zu verschaffen. Unabhängig von der unter (1) konstituierten verfassungsrechtlichen Frage der Kompetenz geht es hierbei um die faktische Durchsetzbarkeit und Konservierbarkeit gesetzgeberischer Vorhaben. Auch diese zweite Voraussetzung ergibt sich aus der Funktion der Kodifikation, ihren Regelungsbereich abschließend darzustellen und systemlogisch zu erhalten.

Die Trennung der beiden Bedingungen ad (1) und ad (2) ist nicht ausschließlich theoretischer Natur. Gemeinhin werden zwar beide Voraussetzungen in einer legislativen Hand vereint sein und bei den im historischen Teil betrachteten Kodifikationen war dem auch so, zwingend ist das gleichwohl nicht. Sie stehen in einer chronologischen Abhängigkeit, insoweit als die Kompetenz und deren Ausübung (1) notwendigerweise der faktischen Umsetzung (2) zeitlich vorausgeht.

Diese beiden Komponenten lassen sich terminologisch als Kodifikationsaußenleben zusammenfassen. Sie bilden die formellen, externen Voraussetzungen für die Erstellung eines Systems, das in dem oben beschriebenen Sinne im Inneren funktionieren kann.

---

137 *Schulze/Schulte-Nölke* in: Schulze/Schulte-Nölke (Hg.), Die Schuldrechtsreform vor dem Hintergrund des Gemeinschaftsrechts, 2001, 3 (7).

III. Wandel des Zivilrechts

Halten wir uns die soeben skizzierte Entwicklung der Gesetzeskodices vor Augen, so wird deutlich, dass wir am Anfang des 21. Jahrhunderts vor einer anderen politischen, gesellschaftlichen und insbesondere auch rechtlichen Situation stehen als zur Zeit der großen Kodifizierungen. Das Zivilrecht hat sich im letzten Jahrhundert maßgeblich gewandelt. In der zweiten Hälfte des 20. Jahrhunderts kam ein neuer Aspekt hinzu, der das nationale Zivilrecht auf den Kopf stellen sollte: Das Europarecht. Die Auswirkungen dieser Entwicklung auf ein Kodifizierungs-, genauer Re-Kodifizierungsvorhaben sind bislang, soweit ersichtlich, nicht hinreichend untersucht worden. Zunächst wollen wir uns noch einmal bewusst machen, worin der Einfluss der europäischen Institutionen auf das nationale Privatrecht besteht (1.). Im Anschluss daran soll herausgearbeitet werden, welche Konsequenzen dieser Einfluss auf die einzelstaatliche Legislative hat (2.). Schließlich wird der europarechtlich bedingte Wandel auf das deutsche Kodifizierungsvorhaben übertragen (3.).

1. Europäisierung der Privatrechtsordnung

Die Gründung der Europäischen Gemeinschaften durch die Verträge zur Montanunion[138], zur Europäischen Wirtschaftsgemeinschaft[139] und zur Atomgemeinschaft[140] hatte sicherlich zunächst anderes im Auge als eine Vereinheitlichung des Zivilrechts der Mitgliedsstaaten. Primäres Ziel der europäischen Idee, auch und gerade durch wirtschaftliche Integration, war die Friedenssicherung in dem durch zwei Weltkriege stark beeinträchtigten und misstrauisch ängstlichen Europa, frei nach der von *Kant* in seiner feinen, nunmehr über 200 Jahre alten Schrift ‚Vom ewigen Frieden' geäußerten Überzeugung, dass Staaten, die im Handel verbunden sind – jedenfalls untereinander – keine Kriege führen[141]. Dass diese Gemeinschaften, deren Aufgabenbereiche zunächst vor allem im Völker- und öffentlichen Recht gesehen wurden[142], vier Jahrzehnte nach ihrer

---

138 Vertrag über die Gründung der Europäischen Gemeinschaft für Kohle und Stahl vom 18. April 1951, BGBl. II, 447.
139 Vertrag zur Gründung der Europäischen Wirtschaftsgemeinschaft vom 25. März 1957, BGBl. II, 766, 1678; 1958, 64.
140 Vertrag zur Gründung der Europäischen Atomgemeinschaft vom 25. März 1957, BGBl. II, 1014, 1679.
141 „Es ist der Handelsgeist, der mit dem Kriege nicht zusammen bestehen kann." *Kant* Vom ewigen Frieden, Definitivartikel, Zweiter Zusatz, Reclam-Ausgabe (1984), S. 33. Dass sich *Kants* Einschätzung in diesem Punkt als Illusion erwies, zeigt *Habermas* in: Lutz-Bachmann/Bormann (Hg.), Frieden durch Recht: *Kants* Friedensidee und das Problem einer neuen Weltordnung, 1996, 1 (13 f.).
142 Das Lehrbuch von *Bleckmann* Europarecht enthält erstmals in der 6. Auflage 1997 ein Kapitel über das europäische Privatrecht (für diesen Hinweis danke ich Herrn Prof. Dr. *Christian Wolf*).

Gründung sich zu einer eigenständigen Rechtsordnung entwickeln würden, mit einer beachtlichen Vereinheitlichungstendenz hinein in alle Bereiche des Rechtslebens[143], vermochte damals niemand zu prognostizieren[144]. Erst in den neunziger Jahren setzte eine Diskussion um die Europäisierung des Privatrechts ein[145]. Dann allerdings mit Macht.

Der europäische Einfluss ist nach heutigem Verständnis ein Fakt. Man mag das bedauern, leugnen lässt es sich jedenfalls nicht. Erscheinungsformen gibt es eine ganze Reihe, ohne dass eine einheitliche Definition möglich wäre[146]. Die nationale Zivilrechtsordnung kann nicht mehr isoliert in horizontaler Harmonie neben anderen Rechtsordnungen betrachtet werden. Sie ist eingebettet in ein vertikal hierarchisches Stufenmodell, an dessen Spitze das Gemeinschaftsrecht steht[147]. Instrumente des Gemeinschaftsrechts für die Rechtsangleichung sind neben den Wirkungen des Primärrechts, namentlich der Grundfreiheiten und Verordnungen insbesondere die Richtlinien, die zwar keine unmittelbare Wirkung entfalten können, aber von den Mitgliedstaaten zwingend umgesetzt werden müssen[148]. Für diese Einflussform der EU auf die nationale Privatrechtsordnung hat sich in Abgrenzung zum ‚Konventionsprivatrecht'[149], dem ‚gemeineuropäischen Privatrecht'[150] und den ‚internationalen Standardisierungselementen'[151] der Begriff des ‚Gemeinschaftsprivatrechts' durchgesetzt[152].

---

143 Die Fühler des EuGH reichen bis in Materien, die im Allgemeinen als noch nationalstaatsautonomer gelten als das Zivilrecht, z.B. das Strafprozessrecht, vgl. *Safferling* In re Bickel and Franz, 94 AJIL (2000), 638.

144 Vereinzelte Stimmen wie *Hallstein* RabelsZ 28 (1964), 211 oder *Zweigert* RabelsZ 28 (1964), 601 ausgenommen.

145 *Franzen* weist in seiner Habilitationsschrift, Privatrechtsangleichung durch die Europäische Gemeinschaft, 1999, 1, darauf hin, dass *Zöllner* noch zur Eröffnung der Zivilrechtslehrertagung 1987 über ‚Zivilrechtswissenschaft und Zivilrecht im ausgehenden 20. Jahrhundert' sprechen konnte, ohne das Thema Europäisierung eigens zu diskutieren, vgl. AcP 188 (1988), 85 ff.

146 Vgl. *Gebauer* Grundfragen der Europäisierung des Privatrechts, Heidelberg 1998, 59 f.

147 Der Vorrang des Gemeinschaftsrechts entspricht der schon früh geprägten Rechtsansicht des EuGH, 15. 7. 1964, Rs – 6/64 – Slg. 1964, 1251 (Costa/E.N.E.L.); vgl. *Larenz/Wolf* Allgemeiner Teil des deutschen Bürgerlichen Rechts, 8. Aufl. 1997, § 2, Rz. 110.

148 Die daneben bestehenden Handlungsformen der Verordnung oder der Empfehlung können nicht mit der herausragenden Rolle der Richtlinie in diesem Bereich konkurrieren; vgl. *Hommelhoff* AcP 192 (1992), 71 (74); *Schulte-Nölke/Schulze* in: Schulte-Nölke/Schulze (Hg.), Europäische Rechtsangleichung und nationales Privatrecht, 1999, 12.

149 Gemeint ist damit das völkerrechtlich begründete Privatrecht, wie bisher das EuGVÜ, welches nun aber ‚vergemeinschaftet' wird; vgl. dazu *R. Wagner* IPRax 1998, 241.

150 Verstanden als ohne gemeinschaftsrechtliche oder konventionsrechtliche Verbindlichkeit bestehende Gemeinsamkeiten in den einzelstaatlichen Privatrechtsordnungen.

151 Darunter fallen insbesondere technische Regeln, denen keine eigene Rechtsqualität zukommt.

Der europäische Gesetzgeber ist in der Wahl seiner legislatorischen Betätigungsfelder immerhin beschränkt. Im primären Gemeinschaftsrecht finden sich Ziele und Kompetenzen, durch die der Handlungsbereich abgesteckt wird[153].

a) Kompetenzkatalog

Das Gemeinschaftsrecht basiert auf dem Ziel der EU, das Funktionieren des Binnenmarktes durch Harmonisierung der mitgliedstaatlichen Rechtsordnungen zu gewährleisten (vgl. Art. 3 Abs. 1 h) EG). Dabei steht der Verbraucherschutz an gleichermaßen privilegierter Position in Art. 3 Abs. 1 t) EG.

Eine einheitliche Kompetenz im Bereich des Zivilrechts oder für eine mitgliedstaatliche Rechtsangleichung als Selbstzweck kennt das Europarecht jedenfalls bisher nicht. Es folgt dem Prinzip der *„compétence d'attribution"*, dem Prinzip der begrenzten Einzelermächtigung, verbürgt in Art. 5 EG (ex-Art. 3b EGV)[154]. Die Kompetenz zum Erlass von Richtlinien im Bereich des Zivilrechts findet sich in Art. 95 EG (ex-Art. 100a EG-Vertrag)[155], basierend auf dem Ziel des Art. 14 Abs. 1 EG der Errichtung des Binnenmarktes. Art. 95 EG enthält in dieser Hinsicht die speziellere Vorschrift im Verhältnis zu Art. 94 EG, ist aber ihrerseits von weiteren Spezialvorschriften flankiert. In dieser Position wird Art. 95 EG gelegentlich ‚lex generalis relativa' genannt[156]. Der Rechtsprechungskompetenzkatalog von Art. 3 Abs. 1 h), 94, 95 EG ist immanent beschränkt durch das Erforderlichkeitskriterium und den Subsidiaritätsgrundsatz[157].

In seiner jüngsten Entscheidung zur Tabakwerberichtlinie[158] hat der EuGH dargelegt, dass eine Kompetenz nach Art. 95 EG nur dann gegeben ist, wenn die anvisierte Maßnahme den Zweck hat, die Voraussetzungen für die Errichtung

---

152 Vgl. zur Terminologie insgesamt, *Müller-Graf* NJW 1993, 13.
153 Diese konstitutionelle Determiniertheit der Kompetenzen muss m.E. nicht notwendigerweise mit der Frage der Staatlichkeit vermengt werden, wie das gemeinhin seit dem Maastricht Urteil des BVerfG, 12. 10. 1993 – 2 BvR 2134, 2159/92 – in BVerfGE 89, 155, in der deutschen Literatur diskutiert wird.
154 Vgl. Schlussantrag des Generalanwalts Lagrange in EuGH – Rs. 7/56, 3/57-7/57, Slg. 1957, 81 (167) (Alegra u.a./Common Assembly), jüngst auch EuGH 5. 10. 2000 – Rs. C-376/98 – NJW 2000, 3701, Rz. 83 (Bundesrepublik Deutschland/Europäisches Parlament und Rat der EU).
155 Die Zitierweise der Gemeinschaftsnormen erfolgt entsprechend den Gepflogenheiten am EuGH, s. NJW 2000, 52.
156 *Kahl* in: Callies/Ruffert (Hg.), Kommentar zum EU-Vertrag und EG-Vertrag, 1999, Art. 95 Rn. 5. Art. 94 EG wird in dieser Terminologie ‚lex generalis absoluta' genannt.
157 Vgl. *Kirchner* in: Grundmann (Hg.), Systembildung und Systemlücken in Kerngebieten des Europäischen Privatrechts, 2000, 99 (107).
158 Vgl. dazu schon vor der Entscheidung des EuGH die Rechtmäßigkeit der Richtlinie verneinend: *Simma/Weiler/Zöckler* Kompetenzen und Grundrechte, 1999.

oder das Funktionieren des Binnenmarktes zu verbessern[159]. Eine Gemeinschaftskompetenz ist zukünftig danach zu bemessen, ob die Uneinigkeit der nationalen Rechtsvorschriften (1) zu Hindernissen für den Handel führt oder solche Hindernisse wahrscheinlich sind oder (2) spürbare, d.h. nicht lediglich geringfügige Wettbewerbsverzerrungen im Binnenmarkt hervorgerufen werden[160]. Der EuGH will darüber nicht in einer Gesamtbetrachtung entscheiden, sondern jede Einzelregelung für sich hinterfragen. Das hat die Konsequenz, dass innerhalb einer Richtlinie einzelne Regelungen kompetenzwidrig sein können[161].

Erwähnung findet in Art. 95 Abs. 3 EG darüber hinaus der Verbraucherschutz. Seine Stellung ist indes nicht die eines Primärzieles, dieses bleibt allein die Verwirklichung des Binnenmarktes, sondern die eines Sekundärziels[162]. Das wird teilweise bestritten, ausgehend von der passiven Gewährleistungsseite der Grundfreiheiten durch den EuGH[163]. Dabei wird gelegentlich behauptet, dass der Gleichbehandlungsschutz für den Nachfrager in erheblichem Maße den Endverbraucher betreffe. In der Konsequenz hätte beinahe jede Verbraucherschutzmaßnahme Binnenmarktbezug[164]. Der Gehalt dieses Arguments sei dahingestellt[165], Spielraum zur Erweiterung der Kompetenznorm ist jedenfalls gegeben.

Als weitere Primärnorm nennt Art. 153 EG (ex-Art. 129a EG-Vertrag) den Verbraucherschutz. Hier wurde im Maastrichter Vertrag dem Verbraucherschutz ein gesonderter Titel gewidmet. In Art. 153 Abs. 3a) EG ist eine nunmehr überflüssige Verweisung auf Art. 95 EG enthalten[166]. Eine Modifizierung oder Stärkung von Art. 95 EG ist nicht intendiert, dem Verbraucherschutz soll nicht die Position eines Primärzieles zuteil werden[167]. Enthalten ist eine originäre Kompetenzvorschrift in Art. 153 Abs. 3b) i.V.m. Abs. 4 EG, die zum Er-

---

159 EuGH 5. 10. 2000 – Rs. C-376/98 – NJW 2000, 3701 Bundesrepublik Deutschland/Europäisches Parlament und Rat der EU.
160 EuGH (Fn. 159) Rn. 86, 106 f. Der EuGH sah diese Voraussetzungen für die Richtlinie 98/43/EG (Tabakwerbung) als nicht gegeben an und erklärte diese für nichtig.
161 Vgl. *Roth* in: Ernst/Zimmermann (Hg.), Zivilrechtswissenschaft und Schuldrechtsreform, 2001, 225 (232).
162 Vgl. *Wichard* in: Callies/Ruffert (Hg.), EUV/EGV, Art. 153 Rz. 13.
163 Vgl. z.B. EuGH 2. 2. 1989 – Rs. 186/87 – Slg. 1989, 195 (221), Rz. 17 (Cowan/Trésor public für die Dienstleistungsfreiheit).
164 In diesem Sinne etwa *Micklitz/Reich* EuZW 1992, 593; *Reich* ZEuP 1994, 381 (387 f.); pointiert und weitergehend *Heiss* ZEuP 1996, 625 ff.
165 *Franzen* Privatrechtsangleichung durch die Europäische Gemeinschaft, 1999, 114, hält dieses Argument nicht für tragfähig, da andernfalls Art. 153 Abs. 3b) EG keinen Sinn mehr ergebe.
166 A.A. *Staudenmayer* in: Grundmann/Medicus/Rolland (Hg.), Europäisches Kaufgewährleistungsrecht, 2000, 27 (29), der über die Unstimmigkeiten zwischen Rat und Europäischem Parlament hinsichtlich der Rechtsgrundlage der Kaufgewährleistungsrichtlinie berichtet.
167 Vgl. *Wichard* in: Callies/Ruffert (Hg.), EUV/EGV, Art. 153 Rz. 14.

lass rechtlich verbindlicher Maßnahmen im Sinne von Art. 248 EG ermächtigt[168]. Diese dürfte allerdings im Rahmen von Rechtsharmonisierung keine Rolle spielen, da sie auf Politiken der Mitgliedstaaten und deren Förderung und Unterstützung abzielt[169]. Daher genießt hier der Mitgliedstaat in jedem Fall Vorrang in der Auswahl seiner Handlung, die EU greift nur subsidiär unterstützend unter die Arme[170].

Zusammenfassend kann festgehalten werden, dass die EU die Kompetenz zur Rechtsangleichung besitzt, diese allerdings stets binnenmarktbezogen ist[171]. Letztlich kann aber auch von einer faktisch eigenständigen Verbraucherschutzkompetenz ausgegangen werden[172]. Die Gesetzgebungsorgane der EU differenzierten bei Erlass der Richtlinie 1999/44/EG nicht einmal genau, sondern beriefen sich eher pauschal auf den EG, insbesondere (!) auf Art. 95 EG und erwähnten in den anfänglichen Erwägungsgründen auch noch Art. 153 Abs. 1 und 3 EG[173]. Begrenzt ist der Regelungsbereich des Gemeinschaftsrechts in der Kompetenzausübung durch das Subsidiaritätserfordernis und die Verhältnismäßigkeit[174], d.h. die EU schafft nur Harmonisierung auf einem Mindeststandard[175]. Für die zukünftige Rechtsentwicklung darf ferner ein Zweifaches nicht vergessen werden: (1) Die Kompetenzbestimmungen des EG sind nicht statisch, sondern entwickeln sich interpretatorisch fort[176] – mögen sie auch nicht analogiefähig sein[177] – und (2) der Kompetenzkatalog des Primärrechts kann rasch

---

168 Die darüber bestehende Unsicherheit wurde mit dem Vertrag von Amsterdam beseitigt, da nunmehr explizit von ‚Maßnahmen' und nicht wie vorher von ‚spezifischen Aktionen' die Rede ist; vgl. *Franzen* Privatrechtsangleichung durch die Europäische Gemeinschaft, 1999, 101.
169 Auf der Grundlage von Art. 153 Abs. 3b) EG ist z.B. die Richtlinie 98/6/EG des Europäischen Parlaments und des Rates vom 16. 2. 1998 ergangen, zum Schutz der Verbraucher bei der Angabe der Preise der ihnen angebotenen Erzeugnisse, AblEG 1998 Nr. L 80/27.
170 Vgl. *Berg* in: J. Schwarze (Hg.), EU-Vertrag, 2001, Art. 153, Rz. 14.
171 Vgl. *Gebauer* Grundfragen der Europäisierung des Privatrechts, 1998, 94.
172 So *Reich* ZEuP 1994, 381 (386); *Hommelhoff* Verbraucherschutz im System des deutschen und europäischen Privatrechts, 1996, 2.
173 Vgl. AblEG L. 171/12.
174 *Reich* ZEuP 1994, 381 (403).
175 *Herrnfeld* in: J. Schwarze (Hg.), EU-Vertrag, Baden-Baden, 2001, Art. 95, Rz. 39 f.; zum daraus entstehenden Problemkreis der Inländerdiskriminierung, vgl. EuGH, 22.6.1993 – Rs. C-11/92 –, Slg. 93 I-3545 (The Queen/Secretary of aste für Health ex parte Gallaher Ltd u.a.).
176 Vgl. *Steindorff* EG-Vertrag und Privatrecht, 1996, 401.
177 Vgl. *Kilian* in: Grundmann (Hg.), Systembildung und Systemlücken in Kerngebieten des Europäischen Privatrechts, 2000, 427 (438).

geändert und eventuell um eine umfassende Privatrechtsharmonisierungskompetenz expandieren[178].

b) Inhaltsbestimmung und Durchsetzbarkeit

Als Hauptinstrument der Privatrechtsangleichung hat sich – wie bereits gesehen – die Richtlinie herausgebildet. Das Leitbild der Richtlinie nach dem Primärrecht bestand in einer reinen Zielvorgabe, deren konkrete Umsetzung der individuellen Gestaltung und Einschätzung der nationalen Parlamente anheim gestellt bleiben sollte (Art. 249 EG). Davon ist in der Angleichungspraxis indes wenig zu spüren[179], denn die meisten Richtlinien enthalten bis ins Detail ausformulierte Normtexte, die eins zu eins umgesetzt werden könnten. Die Richtlinien über den Zahlungsverzug und über den Verbrauchsgüterkauf geben eindrucksvoll Beispiel für die Regelungsdichte und Detailfreudigkeit moderner Richtlinienerlasse.

Das Zwangskorsett der Richtlinie wurde vom EuGH in zweifacher Hinsicht enger geschnürt[180]. Der Umsetzungszwang für die Mitgliedstaaten wurde durch die Zuerkennung unmittelbarer Wirkung für Richtlinien, die ‚self-executing' sind[181], bzw. durch die Staatshaftungsfalle[182] im Falle des Versäumens der Umsetzungsfrist von Richtlinien ohne Primäranspruch effektiviert[183]. In immer stärkerem Maße nimmt der EuGH Einfluss auf die Art und Weise der Umsetzung. So hat er in einer sehr jungen Entscheidung festgestellt, dass eine richtlinienkonforme Auslegung nationalen Rechts der gerade im Verbraucherschutz notwendigen Klarheit und Bestimmtheit, also dem Erfordernis der Rechtssicherheit nicht genügt[184]. Über das Argument des *‚effet utile'* beherrscht der EuGH den transformierenden nationalen Gesetzgeber und reduziert dessen Spielraum dadurch erheblich[185].

Das Hauptproblem bei der Transformation der Richtlinienvorgaben in das nationale Recht liegt wohl darin, dass sich der Gemeinschaftsrechtsgeber nicht für

---

178 Ähnlich wurde ja auch nach der Reichsgründung 1871 erst im Nachhinein eine umfassende Kompetenz zur Vereinheitlichung des Privatrechts im deutschen Reich geschaffen (s.o. bei Fn. 56).
179 Vgl. *Hommelhoff* AcP 192 (1992), 71 (74).
180 Vgl. dazu auch *Larenz/Wolf* Allgemeiner Teil des deutschen Bürgerlichen Rechts, 8. Aufl. 1997, § 2 Rz. 113-115.
181 Vgl. z.B. EuGH 14. 7. 1994 – Rs. C-91/92 – Slg. 1994, I-3325, 3356, Rz. 22 (Faccini Dori/Recreb Srl).
182 Basierend auf EuGH 19. 11. 1991 – Rs. C-6/90, 9/90 – Slg. 1991, I-5357 (Francovich/Italienische Republik).
183 Vgl. dazu *Franzen* Privatrechtsangleichung durch die Europäische Gemeinschaft, 1999, 248-255.
184 EuGH, 10. 5. 2001, Rs C-144/99 (Kommission/Niederlande), EuZW 2001, 437, m. Anm. *Leible*.
185 Vgl. *Müller-Graf* NJW 1993, 13 (20 f.).

das nationale Rechtssystem interessiert[186]. Er erzwingt die ‚äußere Integration' durch das strikte Regime der Umsetzungsfristen, nimmt auf die ‚innere Integration' der Richtlinienregelungen in die nationale Rechtsordnung hingegen keine Rücksicht[187]. Darüber hinaus entwickelt der Gemeinschaftsrechtsgeber kein eigenes Rechtssystem und kann das aufgrund seines kompetenziell bedingten punktuellen Ansatzes auch gar nicht[188]. Der Kritik ausgesetzt sehen sich auch die „Brüsseler Handwerker": Es wird von mangelhafter Gesetzgebungstechnik und einer unpräzisen Begrifflichkeit gesprochen[189]. Logischerweise kommt es bei der Umsetzung dieser fragmentarischen europarechtlichen Einbrüche[190] zu Systemfriktionen auf nationaler Ebene, wobei zugleich die europäische Harmonisierung notwendigerweise bruchstückhaft bleibt[191] und, wie *Joerges* beobachtet, ein desintegrativer Effekt eintritt[192].

Zwei Schlussfolgerungen lassen sich daraus für unsere Untersuchung ableiten. Zum ersten bestimmt der Gemeinschaftsgesetzgeber in Teilbereichen ausschließlich das materielle Recht in den Mitgliedstaaten, er legt Inhalt und Zeitpunkt der Regelung fest. Zum anderen erfolgt auf europäischer Ebene keine Systematisierung der Reglungsmaterien, die gemeinschaftsrechtlichen Einbrüche lassen sich weder prognostizieren noch systematisieren.

c)   *Prognose der weiteren Entwicklung*

Das Gemeinschaftsrecht wirkt im Rahmen des Zivilrechts bisher wie ein Flickenteppich. Der Richtlinienerlass richtet sich punktuell auf die Regelung einzelner, aus europäischer Sicht als besonders dringlich empfundener Materien. Ein einheitliches System, ja nicht einmal eine gemeine Systemidee ist in den Einzelrichtlinien auszumachen.

---

186   Auch der im Völkerrecht sonst übliche Schutz der eigenen Rechtsordnung durch Ratifizierungsvorbehalte entfällt ja hier; vgl. *Schnyder/Straub* ZEuP 1996, 8 (35). Die von *Müller-Graf* NJW 1993, 13 (19) angesprochene Kooperation zwischen EU Organen und Mitgliedstaaten ist wohl eher dem Bereich des ‚Sollens' denn des ‚Seins' zuzuordnen.
187   Vgl. zur Unterscheidung zwischen ‚äußerer' und ‚innerer Integration', *Gebauer* Grundfragen der Europäisierung des Privatrechts, 1998, 123.
188   Das von *Basedow* ZEuP 1996, 570 (580 ff.) ausgemachte Streben nach Systematisierung und Widerspruchsfreiheit im Bereich des Kartell- und Wirtschaftsrechts kann im Obligationenrecht wohl nicht beobachtet werden.
189   *Schulte-Nölke/Schulze* in: Schulte-Nölke/Schulze (Hg.), Europäische Rechtsangleichung und nationales Privatrecht, 1999, 15.
190   *Rittner* JZ 1995, 849 (851) spricht plastisch von ‚Inseln des Gemeinschaftsprivatrechts'; *Kötz* RabelsZ 50 (1986) 3 (5 f.) betont den pointilistischen Charakter.
191   Vgl. auch hierzu nochmals *Gebauer* Grundfragen der Europäisierung des Privatrechts, Heidelberg 1998, 108 f., 113 f.
192   *Joerges* in: Schulte-Nölke/Schulze (Hg.) Europäische Rechtsangleichung und nationales Privatrecht, 1999, 205 (206).

Die Entwicklung zum Europäischen Zivilgesetzbuch – mag man sie auch für wagemutig halten[193] – lässt sich meines Erachtens nicht aufhalten[194]. Politisch wurde der Wagen zuletzt durch das Europäische Parlament ins Rollen gebracht, das 1989 und 1994 bei Kommission und Rat um die Einleitung entsprechender vorbereitender Maßnahmen nachgesucht hat[195]. Eine ganze Reihe an Kommissionen und Initiativen haben diesbezüglich mittlerweile Entwürfe gefertigt, es sei hier nur an die sog. *Lando* Kommission[196] und die *Accademia dei Guisprivatisti Europei*[197], die erst vor kurzem ihren Entwurf eines Europäischen Vertragsgesetzes vorgelegt hat[198], erinnert.

Die Notwendigkeit einer weiteren Harmonisierung des Zivilrechts im zusammenwachsenden Europa dürfte außer Frage stehen. Zu erwarten ist, dass gerade nach der Einführung der einheitlichen Währung in dieser Hinsicht weitere Anstrengungen unternommen werden. Der US-amerikanische Weg hin zum UCC könnte darin Vorbild für Europa sein[199].

2. Konsequenzen der Europäisierung für den nationalen Gesetzgeber

Die soeben aufgezeigte europäische Realität hat weitgehende Auswirkung auf den nationalen Gesetzgeber. Wir haben oben (II.) unterschieden zwischen Rechtssetzungskompetenz und Rechtssetzungsmacht. Im Folgenden wollen wir die Konsequenzen aus der Evolution des Gemeinschaftsrechts in diesen beiden Kategorien analysieren.

a) Rechtssetzungskompetenz

Oben haben wir die Rechtssetzungskompetenz verstanden als die verfassungsrechtlichen Voraussetzungen, uneingeschränkt und autonom Recht setzten zu können. Die Kompetenz zur Rechtssetzung ist im Bereich des Privatrechts al-

---

193 So *Rittner* JZ 1995, 849 (851), der ansonsten der Idee nicht abgeneigt zu sein scheint.
194 *Roth* in: Ernst/Zimmermann (Hg.), Zivilrechtswissenschaft und Schuldrechtsreform, 2001, 225 (229 f.); als unwahrscheinlich bezeichnet *Lord Goff of Chieveley* die baldige Einführung eines verbindlichen Europäischen Vertragsrechtskodex, in: Markesinis (Hg.), The Coming Together of the Common Law and the Civil Law; kritisch auch *Chamboredon* in: Van Hoecke/Ost (Hg.), The Harmonisation of European Private Law, Oxford 2000, 63 ff.
195 AblEG 1989 C 198/400 und AblEG 1994 C 205/518; vgl. dazu auch: *Tilmann* ZEuP 1995, 534.
196 Vgl. z.B. Lando/Beale (Hg.), Principles of European Contract Law, Parts I&II, 2000; *Lando* RabelsZ 56 (1992), 261.
197 Die 1992 in Pavia gegründete Akademie Europäischer Privatrechtswissenschaftler unter der Koordination von *Gandolfi*.
198 Vgl. dazu einführend *Sonnenberger* RIW 2001, 409 m.w.N.
199 So *Larenz/Wolf* Allgemeiner Teil des deutschen Bürgerlichen Rechts, 8. Aufl. 1997, § 2, Rz. 109; s. auch *Müller-Graff* in: Müller-Graff/Roth (Hg.), Recht und Rechtswissenschaft, 2001, 271 (303), der aber eine europäische Kodifikation des Handelsrechts nach amerikanischem Vorbild präferiert.

lerdings weitgehend dem nationalen Gesetzgeber entzogen. Das Gemeinschaftsrecht überlagert in dieser Hinsicht das deutsche Verfassungsrecht in einem Maße, dass die Frage, ob eine Richtlinie erlassen werden darf oder nicht, allein auf der Ebene des Europarechts zu beantworten ist. Neue Kompetenzen kommen hinzu, teilweise durch Anpassung des Primärrechts, teilweise durch extensive Interpretation des vorhandenen Kompetenzkataloges. Dabei kann sicherlich darauf bestanden werden, dass der europäische Gesetzgeber keine Kompetenz-Kompetenz hat[200], für den Bereich des Zivilrechts scheint das nur eine marginale Rolle zu spielen. Die vom BVerfG deklarierte Kontrolle der europäischen Kompetenzausübung im Rahmen einer modifizierten *ultra vires* Lehre[201] war von vornehrein unglaubwürdig und illusorisch. Das supranationale System der Europäischen Institutionen entzieht sich *de facto* der Einflussnahme der Mitgliedstaaten, mögen sie *de jure* auch ‚Herren der Verträge' genannt werden. Der bundesdeutsche Gesetzgeber kann kraft eigener Kompetenz zwar legislatorische Aktivitäten, wie das auch jetzt im Rahmen der Schuldrechtsmodernisierung geschieht, entfalten, er läuft aber Gefahr, vom Gemeinschaftsrecht eingeholt zu werden. Seine Kompetenz ist überlagert von der Kompetenz der übergeordneten Ebene, namentlich der des europäischen Gesetzgebers.

b) Rechtssetzungsmacht

Vorne haben wir Rechtssetzungsmacht definiert als die Fähigkeit, bestimmte, inhaltlich für richtig erkannte Ziele in Rechtsnormen zu gießen und diesen Geltung zu verschaffen. Auch hier erkennen wir im Gemeinschaftsrecht eine deutliche Grenze. Zwar bleibt dem deutschen Gesetzgeber *de jure constitutionis* formal die Möglichkeit, Recht zu setzen, in der europäischen Realität indes ist der Mitgliedstaat gezwungen, Regelungen ins nationale Rechts zu transformieren, ohne dass er Einfluss auf Inhalt, Umfang oder Zeitpunkt des Regelungserlasses hätte. Die vom Gemeinschaftsrechtsgeber erlassenen Richtlinien stehen dem Mitgliedstaat nur redaktionell zur Disposition, was in der bisherigen Praxis der dekodifizierten Partikulargesetze deutlich zu Tage trat[202]. Die Schaffung eines neuen, einheitlichen Systems des Zivilrechts ist ausgeschlossen, zumal dies eine weitere Verallgemeinerung und Abstrahierung der in den Nebengesetzen und Richtlinien verankerten Regelungsmaterien zur Bedingung hätte, was sich aber aus europarechtlichen Gründen verbietet[203]. Denkbar wäre ein solcher Vorgang nur dann, wenn der nationale Gesetzgeber etwa die Verbraucherschutzregelungen so verallgemeinern könnte, dass sie auch für den Nichtverbraucher-

---

200   BVerfGE 89, 155 (194-199).
201   Vgl. BVerfGE 89, 155 (193 ff.).
202   So auch *Pfeiffer* in: Ernst/Zimmermann (Hg.), Zivilrechtswissenschaft und Schuldrechtsreform, 2001, 481 (486).
203   *Pfeiffer* in: Ernst/Zimmermann (Hg.), Zivilrechtswissenschaft und Schuldrechtsreform, 2001, 481 (487).

vertrag akzeptabel wären. Das ist aber gerade nicht möglich oder wenigstens nicht desiderabel.

Hinzu kommt eine zeitliche Perspektive: Der Bundesgesetzgeber hat keinen unmittelbaren Einfluss auf die Beständigkeit der gemeinschaftsrechtlich regierten Materien[204]. Änderungen im Bereich des Verbraucherschutzes sind bereits vorprogrammiert, sie sind jedenfalls weder prognostizierbar noch steuerbar. Das nationale Parlament hat auch in dieser Hinsicht Einfluss eingebüßt, so dass es nicht weiß und nicht wissen kann, von welcher Dauerhaftigkeit und Beständigkeit die von ihm erlassenen Regelungen sind. Ein anschauliches Beispiel dieses Machtverlustes ist die Genese des § 611a BGB[205]. Der nationale Gesetzgeber fungiert somit im Bereich des Gemeinschaftsrechts nur noch als Umsetzungsveranlasser, dessen gesetzgeberischer Wille bis hin zur Höhe des Schadenersatzes (vgl. § 611a Abs. 2 BGB) dem Willen der europäischen Institutionen unterworfen ist. Eine uneingeschränkte Rechtssetzungsmacht fehlt ihm somit.

3. Re-Kodifizierung oder De-Kodifizierung

Im materiellen Privatrecht kann eine Entwicklung der Partikularisierung und zunehmenden Evolution von Sonderprivatrechten beobachtet werden. Diese Entwicklung verbindet sich in immer stärkerem Maße auch mit Materien des klassischen Schuldrechts, namentlich durch den Einfluss des Verbraucherrechts. Dieser Werdegang spiegelt sich im Recht der Bundesrepublik durch eine weitgehende Tendenz der Dekodifizierung des Zivilrechts wider. Dieser Umstand als solcher ist einer Rekodifizierung des BGB *per se* noch nicht hinderlich. Nach dem von *Karsten Schmidt* erstellten Kodifikationsinnenleben oder Kodifikationszirkel drückt sich darin vielmehr das inhärente Wechselspiel zwischen Kodifikation und Dekodifikation aus.

Die Kodifikationsidee stößt aber auf andere, eher im verfassungsinstitutionellen Bereich verortete Hürden. Rechtssetzungskompetenz und Rechtssetzungsmacht sind derzeit im zivilrechtlichen Regelungsbereich disparat auf zwei hierarchisch unterschiedlichen Ebenen angesiedelt. Auf der höherrangigen Ebene des Europarechts einerseits und auf der niederrangigen Ebene des nationalen Gesetzgebers andererseits. Dadurch kommt es zu einer Verzahnung der nationalen und europäischen Regelungsebene[206]. Diese in ihrer Finalität konträren Ebenen las-

---

204 So auch *Pfeiffer* in: Ernst/Zimmermann (Hg.), Zivilrechtswissenschaft und Schuldrechtsreform, 481 (494).
205 Die aufgrund der Gleichbehandlungsrichtlinie 76/207/EWG vom 9. 2. 1976 eingefügte Vorschrift musste nach Intervention des EuGH, 22. 4. 1997 – Rs. C-180/95 – Slg. 1997, I-2195 = NJW 1997, 1839 (Nils Draehmpaehl/Urania Immobilienservice OHG), angepasst bzw. effektiviert werden. Gesetz zur Änderung des BGB und des ArbGG vom 29. 6. 1998, BGBl. I, 1694.
206 Vgl. dazu *Dörner* in: Schulze/Schulte-Nölke (Hg.), Die Schuldrechtsreform vor dem Hintergrund des Gemeinschaftsrechts, 2001, 177.

sen sich systematisch weder theoretisch noch praktisch vollständig vereinheitlichen. Das liegt nicht nur an unterschiedlichen Vorstellungen hinsichtlich der Regelungen im Einzelnen, sondern vor allem an der Disharmonie hinsichtlich des Systemverständnisses und der Rechtsidee.

Die Möglichkeit einer Kodifikation im traditionellen Sinne kann im Bereich des Zivilrechts seitens des nationalen Gesetzgebers derzeit nicht verwirklicht werden. Die Schaffung eines einheitlichen Modells, basierend auf einer einheitlichen Kodifikationsidee scheitert an der Verschränkung des mehrstufigen Hierarchiesystems zwischen Europäischer Union und Mitgliedstaat.

IV. Fazit

Das BGB als Dom nationaler Herrlichkeit[207] zu bezeichnen käme wahrscheinlich heute niemandem mehr in den Sinn und wenn, liefe er Gefahr, als Nationalist stigmatisiert zu werden. Die Kodifikationsidee, die vormals stark von Nationalstolz geprägt war, hat sich in dieser (oberflächlichen) Hinsicht entemotionalisiert und auch pragmatisiert[208]. Auf der professionellen Ebene sieht es da schon ein bisschen anders aus. Im Rahmen der europäischen Rechtsvereinheitlichung bedeutet Recht auch immer einen Standortfaktor. Es ist nicht nur nationales Prestige-Denken[209], das die Exportbestrebungen des eigenen Rechtssystems beflügelt. Wenn von der Re-Kodifizierung als Vorzeige-Gesetzbuch und Modellgesetz für Europa gesprochen wird[210], dann stehen letztlich ökonomische Gründe dahinter[211]. Damit ist eine vielleicht entemotionalisierte, aber nicht weniger nationale Sichtweise verbunden – im Prozess der Europäisierung wahrhaft ein Anachronismus.

Die Kodifizierung spielt im rasenden Prozess der europäischen Rechtsangleichung aber nicht den Hemmschuh, ein lästiges retardierendes Moment, nachge-

---

207 So *Windscheid* in: Oertmann (Hg.), Gesammelte Reden und Abhandlungen, 1904, 48; wenn *Flume* ZIP 2000, 142 (147) vom BGB als einem Kulturdenkmal spricht, so gilt seine Respektsaufforderung dem nationalen Gesetzgeber und sein Tadel der vermeintlichen Schlampigkeit der Gesetzesformulierung.
208 *Kindermann* Rechtstheorie 1979, 357 (359 f.).
209 *Ernst Hirsch* Das Recht im sozialen Ordnungsgefüge, 1966, 156.
210 Vgl. *Chr. Schmid* JZ 2001, 674 (675); *Weiss* in: Ernst/Zimmermann (Hg.), Zivilrechtswissenschaft und Schuldrechtsreform, 25 (28). In Bescheidenheit übt sich hingegen Österreich. Dort heißt es, eine Vorwegnahme einer gesamteuropäischen Initiative ziemt sich für das kleine Mitgliedsland nicht; vgl. *Welser* ecolex 2001, 420.
211 In dieser Hinsicht kritisch äußert sich *Roth* in: Ernst/Zimmermann (Hg.), Zivilrechtswissenschaft und Schuldrechtsreform, 225 (230 f.), der meint, dass sich Kosten und Aufwand für diese ‚strategische Gesetzgebung' nicht lohnen.

rade einen Rückschritt gegenüber dem vormaligen *ius commune*[212]. Als Trägerin der Rechtsvereinheitlichung und des gesellschaftlichen Fortschritts wird sie weiterhin als Gesetzestechnik gebraucht. Auch ihre identitätsstiftende Säule[213] kann wieder zu einer Renaissance gelangen, wenn ein einheitliches Europäisches Gesetzbuch die Privatrechtsordnung und damit ein neues Kapitel in der gemeinsamen Rechtskultur der Unionsbürger formt.

---

212 Das scheint aber *Gebauer* Grundfragen der Europäisierung des Privatrechts, Heidelberg 1998, 48-55 mit Berufung auf *Zimmermann* JZ 1992, 8, zu insinuieren.
213 Noch mit einem Fragezeichen versehen ist die Symbolkraft einer europäischen Privatrechtskodifikation bei *Müller-Graff* in: Müller-Graff/Roth (Hg.), Recht und Rechtswissenschaft, Heidelberg 2001, 271 (298).

Grundfragen zum Umgang mit modernisiertem Schuldrecht – Wandel oder Umbruch im Methodenverständnis?

Götz Schulze

I. Einleitung
II. Europarechtliche Auswirkungen auf die Anwendung des BGB (RegE)
   1. Richtlinienrecht
      a) Kryptographie
      b) Richtlinienkonforme Auslegung
      c) Vorlagepflicht an den EuGH
   2. Vorbildrechte
   3. Europäisches Primärrecht
   4. Künftige europäische Rechtsentwicklung
   5. Europäisches Gemeinrecht der Methode
III. Merkmale des RegE, die ein methodologisches Umdenken nahelegen
   1. Defizitäres Recht
   2. Strukturelle Änderungen
IV. Der Methodenkanon ist erschüttert
   1. Der Methodenkanon
      a) Historische Auslegung
      b) Wortlaut
      c) Systematik
      d) Zweck
   2. Ergänzende Auslegungsgrundsätze
   3. Reihenfolge und Vorrang der Auslegungsformen
   4. Vermehrung der Rechtsquellen
      a) Richterrecht
      b) Komparatistik
      c) Rechtsüberlieferung
V. Geändertes Methodenverständnis?
   1. Thesen
   2. Wiederkehr juristischer Rhetorik?

I. Einleitung

Es ist ein Zeichen der Zeit wie auch der Schwäche des Gesetzgebers, wenn Gesetze ideologisierende oder selbstlobende[1] Attribute im Titel tragen. Geht man davon aus, dass der Regierungsentwurf eines „Gesetz[es] zur Modernisierung des Schuldrechts" so oder in *nachgebesserter* Form[2] verabschiedet wird, stellen sich – ganz gleich ob man die Reform für modern hält, sie begrüßt oder ablehnt – erhebliche praktische Probleme im Umgang mit diesem Gesetz. Es lassen sich Befundtatsachen aufweisen, die das bisherige deutsche Methodenverständnis mehr oder weniger stark beeinflussen werden. Die Ursache hierfür liegt zwar auch im Reformeifer der Justizministerin und der damit unausweichlich verbundenen konzeptionellen Schwächen und Detailfehler des künftigen Gesetzes. Der eigentliche Grund aber liegt in der Entwurzelung der Rechtsquellen. Vorbild des Reformgesetzes für das Kauf- und das allgemeine Leistungsstörungsrecht ist in der Grundstruktur das UN-Kaufrecht (CISG)[3], dem die „Principles of European Contract Law" der sog. Lando-Kommission (Europäische Vertragsrechtsprinzipien)[4] ebenso folgen wie die „Principles of International Commercial Contracts" (Unidroit-Prinzipien)[5]. Das Verjährungsrecht orientiert sich in wesentlichen Elementen an Grundregeln des Europäischen Verjährungsrechts der Lando-Kommission[6]. Im übrigen werden, wie sattsam bekannt ist, verschiedene EG-Richtlinien umgesetzt sowie bereits bestehendes europäisches Sonderprivatrecht in das BGB integriert. Insbesondere dieser Internationalisierung und Europäisierung der Materie verdankt der Gesetzesentwurf das euphemistische Attribut „modern". Die Methodenlehre muss sich gleichfalls auf diese Entwicklungen einstellen. Ich möchte im Folgenden zunächst auf die europarechtlichen Auswirkungen für die Rechtsanwendung eingehen (II.). Sodann wende ich mich verschiedenen gesetzestechnischen Besonderheiten des Reformgesetzes zu (III.) und will nachfolgend den Methodenkanon auf seinen Anspruch hin befragen, ein hinreichender systematischer Interpretationsmodus zu sein (IV.). Die Ausführungen münden in der These (V.), dass die Vielfalt

---

1 Vgl. jüngst: Gesetz zur Beendigung der Diskriminierung gleichgeschlechtlicher Gemeinschaften: Lebenspartnerschaftsgesetz v. 16.2.2001, BGBl 2001 I 266.
2 Der Bundesrat hat bereits zu rund 150 Einzelziffern Änderungsbedarf angemeldet, BRDrs. 338/01.
3 Vgl. *Pick,* Zum Stand der Schuldrechtsmodernisierung, ZIP 2001, 1173, 1175; *R. Schulze/Schulte-Nölke,* Schuldrechtsreform und Gemeinschaftsrecht, in: dies., Die Schuldrechtsreform vor dem Hintergrund des Gemeinschaftsrechts, 2001, S. 3, 11.
4 Die deutsche Übersetzung ist abgedruckt in: ZEuP 2000, 675 ff.; zur Entstehungsgeschichte: *Zimmermann,* Die „Principles of European Contract Law", ZEuP 2000, 391 ff.
5 Abgedruckt in: *Schlechtriem,* Kommentar zum UN-Kaufrecht, 3. Aufl. 2000, Anh. V.
6 Abgedruckt in: ZEuP 2001, 400 ff.; dazu *Zimmermann,* Grundregeln eines Europäischen Verjährungsrechts und die deutsche Reformdebatte, ZEuP 2001, 217 ff.

und Komplexität der künftig zu berücksichtigenden Interpretationsargumente sowie die „defizitäre" Gesetzeslage mit einem positivistischen Rechts- und Methodenverständnis nicht zu bewältigen sind. Das prophezeite Chaos[7] zwingt zum Umdenken. Die Gewinnung (sach-)gerechter Ergebnisse wird mehr denn je als dialogischer und diskursiver Kommunikationsprozess verstanden. Von dort ist es nicht mehr weit anzuerkennen, dass jede rechtliche Entscheidung unvollkommen ist, dass jeder Entscheidung ein intentionaler Akt zugrunde liegt, den oder die Adressaten von der Richtigkeit des eigenen Ergebnisses zu überzeugen und schließlich drittens, dass es im wesentlichen die Akzeptanz im Adressatenkreis ist, die den Richtigkeitswert der Entscheidung bestimmt. Es könnte daher auch eine dem angelsächsischen Verständnis ähnelnde Subjektivierung der Entscheidungspraxis folgen. Insgesamt bietet die wiederzuentdeckende Rechtsrhetorik geeignete Mittel, den methodischen Anforderungen gerecht zu werden.

II. Europarechtliche Auswirkungen auf die Anwendung des BGB (RegE)

Die Verschränkungen zwischen nationalem und europäischem Privatrecht sind vielfältig. Es genügt, hier auf die für eine Interpretation des reformierten BGB bedeutsamen Aspekte hinzuweisen.

1. Richtlinienrecht

Im gesamten Bereich des transformierten Richtlinienrechts bleiben die Richtlinien als „doppelter Boden" bestehen. Das ist zwar nicht neu, wird aber einerseits durch die Verbrauchsgüterkauf- und Zahlungsverzugsrichtlinie auf Kernmaterien wie das Kauf- und Leistungsstörungsrecht erweitert und andererseits – und das ist neu – durch die Integration in das BGB verdeckt.

a) Kryptographie

Die Kryptographie besteht zunächst darin, dass die transformierten Vorschriften als solche nicht gekennzeichnet sind[8]; ferner darin, dass Begriffe eine gespaltene Bedeutung je nach ihrer Rechtsquelle haben können (etwa die Schriftform iSv § 126 BGB und „schriftlich" in § 675 a Abs. 1 S. 1 BGB in Umsetzung der Überweisungsrichtlinie). Weiter führt die Ausweitung von Richtlinienrecht auf andere autonome Materien dazu, dass sog. Hybridnormen (Dörner) entstehen,

---

7   *Dauner-Lieb* in SZ vom 18.5.2001: „Eine unnötige Reform, die nur Chaos erzeugt".
8   *Staudinger* schlägt daher zu Recht vor, Hinweise im Gesetz zumindest bei den Titelüberschriften einzufügen, Form und Sprache in: R. Schulze/Schulte-Nölke, Die Schuldrechtsreform vor dem Hintergrund des Gemeinschaftsrechts, 2001, S. 295, 309; so allgemein auch *E. A. Kramer*, Konvergenz und Internationalisierung der juristischen Methode, in: Meier-Schatz [Hrsg.], Die Zukunft des Rechts, Basel 1999, S. 71, 88.

d.h. Vorschriften, die je nach Anwendungszusammenhang unterschiedlichen Auslegungsregimen unterworfen sind. Augenfälliges Beispiel ist etwa der Begriff des „Sachmangels" iSv § 434 RegE, der bei Verbrauchsgüterkaufverträgen nach Richtlinienrecht und im übrigen autonom auszulegen sein wird[9]. Dies mag unter dem Primat einheitlicher Gesetzesauslegung einen internen Harmonisierungsdruck (Gebauer) auslösen und zu einer autonomen Rechtsangleichung zu Gunsten des Richtlinienrechts führen[10]. Damit verbunden ist notgedrungen dann aber auch eine Angleichung der Auslegungsmethoden.

b) Richtlinienkonforme Auslegung

Bekanntlich unterliegen die nationalen Transformationsgesetze dem Gebot der richtlinienkonformen Auslegung. Hierbei ist jedoch nicht von der transformierten Vorschrift – wie dies regelmäßig geschieht – auf die Richtlinie zu blicken, sondern umgekehrt von der Richtlinie auf das nationale Recht. Die richtlinienkonforme Auslegung umfasst sämtliche Vorschriften, die in den Regelungsbereich der Richtlinie fallen, ganz gleich ob sie vor oder nach oder zur Umsetzung der Richtlinie erlassen wurden[11]. Der Blick geht also von Europa nach Deutschland, nicht umgekehrt. Um den Wirkungsbereich einer Richtlinie für das nationale Recht zu bestimmen, halte ich es daher für notwendig, die Richtlinien in einem Anhang dem Gesetz beizugeben.

Die richtlinienkonforme Auslegung bedeutet vereinfachend insbesondere eine Ausrichtung nach dem Wortlaut und Zweck der Richtlinienvorgabe[12]. Bei der Wortlautinterpretation ist grundsätzlich eine autonome gemeinschaftsrechtliche Begriffsbildung anzustreben[13]. Sämtliche heutigen 11 Amtssprachen[14] sind aber verbindlich, so dass ein eindeutiger Wortlaut genauerer Prüfung bedarf und praktisch jedenfalls erst nach einem Vergleich mit den Arbeitssprachen festzustellen ist. Der Zweck der Richtlinie ergibt sich in erster Linie aus den Begründungserwägungen der Präambel sowie aus der Ermächtigungsgrundlage zu ihrem Erlass[15]. Gesetzesmaterialien gibt es regelmäßig nicht. Die Zweckrich-

---

9   *Dörner*, Die Integration des Verbraucherrechts in das BGB, in: R. Schulze/Schulte-Nölke, Die Schuldrechtsreform vor dem Hintergrund des Gemeinschaftsrechts, 2001, S. 177, 182 ff.
10 *Gebauer*, Interne Harmonisierung durch autonome Rechtsangleichung, in: Prinzipien des Privatrechts und Rechtsvereinheitlichung, Jhrb. Jg. Zivilrechtswissenschaftler 2000, 2001, S. 199, 206 ff.
11 Vgl. *Vogenauer*, Die Auslegung von Gesetzen in Deutschland und auf dem Kontinent, Bd. I, 2001, S. 42.
12 Vgl. *Frisch*, Die richtlinienkonforme Auslegung des nationalen Rechts, 2000.
13 *Grundmann/Riesenhuber*, Die Auslegung des Europäischen Privat- und Schuldvertragsrechts, JuS 2001, 529.
14 Mit der geplanten EU-Erweiterung auf bis zu 27 Mitgliedstaaten wären 21 Landessprachen verbindlich. Zu der notwendigen Reform vgl. *Oppermann*, Reform der EU-Sprachenregelung?, NJW 2001, 2663, 2667 ff.
15 *Grundmann/Riesenhuber*, a.a.O., JuS 2001, 529, 531; *Basedow*, Anforderungen an eine *(Fortsetzung auf der nächsten Seite)*

tung der Richtlinien liegt in der Verfolgung wirtschaftspolitischer Ziele (Verbraucherschutz, Schutz der Handelsvertreter usf.) und dient letztlich der Verwirklichung der Grundfreiheiten im Binnenmarkt[16] (etwa die Zahlungsverzugsrichtlinie zur Stabilisierung des Marktes und damit des Waren- und Dienstleistungsverkehrs). Richtlinienrecht ist damit politisches Recht. Es unterscheidet sich wesentlich vom more geometrico des bürgerlichen Vertragsrechts, das gemeinhin als zweckfreier Rahmen für private Planungen und Gestaltungen verstanden wird[17]. Die Auslegung wird überdies dadurch beeinflusst, dass häufig lediglich Mindeststandards gefordert werden, überschießende nationale Regelungen aber möglich bleiben[18]. Soll hier der überschießende Regelungsgehalt anderen Auslegungsgrundsätzen folgen als jener des Mindeststandards?

c) *Vorlagepflicht an den EuGH*

Das nationale Richtlinienrecht untersteht bekanntlich der Auslegungshoheit des EuGH im Vorabentscheidungsverfahren (Art. 234 EGV). Seine Entscheidungen entfalten zwar keine formelle Bindungswirkung über den entschiedenen Fall hinaus. Jedoch muß erneut vorgelegt werden, wenn das mitgliedsstaatliche Gericht von dem Präjudiz abweichen will[19]. Das BVerfG wacht über die Einhaltung der Vorlagepflichten und sichert den Anspruch auf den (europäischen) gesetzlichen Richter (Art. 101 Abs. 1 S. 2 GG) [20]. Die Präjudizienwirkung reicht damit erheblich weiter als die auch in Deutschland anerkannte faktische Bindung an höchstrichterliche Entscheidungen. Es besteht nur ein gradueller Unterschied zu angelsächsischen „binding precedents"[21].

Erwähnenswert ist in diesem Zusammenhang, dass im Vertrag von Nizza[22] eine Reform der Gerichtsbarkeit beschlossen wurde und das EuG als Gericht 1. Instanz nun auch zu einem Rechtsmittelgericht avanciert. Es wird künftig ferner neben dem EuGH für Vorabentscheidungen nach Art. 234 EGV zuständig sein[23]. Mit einer weiteren Ausdehnung der Spruchpraxis und damit der Vorlagenbindung ist also zu rechnen[24].

---

europäische Zivilrechtsdogmatik, in: Zimmermann [Hrsg.], Rechtsgeschichte und Privatrechtsdogmatik, 1999, S. 79, 94.
16 *Grundmann/Riesenhuber*, aaO., JuS 2001, 529, 531.
17 *Basedow*, aaO., S. 79, 95.
18 *Hommelhoff*, Die Rolle der nationalen Gerichte bei der Europäisierung des Privatrechts, in: Canaris u.a. [Hrsg.], 50 Jahre Bundesgerichtshof - Festgabe aus der Wissenschaft, Bd. II, 2000, S. 889, 913 ff.
19 *Geiger*, EUV/EGV, 3. Aufl., 2000, Art. 234 Rn. 33 mwN.
20 Es hat jüngst in der Facharzt-Entscheidung auch verlangt, eine Kollision von Richtlinienrecht nach europäischer Methode zu lösen, BVerfG v. 9.1.2001, EuZW 2001, 255 f.
21 Vgl. *Grundmann/Riesenhuber*, aaO., JuS 2001, 529, 534 f.
22 Abl. EG Nr. C 80; der Vertrag tritt am 30.4.2004 in Kraft.
23 Art. 225 Abs. 3 EGV n.F.; vgl. *Jayme/Kohler*, Europäisches Kollisionsrecht 2001;
(Fortsetzung auf der nächsten Seite)

2. Vorbildrechte

Neben dem bindenden Richtlinienrecht haben die Vorbilder der Reformgesetzgebung eine besondere Bedeutung für die künftige Interpretation. Soweit sie in die amtliche Gesetzesbegründung übernommen werden, gehören sie zur historischen Auslegung und erhalten auch die Dignität, bei Wortlaut, Systematik und Zweck argumentativ herangezogen zu werden. Insoweit dürften sie als autoritativ angesehen werden können[25]. Dies gilt vor allem für das UN-Kaufrecht, das sowohl in seinen technischen Grundstrukturen als auch in seinen rechtspolitischen Entscheidungen denen des RegE gleicht[26]. *Schlechtriem* empfiehlt in der Konsequenz bereits die *einheitsrechtskonforme Auslegung* der Verzugsvorschriften des RegE[27]. Eine internationalisierende Sogwirkung ist denn auch gewollt. Ich zitiere die Justizministerin[28]:

> „Sowohl die Verbrauchsgüterkaufrichtlinie, die mit dem Entwurf umgesetzt werden soll, als auch die Lösungsansätze des Entwurfs zielen gerade darauf ab, das deutsche Leistungsstörungs- und Kaufrecht an das UN-Kaufrecht anzugleichen."

Fehlende einheitliche Auslegungsmethoden führen bekanntlich zu einer schleichenden Re-Nationalisierung vereinheitlichten Rechts. Folgerichtig verlangt dies eine methodische Annäherung und Öffnung des Bezugsrahmens.

Ferner werden in der Entwurfsbegründung rechtsvergleichend einbezogene Bestimmungen, etwa die des für besonders fortschrittlich eingestuften nieder-

---

Anerkennungsprinzip statt IPR, IPRax 2001, Heft 6.

24   Die zeitliche Verzögerung durch Vorlagen innerhalb laufender Verfahren und die drohende Überlastung des EuG und des EuGH haben bereits zu der Forderung geführt, das Vorlageverfahren einzuschränken. Danach soll es eine Divergenzvorlage sowie eine Vorlage in Grundsatzfragen geben, wobei allein die letztinstanzlichen Gerichte zur Vorlage befugt sind. Sollte sich diese Auffassung durchsetzen, hätten sämtliche letztinstanzlichen Gerichte die Rechtspflicht, die höchstrichterlichen Entscheidungen der anderen Mitgliedstaaten auf eine Divergenzlage hin zu überprüfen. Vgl. *Lipp*, Europäische Justizreform, NJW 2001, 2657, 2661 f., ablehnend zu der bereits im Rahmen des Art. 68 EGV geltenden Einschränkung des Vorlagerechts: *Basedow*, Der Raum des Rechts - ohne Justiz, ZEuP 2001, 437, 438 ff.; ein Ausweg könnte in den abstrakten Divergenzvorlagen liegen, wie sie Art. 4 des Protokolls zum EuGVÜ vorsieht. Die missliche Verfahrensverzögerung liesse sich damit vermeiden; vgl. *Jayme*, Die Divergenzvorlage nach Art. 4 des Protokolls zum EuGVÜ - Ein Plädoyer für die Belebung eines vergessenen Rechtsinstituts, in: Erik Jayme, Wiener Vorträge, 2001, S. 241 ff.

25   Zur Bedeutung von Vorbildrechten bei der Auslegung vgl. *Grundmann/Riesenhuber*, aaO., JuS 2001, 529, 530.

26   So in bezug auf den DiskE *Schlechtriem*, Der Einfluß des UN-Kaufrechts auf die Entwicklung des deutschen und internationalen Schuldrechts, IHR 2001, 12, 18.

27   *Schlechtriem*, Entwicklung des deutschen Schuldrechts und europäische Rechtsangleichung, in: Das neue Schuldrecht, Jhrb. Jg. Zivilrechtswissenschaftler 2001, in diesem Band S. 9 ff.

28   *Däubler-Gmelin*, Die Entscheidung für die so genannte Große Lösung bei der Schuldrechtsreform, NJW 2001, 2281, 2287.

ländischen Bürgerlichen Gesetzbuches, als Vorbilder für einzelne Bestimmungen benannt[29]. Dies erfolgt regelmäßig durch Verweise ohne inhaltliche Auseinandersetzung und Abgrenzung[30]. Der verweisende Charakter hat daher zur Folge, dass die fremden Normen Eingang in die Auslegung des künftigen Rechts finden werden. Gleiches gilt auch für die unverbindlichen Vertragsrechtsentwürfe der Lando-Kommission, die Unidroit-Prinzipien. Soweit der Gesetzgeber sich zu diesen Rechtstexten in seiner Entwurfsbegründung bekennt, werden sie im Auslegungsprozess berücksichtigt werden müssen. Paradigmatische Bedeutung könnte künftig auch das „Europäische Vertragsgesetzbuch" der Akademie Europäischer Privatrechtswissenschaftler in Pavia erlangen, das nun in einem Vorentwurf zugänglich ist[31].

3. Europäisches Primärrecht

Die Vereinbarkeitsprüfung mit formell höherrangigem Recht ist für Zivilrechtler eine Selbstverständlichkeit geworden. Im europäischen Kontext bedeutet das zunächst die Überprüfung einer Richtlinie im Verhältnis zum Primärrecht[32], womit über die Transformation auch das nationale Recht zur Überprüfung steht. Überdies ist das BGB insgesamt, hier insbesondere das Kauf-, Dienst- und Werkvertragsrecht an den Grundfreiheiten, namentlich der Warenverkehrs- und Dienstleistungsfreiheit zu messen (Art. 28, 39 u. 49 EGV). In der Rechtssache *CMC Motorradcenter* etwa prüft der EuGH[33] auf Vorlage eines deutschen Amtsgerichts, ob eine sich aus der cic ergebende Aufklärungspflicht, hier die des Verkäufers über parallel importierte Motorräder, mit Art. 28 EGV vereinbar ist. Ausgehend von der sog. Dassonville-Formel stellt sich mithin die Frage nach einer Beeinträchtigung einer solchen Regelung für den Handel zwischen den Mitgliedstaaten, was vom EuGH im entschiedenen Falle verneint wird[34]. Die Auslegung nationalen Privatrechts kann damit auch an den Grundfreiheiten und dem System ihrer Beschränkbarkeiten ausgerichtet werden. Damit halten wirtschaftspolitische Zwecke des Binnenmarkts ebenso Einzug in den Telos der Interpretation nationaler Vorschriften wie überindividuelle staatliche Interessen[35].

---

29 Bspw. Begründung RegE, BTDrs. 14/6040, S. 1175 zu § 313 RegE.
30 Zutreffend: *Wilhelm*, Schuldrechtsreform 2001, JZ 2001, 861, 864.
31 *Sonnenberger*, Der Entwurf eines Europäischen Vertragsgesetzbuches der Akademie Europäischer Privatrechtswissenschaftler - ein Meilenstein, RIW 2001, 609 ff.
32 *Grundmann/Riesenhuber*, aaO., JuS 2001, 529, 532.
33 EuGH v. 13.10.1993 - Rs. 93/92 (CMC Motorradcenter ./. Pelin Baskiciogullari), Slg. 1993, I-5009.
34 *Langner*, Nationales Kaufrecht auf dem Prüfstand der Warenverkehrsfreiheit des EG-Vertrages, RabelsZ 2001, 222, 225 ff.
35 Etwa das Herkunftslandprinzip im Arblade-Fall (RIW 1999, 137), dazu *Jayme*, Europa: Auf dem Weg zu einem interlokalen Kollisionsrecht, in: Mansel [Hrsg.],Wissenschaft, Lehre und Praxis des Internationalen Privat- und Verfahrensrechts, im Erscheinen:

(Fortsetzung auf der nächsten Seite)

Ergänzend ein Hinweis auf die Urteile des Europäischen Gerichtshofs für Menschenrechte. Ihnen wird zwar lediglich eine *persuasive Autorität* oder mit den Worten des BVerwG eine „*normative Leitbildfunktion*" zuerkannt. Dies bedeutet aber, dass ein Gericht, das von der Entscheidung abweichen will, die Argumentationslast dafür trägt, dass sein Standpunkt die besseren Gründe für sich hat[36]. Auch diese „besseren Gründe" lassen sich nicht mit dem klassischen Auslegungskanon bewältigen[37].

4. Künftige europäische Rechtsentwicklung

In der Literatur ist die Frage der Vorwirkung von EG-Richtlinien vor und während der Umsetzungsfrist aufgeworfen worden. Aus der Loyalitätspflicht des Art. 10 EGV wird etwa eine legislatorische Stillhalteverpflichtung der Mitgliedstaaten abgeleitet, wonach mit der Veröffentlichung von Richtlinienvorschlägen keine das Richtlinienziel beeinträchtigenden Maßnahmen mehr getroffen werden dürfen[38]. Auch wenn man eine *Vorwirkung*[39] hier generell ablehnt[40], so ist doch zu sehen, dass die europäischen Gesetzgebungsaktivitäten ungebremst das Zivilrecht in seiner ganzen Breite erfassen. Jüngst hat die Kommission die beteiligten Kreise bis zum 15.10.2001 zur Stellungnahme aufgefordert, auf welchem Wege das Europäische Vertragsrecht weiter harmonisiert werden soll[41]. Angeboten werden dabei neben der Fortsetzung des bisherigen „Flickenteppich-Ansatzes" (d.i. die sektorielle Regelung von Einzelfragen), insbesondere die Schaffung von Einheitsrecht wie auch die Restatement-Lösung, d.h. Förderung unverbindlicher Vorbildnormen zur nationalen Übernahme. Die Mitteilung der Kommission entspringt dem Aktionsprogramms des Rates, beschlossen auf dem Gipfel von *Tampere* im Oktober 1999, und soll bekanntlich die Harmonisierung des materiellen Zivilrechts vorantreiben. Im Europäischen Rat von *Laeken* (Brüssel) im Dezember 2001 ist mit entsprechenden Entscheidungen zu rechnen[42]. Der historische Kodifikationsstreit zwischen Savigny und Thibaut wird also auf europäischer Ebene im Dienstwege binnen weniger Monate entschieden. Die Überlebenschance für eine nationale Methodenlehre ist

---

„wissenschaftsferne aporetische Abwägungsmodelle".

36 *Kadelbach* Anm. zu BVerwG JZ 2000, 1050, 1053; *Gundel*, Die Krombach-Entscheidung des EGMR, NJW 2001, 2380, 2382.
37 Vgl. *Gross* Anm. zu BGH v. 29.6.2000, JZ 2000, 1067 f. (Krombach).
38 *Grabitz* in: Grabitz/Hilf, EUV/EGV, Stand 1998, Art. 189 Rz. 57.
39 Vgl. zur Frage der Vorwirkung von Gesetzen: G. *Schulze*, Die zukunftsbezogene Auslegung des geltenden Insolvenzrechts, NJW 1998, 2100 ff.
40 *Ehricke*, Vorwirkungen von EU-Richtlinien auf nationale Gesetzgebungsverfahren, ZIP 2001, 1311, 1312 ff.
41 Mitteilung der Kommission an den Rat und das Europäische Parlament zum Europäischen Vertragsrecht, KOM (2001) 398; abgedruckt: EuZW Sonderbeilage zu Heft 16 2001; dazu *Staudenmayer*, Die Mitteilung der Kommission zum Europäischen Vertragsrecht, EuZW 2001, 485 ff.
42 *Staudenmayer*, aaO., EuZW 2001, 485, 486.

danach denkbar gering. Die Kommission gleicht hier eher einem Henkersknecht, der am Abend vor der Hinrichtung nach dem Menüwunsch für die letzte Mahlzeit fragt.

5. Europäisches Gemeinrecht der Methode

Es verwundert kaum, dass vor diesem Hintergrund die Forderung nach einem europäischen Gemeinrecht der Methode erhoben wird. *Berger*[43] weist zu Recht darauf hin, dass es dabei nicht darauf ankommt, wie der fortschreitende Integrationsprozess von statten gehen wird. Er fordert die Anerkennung der Rechtsvergleichung als eigenständiges methodisches Instrument. Die rechtsvergleichende Betrachtung sei zur Orientierung für eine auf Vereinheitlichung angelegte Rechtsanwendung unverzichtbar. Vom bisherigen Ideenlieferanten soll sie künftig zu einem notwendigen Bestandteil auch für eine europäische Rechtsdogmatik werden[44]. Weil das aber praktisch nicht vollständig durchführbar und stets der Gefahr des Zufälligen ausgesetzt ist, soll einschränkend als neuer Topos die „*international brauchbare Auslegung nationalen Rechts*" treten. Damit ist ein Rekurs auf die Lando-Principles als Referenzordnung und Inspirationsquelle gemeint. Drittens und letztens wird ein europäisches Präjudiziensystem gefordert, innerhalb dessen die höchstrichterliche Rechtsprechung aller Mitgliedsstaaten (!) als Rechtsquelle und nicht wie bislang lediglich als Rechtserkenntnisquelle anerkannt werden soll[45]. Grundlage hierfür ist die zu beobachtende Annäherung von civil und common law[46] auf der Grundlage eines „shared value" der Mitgliedstaaten. *Katja Langenbucher* hat 1999 an gleicher Stelle „Vorüberlegungen zu einer Europarechtlichen Methodenlehre" angestellt. Sie geht von einem fortbestehenden Dualismus von nationaler und europäischer Methodik aus und möchte letztere stärker konturieren. Sie behandelt insbesondere den Analogieschluss, für den sie einen erweiterten Ansatz unter Einbeziehung von Prinzipien vorschlägt[47]. Darauf kann ich hier nicht näher eingehen.

---

43 *Berger*, Auf dem Weg zu einem europäischen Gemeinrecht der Methode, ZEuP 2001, 4, 7; *Möllers* geht dagegen von einem fortbestehenden Dualismus nationaler und europarechtlicher Methodik aus, Die Rolle des Rechts im Rahmen der europäischen Integration, 1999, S. 55 ff., 60 ff.; ebenso *Langenbucher*, Vorüberlegungen zu einer Europarechtlichen Methodenlehre, in: Tradition und Fortschritt, Jhrb. Jg. Zivilrechtswissenschaftler 1999, 2000, S. 65, 75 ff.

44 *Basedow*, aaO., S. 79, 96; *Berger*, aaO., S. 10; ablehnend: *Grundmann/Riesenhuber*, aaO., JuS 2001, 529, 533, die der Rechtsvergleichung lediglich Inspiration- und Kontrollfunktion sowie Argumentationsfunktionen in der Begründungen zuweisen; so bereits *Großfeld*, Vom Beitrag der Rechtsvergleichung zum deutschen Recht, AcP 184 (1984) 289, 295.

45 *Berger*, aaO., S. 25 (horizontaler Verbund der Mitgliedsstaaten); einschränkend als bloßes Hilfsmittel *Grundmann/Riesenhuber*, aaO., JuS 2001, 529, 534.

46 *Vogenauer* hat nachgewiesen, dass es eine Einheit der Interpretationspraxis diesseits und jenseits des Kanals gibt, aaO., Bd. II, 2001, S. 1295 ff.; vgl. *Möllers*, aaO., S. 67 f.

47 *Langenbucher*, aaO., S. 65, 75 ff.

III. Merkmale des RegE, die ein methodologisches Umdenken nahelegen

1. Defizitäres Recht

Die Liste der gesetzgeberischen Versäumnisse und Mängel ist lang. Wir haben in den Tagungsreferaten weitere Beispiele bekommen[48]. Die Fehler beginnen mit den einfach behebbaren, wie etwa den Schreib- und Inhaltsfehlern der neu eingeführten amtlichen Überschriften[49] und setzen sich auf der gesamten Breite des Projekts fort[50]. Kennzeichnend sind die Stellungnahmen und Analysen von *Dauner-Lieb*[51], *Altmeppen*[52] und *Ernst/Gsell*[53]. Dagegen stehen insbesondere die Erwiderungen von *Canaris*[54]. Das ist Ihnen bekannt.

Es kommt mir nun nicht darauf an, die Vielzahl von Ungereimtheiten, Lücken und Widersprüchen zu Gunsten oder zu Lasten der anstehenden Reform zu bewerten. Es ist nicht zu verkennen, dass die Neuregelung in vielen Fragen einen Fortschritt bedeutet[55] und dass die Integration europäischen Privatrechts in eine nationale Rechtsordnung ohne Brüche kaum zu leisten ist. Ferner ist zu sehen, dass „Disharmonien und schlechtes Recht" bereits die europäischen Vorgaben kennzeichnen[56]. Es bleibt die Frage, was man für verantwortbar hält; welches Ausmaß an „Chaos" man erwartet und glaubt, der Rechtspraxis und dem Bürger zumuten zu können. Das wird unterschiedlich beurteilt[57]. Eines aber läßt sich prognostizieren. Der Umgang mit defizitärem Recht bleibt nicht mehr die seltene Ausnahme, sondern wird zum Normalfall werden und damit auch die künftige Rechtspraxis kennzeichnen. Man darf auf die Antworten der

---

48 Vgl. etwa *Arzt*, Neues Verbraucherkreditrecht im BGB und *Gsell*, Der Schadensersatz statt der Leistung nach dem neuen Schuldrecht, in: Das neue Schuldrecht, Jhrb. Jg. Zivilrechtswissenschaftler 2001, in diesem Band S. 227 ff. und S. 105 ff.
49 *Rüfner*, Amtliche Überschriften für das BGB, ZRP 2001, 12 ff.
50 Vgl. etwa *Gaier* zur Minderungsberechnung (§§ 437 Nr. 2, 441 RegE): „*in jeder Hinsicht verfehlt*", Die Minderungsberechnung im Schuldrechtsmodernisierungsgesetz, ZRP 2001, 336, 339 f.
51 Insgesamt abrufbar über www.dauner-lieb.de.
52 Etwa *Altmeppen*, Untaugliche Regeln zum Vertrauensschaden und Erfüllungsinteresse im Schuldrechtsmodernisierungsentwurf, DB 2001, 1399 ff.
53 Vgl. *Ernst/Gsell*, Kritisches zum Stand der Schuldrechtsmodernisierung, ZIP 2001, 1389 ff.; sowie ferner *Gsell*, aaO.
54 Exemplarisch *Canaris*, Die Reform des Rechts der Leistungsstörung, JZ 2001, 499 ff; ders., Schadensersatz wegen Pflichtverletzung, anfängliche Unmöglichkeit und Aufwendungsersatz im Entwurf des Schuldrechtsmodernisierungsgesetzes, DB 2001, 1815 ff.; ders., Das allgemeine Leistungsstörungsrecht im Schuldrechtsmodernisierungsgesetz, ZRP 2001, 329 ff.
55 *Heldrich*, Ein zeitgemässes Gesicht für unser Schuldrecht, NJW 2001, 2521 ff.
56 *Möllers*, Die Rolle des Rechts im Rahmen der europäischen Integration, 1999, S. 13 ff.
57 Mit schroffer Ablehnung etwa *Knütel*, Zur Schuldrechtsreform, NJW 2001, 2519 ff.; zustimmend dagegen *Heldrich*, aaO., NJW 2001, 2521 ff.; für die sog. kleine (Übergangs-) Lösung zuletzt *Wilhelm*, aaO., JZ 2001, 861 ff.

ersten Exegeten, vorwiegend von *Heinrichs* im angekündigten „Ergänzungsband" zum Palandt 2002, gespannt sein. Praxis und Gerichte stehen vor neuen Aufgaben.

2. Strukturelle Änderungen

Besonders gewichtig erscheinen mir im Entwurf strukturelle Änderungen in der Abfassung zahlreicher neuer Gesetzesformulierungen. Das betrifft zum einen die ausufernde Vermehrung unbestimmter Rechtsbegriffe. Denken sie beispielsweise an die Einrede des Schuldners zur praktischen Unmöglichkeit der Leistungserbringung (§ 275 Abs. 2 RegE[58]) oder die Entbehrlichkeit der Mahnung beim Schuldnerverzug (§ 286 Abs. 2 Nr. 4 RegE[59]). Solche Vorschriften eröffnen ein hohes Maß an Interpretationsspielraum und sind überdies so sehr dem Einzelfall zugewandt, dass sie kaum brauchbare Verallgemeinerungen zulassen.

Eine weitere strukturelle Besonderheit sehe ich in der nicht unmittelbar subsumtionsfähigen, lediglich strukturellen Regelung der culpa in contrahendo (§§ 311 Abs. 2, 3, 241 Abs. 2 RegE) und des Wegfalls der Geschäftsgrundlage (§ 313 RegE). Es handelt sich hier um kodifiziertes Richterrecht, das aber im Unterschied etwa zur Kodifizierung des AGBG, nur ein interpretationsleitendes Argumentationsschema vorgibt. Die Einbeziehung Dritter im Sinne einer Expertenhaftung (§ 311 Abs. 3 RegE) etwa ist von konturenloser Weite[60]. Die Beschreibung von Nebenpflichten in § 241 Abs. 2 RegE aus der „Verpflichtung zu besonderer Rücksicht auf die Rechte, Rechtsgüter und Interessen des anderen Teils" verkürzt die Nebenpflichten auf Rücksichtspflichten und bleibt nichtssagend. Die Regelung der cic – der vagabundierende Irrwisch (Lieb)[61] – muss nach wie vor als Merkposten verstanden werden, um die richterrechtliche Rechtsfigur in der Kodifikation zu verankern[62]. Zur Merkzettel-Gesetzgebung

---

58 *„(2) Der Schuldner kann die Leistung verweigern, soweit und solange diese einen Aufwand erfordert, der unter Beachtung des Inhalts des Schuldverhältnisses und der Gebote von Treu und Glauben in einem groben Missverhältnis zu dem Leistungsinteresse des Gläubigers steht. [...] Bei der Bestimmung der dem Schuldner zumutbaren Anstrengungen ist auch zu berücksichtigen, ob der Schuldner das Leistungshindernis zu vertreten hat."*
59 *„(2) Der Mahnung bedarf es nicht, wenn [...] 4. Aus besonderen Gründen unter Abwägung der beiderseitigen Interessen der sofortige Eintritt des Verzuges gerechtfertigt ist."*
60 *Remien*, Nationale Schuldrechtsmodernisierung und gemeineuropäisches Privatrecht, in: R. Schulze/Schulte-Nölke, Die Schuldrechtsreform vor dem Hintergrund des Gemeinschaftsrechts, 2001, S. 101, 105.
61 *Lieb*, Grundfragen der Schuldrechtsreform, AcP 1983 (183) 327, 333.
62 Der RegE hat insoweit allerdings die Kritik zu § 305 DiskE aufgenommen: *Dauner/Lieb*, Kodifikation von Richterrecht, in: Zimmermann, Knütel, Meincke [Hrsg.], Zivilrechtswissenschaft und Schuldrechtsreform, 2001, 305, 316 ff.; *R. Schulze/Schulte-Nölke*, aaO., S. 3, 18.

(Dauner-Lieb) zählt auch die Regelung der WGG (§ 313 RegE). Als Kodifikation eines Lehrbuchzitats hat die Regelung Blankettcharakter; sie dient im wesentlichen der Absegnung von Richterrecht[63]. Die Justizministerin betont, dass die Regelungen auf der Entwicklung der Rechtsprechung aufbauen, ohne ihr Grenzen setzen zu wollen[64]. In ihrem auf den jeweiligen Stand der Rechtsprechung verweisenden Charakter lassen sich solche Regelungen auch als „narrative Normen" (Jayme[65]) bezeichnen.

Die Quintessenz dieser Entwicklung liegt in einer gesetzlichen Ermächtigung und Förderung von Richterrecht durch nicht subsumierbare Strukturnormen. An die Stelle eines exegetischen Gesetzesverständnisses tritt ein Argumentationsschema. Das muss kein Nachteil sein, ist aber eine Tatsache.

IV. Der Methodenkanon ist erschüttert

Mit Hilfe der klassischen Methodik allein ist der Gesetzentwurf zur Modernisierung des Schuldrechts nicht zu bewältigen. Ich will das nur an wenigen Punkten zeigen.

1. Der klassische Methodenkanon

a) Historische Auslegung

Die subjektiv historische Auslegung verfügt nurmehr über eine geschwächte Autorität. Die Materialien sind zusammengestückelte Bausteine aus dem Entstehungsprozeß. Sie sind unvollständig und der Fachöffentlichkeit zum Teil vorenthalten. Dies gilt insbesondere für das Verjährungsrecht, bei dem selbst die Ausschussmitglieder nicht sicher wissen, welche Erwägungen den im 2 Wochentakt vorgenommenen Änderungen zugrundeliegen[66]. Die Ausblendung subjektiv historischer Auslegung liegt jedoch im europäischen Trend. Auch den

---

63   *Dauner/Lieb*, aaO., S. 305, 321 ff.
64   *Däubler-Gmelin*, aaO., NJW 2001, 2281, 2284; *A. Teichmann* weist zu Recht auf die dennoch veränderte Struktur hin, Strukturveränderungen im Recht der Leistungsstörungen nach dem Regierungsentwurf eines Schuldrechtsmodernisierungsgesetzes, BB 2001, 1485, 1486.
65   Vgl. aus dem Bereich des internationalen Privatrechts: *Jayme*, Narrative Normen im internationalen Privat- und Verfahrensrecht, 1993; zu dieser Normkategorie: *G. Schulze*, Bedürfnis und Leistungsfähigkeit im internationalen Unterhaltsrecht - Zur Bedeutung des Art. 11 Abs. 2 HUSTA (Art. 18 Abs. VII EGBGB) als narrativer Norm, 1998, S. 301 ff.
66   Einen deutlichen Einblick davon geben *Zimmermann, Leenen, Mansel, Ernst*, Finis Litium?, JZ 2001, 684, 698 f.; *Wilhelm* spricht von paraphrasierenden Rechtfertigungen ohne historische, rechtsvergleichende oder ökonomische Analysen, JZ 2001, 861, 863 f.

Richtlinien sind regelmäßig keine autoritativen Materialien beigegeben. Dort wo sie existieren, bleiben sie lückenhaft. Selbst die Rechtsprechung distanziert sich bisweilen von den Gesetzmaterialien selbstbewußt. Zitat BGH[67]:

> „Unzutreffende Wertungen in Gesetzesmaterialien sind von vornherein ungeeignet, eindeutige Auslegungsergebnisse in Frage zu stellen."

Als „Willen des Gesetzgebers" kann man – abgesehen von der ontologischen Überhöhung dieses Begriffes – im Grunde nur noch den erkennen, wiedergewählt zu werden.

b) Wortlaut

Der Wortlaut beruht einerseits auf Übersetzungen, zum Teil aus Neukreationen (Etwa: Pflichtverletzung, § 280 Abs. 1 RegE, Montageanleitung, § 434 Abs. 2 RegE, Neubeginn statt Unterbrechung der Verjährung usf.). Die genetischen Grundlagen liegen in europäischen Richtlinien oder internationalem Einheitsrecht (vgl.o. II.1.a).

c) Systematik

Die systematische Auslegung trifft auf systemfremde oder mindestens fragliche Implantate, wie etwa die des AGBG in das allgemeine Schuldrecht (§§ 305-310 RegE)[68]. Ferner ist etwa an § 241a BGB (die Lieferung unbestellter Waren) zu erinnern, mit dem ein systemfremder Strafzweck in unangepasster Form (dauerhaftes Auseinanderfallen von Eigentum und Besitz) der zentralen Eingangsbestimmung des Schuldrechts nachgestellt wird[69]. Peinlichkeiten wie das 30-tägige Verzugsmoratorium zugunsten des säumigen Schuldners (§ 284 Abs. 3 BGB) durch das „Gesetz zur Beschleunigung fälliger Zahlungen" vom 30.3.2000[70] sind zwar behoben[71], in ähnlicher Form aber auch künftig zu gewärtigen[72].

---

67 *BGH* v. 19.5.1998, BGHZ 139, 36, 42 (zur Börsenterminfähigkeit nach § 53 Abs. 2 BörsG); ähnlich auch *OLG München* v. 25.1.2001, NJW 2001, 2263, 2264 zum Begriff des „dauerhaften Datenträgers" iSv § 2 Abs. 3 FernAbsG.
68 Zu den systematischen Brüchen und der Integrationsfrage: *Ulmer*, Das AGB-Gesetz - ein eigenständiges Kodifikationswerk, JZ 2001, 491, 495 ff.; krit auch *M. Wolf, Th. Pfeiffer*, Der richtige Standort des AGB-Rechts innerhalb des BGB, ZRP 2001, 303 ff.
69 Vgl. krit. *Casper*, Die Zusendung unbestellter Waren, ZIP 2000, 1602 ff.
70 BGBl I 330; *Gsell*, Das neue Zahlungsverzugsrecht, NotBZ 2000, 178, 183 f.
71 § 284 Abs. 3 RegE, Begründung RegE, BTDrs. 14/6040, S. 146 f.
72 Vgl. etwa die Minderungsregelung in § 441 RegE: *Gaier*, Die Minderungsberechnung im Schuldrechtsmodernisierungsgesetz, ZRP 2001, 336; *Wilhelm*, aaO., JZ 2001, 861, 868.

d) Zweck

Was die Interpretation nach dem Gesetzeszweck anbelangt, gewinnen „außerrechtliche" Argumente soziologischer oder ökonomischer Art eine neue, über die Ausrichtung am Binnenmarkt eine hervorgehobene Bedeutung. Solche „außerrechtlichen" Umstände wurden bisher mit ontologisch objektivierten Begründungen, wie etwa die der „Natur der Sache" verdeckt[73]. Nun gelangen sie zur Anerkennung. Die ökonomische Bewertung einer Rechtsfrage ist Bestandteil des Rechtsfolgenarguments, das seinerseits seine historische Grundlage im *argumentum ad absurdum*[74] hat („wo käme man hin"). Wie wir seit *Eidenmüller*[75] wissen, ist die ökonomische Effizienz zwar kein zwingendes Rechtsprinzip, welches jedes Gericht seiner Entscheidung zugrundelegen müsste, jedoch hat es als Argument einen festen Platz in der Methodik. Dies vor allem dann, wenn der Gesetzgeber deren Berücksichtigung anordnet, was selbst wiederum eine Auslegungsfrage darstellt. Nun ist das europäische Privatrecht ein instrumentales Recht zur Verwirklichung des Binnenmarktes. Damit dürfte eine ökonomische Folgenbetrachtung, unter näherer Spezifizierung im einzelnen, durchweg als angeordnet gelten[76].

2. Ergänzende Auslegungsgrundsätze

Neben richtlinienkonformer Interpretation hat sich zur Vermeidung von Wertungswidersprüchen innerhalb eines rechtlichen Systems sowohl im nationalen als auch im europäischen Kontext das sog. *Kohärenzgebot* entwickelt. Es ähnelt dem bekannten Grundsatz von der „Einheit der Rechtsordnung"[77]. Dieser Topos setzt ein widerspruchsfreies Normgefüge in einem geschlossenen System voraus. Das Kohärenzgebot geht in seinem Ansatz darüber hinaus und verlangt einen Vergleich von Wertungsmodellen auch aus unterschiedlichen Rechtsquellen[78]. Es erweitert so den Bezugsrahmen zum europäischen Privatrecht.

3. Reihenfolge und Vorrangregeln der Auslegungsformen

Die canones sind keineswegs ungeeignet. Sie bieten jedoch nicht die Gewähr dafür, ein überzeugendes Ergebnis zustandezubringen. Analogieschluss, erwei-

---

73 *E. A. Kramer*, aaO., in: Meier-Schatz [Hrsg.], Die Zukunft des Rechts, Basel 1999, S. 71, 79; *Bucher*, Rechtsüberlieferung und heutiges Recht, ZEuP 2000, 394, 406 f.; vgl. in anderem Zusammenhang auch *Rüthers*, Die unbegrenzte Auslegung, 5. Aufl., 1997, S. 447.
74 *Wacke*, Zur Folgenberücksichtigung bei der Entscheidungsfindung, besonders mittels Deductio ad absurdum, in: Gerkens, Peter, Trenk-Hinterberger, Vigneron [Hrsg.], Mélanges Fritz Sturm, 1999, Vol. I, S. 546 ff.
75 *Eidenmüller*, Effizienz als Rechtsprinzip, 2. Aufl., 1998, 451 ff.
76 Ebenso unter Hinweis auf Art. 2-4 u. 95 EGV *Grundmann/Riesenhuber*, aaO., JuS 2001, 529, 532 f., die hier etwa auf die Gebrauchsgüterkaufrichtlinie hinweisen.
77 *Canaris*, Systemdenken und Systembegriff in der Jurisprudenz, 2. Aufl., 1983, S. 13 ff.
78 Vgl. *Bracker*, Kohärenz und juristische Interpretation, 2000, S. 14 f.

ternde und reduzierende Auslegung gewährleisten die Rückbindung an Gesetz oder Präjudiz. Die Lückenlosigkeit der Gesetzgebung ist aber eine realitätswidrige Fiktion (Bucher)[79]. Der Glaube daran ist verloren. Vor allem ist das Rangverhältnis der einzelnen Auslegungsmethoden, als die entscheidende Metaregel für das Zusammenspiel der Methoden, weitgehend ungeklärt. Die Versuche und Ansätze in der Literatur sind erklärtermaßen punktuell[80]. Werden sie exemplarisch dargelegt, wie etwa von *Canaris*, so bleibt ihr heuristischer Wert zweifelhaft. Die Richtigkeit des Ergebnisses folgt hier aus der überzeugenden Argumentation und Abwägung und leitet aus dem Ergebnis die Vorrangregel ab[81]. Damit bleibt offen, ob sie auf andere Fälle übertragbar ist. Anders lediglich, wenn etwa der Vorrang verfassungskonformer oder richtlinienkonformer gegenüber herkömmlicher Auslegung festgestellt wird[82]. Das ergibt sich bereits aus dem Rangverhältnis der Rechtsquelle und hilft daher im Ergebnis selten weiter. Ich will damit nicht gegen mögliche Rangregeln der Auslegungsmethoden und ihre Herausbildung plädieren. Es geht nur darum, solche Regeln, wie etwa den Vorrang des eindeutigen Wortlauts gegenüber dem Zweck einer Norm, nicht als zwingende zu begreifen, sondern hierin eigenständige Argumente zu sehen, die im Rahmen der rechtlichen Analyse ihren unverrückbaren Platz haben, aber bei entsprechend begründeter Auseinandersetzung überwunden werden können. So wird deshalb auch allenthalben konzediert, dass die Auslegungsargumente ohne feste Vorrangregeln nach der Methode des beweglichen Systems nach Zahl und Gewicht zu bewerten sind[83].

4. Vermehrung der Rechtsquellen

Der Abschied vom Gesetzespositivismus steht am Horizont europäischer Rechtsvereinheitlichung.

a) Anerkennung von Richterrecht

Die Anerkennung von richterlicher Rechtsfortbildung ist umstritten. Als Rechtsquelle wird sie für das europäische Privatrecht aus hiesiger Sicht bislang nicht anerkannt. Die Grenze bleibe der mögliche Wortsinn, der nach einer Meinung gar nicht[84], nach anderer nur im Wege der Analogie bei festgestellt plan-

---

79 *Bucher*, Rechtsüberlieferung und heutiges Recht, ZEuP 2000, 394, 421.
80 *Grundmann/Riesenhuber*, aaO., JuS 2001, 529, 534 mwN.
81 *Canaris*, Das Rangverhältnis der „klassischen Auslegungskriterien, demonstriert an Standardproblemen aus dem Zivilrecht, in: Beuthien u.a. [Hrsg.], FS für Dieter Medicus: Zum 70. Geburtstag, S. 25, 39, 50 ff.
82 *Canaris*, aaO., S. 25, 52 (verfassungskonforme Auslegung); *Grundmann/Riesenhuber*, aaO., JuS 2001, 529, 534 (richtlinienkonforme Auslegung).
83 *Grundmann/Riesenhuber*, aaO., JuS 2001, 529, 534 mwN.
84 Vgl. etwa *Rüffler*, Richtlinienkonforme Auslegung nationalen Rechts, ÖJZ 1997, 121, 126 mwN.

widriger Lücke überschritten werden darf[85]. Diese Auffassung kann sich auf die Gewaltenteilung und die positivistische Gesetzesbindung stützen. Ihre Schwäche liegt aber im Festhalten am Gedanken der umfassenden, jeden Einzelfall regelnden Kodifikation. Eine solche fehlt überdies für den europäischen Bereich.

Für eine Anerkennung von Richterrecht spricht die allenthalben festgestellte Annäherung hin zu Richterrecht im kontinentalen Rechtskreis und hin zu Gesetzesrecht im angloamerikanischen Rechtskreis[86]. Auch ist die gleiche wissenschaftliche Qualität beider methodischer Ansätze anzuerkennen[87]. Hinzu kommt die Feststellung, dass die erforderliche Einbeziehung von Europarecht und Rechtsvergleichung die Bedeutung der einzelnen positiven Rechtsakte schwächt und die außerpositiven Sachstrukturen wie etwa ökonomische Argumente stärkt[88]. Ferner zeigt die Praxis bei der Konkretisierung von unbestimmten Rechtsbegriffen und Generalklauseln, dass die Rechtsprechung sich induktiv an Präzedenzfällen entwickelt[89]. Es wird daher als ein Gebot der Methodenehrlichkeit betrachtet, die gesteigerte Relevanz von Präjudizien in Annäherung an angelsächsisches Recht auch methodisch anzuerkennen. *Ohly* hat jüngst vorgeschlagen, eine eingeschränkte Präjudizienbindung dahin anzunehmen, dass sowohl eine Pflicht zur Analyse von einschlägigen Präjudizien besteht[90] und auch eine Vermutung zugunsten des Präjudizes streitet[91].

b) Komparatistik

Die Rechtsvergleichung ist als zulässige Argumentationsform allgemein anerkannt und wird an Bedeutung erheblich gewinnen. Die Forderung, sie von einer Rechtserkenntnis- zur echten Rechtsquelle zu erheben und damit zwingend zu berücksichtigen, ist vereinzelt geblieben und erscheint praktisch unmöglich (vgl. o. II. 5.).

c) Rechtsüberlieferung

Eugen Bucher hat kürzlich als weitere verbindliche Rechtsquelle die Rechts-

---

85   *Grundmann/Riesenhuber*, aaO., JuS 2001, 529, 535; ebenso *Möllers*, aaO., S. 73 f. (für die richtlinienkonforme Auslegung).
86   *E. A. Kramer*, aaO., in: Meier-Schatz [Hrsg.], Die Zukunft des Rechts, Basel 1999, S. 71, 72; *Heldrich*, 50 Jahre Rechtsprechung des BGH - Auf dem Weg zu einem Präjudizienrecht?, ZRP 2000, S. 497, 500.
87   *Vogenauer*, aaO., Bd. II, 2001, S. 1297 f.
88   *Basedow*, aaO., S. 79, 100.
89   *Ohly*, Generalklausel und Richterrecht, AcP 2001 (201) 1, 2.
90   So schon *Kriele*, Theorie der Rechtsgewinnung: entwickelt am Problem der Verfassungsinterpretation, 2. Aufl., 1976, 243 ff.; *Möllers*, aaO., S. 70; weitergehend für eine Präjudizienbindung *Langenbucher*, Die Entwicklung und Auslegung von Richterrecht, 1996, S. 120.
91   *Ohly*, aaO., AcP 2001 (201) 1, 37 ff.

überlieferung postuliert[92] und sich hierbei auf Art. 1 Abs. 3 schwZGB[93] gestützt. Die Rechtsvergleichung soll demnach auch in der historischen Tiefendimension stattfinden und so verloren gegangenes Wissen bewahren. Es ist hier nicht der Raum, diesem anspruchsvollen Gedanken nachzugehen. Die Überlieferung iS Buchers erweitert den Interpretationsrahmen jedenfalls immens. Als verbindliche Rechtsquelle erscheint das – auch bei subsidiärer Geltung historischer Rechtsquellen[94] – nicht realisierbar. Eine Rechtserkenntnisquelle bleibt historisches Recht allemal.

V. Geändertes methodisches Verständnis

Die juristische Methodenlehre möchte justizielle Gerechtigkeit gewährleisten; das unsichtbar Gerechte nachweisbar, überprüfbar und damit sichtbar machen. So verstanden ist sie eine Handlungsanweisung für die von Fall zu Fall erforderliche Erarbeitung eines (sach-)gerechten Ergebnisses. Ob das Ergebnis dabei – nach überkommener Vorstellung – *gefunden* oder – nach vordringender Meinung – *erzeugt* wird, hängt von der metaphysischen Vorstellung von der Gerechtigkeit selbst ab. Wer sie ontologisch versachlicht, kann sie finden, wer sie epistemisch als Postulat (Idee) versteht, der muß sie erzeugen. Die Methodenlehre ist insoweit auch eine Selbstbeschreibung der gegenwärtigen Rechtswissenschaft. Wie jede Selbstbeschreibung gibt sie aber nicht wieder, was „da ist", sondern konstruiert, was ihren Annahmen entspricht[95]. Die rechtstheoretische Grundannahme des kodifkatorischen Positivismus ist im Wanken. Der methodische Anspruch auf das eine, logisch deduzierte und damit richtige Ergebnis, nicht aufrechtzuerhalten. Nun sind solche Feststellungen keinesfalls neu. Die Methodenlehre hat ein Vielzahl kritischer Ansätze hervorgebracht[96], auf die ich hier nicht näher eingehen kann. Die Vielzahl und Komplexität der künftig zu berücksichtigenden Faktoren im Interpretationsprozess zwingt jedenfalls zum Überdenken des methodischen Ansatzes.

Ich komme zum Schluß.

---

92 *Bucher*, Rechtsüberlieferung und heutiges Recht, ZEuP 2000, 394 ff.
93 „*Das Gericht folgt dabei* [bei der Anwendung des Rechts] *bewährter Lehre und Überlieferung*".
94 So die Forderung *Buchers*, aaO., 394, 455 ff., 459 ff.
95 *Luhmann*, Ich sehe was, was du nicht siehst, Soziologische Aufklärung (1993) Heft 5, S. 32.
96 Vgl. *A. Kaufmann*, Das Verfahren der Rechtsgewinnung - Eine rationale Analyse, 1999, S. 65 ff.

1. Thesen

(1) Jede rechtliche Analyse bleibt unvollständig

Mit der Europäisierung und Internationalisierung des BGB kann der Anspruch auf Vollständigkeit der Quellenauswertung künftig nicht mehr eingelöst werden[97]. Dies gilt trotz der Verfügbarkeit vielfältiger Informationen über die neuen Medien[98] und erstreckt sich auf die Auswertung von Präjudizien wie auch auf rechtsvergleichende oder historische Analysen. Herkules[99] wäre notwendig. Ihn gibt es nicht. Jede rechtliche Fallanalyse bleibt unvollständig. Dies zu erkennen und offenzulegen erscheint mir wichtig.

(2) Jeder rechtlichen Analyse liegt ein intentionaler Akt zugrunde

Es sollte anerkannt werden, dass hinter jeder Entscheidung eine persönliche Meinung und ein intentionaler Akt steht. Jede gerichtliche, gutachterliche oder wissenschaftliche Entscheidung ist auf ein „Überzeugen wollen" des Adressaten (-kreises) gerichtet. Zu ihm gehören nicht nur die juristischen Fachkollegen, sondern auch alle anderen beteiligten Kreise. Der kartesianische Gerichtstil des EuGH[100], bei dem Urteile überwiegend als zwingende naturwissenschaftliche Schlußfolgerungen erscheinen, sollte einem personalisierten Urteilsstil angelsächsischer Provenienz weichen. Auch deutsche Gerichte sollten umdenken.

(3) Die Ergebnisse müssen überzeugen

Der Konsens im Kreis der Entscheidungsträger ist eine notwendige aber keine hinreichende Bedingung für die Richtigkeit eines rechtlichen Ergebnisses. Der Maßstab für die Richtigkeit des Ergebnisses ist zusätzlich stets dessen Überzeugungskraft und Akzeptanz durch die Adressaten.

2. Wiederkehr juristischer Rhetorik?

Die juristische Rhetorik ist ins Abseits geraten. *Jan Schröder* hat sie jüngst

---

[97] *Basedow*, aaO., S. 79, 98; *Berger*, aaO., S. 25; Behrens, Voraussetzungen und Grenzen der Rechtsfortbildung, RabelsZ 50 (1986) 19, 27.

[98] Sehr zu begrüßen ist das Projekt der Gesellschaft für Europäisches Schuldvertragsrecht - Society of European Contract Law (SECOLA), *Grundmann/Hirsch*, SECOLA: Erste Diskussions- und Informationsplattform für das Recht des Binnenmarkthandels, NJW 2001, 2687 f. (*http://www.secola.de*).

[99] *Dworkin*, Laws Empire, 1986, S. 63 (Der herculeische Richter als Autor eines Kettenromans); dazu *Bittner*, Recht als interpretative Praxis - Zu Ronald Dworkins allgemeiner Theorie des Rechts, 1988, S. 40 ff.

[100] Vgl. *Everling*, Zur Begründung der Urteile des Gerichtshofs der Europäischen Gemeinschaften, EuR 1994, 127 ff.

historisch betrachtet und als Vorläufer und früheren Bestandteil juristischer Hermeneutik erkannt, ihr aber heute keine eigenständige Bedeutung mehr zugemessen[101]. Andere, wie etwa *Kopperschmidt*, sprechen von neuer Rhetorik als juristischer Argumentationstheorie[102]. *Gast*[103] und *Haft*[104] haben Lehrbücher zur juristischen Rhetorik vorgelegt. Auch die Philosophie entdeckt die Rhetorik als umfassende Anthropologie wieder[105].

Nach den Grundannahmen juristischer Rhetorik sind die zahlreichen, nebeneinander stehenden methodischen Ansätze je für sich Argumente in der Diskussion im Rechtssetzungs- und im Rechtsgewinnungsprozess. Die rhetorische Vorgehensweise ist nicht beliebig. Sie ist eine methodenbewusste Sprachverwendung[106], die den Vorgang des Überzeugens in einem kommunikativen Prozess darstellen will. Die Rhetorik stellt auf den Konsens, das Einverständnis der Sachkundigen ab. Der Rhetor ist Anwalt, Richter oder – wie wir – wissenschaftlich tätige Autoren, die ihre Rechtsthesen zur „herrschenden Meinung" aufgewertet wissen wollen und hierzu den widerspruchsfreien Anschluss suchen[107]. Die Rhetorik ist die versuchte Methodisierung des Umgangs mit praktischer Ungewissheit unter Bedingungen des gesellschaftlichen Kooperationszwanges[108].

Jedes rechtliche Ergebnis läßt sich seinerseits nach rhetorischen Grundlagen analysieren und damit die intentionalen Beweggründe der Entscheidung aufdecken[109]. Die Parameter hierfür sind Pathos (sprachliche Stilmittel), Ethos (Haltung, Wertvorstellung und Bezugsgrößen des Redners/Autors) sowie Logos (sachbezogene Argumente, logische Begründungen) sowie die verwendeten Sprachfiguren und die subjektiven Relevanzkriterien im Aufbau der Argumentation. Damit können auch die irrationalen Momente jeder rechtlichen Entscheidung aufgedeckt werden[110].

---

101 *J. Schröder*, Rhetorik und juristische Hermeneutik in der frühen Neuzeit, in: Helmholz u.a. [Hrsg.] Grundlagen des Rechts, FS für Peter Landau, 2000, 677, 695 f.
102 *Kopperschmidt*, Neue Rhetorik als Argumentationstheorie, in: Vetter [Hrsg.], Wiederkehr der Rhetorik, 1999, 93 ff.; *Ballweg*, Rechtswissenschaft und Jurisprudenz, 1970, 116 f.: Rechtsdogmatik als Meinungsgefüge zur Herstellung von Entscheidbarkeit.
103 *Gast*, Juristische Rhetorik, Auslegung, Begründung, Subsumtion, 3. Aufl., 1997.
104 *Haft*, Juristische Rhetorik, 3. Aufl., 1985.
105 Rhetorische Anthropologie - Studien zum Homo rhetoricus, Kopperschmidt [Hrsg.] 2000; *Perelman*, Das Reich der Rhetorik - Rhetorik und Argumentation, 1980.
106 *Ueding/Steinbrink*, Grundriss der Rhetorik, 3. Aufl., 1994, S. 186.
107 Vgl. *Gast*, Juristische Rhetorik und Rechtserkenntnis, in: Rhetorik 1996, Bd. 15: Juristische Rhetorik, S. 145, 154 f.
108 *Kopperschmidt*, aaO., S. 99.
109 *Sobota*, Argumente und stilistische Überzeugungsmittel in Entscheidungen des Bundesverfassungsgerichts, in: Rhetorik 1996, Bd. 15: Juristische Rhetorik, S. 115 ff.
110 A. *Kaufmann*, aaO., S. 97 anerkennt die irrationalen Aspekte im Verfahren der
(Fortsetzung auf der nächsten Seite)

Theodor Viehweg hat die Topik als einen Bestandteil der juristischen Rhetorik in der Methodenlehre zwar etabliert[111]. Sein topisches Argumentieren wurde aber als unzulässige Relativierung des Gesetzes zurückgewiesen[112] und als ziellose „Rundum-Erörterung" für wertlos gehalten[113]. Die neueren Diskurstheorien haben sich distanziert[114], im Ergebnis aber kaum brauchbare Metaregelungen für den Diskurs hervorgebracht[115]. Die amerikanischen Law and Literature-Lehren (*Dworkin, Posner, White*)[116] sehen in dem – im prozedural dialogischen Diskurs angelegten – horizontalen Druck des besseren Arguments, respektive der am besten passenden und überzeugenden Geschichte („fit"), die Richtigkeitsgewähr für das Ergebnis[117]. Das ist plausibel, geht aber ebenso wie die ideale Sprechsituation nach *Habermas* an den praktischen Gegebenheiten rechtlicher Arbeit vorbei. Es bleibt letztlich eine metaphysisch totalitäre Konzeption, wenn Proponenten und Opponenten in einem zwanglosen, aber geregelten Wettbewerb ohne Handlungs- und Erfahrungsdruck in hypothetischer Einstellung mit Gründen und nur mit Gründen prüfen, ob der Anspruch des Proponenten zu Recht besteht[118].

Konvergenz und Internationalisierung der juristischen Methode, Einsicht in die Individualität, Intentionalität und Unvollkommenheit jeder Interpretation. Nach meiner Überzeugung stehen die Chancen für die juristische Rhetorik nicht schlecht, zum Gemeinrecht europäischer Rechtsanwendung zu werden.

Rechtsgewinnung, zieht daraus aber keine Schlussfolgerungen für die Methodik.
111 *Viehweg*, Topik und Jurisprudenz, 5. Aufl., 1974.
112 Etwa *Bydlinski*, Juristische Methodenlehre und Rechtsbegriff, 1981, S. 245; *Pawlowski*, Methodenlehre für Juristen, 1981, S. 47.
113 *Larenz*, Methodenlehre, 6. Aufl. 1991, S. 146 f.
114 *Alexy*, Theorie der juristischen Argumentation, 3. Aufl., 1996, S. 39, 43; s.a. die strukturierende Methodenlehre nach *F. Müller*, Juristische Methodik, 4. Aufl. 1990, S. 94 ff.
115 *A. Kaufmann*, aaO., S. 98 f. sieht dies ebenso und fordert zu ihrer Ausarbeitung auf. Maßstäbe hierfür sind für Kaufmann in Anlehnung an das Differenzprinzip J. Rawls der „negative Utilitarismus" und der „kategorischen Imperativs der Toleranz".
116 Vgl. *Posner*, Law and Literature, 1988, S. 3 ff.
117 Vgl. *G. Schulze*, aaO., S. 310 ff., 314.
118 *Habermas*, Faktizität und Geltung, Beiträge zur Diskurstheorie des Rechts und des demokratischen Rechtsstaats, 5. Aufl. 1997, S. 279 f.; dagegen: *A. Kaufmann*, aaO., S. 97: „Die Hauptverhandlung ist kein herrschaftsfreier Dialog".

Die Nacherfüllung als zentraler Rechtsbehelf im neuen deutschen Kaufrecht – eine methodische und vergleichende Betrachtung zur Auslegung

Urs Peter Gruber

I. Einführung
II. Überblick über die maßgeblichen Vorschriften
III. Ein Beispielsfall
IV. Lösungsansätze
   1. Gang der Prüfung
   2. Autonom-einzelstaatlicher Ansatz
      a) Anwendung der klassischen Auslegungskriterien
      b) Notwendigkeit einer typisierenden Betrachtungsweise
      c) Erste Ergebnisse: Relevante Abwägungskriterien
         aa) Leistungsverweigerungsrecht des Verkäufers (§ 439 III RegE)
            α) Relation zwischen Kosten und Ertrag der Nacherfüllung
            β) Verschulden des Verkäufers als Maßstab?
            γ) Lösungsvorschlag für den Beispielsfall
         bb) Unzumutbarkeit der Nacherfüllung für den Käufer (§ 440 S. 1, 3. Alt. RegE)
            α) Zeit- und Vertrauenskriterium
            β) Lösungsvorschlag für den Beispielsfall
      d) Zwischenfazit
   3. Vergleichende Betrachtung über das deutsche Recht hinaus
      a) Begründungsansätze
         aa) Richtlinienkonforme Auslegung
         bb) Autonome Begründung
      b) Praxistauglichkeit eines rechtsvergleichenden Ansatzes
      c) Stellenwert der vergleichenden Betrachtung für die vorliegende Problematik

I. Einführung

Die wesentlichen Änderungen des neuen Kaufrechts liegen in einer inhaltlichen Neugestaltung der Rechtsbehelfe des Käufers.

Das momentan bestehende Kaufrecht sieht ein sehr differenziertes Rechtsbehelfssystem vor. Differenziert wird hier zunächst zwischen den Ansprüchen des Käufers beim Rechts- und Sachkauf. Sodann wird beim Sachkauf noch einmal danach unterschieden, ob ein Rechts- oder Sachmangel bzw. ob ein Stück- oder Gattungskauf gegeben ist.

Die Unterscheidungen des alten Rechts sind im neuen Recht grundsätzlich nicht mehr von Bedeutung. Im neuen Recht hat der Käufer einen einheitlichen Anspruch auf Nacherfüllung (§ 439 I RegE). Die Nacherfüllung kann hierbei entweder in der Beseitigung des Mangels, also etwa einer Reparatur der gelieferten Sache (§ 439 I, 1. Alt. RegE) oder aber in der Lieferung einer mangelfreien Sache bestehen (§ 439 I, 2. Alt. RegE).[1]

Das Recht des Käufers auf Nacherfüllung ist nach der gesetzlichen Konzeption der vorrangige Rechtsbehelf des neuen Kaufgewährleistungsrechts.[2] Die bislang im Bereich der Sachmängelgewährleistung vorgesehenen Rechtsbehelfe der Minderung und der Wandelung – letztere ist im neuen Recht nur noch als allgemeines Rücktrittsrecht ausgestaltet[3] – sind nachrangig: Sie setzen grundsätzlich voraus, dass der Käufer dem Verkäufer eine Frist zur Nacherfüllung gesetzt hat und dass diese Frist erfolglos abgelaufen ist (§§ 437 Nr. 3, 280 I, III, 281 I, 323 I RegE).

Allerdings sieht das neue Recht auch Bestimmungen vor, die einen Nacherfüllungsanspruch ausschließen bzw. dem Verkäufer ein Leistungsverweigerungsrecht einräumen (§ 275 I, II RegE, § 439 III RegE). Ferner sind im neuen Recht zahlreiche Ausnahmebestimmungen enthalten, die es dem Käufer – abweichend von dem Grundsatz, dass zunächst eine Nacherfüllung durchzuführen ist – ersparen, eine Nachfrist zu setzen oder weitere Nacherfüllungsversuche des Verkäufers abzuwarten (§§ 281 II, 323 II, 440 RegE). In diesen Fällen kann der Käufer unmittelbar, ohne zunächst Nacherfüllungsversuche des Verkäufers abzuwarten, Schadensersatz statt der Leistung verlangen oder aber Rücktritt bzw. Minderung erklären.

Im folgenden Beitrag soll untersucht werden, welche Rolle die Nacherfüllung angesichts der vorhandenen Ausnahmeregelungen im neuen Recht tatsächlich spielen wird. Hierbei sollen auch methodische Überlegungen – insbesondere solche, die die Konkretisierung von Generalklauseln und normativen Tatbestandsmerkmalen betreffen – mit in die Darstellung einfließen.

---

1 Die Differenzierung zwischen Stück- und Gattungsschuld bleibt lediglich insoweit bedeutsam, als bei der Stückschuld eine Nacherfüllung durch Nachlieferung (§ 439 I, 2. Alt. RegE) ausscheidet (vgl. *St. Lorenz*, JZ 2001, 742, 744).
2 Vgl. Begründung zum RegE, BT-Drucks 14/6040 S. 230 rechte Spalte („Vorrang der Nacherfüllung vor den eigentlichen Gewährleistungsansprüchen des Käufers").
3 §§ 437 Nr. 2, 440, 323 RegE.

II. Überblick über die maßgeblichen Vorschriften

Die zentrale Vorschrift im neuen Kaufrecht ist § 439 I RegE. Hiernach kann der Käufer - wie dargelegt - entweder Beseitigung des Mangels (also insbesondere Reparatur, § 439 I, 1. Alt. RegE) oder aber Nachlieferung (§ 439 I, 2. Alt. RegE) verlangen. Der Käufer hat dabei die Wahl zwischen den beiden Nacherfüllungsalternativen.[4]

In folgenden Fällen kann der Käufer vom Verkäufer ausnahmsweise nicht Nacherfüllung verlangen: Der Verkäufer ist zunächst nicht zur Nacherfüllung verpflichtet, soweit sie unmöglich ist (§ 275 I RegE). Ferner kann der Verkäufer die Nacherfüllung verweigern, soweit sie einen Aufwand erfordert, der unter Beachtung des Inhalts des Schuldverhältnisses und der Gebote von Treu und Glauben in einem groben Missverhältnis zu dem Leistungsinteresse des Gläubigers steht (§ 275 II RegE).[5] Schließlich kann der Verkäufer nach § 439 III RegE die Nacherfüllung verweigern, soweit sie nur mit unverhältnismäßigen Kosten möglich ist. § 439 III RegE greift den Rechtsgedanken des § 275 II RegE noch einmal auf, sieht aber eine weitaus geringere Schwelle für die Begründung einer Einrede der Verkäufers vor. Ist nur eine der beiden Alternativen unmöglich (§ 275 I RegE) oder kann nur eine der beiden Alternativen vom Verkäufer einredeweise verweigert werden (§§ 275 II, 439 III RegE), so kann der Käufer die verbleibende Nacherfüllungsalternative geltend machen.[6]

In den §§ 281 II, 323 II, 440 RegE sieht das neue Recht verschiedene Tatbestände vor, in denen der Käufer – abweichend von § 439 I RegE – unmittelbar vom Vertrag zurücktreten oder den Kaufpreis mindern (§§ 323 II, 440 RegE) bzw. - im Falle eines Vertretenmüssens des Verkäufers, § 276 BGB - Schadensersatz statt der Leistung verlangen kann (§§ 281, 440 RegE), ohne dass es hierfür noch einer Fristsetzung oder des Abwartens weiterer Nacherfüllungsversuche bedarf.[7] Im Einzelnen handelt es sich hierbei um die folgenden Tatbestände:

- die ernsthafte und endgültige Verweigerung der Nacherfüllung durch den Verkäufer (§§ 281 II, 1. Alt., 323 II Nr. 1 RegE),

- das Fixgeschäft (§ 323 II Nr. 2 RegE),

- das Vorliegen besonderer Umstände, die unter Abwägung der beiderseitigen Interessen die sofortige Geltendmachung von Schadensersatz bzw.

---

4   Vgl. den Wortlaut des § 439 I RegE („nach seiner Wahl").
5   § 275 II RegE ist als Einrede konzipiert (vgl. BT-Drucks. 14/6040 S. 129 rechte Spalte); im Erg. abweichend *Teichmann*, BB 2001, 1485, 1487.
6   Vgl. § 275 I, II RegE („soweit"); § 439 III S. 2 1. Halbsatz RegE.
7   Eine weitere Ausnahmeregelung findet sich in § 478 I S. 1 RegE für den Rückgriff des Unternehmers gegen seinen Lieferanten.

den sofortigen Rücktritt rechtfertigen (§§ 281 II, 2. Alt., 323 II Nr. 3 RegE),[8]
- die Verweigerung beider Arten der Nacherfüllung durch den Verkäufer gem. § 439 III RegE (§ 440 1. Alt. RegE),
- der Fehlschlag der dem Käufer zustehenden Art der Nacherfüllung (§ 440 2. Alt. RegE),
- die Unzumutbarkeit der Nacherfüllung für den Käufer (§ 440 S. 1, 3. Alt. RegE),
- ferner (die in § 440 RegE nicht eigens erwähnte, nach § 326 I S. 3 RegE zu behandelnde) Unmöglichkeit der Nacherfüllung[9]

Betrachtet man die dargestellten Ausnahmevorschriften zur Nacherfüllung, so stellt man fest, dass sie z.T. relativ präzise, andererseits aber auch stark normative Tatbestandsmerkmale sowie ergänzende Generalklauseln enthalten. Stark normativ geprägt ist der Begriff der „unverhältnismäßigen Kosten" in § 439 III RegE. Eine Generalklausel stellt auch der Begriff der Unzumutbarkeit i.S.d. § 440 S. 1, 3. Alt. RegE dar.

Gerade von der Konkretisierung der angeführten normativen Begriffe und Generalklauseln hängt es ab, wie stark die Nacherfüllung das Rechtsbehelfssystem des neuen Kaufrechts dominieren wird. Je weiter diese Generalklauseln ausgelegt werden, desto stärker wird die Nacherfüllung als zentraler Rechtsbehelf im neuen Recht zurückgedrängt. Der Konkretisierung der Generalklauseln – und den damit zusammenhängenden methodischen Problemen – kommt damit im neuen Kaufrecht eine zentrale Bedeutung zu.

III. Ein Beispielsfall

Bereits einfache Beispiele zeigen, dass die Konkretisierung der dargestellten Generalklauseln in der Praxis erhebliche Schwierigkeiten bereiten kann.

Häufig dürften sich in der Praxis etwa Sachverhalte ergeben, die mit dem folgenden vergleichbar sind: Zwischen einem Gebrauchtwagenhändler und einem Verbraucher ist ein Kaufvertrag über einen Gebrauchtwagen zu einem Preis von 3000,- DM zustande gekommen, wobei davon ausgegangen werden soll, dass der Preis in etwa dem Marktwert des Wagens in einem mangelfreien Zustand entspricht. Der Wagen weist einen seine Benutzbarkeit ausschließenden Motor-

---

[8] Der Bundesrat hat die Streichung dieser Bestimmungen empfohlen; BR-DRucks. 338/01 S. 18 f.
[9] Vgl. Begründung zum RegE, BT-Drucks. 14/6040 S. 222 rechte Spalte und S. 234 linke Spalte; ferner *St. Lorenz*, JZ 2001, 742, 743 Fn. 13.

schaden auf, was dem Verkäufer bei Abschluss des Vertrages bekannt war oder zumindest hätte bekannt sein müssen. Eine Behebung des Mangels in einer Fachwerkstatt würde voraussichtlich etwa 4000,- DM kosten.

Im neuen Recht stellt sich in dem genannten Beispielsfall die Frage, ob der Käufer angesichts der erheblichen Reparaturkosten von dem Verkäufer Nacherfüllung verlangen *kann*; es stellt sich aber auch die Frage, ob der Käufer zunächst Nacherfüllung verlangen *muss* oder ob er nicht unmittelbar Schadensersatz statt der Leistung geltend machen bzw. Rücktritt oder Minderung erklären kann.

Prüft man, ob der Käufer Nacherfüllung verlangen *kann*, so ist zunächst festzustellen, dass die Nachlieferungsalternative (§ 439 I, 2. Alt. RegE) bereits wegen Unmöglichkeit (§ 275 I, 1. Alt. RegE) ausscheidet. Vorliegend handelt es sich um einen Stückkauf, bei dem eine Erfüllung nur durch eine Übereignung des konkret vorliegenden Kaufgegenstands eintreten kann. Hielte man den Verkäufer für verpflichtet, eine Ersatzsache zu beschaffen, so würde das Pflichtenprogramm des Verkäufers über das vertragliche Vereinbarte hinaus erweitert.[10] Dies ist aber nicht Sinn des Nacherfüllungsanspruchs.[11]

Prüft man die erste Nacherfüllungsalternative (§ 439 I, 1. Alt. RegE), also den Reparaturanspruch des Käufers, so stellt sich die Frage, ob der Verkäufer die Nacherfüllung gem. § 439 III RegE wegen unverhältnismäßig hoher Kosten verweigern kann. Eindeutig ist das Ergebnis nicht. § 439 III S. 2 RegE gibt für die Konkretisierung des Merkmals der Unverhältnismäßigkeit nur einige Hinweise: Zu berücksichtigen sind nach dieser Vorschrift u.a. der „Wert der Sache in mangelfreiem Zustand" sowie „die Bedeutung des Mangels".

Behandelt man schließlich die Frage, ob der Käufer zunächst Nacherfüllung verlangen *muss,* so gelangt man im vorliegenden Fall zu § 440 S. 1, 3. Alt. RegE und dem Merkmal der Unzumutbarkeit. Eindeutig ist das Ergebnis auch hier nicht. Möglicherweise ließe sich die Unzumutbarkeit im angegebenen Beispielsfall bereits damit begründen, dass der Käufer als Berufspendler auf die

---

10 *St. Lorenz,* JZ 2001, 742, 743 Fn. 12 und 744. Damit hat die Unterscheidung zwischen Stück- und Gattungsschuld im neuen Kaufrecht doch noch eine gewisse Bedeutung.

11 Die Begründung zum RegE ist hier allerdings zumindest unpräzise. Eine Unmöglichkeit der Nachlieferung sei nur „im Regelfall bei dem Kauf einer bestimmten gebrauchten Sache" anzunehmen, so dass „hier eine Nachlieferung zumeist von vornherein ausscheiden wird" (BT-Drucks. 14/6040 S. 232 linke Spalte). Entgegen der Begründung zum RegE ist bei einer Stückschuld nicht nur „im Regelfall", sondern stets eine Unmöglichkeit der Nachlieferung nach § 439 I, 2. Alt RegE anzunehmen (§ 275 I RegE). Dem Verkäufer steht es allerdings frei, dem Käufer eine andere Sache als Leistung an Erfüllungs Statt anzubieten (§ 364 I BGB). Unpräzise ist auch die Formulierung in BT-Drucks. 14/6040 S. 209 rechte Spalte („Bei nicht vertretbaren Kaufsachen scheidet auch die Ersatzlieferung aus."), weil es nicht darauf ankommt, ob der Kaufgegenstand eine vertretbare Sache darstellt (§ 91 BGB), sondern darauf, ob es sich um eine Stückschuld handelt.

schnelle Verfügbarkeit des Wagens besonders angewiesen ist und er deshalb keine Reparatur abwarten will. In Betracht kommt auch die Erwägung, dass der Käufer aufgrund der vorangegangenen arglistigen Täuschung durch den Verkäufer oder zumindest dessen fahrlässiger Unkenntnis vom Mangel Anlass hat, dem Verkäufer zu misstrauen, und dass deshalb von ihm nicht erwartet werden kann, dass er das Fahrzeug wieder in die Hände des Verkäufers gibt.

IV. Lösungsansätze

1. Gang der Prüfung

Bevor man zu der Lösung von Einzelfällen Stellung nimmt, ist es notwendig, sich über die methodischen Grundlagen für die Konkretisierung von Generalklauseln Klarheit zu verschaffen.

Im Folgenden soll zunächst ein Lösungsansatz auf der Grundlage der methodischen Regeln entwickelt werden, die im autonomen deutschen Recht Verwendung finden. Sodann soll geprüft werden, inwieweit - in einen zweiten Schritt - im Rahmen der konkreten Rechtsanwendung auch ein Blick über das autonome deutsche Recht hinaus zu werfen ist. Geprüft werden soll m.a.W., ob die herkömmliche Auslegungsmethode, wie sie im deutschen Recht Verwendung findet, um eine stärkeres (rechts)vergleichendes Element zu ergänzen ist.

2. Autonom-einzelstaatlicher Ansatz

a) Anwendung der klassischen Auslegungskriterien

Geht man zunächst von einem einzelstaatlich-autonomen Ansatz aus, so sind bei der Konkretisierung von Generalklauseln – nicht anders als bei anderen Vorschriften auch – die klassischen Auslegungskriterien zur Anwendung zu bringen. Zu berücksichtigen sind also zunächst der Wortlaut, aber auch die Systematik des Gesetzes sowie Sinn und Zweck der jeweiligen Vorschriften. Daneben ist es auch zulässig, die Gesetzesmaterialien heranzuziehen und dort nach Hinweisen darauf zu suchen, welche Vorstellungen der Gesetzgeber vom Inhalt bzw. vom Sinn und Zweck der Norm im Einzelnen hatte.

Im Rahmen der systematischen Auslegung kommt einer Betrachtung der Vorschriften des geltenden Werkvertragsrechts besondere Bedeutung zu. Denn generell hatte das bestehende Werkvertragsrecht für das neue Kaufrecht Vorbildcharakter: Es ist das ausdrückliche Ziel des Regierungsentwurfs, das neue Kaufrecht dem bestehenden Werkvertragsrecht anzunähern.[12]

Die beschriebene Vorbildfunktion des Werkvertragsrechts gilt insbesondere für das Rechtsbehelfssystem: Wie im bestehenden Werkvertragsrecht soll auch im neuen Kaufrecht als Grundsatz die Nacherfüllung verlangt werden können; wie der Werkunternehmer im bestehenden Werkvertragsrecht hat auch der Verkäufer im neuen Kaufrecht nur ausnahmsweise die Möglichkeit, die Nacherfüllung zu verweigern bzw. kann – umgekehrt – der Käufer (Besteller) nur ausnahmsweise ohne eine vorherigen Nacherfüllungsversuch des Verkäufers (Werkunternehmers) Schadensersatz, Wandelung (Rücktritt) oder Minderung verlangen.

Eine Betrachtung des geltenden Werkvertragsrechts zeigt, dass einzelne Vorschriften des neuen Kaufrechts den Vorschriften des geltenden Werkvertragsrechts z.T. direkt nachgebildet sind. § 439 III RegE ist – was in der Begründung zum RegE noch einmal hervorgehoben wird – an § 633 II S. 3 des geltenden BGB angelehnt.[13] Nach § 633 II S. 3 BGB kann der Werkunternehmer die Nachbesserung des mangelhaften Werks ausnahmsweise verweigern, wenn die Beseitigung des Mangels einen „unverhältnismäßigen Aufwand" erfordert. Der terminologische Unterschied zwischen § 633 II S. 3 BGB und § 439 III RegE besteht damit nur darin, dass in § 439 III RegE der Begriff des „Aufwands" durch den Begriff der „Kosten" ersetzt worden ist.[14]

Funktional mit § 440 S. 1, 3. Alt. RegE vergleichbar ist § 634 II, 3. Alt BGB. Hiernach kann der Besteller den Anspruch auf Wandelung oder Minderung ausnahmsweise sofort geltend machen, ohne zunächst eine Frist zur Nacherfüllung zu setzen, wenn dies durch „ein besonderes Interesse" gerechtfertigt ist. An die Stelle des in § 634 II, 3. Alt BGB genannten „besonderen Interesses" des Bestellers an der sofortigen Wandelung bzw. Minderung tritt in § 440 S. 1, 3. Alt. RegE – negativ gewendet – die Unzumutbarkeit der Nacherfüllung für den Käufer.

---

12 BT-Drucks. 14/6040 S. 234 (zu § 440 RegE): „wünschenswerter Gleichlauf des kauf- und werkvertraglichen Gewährleistungsrechts"; vgl. ferner BT-Drucks aaO, S. 209 rechte Spalte.
13 BT-Drucks. 14/6040 S. 232 linke Spalte; zur Vergleichbarkeit mit § 251 II BGB siehe *Westermann,* in: Schulze/Schulte-Nöke (Hrsg.), Die Schuldrechtsreform vor dem Hintergrund des Gemeinschaftsrechts (2001) S. 109, 125.
14 Der Unterschied in der Terminologie beruht auf der Formulierung in Art. 3 III S. 3 der Verbrauchsgüterkaufrichtlinie (BT-Drucks, aaO); wesentliche Unterschiede ergeben sich hieraus aber nicht; anders *Krebs,* BB 2000, Beilage 14, 1, 18 nach dessen Ansicht der Begriff der „Kosten" enger ist als der Begriff der „Aufwendungen", weil der Begriff der Aufwendungen auch den (kostenneutralen) bloßen zeitlichen Aufwand erfasst; krit. hierzu *Westermann,* in: Die Schuldrechtsreform vor dem Hintergrund des Gemeinschaftsrechts (o. Fußn. 9), S. 109, 125.

b) Notwendigkeit einer typisierenden Betrachtungsweise

Auch eine noch so schulmäßige Anwendung der dargestellten Auslegungskriterien führt nicht daran vorbei, dass dem Richter bei der Konkretisierung von Generalklauseln ein großer Entscheidungsspielraum verbleibt. Insbesondere ist es nach dem etablierten methodischen Ansatz nicht möglich, die tatsächlichen Umstände, die für die Konkretisierung der Generalklausel im Einzelfall maßgebend sind, abschließend aufzuzählen oder gar eine abstrakte Stufenfolge der maßgeblichen Umstände zu etablieren. Dies trifft auch auf die genannten werkvertraglichen Generalklauseln zu, die den neuen kaufrechtlichen Bestimmungen – wie dargelegt – als Vorbild gedient haben: Feste Kriterien, die eine Einzelfallprüfung verzichtbar machen könnten, haben sich hier nicht etabliert.[15]

Umgekehrt erscheint es aber als unbefriedigend, den Richter und die betroffenen Parteien ausschließlich auf eine flexible Einzelfallprüfung zu verweisen, ohne ihnen näheren Aufschluss über die relevanten Abwägungskriterien zu geben. In diesem Fall wäre die Konkretisierung der Generalklausel kaum vorhersehbar.

Vorzuziehen ist daher eine vermittelnde Lösung, nämlich eine *typisierende* Betrachtungsweise, das heißt die Herausarbeitung von typischerweise relevanten Kriterien, die im Rahmen einer Einzelfallbetrachtung von Bedeutung sein können. Eine derartige typisierende Betrachtungsweise gibt dem bei der Konkretisierung der Generalklausel notwendigen Abwägungsvorgang die notwendige Orientierungshilfe. Sie dient damit der Vorhersehbarkeit der richterlichen Entscheidungsfindung, lässt aber andererseits der Einzelfallgerechtigkeit – insbesondere deshalb, weil die Aussagekraft und das konkrete Gewicht der einzelnen Kriterien in jedem Fall neu zu überprüfen sind – hinreichend Raum.[16]

Eine derartige typisierende Betrachtung ist im Falle des § 439 III RegE bereits in der gesetzlichen Regelung selbst angelegt. § 439 III RegE geht seinerseits typisierend vor, indem er zwar auf einzelne relevante Kriterien hinweist, zugleich aber durch das Merkmal „insbesondere" deutlich macht, dass weder eine abschließende Aufzählung noch das Postulat einer starren Stufenfolge der maßgeblichen Kriterien beabsichtigt ist.[17] Auch bei den dargestellten Vorschriften des Werkvertragsrechts greifen Rechtsprechung und Literatur auf eine typisierende Betrachtungsweise zurück, ohne zwischen den einzelnen Abwägungskriterien ein festes Stufenverhältnis zu postulieren.[18]

---

15 BGH, NJW 1996, 3269 („Abwägung aller Umstände des Einzelfalls"); ebenso BGH, NJW-RR 1997, 1106; *Staudinger-Peters,* Kommentar zum Bürgerlichen Gesetzbuch, Neubearbeitung 2000, § 633 RdNr. 192; ferner BGH, NJW 1995, 1836, 1837 („Gesamtschau aller Umstände").
16 Vgl. hierzu ausführlich *Leenen,* Typus und Rechtsfindung (1971).
17 BT-Drucks. 14/6040 S. 232 rechte Spalte.
18 Vgl. die Nachweise Fußn. 15.

c) Erste Ergebnisse: Relevante Abwägungskriterien

aa) Leistungsverweigerungsrecht des Verkäufers (§ 439 III RegE)

α) Relation zwischen Kosten und Ertrag der Nacherfüllung

Im folgenden soll versucht werden, erste Ansätze für die Herausbildung relevanter Abwägungskriterien aufzuzeigen.

Eine Betrachtung der Rechtsprechung zu § 633 II S. 3 BGB (dem Verweigerungsrecht des Werkunternehmers) ergibt, dass im Rahmen der Abwägung zunächst auf das objektive Wertverhältnis zwischen dem durch die Nacherfüllung erlangten Vorteil des Bestellers und dem hierfür erforderlichen Nacherfüllungsaufwand abgestellt wird. Maßgeblich ist also – knapp gefasst – die Wertrelation zwischen Aufwand und Ertrag der Nacherfüllung.[19] Nicht maßgebend ist demgegenüber die Wertrelation zwischen dem Aufwand der Nacherfüllung und dem vereinbarten Werklohn.[20]

Starre Wertgrenzen sind allerdings der Rechtsprechung zu § 633 II S. 3 BGB nicht zu entnehmen.[21] Die Rechtsprechung zu § 251 II BGB dahingehend, dass eine Reparatur dann verweigert werden kann, wenn die Reparaturaufwendung mehr als 130 % des Wertes des Fahrzeugs im unbeschädigten Zustand beträgt, ist auf § 633 II S. 3 BGB nicht zu übertragen.[22] Denn es ist zu berücksichtigen, dass sich der Unternehmer gegenüber dem Besteller verpflichtet hat, ein mangelfreies Fahrzeug zu übereignen; er wird im Rahmen der Nacherfüllung nur an seinem vertraglichen Versprechen festgehalten.[23]

Bei der Bemessung der Wertrelation sind ferner nicht nur materielle, sondern auch immaterielle Interessen des Bestellers zu berücksichtigen: Hat z.B. das hergestellte Werk eine andere Farbe als die vertraglich vereinbarte, so soll der

---

19 BGH, NJW-RR 1997, 1106; NJW 1996, 3269, 3270; 1995, 1836; BGHZ 96, 111, 124; 59, 365, 367; OLG Celle, BauR 1998, 401; OLG Düsseldorf, BauR 1998, 126, 127; *Staudinger-Peters* (o. Fußn. 15), § 633 RdNr. 192; *Soergel*, in: MünchKomm zum BGB, 3. Auf. (1997), § 633 RdNr. 136.
20 BGH, NJW-RR 1997, 1106; NJW 1996, 3269, 3270; BGHZ 59, 365, 368; MünchKomm-*Soergel* (o. Fußn. 19), § 633 RdNr. 136.
21 *Staudinger-Peters* (o. Fußn. 15), § 633 RdNr. 193; auch MünchKomm-*Soergel* (o. Fußn. 19), § 633 RdNr. 136; vgl. aber auch OLG Düsseldorf, BauR 1998, 126, 127 (Unverhältnismäßigkeit bei erheblichen Aufwendungen und geringfügigen Schönheitsfehlern, die nur das ästhetische Empfinden und nicht die Wertschätzung eines Hauses berühren); ähnlich OLG Celle, BauR 1998, 401 (Unverhältnismäßigkeit bei lediglich optischer Beeinträchtigung von Marmortreppe).
22 *Staudinger-Peters* (o. Fußn. 15), § 633 RdNr. 193.
23 *Staudinger-Peters* (o. Fußn. 15), § 633 RdNr. 193.

Besteller auch dann Nachbesserung verlangen dürfen, wenn die abweichende Farbgebung den objektiven Wert des Werkes nicht beeinträchtigt.[24]

Die Betrachtung der Wertrelation zwischen Aufwand und Ertrag der Nacherfüllung steht auch am Anfang der Prüfung des § 439 III RegE. Dass es auf die Wertrelation zwischen Aufwand und Ertrag der Nacherfüllung ankommt, ist im Wortlaut des § 439 III S. 2 RegE zumindest angedeutet, da es dort heißt, dass der „Wert des Mangels" berücksichtigt werden soll. Ferner ist eine solche Betrachtungsweise auch in § 275 II S. 1 RegE vorgeschrieben, dessen Rechtsgedanke nach der Begründung zum Regierungsentwurf in § 439 III RegE noch einmal aufgegriffen und weitergeführt werden soll.[25] Im Übrigen ergibt sich der Gleichklang zwischen dem neuen Kauf- und dem bestehenden Werkvertragsrecht in dieser Frage daraus, dass § 439 III S. 1 RegE und § 633 II S. 3 BGB im Wortlaut fast identisch sind und - wie dargelegt - § 633 II S. 3 BGB der neuen Regelung des § 439 III RegE ausweislich der Materialien als Vorbild diente.

Allerdings können sich hier bei der Beurteilung der Wertrelation im Einzelnen Unterschiede zwischen Kauf- und Werkvertragsrecht ergeben: Zu berücksichtigen ist insbesondere, dass der Verkäufer – anders als der Werkunternehmer – häufig schlechtere Möglichkeiten hat, die verlangte Nacherfüllung nach § 439 I, 1. Alt. RegE vorzunehmen. Die Begründung zum Regierungsentwurf weist darauf hin, dass unverhältnismäßige Kosten i.S.d. § 439 III RegE insbesondere dann vorliegen können, wenn es sich um einen nichtgewerblichen Verkäufer oder aber um einen „Händler ohne Reparaturwerkstatt" handelt.[26] Abzustellen ist also nach der Begründung zum RegE auf die Kosten für den Verkäufer in seiner konkreten Position, nicht darauf, welche Kosten die Reparatur bei einem mit dem notwendigen Fachwissen und Material ausgestatteten Werkstattbetrieb verursachen würde.

β) Verschulden des Verkäufers als Maßstab?

Die Wertrelation zwischen Aufwand und Ertrag der Nacherfüllung ist jedoch nach der ständigen Rechtsprechung des BGH zu § 633 II S. 3 BGB nicht allein maßgebend. Von Bedeutung ist auch, ob der entstandene Mangel auf einem

---

24 Beispiel nach *Staudinger-Peters* (o. Fußn. 15), § 633 RdNr. 192; MünchKomm-*Soergel* (o. Fußn. 19), § 633 RdNr. 136.
25 BT-Drucks 14/6040 S. 232 („§ 439 Abs. 3 Satz 1 RE stellt eine besondere Ausprägung dieses allgemeinen Rechtsgedankens im Kaufrecht und eine gegenüber § 275 Abs. 2 RE niedrigere Schwelle für die Begründung einer Einrede des Käufers dar.").
26 BT-Drucks. 14/6040 S. 234 (zu § 440 RegE); krit. allerdings BR-Drucks. 338/01 S. 53 f. („Für einen Gebrauchtwagenhändler, der keine eigene Reparaturwerkstatt hat, kann eine Nachbesserung durchaus zumutbar sein, zumal die Kosten für eine Nachbesserung in der Werkstatt eines Fremdunternehmers betriebswirtschaftlich nicht höher sein müssen als die Nachbesserung in einer eigenen Werkstatt"); ebenso *Haas*, BB 2001, 1313, 1316. Es bleibt abzuwarten, wie dieser Einwand des Bundesrats im Gesetzgebungsverfahren berücksichtigt wird.

Verschulden des Werkunternehmers beruht oder nicht. Nach dem BGH kann ein grobes Verschulden gegenüber einer ungünstigen Wertrelation von Aufwand und Ertrag der Nachbesserung im Einzelfall sogar den Ausschlag geben.[27] Die oben am Beispiel des Gebrauchtwagenkaufs entwickelte Frage, ob es für die Unverhältnismäßigkeit i.S.d. § 439 III RegE auf ein Verschulden des Verkäufers ankommt oder nicht, wird vom BGH damit für den Parallelfall im Werkvertragsrecht bejaht.

Die angestrebte Übereinstimmung zwischen Kauf- und Werkvertragsrecht spricht auch hier wieder dafür, die zu § 633 II S. 3 BGB ergangene Rechtsprechung auf § 439 III RegE zu übertragen. Ferner ist in Satz 3 der mit § 439 III RegE verwandten Regelung des § 275 II RegE ausdrücklich vorgeschrieben, dass bei der Bestimmung der dem Schuldner zuzumutenden Anstrengungen auch zu berücksichtigen ist, ob der Schuldner das Leistungshindernis zu vertreten hat.

Es kommt also auch im Rahmen des § 439 III RegE nicht nur auf das objektive Verhältnis zwischen dem durch die Nacherfüllung erlangten Vorteil des Käufers und dem hierfür erforderlichen Nacherfüllungsaufwand, sondern auch darauf an, ob hinsichtlich des Mangels ein Verschulden des Verkäufers vorliegt.

γ) Lösungsvorschlag für den Beispielsfall

Betrachtet man den oben angeführten Beispielsfall auf der Grundlage der zwischenzeitlich ermittelten Kriterien, so sind die Voraussetzungen des Einredetatbestands des § 439 III RegE nicht erfüllt.

Dies ergibt sich bereits aus einer Betrachtung der Wertrelation von den Kosten und dem Ertrag der Nacherfüllung. Ohne Reparatur ist das Fahrzeug nicht gebrauchsfähig; mit der Reparatur kann es aber in einen vollständig gebrauchsfähigen Zustand versetzt werden. Der Ertrag der Nacherfüllung erreicht also in etwa den Gesamtwert des Wagens im mangelfreien Zustand in Höhe von 3000,- DM. Dem stehen Reparaturkosten in Höhe von 4000,- DM gegenüber. Allein die Differenz von 1000,- DM zwischen den Kosten und dem Ertrag der Nacherfüllung führt noch nicht zu einer Unverhältnismäßigkeit i.S.d. § 439 III RegE. Eine feste Wertgrenze wie in § 251 II BGB dahingehend, dass eine Reparatur dann verweigert werden kann, wenn die Reparaturkosten mehr als 130 % des Wertes des Fahrzeugs im unbeschädigten Zustand betragen, ist – wie dargelegt – im neuen Kaufrecht ebenso wenig anzuerkennen wie bei § 633 II S. 3 BGB.[28]

Letztlich verschiebt sich im vorliegenden Fall das Abwägungsergebnis noch einmal zu Lasten des Verkäufers, wenn er – wie im Beispielsfall – von der

---

27 BGH, NJW 1995, 1836, 1837; ferner BGH, NJW 1996, 3269, 3270; BGHZ 59, 365, 368; OLG Celle, BauR 1998, 401, 402; OLG Düsseldorf, NJW-RR 1987, 1167.
28 *Staudinger-Peters* (o. Fußn. 15), § 633 RdNr. 193.

Mangelhaftigkeit der Sache wusste bzw. hätte wissen können. Auf eine Abwägung der aufgezeigten Kriterien – also auf die Frage, ob das Wertverhältnis zwischen den Kosten und dem Ertrag der Nacherfüllung oder das Verschuldenskriterium stärker zu gewichten ist[29] – kommt es im vorliegenden Fall nicht an, weil beide Kriterien in dieselbe Richtung weisen bzw. dafür sprechen, dem Verkäufer kein Verweigerungsrecht nach § 439 III RegE zuzubilligen.

bb) Unzumutbarkeit der Nacherfüllung für den Käufer (§ 440 S. 1, 3. Alt. BGB)

α) Zeit- und Vertrauenskriterium

Eine typisierende Vorgehensweise ist auch bei der Konkretisierung des Merkmals der „Unzumutbarkeit" in § 440 S. 1, 3. Alt. RegE vorzunehmen: Es sind brauchbare Kriterien zu ermitteln, die zwar eine Abwägung im Einzelfall nicht entbehrlich machen können, aber immerhin geeignet sind, dem Richter bei der Konkretisierung der Generalklausel eine gewisse Orientierung zu geben.

Betrachtet man die Rechtsprechung zu der werkvertraglichen Parallelvorschrift des § 634 II, 3. Alt BGB, so wird deutlich, dass bei der Konkretisierung der Generalklausel zwei Kriterien im Vordergrund stehen. Zunächst handelt es sich um das Zeitkriterium, also das besondere Bedürfnis des Bestellers, rasch ein mangelfreies Werk zu erhalten oder aber andernfalls den Vertrag im Wege der Wandelung sofort zurückabzuwickeln;[30] von Bedeutung ist sodann das Vertrauenskriterium, welches dann zum Tragen kommt, wenn das Vertrauen des Bestellers in die ordnungsgemäße Durchführung der Mängelbeseitigung – insbesondere wegen des vorangegangenen Fehlverhaltens des Unternehmers – erschüttert ist.[31] Von Relevanz sind hier insbesondere ein arglistiges Verhalten des Unternehmers oder ein Fehlverhalten, das zu Gesundheits- oder Lebensgefahren für den Besteller und seine Familie geführt hat.[32]

---

29 Zu einseitig auf das Verschulden abstellend OLG Düsseldorf, NJW-RR 1987, 1167 (kein Verweigerungsrecht des Unternehmers, wenn der Mangel auf grober Fahrlässigkeit beruht).

30 BGH, NJW-RR 1993, 560; OLG Köln, NJW-RR 1995, 818; OLG Düsseldorf, NJW-RR 1993, 477; *Staudinger-Peters* (o. Fußn. 15), § 634 RdNr. 28.

31 BGHZ 46, 242; OLG Koblenz, NJW-RR 1995, 655; *Staudinger-Peters* (o. Fußn. 15), § 634 RdNr. 29; MünchKomm-*Soergel* (o. Fußn. 19), § 634 RdNr. 17.

32 Etwa OLG Koblenz, NJW-RR 1995, 655 (schwerwiegender Fehler von Ofenbauer mit anschließender Lebensgefährdung). Hinzuweisen ist ferner darauf, dass bei der Auslegung des § 11 Nr. 10 lit. b AGBG das Merkmal des „Fehlschlagens" der Nachbesserung bzw. der Ersatzlieferung in Anlehnung an § 13 Nr. 6 S. 2 VOB/B um das Merkmal der „Unzumutbarkeit" ergänzt wird (*Hensen*, in: Ulmer/Brandner/Hensen, AGB-Gesetz, 8. Aufl. (1997), § 11 Nr. 10 RdNr. 45; BGHZ 93, 29, 62; vgl. auch BGH, DAR 1978, 46). Im Rahmen der Unzumutbarkeit wird maßgeblich auf den Wegfall der Vertrauensgrundlage zum Verkäufer abgestellt (*Hensen*, a.a.O.). Die Auslegung des § 11 Nr. 10 lit. b AGBG erweist sich damit als eine Bestätigung der Ergebnisse, die aus einer Be-
(Fortsetzung auf der nächsten Seite)

β) Lösungsvorschlag für den Beispielsfall

Wendet man die Kriterien auf den oben angeführten Beispielsfall an, so ergibt sich folgendes:

Das Zeitkriterium führt nicht zu einer Unzumutbarkeit i.S.d. § 440 S. 1, 3. Alt. RegE. Allein der Umstand, dass der Käufer den Kaufgegenstand in dem nunmehr notwendigen Reparaturzeitraum benutzen wollte bzw. etwa als Berufspendler auf ein Fahrzeug angewiesen ist, ändert hieran nichts. Denn andernfalls würde der Grundsatz, dass der Käufer zunächst nur eine Nacherfüllung verlangen kann, praktisch in sein Gegenteil verkehrt. Der Käufer ist deshalb darauf zu verweisen, sich einen Mietwagen zu nehmen und die hieraus entstehenden Kosten als Schadensersatz geltend zu machen (§§ 437 Nr. 3, 280 I RegE bzw. §§ 437 Nr. 3, 280 I, III, 286 RegE).[33] Der Käufer hätte, wenn er dem Zeitkriterium eine entscheidende Bedeutung hätte einräumen wollen, den Fortbestand seines Leistungsinteresses im Vertrag an die Rechtzeitigkeit der Leistung binden können (§ 323 II Nr. 2 RegE).

Begründen lässt sich eine Unzumutbarkeit der Nacherfüllung vorliegend allerdings damit, dass das Vertrauen des Käufers in die ordnungsgemäße Durchführung der Mängelbeseitigung erschüttert ist. Dies gilt jedenfalls – in Anlehnung an die seitens der Rechtsprechung zum Werkvertragsrecht entwickelten Grundsätze – für den Fall des arglistig handelnden Verkäufers, wohl aber nicht bereits dann, wenn der Mangel dem Verkäufer nur aufgrund von einfacher Fahrlässigkeit verborgen geblieben ist.

d) Zwischenfazit

Zieht man ein erstes Fazit, so ist bereits jetzt erkennbar, dass eine Konkretisierung der vorhandenen Generalklauseln zwar schwierig, aber auch auf der Grundlage der bestehenden methodischen Regeln des deutschen Zivilrechts möglich ist. Eine besondere Hilfestellung erwächst hierbei aus einer vergleichenden Analyse des bestehenden Werkvertragsrechts bzw. aus einer Betrachtung der zu den werkvertraglichen Parallelvorschriften ergangenen Rechtsprechung. Wie bestimmte Einzelfälle allerdings von der Rechtsprechung zukünftig

---

trachtung von § 634 II, 3. Alt. BGB gewonnen werden. Auch im Rahmen des § 13 Nr. 6 S. 2 VOB/B wird entscheidend auf das Zeit- und Vertrauenskriterium abgestellt (*Ingenstau/Korbion*, VOB, 14. Aufl. (2001), B § 13 Nr. 6, RdNr. 633).

33 Bereits die Lieferung einer mangelhaften Sache stellt eine Pflichtverletzung dar, die unter den Voraussetzungen de3 §§ 437 Nr. 3, 280 I RegE zu einem Schadensersatzanspruch führt (vgl. BT-Drucks. 14/6040 S. 224 rechte Spalte a.E.); verzögert sich die Nacherfüllung, kann ein Verzugsschaden gem. §§ 437 Nr. 3, 280 I, II, 286 RegE geltend gemacht werden. Die Verzugsregeln sind auf den Nacherfüllungsanspruch anwendbar, auch wenn § 437 Nr. 3 RegE nicht ausdrücklich auf § 286 RegE verweist (vgl. BT-Drucks. 14/6040 S. 225 linke Spalte).

gelöst werden, lässt sich angesichts der Ergebnisoffenheit der verwendeten Generalklauseln noch nicht abschließend sagen.

3. Vergleichende Betrachtung über das deutsche Recht hinaus

a) *Begründungsansätze*

aa) Richtlinienkonforme Auslegung

Zu prüfen bleibt, ob über die vergleichende Betrachtung der deutschen werkvertraglichen Regeln hinaus eine Erweiterung des Blickwinkels auf andere Normenkomplexe vorzunehmen ist. Es stellt sich hierbei zunächst die Frage, wie eine derartige vergleichende Betrachtung gerechtfertigt werden kann.

Zu berücksichtigen ist zunächst, dass die Vorschriften des deutschen Kaufrechts maßgeblich auf der EG-Richtlinie zum Verbrauchsgüterkauf beruhen.[34] Die Auslegung des deutschen Rechts hat sich daher nach den durch den EuGH etablierten Grundsätzen über die richtlinienkonforme Auslegung maßgeblich an den Inhalten der Richtlinie zu orientieren.[35] Damit steht fest, dass der Inhalt der Richtlinie bei der Auslegung des deutschen Rechts Berücksichtigung finden muss. Das deutsche Recht ist immer dann, wenn es einen Auslegungsspielraum belässt, im Lichte der Richtlinie auszulegen.[36]

bb) Autonome Begründung

Daneben erhält die Rechtsvergleichung infolge der Schuldrechtsreform aber auch einen autonomen Impetus durch den deutschen Gesetzgeber. Über die Umsetzung europäischen Richtlinienrechts hinaus hat sich der deutsche Gesetzgeber vorgenommen, ein international konkurrenzfähiges Schuldrecht zu schaffen, bzw. ein Schuldrecht, das bei einer weitergehenden europäischen Schuld-

---

34 Richtlinie 1999/44/EG des Europäischen Parlaments und des Rates vom 25. Mai 1999 zu bestimmten Aspekten des Verbrauchsgüterkaufs und der Garantien für Verbrauchsgüter (ABl. EG Nr. L 171 S.12).
35 Vgl. etwa EuGH, Rs. 14/83 (von Colson und Kamann/Land Nordrhein-Westfalen), Slg. 1984, 1891, 1909, ebenso EuGH, Rs. C-91/92 (Faccini Dori/Recreb Srl), Slg. 1994, 3325, 3357; Rs. C-334/92 (Wagner Miret/Fondo de garantía salarial), Slg. 1993 I, 6911 RdNr. 20; Rs C-106/89 (Marleasing/La Comercial Internacional de Alimentación), 1990 I, 4135, 4159; Rs 125/88 (Nijman) Slg. 1989, 3533, 3546; Rs 31/87 (Gebroeders Beentjes/Niederländischer Staat), Slg. 1988, 4635, 4662; Rs 80/86 (Kolpinghuis Nijmwegen) Slg. 1987, 3969, 3986; Rs 79/83 (Harz/Deutsche Tradax GmbH), Slg. 1984, 1921, 1942; aus der umfangreichen und z.T. kontroversen Literatur zur richtlinienkonformen Auslegung siehe etwa *Brechmann,* Die richtlinienkonforme Auslegung (1994); *Grundmann,* ZEuP 1996, 399 f.; *Schmidt,* RabelsZ 59 (1995), 569 f.; *Ehricke,* RabelsZ 59 (1995), 598 f.; *Hommelhoff,* AcP 192 (1992), 71, 91 f.
36 Vgl. zu dem Umfang der Verpflichtung zur richtlinienkonformen Auslegung im Einzelnen etwa *Grundmann,* ZEuP 1996, 399 f.; *Schmidt,* RabelsZ 59 (1995), 569 f.

rechtsangleichung bis hin zu der Schaffung eines zukünftigen europäischen Zivilgesetzbuches Einfluss auf die europäische Gesetzgebung nehmen kann.

Diesem „internationalen" Ansatz des neuen deutschen Schuldrechts entspricht eine Auslegung, die das bestehende internationale Einheitsrecht sowie die Rechtslage in den anderen Mitgliedstaaten der europäischen Gemeinschaft beachtet. Von Relevanz sind also insbesondere das UN-Kaufrecht (CISG), die UNIDROIT- und Lando-Prinzipien sowie die Vorschriften, die in den anderen Mitgliedstaaten bestehen bzw. dort zur Umsetzung der Richtlinie geschaffen werden.

Der deutsche Gesetzgeber hat sich bei der Schaffung der neuen deutschen Vorschriften durchaus nicht nur an den Richtlinienvorgaben, sondern auch an bestehenden Regeln des CISG[37] oder auch der UNIDROIT- und Lando-Prinzipien[38] orientiert und ferner die tragenden Grundsätze des ausländischen Rechts berücksichtigt.[39] Im Rahmen der Auslegung ist dieser vergleichende Ansatz weiterzuführen. Dies bedeutet, dass eine vergleichende Betrachtung – hier verstanden als eine Berücksichtigung des europäischen Gemeinschaftsrechts, des sonstigen internationalen Einheitsrechts unter Einschluss der UNIDROIT- und der Lando-Prinzipien sowie des ausländischen Rechts – bei der Auslegung des deutschen Schuldrechts eine größere Rolle spielen wird als bisher.

b) Praxistauglichkeit eines rechtsvergleichenden Ansatzes

Auch wenn man – wie hier – eine über das deutsche Recht hinausgehende vergleichende Betrachtung grundsätzlich befürwortet, so ist andererseits doch festzustellen, dass eine solche Betrachtung erhebliche praktische Schwierigkeiten bereitet. Möglich ist eine Berücksichtigung des Richtlinieninhalts; schwieriger wird es, wenn man über den Richtlinieninhalt zusätzlich noch Regelungswerke des internationalen Einheitsrechts wie etwa des CISG in die Betrachtung mit einbeziehen will. Faktisch nur sehr schwer zu bewältigen ist schließlich eine noch weiterreichende Berücksichtigung von Vorschriften des ausländischen Rechts.

Damit ist ein wesentlicher Gesichtspunkt angesprochen, der seit jeher in der deutschen Methodenlehre gegen die Rechtsvergleichung als einem gleichberechtigten Auslegungskriterium angeführt wird: Eine umfassende Rechtsvergleichung, die etwa einen repräsentativen Überblick über den Inhalt des ausländischen Rechts bieten will, ist für den einzelnen Richter aus eigener Kraft kaum durchführbar.[40] Daraus lässt sich aber nicht folgern, dass die Rechtsverglei-

---

37 Vgl. insbesondere die Ausführungen in BT-Drucks 14/6040 S. 86, ferner S. 89 sowie S. 181 f.; ferner *Schlechtriem*, IHR 1 (2001), 12 f.
38 Vgl. u.a. die Ausführungen in BT-Drucks 14/6040 S. 103, 129, 165, 181 f.
39 Vgl. etwa die Ausführungen in BT-Drucks 14/6040 S. 181.
40 *Behrens*, RabelsZ 50 (1986), 19, 27; vgl. aber auch *Schulze*, ZfRV 38 (1997), 183, 196.

chung als Element der konkreten Rechtsanwendung nur graue Theorie bleiben muss. Vielmehr kommt insbesondere der Wissenschaft die Aufgabe zu, das ausländische Recht rechtsvergleichend darzustellen und in seinen wesentlichen Inhalt der inländischen Rechtsprechung zu präsentieren.[41]

Die wissenschaftliche Rechtsvergleichung erhält dadurch eine neue Aufgabe und einen neuen Stellenwert. Bislang wurde die Rechtsvergleichung vor allem als allgemeine Erkenntnisquelle gesehen, die im Einzelfall den Gesetzgeber, nur ausnahmsweise aber die Rechtsprechung bei der konkreten Entscheidungsfindung beeinflusst hat.[42] Jetzt rückt die Rechtsvergleichung stärker in das Blickfeld der Rechtsanwendung.

c) *Stellenwert der vergleichenden Betrachtung für die vorliegende Problematik*

Ein erster Überblick zeigt, dass sowohl die EG-Richtlinie über den Verbrauchsgüterkauf als auch das UN-Kaufrecht konkrete Aussagen über den Stellenwert der Nacherfüllung enthalten. Dasselbe gilt für die nationalen Vorschriften, die in Umsetzung der EG-Richtlinie über den Verbrauchsgüterkauf ergehen werden.

Die Richtlinie sieht in Bezug auf die Nacherfüllung vor, dass sie in den jeweiligen nationalen Rechtsordnungen als (primärer) Rechtsbehelf gewährleistet sein muss (Art. 3 der Richtlinie).

Das CISG enthält in den Artt. 47 I, 49 I die Aussage, dass der Käufer im Falle eines „wesentlichen Vertragsbruchs" des Verkäufers (Art. 25 CISG) die sofortige Aufhebung des Vertrages erreichen kann. Zentral für das Verhältnis zwischen Nacherfüllung und Rücktritt ist damit der Begriff des „wesentlichen Vertragsbruchs".[43] In der Begründung zum Regierungsentwurf wird im Zusammenhang mit § 323 RegE auf diese Regelung des CISG sowie die entsprechende Regelung in der UNIDROIT-Prinzipien ausdrücklich Bezug genommen.[44]

Insgesamt ergibt sich damit für die Konkretisierung der Generalklauseln des neuen Kaufrechts folgendes: Methodisch zutreffend ist es, bei der Auslegung zunächst von den methodischen Vorgaben des autonomen Rechts auszugehen und hierbei auch systematisch zunächst die Parallelvorschriften des deutschen Rechts – hier also insbesondere des Werkvertragsrechts – in den Blick zu neh-

---

41 *Schulze,* ZfRV 38 (1997), 183, 196.
42 Zum bisherigen (eher geringen) Stellenwert der Rechtsvergleichung in der deutschen Rechtsprechung vgl. *Berger,* ZEuP 2001, 4, 8 f.; *Schulze,* ZfRV 38 (1997), 183 f.; *Drobning,* RabelsZ 50 (1986), 610 f.
43 Zu den Einzelheiten vgl. etwa *Schlechtriem,* in: Schlechtriem, Kommentar zum Einheitlichen UN-Kaufrecht, 3. Aufl. (2000), Art. 25 RdNr. 4 f.
44 BT-Drucks 14/6040 S. 181 f.

men. Allerdings ist bei der Auslegung des deutschen Rechts stets zu überprüfen, ob das erzielte (vorläufige) Auslegungsergebnis mit dem vorrangigen Richtlinienrecht vereinbar ist und ferner auch im Einklang mit den Kerngedanken des internationalen Einheitsrechts sowie des Rechts der europäischen Mitgliedstaaten steht. Es findet also, um eine Wendung *Engischs* aufzugreifen und abzuwandeln, bei der Auslegung ein Hin- und Herwandern des Blicks zwischen dem nationalen deutschen Recht und dem Richtlinienrecht, dem internationalen Einheitsrecht und den Regeln der anderen europäischen Zivilrechtsordnungen statt.[45] Im Rahmen des Auslegungsspielraums, den das deutsche Recht belässt, ist das Ergebnis dem Richtlinieninhalt anzupassen.

Endgültige Ergebnisse kann eine isolierte Betrachtung des deutschen Rechts also nicht zutage fördern. Ergebnisse, die durch eine isolierte Betrachtung des deutschen Rechts erzielt werden, stehen unter dem Vorbehalt einer Überprüfung anhand der Richtlinienrechts sowie ergänzend der Vorschriften des internationalen Einheitsrechts und des ausländischen Rechts.

In diesem Sinne möchte ich überleiten zu dem Beitrag von Frau *Jud:* Sie wird uns vergleichend darstellen, ob die Ergebnisse, die im Rahmen der Betrachtung des deutschen Rechts erzielt werden, durch eine vergleichende Betrachtung insbesondere des Richtlinienrechts, aber auch das UN-Kaufrechts bestätigt werden oder einer Ergänzung oder gar Modifikation bedürfen.

---

45 *Engisch,* Logische Studien zur Gesetzesanwendung, 2. Auf. (1960), S. 15 (bezogen auf das Verhältnis zwischen dem Tatbestand der Norm und dem Lebenssachverhalt).

Die Rangordnung der Gewährleistungsbehelfe

Verbrauchsgüterkaufrichtlinie, österreichisches, deutsches und UN-Kaufrecht im Vergleich

Brigitta Jud

I. Einleitung
II. Rangordnung der Gewährleistungsbehelfe nach Art. 3 RL
III. Vorrang der Herstellungsansprüche in Österreich und Deutschland
IV. Einzelfragen
   1. Die primären Rechtsbehelfe
   2. Der Übergang von den primären zu den sekundären Rechtsbehelfen
      a) „... wenn der Verbraucher weder Anspruch auf Nachbesserung noch auf Ersatzlieferung hat"
      b) „... wenn der Verkäufer nicht innerhalb angemessener Frist Abhilfe geschaffen hat"
      c) „... wenn der Verkäufer nicht ohne erhebliche Unannehmlichkeiten Abhilfe geschaffen hat"
      d) Minderung oder Vertragsauflösung trotz erfolgter Nacherfüllung?
   3. Die sekundären Rechtsbehelfe
      a) Wahlrecht zwischen Minderung und Vertragsauflösung
      b) Ausschluß der Wandlung bei geringfügigen Vertragswidrigkeiten
          aa) Vergleich mit bisherigen Arten von Mängeln
          bb) Der Einfluß der Behebbarkeit des Mangels auf den Ausschluß des Vertragsauflösungsrechts des Käufers
          cc) Vergleich mit dem unerheblichen Mangel (§ 459 Abs 1 Satz 2 BGB und § 932 Abs 2 ABGB aF)
          dd) Vergleich mit dem unwesentlichen Mangel iSd § 932 ABGB aF
          ee) Zwischenergebnis
          ff) Umsetzung in Österreich und Deutschland
      c) Preisminderung bei wesentlichen und unbehebbaren Mängeln?

I. Einleitung

Mir kommt nun die schwierige Aufgabe zu, nach dem Vortrag von *Urs Gruber* zum neuen deutschen Sachmängelgewährleistungsrecht etwas aus österreichischer Sicht zu sagen, was auch für Sie von Interesse sein kann. Ich bin ihm daher sehr dankbar, daß er der Rechtsvergleichung einen so hohen Stellenwert im neuen (deutschen) Schuldrecht eingeräumt hat. Mein Referat ist als Ergänzung zu den Ausführungen von *Urs Gruber* zu verstehen, wobei ich zum einen auf die Vorgaben der Verbrauchsgüterkauf-RL und die rechtsvergleichenden Aspekte näher eingehen möchte, zum anderen einige Einzelfragen bei der Rangordnung der Gewährleistungsbehelfe herausgreifen werde. Zunächst seinen mir aber einige Vorbemerkungen gestattet:

Der Gesetzgebungsprozeß zur Umsetzung der Verbrauchsgüterkauf-RL[1] ist in Österreich bereits abgeschlossen. Das Gewährleistungsrechts-Änderungsgesetz wurde am 8. Mai 2001 im Bundesgesetzblatt kundgemacht, es tritt am 1. Jänner 2002 in Kraft[2]. Obwohl die RL auch in Österreich zum Anlaß genommen wurde, das allgemeine Gewährleistungsrecht zu reformieren[3], ist die Reform vergleichsweise klein ausgefallen. Man hat sich mit sieben neuen Bestimmungen im ABGB begnügen können, ergänzt durch wenige Sonderregelungen für Verbrauchergeschäfte[4]. Dies hängt nicht zuletzt mit dem Umstand zusammen, daß Vieles, was die RL fordert, in Österreich seit jeher geltendes Recht ist.

Die Gewährleistung beruht in Österreich ähnlich wie im UN-KaufR[5] auf der Verletzung einer Vertragspflicht[6], so daß zB auch der Spezieskäufer schon bisher einen Anspruch auf Verbesserung der mangelhaften Sache hatte (§ 932 ABGB aF). Sieht man die Gewährleistung als Haftung für die Verletzung vertraglich übernommener Pflichten, ist konsequent, daß der Verkäufer bei Verschulden auch schadenersatzrechtlich einstehen muß. In Österreich kann daher auch ohne den Voraussetzungen des § 463 BGB Schadenersatz wegen der Mangelhaftigkeit der Leistung selbst verlangt werden. Der Anspruch ist auf Er-

---

1 Richtlinie 1999/44/EG des Europäischen Parlaments und des Rates vom 25. Mai 1999 zu bestimmten Aspekten des Verbrauchsgüterkaufs und der Garantien für Verbrauchsgüter, ABl Nr L 171/12 vom 7. 7. 1999.
2 Bundesgesetz vom 8. Mai 2001, mit dem das Gewährleistungsrecht im Allgemeinen Bürgerlichen Gesetzbuch und im Konsumentenschutzgesetz (sowie das Versicherungsvertragsgesetz) geändert werden (Gewährleistungsrechts-Änderungsgesetz – GewRÄG), BGBl I 48/2001, dazu *Welser/B. Jud*, Die neue Gewährleistung, Kurzkommentar zu sämtlichen gewährleistungsrechtlichen Bestimmungen des ABGB und des KSchG (2001).
3 Zu den Hintergründen s *Welser/B. Jud*, Gewährleistung, Vorbemerkungen Rz 15 ff mwN.
4 Die generelle Zwingendstellung der gesetzlichen Gewährleistung, die Bestimmung über Montagefehler, jene über die Garantie, die IPR-Klausel und die Verbandsklage wurden im KSchG umgesetzt, dazu *B. Jud*, Umsetzung der Verbrauchsgüterkauf-Richtlinie in Österreich, in Ernst/Zimmermann (Hrsg), Zivilrechtswissenschaft und Schuldrechtsmodernisierung (2001) 743; *Kathrein*, Gewährleistung im Verbrauchergeschäft, ecolex 2001, 426.
5 Vgl Art 35 Abs 1 UN-KaufR.
6 So nun auch der RegE, dazu *Westermann*, Das neue Kaufrecht einschließlich des Verbrauchsgüterkaufs, JZ 2001, 530, 531.

satz des Erfüllungsinteresses gerichtet[7]. Auch die im Schuldrechtsmodernisierungsgesetz vorgesehene „Verzahnung" der Gewährleistung mit dem Leistungsstörungsrecht ist aus österreichischer Sicht nicht neu. Die Gewährleistung wird bei uns schon immer im allgemeinen Leistungsstörungsrecht geregelt[8], Sach- und Rechtsmängel werden grundsätzlich gleichbehandelt[9], Wandlung und Preisminderung sind Gestaltungsrechte[10]. Lehre und Rsp haben in den letzten Jahrzehnten die Unterschiede zwischen den allgemeinen und den werkvertraglichen Gewährleistungsbestimmungen weitgehend aufgehoben[11], so daß die Orientierung der neuen deutschen Sachmängelgewährleistung am Werkvertrag bei uns schon lange „vollzogen" ist. Im neuen österreichischen Gewährleistungsrecht wird daher auf eine Sondergewährleistung für Werkverträge überhaupt verzichtet, das Gewährleistungsrecht ist für Kauf- und Werkvertrag identisch[12]. Ähnliches gilt im Übrigen auch für andere große Punkte des Schuldrechtsmodernisierungsgesetztes: So läßt zB der Rücktritt vom Vertrag den Schadenersatzanspruch bereits seit 1916 unberührt[13], man wollte die mit §§ 325 f BGB verbundenen Schwierigkeiten vermeiden[14]. Insofern war also eine „Modernisierung" des ABGB nicht so dringend erforderlich.

Wie nun die folgende Ausführung zur Rangordnung der Gewährleistungsbehelfe zeigen wird, stellt die Umsetzung der Verbrauchsgüterkauf-RL tatsächlich einen wesentlichen Schritt zur Rechtsvereinheitlichung dar. Abgesehen von kleinen Detailfragen wird das ABGB und BGB künftig bei der Sachmängelgewährleistung praktisch zu denselben Ergebnissen führen. Dafür sind im wesentlichen drei Gründe verantwortlich: Zum einen wird die Verbrauchsgüterkauf-RL in beiden Ländern in das allgemeine Privatrecht übernommen, also nicht isoliert für Verbrauchergeschäfte umgesetzt. Dies hat zur Folge, daß die neuen Bestimmungen des ABGB und des BGB richtlinienkonform zu interpretieren sind, und zwar auch dann, wenn kein Verbrauchergeschäft vorliegt[15]. Andernfalls würde der erklärte Willen der Gesetzgeber, auch andere Rechtsge-

---

7   Dazu ausführlich *Welser*, Schadenersatz statt Gewährleistung (1994).
8   Vgl nur *Koziol/Welser*, Grundriß des Bürgerlichen Rechts II[11] (2000), 63.
9   Eine Ausnahme besteht nur hinsichtlich des Beginns des Fristenlaufs, dazu *Koziol/Welser*, Grundriß II[11], 75 mwN.
10 Zuletzt *Welser/B. Jud*, Gewährleistung § 932 Rz 29.
11 Dazu *Welser/B. Jud*, Zur Reform des Gewährleistungsrechts – Die Europäische Richtlinie über den Verbrauchsgüterkauf und ihre Bedeutung für ein neues Gewährleistungsrecht, 14. ÖJT Band II/1 (2000) 35 f mwN.
12 Vgl § 1167 ABGB, der als bloße Verweisungsnorm ausgestaltet wurde.
13 Vgl die §§ 918, 920, 921 ABGB.
14 Bericht der Kommission für Justizgegenstände über die Gesetzesvorlage, betreffend die Änderung und Ergänzung einiger Bestimmungen des allgemeinen bürgerlichen Gesetzbuches, Herrenhausbericht (1912) 167 f.
15 Vgl dazu *Baldus*, Binnenkonkurrenz kaufrechtlicher Sachmängelansprüche nach Europarecht (1999) 67 ff, 89 f.

schäfte den Regeln der RL zu unterstellen, unterlaufen. Dazu kommt, daß mit der Umsetzung der RL eine Annäherung an das UN-Kaufrecht erreichen werden soll[16], so daß auf dieses künftig im Rahmen der historischen Interpretation zurückgegriffen werden kann. Wesentlich erscheint aber der Umstand, daß sich die RL selbst am UN-Kaufrecht orientiert hat[17], so daß dieses die nationalen Rechtsordnungen nicht nur im Rahmen der historischen, sondern auch der richtlinienkonformen Interpretation beeinflussen wird. Die Anlehnung der RL an das UN-KaufR erlaubt grundsätzlich seine Heranziehung zur Auslegung der RL, die ja ihrerseits der richtlinienkonformen Interpretation des nationalen Rechts vorgeschaltet ist[18].

II. Rangordnung der Gewährleistungsbehelfe nach Art 3 RL

Nach Art 3 RL kann der Verbraucher die Nachbesserung, die Ersatzlieferung, die Minderung des Preises oder die Vertragsauflösung verlangen. Die RL gewährt damit dem Käufer dieselben Behelfe, wie das UN-KaufR[19]. Anders als der Kommissionsentwurf, der noch das freie Wahlrecht des Verbrauchers zwischen den genannten Behelfen vorsah[20], normiert die RL eine bestimmte Rangordnung der Gewährleistungsbehelfe[21]. Nach Art 3 Abs 3 der RL kann der Verbraucher zunächst die Nachbesserung oder die Ersatzlieferung verlangen, sofern dies nicht unmöglich oder unverhältnismäßig ist. Das Wahlrecht zwischen die-

---

16 Vgl die Begründung zum Regierungsentwurf eines Gesetzes zur Modernisierung des Schuldrechts vom 9. Mai 2001, der wortidentisch von den Fraktionen der Koalition am 14. Mai 2001 im Deutschen Bundestag eingebracht wurde, BT-Drucks 14/6040, S 86, 89.

17 Vgl *Schwartze*, Die zukünftige Sachmängelgewährleistung in Europa – Die Verbrauchsgüterkauf-Richtlinie vor ihrer Umsetzung, ZEuP 2000, 544 ff.

18 Zwar ist bei der Auslegung einer RL an Hand einer Rechtsordnung, die der RL „Pate" gestanden hat, wegen des Grundsatzes der autonomen Auslegung des Gemeinschaftsrechts Vorsicht geboten. Die dagegen ins Treffen geführten Argumente (dazu *Lutter*, Die Auslegung angeglichenen Rechts, JZ 1992, 593, 601 f), insbesondere, daß einer nationalen Rechtsordnung nicht zur „internationalen Herrschaft" verholfen werden soll, spielen hier aber insofern keine Rolle, als das UN-Kaufrecht selbst internationalen Charakter hat und in den Vertragsländern einheitlich ausgelegt werden muß. Daß Großbritannien, Irland und Portugal bislang keine Vertragsstaaten des UN-Kaufrechts sind, steht mE der grundsätzlichen Zulässigkeit der Interpretation der RL unter Zuhilfenahme des UN-Kaufrechts nicht entgegen.

19 Vgl Art 45 ff UN-KaufR.

20 Dazu *B. Jud*, Der Richtlinienentwurf der EU über den Verbrauchsgüterkauf und das österreichische Recht, ÖJZ 1997, 441, 445 f; *Baldus*, Binnenkonkurrenz 22 ff.

21 Dazu ausführlich *Welser/B. Jud*, Reform des Gewährleistungsrechts 84 ff mwN.

sen primären Rechtsbehelfen steht dabei grundsätzlich dem Verbraucher zu. Die sekundären Rechtsbehelfe, also die Preisminderung oder die Vertragsauflösung kann nur verlangt werden, wenn der Verbraucher keinen Anspruch auf die primären Behelfe hat oder wenn der Verkäufer nicht innerhalb angemessener Frist oder nicht ohne erhebliche Unannehmlichkeiten für den Verbraucher Abhilfe geschaffen hat. Auch auf zweiter Ebene steht das Wahlrecht dem Verbraucher zu, doch ist der Anspruch auf Vertragsauflösung bei geringfügigen Vertragswidrigkeiten ausgeschlossen.

Mit dem Vorrang der Herstellungsansprüche will die RL im Interesse des Verkäufers einen gewissen Ausgleich zur Stärkung der Käuferrechte erzielen. Art 3 räumt dem Verkäufer eine *zweite Chance* zur Erbringung der geschuldeten Leistung ein, man spricht von seinem „*Recht zur zweiten Andienung*"[22]. Daß der Vorrang der Herstellungsansprüche im Interesse der Verkäufer angeordnet ist, ist unstreitig. Wäre es der RL nämlich nur um die Sicherung des Nacherfüllungsrechts des Verbrauchers gegangen, wäre es ja bei der im Kommissionsentwurf vorgesehenen freien Wahl des Verbrauchers zwischen den Behelfen geblieben. Auf der anderen Seite schützt die RL auch das Interesse des Käufers, indem sie ihm unter bestimmten Voraussetzungen das sofortige Vertragsauflösungs- oder Minderungsrecht einräumt.

Zu beachten ist, daß damit eine vom UN-Kaufrecht abweichende Regelung zur Bewerkstelligung des Interessenausgleichs getroffen wurde. Während die RL den Käufer von vornherein auf die Nacherfüllungsansprüche beschränkt und die Geltendmachung der sekundären Rechtsbehelfe nur unter bestimmten Voraussetzungen zuläßt, gewährt das UN-KaufR umgekehrt dem Verkäufer in Art 48 unter bestimmten Voraussetzungen das Nacherfüllungsrecht[23]. Der Unterschied liegt in der Frage, was die Regel und was die Ausnahme darstellt, was freilich Auswirkungen auf die Beweislast hat. Während nach der RL der Käufer die Voraussetzungen zu beweisen hat, die ihn zur Geltendmachung der sekundären Rechtsbehelfe berechtigen, ist nach dem UN-KaufR der Verkäufer für das Vorliegen der sein Nacherfüllungsrecht begründenden Voraussetzungen beweispflichtig[24]. Wie sich aber bei der Erörterung der verschiedenen Voraussetzungen zeigen wird, kann trotz dieses Unterschiedes im Einzelfall auf die zum UN-KaufR ergangene Rsp und Lehre zur Auslegung der RL zurückgegriffen werden.

---

22 Vgl BT-Drucks 14/6040, S 89.
23 Dazu *Karollus*, UN-Kaufrecht (1991) 142 f; *Schnyder/Straub* in Honsell (Hrsg), Kommentar zum UN-Kaufrecht (1997), Art 48 Rz 6 ff; *Petrikic*, Das Nacherfüllungsrecht im UN-Kaufrecht, Grundprobleme der Leistungsstörungen (1999) 69 ff; *Magnus* in Staudinger (1999) Art 48 CISG Rz 8 ff; *Huber* in Schlechtriem, CISG³ Art 48 Rz 4 ff.
24 *Schnyder/Straub* in Honsell, Art 48 Rz 64; *Magnus* in Staudinger (1999) Art 48 CISG Rz 46; aA *Huber* in Schlechtriem, CISG³ Art 48 Rz 16a.

III. Vorrang der Herstellungsansprüche in Österreich und Deutschland

Ob der von der RL vorgesehene Vorrang der Herstellungsansprüche übernommen werden soll, war vor allem in Österreich Gegenstand einer heftigen rechtspolitischen Diskussion[25]. Im ABGB waren die Gewährleistungsbehelfe bisher von der Art und Schwere des Mangels abhängig. Bei wesentlichen und unbehebbaren Mängeln konnte der Käufer bisher nur die Wandlung verlangen, bei unwesentlichen unbehebbaren Mängeln nur die Preisminderung, bei allen behebbaren Mängeln zwischen Verbesserung (Austausch) und Preisminderung wählen[26]. Auf Grund des Mindestschutzcharakters der RL wäre es zulässig (gewesen), dem Käufer auch künftig das sofortige Preisminderungs- oder Wandlungsrecht einzuräumen. Aus Gründen des Wettbewerbes hat man sich letztlich aber doch dazu entschlossen, die von der RL vorgesehene Rangordnung der Gewährleistungsbehelfe zu übernehmen[27].

Gesetzestechnisch wird der Vorrang der Herstellungsansprüche ähnlich wie in der RL „sichergestellt". Nach § 932 Abs 2 ABGB kann der Übernehmer zunächst nur die Verbesserung oder den Austausch verlangen, § 932 Abs 4 ABGB bestimmt, unter welchen Voraussetzungen das Wandlungs- oder Preisminderungsrecht zusteht[28].

---

25 Nachweise bei *Welser/B. Jud*, Gewährleistung § 932 Rz 3 f.
26 Dazu *Koziol/Welser*, Grundriß II[11], 67 ff mwN.
27 Vgl die Erläuterungen zum Regierungsentwurf, RV 422 BlgNR 21. GP 15 f.
28 § 932 ABGB idF des GewRÄG lautet:
„Rechte aus der Gewährleistung
(1) Der Übernehmer kann wegen eines Mangels die Verbesserung (Nachbesserung oder Nachtrag des Fehlenden), den Austausch der Sache, eine angemessene Minderung des Entgelts (Preisminderung) oder die Aufhebung des Vertrags (Wandlung) fordern.
(2) Zunächst kann der Übernehmer nur die Verbesserung oder den Austausch der Sache verlangen, es sei denn, dass die Verbesserung oder der Austausch unmöglich ist oder für den Übergeber, verglichen mit der anderen Abhilfe, mit einem unverhältnismäßig hohen Aufwand verbunden wäre. Ob dies der Fall ist, richtet sich auch nach dem Wert der mangelfreien Sache, der Schwere des Mangels und den mit der anderen Abhilfe für den Übernehmer verbundenen Unannehmlichkeiten.
(3) Die Verbesserung oder der Austausch ist in angemessener Frist und mit möglichst geringen Unannehmlichkeiten für den Übernehmer zu bewirken, wobei die Art der Sache und der mit ihr verfolgte Zweck zu berücksichtigen sind.
(4) Sind sowohl die Verbesserung als auch der Austausch unmöglich oder für den Übergeber mit einem unverhältnismäßig hohen Aufwand verbunden, so hat der Übernehmer das Recht auf Preisminderung oder, sofern es sich nicht um einen geringfügigen Mangel handelt, das Recht auf Wandlung. Dasselbe gilt, wenn der Übergeber die Verbesserung oder den Austausch verweigert oder nicht in angemessener Frist vornimmt, wenn diese Abhilfen für den Übernehmer mit erheblichen Unannehmlichkeiten verbun-

Der RegE beschreitet demgegenüber einen anderen Weg. Der Vorrang der Herstellungsansprüche soll durch die Verzahnung der Sachmängelgewährleistung mit dem allgemeinen Leistungsstörungsrecht sichergestellt werden[29]. Auf den Begriff der Wand(e)lung wird verzichtet, der Käufer kann bei mangelhafter Leistung unter den Voraussetzungen des § 323 RegE vom Vertrag zurücktreten[30]. Der Rücktritt wiederum setzt grundsätzlich das erfolglose Verstreichen einer vom Käufer dem Verkäufer gesetzten Nachfrist voraus. Dasselbe gilt für die Preisminderung (§ 441 RegE) und für den Schadenersatz statt der Leistung (§ 281 RegE). Ergänzt wird diese Regelung durch § 440 RegE, der bestimmt, in welchen Fällen ausnahmsweise das Erfordernis der Nachfristsetzung entfällt.

Trotz dieses Unterschiedes führen beide Regelungsmodelle grundsätzlich zum gleichen Ergebnis.

IV. Einzelfragen

1. Die Primären Rechtsbehelfe – Verbesserung und Austausch

In Anlehnung an das UN-KaufR[31] räumt die RL in Art 3 Abs 3 dem Käufer das Wahlrecht zwischen Verbesserung und Austausch ein[32]. Das bisherige österreichische Recht[33] hat hingegen ebenso wie der Vorschlag der deutschen Schuldrechtskommission[34] dem Verkäufer die Wahl gelassen, wofür mE auch die besseren Gründe sprechen[35]. Da aber eine diesbezügliche Unterscheidung zwischen dem allgemeinen Gewährleistungsrecht und dem Verbraucherrecht nicht gerechtfertigt gewesen wäre[36], wird Art 3 Abs 3 RL fast wörtlich in § 932 Abs 2 ABGB und § 439 Abs 1 RegE übernommen.

---

den wären oder wenn sie ihm aus triftigen, in der Person des Übergebers liegenden Gründen unzumutbar sind."
29 BT-Drucks 14/6040, S 92 f.
30 BT-Drucks 14/6040, S 221.
31 Vgl *Welser*, Die Vertragsverletzung des Verkäufers und ihre Sanktion, in Doralt (Hrsg), Das UNCITRAL-Kaufrecht im Vergleich zum österreichischen Recht (1985) 105, 119.
32 Vgl Art 3 Abs 3 RL, dazu *Welser/B. Jud*, Reform des Gewährleistungsrechts 84 mwN.
33 *Welser*, Zwei Fragen des Gewährleistungsrechts, JBl 1982, 585, 587.
34 Vgl Bundesministerium der Justiz (Hrsg), Abschlußbericht der Kommission zur Überarbeitung des Schuldrechts (1992), 33.
35 Vgl auch *Ernst/Gsell*, Kaufrechtsrichtlinie und BGB, JZ 2000, 1410, 1416; *Westermann*, JZ 2001, 530, 536.
36 So BT-Drucks 14/6040, S 231; vgl auch *Haas*, Entwurf eines Schuldrechtsmodernisierungsgesetzes: Kauf- und Werkvertragsrecht, BB 2001, 1313, 1315.

Der Verkäufer kann der vom Käufer getroffenen Wahl entgegenhalten, daß der gewählte Rechtsbehelf unmöglich[37] oder mit einem unverhältnismäßig hohen Aufwand verbunden wäre. In diesem Fall ist der Käufer auf die Geltendmachung des verbleibenden anderen primären Rechtsbehelfs beschränkt[38]. In Ergänzung zu den Ausführungen von *Urs Gruber* möchte ich noch kurz auf die Frage eingehen, wie sich die nach der RL zur Beurteilung der Unverhältnismäßigkeit heranzuziehenden Kriterien auf das Verhältnis von Verbesserung und Austausch auswirken werden.

Der *Wert der Sache* wird insofern zu berücksichtigen sein, als vor allem bei billigen Massenprodukten praktisch der Austauschanspruch des Käufers im Vordergrund steht, bei teuren und hochwertigen Produkten hingegen die Verbesserung[39]. Bei einem Mobiltelefon zB, bei dem sich ein Defekt nicht durch eine einfache Reparatur beheben läßt, wird der Übernehmer Anspruch auf Austausch des Gerätes haben. Bei einem höherwertigen Gut, zB bei einem Kfz, wird der Übernehmer wegen eines bloß kleinen Fehlers (zB wegen eines defekten Blinkers) nicht den Austausch der Sache, sondern nur die Verbesserung des Fehlers verlangen können[40].

Hinsichtlich der *Schwere des Mangels* kann auf die zu § 633 Abs 2 Satz 3 BGB und zu §§ 932, 1167 ABGB ergangene Rsp zurückgegriffen werden, wonach die Verhältnismäßigkeit des Aufwandes am erreichbaren Erfolg zu messen ist[41]. Je schwerer der Mangel ist, desto höhere Kosten müssen zu seiner Beseitigung aufgewendet werden, denn desto größer ist auch der durch die Verbesserung erreichbare Erfolg.

Fraglich ist, ob man unter Berufung auf die Schwere des Mangels auf Art 46 Abs 2 UN-KaufR zurückgreifen kann, nach dem die Ersatzlieferung eine wesentliche Vertragsverletzung voraussetzt[42]. Dies ist mE zu verneinen. Zwar wird die Ersatzlieferung bei unwesentlichen Mängeln häufig unverhältnismäßige Ko-

---

37 Das Wahlrecht des Käufers setzt freilich voraus, daß beide primären Rechtsbehelfe objektiv möglich sind. Kann der Mangel zB durch Reparatur nicht behoben werden, scheitert der Nachbesserungsanspruch.
38 Der Übergeber kann die Unverhältnismäßigkeit des Aufwandes nicht nur der vom Übernehmer zwischen Verbesserung und Austausch getroffenen Wahl entgegenhalten, sondern ihn deshalb auch auf die sekundären Rechtsbehelfe verweisen (§ 932 Abs 4 ABGB, § 439 Abs 3 letzter Satz RegE).
39 *Welser/B. Jud*, Gewährleistung § 932 Rz 20 mwN.
40 So die RV 422 BlgNR 21. GP 17.
41 Zur bisherigen Regelung in Deutschland s *Gruber*, in diesem Band S 187 ff.; in Österreich vgl nur *Reischauer* in Rummel (Hrsg), Kommentar zum ABGB, Band I³ (2000) § 932 Rz 1 mwN.
42 *Magnus* in Staudinger (1999) Art 46 CISG Rz 31 f; *Huber* in Schlechtriem, CISG³ Art 46 Rz 29; kritisch dazu *Welser* in Doralt 119.

sten verursachen, so daß der Käufer auf die Nachbesserung beschränkt werden kann, doch kann die Ersatzlieferung nicht generell vom Vorliegen einer wesentlichen Vertragsverletzung abhängig gemacht werden.

Nach der RL ist schließlich bei der Beurteilung der Unverhältnismäßigkeit zu erwägen, „ob auf die alternative Abhilfemöglichkeit *ohne erhebliche Unannehmlichkeiten* für den Verbraucher zurückgegriffen werden könnte". § 439 Abs 3 RegE stellt dementsprechend auf die „erheblichen Nachteile für den Käufer" ab, § 932 Abs 2 ABGB auf die „mit der anderen Abhilfe verbundenen Unannehmlichkeiten".

Inwiefern dieser Umstand eine Rolle spielen kann, ist fraglich, kann doch der Käufer nach der RL ohnehin niemals dazu gezwungen werden, erhebliche Unannehmlichkeiten hinzunehmen[43]. Der RL geht es offenbar um die Sicherstellung des Erfüllungsanspruches des Käufers. Der Käufer soll nicht unter Berufung auf die Unverhältnismäßigkeit auf die sekundären Behelfe beschränkt werden, obwohl der Mangel objektiv behebbar ist. Sind beide Abhilfen möglich und dem Käufer zumutbar, kann zB ein Verbesserungsaufwand von 100 unverhältnismäßig sein, wenn der Austausch nur einen Aufwand von 80 verursacht. Ist aber in demselben Fall der Austausch für den Käufer unzumutbar, kann der Verbesserungsaufwand von 100 verhältnismäßig sein. Damit verschiebt sich also die Grenze der Unverhältnismäßigkeit zu Lasten des Verkäufers, wenn der andere primäre Behelf mit erheblichen Unannehmlichkeiten verbunden wäre und daher für den Käufer unzumutbar ist[44]. § 932 Abs 2 verzichtet, wie erwähnt, auf das Wort „erheblich", so daß der Verkäufer nicht erst dann höhere Kosten aufwenden muß, wenn der andere primäre Rechtsbehelf wegen der mit ihm verbundenen erheblichen Unannehmlichkeiten ausscheidet, sondern schon dann, wenn der andere Rechtsbehelf für den Übernehmer „unangenehmer" ist[45].

2. Der Übergang von den primären zu den sekundären Behelfen

a) „*... wenn der Verbraucher weder Anspruch auf Nachbesserung noch auf Ersatzlieferung hat*"

Nach Art 3 Abs 5, 1. Fall RL kann der Käufer die Vertragsauflösung oder Minderung verlangen, wenn er weder Anspruch auf Nachbesserung noch auf Ersatzliefe-

---

43 Vgl Art 3 Abs 5 RL.
44 *Welser/B. Jud*, Gewährleistung § 932 Rz 22.
45 In diesem Sinn versteht offenbar auch *Haas*, BB 2001, 1313, 1316, § 439 Abs 3 RegE. Es gehe darum, daß dem Käufer langwierige Reparaturarbeiten in seinen Räumen unzumutbar sein können, wenn der Mangel durch eine Ersatzlieferung leicht behoben werden kann.

rung unmöglich sind oder wenn sie der Verkäufer unter Berufung auf die damit verbundenen unverhältnismäßig hohen Kosten verweigern kann. § 932 Abs 4 ABGB nennt die Unmöglichkeit und die Unverhältnismäßigkeit ausdrücklich. Für das BGB soll sich das sofortige Rücktritts- oder Preisminderungsrecht für den Fall der Unverhältnismäßigkeit der Kosten aus § 440 RegE, für den Fall der Unmöglichkeit der primären Abhilfen aus § 326 Abs 1 RegE ergeben.

Daß das Erfordernis der Fristsetzung entfällt, wenn die Nacherfüllung unmöglich ist, versteht sich von selbst. In diesem Fall hat die Fristsetzung, die dem Schuldner eine zweite Chance ermöglichen soll, insofern keinen Sinn, als ja von vornherein feststeht, daß die Erfüllung unterbleiben wird. Für das BGB wird dies ausdrücklich in § 326 Abs 1 letzter Satz RegE festgehalten, der das Schicksal der Gegenleistungspflicht bei Unmöglichkeit der Leistung regelt. Da die Unmöglichkeit der Leistung zur Folge hat, daß der Anspruch auf die Gegenleistung ex lege entfällt[46], war hier im Zusammenhang mit der Schlechtleistung eine „Ausnahmeregelung" erforderlich. Bei unbehebbaren Sachmängeln, die der (teilweisen) Unmöglichkeit der Leistung ja zumindest sehr nahe stehen, soll der Anspruch des Schuldners auf die Gegenleistung nicht ex lege (teilweise) entfallen[47]. Der Schuldner soll auch hier eine Rücktrittserklärung abgeben müssen[48].

b) *„... wenn der Verkäufer nicht innerhalb angemessener Frist Abhilfe geschaffen hat"*

Nach Art 3 Abs 5, 2. Fall RL kann der Verbraucher die sekundären Behelfe verlangen, wenn der Verbraucher nicht innerhalb einer angemessenen Frist Abhilfe geschaffen hat. Welche Frist angemessen ist, richtet sich nach den Umständen des Einzelfalles, vor allem sind nach Art 3 Abs 3 RL auch die *Art* des Verbrauchsgutes sowie der *Zweck*, für den der Verbraucher die Sache benötigt, zu berücksichtigen. Die Art der Sache wird bei der Beurteilung der Angemessenheit der Frist insofern eine Rolle spielen, als zB die Reparatur eines Investitionsgutes mehr Zeit in Anspruch nehmen wird als die Reparatur eines einfachen Elektrogerätes[49]. Problematisch erscheint, daß auch der Zweck, für den der Verbraucher die Sache benötigt, zu berücksichtigen ist. Fraglich ist insbesondere, ob es sich dabei um einen aus dem Vertrag hervorgehenden (einen „ver-

---

46   BT-Drucks 14/6040, S 188.
47   Gleiches gilt auch für das österreichische Recht. Bei zufälligem Unmöglichwerden der Leistung „zerfällt" nach hA der Vertrag automatisch (*Koziol/Welser*, Grundriß II[11], 45 f). Dennoch umfaßt die Gewährleistung auch den unbehebbaren Mangel (vgl nur § 932 ABGB aF), weshalb die Minderung oder die Wandlung innerhalb der Gewährleistungsfrist gerichtlich geltend gemacht werden müssen.
48   BT-Drucks 14/6040, S 189.
49   RV 422 BlgNR 21. GP 17; *Welser/B. Jud*, Gewährleistung § 932 Rz 24.

einbarten") Verwendungszweck handeln muß oder ob der Verbraucher nach Ablieferung der Sache durch die einseitige Angabe eines Verwendungszweckes die Verbesserung ablehnen kann. ME muß sich der nach der RL zu berücksichtigende Zweck aus dem Vertrag ergeben, weil es sonst für den Käufer zu einfach wäre, den Vorrang der Verbesserung durch nachträgliche Nennung eines bestimmten Verwendungszweckes zu vereiteln[50].

In Umsetzung von Art 3 Abs 5, 2. Fall RL bestimmt § 932 Abs 4, daß der Käufer dann die sekundären Abhilfen verlangen kann, wenn der Verkäufer die primären Abhilfen nicht in angemessener Frist vornimmt. Für das BGB ergibt sich das Rücktritts- oder Preisminderungsrecht aus der Zentralnorm des § 323 Abs 1 RegE (iVm §§ 427 Nr 2, 441 RegE), nach welcher der Gläubiger vom Vertrag zurücktreten kann, wenn er dem Schuldner eine angemessene Frist zur Nacherfüllung bestimmt hat und die Frist erfolglos abgelaufen ist.

Fraglich ist, ob die deutsche Regelung den Vorgaben der RL entspricht. Nach dem Wortlaut des Art 3 RL ist es nämlich nicht erforderlich, daß der Verbraucher eine angemessene Frist *setzt*[51]. Aus diesem Grund hat der österreichische Gesetzgeber auf das Erfordernis der Fristsetzung verzichtet, so daß der Verkäufer nun nach dem Verbesserungsbegehren des Käufers von sich aus verpflichtet ist, in angemessener Frist Abhilfe zu schaffen[52]. Trotz des abweichenden Wortlautes entspricht aber auch die deutsche Regelung mE den Vorgaben der RL[53]. Verzichtet man nämlich auf die Fristsetzung, ist sowohl der Beginn als auch das Ende der „angemessenen Frist" ungewiß, was auch den Interessen des Verbrauchers zuwiderläuft. Er wäre versucht, nach Ablauf einer von ihm als angemessen erachteter Frist auf die Wandlung oder die Preisminderung „umzusteigen" und trüge somit die Gefahr, im Prozeß kostenpflichtig abgewiesen zu werden[54]. Daß nach der RL das Erfordernis einer Fristsetzung zulässig ist, bestätigt mE auch der Vergleich zum UN-KaufR, das ebenfalls das Setzen einer Nachfrist verlangt[55]. Insofern kann der Begründung zum RegE zugestimmt werden, nach denen mit dem Erfordernis der Fristsetzung keine richtlinienwidrige Schlechterstellung des Käufers verbunden ist[56]. Die österreichische Regelung wird hinge-

---

50   So schon zur RL *Welser/B. Jud*, Reform des Gewährleistungsrechts 88; zum ABGB *Welser/B. Jud*, Gewährleistung § 932 Rz 26.
51   *Reich*, Die Umsetzung der Richtlinie 1999/44/EG in das deutsche Recht, NJW 1999, 2397, 2402; *Micklitz*, Die Verbrauchsgüterkauf-Richtlinie, EuZW 1999, 485, 488 f; *Ernst/Gsell*, ZIP 2000, 1410, 1418; *Gsell*, Kaufrechtsrichtlinie und Schuldrechtsmodernisierung, JZ 2001, 65, 67 f.
52   RV 422 BlgNR 21. GP 17
53   *Welser/B. Jud*, Reform des Gewährleistungsrechts 89; *vgl auch* Westermann, JZ 2001, 530, 536 („die Fristsetzung kann eigentlich nur vom Käufer stammen").
54   *Welser/B. Jud*, Reform des Gewährleistungsrechts 89.
55   Vgl *Karollus*, UN-Kaufrecht 139 ff mwN.
56   BT-Drucks 14/6040, S 222.

gen künftig zur Rechtsunsicherheit führen, so daß dem RegE in diesem Punkt der Vorzug zu geben ist.

Über die Umsetzungsverpflichtung hinaus berechtigen § 932 Abs 4 ABGB und §§ 281 Abs 2, 323 Abs 2 Nr 1 RegE den Käufer auch dann zur sofortigen Minderung oder Rücktritt (Wandlung), wenn der Verkäufer die primären Abhilfen verweigert. Da die RL den Fall der Verweigerung des Verkäufers nicht ausdrücklich erwähnt, wäre es wohl zulässig gewesen, auch in diesem Fall die Geltendmachung der sekundären Behelfe vom Ablauf einer angemessenen Nachfrist abhängig zu machen. Dafür bestand aber keine Notwendigkeit. Wenn der Verkäufer die ihm kraft Gesetzes eingeräumte zweite Chance nicht nützen will, kann der Käufer sowohl nach ABGB als auch nach dem RegE sofort die Minderung oder die Auslösung des Vertrages verlangen.

Nach § 323 Abs 2 Nr 2 RegE entfällt die Nachfristsetzung ferner bei Vorliegen eines Fixgeschäftes. Im ABGB wird ebenso wie in der RL das Fixgeschäft idZ nicht ausdrücklich erwähnt, doch ist bei der Frage, ob die Frist angemessen ist, auch der Zweck zu berücksichtigen, für den der Verbraucher die Sache benötigt. Insofern besteht auch im ABGB kein Zweifel, daß der Käufer bei mangelhafter Erfüllung eines Fixgeschäftes sofort die Minderung oder Wandlung verlangen kann[57].

c) *„... wenn der Verkäufer nicht ohne erhebliche Unannehmlichkeiten Abhilfe geschaffen hat"*

Nach Art 3 Abs 5, 3. Fall RL kann der Käufer schließlich dann die sekundären Behelfe geltend machen, wenn der Verkäufer nicht ohne erhebliche Unannehmlichkeiten für den Verbraucher Abhilfe geschaffen hat. Was „erhebliche Unannehmlichkeiten" sind, wird in der RL nicht gesagt. Es kann mE auf Art 48 UN-KaufR zurückgegriffen werden, nach dem das Nacherfüllungsrecht des Verkäufers voraussetzt, daß die Erfüllung dem Käufer keine unzumutbaren Un-

---

57 Wenn nach dem Vertrag die in § 918 ABGB vorgesehen Nachfristsetzung schon bei der Nichterfüllung entfällt, muß auch bei dem in Form der Verbesserung erhalten gebliebenen Erfüllungsanspruch der Vorrang der Verbesserung „entfallen", *Welser/B. Jud*, Gewährleistung § 932 Rz 28. Dogmatisch ist die Behandlung der mangelhaften Erfüllung des Fixgeschäftes insofern mit Schwierigkeiten verbunden, als es nach hA in Österreich auch beim Verzug beim einfachen Fixgeschäft keiner Rücktrittserklärung bedarf, sondern der Vertrag „automatisch zerfällt", sofern nicht der Käufer unverzüglich mitteilt, daß er auf Erfüllung besteht (§ 919 ABGB). *Reischauer* in Rummel[3] § 919 Rz 3; *Koziol/Welser*, Grundriß II[11], 54; so auch für § 376 HGB *Kramer* in Straube (Hrsg), Kommentar zum Handelsgesetzbuch, Band I[2] (1995) § 376 Rz 13; aA *Kerschner* in Jabornegg (Hrsg), Kommentar zum HGB (1997) § 376 Rz 16. Wenn aber der Vertrag „automatisch zerfällt", ist fraglich, auf welcher Grundlage noch Gewährleistungsansprüche geltend gemacht werden können. *Welser/B. Jud*, Gewährleistung § 932 Rz 28.

annehmlichkeiten verursacht[58]. Hier wie da kann es nämlich nur darum gehen, dem Verkäufer das Nacherfüllungsrecht zu nehmen, wenn dadurch die Interessen des Käufers zu stark beeinträchtigt würden. Der Käufer soll vor krassen Unbilligkeiten geschützt werden[59]. Auszugehen ist davon, daß die RL den Vorrang der Herstellungsansprüche bezweckt. Nur in besonderen „Härtefällen" soll der Übernehmer berechtigt sein, sofort die Preisminderung oder die Vertragsauflösung zu verlangen. Die Ausnahmen dürfen aber den Grundsatz nicht zu sehr „aushöhlen". Jede Verbesserung und jeder Austausch bringt für den Übernehmer – im Verhältnis zu einer ursprünglich ordnungsgemäßen Vertragserfüllung – Unannehmlichkeiten mit sich. Der Übernehmer muß mit dem Übergeber in Kontakt treten, ihm uU die Sache bringen, damit sie ausgetauscht oder repariert wird oder dem Übergeber neuerlich Arbeiten an der Sache ermöglichen. Dies berechtigt für sich allein nicht zur sofortigen Preisminderung oder Vertragsauflösung, weil sonst das Anliegen des Gesetzes vereitelt würde[60].

§ 932 Abs 4 ABGB konkretisiert die RL und berechtigt den Käufer zur Wandlung oder Minderung, wenn die primären Abhilfen mit erheblichen Unannehmlichkeiten verbunden wären oder dem Käufer aus triftigen, in der Person des Verkäufers liegenden Gründen unzumutbar sind. Erhebliche Unannehmlichkeiten können also zum einen mit der Verbesserung selbst verbunden sein, wie zB größere Umbauarbeiten, Lärm- oder Schmutzbeeinträchtigungen[61]. Erhebliche Unannehmlichkeiten können aber auch durch den Ort, an dem sich die Sache befindet, begründet sein, zB wenn sie am (Wohn-)Sitz des Käufers einge-

---

58 Richtig ist, daß die RL von „erheblichen Unannehmlichkeiten" spricht, Art 48 UN-KaufR hingegen von „unzumutbaren Unannehmlichkeiten". In der englischen Sprachfassung spricht die RL von „significant inconvenience", im Kaufrecht von „unreasonable inconvenience", in der französischen Sprachfassung spricht die RL von „inconvénient majeur", hingegen im Kaufrecht von „déraisonable". Diesem Unterschied sollte mE jedoch nicht zuviel Bedeutung beigemessen werden. Immer geht es nämlich um die Umschreibung eines Generaltatbestandes, der dazu dient, im Einzelfall zu einem gerechten Ergebnis zu führen. Warum der RL-Geber von der Formulierung des UN-KaufR abgewichen ist, kann mE nicht nachvollzogen werden. Worte spielen – ähnlich wie Buchstaben bei der Bildung von Worten – lediglich eine technische oder pragmatische Rolle bei der Formulierung von Sätzen. Die Frage ist daher nicht, was ein bestimmter Begriff an sich bedeutet, sondern was im konkreten Zusammenhang damit gemeint ist; so *Popper*, Ausgangspunkte – Meine intellektuelle Entwicklung³ (1995) 24 ff.
59 Zur RL *Welser/B. Jud*, Reform des Gewährleistungsrechts 113.
60 Vgl auch die RV 422 BlgNR 21. GP 18.
61 Dies sind Beispiele, die auch iZm Art 48 UN-KaufR für unzumutbare Unannehmlichkeiten gebracht werden, vgl *Schnyder/Staub* in Honsell, Art 48 Rz 25; *Magnus* in Staudinger (1999) Art 48 CISG Rz 15; *Huber* in Schlechtriem, CISG³ Art 48 Rz 14. Vgl zum neuen ABGB RV 422 BlgNR 21. GP 18; *Welser/B. Jud*, Gewährleistung § 932 Rz .33.

baut wurde[62]. Bei triftigen, in der Person des Verkäufers liegenden Gründen geht es um Fälle, in denen dem Käufer nicht zu verdenken ist, daß er sich nicht mehr auf die Verbesserung durch seinen Vertragspartner einlassen will. Auch hier gilt, daß im allgemeinen eine Mangelhaftigkeit der Leistung nicht den Verlust des Vertrauens in die Kompetenz des Übergebers begründet[63]. Es ist aber möglich, daß die Art des Mangels, sein Zustandekommen und andere Umstände eine Unfähigkeit oder Gefährlichkeit des Verkäufers sehr wahrscheinlich machen oder manifestieren. Dann soll der Käufer nicht auf die primären Gewährleistungsbehelfe verwiesen sein. Zu denken ist hier vor allem an Mängel, die eine besondere Sorglosigkeit und Nachlässigkeit des Übergebers nahelegen[64].

Auch im BGB werden die „erheblichen Unannehmlichkeiten" konkretisiert. Zum einen bedarf es dann keiner Nachfristsetzung, wenn besondere Umstände vorliegen, die unter Abwägung der beiderseitigen Interessen den sofortigen Rücktritt rechtfertigen (§ 281 Abs 2, § 323 Abs 2 Nr 3 RegE). Nach § 440 RegE entfällt das Erfordernis der Nachfristsetzung überdies dann, wenn die Nacherfüllung fehlgeschlagen oder dem Käufer unzumutbar ist.

Problematisch erscheint, daß nach § 440 letzter Satz RegE eine Nachbesserung nach dem zweiten Versuch als fehlgeschlagen gilt, wenn sich nicht insbesondere aus der Art der Sache oder des Mangels oder dem Verhalten des Verkäufers etwas anderes ergibt[65]. Damit greift das Gesetz die Frage auf, wie viele Versuche der Nacherfüllung der Käufer hinnehmen muß[66]. Nach der RL erscheint es hingegen nicht zulässig zu sein, dem Käufer mehr als einen Nachbes-

---

62 Zum ABGB *Welser/B. Jud*, Gewährleistung § 932 Rz 33; vgl zum UN-KaufR *Huber* in Schlechtriem, CISG³ Art 48 Rz 14 („... wenn die Reparatur nur an Ort und Stelle im Betrieb des Käufers vorgenommen werden kann ..."). Zum DiskE *Schlechtriem*, Das geplante Gewährleistungsrecht im Licht der europäischen Richtlinie zum Verbrauchsgüterkauf, in Ernst/Zimmermann (Hrsg), Zivilrechtswissenschaft und Schuldrechtsmodernisierung (2001) 205, 219.

63 Vgl zum UN-KaufR *Schnyder/Straub* in Honsell, Art 48 Rz 25; *Huber* in Schlechtriem, CISG³ Art 48 Rz 14.

64 *Welser/B. Jud*, Gewährleistung § 932 Rz 34.

65 In der Begründung, BT-Drucks 14/6040, S 234, wird ausdrücklich festgehalten, daß sich nach der Zahl der Verbesserungsversuche nicht allgemeingültig beantworten lasse. Entscheidend sei vielmehr, daß der Mangel in dem von der RL vorgegebenen angemessenen Zeitraum tatsächlich behoben wird. Die Zahl der Nachbesserungsversuche sei zweitrangig, aber nicht ohne Bedeutung, weil die Zahl der Nachbesserungsversuche auch die Bemessung des angemessenen Zeitraums bestimme. Zur praktischen Erleichterung soll daher die Richtgröße von zwei Versuchen ausdrückliche angesprochen werden. Halbsatz 2 bringe zum Ausdruck, daß immer auch auf die Umstände geachtet werden müsse, die zu einer niedrigeren oder einer höheren Zahl von Versuchen führen können.

66 Zum Begriff des Fehlschlagens soll auf die zu § 11 Nr 10 lit b AGBG ergangene Rsp zurückgegriffen werden, vgl BT-Drucks 14/6040, S 233.

serungsversuch zuzumuten[67]. Dies bestätigt wiederum der Vergleich zum UN-KaufR, nach dem unzumutbare Unannehmlichkeiten nach hA dann vorliegen, wenn die Mängelbeseitigung nicht „im ersten Anlauf" erfolgt[68]. Sollte sich diese zur RL vertretene Ansicht durchsetzen, müßte der Tatbestand der Unzumutbarkeit des § 440 RegE zur Schaffung einer richtlinienkonformen Rechtslage herangezogen werden. Ob es unter diesem Gesichtspunkt „glücklich" war, die Frage im Gesetz aufzugreifen, bleibt daher zweifelhaft.

d)   *Minderung oder Vertragsauflösung trotz erfolgter Nacherfüllung?*

Wie erwähnt, kann der Verbraucher nach Art 3 Abs 5 RL dann die sekundären Rechtsbehelfe verlangen, wenn der Verkäufer nicht innerhalb angemessener Frist oder ohne erhebliche Unannehmlichkeiten „Abhilfe geschaffen hat". Diese Formulierung hat zT zur Ansicht geführt, daß der Verbraucher auch dann die sekundären Rechtsbehelfe verlangen kann, wenn der Verkäufer den Mangel ohnehin verbessert hat, nur eben nicht in angemessener Frist oder mit erheblichen Unannehmlichkeiten[69]. Sowohl der österreichische[70] als auch der deutsche[71] Gesetzgeber haben sich dieser Ansicht – mE zu Recht – aber nicht angeschlossen. Preisminderung oder Wandlung nach erfolgter Verbesserung würden zu einer „doppelten Liquidation" des Mangels führen, die von der RL nicht beabsichtigt ist[72]. Art 3 Abs 5 muß vielmehr so verstanden werden, daß der Verbraucher statt der Verbesserung die sekundären Behelfe verlangen kann, wenn die Verbesserung nicht in angemessener Frist erfolgt oder mit erheblichen Unannehmlichkeiten verbunden wäre[73]. Allfällige Schadenersatzansprüche bleiben aber unberührt[74].

---

67   So zur RL *Micklitz*, EuZW 1999, 488; *Welser/B. Jud*, Reform des Gewährleistungsrechts 86.
68   So *Huber* in Schlechtriem, CISG³ Art 48 Rz 14; *Schnyder/Staub* in Honsell, UN-Kaufrecht, Art 48 Rz 25; vgl auch *Petrikic*, Nacherfüllungsrecht 79. Vgl zum ABGB *Welser/B. Jud*, Gewährleistung § 932 Rz 33.
69   So *Ernst/Gsell*, ZIP 2000, 1410, 1417f; *Roth*, Die Schuldrechtsmodernisierung im Kontext des Europarechts, in Ernst/ Zimmermann (Hrsg), Zivilrechtswissenschaft und Schuldrechtsmodernisierung (2001), 225, 242 ff; *Gsell*, JZ 2001, 65, 70.
70   RV 422 BlgNR 21. GP 18.
71   BT-Drucks 14/6040, S 223.
72   *Welser/B. Jud*, Reform des Gewährleistungsrechts 86; vgl auch *Westermann*, JZ 2001, 530, 537; differenzierend *Schlechtriem* in Ernst/Zimmermann, 205, 219.
73   Vgl auch *Baldus*, Binnenkonkurrenz 28 („Man mag den Satz eher korrigierend, als Prognoseermächtigung für den Richter, lesen: Das Risiko künftiger Unannehmlichkeiten könnte zur Anspruchsbegründung genügen.")
74   *Welser/B. Jud*, Gewährleistung § 932 Rz 35.

3. Die sekundären Rechtsbehelfe

a) Wahlrecht zwischen Minderung und Vertragsauflösung

Auch auf zweiter Ebene steht das Wahlrecht zwischen den Rechtsbehelfen nach Art 3 Abs 5 RL dem Verbraucher zu. Der Käufer kann also grundsätzlich wählen, ob er die Preisminderung oder die Vertragsauflösung geltend machen will[75]. Nach Art 3 Abs 6 RL hat der Verbraucher bei geringfügigen Vertragswidrigkeiten keinen Anspruch auf Vertragsauflösung. Damit wird das Wahlrecht des Verbrauchers zwischen Minderung und Vertragsauflösung im Interesse des Verkäufers beschränkt. § 932 Abs 4 ABGB übernimmt den Begriff der RL und schließt das Wandlungsrecht bei „geringfügigen Mängeln" aus, § 323 Abs 4 Satz 2 RegE den Rücktritt bei einer „unerheblichen Pflichtverletzung".

b) Ausschluß der Wandlung bei geringfügigen Vertragswidrigkeiten

aa) Vergleich mit bisherigen Arten von Mängeln

Die entscheidende Frage ist freilich, wann eine „geringfügige Vertragswidrigkeit" iSd Art 3 Abs 6 RL vorliegt. Der Begriff des geringfügigen Mangels kommt bisher weder im UN-KaufR, noch im ABGB oder BGB vor. Dennoch steht das Wandlungs- oder Vertragsauflösungsrecht in allen drei Rechtsordnungen nicht wegen jedes Mangels zu. Das UN-Kaufrecht beschränkt das Vertragsauflösungsrecht des Käufers in Art 49 Abs 1 auf „wesentliche Vertragsverletzungen", ebenso § 932 ABGB aF, der die Wandlung nur bei wesentlichen und unbehebbaren Mängeln zuläßt. Das BGB läßt die Wandelung hingegen bei allen Mängeln zu, doch bleibt nach § 459 Abs 1 Satz 2 BGB (ebenso nach § 634 Abs 3 BGB) eine unerhebliche Minderung des Wertes oder der Tauglichkeit außer Betracht[76].

Fraglich ist, ob der geringfügige Mangel mit dem unwesentlichen oder dem unerheblichen Mangel gleichgesetzt werden kann, oder ob die RL eine neue, „dritte" Kategorie von Mängeln schafft. Dabei kann es freilich nicht um Begriffe gehen. Entscheidend ist vielmehr, welches Kriterium zur Abgrenzung einer geringfügigen von einer nicht geringfügigen Vertragswidrigkeit maßgebend ist.

---

75 Vgl § 932 Abs 4 ABGB, § 441 RegE.
76 Entsprechendes gilt für Österreich: § 459 Abs 1 Satz 2 BGB wurde in § 932 Abs 2 ABGB aF übernommen.

bb) Der Einfluß der Behebbarkeit des Mangels auf den Ausschluß des Vertragsauflösungsrechts des Käufers

Eine nähere Betrachtung zeigt, daß in den genannten Rechtsordnungen der Umstand, daß ein Mangel „leicht behebbar" ist, also in relativ kurzer Zeit und ohne besondere Schwierigkeiten beseitigt werden kann, mit dem Vertragsauflösungsrecht des Käufers in Verbindung gebracht wird. So wird zB zu Art 49 Abs 1 UN-KaufR überwiegend die Ansicht vertreten, daß eine wesentliche, den Käufer zur Vertragsauflösung berechtigende Vertragsverletzung dann nicht vorliege, wenn der Mangel zwar objektiv schwerwiegend ist, aber vom Verkäufer innerhalb angemessener Frist durch Nachbesserung oder Ersatzlieferung beseitigt werden kann[77]. Die rasche Nachbesserungsmöglichkeit soll also gegen das Vorliegen einer wesentlichen Vertragsverletzung sprechen. Ähnliche Argumente finden sich auch zum unerheblichen Mangel iSd § 459 Abs 1 Satz 2 BGB: Ein unerheblicher Mangel soll insbesondere dann vorliegen, wenn er mit geringer Mühe und unbedeutendem Kostenaufwand zu beseitigen ist[78]. Auch zu § 1167 ABGB aF, der die Wandlung beim Werkvertrag bei allen wesentlichen Mängeln zugelassen hat, wird die Ansicht vertreten, daß kein zur Wandlung berechtigender wesentlicher Mangel vorliege, wenn der Mangel leicht behebbar[79].

Unabhängig davon, ob man den geringfügigen Mangel iSd der RL mit dem wesentlichen Mangel des ABGB oder des UN-KaufR oder dem unerheblichen Mangel des BGB gleichsetzt, die (leichte) Behebbarkeit des Mangels kann künftig zu Abgrenzung nicht mehr herangezogen werden. Zu beachten ist nämlich, daß das Vertragsauflösungsrecht ja ohnehin erst auf zweiter Ebene zusteht. Nur dann, wenn der Verkäufer nicht in angemessener Frist den Mangel behoben hat, kann der Käufer die Preisminderung oder die Vertragsauflösung verlangen. Die Frage, in welchen Fällen der Käufer den Rücktritt oder die Wandlung nicht verlangen kann, stellt sich somit erst, wenn der Verkäufer den Mangel nicht in angemessener Frist behoben hat. Will man Art 3 Abs 6 RL, § 323 Abs 4 Satz 2 RegE und § 932 Abs 4 ABGB einen Anwendungsbereich belassen, ist für die Berücksichtigung der Behebbarkeit des Mangels kein Platz.

---

[77] *Schlechtriem* in Schlechtriem, CISG³ Art 25 Rz 20; *Huber* in Schlechtriem, CISG³ Art 49 Rz 12; *Magnus* in Staudinger (1999) Art 49 CISG Rz 14; *Schnyder/Straub* in Honsell, Art 49 Rz 23.
[78] *Huber* in Soergel, BGB¹² § 459 Rz 77; *Westermann* in MüKo, BGB³ § 459 Rz 27; *Honsell* in Staudinger (1999) § 459 Rz 59; *Grunewald* in Erman, BGB¹⁰ § 459 Rz 28. Dazu auch ausführlich *Baldus*, Binnenkonkurrenz 37 ff mwN.
[79] *Krejci* in Rummel, ABGB³ § 1167 Rz 1 mwN.

cc) Vergleich mit dem unerheblichen Mangel (§ 459 Abs 1 Satz 2 BGB und § 932 Abs 2 ABGB aF)

Die geringfügige Vertragswidrigkeit kann aber auch nicht mit dem unerheblichen Mangel gleichgesetzt werden, zumindest nicht mit dem, was in Österreich und zT in Deutschland darunter verstanden wird. Als unerheblich sind Mängel anzusehen, die kein vernünftiger Mensch als Nachteil empfindet[80] und deren Geltendmachung Schikane wäre[81]. Als Beispiel wird ein kleiner Kratzer an der Unterseite eines Kfz angeführt[82]. Dem unerheblichen Mangel wird damit die Qualität eines Sachmangels überhaupt abgesprochen[83], weshalb nicht nur die Wandlung und die Preisminderung, sondern auch der Verbesserungsanspruch ausgeschlossen sind: minima non curat praetor[84]. Nach der RL soll bei Vorliegen einer geringfügigen Vertragswidrigkeit aber nur die Vertragsauflösung ausgeschlossen sein, nicht auch die übrigen Behelfe.

dd) Vergleich mit dem unwesentlichen Mangel iSd § 932 ABGB aF

Fraglich ist daher, ob der geringfügige Mangel mit dem unwesentlichen iSd § 932 ABGB aF gleichgesetzt werden kann. Unter einem wesentlichen Mangel wird in Österreich ein Mangel verstanden, der den ordentlichen Gebrauch der Sache verhindert. Welche Eigenschaften der ordentliche Gebrauch erfordert, ergibt sich aus dem Vertrag oder aus der Verkehrsauffassung. Allerdings begründet auch nicht das Fehlen jeder zugesicherten Eigenschaft einen wesentlichen Mangel, sondern nur das Fehlen einer Beschaffenheit, die für den Abschluß des Vertrages für den Erwerber maßgebend war. Anderseits ist der ordentliche Gebrauch nicht erst bei völliger Unbrauchbarkeit der Sache, sondern schon dann verhindert, wenn eine gewöhnlich vorausgesetzte Brauchbarkeit fehlt[85]. Ganz vereinfacht gesagt muß man prüfen, ob bei Kenntnis des Fehlers der Vertrag geschlossen worden wäre. Bejahendenfalls liegt ein unwesentlicher Mangel vor[86].

Während ich zunächst die Ansicht vertreten habe, daß der geringfügige Mangel nicht mit dem unwesentlichen gleichgesetzt werden kann, weil sonst dem Aus-

---

80   *Koziol/Welser*, Grundriß II[11], 66; *Reischauer* in Rummel[3] § 932 Rz 17; OGH in RZ 1983/41; wbl 1987, 37.
81   *Reischauer* in Rummel, ABGB[3] § 932 Rz 17.
82   *Koziol/Welser*, Grundriß II[11], 66.
83   So auch die Begründung zum RegE, vgl BT Drucks 14/6040, S 231; aA offenbar *Huber* in Soergel, BGB[12] § 459 Rz 77.
84   So auch zum deutschen Recht *Huber* in Soergel, BGB[12], § 459 Rz 76; *Honsell* in Staudinger (1999) § 459 Rz 59.
85   *Koziol/Welser*, Grundriß II[11], 66 mwN.
86   So ausdrücklich *Reischauer* in Rummel, ABGB[3] § 932 Rz 2.

nahmecharakter von Art 3 Abs 6 RL nicht Rechnung getragen würde[87], glaube ich nunmehr, daß es nach der RL zulässig ist, auf die bisherige Abgrenzung von wesentlichen und unwesentlichen Mängeln zurückzugreifen. Dafür spricht zunächst die Anlehnung der RL an das UN-Kaufrecht, das die Vertragsauflösung an das Vorliegen einer wesentlichen Vertragsverletzung knüpft[88]. Was eine wesentliche Vertragsverletzung darstellt, ist im Detail umstritten[89], doch ergeben sich aus Art 25 UN-KaufR ähnliche Abgrenzungskriterien, wie ich sie vorher für das ABGB genannt habe. Dazu kommt, daß mit Art 3 Abs 6 RL den skandinavischen Rechtsordnungen entgegengekommen werden sollte[90], die ihrerseits die Vertragsauflösung ähnlich dem UN-KaufR an wesentliche Mängel knüpfen[91]. Vor allem aber scheint es sachlich nicht gerechtfertigt zu sein, den Käufer zur Vertragsauflösung zu berechtigen, wenn er die Sache auch bei Kenntnis des Mangels allenfalls zu einem geringeren Preis gekauft hätte.

ee) Zwischenergebnis

Damit kann zusammenfassend festgehalten werden, daß ein geringfügiger Mangel iSd RL dann vorliegt, wenn der Käufer die Sache auch bei Kenntnis des Mangels – zu einem geringeren Preis – erworben hätte, wobei diese Frage durch den konkreten Vertrag objektiviert zu prüfen ist.

ff) Umsetzung in Österreich und Deutschland

In Österreich wurde Art 3 Abs 6 RL in § 932 Abs 4 übernommen, der die Wandlung bei geringfügigen Mängeln ausschließt. Obwohl die Erläuterungen der von *Welser* und mir zunächst vertretenen Ansicht folgen, daß der geringfügige Mangel nicht mit dem unerheblichen Mangel, wohl aber auch nicht mit dem unwesentlichen Mangel gleichgesetzt werden kann[92], ist es mE aus den soeben genannten Gründen zulässig, in Österreich die Wandlung künftig bei unwesentlichen Mängeln auszuschließen. Dies deckt sich insofern mit den Erläu-

---

87 *Welser/B. Jud*, Reform des Gewährleistungsrechts 88; vgl auch *Welser/B. Jud*, Gewährleistung § 932 Rz 37.
88 So auch *Schwartze*, ZEuP 2000, 544, 567, nach dem die Anlehnung der RL an das UN-KaufR dagegen spreche, daß an bloße Bagatellfälle gedacht sei, wie nach der Erheblichkeitsschwelle des § 459 Abs 2 Satz 1 BGB.
89 Vgl den ausführlichen Meinungsüberblick bei *Karollus* in Honsell, UN-Kaufrecht Art 25 Rz 15 ff.
90 BT-Drucks 14/6040, S 231.
91 Vgl *Huber* in Dölle (Hrsg), Kommentar zum Einheitlichen Kaufrecht (1976), Art 10 Rz 30, nach dem die Regelung des Art 10 EKG ihr Vorbild im skandinavischen Recht habe, *Schwartze*, Europäische Sachmängelgewährleistung beim Warenkauf (2000) 181, nach dem wiederum umgekehrt das UN-Kaufrecht Vorbild für die neueren skandinavischen Regelungen war.
92 *Welser/B. Jud*, Reform des Gewährleistungsrechts 88.

terungen, als die Wandlung dann ausgeschlossen sein soll, wenn sie angesichts des geltendgemachten Mangels unverhältnismäßig wäre, wobei es auf die Umstände des Einzelfalls ankomme[93].

Für Deutschland scheint hingegen die Übernahme des zur RL gewonnenen Auslegungsergebnisses auszuscheiden. In der Begründung wird die unerhebliche Pflichtverletzung ausdrücklich mit dem unerheblichen Mangel iSd § 459 Abs 1 Satz 2 BGB gleichgesetzt[94]. Der geringfügige Mangel soll künftig einen rechtlich erheblichen Mangel darstellen. Es lasse sich kein Grund finden, warum der Käufer auch nur einen unerheblichen Mangel hinnehmen müsse, wenn ihn der Verkäufer beseitigen kann. Dazu kommt, daß § 323 Abs 4 RegE zwischen der Teilleistung und der Schlechtleistung differenziert und für die Zulässigkeit des Rücktritts vom ganzen Vertrag wegen teilweiser Erfüllung auf ein – von der Schlechterfüllung abweichendes – ähnliches Abgrenzungskriterium abgestellt, wie mE für die Geringfügigkeit nach der RL maßgebend ist[95].

Die im RegE offenbar gewollte Gleichsetzung der unerheblichen Pflichtverletzung mit dem unerheblichen Mangel entspricht unstreitig den Anforderungen der RL. Auf Grund des Mindestschutzcharakters der RL hätte der Ausschluß der Vertragsauflösung bei geringfügigen Vertragswidrigkeiten ja überhaupt nicht übernommen werden müssen. Ob es sachgerecht ist, dem Käufer auch bei unerheblichen Mängeln, die kein vernünftiger Mensch als Nachteil empfindet, Gewährleistungsrechte einzuräumen, bleibt mE aber fraglich, zumal die leichte Behebbarkeit des Mangels, wie erwähnt, keine Rolle mehr spielen kann.

c)   Preisminderung bei wesentlichen und unbehebbaren Mängeln?

Aus österreichischer Sicht ist neu, daß der Käufer auf zweiter Ebene unabhängig von der Art des Mangels die Preisminderung verlangen kann. § 932 ABGB aF hat dem Käufer bei einem wesentlichen und unbehebbaren Mangel nur die Wandlung gewährt. Die neuere Lehre und Rsp haben dennoch statt der Wandlung die Preisminderung zugelassen, wenn die Sache für den Erwerber trotz des Mangels noch brauchbar ist und einen entsprechenden Wert hat[96]. Dies wurde vor allem dann bejaht, wenn die Sache zwar nicht die zugesicherten, wohl aber die allgemein im Verkehr vorausgesetzten Eigenschaften hat[97].

§ 932 ABGB aF ist davon ausgegangen, daß eine mit einem wesentlichen und unbehebbaren Mangel behaftete Sache praktisch keinen Wert hat, so daß die

---

93 RV 422 BlgNR 21. GP 19.
94 BT-Drucks 14/6040, S 231. Vgl auch *Haas*, BB 2001, 1313, 1316.
95 Dazu BT-Drucks 14/6040, S 186 f.
96 *Jabornegg*, Minderung bei wesentlichen und unbehebbaren Mängeln?, JBl 1976, 184, weitere Nachweise bei *Welser/B. Jud*, Reform des Gewährleistungsrechts 115 ff.
97 *Koziol/Welser*, Grundriß II[11], 67.

nach der relativen Berechnungsmethode zu ermittelnde Preisminderung zu einem fast gänzlichen Entfall des Entgeltsanspruches führen müßte. Die Minderung gehe „gegen Null". Dem Verkäufer sollte aber nicht zugemutet werden, dem Käufer den größten Teil des Kaufpreises zurückzustellen und doch die Sache zu belassen[98].

Die alte Rechtslage konnte freilich angesichts der RL nicht beibehalten werden. Fraglich ist aber, ob der Käufer nun tatsächlich auch bei besonders schwerwiegenden Mängeln die Preisminderung verlangen und damit die Sache praktisch „umsonst" behalten kann.

ME kann für solche besonderen Härtefälle das Institut des Rechtsmißbrauchs nutzbar gemacht werden. Rechtsmißbrauch liegt nach hA auch dann vor, wenn zwischen den Interessen des Rechtsausübenden und jenen des Betroffenen ein krasses Mißverhältnis besteht[99]. Angewendet auf unseren Fall bedeutet das, daß der Verkäufer in Einzelfällen dem Minderungsbegehren des Käufers seine Rechtsmißbräuchlichkeit entgegenhalten kann, wobei das Interesse des Käufers, die mangelhafte Sache trotz des besonders schwerwiegenden Mangels zu behalten, den Interessen des Verkäufers an der Rückgängigmachung des Vertrages gegenübergestellt werden muß.

Dies entspricht mE auch den Vorgaben der RL: Wie *Schmidt-Kessel* bei der letzten Tagung der Gesellschaft in Wien ausgeführt hat, ist das Rechtsmißbrauchsverbot auch im Gemeinschaftsrecht verankert[100]. Insbesondere kann sich der Einzelne nicht auf ein von einer RL eingeräumtes Recht in mißbräuchlicher Weise berufen.

Für Deutschland bedeutet dies wohl wenig Neues: § 462 BGB hat bereits bisher die Preisminderung unabhängig von der Art des Mangels zugelassen. Führte aber die Preisminderung gegen Null, hat die hL[101] den Käufer unter Berufung auf Treu und Glauben (§ 242 BGB) zur Rückgabe der mangelhaften Sache verpflichtet, den Käufer also im Ergebnis auf die Wandlung beschränkt. Die bisherige L kann damit auch künftig fortgeführt werden.

---

98 *Ehrenzweig*, System des österreichischen allgemeinen Privatrechts, Band II/2² (1928), 223 f.
99 *Mader*, Rechtsmißbrauch und unzulässige Rechtsausübung (1994) 224 ff mwN.
100 *Schmidt-Kessel*, Verbot des Rechtsmißbrauchs im Gemeinschaftsprivatrecht – Folgerungen aus den Rechtssachen *Kefalas* und *Diamantis*, in Gesellschaft Junger Zivilrechtswissenschaftler, Prinzipien des Privatrechts und Rechtsvereinheitlichung, 11. Tagung 2000 in Wien (2001) 59 ff mwN.
101 *Walter*, Kaufrecht (1987) 197f; *Westermann* in MüKo, BGB³ § 472 Rz 2; *Honsell* in Staudinger, BGB (1995) § 472 Rz 11; vgl auch *Grunewald* in Erman, BGB¹⁰ § 472 Rz 6; zuletzt *Baldus*, Binnenkonkurrenz 41 f; aA *Huber* in Soergel, BGB¹² § 472 Rz 14, nach dem ein schutzwürdiges Interesse des Verkäufers, eine völlig wertlose Sache zurückzuerhalten, nicht ersichtlich sei.

Neues Verbraucherkreditrecht im BGB

Markus Artz

I. Einleitung
II. Der Gang des Gesetzgebungsverfahrens
III. Das Konzept des Diskussionsentwurfs vom 4. August 2000
   1. Ausrichtung der Vorschrift auf das Gelddarlehen
   2. Sinnlosigkeit des § 490 Abs. 1 Satz 3 DiskE
   3. Missverständnis der Natur des Kreditvertrages
   4. Wesentliche Änderung des Anwendungsbereichs des VerbrKrG
IV. Das Konzept des Regierungsentwurfs vom 14. Mai 2001
   1. Rückkehr zum Darlehensbegriff
   2. Verbindung von Darlehensrecht und Verbraucherkreditrecht
V. Unkommentierte Änderungen des geltenden Rechts
   1. Beweislastumkehr in § 491 Abs. 1 Satz 2 RegE
   2. Geltungsbereich und Formulierung des § 491 Abs. 1 Satz 2 RegE
   3. Neuregelung des § 3 VerbrKrG
      a) Undifferenzierte Regelung des § 3 Abs. 1 VerbrKrG
      b) Anwendbarkeit der Ausnahmevorschrift auf Ratenlieferungsverträge
      c) Erweiterung des Ausschlusses in § 3 Abs. 2 Nr. 3 und 4 VerbrKrG
   4. Ausschluss des Sachdarlehens
   5. Vom Kreditvermittlungs- zum Darlehensvermittlungsvertrag
   6. Änderungen des Kündigungsrechts nach § 609a BGB
   7. Unabdingbarkeit der Regelungen
VI. Bewusste Änderungen des geltenden Rechts
   1. Änderung der Vorschriften über das Widerrufsrecht
      a) Änderung des § 7 Abs. 2 VerbrKrG
      b) Das Reglement des § 357 Abs. 3 RegE
   2. Zinsschadenspauschale für grundpfandrechtlich gesicherte Darlehen
   3. Wegfall des Rücktrittsrechts bei Finanzierungsleasingverträgen
VII. Versäumte Korrektur des § 13 BGB

I. Einleitung

Die Integration des Verbraucherkreditgesetzes in das BGB und die damit eng verknüpfte Novellierung der Vorschriften des Darlehensrechts gehören zu den Reformbestrebungen des Schuldrechtsmodernisierungsgesetzes, die nicht durch europäische Richtlinien geboten waren, sondern vom Gesetzgeber gleichsam bei Gelegenheit verfolgt wurden. Auf den zweifelhaften Wert, welcher der

Änderung des Darlehensrechts zukommt, wird einzugehen sein. Im Mittelpunkt der Ausführungen steht jedoch die Frage, ob in dem nun vorliegenden Regierungsentwurf eines Gesetzes zur Modernisierung des Schuldrechts[1] die Einflechtung der Vorschriften des Verbraucherkreditgesetzes in das BGB in der Weise gelungen ist, dass ein widerspruchsfreies und praktikables Reglement entstanden ist. Die Integration des Verbraucherkreditgesetzes in das BGB hat in der bisherigen Diskussion über die Schuldrechtsmodernisierung wenig Beachtung gefunden[2], was angesichts der wirtschaftlichen Relevanz des Kreditgeschäfts verwundert.

Mit Zurückhaltung soll hier hingegen der Frage begegnet werden, ob die Eingliederung des Verbraucherkreditgesetzes in das Kerngesetz des Privatrechts grundsätzlich zu begrüßen ist[3]. Man mag es mit *Schmidt-Räntsch* eine Adelung von Nebengesetzen nennen, wenn diese Einzug in das altehrwürdige BGB halten[4]. Ebenso lässt sich hören, dass die Eigenständigkeit von Nebengesetzen deren Wert stärkt, wie dies insbesondere hinsichtlich der ebenfalls beabsichtigten und völlig überraschend kommenden Integration des AGB-Gesetzes vorgebracht wird[5]. Auf strikte Ablehnung stößt das Integrationsvorhaben bei *Honsell*[6], der im Anschluss an *Flume*[7] das „Kulturdenkmal BGB" durch den Einzug von „zum Teil in einem sprachlich geschwätzigen, terminologisch unpräzisen und mit unnötigen Adjektiven überladenen ‚Brüsseler Neudeutsch' gefassten Vorschriften" gefährdet sieht. Auch war zu vernehmen, dass es vermutlich eine weniger intensive wissenschaftliche Durchdringung der in den selbständigen Gesetzen geregelten Materien gegeben hätte, wenn diese von vornherein in das BGB gestellt worden wären. Freilich hätte es dann keinen eigenständigen Kommentar von *Wolf/Horn/Lindacher* zum AGB-Gesetz oder etwa *Bülow, Graf von Westphalen/Emmerich/von Rottenburg* oder *Ulmer/Habersack*[8] zum Verbraucherkreditgesetz gegeben. Aber sind die speziellen Regelungen des Wohnraummietrechts oder des Reiserechts wirklich weniger erforscht worden als die Vorschriften des Haustürgeschäftewiderrufsgesetzes? Im Ergebnis verbleiben

---

[1] BT-Drucks. 14/6040.
[2] Sieht man einmal von der fundamentalen Kritik *Bülows* an dem Konzept des Diskussionsentwurfs ab, siehe Kreditvertrag und Verbraucherkreditrecht im BGB, in: Schulze/Schulte-Nölke (Hrsg.), Die Schuldrechtsreform vor dem Hintergrund des Gemeinschaftsrechts, 2001, S. 153 ff., dazu unten (im folgenden zitiert: *Bearbeiter*, in: Schulze/Schulte-Nölke, Schuldrechtsreform, S.); bereits angekündigt wurde ein Beitrag von *Habersack* in der neuen „Zeitschrift für Bank- und Kapitalmarktrecht".
[3] Zur Problematik der Kodifikation siehe ausführlich *Safferling* und *Schulze* in diesem Band.
[4] Während der Diskussion auf dem Münsteraner Symposion.
[5] Siehe dazu *Ulmer*, in: Schulze/Schulte-Nölke, Schuldrechtsreform, S. 215 ff.
[6] JZ 2001, S. 18 (19).
[7] ZIP 2000, S. 1427 (1429).
[8] Wobei diese Kommentierung in den Münchener Kommentar zum Bürgerlichen Gesetzbuch, Bd. III eingestellt wurde.

Spekulationen. Die Diskussion über die Sinnhaftigkeit der Integration von Nebengesetzen in das BGB hat keinen großen Wert[9]. Dass die Vielzahl der integrierten Nebengesetze im Verbraucher ihren Normadressaten hat, hindert jedenfalls deren Einfügung in das BGB nicht. Schon die Verabschiedung des § 13 BGB[10] hat die Systematik des Gesetzbuches nicht aus den Angeln gehoben. Der Verbraucher ist kein mystisches Wesen, sondern jeder Bürger ist unabhängig von seinen intellektuellen Fähigkeiten oder seiner ökonomischen Lage Verbraucher, soweit er außerhalb seiner gewerblichen oder selbständig beruflichen Tätigkeit handelt[11] und somit originärer Adressat des BGB[12]. Verbraucherprivatrecht ist allgemeines Bürgerliches Recht[13]. Zweifelhaft ist jedoch, ob wirklich – wie die Verfasser des Regierungsentwurfs behaupten – die Regelung der jeweiligen Materie in einem Einzelgesetz zu „erheblicher Intransparenz" geführt hat[14]. Das Argument der Intransparenz taucht immer wieder – einem Allheilmittel gleich – in der Entwurfsbegründung auf, ohne dass es einmal unterfüttert und mit Leben erfüllt worden wäre. Auch die Lektüre der Entwurfsbegründung gibt keine Antwort auf die Frage, inwiefern man bislang bei der Beurteilung einer konkreten Rechtsfrage im Anwendungsbereich des AGB-Gesetzes oder des Verbraucherkreditgesetzes mit der Intransparenz der Vorschriften zu kämpfen gehabt hätte[15]. Es wird zu untersuchen sein, ob der Regierungsentwurf seinem Anliegen, eine höhere Transparenz zu schaffen, gerecht geworden ist.

Es ist am Ende weniger eine dogmatische als eine Geschmacksfrage, ob man das bürgerliche Recht weitestgehend komprimiert im BGB finden möchte, oder ein System bevorzugt, bei dem das zentrale Gesetz durch Spezialvorschriften

---

9   Kritisch zum Fortschritt an Transparenz und Verständlichkeit durch die Integration von Nebengesetzen äußern sich *Wetzel*, ZRP 2001, S. 117 (125) und *Wilhelm*, JZ 2001, S. 861 (868 f.).
10 27. Juni 2000, BGBl. I, S. 897; zum Verbraucherbegriff des § 13 BGB *Pfeiffer*, in: Schulze/Schulte-Nölke, Schuldrechtsreform, S 133 ff.; *Bülow/Artz*, NJW 2000, S. 2049 (2050).
11 Dazu ausführlich *Artz*, Der Verbraucher als Kreditnehmer, 2001.
12 Vgl. Palandt/*Heinrichs*, 60. Aufl., 2001, Einleitung, Rn. 1, § 13 BGB, Rn. 2; *Pfeiffer*, in: Ernst/Zimmermann (Hrsg.), Zivilrechtswissenschaft und Schuldrechtsreform, 2001, S. 497, (im folgenden zitiert: *Bearbeiter*, in: Ernst/Zimmermann, Zivilrechtswissenschaft, S.); *Reich*, Stellungnahme zur Anhörung des BT-Rechtsausschusses am 2./4. Juli 2001, zu 4. (im Folgenden zitiert: *Sachverständiger*, BT-Rechtsausschuss); kritisch *Honsell*, JZ 18 (19); zur Zurückhaltung mahnt auch *Dauner-Lieb*, JZ 2001, S. 8 (16).
13 Zutreffend BT-Drucks. 14/6040, S. 91; Palandt/*Heinrichs*, Einleitung, Rn. 1; *Bülow/Artz*, NJW 2000, S. 2049 (2050 f.); *Bülow*, in: Schulze/Schulte-Nölke, Schuldrechtsreform, S. 153; *Schulze/Schulte-Nölke*, in, dies., Schuldrechtsreform, S. 15 ff.; *Dörner*, in: Schulze/Schulte-Nölke, Schuldrechtsreform, S. 177 ff.; *Schmidt-Räntsch*, in: Schulze/Schulte-Nölke, Schuldrechtsreform, S. 176.
14 BT-Drucks. 14/6040, S. 91; *Pick*, in: Schulze/Schulte-Nölke, Schuldrechtsreform, S. 28; *Schmidt-Räntsch*, in: Schulze/Schulte-Nölke, Schuldrechtsreform, S. 170.
15 So auch *Ulmer*, in: Schulze/Schulte-Nölke, Schuldrechtsreform, S. 220 ff.

flankiert wird[16]. Daher liegt es in der Souveränität des Gesetzgebers, einen solchen Schritt zu wagen. Hinsichtlich des Verbraucherkreditgesetzes, dessen sachlicher Anwendungsbereich sich auf bestimmte Vertragstypen beschränkt, ergeben sich im übrigen nicht die bzgl. des AGB-Gesetzes zu Recht diskutierten tiefgreifenden dogmatischen Probleme des richtigen Standortes innerhalb des BGB[17].

Die folgenden Ausführungen beschäftigen sich daher weniger mit dem „ob" einer Integration bzw. der alternativen Schaffung eines Verbrauchergesetzbuches[18] als vielmehr mit der Frage, wie die Eingliederung des Verbraucherkreditgesetzes in das BGB gelungen ist. Dazu ist zunächst auf das ursprünglich verfolgte Konzept des Diskussionsentwurfs vom August 2000 einzugehen. Anschließend wird der nun vorliegende Regierungsentwurf intensiv zu untersuchen sein.

II. Der Gang des Gesetzgebungsverfahrens

Wie ein roter Faden zieht sich der Wille des Gesetzgebers durch das Reformvorhaben, die materielle Rechtslage im Verbraucherkreditrecht unangetastet zu lassen[19]. Alleiniges Ziel war und ist es, das Verbraucherkreditgesetz in das BGB zu integrieren. An den rechtlichen Rahmenbedingungen für den Abschluss eines Verbraucherkreditvertrages soll weder für Verbraucher noch für Unternehmer eine Änderung eintreten. Die geltende Rechtslage, welche durch das Inkrafttreten der mit dem Fernabsatzgesetz verbundenen Neuerungen im BGB grundlegende Änderungen erfahren hat, soll bestehen bleiben. Hinsichtlich der jüngsten Änderung des Verbraucherkreditrechts, die sich aus der Einführung der §§ 361a und b BGB[20] ergaben, ist insbesondere auf den Paradigmenwechsel beim Widerrufsrecht hinzuweisen, der darin besteht, dass eine Abkehr von der schwebenden Unwirksamkeit stattgefunden hat und der Verbraucher nunmehr mit dem Vertragsschluss einen Erfüllungsanspruch hat, der auf einem schwebend wirksamen Vertrag beruht[21].

---

16 Zu dem Für und Wider *Dörner*, in: Schulze/Schulte-Nölke, Schuldrechtsreform, S. 177 ff.
17 Siehe dazu *Wolf/Pfeiffer*, NJW-Informationen in Heft 25/2001, S. XVI; *dies.*, ZRP 2001, S. 303; *Ulmer*, JZ 2001, S. 491; *ders.*, in: Schulze/Schulte-Nölke, Schuldrechtsreform, S. 220 ff.; Reich, BT-Rechtsausschuss, zu 7. ff.; auch *Däubler-Gmelin*, NJW 2001, S. 2281 (2288); *Heldrich*, NJW 2001, S. 2521 (2523); *Wilhelm*, JZ 2001, S. 861 (868).
18 Mit diesem Problemkreis setzt sich *Roth*, JZ 2001, S. 475 ausführlich auseinander.
19 Zuletzt BT-Drucks. 14/6040, S. 253.
20 BGBl. I 2000, S. 897, ber. S. 1139.
21 Dazu *Bülow*, Kommentar zum Verbraucherkreditgesetz, 4. Auflage 2001, § 7 VerbrKrG, Rn. 20 ff.; Palandt/*Putzo*, § 7 VerbrKrG, Rn. 5 ff.; Münchener Kommentar/*Ulmer*, 4.
(Fortsetzung auf der nächsten Seite)

Betrachtet man nun die einzelnen Phasen des Gesetzgebungsverfahrens, fällt auf, wie schwer es dem Gesetzgeber gefallen ist, ein aus 19 Paragraphen bestehendes Spezialgesetz unbeschadet in das BGB zu integrieren. Zahlreiche offenbar ungewollte und zum Teil gravierende – ja elementare – materiell rechtliche Änderungen haben sich eingeschlichen und mussten behoben werden. Im Zuge dessen traten Strukturen des Besonderen Schuldrechts zu Tage, die trotz ihrer grundsätzlichen Bedeutung offenbar nicht hinreichend bekannt waren und daher zunächst nicht berücksichtigt wurden. Im Mittelpunkt des im Diskussionsentwurf völlig missratenen Integrationsversuchs des Verbraucherkreditgesetzes stand der Kreditvertrag, dessen Rechtsnatur schlichtweg falsch eingeschätzt wurde. Die Korrekturen im Rahmen des folgenden Gesetzgebungsverfahrens mussten aufgrund des elementaren Fehlverständnisses im Diskussionsentwurf dann auch konzeptioneller Art sein und konnten sich nicht auf die Ausbesserung einzelner Fehler beschränken.

Im Folgenden soll zunächst in aller Kürze die ursprüngliche Konzeption des Diskussionsentwurfs dargestellt werden. Deren Analyse offenbart die bereits angedeuteten und zunächst verkannten vertragstypischen Besonderheiten des Kreditvertrages, welche den Gesetzgeber zu einem Umdenken zwangen und wegen ihrer grundsätzlichen Bedeutung sicherlich nicht nur für den Spezialisten des Verbraucherkreditrechts von Interesse sein werden.

III. Das Konzept des Diskussionsentwurfs vom 4. August 2000

Nach dem Diskussionsentwurf sollten das bisherige Darlehensrecht des BGB und das Verbraucherkreditgesetz zu einem einheitlichen Titel über den Kreditvertrag zusammengefasst werden[22]. Die einzelnen Vorschriften des Verbraucherkreditgesetzes fanden sich im wesentlichen unverändert in diesem Titel wieder. Im Zentrum der Regelung stand der Begriff des Kreditvertrages. Dieser sollte nach dem Willen der Verfasser des Diskussionsentwurfs den neuen Oberbegriff für die in § 1 VerbrKrG zusammengefassten Kreditarten und das Darlehen des § 607 BGB darstellen[23]. Es galt, ein „modernes Kreditrecht" zu schaf-

---

Auflage 2001, § 361a BGB, Rn. 30 a.E.; *von Koppenfels*, WM 2001, S. 1360; zur Bedeutung dieser Konstruktion für die Präklusion bei der Vollstreckungsgegenklage siehe insb. *K. Schmidt*, JuS 2000, S. 1096 (1098); *Bülow*, § 7 VerbrKrG, Rn. 142; Münchener Kommentar/*Ulmer*, § 361a BGB, Rn. 34 mit zahlreichen weiteren Nachweisen.

22 Siehe Begründung des DiskE, S. 540, Vorb. Vor Titel 2 bis 4; dazu auch *Pick*, in: Schulze/Schulte-Nölke, Schuldrechtsreform, S. 28.

23 Siehe Begründung des DiskE, S. 544.

fen[24]. Die zentrale Vorschrift des Diskussionsentwurfs, § 490 Abs. 1, hat folgenden Wortlaut:

§ 490

Vertragstypische Pflichten beim Kreditvertrag

(1) Durch den Kreditvertrag wird der Kreditgeber verpflichtet, dem Kreditnehmer den vereinbarten Geldbetrag (Kredit) zur Verfügung zu stellen. Der Kreditnehmer ist verpflichtet, den vereinbarten Zins zu zahlen und nach Beendigung des Vertrags den zur Verfügung gestellten Geldbetrag zurückzuerstatten. Gegenstand eines Kreditvertrages können auch ein Zahlungsaufschub oder eine sonstige Finanzierungshilfe sein.

Auf den ersten Blick schien die Bündelung von Darlehensrecht und Verbraucherkreditrecht durchaus Sinn zu machen. Betrachtet man die Vorschrift jedoch genauer, fallen Defizite und Widersprüche auf, die zu grundlegenden Überlegungen über das Wesen des Kreditvertrages Anlass geben.

1. Ausrichtung der Vorschrift auf das Gelddarlehen

Bei der Formulierung des § 490 Abs. 1 Satz 1 DiskE hatten die Entwurfsverfasser primär das Gelddarlehen im Blick. Der Kreditgeber ist verpflichtet, dem Kreditnehmer einen Geldbetrag zur Verfügung zu stellen. Wendet man die Vorschrift auf einen klassischen Darlehensvertrag an, bei dem sich der Kunde etwa an eine Bank wendet und ein Darlehen in bestimmter Höhe aufnimmt, das ihm seitens der Bank in bar ausgezahlt wird, macht die Vorschrift Sinn. Schwieriger wird es schon, wenn das Darlehen auf ein Konto, sei es des Vertragspartners oder eines Dritten, etwa zum Zwecke der Umschuldung, überwiesen wird. Hier ist schon fraglich, ob eine derartige Darlehensgewährung unter die Begrifflichkeit „den vereinbarten Geldbetrag zur Verfügung zu stellen" zu subsumieren ist[25]. Das Darlehen des § 490 Abs. 1 DiskE stimmt schon nicht ganz mit der Definition des Gelddarlehens überein. Nach höchstrichterlicher Rechtsprechung ist Inhalt des Darlehens das Recht zur zeitlich begrenzten Kapitalnutzung durch die Überlassung von Zahlungsmitteln mit der Verpflichtung zur Rückerstattung zu dem vereinbarten Termin, spätestens nach Ablauf der Vertragsdauer[26].

Völlig weggefallen, ohne dass dies Erwähnung in der Begründung des Diskussionsentwurfs gefunden hätte, ist im Diskussionsentwurf das Sachdarlehen[27].

---

24 Vgl. etwa *Pick*, in: Schulze/Schulte-Nölke, Schuldrechtsreform, S. 28; *Schmidt-Räntsch*, in: Schulze/Schulte-Nölke, Schuldrechtsreform, S. 174.
25 *Bülow*, in: Schulze/Schulte-Nölke, Schuldrechtsreform, S. 156.
26 BGH WM 1985, S. 834 (836).
27 *Bülow*, in: Schulze/Schulte-Nölke, Schuldrechtsreform, S. 156; *Köndgen* hielt diese Tatsache in seinem Regensburger Vortrag eher für eine Geschmacksfrage, siehe in Ernst/Zimmermann, Zivilrechtswissenschaft, S. 470; anders offenbar *Teichmann*, *Huber*, *Koller* und *Knütel* in der sich an den Vortrag *Köndgens* anschließenden Diskussion, die ebenfalls den Anspruch der Vollständigkeit an die Kodifikation stellen. Als wirt-
(Fortsetzung auf der nächsten Seite)

Einem klassischer Beispielfall der Anfängervorlesung im Bürgerlichen Recht – dem Hobbykoch fehlen drei Eier und der Nachbar hilft vorübergehend aus – war kommentarlos die Grundlage entzogen worden. Aber auch ein wirtschaftlich relevanterer Fall, etwa das Wertpapierdarlehen[28], suchte nach einem Platz in dem Entwurf.

2. Sinnlosigkeit des § 490 Abs. 1 Satz 3 DiskE

Mag man die erhebliche rechtstatsächliche Relevanz des Sachdarlehens noch in Frage stellen, so ist der Mangel, der § 490 Abs. 1 Satz 3 DiskE innewohnt, von sehr beträchtlicher Bedeutung. Mit der Einbeziehung von Zahlungsaufschub und sonstiger Finanzierungshilfe verfolgte der Diskussionsentwurf das Ziel, die beiden neben dem Darlehen in § 1 Abs. 1 VerbrKrG zu findenden Kreditformen unter den neuen Oberbegriff des Kreditvertrages zu fassen. Gegenstand eines Kreditvertrages im Sinne des § 490 Abs. 1 Satz 1 DiskE hätte danach auch ein Zahlungsaufschub und eine sonstige Finanzierungshilfe sein können. Betrachtet man die Vorschrift etwas genauer und nimmt man ihren Wortlaut ernst, so wird der Kreditgeber verpflichtet, sowohl beim Zahlungsaufschub als auch bei der sonstigen Finanzierungshilfe – etwa einem Finanzierungsleasingvertrag – , dem Kreditnehmer „den vereinbarten Geldbetrag" zur Verfügung zu stellen. Jedoch steht dies niemals im Interesse der Parteien. Gewährt ein Autohändler seinem Kunden einen Zahlungsaufschub, wird also ein simpler Abzahlungskaufvertrag geschlossen, so verpflichtet sich der Kreditgeber zu nichts anderem, als dem Kreditnehmer Besitz und – sofort, resp. regelmäßig infolge der Vereinbarung eines Eigentumsvorbehaltes, später – Eigentum an der Ware zu verschaffen. Die Verpflichtung des Kreditnehmers, den vollständigen Kaufpreis zu zahlen, wird gestundet[29]. Jedoch ist die durch § 490 Abs. 1 Satz 1 DiskE postulierte Verpflichtung, einen Geldbetrag zur Verfügung zu stellen, einem solchen Vertrag völlig fremd[30]. Gleichermaßen darf der Abzahlungskäufer die Sache auf Dauer behalten und muss sie nicht zu einem bestimmten Zeitpunkt zurückgeben[31]. Entsprechend verhält es sich bei einem Finanzierungsleasingvertrag[32]. § 490 Abs. 1 Satz 3 DiskE funktioniert schlicht nicht.

Es fragt sich, wie den Verfassern des Diskussionsentwurfs ein derart schwerer Fehler unterlaufen konnte. Die Beantwortung dieser Frage führt schuldrechtli-

---

schaftlich praktisch relevantes Beispiel des Sachdarlehens sind im übrigen Paletten anzuführen, a.a.O., S. 477. Von der Diskussion insoweit überzeugt dann auch *Köndgen*, a.a.O., S. 480.

28 Dazu *Bülow*, § 1 VerbrKrG, Rn. 99; Münchener Kommentar/*Ulmer*, 3. Auflage 1995, § 1 VerbrKrG, Rn. 52.
29 Zur Rechtsnatur des Zahlungsaufschubs siehe Staudinger/*Kessal-Wulf*, Neubearbeitung 2001, § 1 VerbrKrG, Rn. 63 ff.
30 Dazu auch *Mankowski*, VuR 2001, S. 112 (113).
31 *Bülow*, in: Schulze/Schulte-Nölke, Schuldrechtsreform, S. 154
32 Zum Begriff der sonstigen Finanzierungshilfe siehe *Bülow*, § 1 VerbrKrG, Rn. 77.

che Grundlagen des Kreditrechts zu Tage, die offenbar nicht hinreichend bekannt waren.

3. Missverständnis der Natur des Kreditvertrages

Der ökonomische Begriff des Kredits hat über die Verbraucherkreditrichtlinie[33] Einzug in das deutsche Recht gefunden[34]. Bei der Verabschiedung des Verbraucherkreditgesetzes wurde die aus der Richtlinie stammende Definition des Kreditvertrages dann auch richtliniennah in das deutsche Privatrecht umgesetzt[35]. Der Kreditvertrag bündelt die Fälle des Darlehens, des Zahlungsaufschubs und der sonstigen Finanzierungshilfe, die gleichwertig nebeneinander stehen, wobei der sonstigen Finanzierungshilfe eine Auffangfunktion zukommt[36]. Analysiert man die Rechtsnatur des Kreditvertrages, der sowohl in der Richtlinie als auch im Verbraucherkreditgesetzes zu finden ist, so zeigt sich, dass es sich bei dem in diesem Sinne verstandenen Kreditvertrag in Wahrheit gar nicht um einen besonderen Vertragstyp des Besonderen Schuldrechts handelt. Der Kreditvertrag steht nicht auf einer Ebene mit Kauf-, Miet-, Werk- und Darlehensvertrag. Ein originärer Vertragstypus des Kreditvertrages existiert nicht[37]. Vielmehr ist in einem Kreditvertrag eine besondere Art der Gestaltung eines anderen Vertrages des Besonderen Schuldrechts zu sehen. Ein beliebiger synallagmatischer Vertrag wird durch seine besondere Ausgestaltung zu einem Kreditvertrag[38]. Die Ausgestaltung besteht beispielsweise darin, dass dem Kreditnehmer ein Zahlungsaufschub gewährt wird. Der Kreditnehmer kann indes etwa Käufer, Mieter oder Besteller eines Werkes sein. Die Vertragsgestaltung lässt das Geschäft zu einem Kreditvertrag werden. Letztlich ist somit auch das entgeltliche Darlehen eine besondere Gestaltung des Kreditvertrages. Mit der Verwendung

---

33 Die betreffenden Teile von Art. 1 der Verbraucherkreditrichtlinie (87/102/EWG; 90/88/EWG) lauten:
„(1) Diese Richtlinie findet auf Kreditverträge Anwendung.
(2) Im Sinne dieser Richtlinie bedeutet:
[...]
(c) ‚Kreditvertrag' einen Vertrag, bei dem ein Kreditgeber einem Verbraucher einen Kredit in Form eines Zahlungsaufschubs, eines Darlehens oder einer sonstigen ähnlichen Finanzierungshilfe gewährt oder zu gewähren verspricht."

34 Darauf weisen auch *Bülow*, in: Schulze/Schulte-Nölke, Schuldrechtsreform, S. 154 und *Köndgen*, in: Ernst/Zimmermann, Zivilrechtswissenschaft, S. 469 hin.

35 § 1 Abs. 2 VerbrKrG lautet:
„(2) Kreditvertrag ist ein Vertrag, durch den ein Kreditgeber einem Verbraucher einen entgeltlichen Kredit in Form eines Darlehens, eines Zahlungsaufschubs oder einer sonstigen Finanzierungshilfe gewährt oder zu gewähren verspricht."

36 Vgl. zu den drei „Untergruppen" des Kredits, Staudinger/*Kessal-Wulf*, § 1 VerbrKrG, Rn. 44 ff.; Münchener Kommentar/*Ulmer*, § 1 VerbrKrG, Rn. 47 ff.; *Bülow*, in: Schulze/Schulte-Nölke, Schuldrechtsreform, S. 154.

37 Zur Unbestimmtheit des Kreditbegriffs auch Staudinger/*Kessal-Wulf*, § 1 VerbrKrG, Rn. 45.

38 *Bülow*, in: Schulze/Schulte-Nölke, Schuldrechtsreform, S. 155.

des Kreditbegriffs in der Verbraucherkreditrichtlinie trug man der Entwicklung Rechnung, dass sich neben dem Darlehen andere Formen der Finanzierungshilfe entwickelt hatten[39].

Berücksichtigt man diese Analyse der Typologie des Kreditvertrages, so wird deutlich, warum § 490 DiskE nicht funktionieren konnte. Der Kreditvertrag sollte als besonderer Vertragstyp Einzug in das BGB finden und zum zentralen Begriff des Darlehens- und Verbraucherkreditrechts aufsteigen, ohne jedoch ein Vertragstyp im Sinne des Schuldrechts zu sein. An diesem fundamentalen Missverständnis von der Rechtsnatur des Kredits litt der Diskussionsentwurf.

Das Ziel der Entwurfsverfasser, die Kreditformen des § 1 VerbrKrG ohne rechtliche Änderung in das BGB einzufügen, musste daher auf diesem Wege scheitern.

4. Wesentliche Änderung des Anwendungsbereichs des VerbrKrG

§ 490 DiskE als zentrale Norm des Kreditrechts im Diskussionsentwurf brachte aber noch eine weitere offenbar ungewollte Änderung des geltenden Rechts mit sich. Der sachliche Anwendungsbereich des Verbraucherkreditgesetzes wurde erheblich erweitert. Die Bestimmung des Anwendungsbereichs ist in § 493 DiskE zu finden:

§ 493 – Anwendungsbereich –

(1) Dieser Untertitel gilt für Kreditverträge zwischen einem Kreditgeber, der Unternehmer ist, und einem Kreditnehmer, der Verbraucher ist (Verbraucherkreditverträge). Als Verbraucher gelten über § 13 hinaus auch alle anderen natürlichen Personen, es sei denn, dass der Kredit nach dem Inhalt des Vertrages für ihre bereits ausgeübte gewerbliche oder selbständig berufliche Tätigkeit bestimmt ist.

Infolge der Bezugnahme auf die allgemeine Definition des Kreditvertrages in § 490 Abs. 1 Satz 1 DiskE wirkt sich diese auch auf den sachlichen Anwendungsbereich des Verbraucherkreditgesetzes aus. Von diesem unterscheidet sich der Diskussionsentwurf erheblich, da er auf das Merkmal der Entgeltlichkeit verzichtet[40]. Nach § 490 Abs. 1 Satz 1 DiskE ist auch das unentgeltliche Darlehen oder der zinslose Abzahlungskauf ein Kreditvertrag. Dies hätte einen fundamentalen Paradigmenwechsel im Verbraucherkreditrecht bedeutet[41]. Dem Kreditgeber werden nach geltendem Recht umfangreiche Aufklärungspflichten und zwingende Verhaltensweisen bei Kündigung und Rücktritt auferlegt. Ande-

---

39 Diesen Hintergrund zeigt *Köndgen*, in: Ernst/Zimmermann, Zivilrechtswissenschaft, S. 458 ff. ausführlich auf.
40 Siehe zum römisch-rechtlichen Hintergrund des zinslosen Darlehens *Köndgen*, in: Ernst/Zimmermann, Zivilrechtswissenschaft, S. 462; zum Begriff der Entgeltlichkeit des VerbrKrG siehe Staudinger/*Kessal-Wulf*, § 1 VerbrKrG, Rn. 66 ff.
41 Darauf mussten die Entwurfsverfasser von *Bülow*, in: Schulze/Schulte-Nölke, Schuldrechtsreform, S. 157 f. hingewiesen werden.

rerseits kommt der Verbraucher als Kreditnehmer etwa in den Genuss eines Widerrufsrechts.

Der Schutz des Kreditnehmers beruht jedoch auf dem Gedanken der Kompensation gestörter Vertragsparität zwischen professionell handelndem Kreditgeber und privat agierendem Kreditnehmer[42]. Nicht wegen seiner persönlichen Schutzbedürftigkeit sondern dadurch, dass der professionell handelnde Kreditgeber dem Vertragspartner in seiner Privatsphäre gegenübertritt, kann es zu Störungen der Privatautonomie kommen, die das Verbraucherprivatrecht auszugleichen versucht. Liegen die besonderen Umstände bei Haustür- oder Fernabsatzgeschäften in dem Vertragsabschlusstatbestand, so erwächst die verbraucherprivatrechtliche Relevanz beim Kreditgeschäft aus der Kompliziertheit des Vertragstyps[43].

Gewährt aber der Unternehmer dem Verbraucher eine kostenlose Leistung, indem er beispielsweise zinslos Geld zur Verfügung stellt, das der Empfänger alsdann in Raten zurückzahlen muss, oder verzichtet etwa der Verkäufer darauf, den fälligen Kaufpreis sofort zu verlangen und räumt dem Kunden die Möglichkeit ein, seine Gegenleistung in Teilbeträgen zu erbringen, so bedarf weder der Verbraucher eines besonderen Schutzes, noch ist es angezeigt, dem Unternehmer außergewöhnliche Pflichten aufzuerlegen. Die Anwendung des Verbraucherprivatrechts auf ein unentgeltliches Geschäft wird nicht von dessen Sinn und Zweck getragen. Schließlich schadet man dem Verbraucher sogar durch eine solche Regelung. Missachtet der Kreditgeber die zwingenden Formvorschriften, so ist der Vertrag entsprechend der heutigen Regelung des § 6 VerbrKrG nichtig. Die Vertragsnichtigkeit ist freilich eine zweiseitige, weshalb der Verbraucher in die Situation kommt, einen außergewöhnlich günstigen, ja kostenlosen Anspruch auf Stundung nicht geltend machen zu können.

Führt man sich den dargestellten Paradigmenwechsel im Verbraucherkreditrecht, zu dem die Materialien des Diskussionsentwurfs keine Stellung nehmen, vor Augen, lohnt es, noch einmal in Erinnerung zu rufen, dass eine materiellrechtliche Änderung des Verbraucherkreditgesetzes infolge der Integration in das BGB nicht beabsichtigt war[44].

---

42 Siehe ausführlich dazu *Artz*, Der Verbraucher als Kreditnehmer, S. 54 ff; *von Koppenfels*, WM 2001, S. 1360 (1367 ff.).
43 Grundsätzlich dazu *Bülow*, in Festschrift Söllner, 2000, S. 189; *ders.*, in: Schulze/Schulte-Nölke, Schuldrechtsreform, S. 158; *ders.*, VerbrKrG, Einführung, Rn. 16; *Artz*, Der Verbraucher als Kreditnehmer, S. 58 ff.; *von Koppenfels*, WM 2001, S. 1360 (1367).
44 In Anbetracht dieses Befundes geht *Köndgen* in seiner Einschätzung fehl, der Diskussionsentwurf habe an der geltenden Rechtslage nicht viel geändert und enthalte sich im Bereich des Verbraucherkreditgesetzes auch der kleinsten Änderung des Gesetzes. Vgl. in: Ernst/Zimmermann, Zivilrechtswissenschaft, S. 458, 472.

Auf der anderen Seite hätte nach dem Diskussionsentwurf auch der gewerblich agierende Kreditnehmer über das Kündigungsrecht des § 491 DiskE (nach geltendem Recht § 609 a BGB) verfügt[45]. Eine weitere elementare und offenbar unbemerkt eingeflossene Änderung des geltenden Rechts.

IV. Das Konzept des Regierungsentwurfs vom 14. Mai 2001

Die Kritik an dem Diskussionsentwurf[46] führte zu einer völlig andersartigen Integration des Verbraucherkreditgesetzes in das BGB in der konsolidierten Fassung vom 6. März 2001 und dem nun vorliegenden Regierungsentwurf[47].

Sah der Diskussionsentwurf den Begriff des Kredits als zentralen Bestandteil des neuen Rechts vor, so taucht er im Regierungsentwurf überhaupt nicht mehr auf. Der Ansatz, ein einheitliches Kreditrecht zu schaffen, wurde völlig über Bord geworfen. In der Begründung des Regierungsentwurfs heißt es ausdrücklich: „Der aus dem Verbraucherkreditgesetz bekannte Begriff des ‚Kredits',..., wird aufgegeben"[48]. Die neue Konzeption soll im folgenden vorgestellt und analysiert werden, wobei auf einige Mängel der zwischenzeitlich vorgelegten konsolidierten Fassung hinzuweisen ist.

1. Rückkehr zum Darlehensbegriff

Der Regierungsentwurf kehrt zum Darlehensbegriff zurück. Das Gelddarlehen ist nun in §§ 488 ff. RegE und das Sachdarlehen in §§ 607 ff. RegE geregelt[49].

Ob in dieser Neuregelung ein Fortschritt gegenüber dem geltenden Recht zu sehen ist, ist doch sehr zweifelhaft. Der Entwurfsbegründung ist zu entnehmen, man habe das Darlehensrecht durch die Neufassung der Rechtswirklichkeit angepasst. Der Wortlaut des bisherigen § 607 BGB spiegele das Darlehen als einen Realvertrag wider und mit der Neufassung sei man der Konsensualvertragstheorie gerecht geworden und habe ein zeitgemäßes Darlehensrecht ge-

---

45 Darauf weist *Köndgen*, in: Ernst/Zimmermann, Zivilrechtswissenschaft, S. 470 zutreffend hin.
46 Insbesondere durch *Bülow*, in: Schulze/Schulte-Nölke, Schuldrechtsreform, S. 153 ff.
47 *Pick*, ZIP 2001, S. 1173 (1177) spielt die Änderung des gesamten Konzeptes offenbar bewusst herunter: „Es gibt gegenüber dem geltenden Recht und dem Diskussionsentwurf drei, teils technische, teils inhaltliche Unterschiede". Im übrigen ist diese Aussage nicht nachvollziehbar, da – wie dargestellt – das geltende Recht mit dem Diskussionsentwurf nur noch wenig gemein hat.
48 BT-Drucks. 14/6040, S. 252; kritisch dazu *Reifner*, ZBB 2001, S. 193 (195).
49 Die ministeriale Erkenntnis der Notwendigkeit einer Regelung über das Sachdarlehen ist offenbar dem Münsteraner Symposion zu verdanken, vgl., *Schmidt-Räntsch*, in: Schulze/Schulte-Nölke, Schuldrechtsreform, S. 175.

schaffen[50]. Dass indes die Notwendigkeit bestand, § 607 BGB, als eine durch eine gefestigte Rechtsprechung und wissenschaftliche Durchdringung fundierte Vorschrift, deren Anwendung die Praxis vor keinerlei Probleme stellte, zu ändern, kann man sicherlich in Abrede stellen[51]. Zumal erwachsen Zweifel am Fortschritt durch die Neuregelung, wenn man die sprachlichen Verrenkungen, die im neuen § 607 RegE vollzogen werden, betrachtet. Der Darlehensgeber[52] des § 607 Abs. 1 Satz 1 RegE ist also verpflichtet „eine vereinbarte vertretbare Sache zu überlassen". Müsste es nicht vielmehr entweder „die vereinbarte vertretbare Sache" oder „eine vertretbare Sache" heißen, da eine Vereinbarung im Wesen des Vertrages liegt. Weiterhin drängt sich die Frage auf, ob es noch einen unentgeltlichen Sachdarlehensvertrag – das Pfund Butter des Nachbars – gibt. Der Wortlaut des § 607 Abs. 1 Satz 2 RegE legt jedenfalls eine negative Einschätzung nahe, da er von der kategorischen Verpflichtung zur Zahlung spricht. Auch die Entwurfsbegründung erwähnt das Gratisdarlehen beim Sachdarlehen, anders als bezüglich des Gelddarlehens[53], wo darüber hinaus von einem „vereinbarten" Zins, der auch gleich Null sein kann, die Rede ist, nicht[54].

2. Verbindung von Darlehensrecht und Verbraucherkreditrecht

Auch wenn sich im Regierungsentwurf die Erkenntnis der unterschiedlichen Natur von Kreditvertrag und Darlehen niederschlägt[55] und man den Versuch aufgegeben hat, dem Kreditvertrag eine zentrale Bedeutung zukommen zu lassen, so verfolgt der Entwurf ausdrücklich weiterhin das Ziel, „die bisherigen §§ 607 ff. BGB mit den Vorschriften des Verbraucherkreditgesetzes zu verbinden"[56]. Nach der Struktur des Regierungsentwurfs findet sich der Verbraucherdarlehensvertrag nun in § 491 RegE. Hier wird jedoch nur das – nun wieder zwingend entgeltliche – Darlehen geregelt und bestimmt, dass die folgenden

---

50 BT-Drucks. 14/6040, S. 252 f.
51 *Köndgen* nennt das geltende Reglement zum Darlehensrecht zu Recht „einen Anachronismus, der wenig geschadet hat", siehe in: Ernst/Zimmermann, Zivilrechtswissenschaft, 2001, S. 467 f.; *Bülow*, in: Schulze/Schulte-Nölke, Schuldrechtsreform, S. 156: „Die Versuche einer gesetzlichen Beschreibung des Darlehensvertrags im Diskussionsentwurf lassen die rudimentäre Regelung im geltenden Recht eher im Lichte der Weisheit erscheinen.".
52 Darlehensgeber und –nehmer sollten einheitlich entsprechend genannt werden. Der RegE verwendet etwa in § 488 Abs. 3 RegE die Bezeichnungen Gläubiger und Schuldner. Dies moniert auch der Bundesrat, BR-Drucks. 338/01 (Beschluss); S. 63 zu Nr. 108.
53 Siehe die ausdrücklichen Ausführungen zum zinslosen Gelddarlehen, BT-Drucks. 14/6040, S. 253.
54 BT-Drucks. 14/6040, S. 258 f.
55 Verwundert nimmt man jedoch zur Kenntnis, dass der Entwurf immer noch ausdrücklich behauptet, Darlehens- und Kreditvertrag stellten denselben Vertragstyp dar. Siehe BT-Drucks. 14/6040, S. 97.
56 BT-Drucks. 14/6040, S. 252; zum neuen Konzept in aller Kürze *Däubler-Gmelin*, NJW 2001, S. 2281 (2286).

Vorschriften für Verbraucherdarlehensverträge gelten. Es schließt sich eine Vielzahl der Regelungen des Verbraucherkreditgesetzes an (§§ 492 – 498 RegE). In diesen wird der Verbraucherdarlehensvertrag uneinheitlich einmal als solcher – etwa in § 492 Abs. 1 Satz 1 RegE[57] – bezeichnet, oder lediglich der Begriff des Darlehensvertrages verwendet. Dies sollte noch vereinheitlicht werden, wobei eine Beschränkung auf den Darlehensvertrag angesichts des umfassenden Verweises in § 491 Abs. 1 Satz 1 RegE vorzugswürdig erscheint, um Tautologien zu vermeiden[58]. Ebenso uneinheitlich wird die Person des Darlehensnehmers einmal als solche oder als Verbraucher bezeichnet, ohne dass es dafür einen Grund gäbe. Der Bundesrat plädiert diesbezüglich für eine Vereinheitlichung zugunsten des Begriffs „Verbraucher"[59].

An die Vorschriften über den Verbraucherdarlehensvertrag schließen sich selbständige Untertitel zu Finanzierungshilfen (§§ 499- 504 RegE), zu Ratenlieferungsverträgen (§ 505 RegE) sowie zur Unabdingbarkeit der Vorschriften (§ 506 RegE) an. Insbesondere die Vorschriften über die Finanzierungshilfen bestehen überwiegend aus wenig übersichtlichen Verweisungen auf zum Teil zahlreiche Vorschriften. Exemplarisch sei § 500 RegE genannt. Hier sei schon darauf hingewiesen, dass die Verweisungen teilweise nicht funktionieren oder das geltende Recht erheblich ändern, obwohl dies ausdrücklich nicht Ziel der Integration war (dazu ausführlich unten V.). Vergeblich sucht man das verbundene Geschäft des § 9 VerbrKrG in diesem Titel. Es findet sich an ganz anderer Stelle, in §§ 358, 359 RegE. Auch auf diese Vorschriften bedarf es vielfacher Verweise, wobei dem Entwurf zugute zu halten ist, dass es angesichts der Integration verschiedener Verbraucherschutzgesetze[60] in das BGB wohl einer vor die Klammer gezogenen Regelung des verbundenen Geschäfts bedarf. Vergleicht man aber das nun gefundene Konzept, in dem der sachliche Anwendungsbereich des Verbraucherkreditgesetzes auseinandergerissen, die zentrale Vorschrift des § 9 VerbrKrG herausgenommen und der Darlehensvertrag zweigeteilt wurde, so fällt es schwer, mit der Entwurfsbegründung von einer Verbindung der Vorschriften zu sprechen[61]. Durch die Verwendung einer ausufernden Verweisungstechnik sind die Vorschriften darüber hinaus komplizierter und unübersichtlicher geworden, was das originäre Ziel der Reform, Intransparenz zu beseitigen, wieder in Erinnerung bringt. Schließlich offenbart die Entwurfsbegründung auch an dieser Stelle eine Ungenauigkeit, in dem sie darlegt, der

---

57 Dem heutigen § 4 Abs. 1 Satz 1 VerbrKrG.
58 A.A. der Zentrale Kreditausschuss in seiner Stellungnahme BT-Rechtsausschuss, zu 6 h) und i).
59 BR-Drucks. 338/01 (Beschluss), S. 65 zu Nr. 111.
60 Fernabsatzgesetz, Telzeitwohnrechtegesetz, siehe zu dem Anliegen der Harmonisierung BT-Drucks. 14/6040, S. 200.
61 Zutreffend *Reich*, Stellungnahme BT-Rechtsausschuss, zu 17; „Hier wird Zusammengehöriges auseinandergerissen". *Reifner* bezeichnet die Integration als unübersichtlich, ZBB 2001, S. 193 (195).

„Gefahr vorbeugen zu wollen, dass sich das Verbraucherkreditrecht weiter vom Darlehensrecht zwischen Unternehmern entfernt"[62]. Dabei wird übersehen, dass auch zwischen Verbrauchern das Verbraucherkreditgesetz keine Anwendung findet. Zum anderen erscheint fraglich, dass man Rechtsentwicklungen durch die örtliche Zusammenstellung von Vorschriften wird beeinflussen können. Im Ergebnis sind jedenfalls Zweifel angezeigt, ob der vorliegende Versuch der Integration des Verbraucherkreditgesetzes einen Zugewinn an Transparenz bedeutet[63].

V. Unkommentierte Änderungen des geltenden Rechts

In Erinnerung zu rufen ist die Prämisse des Entwurfs, das Verbraucherkreditgesetz ohne inhaltliche Änderungen in das BGB zu integrieren[64]. Unter diesem Vorzeichen sollen nachfolgend einzelne Reglements des Regierungsentwurfs untersucht werden.

1. Beweislastumkehr in § 491 Abs. 1 Satz 2 RegE

Das deutsche Verbraucherkreditrecht geht seit jeher von einem speziellen Verbraucherbegriff aus. Neben dem nunmehr in § 13 BGB zu findenden Normadressaten ist beim Abschluss eines Kreditvertrages auch die natürliche Person Verbraucher, welche den Vertrag zum Zwecke der Existenzgründung abschließt[65]. Vor der neuerlichen Bekanntmachung des Verbraucherkreditgesetzes am 29. Juni 2000[66] trug der Kreditgeber die umfassende Beweislast für den gewerblichen oder selbständig beruflichen Verwendungszweck des Kredits, was sich eindeutig aus dem Wortlaut der negativ formulierten Regelung ergab („es sei denn")[67]. Mit der Einführung des § 13 BGB wurde die Beweislastumkehr

---

62 BT-Drucks. 14/6040, S. 252.
63 Kritisch dazu auch *Wilhelm*, JZ 2001, S. 861 (869).
64 BT-Drucks. 14/6040, S. 253.
65 Diese Besonderheit des Verbraucherkreditgesetzes ist auf eine über den Grad der Mindestharmonisierung der Verbraucherkreditrichtlinie hinausgehende Initiative des deutschen Gesetzgebers zurückzuführen, wozu die Richtlinie die Mitgliedstaaten in Art. 15 ermächtigt.
66 BGBl. I, 940.
67 § 1 Abs. 1 VerbrKrG a.F: lautete: Dieses Gesetz gilt für Kreditverträge und Kreditvermittlungsverträge zwischen einer Person, die in Ausübung ihrer gewerblichen oder beruflichen Tätigkeit einen Kredit gewährt (Kreditgeber) oder vermittelt (Kreditvermittler), und einer natürlichen Person, es sei denn, daß der Kredit nach dem Inhalt des Vertrages für ihre bereits ausgeübte gewerbliche oder selbständig berufliche Tätigkeit bestimmt ist (Verbraucher) – auch bzgl. der Beweislastregelung machte der deutsche Gesetzgeber seinerzeit von Art. 15 der Verbraucherkreditrichtlinie Gebrauch, dazu *Bülow*, in: Schulze/Schulte-Nölke, Schuldrechtsreform, S. 161.

des alten Reglements für den Verbraucherbegriff des § 13 BGB offenbar aufgehoben. Jedenfalls ist es der nun positiv formulierten Vorschrift nicht mehr zu entnehmen, dass den Kreditgeber die Beweislast für das Nichtbestehen einer Privilegierung seines Vertragspartners trifft, so dass nach allgemeinen Grundsätzen derjenige den Beweis für die Tatsachen zu führen hat, die Grundlage einer für ihn günstigen Rechtsfolge sind. Dies ist in der Regel der Kreditnehmer als Verbraucher[68]. Indes war auch der Begründung zu § 13 BGB – resp. § 361a Abs. 3 BGB-Entwurf – ein dahingehender Wille des Gesetzgebers nicht zu entnehmen[69]. Mit der nunmehr ebenfalls positiv formulierten Erstreckung der Vorschriften auf den Existenzgründungskredit scheint auch diesbezüglich, entgegen der zwischenzeitlichen Rechtslage[70], die Beweislastumkehr des Verbraucherkreditgesetzes aufgehoben worden zu sein. Fehlt dem Gesetz nun jeglicher Hinweis auf eine Beweislastumkehr zulasten des Kreditgebers, muss man von einer grundsätzlichen Änderung des Reglements des Verbraucherkreditgesetzes ausgehen[71]. Eine wesentliche Schwächung der Rechtsposition des Verbrauchers, zu der sich die Begründung des Regierungsentwurfs ausschweigt[72].

2. Geltungsbereich und Formulierung des § 491 Abs. 1 Satz 2 RegE

Nach dem Willen der Entwurfsverfasser sollen Existenzgründer den Schutz der Vorschriften weiterhin nicht nur beim Abschluss eines Darlehensvertrages sondern ebenfalls im Falle der Inanspruchnahme von sonstigen Finanzierungshilfen bzw. bei Ratenlieferungsverträgen genießen[73]. Dies entspricht dem Anliegen, das geltende Recht unangetastet zu lassen. Indes ergibt sich die angestrebte Rechtslage nicht aus dem Gesetz. In § 491 Abs. 1 Satz 2 RegE wird allein bestimmt, dass Verbraucher im Sinne des Titels auch ein Existenzgründer ist, der sich ein Darlehen zu einem solchen Zweck gewähren lässt. Nun steht aber außer Frage, dass die übrigen Kreditformen nicht als Darlehen anzusehen sind. An einem Verweis, der die entsprechende Geltung des § 491 Abs. 1 Satz 2 RegE für die Finanzierungshilfe oder die kreditähnlichen Verträge anordnet,

---

[68] Dazu *Bülow*, § 1 VerbrKrG, Rn. 45; *ders.*, in: Schulze/Schulte-Nölke, Schuldrechtsreform, S. 161 f.; *Bülow/Artz*, NJW 2000, S. 2049 (2055); zur vergleichbaren Rechtslage im FernAG Münchener Kommentar/*Wendehorst*, 4. Auflage 2001, § 1 FernAG, Rn. 20; a.A. Münchener Kommentar/*Ulmer*, § 361a BGB, Rn. 16.
[69] BT-Ducks. 14/2658, S. 47 f. zu § 361a Abs. 3 BGB-Entwurf; 14/3195, S. 32 zu § 13 BGB; daher geht etwa Staudinger/*Kessal-Wulf*, § 1 VerbrKrG, Rn. 42 davon aus, dass die vormalige Regelung Bestand gehalten hat.
[70] *Bülow*, § 1 VerbrKrG, Rn. 45a.
[71] Damit ist auch der Argumentation von *Kessal-Wulf*, die hinsichtlich der zwischenzeitlich geltenden Regelung auf § 1 Abs. 1 Satz 2 VerbrKrG abstellte, der Boden entzogen, siehe Staudinger/*Kessal-Wulf*, § 1 VerbrKrG, Rn. 42.
[72] So bereits im DiskE, dazu kritisch *Bülow*, in: Schulze/Schulte-Nölke, Schuldrechtsreform, S. 162; auf die unklare Regelung weist auch der Bundesrat hin, BR-Drucks. 338/01 (Beschluss), S. 66 zu Nr. 113.
[73] So ausdrücklich die Entwurfsbegründung, BT-Drucks. 14/6040, S. 255 zu § 491 RegE.

mangelt es. Der eindeutige Wortlaut setzt darüber hinaus einer Auslegung enge Grenzen.

Weiterhin hat man bei der Formulierung des § 491 Abs. 1 Satz 2 RegE offenbar versehentlich ein Wort des § 1 Abs. 1 VerbrKrG vergessen. Dort wird die Existenzgründung noch als selbständige berufliche Tätigkeit definiert. Der Regierungsentwurf geht nur noch von einer selbständigen Tätigkeit aus, kommentiert diese Änderung in der Begründung aber nicht[74], was die Annahme eines redaktionellen Versehens nahelegt.

3. Neuregelung des § 3 VerbrKrG

a) Undifferenzierte Regelung des § 3 Abs. 1 VerbrKrG

Das geltende Recht verfügt in § 3 VerbrKrG über eine Vorschrift, die den sachlichen Anwendungsbereich des Gesetzes einschränkt. Aus der Regelung geht eindeutig hervor, unter welchen Voraussetzungen hinsichtlich der verschiedenen Formen des Kredits das Gesetz keine Anwendung findet. Ein differenziertes und funktionstüchtiges Reglement. Die Notwendigkeit der Differenzierung bei der Ausnahmevorschrift zeigt sich bei der Betrachtung der neuen Regelung. Für das Darlehen finden sich die Ausnahmevorschriften nun in § 491 Abs. 2 und 3 RegE. Hier trifft man auf die aus § 3 VerbrKrG bekannten Einschränkungen für Bagatellsachen, Existenzgründungsgeschäfte, Arbeitgeber- und Wohnungsbaudarlehen[75]. Soweit ist die Umsetzung wohl gelungen. Das Reglement des § 3 Abs. 1 Nr. 3 VerbrKrG stellt der Entwurf in die Vorschrift über den Zahlungsaufschub ein, § 499 Abs. 1 RegE. Die Vorschrift schließt die Anwendung des Verbraucherkreditgesetzes für den Fall aus, dass dem Verbraucher ein Zahlungsaufschub von nicht mehr als drei Monaten eingeräumt wird. Da die Regelung nach ihrem bisherigem Wortlaut lediglich auf die Kreditform des Zahlungsaufschubs Anwendung findet, ist es nachvollziehbar, sie nach hinten zu verschieben und in die Basisnorm[76] für den Zahlungsaufschub zu stellen. Damit wird, ohne dass die Entwurfsbegründung dies ausweist, ein Meinungsstreit zum Anwendungsbereich des § 3 Abs. 1 Nr. 3 VerbrKrG entschieden. Es wird nach geltendem Recht nämlich diskutiert, ob die Ausnahmevorschrift auch auf Darlehen und sonstige Finanzierungshilfen anzuwenden ist. Dafür spricht, dass Art. 2 Abs. 1 g der Verbraucherkreditrichtlinie, der die Grundlage für § 3 Abs. 1 Nr. 3 VerbrKrG darstellt, keine Beschränkung auf den Zahlungsaufschub enthält und auch den Materialien zum Verbraucherkreditgesetz nicht zu entnehmen ist, dass der Gesetzgeber bewusst von der Möglichkeit Gebrauch gemacht hätte, den Anwendungsbereich des Verbraucherkreditgesetzes über die europäischen

---

[74] Dies rügt auch der Bundesrat, BR-Drucks. 338/01 (Beschluss), S. 65 f. zu Nr. 112 und 113.
[75] Zum Hintergrund der Ausnahmevorschrift siehe *Bülow*, § 3 VerbrKrG, Rn. 27 ff.
[76] Bezeichnung aus der Begründung des Regierungsentwurfs, BT-Drucks. 14/6040, S. 256.

Vorgaben hinaus zu erweitern[77]. Nach der neuen Systematik beschränkt sich die Regelung der Dreimonatsgrenze nun eindeutig auf den Zahlungsaufschub.

Weiterhin hat man in dem Regierungsentwurf den Versuch unternommen, die Differenzierung des § 3 VerbrKrG bzgl. der einzelnen Kreditformen aufzuheben, was im Ergebnis zur Schaffung von untauglichen Vorschriften führte. Offenbar mit dem Ziel, die Regelung zu vereinfachen, wurde der Ausnahmekatalog bzgl. des Zahlungsaufschubs und der sonstigen Finanzierungshilfe nicht erneut aufgeführt. Vielmehr bedient sich der Entwurf eines Verweises. Dem § 499 Abs. 3 RegE ist zu entnehmen, dass die Vorschriften des Untertitels zu Finanzierungshilfen in dem in § 491 Abs. 2 und 3 RegE bestimmten Umfang Anwendung finden. Die Begründung führt dazu aus, es werde damit klargestellt, dass der Anwendungsbereich denselben Ausnahmen „wie beim Verbraucherdarlehensvertrag unterliege"[78]. Diese Regelung bereitet dem Rechtsanwender erhebliche Probleme, die hier anhand eines simplen Abzahlungskaufs aufgezeigt werden sollen. Stellt sich nach geltendem Recht die Frage der Anwendbarkeit des Verbraucherkreditgesetzes auf einen Abzahlungskauf, so gibt § 3 Abs. 1 Nr. 1 VerbrKrG Auskunft darüber, dass Bezugpunkt der Barzahlungspreis ist. Es ist also zu überprüfen, ob der Preis, den der Verbraucher zu zahlen hätte, wenn ihm die Gegenleistung nicht gestundet würde, 200 Euro übersteigt[79]. Im Gegenschluss daraus ergibt sich, dass der Teilzahlungspreis, also die Summe, die der Verbraucher tatsächlich aufzubringen hat, nicht Maß gibt. Aus dem Reglement des Regierungsentwurfs ist diese Erkenntnis nicht mehr zu ziehen. Der Verweis in § 499 Abs. 3 RegE führt den Verbraucher, der wissen möchte, ob sein Kaufvertrag den Schutz des Verbraucherprivatrechts genießt, zu § 491 Abs. 2 Nr. 1 RegE, der ihn darüber aufklärt, dass bei Darlehensverträgen, bei denen das auszuzahlende Darlehen 200 Euro nicht übersteigt, die Vorschriften keine Anwendung finden. Selbst der routinierte Anwender des Verbraucherkreditgesetzes wird nicht umhin kommen, den alten Gesetzestext des § 3 VerbrKrG noch einmal zur Hand zu nehmen, um den notwendigen Transfer, den dieser Verweis ihm abverlangt, zu bewerkstelligen. Weder aus der neuen Vorschrift noch aus der Begründung des Gesetzes ergibt sich, welcher Preis bei einem Abzahlungskauf heranzuziehen ist. Die Vorschrift, die nicht über weniger als die Anwendbarkeit des gesamten Reglements entscheidet, ist untauglich.

Entsprechend ist die Funktionstüchtigkeit des Verweises auf § 491 Abs. 2 Nr. 2 RegE einzuschätzen, der eine Betragsobergrenze für Existenzgründungsdarlehen festschreibt. Auch hier ist nicht ersichtlich, anhand welchen Wertes der

---

77 So vertreten von Bülow, § 3 VerbrKrG, Rn. 47; a.A. etwa Staudinger/*Kessal-Wulf*, § 3 VerbrKrG, Rn. 11.
78 BT-Drucks. 14/6040, S. 257.
79 Siehe dazu Bülow, § 3 VerbrKrG, Rn. 34; Staudinger/*Kessal-Wulf*, § 3 VerbrKrG, Rn. 5; Münchener Kommentar/*Ulmer*, § 3 VerbrKrG, Rn. 7.

Existenzgründer feststellen kann, ob seine Investition noch den durch die Vorschriften gewährten Schutz genießt.

Hinsichtlich der sonstigen Finanzierungshilfen, etwa dem Finanzierungsleasing gibt es bereits nach geltendem Recht Probleme der Feststellung des zugrundezulegenden Preises[80]. Hier bedient man sich eines Rückgriffs auf die abzahlungsrechtlichen Grundsätze und zieht wiederum den Barzahlungspreis heran. Der Regierungsentwurf versäumt es, diese Regelungslücke des geltenden Rechts zu schließen und erschwert auch hier die Rechtsanwendung, da der Begriff des Barzahlungspreises nicht mehr vorkommt.

b) Anwendbarkeit der Ausnahmevorschrift auf Ratenlieferungsverträge

Ein weiterer Verweis auf §§ 491 Abs. 2 und 3 RegE führt zur nächsten merkwürdigen Neuregelung des Regierungsentwurfs. In § 505 Abs. 1 Satz 2 RegE werden die vorstehend angesprochenen Ausnahmevorschriften des derzeitigen § 3 VerbrKrG auf Ratenlieferungsverträge erstreckt. Dies führt zum einen zu einer eindeutigen Änderung des geltenden Rechts und zum anderen wiederum zu erheblichen Anwendungsschwierigkeiten.

§ 2 VerbrKrG unterstellt sogenannte kreditähnliche Verträge – Ratenlieferungsverträge über Sachen[81] – dem partiellen Schutz des Verbraucherkreditgesetzes. Im Rahmen derartiger Verträge wird zwar kein Kredit gewährt, jedoch trifft den Verbraucher eine langfristige Bindung an seinen Vertragspartner, die Gefahren mit sich bringt, welche mit jenen des Kredits vergleichbar sind[82]. Nach geltendem Recht findet § 3 VerbrKrG auf kreditähnliche Verträge keine Anwendung[83]. Selbst eine analoge Anwendung scheidet angesichts des klaren Wortlauts aus[84]. Sowohl die Bagatellgrenze, die Höchstbetragsgrenze als auch die Drei-Monats-Regelung finden auf derartige Verträge keine Anwendung. Durch den Verweis erlangen die Ausnahmen des § 491 Abs. 2 und 3 RegE nun Geltung für diesen Vertragstyp. Doch auch hier führt die Verweisung den Rechtsanwender in die Sackgasse. Man nehme etwa einen Sukzessivlieferungsvertrag über eine Zeitschrift[85] oder einen Pay-TV-Vertrag[86]. Der Subsumtion unter

---

80 *Bülow*, § 3 VerbrKrG, Rn. 37.
81 *Mankowski*, VuR 2001, S. 112 (113 ff.) fordert die Ausdehnung der Regelung auf Verträge über die Lieferung immaterieller Güter.
82 Auf Vorschlag des Bundesrates wurden kreditähnliche Verträge, ohne dass die Verbraucherkreditrichtlinie dies gefordert hätte, in das VerbrKrG einbezogen, siehe zur Entstehungsgeschichte, Münchener Kommentar/*Ulmer*, § 2 VerbrKrG, Rn. 1; Staudinger/*Kessal-Wulf*, § 2 VerbrKrG, Rn. 1 f.
83 BGHZ 128, S. 156 (164); *Bülow*, § 2 VerbrKrG, Rn. 16; § 3 VerbrKrG, Rn. 30; a.A. Münchener Kommentar/*Ulmer*, § 2 VerbrKrG, Rn. 18; *Windel*, JuS 1996, S. 812 (813).
84 Staudinger/*Kessal-Wulf*, § 2 VerbrKrG, Rn. 4; wiederum a.A. Münchener Kommentar/*Ulmer*, § 2 VerbrKrG, Rn. 10.
85 Dazu nach geltendem Recht *Bülow*, § 2 VerbrKrG, Rn. 26.
86 Dazu Staudinger/*Kessal-Wulf*, § 2 VerbrKrG, Rn. 18 a.E.

§ 491 Abs. 2 Nr. 1 RegE fehlt jeder Ansatzpunkt. Es besteht weder ein Darlehensvertrag samt auszuzahlendem Darlehen, noch eine naheliegende Bezugsgröße. Ist der Abonnementpreis für einen bestimmten Zeitraum ausschlaggebend? Vielleicht derjenige für ein Jahr? Wie berechnet man die Bagatellgrenze bei unbefristeten Lieferungsverträgen? Es findet sich kein Wort der Hilfestellung in der Entwurfsbegründung, obwohl das geltende Recht eindeutig geändert wird[87].

c)   *Erweiterung des Ausschlusses in § 3 Abs. 2 Nr. 3 und 4 VerbrKrG*

Nach § 3 Abs. 2 Nr. 3 VerbrKrG findet § 9 Abs. 2 VerbrKrG keine Anwendung auf Kreditverträge, die in ein nach den Vorschriften der ZPO errichtetes Protokoll aufgenommen oder notariell beurkundet worden sind. Widerruft der Verbraucher nach geltendem Recht einen derartigen Kreditvertrag, so hat dies keine Auswirkungen auf ein mit dem Kreditvertrag verbundenes Geschäft[88]. Das Reglement über das verbundene Geschäft behält aber in dem Fall seine Wirkung, dass der Verbraucher nicht den Kreditvertrag, sondern das mit diesem verbundene Geschäft, etwa einen Fernabsatzkaufvertrag widerruft, was sich aus § 8 Abs. 2 Satz 1 VerbrKrG ergibt.

Die Neuregelung schließt nun die Anwendung der Regelung über das verbundene Geschäft auch in dem zweiten Fall aus, in dem das Widerrufsrecht nicht aus dem notariell beurkundeten Darlehensvertrag, sondern aus dem anderen Geschäft erwächst. Eine Einschränkung des Verbraucherschutzes, die weder gerechtfertigt ist noch in der Entwurfsbegründung kommentiert wird[89].

Entsprechend verhält es sich mit der Vorschrift des § 3 Abs. 2 Nr. 4 VerbrKrG. Auch hier, bei Kreditverträgen, die der Finanzierung des Erwerbs von Wertpapieren, Devisen oder Edelmetallen dienen, bezieht sich der Ausschluss des § 9 VerbrKrG nach geltendem Recht nur auf den Fall, dass das Widerrufsrecht aus dem Kreditvertrag stammt. Die Neuregelung in § 491 Abs. 3 Nr. 3 RegE schließt das Reglement über das verbundene Geschäft auch aus, wenn das Erwerbsgeschäft widerrufen wird[90].

---

87   Der Verbraucherzentrale Bundesverband schlägt folgendes vor. „Es sollte klargestellt werden, dass die Bagatellgrenze von 200 Euro, die zum Ausschluss des Widerrufsrechts bei Ratenlieferungsverträgen führt, über den Zeitraum bis zur ersten Kündigungsmöglichkeit berechnet wird", siehe Stellungnahme BT-Rechtsausschuss, zu § 505 Abs. 1, letzter Satz. An der Praktikabilität dieser Regelung bestehen indes erhebliche Zweifel.
88   Dazu *Bülow*, § 3 VerbrKrG, Rn. 103 ff.
89   Kritisch dazu auch der Bundesrat, BR-Drucks. 338/01 (Beschluss), S. 67 zu Nr. 114.
90   Siehe Bundesrat, BR-Drucks. 338/01 (Beschluss), S. 67 f. zu Nr. 115

4. Ausschluss des Sachdarlehens

Praktisch wahrscheinlich weniger bedeutsam – sieht man einmal von einem Wertpapierdarlehen oder etwa dem Darlehen an Edelmetallen (Gold, Silber)[91] ab –, jedoch wiederum bar einer Kommentierung in der Entwurfsbegründung, wird das Sachdarlehen, das nun seine separate Regelung in §§ 607 ff. RegE gefunden hat, aus dem sachlichen Anwendungsbereich des Verbraucherkreditgesetzes, dem es bislang zweifellos unterlag[92], ausgeschlossen. Dies ergibt sich daraus, dass der in § 491 Abs. 1 RegE verwendete Begriff des Darlehens nach dem Willen der Entwurfsverfasser nur für das Gelddarlehen stehen soll. Der Begriff des Darlehens werde, so die Entwurfsbegründung, „im Allgemeinen und auch im Fachsprachgebrauch ausschließlich als Gelddarlehen verstanden"[93].

5. Vom Kreditvermittlungs- zum Darlehensvermittlungsvertrag

Neben dem professionellen Kreditgeber wird gem. § 1 Abs. 1 Satz 1 VerbrKrG auch der Kreditvermittler mit den Pflichten des Verbraucherkreditgesetzes beschwert. Der Regierungsentwurf stellt den Vermittlungsvertrag in das Maklerrecht ein, was systematisch wohl nicht zu kritisieren ist[94]. Jedoch beziehen sich die Vorschriften der §§ 655a bis e RegE nur noch auf den Darlehensvermittlungsvertrag. Auf die Vermittlung einer Finanzierungshilfe finden die verbraucherprivatrechtlichen Vorschriften damit entgegen dem geltenden Recht[95] keine Anwendung mehr. Nun mag man einwenden, dass der Vermittlungsvertrag über einen Abzahlungskauf rechtstatsächlich eher selten vorkommen wird. Die Vermittlung eines Finanzierungsleasingvertrages erscheint hingegen weniger ungewöhnlich. Festzustellen ist auch hier, dass die Begründung des Regierungsentwurfs auch diese Änderung des materiellen Rechts nicht dokumentiert.

6. Änderungen des Kündigungsrechts nach § 609a BGB

Das bisherige Darlehenskündigungsrecht des § 609a BGB findet sich in § 489 RegE wieder. Auch hier mangelt es nicht an einem ausdrücklichen Hinweis in der Entwurfsbegründung darauf, dass sich inhaltliche Änderungen zum geltenden Recht nicht ergeben[96]. Jedoch trifft auch dies nicht zu. Der um den Existenzgründer erweiterte Verbraucherbegriff des § 491 Abs. 1 Satz 2 RegE

---

91   Beispiel von *Ulmer*, Münchener Kommentar, § 1 VerbrKrG, Rn. 52.
92   Siehe *Bülow*, § 1 VerbrKrG, Rn. 99; Staudinger/*Kessal-Wulf*, § 1 VerbrKrG, Rn. 50; unzutreffend a.A. *Mankowski*, JZ 2001, S. 745 (747, Fn. 28).
93   BT-Drucks. 14/6040, S. 252.
94   BT-Drucks. 14/6040, S. 253.
95   Siehe Münchener Kommentar/*Ulmer*, § 1 VerbrKrG, Rn. 92; § 15 VerbrKrG, Rn. 5; ausdrücklich *Bülow*, § 1 VerbrKrG, Rn. 151; § 15 VerbrKrG, Rn. 10.
96   BT-Drucks. 14/6040, S. 253.

i.V.m. § 13 BGB erstreckt sich nun auch auf das Kündigungsrecht des Darlehensnehmers. Existenzgründer fallen bislang nicht unter § 609a BGB. Ebenso scheinen nun auch Arbeitnehmer über das Kündigungsrecht des § 609a BGB, welches sie bislang nicht genossen, zu verfügen. Jedenfalls erfolgt keine Abgrenzung zum Verbraucherbegriff des geltenden Verbraucherkreditgesetzes, der die Kreditaufnahme zum Zwecke der nicht selbständigen Tätigkeit eindeutig erfasst[97]. Weiterhin ist in § 609a BGB eine Regelung zu den Fällen der sogenannten Mischnutzung[98], welche im Verbraucherkreditrecht fehlt[99], zu finden. Diese ist kommentarlos weggefallen.

7. Unabdingbarkeit der Regelungen

§ 506 RegE erklärt die Regelungen über das Verbraucherdarlehen für unabdingbar. Damit erhält die bislang in § 18 VerbrKrG zu findende halbzwingende Wirkung des Reglements Einzug in den Entwurf, nachdem eine vergleichbare Vorschrift in der konsolidierten Fassung offenbar vergessen worden war. Die Begründung des Regierungsentwurfs beschränkt sich auf den Hinweis darauf, § 506 RegE entspreche § 18 VerbrKrG[100]. Dies stimmt nicht genau, was im Ergebnis zu begrüßen ist. Bezüglich der bisherigen Regelung, die von einer dem Verbraucher nachteiligen Vereinbarung spricht, hatte sich eine Kontroverse zu der Frage entwickelt, ob der Verbraucher einseitig auf den Schutz des Gesetzes verzichten könne[101]. Dies klärt § 506 RegE nun, da hier der Begriff der Vereinbarung nicht mehr vorkommt, sondern untersagt wird, von den betreffenden Regelungen abzuweichen, wodurch auch der einseitige Verzicht eindeutig erfasst ist.

VI. Bewusste Änderungen des geltenden Rechts

Haben sich die vorgenannten Abweichungen vom geltenden Verbraucherkreditrecht offenbar unbemerkt in den Regierungsentwurf eingeschlichen, so nimmt der Entwurf einige Änderungen des geltenden Rechts bewusst vor.

---

97 Staudinger/*Kessal-Wulf*, § 1 VerbrKrG, Rn. 36; *Artz*, Der Verbraucher als Kreditnehmer, S. 160 ff.; auf diese Änderung weist auch der Bundesrat in seiner Stellungnahme hin, siehe BR-Ducks. 338/01 (Beschluss), S. 64 zu Nr. 109.
98 Siehe Staudinger/*Hopt/Mülbert*, 12. Auflage 1989, § 609a BGB, Rn. 10.
99 Dazu Staudinger/*Kessal-Wulf*, § 1 VerbrKrG, Rn. 34; *Artz*, Der Verbraucher als Kreditnehmer, S. 188 ff.
100 BT-Drucks. 14/6040, S. 258.
101 Siehe zu diesem Meinungsstreit *Bülow*, § 18 VerbrKrG, Rn. 8 ff.; Staudinger/*Kessal-Wulf*, § 18 VerbrKrG, Rn. 4; *Artz*, Der Verbraucher als Kreditnehmer, S. 184 ff.

Von besonderer Relevanz ist dabei die Neuregelung der Vorschriften über das verbraucherprivatrechtliche Widerrufsrecht, die im Ergebnis wegen der beabsichtigten unerträglichen Eingriffe in die Rechtsposition des Verbrauchers in dieser Form nicht zu akzeptieren ist.

1. Änderung der Vorschriften über das Widerrufsrecht

a) Änderung des § 7 Abs. 2 VerbrKrG

Nach § 7 Abs. 2 VerbrKrG erlischt das Widerrufsrecht des Verbrauchers spätestens ein Jahr nach Abgabe der auf den Kreditvertrag gerichteten Willenserklärung des Verbrauchers. § 355 Abs. 3 Satz 1 RegE bestimmt nun, dass das Widerrufsrecht spätestens sechs Monate nach Vertragsschluss erlischt. Nicht in der Begründung zur Integration des Verbraucherkreditgesetzes, wo sich ein Hinweis etwa in der Vorbemerkung sicherlich als nützlich erwiesen hätte, aber zumindest in den Materialien zu § 355 RegE wird diese Änderung des geltenden Rechts kommentiert[102]. Gerechtfertigt wird die Halbierung der Widerrufsfrist, die einen erheblichen Eingriff in den Schutz des Kreditnehmers bedeutet, alleine mit dem Anliegen der Harmonisierung der Fristen des heutigen Fernabsatzgesetzes, Haustürgeschäftewiderrufsgesetzes und eben des Verbraucherkreditgesetzes. Weiterhin komme man zu „sachgerechten Ergebnissen"[103]. Eine sachliche Rechtfertigung dieses Eingriffs, als welche man das Harmonisierungsargument angesichts der großen Relevanz dieser Vorschrift wohl nicht ernstlich ansehen kann, erfolgt nicht[104]. Nicht nur die Dauer der Widerrufsfrist, sondern auch der Bezugspunkt des Fristbeginns hat sich geändert. War bislang die Abgabe der auf den Vertragsschluss gerichteten Willenserklärung des Verbrauchers maßgebend[105], ist nun der Vertragsschluss entscheidend[106].

Die durch § 355 Abs. 3 Satz 1 RegE beabsichtigte Harmonisierung von unterschiedlichen Widerrufsfristen ist mit Entschiedenheit abzulehnen. Mit der „Rasenmähermethode" wird der Versuch unternommen, grundsätzlich unterschiedliche Sachverhalte gleichzuschalten. Der Entwurf übersieht völlig, dass die einzelnen Widerrufsrechte unterschiedlicher Herkunft sind. Erwächst das Wi-

---

102 BT-Drucks. 14/6040, S. 198.
103 BT-Drucks. 14/6040, S. 198 zu § 355 Abs. 3 am Ende; kritisch dazu auch *Mankowski*, JZ 2001, S. 745 (748).
104 Offenbar a.A. *Mankowski*, JZ 2001, S. 745, der in der Zersplitterung und Uneinheitlichkeit der Widerspruchsfristen eine große Schwäche des geltenden Rechts sieht, die dringend zu beseitigen sei; Für eine Harmonisierung auch *Rott*, VuR 2001, S. 78 (79); Eine Vereinheitlichung der Fristen haben wohl auch *Knütel* und *Micklitz* in den Diskussionsbeiträgen zur Regensburger Tagung gefordert, siehe Ernst/Zimmermann, Zivilrechtswissenschaft, S. 456 a.E.
105 Dazu *Bülow*, § 7 VerbrKrG, Rn. 138.
106 Auch diese Rechtsänderung findet im übrigen keinen Niederschlag in der Begründung des RegE; dazu ausführlich *Mankowski*, JZ 2001, S. 745 (746 ff.).

derrufsrecht im Falle eines Haustür- oder Fernabsatzgeschäftes aus der besonderen Situation des Vertragsschlusses, so liegt der Grund für das verbraucherkreditrechtliche Widerrufsrecht in der besonderen Schwierigkeit der Vertragsmaterie[107]. Dieser völlig unterschiedliche Hintergrund des Widerrufsrechts steht einer undifferenzierten Vereinheitlichung der Fristen entgegen. Man mag hinsichtlich der Geschäfte, die unter Zuhilfenahme der nun sogenannten „Besonderen Vertriebsformen"[108] geschlossen werden, davon ausgehen, dass der Verbraucher auch unbelehrt innerhalb eines halben Jahres die Entscheidung treffen kann, ob er die über das Internet oder in seiner Wohnung erworbene Sache behalten möchte[109], wobei gerade hier aktuell in Frage steht, ob eine Befristung des Widerrufsrechts richtlinienkonform ist[110].

Anders gestaltet sich die Interessenlage und die Schutzbedürftigkeit des Verbrauchers aber beim Kredit. Kann der Kunde hier nicht auf eine ausführliche und ihn in transparenter Art und Weise belehrende schriftliche Information, etwa über den effektiven Jahreszins, zurückgreifen, besteht die nicht fernliegende Möglichkeit, dass der Verbraucher die Konzeption des Vertrages und die damit einhergehende Belastung erst nach einer geraumen Zeit durchschaut. Insbesondere besteht diese Gefahr, wenn das Dauerschuldverhältnis variable bzw. dynamisch verlaufende Bedingungen enthält. Unterlässt es der Unternehmer, den Verbraucher über den wesentlichen Inhalt des Vertrages aufzuklären, so muss dem Kunden die Möglichkeit eingeräumt werden, sich noch von dem Vertrag zu lösen, nachdem ihn die Belastung konkret getroffen und er sich über die tatsächlich zugrundeliegenden Bedingungen informiert hat. Hier reicht ein halbes Jahr jedoch oftmals nicht aus. Die Komplexität des Kreditgeschäfts erfordert zumindest ein Festhalten an der Jahresfrist, innerhalb derer der nicht ordnungsgemäß belehrte Verbraucher den Vertrag widerrufen kann. Konkrete Auswirkungen wird die beabsichtigte Fristverkürzung insbesondere in dem Fall haben, dass der Verbraucher das Widerrufsrecht erst im Rahmen der Vollstreckungsabwehrklage geltend macht, da er mit der Zwangsvollstreckung regelmäßig nicht innerhalb des ersten halben Jahres konfrontiert werden wird[111].

---

107 Siehe dazu *Bülow*, § 7 VerbrKrG, Rn. 19; *von Koppenfels*, WM 2001, S. 1360 (1367); auch dem Regensburger Tagungsbericht ist eine ausdrückliche Harmonisierungsforderung nur hinsichtlich FernAG und HWiG zu entnehmen, siehe in Ernst/Zimmermann, Zivilrechtswissenschaft, S. 456 a.E.
108 Überschrift zu Buch 2, Abschnitt 3, Titel 1, Untertitel 2, der die geltenden HWiG und FernAG zusammenfasst.
109 Zum Wegfall des bisherigen § 2 HWiG, BT-Drucks. 14/6040, S. 167 f.; insoweit zustimmend auch *Mankowski*, JZ 2001, S. 745 (748).
110 Siehe die Schlussanträge des Generalanwalts Philippe Lèger in der Rechtssache C-481/99, Heininger/Bayerische Hypo- und Vereinsbank AG.
111 Zur Ausübung des Widerrufsrechts in der Zwangsvollstreckung siehe *K. Schmidt*, JuS 2000, S. 1096 (1098); *Bülow*, § 7 VerbrKrG, Rn. 142; Münchener Kommentar/*Ulmer*, § 361a BGB, Rn. 34; Zöller/*Herget*, 22. Auflage 2001, § 767 ZPO, Rn. 14.

Darüber hinaus ist der Verbraucher nach geltendem Recht gem. § 7 Abs. 2 VerbrKrG darüber zu belehren, dass der Widerruf gem. § 7 Abs. 3 VerbrKrG als nicht erfolgt gilt, wenn er das Darlehen nicht binnen zweier Wochen entweder nach Erklärung des Widerrufs oder nach Auszahlung des Darlehens zurückzahlt[112]. Die Rechtsfolge findet sich nun in § 495 Abs. 2 RegE. Eine entsprechende Belehrungspflicht des Unternehmers sieht der Regierungsentwurf jedoch nicht vor[113].

b) Das Reglement des § 357 Abs. 3 RegE

Der einschneidendste Eingriff in das geltende Verbraucherkreditrecht ist in der Regelung des § 357 Abs. 3 RegE zu finden. Im Zuge der Verabschiedung des Fernabsatzgesetzes wurden die Rechtsfolgen des verbraucherprivatrechtlichen Widerrufs einheitlich im BGB geregelt. Es entstanden die Blankettnormen der §§ 361a und b BGB, auf welche die einzelnen verbraucherprivatrechtlichen Sondergesetze nun verweisen[114]. Nach geltendem Recht steht dem Verbraucher ein befristetes Widerrufsrecht zu, das er ohne Risiken ausüben kann, soweit er den Untergang oder die Beschädigung der kreditfinanzierten Sache nicht zu vertreten hat, was sich aus § 361a Abs. 2 Satz 3 und 4 BGB i.V.m. § 7 VerbrKrG ergibt[115]. Insbesondere ist der Verbraucher nicht zum Ausgleich der durch die Ingebrauchnahme der Sache eintretenden Wertminderung verpflichtet, § 361a Abs. 2 Satz 6 BGB. Diese trägt der Unternehmer, der bewusst auf einen schwebend wirksamen Vertrag geleistet hat[116]. Dieses Reglement soll sich nun grundlegend ändern. Nach dem Regierungsentwurf hat der Verbraucher eine durch die bestimmungsgemäße Ingebrauchnahme der Sache entstehende Wertminderung zu ersetzen, soweit er seitens des Unternehmers einerseits auf diese Rechtsfolge und andererseits auf eine Möglichkeit, dieselbe zu vermeiden, hingewiesen worden ist. So bestimmt es die Neuregelung in § 357 Abs. 3 Satz 1 RegE. Der Anspruch des Unternehmers entfällt gem. § 357 Abs. 3 Satz 2 RegE jedoch, wenn die Wertminderung nur auf die Prüfung der Sache zurückzuführen ist. Begründet wird die Änderung des geltenden Rechts damit, dass es der Unternehmer gar nicht vermeiden könne, vom Verbraucher eine gebrauchte Sache zurücknehmen zu müssen, obwohl er ordnungsgemäß geliefert habe[117]. Den

---

112 Zum geltenden Recht siehe *Bülow*, § 7 VerbrKrG, Rn. 159 ff.; Staudinger/*Kessal-Wulf*, § 7 VerbrKrG, Rn. 50 ff., insb. Rn. 53.
113 Dazu auch Bundesrat, BR-Drucks. 338/01 (Beschluss), S. 68 zu Nr. 116.
114 Siehe zur systematischen Stellung der §§ 361a und b BGB Münchener Kommentar/*Ulmer*, § 361a BGB, Rn. 7 ff.
115 Zum geltenden Reglement der Rückgewähr der Leistungen ausführlich Münchener Kommentar/*Ulmer*, § 361a BGB, Rn. 67 ff.
116 Münchener Kommentar/*Ulmer*, § 361a BGB, Rn. 76; *Bülow*, § 7 VerbrKrG, Rn. 215; differenzierend Münchener Kommentar/*Wendehorst*, § 3 FernAG, Rn. 128.
117 BT-Drucks. 14/6040, S. 199; darstellend dazu Münchener Kommentar/*Ulmer*, § 361a BGB, Rn. 11.

Schutz des Verbrauchers versucht der Regierungsentwurf, wie vorstehend schon angedeutet wurde, dadurch sicherzustellen, dass dem Unternehmer auferlegt wird, aufzeigen zu müssen, wie die Wertminderung zu vermeiden sei[118]. Der Entwurfsbegründung ist das bemerkenswerte Beispiel des Neuwagenkaufs zu entnehmen. Es wird dem Verbraucher empfohlen, den Pkw erst zuzulassen, wenn er sich von der Fehlerfreiheit überzeugt und den Entschluss gefasst habe, das Widerrufsrecht nicht mehr auszuüben. Eine Probefahrt könne auf einem Privatgelände durchgeführt werden[119].

Die Regelung des § 357 Abs. 3 RegE, welche insoweit eine beachtliche Historie hat, als sie in der konsolidierten Fassung gestrichen worden war, bedeutet eine fundamentale Schwächung der Rechtsstellung des Verbrauchers, die nicht akzeptiert werden kann[120]. Das Widerrufsrecht steht dem Verbraucher aufgrund der besonderen Umstände der einzelnen Vertragstypen zu. Einmal findet es seinen Grund in der besonderen Situation des Vertragsabschlusses, wie etwa beim Haustür- oder beim Fernabsatzgeschäft[121]. Andererseits steht dem Verbraucher das Widerrufsrecht aufgrund der Besonderheiten des Vertragsgegenstandes zu, wie dies etwa bei den hier zu behandelnden Konstellationen des geltenden Verbraucherkreditgesetzes der Fall ist[122]. Ein Widerrufsrecht, das als rücktrittsartiges besonderes Gestaltungsrecht zu verstehen ist[123], erfüllt seinen Sinn aber nur, wenn es seitens des Verbrauchers frei von Gefahren ausgeübt werden kann. Der Vertrag ist schwebend wirksam[124] und kann vom Verbraucher einseitig zunichte gemacht werden, ohne dass es einer Begründung, eines Mangels an Vertragstatbestand oder Lieferungsgegenstand oder etwa eines vorwerfbaren Verhaltens des Unternehmers bedarf. Der Verbraucher hat das Recht, innerhalb der Frist autonom und gefahrlos zu widerrufen. Deshalb geht die Entwurfsbegründung völlig fehl, wenn sie in dem Zusammenhang mit dem Widerrufsrecht immer wieder darauf abstellt, dass sich der Verbraucher von der Fehlerfreiheit der Sache überzeugen und alsdann über den Widerruf entscheiden solle[125]. Auf einen Mangel an der Sache kommt es in diesem Kontext überhaupt nicht an. Ist die Sache fehlerbehaftet, so kann der Verbraucher zwei Jahre lang wandeln, §

---

118 Dies hält *St. Lorenz*, in: Schulze/Schulte-Nölke, Schuldrechtsreform, S. 351 für überflüssig.
119 BT-Drucks. 14/6040, S. 200.
120 Grundsätzlich a.A. *St. Lorenz*, in: Schulze/Schulte-Nölke, Schuldrechtsreform, S. 348 ff.
121 Zutreffend *St. Lorenz*, in: Schulze/Schulte-Nölke, Schuldrechtsreform, S. 348.
122 Wiederum *St. Lorenz*, in: Schulze/Schulte-Nölke, Schuldrechtsreform, S. 348; *von Koppenfels*, WM 2001, S. 1360 (1367).
123 Zur Rechtsnatur des Widerrufsrechts Münchener Kommentar/*Ulmer*, § 361a BGB, Rn. 31; Münchener Kommentar/*Wendehorst*, § 3 FernAG, Rn. 6; *Bülow*, § 7 VerbrKrG, Rn. 20 ff.; *Bülow/Artz*, NJW 2000, S. 2049 (2052); *Fuchs*, ZIP 2000, S. 1273 (1282).
124 Dazu *Bülow/Artz*, NJW 2000, S. 2049 (2052); *Kamanabrou*, WM 2000, S. 1417 (1418); Münchener Kommentar/*Ulmer*, § 361a BGB, Rn. 30 a.E.
125 BT-Drucks. 14/6040, S. 200.

wandeln, § 438 Abs. 1 Nr. 3 RegE. Einer Widerrufsfrist von zwei Wochen bedarf es in einem solchen Fall nicht.

Die weitreichende Einschränkung des Widerrufsrechts durch den Regierungsentwurf ist unbillig und unakzeptabel. Entschließt sich der Verbraucher zur Lösung vom Vertrag, muss er nach der angestrebten Rechtslage eine Interessenabwägung vornehmen, die den Widerruf regelmäßig als unattraktiv, wenn nicht gar als unmöglich erscheinen lässt[126]. Von einer freien Entscheidung kann nicht mehr die Rede sein[127]. Besonders augenfällig wird dies im Falle des verbundenen Geschäfts. Fällt dem Verbraucher innerhalb der zweiwöchigen Widerspruchsfrist auf, dass die Belastungen aus dem komplex gestalteten Darlehensvertrag seine finanziellen Möglichkeiten übersteigen und entschließt er sich daher, den Darlehensvertrag zu widerrufen, hat dies nach dem Recht des Entwurfs empfindliche Konsequenzen zur Folge. Der Verbraucher trägt den Wertverlust, der an der mit dem Darlehen angeschafften und völlig fehlerfreien, den Vorstellungen des Verbrauchers auch entsprechenden Ware durch deren Ingebrauchnahme eingetreten ist. Wie bereits ausgeführt wurde, beläuft sich die Wertminderung eines Pkw alleine durch dessen Anmeldung nach Auffassung der Entwurfsverfasser auf 20%. Erwirbt der Verbraucher folglich einen Pkw im Wert von 50.000,-- DM kreditfinanziert und lässt ihn zu, so kostet ihn der Widerruf 10.000,-- DM. Die Darlehensbedingungen können diesseits der Sittenwidrigkeit gar nicht so schlecht sein, dass sich der Widerruf für den Verbraucher rechnet. Das Widerrufsrecht ist damit wertlos[128]. Sicher kann der Verbraucher auf die Zulassung des Wagens verzichten. Es fragt sich aber beispielsweise, wo er den nicht zugelassenen Wagen ordnungsgemäß abstellt. Bei anderen Produkten, etwa Gebrauchsgegenständen, die einer kurzfristig eintretenden Abnutzung unterliegen, wird der Wertverlust durch die Ingebrauchnahme noch weit höher liegen[129]. Dem Widerrufsrecht ist damit der Boden entzogen[130].

Im übrigen ist entgegen der Entwurfsbegründung[131] nicht zu leugnen, dass die Regelung des § 357 Abs. 3 RegE gegen Art. 6 Abs. 2 der Fernabsatzrichtlinie verstößt[132]. Die Argumentation, § 357 Abs. 3 Rege regele lediglich eine Folge

---

126 A.A. *St. Lorenz*, in: Schulze/Schulte-Nölke, Schuldrechtsreform, S. 350, der in der Regelung eine gerechte Risikoverteilung zwischen Unternehmer und Verbraucher sieht und darüber hinaus fordert, dem Unternehmer grundsätzlich die Möglichkeit einzuräumen, dem Verbraucher die Rücksendekosten aufzuerlegen, S. 352.
127 Zutreffend *Hager*, in: Ernst/Zimmermann, Zivilrechtswissenschaft, S. 448
128 *Hager* in: Ernst/Zimmermann, Zivilrechtswissenschaft, S. 448 spricht zutreffend von einem faktischen Kaufzwang.
129 Zu denken ist etwa an einen einmal benutzten Kochtopf.
130 Siehe zur Problematik des § 357 Abs. 3 RegE auch *Artz*, NJW Heft 36/2001, S. XVIII.
131 BT-Drucks. 14/6040, S. 199.
132 *Hager* in: Ernst/Zimmermann, Zivilrechtswissenschaft, S. 448; *Brüggemeier/Reich*, BB 2001, S. 213 (219).

der Benutzung der Sache und nicht eine solche des Widerrufs, ist bizarr und im Ergebnis nicht nachvollziehbar.

2. Zinsschadenspauschale für grundpfandrechtlich gesicherte Darlehen

In § 497 Abs. 1 Satz 1 RegE wird nun ein pauschalierter variabler Verzugszinssatz für Hypothekenkredite eingeführt. Eine gesetzgeberische Entscheidung, die nachvollziehbar und insbesondere auch begründet worden ist[133].

3. Wegfall des Rücktrittsrechts bei Finanzierungsleasingverträgen

Ebenso bewusst schließt der Regierungsentwurf durch den Verweis in § 500 RegE den Rücktritt beim Finanzierungsleasing aus[134].

VII. Versäumte Korrektur des § 13 BGB

Schließlich sei noch eine versäumte Korrektur des geltenden Rechts genannt. Die Entwurfsverfasser haben es trotz der mehrfach geäußerten Kritik unterlassen, die mangelhafte Formulierung des § 13 BGB zu korrigieren[135]. Als Verbraucher ist weiterhin nur die natürliche Person anzusehen, die zu einem Zweck handelt, „der weder ihrer gewerblichen noch ihrer selbständigen beruflichen Tätigkeit zugerechnet werden kann." Nimmt man den Wortlaut der Vorschrift ernst, so ist ein originärer Adressat des Verbraucherprivatrechts, die natürliche Person, die weder ein Gewerbe noch eine selbständige berufliche Tätigkeit betreibt, nicht erfasst[136]. Darüber hinaus hätte in Erwägung gezogen werden sollen, infolge der grundsätzlichen Entscheidung des Bundesgerichtshofs zur Rechtsfähigkeit der Gesellschaft bürgerlichen Rechts vom 29. Januar 2001[137], die Vorschrift auch auf die rechtsfähige Personengesellschaft auszurichten, die nun zweifellos als Verbraucher angesehen werden kann[138].

---

133 BT-Drucks. 14/6040, S. 256; dazu *Däubler-Gmelin*, NJW 2001, S. 2281 (2286).
134 BT-Drucks. 14/6040, S. 257.
135 Die Kritik stammt insbesondere von *Flume*, ZIP 2000, S. 1427.
136 *Bülow*, in: Schulze/Schulte-Nölke, Schuldrechtsreform, S. 162 f.
137 BGH NJW 2001, S. 1056 mit Anmerkungen von *Dauner-Lieb*, DStR 2001, S. 356; *Goette*, DStR 2001, S. 310; *Habersack*, BB 2001, S. 477; *Heil*, NZG 2001, S. 300; *Peifer*, NZG 2001, S. 296; *Reiff*, VersR 2001, S. 515; *Römermann*, DB 2001, S. 428; *Schemmann*, DNotZ 2001, S. 244; *K. Schmidt*, NJW 2001, S. 993; *Ulmer*, ZIP 2001, S. 585; *H.P. Westermann*, NZG 2001, S. 289; *Wiedemann*, JZ 2001, S. 661.
138 Ausführlich zu der Problematik der Anwendbarkeit des Verbraucherkreditgesetzes auf die Verpflichtung der Gesellschaft bürgerlichen Rechts, *Artz*, Der Verbraucher als Kreditnehmer, S. 106 ff.; dazu auch *Dörner*, in: Schulze/Schulte-Nölke, Schuldrechtsreform, S. 183.

Ein (neues) Recht der Dienstleistungen jenseits von Werk- und Dienstvertrag

Ideen zu einer Reform des Besonderen Schuldrechts

Christoph Jeloschek und Roland Lohnert

I. Einleitung
II. Das allg. System der Dienstleistungen im bestehenden Recht
   1. Werkvertrag
   2. Dienst- bzw. Arbeitsvertrag
   3. "Freier" Dienstvertrag
   4. Kritik des bestehenden Systems
III. Eine Neukodifikation im Dienstleistungsbereich – Vertrags- oder Aktivitätenmodell?
   1. Anforderungen an eine moderne Kodifikation
   2. Konsequenzen für eine Neugestaltung des Dienstleistungsrechts
   3. Methoden der Kodifikation – das Aktivitätenmodell als neuer Weg
IV. Das Aktivitätenmodell anhand dreier konkreter Prüfsteine
   1. Die planende Tätigkeit am Beispiel des Architektenvertrags
   2. Die behandelnde Tätigkeit am Beispiel des medizinischen Beratungsvertrags
   3. Die informierende und beratende Tätigkeit
V. Schlussbemerkungen

I. Einleitung

Die Entwicklungen der letzten Jahrzehnte zeigen, dass der Beginn des neuen Jahrtausends von einer rasanten Zunahme der Tätigkeiten im Dienstleistungssektor geprägt sein wird. Nicht nur explodiert die Anzahl dieser Transaktionen, es bildet sich vielmehr eine ungeheure Vielfalt heraus, der – so die These dieses Beitrages – das bestehende Recht nicht, oder nur sehr ungenügend, gewachsen ist. Beispielsweise sind die Tätigkeiten von Architekten, Ärzten oder „Beratern", wenn überhaupt, nur sehr spärlich in den Zivilgesetzbüchern geregelt. Diese stellen einen sehr allgemeinen rechtlichen Rahmen, nämlich das Werk- und Dienstvertragsrecht, zur Verfügung.

Die Autoren schlagen deshalb vor, im Zuge der Reform des Schuldrechts ruhig einen Schritt weiterzugehen, um auch größere Teile des Besonderen Schuldrechts zu erneuern. Dies ist nun zugegebenermaßen keine revolutionäre These, schon im Vorwort der Gutachten zur Schuldrechtsreform wird das Problem auf den Punkt gebracht:

> „Wer zum Bürgerlichen Gesetzbuch greift, um sich über das geltende Schuldrecht zu informieren, läuft Gefahr, dass er grundlegende Rechtsfragen übersieht oder unrichtig beantwortet. Das zweite Buch des BGB ist längst nicht mehr die alleinige Quelle unseres Schuldrechts. Das Schuldrecht ist in mehr als 200 Gesetze aufgesplittert und wird weitgehend durch die Ergebnisse der Rechtsprechung überlagert." [1]

Diese Worte wurden vor 20 Jahren geschrieben, geändert hat sich an der Rechtslage bis heute nichts. Die Überlegungen mündeten im Entwurf der Schuldrechtskommission[2], wo von den einst so ambitionierten Gutachten aber nicht mehr viel zu sehen ist. Die Verfasser nahmen nun ihre Teilnahme an der sog. *'Study Group on a European Civil Code'*[3] zum Anlass, das oben erwähnte Problem von einer europäischen Warte aus zu beleuchten – ohne dabei gleich einen weiteren Angriff in der causa prima des deutschen Privatrechts führen zu wollen. Vielmehr sollen, basierend auf rechtsvergleichenden Untersuchungen, Möglichkeiten einer Reform bzw. Neukodifikation des Besonderen Schuldrechts ausgelotet werden, um diese dann in Beziehung zum deutschen Rechtskreis zu setzen.

II. Das allg. System der Dienstleistungen im bestehenden Recht

Sowohl das ABGB als auch das BGB kennen kein umfassendes Dienstleistungsrecht[4], eine Tatsache, die in Anbetracht der wirtschaftlichen Verhältnisse zur Zeit der Erlassung der jeweiligen Kodifikation auch nicht verwunderlich erscheint. Das ABGB regelt Dienstleistungsverträge im 26. Hauptstück, wobei darunter primär[5] der Dienst- und Werkvertrag fallen. Die – für die noch fol-

---

1 BMJ (Hrsg.), Gutachten und Vorschläge zur Überarbeitung des Schuldrechts, Band I-II (1981) bzw. Band III (1983), Bundesanzeiger (im folgenden: *Gutachten I-III*). Gutachten I, S. V (Hervorhebung Autoren). Diese Aussage hat nicht nur für das Schuldrecht im Allgemeinen Gültigkeit, sondern insbesondere für den Besonderen Teil.
2 Entwurf eines Gesetzes zur Modernisierung des Schuldrechts, Stand 9.Mai 2001.
3 Für detailliertere Informationen siehe auch die Website des Projekts ecc.kub.nl.
4 Zur Definition von *Dienstleistung* siehe *Krejci* in: Rummel, Kommentar zum ABGB², 1990, Rz 32 zu § 1151. Demnach können Dienstleistungen Arbeiten, Verrichtungen, Tätigkeiten jedweder Art sein, sofern sie nur zum Gegenstand eines gültigen Vertrages gemacht werden dürfen. Vgl. *Lieb*, Der Dienstvertrag in: Gutachten III, S.193: im Zentrum vom Dienstvertragsrecht liegt die „Erbringung einzelner, eher projektgebundener bzw. projektabhängiger Dienstleistungen gegenüber verschiedenen, wechselnden Auftraggebern".
5 Siehe auch § 1172 ABGB, der den Verlagsvertrag als eigenen Typ regelt.

gende Gegenüberstellung Werk-Dienstvertrag prägnante – Legaldefinition ist in § 1151 ABGB zu finden:

> (1) Wenn jemand sich auf eine gewisse Zeit zur Dienstleistung für einen anderen verpflichtet, so entsteht ein Dienstvertrag; wenn jemand die Herstellung eines Werkes gegen Entgelt übernimmt, ein Werkvertrag.[6]

Im Wesentlichen gibt es somit zwei Vertragstypen – wenn man von der noch allgemeineren Regelung der Geschäftsbesorgung absieht[7] – die zur Lösung sehr unterschiedlicher Probleme herangezogen werden: Einerseits den Werkvertrag und andererseits den Dienst- bzw. Arbeitsvertrag; daneben besteht noch die Rechtsfigur des freien Dienstvertrages als Art „Zwischenlösung". Die Klassifizierung eines Vertrages kann sich in Grenzfällen als extrem problematisch erweisen, was in Bezug auf die Rechtsfolgen des jeweiligen Regimes sehr heikel sein kann. So entscheidet die Abgrenzung u.a. über die Anwendung zwingender Bestimmungen des Dienstvertrages, die typischerweise von einem sozialen Ungleichgewicht der Parteien ausgehen, über die Anwendung von Gewährleistungsregeln[8], die den Haftungsmaßstab des die Leistung Erbringenden verschärfen, oder über die Folgen ausbleibender Kooperation des Vertragspartners (vgl. § 615 statt §§ 642ff. BGB).

Im folgenden werden die zwei Grundtypen und der freie Dienstvertrag konzise dargestellt, um einen kurzen Überblick über das bestehende „vertypte" Recht zu gewinnen. Im Anschluss daran werden einige Mängel dieses Systems aufgezeigt, eine Darstellung, die zur Diskussion einer Neuordnung des Rechts der Dienstleistungen überleitet.

1. Werkvertrag

Der Werkvertrag wird üblicherweise als Herstellung eines bestimmten Erfolges definiert[9]. Dieser Erfolg wird im weitest möglichen Sinn verstanden und erfasst somit eine breite Palette an Aktivitäten[10]: es geht nicht nur um die Herstellung,

---

6 §§ 1153ff. bzw. 1165ff. ABGB. Das deutsche Recht kommt in den §§ 611ff. (Abs 2: „Dienste jeder Art") bzw. 631ff. BGB zu einer ähnlichen Lösung.
7 §§ 1002ff. ABGB bzw. 662ff. BGB. Zum Unterschied zu Dienst- bzw. Werkvertrag siehe Staudinger/*Richardi* (1999), Vorbem zu § 611ff. Rn 65.
8 ErfK/ *Preis* 230. BGB, Rn 17.
9 *Krejci* in: Rummel[2], Rz 4 zu §§ 1165, 1166.
10 *Krejci* in: Rummel[2], Rz 9f zu §§ 1165, 1166; eine ausführliche Liste von verschiedenartigsten Aktivitäten, die alle als Werkverträge qualifiziert werden, findet sich in Rz 11ff.: ua. Abschleppen von Autos, Errichten von Anlagen (z.B.: Krankenhäuser, Kraftwerke, Fabriken, Hochöfen, Klima-, Lüftungsanlagen), Anzeigenvertrag, Architektenvertrag, Ärztevertrag, (einmaliger) Auftritt eines Künstlers, Bau(werk)vertrag, Beförderungsverträge, Druckvertrag, Ziviltechnikerverträge (Statiker, Vermesser), Programmiervertrag, Reparaturvertrag, Erstellen von Gutachten, Wartungsvertrag, etc. Für das dt. Recht: *Weyers*, Der Werkvertrag in: Gutachten II, S.1196ff.; Staudinger/*Peters* (2000) § 631 Rn 2ff.

Instandhaltung, Reparatur, Be- oder Umarbeitung oder Verbesserung einer körperlichen Sache, sondern auch um die Schaffung von unkörperlichen Werken[11].

2. Dienst- bzw. Arbeitsvertrag[12]

Obwohl der Dienstvertrag[13] noch in den Zivilgesetzbüchern selbst geregelt ist, hat sich dieses Rechtsinstitut schon längst zu einem eigenen Rechtsgebiet entwickelt, dem Arbeits(vertrags)recht.[14] Für den vorliegenden Beitrag ist allein die Abgrenzung dieses Vertrages vom Werkvertrag relevant. Letzterer kann als eine Art „Gegenstück" zum Dienstvertrag gesehen werden; auf die einzelnen Merkmale bezogen folgt daraus:

Erstens wird im Dienstvertrag ein bloßes Bemühen geschuldet, wohingegen im Werkvertrag das Erreichen eines bestimmten Erfolges kennzeichnend ist („Dienste – Werk").[15] Zweitens ist der Dienstvertrag als Dauerschuldverhältnis zu qualifizieren, der Werkvertrag idR jedoch nicht. Drittens arbeitet der Dienstnehmer – im Gegensatz zum Werkunternehmer – abhängig, unselbständig und fremdbestimmt, d.h. unter der Anleitung des Dienstgebers.[16]

---

11 Z.B.: Schreiben eines Theaterstückes, Anfertigen eines Computerprogramms.
12 Es ist wichtig, darauf hinzuweisen, dass sich hier die ö. und dt. Terminologie spießt: § 611 BGB regelt (nur) den Dienstvertrag, der im Gegensatz zum ö. Pendant in § 1151 ABGB nicht dem Arbeitsvertrag als solchem gleichzusetzen ist, sondern nur die Grundlage dafür bietet. MaW bedeutet dies aus deutscher Sicht, dass das Dienstvertragsrecht im 6.Teil des BGB in zwei Gruppen zerfällt: einerseits in den freien, unabhängigen Dienstvertrag und andererseits in den Arbeitsvertrag des abhängig Dienste leistenden Arbeitnehmers (ErfK/ *Preis* 230. BGB, Rn 1f. Siehe auch *Lieb*, Gutachten III, S.189). Im folgenden werden die Begriffspaare *Dienstvertrag* (iS von Arbeitsvertrag) und *freier Dienstvertrag* verwendet, um Verwirrung terminologischer Natur zu vermeiden.
13 Für das dt. Recht statt vieler: *Dieterich, Hanau, Schaub* (Hrsg.), Erfurter Kommentar zum Arbeitsrecht, 1998; *Schaub*, Arbeitsrechts-Handbuch[9], 2000. Für das ö. Recht: *Krejci* in: Rummel[2], § 1151: Rechtsnatur (Rz 6ff.) und Tatbestandsmerkmale (Rz 32ff.) des Dienstvertrags.
14 ErfK/ *Preis* 230. BGB, Rn 3: Das Arbeitsvertragsrecht ist das Sonderprivatrecht für Arbeitnehmer und enthält zahlreiche Sonderregelungen und besondere Grundsätze des Arbeitsrechts.
15 Diese Unterscheidung kann am besten mit dem französischen Begriffspaar *obligation de moyen* und *obligation de résultat* umschrieben werden. Kritisch zu diesen Begriffen *Krejci* in: Rummel[2], Rz 9f zu §§ 1165, 1166. Zur Gegenüberstellung von Werk als bestimmtes Arbeitergebnis bzw. -erfolg und dem Arbeitsvertrag als bloße Tätigkeit siehe auch ErfK/ *Preis* 230. BGB, Rn 17.
16 *Krejci* in: Rummel[2], Rz 1, 92ff. zu § 1151.

3. "Freier" Dienstvertrag

Im deutschen Recht stellt die „Zwischenlösung" des freien Dienstvertrages kein Problem dar, weil die Vorschriften der §§ 611ff. BGB eine Gesamtregelung des Dienstvertrags der selbständig Tätigen darstellen. Im österreichischen Recht hingegen haben Rechtsprechung und Lehre diese Rechtsfigur[17] als dritten Vertragstyp im Dienstleistungsrecht eingeführt.

Im Gegensatz zum Werkvertrag werden, wie beim Dienstvertrag, keine „Werke" sondern „Dienstleistungen" geschuldet, ohne dass allerdings in *persönlicher* Abhängigkeit[18] geleistet wird (d.h. insbesondere keine Weisungsunterworfenheit wie beim Dienstvertrag). Insbesondere gilt dies für diejenigen, die selbst unternehmerisch mit Risiken und Chancen am Markt tätig werden und die klassischen freien Berufe, wie Ärzte, Rechtsanwälte und Steuerberater.[19]

Die Quintessenz liegt nun darin, dass freie Dienstverhältnisse keine Arbeitsverträge sind und somit das Regime des Arbeitsrechts, v.a. die arbeitsrechtlichen Schutzbestimmungen, nicht zur Anwendung kommen. Für das österreichische Recht bedeutet dies, dass die §§ 1151ff. ABGB nur indirekt anwendbar sind, d.h. dass das „normale" Dienstvertragsrecht analog angewendet wird.[20]

4. Kritik des bestehenden Systems

Wie aus obiger Darstellung ersichtlich wird, gibt es zwei Hauptmängel des Systems der Dienstleistungen. Zum einen bereitet die Abgrenzung zwischen den einzelnen Verträgen enorme Probleme, zum anderen sind letztere zu generell, zu abstrakt, kurzum: zu vage gehalten.[21]

---

17 Wie bereits oben erwähnt, entspricht der im ABGB geregelte Dienstvertrag dem Arbeitsvertrag. Siehe dazu *Krejci* in: Rummel², Rz 83ff. zu § 1151.
18 Eine weitere Nuancierung besteht für sogenannte „arbeitnehmerähnliche" Dienstverhältnisse (vgl. auch die Definition in *Schaub*, a.a.O., § 9. Arbeiterähnliche Personen, Rn 1: „Dienstleistende, die mangels persönlicher Abhängigkeit keine Arbeitnehmer, aber wegen ihrer wirtschaftlichen Abhängigkeit keine Unternehmer sind." Im ö. Recht steht solch *wirtschaftliche* Abhängigkeit der Klassifizierung als freier Dienstvertrag idR nicht im Wege; für das dt. Recht hingegen wird der freie Dienstvertrag als Dienste in wirtschaftlicher und sozialer Selbständigkeit und Unabhängigkeit umschrieben (siehe ErfK/ *Preis* 230. BGB, Rn 14). Bei der Aufzählung der Beispiele wird wohl klar, dass hier trotz des scheinbaren Widerspruchs Ähnliches gemeint ist.
19 Für einen Überblick des Anwendungsbereiches siehe *Lieb*, Gutachten III, S.193ff.
20 Aus dieser Formulierung wird sofort ersichtlich, warum diese Rechtsfigur als problematisch eingestuft werden kann, weil eine weitere Unsicherheitsebene parallel zur Unterscheidung Werk- und Dienstvertrag eingezogen wird.
21 *Krejci* in: Rummel², Rz 3 zu §§ 1165, 1166. Vgl aus deutscher Sicht: *Weyers*, Gutachten II.

Die Abgrenzungsproblematik wurde bereits oben deutlich, der Klarheit halber folgt ein Beispiel. Um Werk- von freien Dienstverträgen abzugrenzen, stellt man gemeinhin auf die Erfolgszusage ab. Dort aber, wo das angestrebte Ergebnis in hohem Maße von Faktoren abhängt, die vom Verpflichteten trotz fachlicher Qualifikation, geeignetem Material etc. nicht beherrscht werden können (z.b.: Hauslehrer, Rechtsanwalt, Arzt), wird im Zweifel kein Werkvertrag angenommen.[22] Doch ist wohl nicht zu verleugnen, dass es Fälle gibt, in denen im Rahmen des normalerweise als freier Dienstvertrag qualifizierten Rechtsverhältnisses auch Werke erstellt werden, deren Erfolg sehr wohl zusagbar ist (z.B.: das Erstellen einer Zahnprothese im Rahmen einer zahnärztlichen Behandlung[23] oder die Erstellung einer Buchführung im Rahmen eines freien Dienstvertrages eines Steuerberaters[24]). Dieser „Werkvertrag" wirft wiederum Probleme auf, folgt er doch den Regeln des freien Dienstvertrages, was nur dadurch vermieden werden kann, dass man das Vorliegen zweier getrennter Verträge annimmt.

Als zweiter Mangel wurde oben die Abstraktheit der bestehenden Regelung des Rechts der Dienstleistungen genannt. In diesem Zusammenhang muss man das Augenmerk nur auf den Werkvertrag lenken. Dieses Rechtsinstitut regelt äußerst unterschiedliche Sachverhalte, von der einfachen Reparatur eines Fahrrads beginnend, über das Programmieren einer Datenbank bis zu einer schlüsselfertigen Errichtung eines Hightech-Kraftwerks. Es ist wohl einleuchtend, dass eine allgemeine Regelung nicht all den spezifischen Problemen der verschiedenen Szenarios gerecht werden kann. Und doch ist es eben dieser hohe Abstraktionsgrad, der eine Kategorisierung unter einem Dach ermöglicht. Ebenso kann man argumentieren, dass sowohl in der Rechtsprechung als auch in den AGBs speziellere Regeln entwickelt wurden, die im positiven Recht unbeantwortete Ordnungsfragen lösen, mit anderen Worten, die hohlen, abstrakten Rechtsinstitute mit Leben erfüllen.[25]

Natürlich kann man argumentieren, dass dies kein spezifisches Problem des Rechts der Dienstleistung ist, sondern vielmehr der Erneuerung des gesamten Schuldrechts. Und doch ist die Situation hier etwas anders gelagert: Viele der

---

22 *Krejci* in: Rummel[2], Rz 10 zu §§ 1165, 1166.
23 OLG Innsbruck 9.7.1996. Auf die Vertragsgestaltung kommt es nur bedingt an: auch Schönheitsoperationen werden durchgehend als freie Dienstverträge qualifiziert, obwohl hier der Vertrag unzweifelhaft Erfolgselemente aufweist (OLG Köln, NJWE-VHR 1998, S.163).
24 Staudinger/*Richardi* (1999) Vorbem zu §§ 611ff. Rn 1322.
25 Zu der dadurch erreichten Aufweichung der Unterscheidung zwischen Werk- und Dienstvertrag siehe Staudinger/*Peters* (2000) Vorbem zu § 631 Rn 21. *Peters* plädiert, dass in der Praxis die Abgrenzung Werk- Dienstvertrag nicht mehr von Bedeutung ist. *Weyers*, Gutachten II, S.1123: u.a. besteht ein Bedarf nach Konkretisierung im Bereich des Pflichtenprogramms.

neuen Vertragstypen haben sich in der Praxis längst zu einem eigenen „Rechtsinstitut" gefestigt, zu Begriffen *sui generis* entwickelt, wie z.b. der Behandlungs-, Architekten- oder Softwarevertrag. Diese unkodifizierten Verträge werden nicht nur in der Rechtsprechung anerkannt, auch die Lehrbücher widmen ihnen Raum, obwohl man sie vergeblich im (A)BGB suchen wird. Nur, ist diese Situation sowohl vom Standpunkt der Praxis als auch der Lehre befriedigend?

Am Anfang dieses Beitrages wurde schon auf ein neues System als mögliche Alternative, d.h. einen Weg aus dem Dilemma des „Gesetzgebungscharakters" der Rechtsprechung bzw. des Vertragsrechts der Parteien, hingewiesen. Im folgenden Abschnitt wird nun dieser Ansatz konkretisiert und die Vor- und Nachteile erwogen. Dies ist nicht nur auf nationaler Ebene von Interesse, vielmehr verlangt die unaufhaltsame Europäisierung des Privatrechts[26] nach einheitlichen Begriffen, die zur Zeit nicht einmal im Verhältnis zwischen zwei Rechtsordnungen mit demselben sprachlichen Hintergrund existieren (siehe nur die obigen Terminologieprobleme zwischen dem ABGB und dem BGB!).

III. Eine Neukodifikation im Dienstleistungsbereich – Vertrags- oder Aktivitätenmodell?

1. Anforderungen an eine moderne Kodifikation

Die Frage nach einer Lösung der oben skizzierten Probleme lässt sich auch viel genereller formulieren, nämlich: Wie sollte eine zeitgemäße Kodifikation aussehen?

Die Beantwortung bedarf erst einmal einer Erörterung des Zweckes rechtlicher Regelungen. Diese dienen primär dazu, für aufkommende Probleme Lösungen bereit zu stellen. Vor allem müssen sie den Ausgang eines Verfahrens für den Rechtsanwender vorausberechenbar machen. Auf das Dienstleistungsrecht bezogen bedeutet dies, dass der Dienstleistungsanbietende und sein Kunde detaillierte Lösungen benötigen, die auf die üblicherweise abgeschlossenen Verträge so gut wie möglich abgestimmt sind und so eine effiziente Zusammenarbeit der Vertragsparteien ermöglichen oder sogar fördern. Es wäre daher wünschenswert, den Ablauf der zu regelnden Aktivitäten so detailliert wie möglich in Paragraphen zu gießen[27] und die Rechte und Pflichten der Vertrags-

---

26 Statt vieler: Anhang I für eine Übersicht der europäischen Rechtsakte mit Relevanz für das Privatrecht in: Mitteilung der Kommission an den Rat und das Europäische Parlament zum europäischen Vertragsrecht KOM (2001) 398, Juli 2001 (verfügbar unter europa.eu.int/comm/off/green/index_de.htm , besucht 29.August 2001).
27 Anders Staudinger/*Peters* (2000) Vorbem zu §§631ff., Rn. 162.

parteien möglichst genau zu beschreiben, damit so das Gesetz als eine Art „Checkliste" für die Ausführung der Dienstleitung fungiert. Eine solche Checkliste dient auch dazu, die Vertragsparteien schon im Vorhinein für mögliche Probleme in der Abwicklung des Geschäftes zu sensibilisieren. Je früher diese erkannt und durch entsprechende Vertragsgestaltung gelöst werden, desto schneller die Abwicklung des Vertrages und desto niedriger die Kosten, wobei all diese Kriterien im *beider*seitigen Interesse der Parteien liegen dürften. Des Weiteren wird hier keineswegs davon ausgegangen, dass eine solche Kodifikation allgemeine Geschäftsbedingungen ersetzt, sie soll vielmehr eine Richtlinie für diese vorgeben, um den Parteien Arbeit bei der Vertragsgestaltung zu ersparen.

Dadurch entspricht das Gesetz den praktischen Anforderungen des Rechtsanwenders und wird folglich handlicher und besser zugänglich[28] – weitere wünschenswerte Attribute einer modernen Gesetzgebung. Somit muss das Gesetz einen Mittelweg zwischen notwendiger Abstraktheit der Norm – um Gerichten genügenden Interpretationsspielraum zu lassen – und ausreichender Detailliertheit finden.

Nach diesen Ausführungen kann man sich aber die Frage stellen, ob ein Gesetz all diesen Anforderungen überhaupt gewachsen sein kann. Es besteht die Gefahr, dass jede Gesetzgebung, besonders aber eine bis ins Detail ausgearbeitete, das Recht festzementiert.[29] Im Gegensatz dazu verlangen unsere moderne Gesellschaft und die rapiden Veränderungen in den meisten Wirtschaftszweigen ein großes Maß an Flexibilität. Dieses könne nur mit sehr generellen Normen erreicht werden, die den Richtern großen Interpretationsspielraum lassen.[30]

Dem kann allerdings nicht zugestimmt werden. In erster Linie hat der Gesetzgeber selbst für Kontinuität und Rechtssicherheit zu sorgen, und die Lösung ungeklärter Fragen nicht der Rechtsprechung oder gar den Parteien selbst (d.h. über den Weg der Vertragsgestaltung) zu überlassen.[31] Eine „gesetzliche" Einführung neuer Begriffe bzw. Ideen steht einer Rechtsentwicklung nicht im

---

28 Vgl. *Deutsch* (Der Behandlungsvertrag in: Gutachten II, S.1055), der meint, dass man das Behandlungsverhältnis an seinem eigentlichen Platz im Vertragsrecht akzentuieren soll, und so die sich in anderen Rechtsgebieten gebildeten Schwerpunkte zusammenführt.
29 Vgl. als rechtshistorisches Beispiel das ALR.
30 Vgl. *Lieb* (Gutachten III, S.191 u. 215), der bei einer Reform des Dienstvertrages zwei Möglichkeiten sieht: Einerseits die Beibehaltung von zwei bzw. drei selbständigen Verträgen und andererseits eine *einheitliche* Regelung aller (nicht arbeitsrechtlicher) Tätigkeitsverpflichtungen. Als zentrale Frage erörtert er die Einstandspflicht des zur Dienstleistung Verpflichteten für die Qualität seiner Dienstleistung (S.206ff.)
31 Mit *Weyers*, Gutachten II, S.1124, genügt es nicht immer, die Regelung eines Komplexes wirtschaftlicher Beziehungen den Parteien zu überlassen. Das Zivilrecht muss durch eigene Verhaltensvorgaben die Initiative ergreifen.

Wege, vielmehr sind dauernde kritische Reflexion und Reform des Rechtes selbstverständlich, was allerdings noch lange nicht *per se* zu Rechtsunsicherheit führt.

2. Konsequenzen für eine Neugestaltung des Dienstleistungsrechts

In concreto bedeutet dies, dass in erster Linie die schon jetzt im Dienstleistungsrecht geregelten Rechte und Pflichten genauer und realitätsnäher bestimmt werden müssen. Hierzu gehören z.B. die konkretere Ausgestaltung des anzuwendenden Sorgfaltsmaßstabes bei der Verrichtung der jeweiligen Tätigkeit.

Darüber hinaus sollten besonders aber auch Nebenpflichten der Parteien in eine Kodifikation eingeführt werden. Diese haben sich im Laufe der Zeit aus der Guten Sitten Klausel des § 242 BGB bzw. aus § 879 ABGB entwickelt; dazu gehören speziell die Aufklärungs- und Kooperationspflichten der Vertragsparteien, Warn- und Kontrollpflichten, eventuelle Dokumentationspflichten etc. *Teichmann*[32] spricht sich, genauso wie *Weyers*[33], grundsätzlich für eine Kodifizierung von Nebenpflichten aus. Nur rät er aus Gründen der Praktikabilität von einem solchen Unterfangen ab, da diese Pflichten seiner Meinung nach nicht genügend konkret fassbar seien. Unten werden wir nun dennoch versuchen, eine praktikable Lösung vorzustellen.

Die hier zu lösende Gretchenfrage lautet also: *Wie* kann ein Recht der Dienstleistungen jenseits von Werk- und Dienstvertrag aussehen, um den oben geforderten Ansprüchen gerecht zu werden?

3. Methoden der Kodifikation – das Aktivitätenmodell als neuer Weg

Der Auffassung der Autoren nach gibt es prinzipiell zwei Methoden, das Recht der Dienstleistungen zu kodifizieren:

Der eine Weg besteht im Vertragsmodell, dem auch das geltende Dienst- und Werkvertragsrecht entspricht. Kennzeichnend hierfür ist, dass die Ausgestaltung der Beziehungen zwischen zwei Parteien geregelt wird, indem man ihre Interaktion unter einen Vertragstyp, d.h. ein abgeschlossenes System von Regeln für ein bestimmtes Rechtsverhältnis, subsumiert.[34] Dieses Modell könnte dadurch verfeinert oder angepasst werden, dass man für jeden in der Praxis als selbständig bestehenden Vertragstyp eigene Normen schafft. Der Rechtsanwender könnte dann für seinen konkreten Fall konkrete Normen finden. Allerdings

---

32 *Teichmann*, Gutachten zum 55. DJT, S. A48.
33 *Weyers*, Gutachten II, S.1144.
34 Als Beispiel kann der Architektenvertrag genannt werden: Primär erstellt der Architekt ein Werk (=die Pläne). Aber natürlich berät er auch den Bauherrn, und uU überwacht und koordiniert er die ausführenden Arbeiten; dies alles jedoch im Rahmen des als Werkvertrag qualifizierten Rechtsverhältnisses.

würde ein solches Gesamtwerk wohl ins Uferlose wachsen und bald unüberschaubar werden: Neue Vertragstypen entstehen andauernd, der Gesetzgeber würde immer dem Trend der Zeit hinterherhinken, Gerichte würden unter Heranziehen von Analogien urteilen und die angestrebte Rechtssicherheit wäre wiederum nicht erreicht. Es würden „gelbe Seiten" des Dienstleistungsrechts entstehen, die von „A" wie Architektenvertrag bis „Z" wie Zimmermannvertrag jeweils die entsprechenden Lösungen anböten.

Die im Folgenden vorgeschlagene Methode der Kodifikation, nämlich dem Aktivitätenmodell, versucht die Vielfalt an Vertragstypen durch eine Reduzierung auf neun Funktionen bzw. Basisaktivitäten einzudämmen. Diese sollen primär diejenigen Tätigkeiten erfassen, die auch unter das geltende Werk- und Dienstvertragsrecht fallen, wobei diese neuen Kategorien das herkömmliche Vertragsmodell ersetzen sollen. Es kommt also darauf an, welche Tätigkeit(en) der Dienstleistende wirklich ausübt, und nicht auf eine Subsumtion unter einen Vertrag. Sie sind dadurch zwar abstrakter als die unendliche Fülle an Vertragstypen allerdings immer noch konkreter als die bestehende Zwei bzw. Drei-Gliederung.

Vorläufig wollen wir also die neun Tätigkeiten wie folgt umschreiben:[35]

- *Planung.* Hierbei wird ein Konzept erstellt, das als Basis für eine Konstruktion im weitest möglichen Wortsinn verwendet werden soll. Als Musterbeispiel fällt in diese Kategorie die Tätigkeit des Architekten, genauso werden aber auch beispielsweise der Mode-, Industrie- oder Softwaredesigner hierunter subsumiert.

- *Bau.* Beim Bau werden Teile zusammengefügt oder verbunden, um eine größere Konstruktion zu erhalten. Hauptorientierungshilfe bei der Ausgestaltung dieser Aktivität ist der Bauvertrag, für den viele Autoren schon lange separate Regelungen fordern.[36] Auf dieser Tätigkeit basieren aber auch viele andere Dienstleistungen, wie z.B. Softwareprogrammierer oder aber auch Apotheker, die spezielle Medizinmischungen herstellen.

- *Information und Beratung.* Hierunter fallen einerseits alle Verträge, deren Hauptgegenstand Beratung ist. Das Paradebeispiel sind Consultingverträge, aber genauso gilt dies für Architekten, Steuerberater, Rechtsanwälte, Finanzdienstleister etc. in ihrer *beratenden* Funktion. Andererseits sollen aber auch allgemeine *neben*vertragliche Informations- und Aufklärungspflichten erfasst werden.

- *Vermittlung.* Zwischen mindestens zwei Parteien wird ein Kontakt hergestellt mit dem Ziel, eine vertragliche Beziehung aufzubauen. Typische

---

35   Vgl. auch *Loos*, Towards a European Law of Service Contracts, ERPL 2001/4 (in Veröffentlichung).
36   Ergänzungsentwurf *Kraus/Vygen/Oppler* BauR 9/99, S.964; *Kraus*, BauR 1/2001, S.1.

Vertreter dieser Kategorien sind demzufolge der Makler, das Reisebüro oder der Heiratsvermittler.

- *Medizinische Behandlung.* Der Prozess, der bei einer Person angewandt wird, um ihren physischen oder psychischen Gesundheitszustand zu verändern. Typischerweise üben Ärzte diese Tätigkeit aus, aber genauso auch andere Heilberufe.
- *Verwahrung.* Diese Kategorie entspricht weitgehend dem bestehenden Verwahrungsvertrag des BGB bzw. ABGB. Es ist allerdings zu überdenken, ob eine Trennung zwischen dem Lagergeschäft des HGB und dem Verwahrungsvertrag des bürgerlichen Rechts sinnvoll ist.
- *Transport.* Personen, Güter oder Information werden mit Hilfe von Transportfahrzeugen oder Kommunikationsmitteln von einem Ort zum nächsten gebracht. Hierunter fallen also nicht nur die Güter des traditionellen Transportrechts, die primär im HGB geregelt sind, vielmehr wird davon ausgegangen, dass – von einem abstrakten Gesichtspunkt aus gesehen – die Regeln auch beispielsweise auf den Transport von Daten auf dem Datenhighway anwendbar sind. Die besonderen BGB-Regelungen des Reiserechts gehören hier auch dazu.
- *Stellvertretung.* Der Stellvertreter handelt im Namen einer Partei, um diese entweder direkt oder indirekt rechtlich mit einem Dritten zu binden. Dabei wird allerdings nur das Innenverhältnis zwischen Stellvertreter und Klient, und nicht die Problematik des Außenverhältnisses betrachtet.
- *Verarbeitung.* Eine bereits existierende Sache oder Information wird bearbeitet, um deren Wert zu erhöhen oder zu mindestens nicht zu verringern. Hierunter fallen also typischerweise Wartung, Reparaturen, Raumpflege oder im beschränkten Maße auch Übersetzungen.

Über die im Überblick dargestellten Kategorien lässt sich natürlich füglich diskutieren. Daher soll auch ein allgemeiner Teil der Dienstleistungen als Auffangtatbestand fungieren. Bei der Ausgestaltung der Regelungen der einzelnen Kategorien helfen neben dem jetzigen Dienst- und Werkvertragsrecht des (A)BGB die ständige Rechtsprechung, die anerkannte Lehre und übliche allgemeine Geschäftsbedingungen (z.B. die VOB/B oder die ÖNORMEN).[37] Dadurch werden unter anderem auch moderne Vertragstypen, wie z.B. der Wartungsvertrag oder Softwarevertrag, auf ein rechtliches Fundament gestellt. *Fi-*

---

37 Im Rahmen des Projektes gilt es freilich, eine europäische Lösung zu finden, was sich in Anbetracht der großen Divergenzen als ungemein schwieriger herausstellen kann als eine Abstimmung zwischen zwei Systemen desselben Rechtskreise. In den Beispielen wird primär auf der deutschen bzw. österreichischen Rechtslage aufgebaut, andere Systeme dienen nur als rechtsvergleichende Anregungen für Alternativen oder als Verdeutlichung.

*nanz*dienstleistungen berücksichtigen wir hier nicht, da sie auch jetzt nicht als Teil des Werk- oder Dienstvertragsrechts angesehen werden.

Es wird nun freilich nicht behauptet, dass das Aktivitätenmodell ein Allheilmittel sei, bestehen doch auch trotzdem weiterhin Abgrenzungsprobleme: Gab es vorerst nur zwei wesentliche Kategorien, so gibt es derer jetzt sogar neun, wobei eine Unterscheidung durchaus schwierig sein kann (vgl. Abgrenzung zwischen Planung, Bau oder Verarbeitung).

Allerdings beschränken sich nur manche Dienste auf eine einzelne Aktivität. Bei Turn-Key-Contracts werden beispielsweise Planung und Bau einem Anbieter übertragen. Genauso „behandelt" zwar ein Arzt in erster Linie, gibt aber außerdem auch Auskunft, erteilt unter Umständen einen Ratschlag oder baut eine Prothese. Diese Auffassung resultiert in einer modularen Vertragsgestaltung, d.h. der Tatsache, dass sich jedes konkrete Vertragsverhältnis aus einer oder mehreren Tätigkeiten zusammensetzt. Der Vorteil liegt auf der Hand, bestehen doch nun die maßgeschneiderten Regeln für jeden Teil des Vertrages, anstatt die eine Tätigkeit aufgrund der Dominanz einer anderen unter den Tisch fallen zu lassen, mit anderen Worten: die einzelnen Aktivitäten sind realitätsbezogener als die Kategorien Werk- und Dienstvertrag. Die Gesamtleistung wird in praxisnahe Tätigkeiten unterteilt, die man unschwer als solche erkennen kann. Das neue, einheitliche Rechtsmittelregime des Allgemeinen Teiles ist weiterhin anwendbar; nur bei konkretem Bedarf für eine spezielle Lösung sind Abweichungen davon vorgesehen.[38] Weiters soll hierdurch auch der anfangs erwähnten Rechtszersplitterung Einhalt geboten und auch wichtige Nebengesetze in das Dienstleistungsrecht aufgenommen werden.

Zusammenfassend kann also festgestellt werden, dass das hier vorgestellte Modell Realitätsnähe verkörpert und es eine gute Möglichkeit bietet, detailliertere Lösungen zu präsentieren, die als Checklisten bei der Abwicklung des Vertragsverhältnisses herangezogen werden können. Damit werden die Vertragsparteien für rechtliche Problemfelder sensibilisiert und Probleme schneller erkannt (und idealerweise im Vorfeld aus dem Weg geräumt), was auch zum schnelleren und müheloseren Lösen von Streitigkeiten einen Teil beitragen wird.

---

38 Dann stellt sich ein weiteres altbekanntes Problem: Welches Rechtsmittel steht für den Fall offen, dass nur eine von mehreren ineinandergreifender Aktivitäten nicht erfüllt wird?

IV. Das Aktivitätenmodell anhand dreier konkreter Prüfsteine

Im Zuge der Arbeiten der *Study Group on a European Civil Code* widmet sich eine europäische Forschungsgruppe[39] einer kompletten Neuordnung des Rechtes der Dienstleistungen. Ihre Forschungsarbeit und Methode basiert auf dem Aktivitätenmodell, woraus die oben erwähnten neun Basistätigkeiten resultieren. Aus dieser Liste werden nun drei zentrale Problemkreise des geltenden Dienstleistungsrechtes herausgegriffen: der Architekten-, der Beratungs- und der Behandlungsvertrag. All diesen Regelungen ist gemein, dass sie im Gesetz nicht ausdrücklich geregelt sind, somit unter bestehende Vertragstypen subsumiert werden müssen. Von Beispiel zu Beispiel entfernt man sich vom kodifizierten Recht: Der Architektenvertrag ist eine Kombination von Elementen des Werk- und Bevollmächtigungsvertrages und kann als Weiterentwicklung des klassischen Werkvertrages angesehen werden. Der Behandlungsvertrag wird als (freier) Dienstvertrag gesehen; das Problem liegt nun darin, dass hier nur sehr selektiv jeweils einige Regeln des Dienstvertragsrechtes angewandt werden. Der Beratungsvertrag schließlich entbehrt überhaupt einer detaillierten (Analogie)Regelung im Gesetz. Mit anderen Worten, diese Rechtsfigur kann nicht an einen Typ angelehnt werden, sondern muss von Grund auf geschaffen werden.

Anhand dieser drei Beispiele wird nun die neue Regelungstechnik dem alten System gegenübergestellt, um so eine Bewertung des neuen Blickwinkels, d.h. des Aktivitätenmodells, zu ermöglichen. Bei der Erörterung des neuen Regimes wird das Augenmerk auf diejenigen Problemfelder gerichtet, die unserer Meinung nach einer besonderen gesetzlichen Regelung bedürfen. Bei dieser Auswahl wird kein Anspruch auf Vollständigkeit gestellt, die erörterten Fragen haben sich primär aus den rechtsvergleichenden Untersuchungen der Projektgruppe ergeben. Die vorgeschlagenen Regelungen sind an die englischsprachigen „*draft articles*", die momentan in der Gruppe diskutiert werden, angelehnt; aus Gründen der besseren Übersichtlichkeit wurden die jeweilig verwandten Bestimmungen zu Regelungskreisen zusammengefasst.

1. Die planende Tätigkeit am Beispiel des Architektenvertrags

a) Allgemein

Das private Baurecht nimmt eine besonders wichtige Stellung im Recht der Dienstleistungen ein, wird doch etwa ein Drittel der Kapazität deutscher Landgerichte in Zivilsachen von Bauprozessen in Anspruch genommen.[40] Um dieser

---

39 *Center for Liabilty Law, Tilburg University.* Auf der Website (ecc.kub.nl) kann man sich über den Stand der Dinge betreff Untersuchungen informieren. Des Weiteren sind genehmigte Entwürfe der *chapters* einzusehen.
40 BauR 4/2001 Sonderdruck, S.9

Tatsache gerecht zu werden, wird seit langem von verschiedener Seite ein baurechtlicher Teil für das Werkvertragsrecht gefordert.[41]

Der Architektenvertrag nimmt eine Sonderstellung innerhalb des privaten Baurechts ein; auch für ihn wurde bereits von *Kleinholz* in seinem baurechtlichen Gutachten ein eigenes Gesetz in Erwägung gezogen.[42] Naturgemäß sind die Bereiche „Planung" und „Bau" sehr eng miteinander verbunden, da Planung die Vorstufe von Bau ist, d.h. auf Verwirklichung des entworfenen Projektes abzielt. Mit Hilfe des Aktivitätenmodells wollen die Autoren nun erläutern, warum eine separate Regelung der Aktivität Planung Sinn macht.

Sobald *verschiedene* Parteien einerseits mit der Planung und andererseits mit der Konstruktion eines Projekts betraut sind, scheint es sinnvoll, den Verantwortungsbereich beider genau abzustecken und die Beziehung zueinander genau zu regeln.[43] Dies u.a. deshalb, da der Planer nicht alle Probleme und Schadensmöglichkeiten vorhersehen kann, weil der Bauunternehmer im Laufe des Bauprozesses autonome Entscheidungen fällt, die direkten Einfluss auf den Erfolg des Projekts haben können. Daher muss seine Verantwortung eingeschränkt werden.[44]

Seit 1959 wird der gesamte Architektenvertrag vom BGH als Werkvertrag klassifiziert.[45] Trotzdem wird in der Literatur einhellig darauf hingewiesen, dass Teile des Vollarchitekturvertrages auch dem Dienstvertrag untergeordnet werden können. Dieser Vertragstyp beinhaltet neben der eigentlichen Planung auch u.a. die Vorbereitung der Ausschreibung des Bauvorhabens oder die Überwachung der Bauarbeiten.

Die letzte Version des deutschen Einheitsarchitektenvertrags[46] der Bundesarchitektenkammer wurde kürzlich beim Bundeskartellamt zurückgezogen, da dieser in mehreren Punkten speziell dem AGBG widersprach. Des weiteren ist auch

---

41 Ergänzungsentwurf *Kraus/Vygen/Oppler* a.a.O., S.964; *Kraus*, BauR 1/2001, S.1. Zuletzt hat ein Baurechtlicher Ergänzungsentwurf zum Schuldrechtsmodernisierungsgesetz für Aufsehen gesorgt, der vom Arbeitskreis Schuldrechtsmodernisierungsgesetz des Instituts für Baurecht Freiburg erarbeitet wurde. Dieser sieht für das Bau-, Architekten- und Ingenieursrecht ein gemeinsames Regelungswerk vor (Baurechtlicher Ergänzungsentwurf, BauR 4/2001 Sonderdruck; im folgenden: *Ergänzungsentwurf*).
42 *Kleinholz*, Der Bauvertrag, Gutachten III, S.311.
43 Vgl. *Kraus* BauR 1/2001, S.11.
44 Im Prinzip ist dies ja auch das Argument dafür, dass sich ein Architekt gegen Gewährleistungs- und Schadenersatzansprüche versichern lassen kann, während dies für den Bauunternehmer nicht möglich ist. Siehe zur Versicherung: *Locher*, Das private Baurecht, 1993, S.393ff. Die aufgrund falscher Planung entstandenen Mängel am Bauwerk werden nämlich nicht als unmittelbare Schäden, sondern als besondere Mangelfolgeschäden angesehen (a.a.O., S.397).
45 BGHZ 31, 224; EvBl 1974/296.
46 AVA, Bundesanzeiger, Nr. 152, 13.8.1994.

nicht geplant, in nächster Zukunft neue allgemeine Geschäftsbedingungen für Architekten beim Bundeskartellamt anzumelden, da sich laut Aussage der Bundesarchitektenkammer die Rechtsprechung zu sehr in Bewegung befindet.[47] Dieser Rechtsunsicherheit soll mit Hilfe detaillierter Regelungen Einhalt geboten werden. Die Erörterung des neuen Systems ist stark an die Tätigkeit des Architekten angelehnt, die als stellvertretend für die Probleme im Bereich Planung angesehen werden kann. Deshalb ist in der weiteren Darstellung davon auszugehen, dass dieselben Regeln auch für andere „Planer" anwendbar sind.

b) Geltungsbereich

Unter Planung wird also *das Erstellen eines Konzepts, das als Basis für eine Konstruktion im weitest möglichen Wortsinn verwendet werden soll,* verstanden. Zusammen mit der Planung im eigentlichen Sinn sollen aber auch weitere Pflichten, die man besonders vom Architektenvertrag her kennt, geregelt werden. Dazu gehören beispielsweise die Koordinierung und Überwachung des Konstruktionsprozesses. Diese Leistungsbilder werden zunehmend auch von anderen Planern angeboten: Zumindest zu Beginn überwacht der Industriedesigner genauso die Produktion des zu fertigenden Produkts wie der Softwaredesigner die eigentliche Programmierung der Software im Rahmen des Gesamtservice.

c) Gegenseitige Aufklärungs-, Kooperations- und Warnpflichten

Aufklärungs- und Kooperationspflichten entstehen für beide Vertragsparteien. Charakteristisch für die planende Aktivität ist das enge Verhältnis zwischen Planer und Kunde. Der Architekt muss die Wünsche des Kunden umsetzen, sofern sie ihm rechtzeitig zugegangen sind. Weiters hat der Architekt für eine Analyse der Bodenverhältnisse zu sorgen und den Kunden aus der daraus resultierenden Bebaubarkeit des Grundstückes genauso aufzuklären[48] wie ein Softwaredesigner den Kunden über die Möglichkeiten, die sich aus der vorhandenen Hardware ergeben, mittels der die Software funktionieren soll. Falls für das Bauvorhaben Spezialkenntnisse vonnöten sind, so ist ein Fachmann zu konsultieren. Wichtig für den Kunden ist besonders auch, dass er von Anfang an über die anfallenden Kosten aufgeklärt wird. Die gegenseitige Koordination bzw. Kooperation muss jedenfalls so funktionieren, dass das Vertragsverhältnis effizient abgewickelt werden kann: Ziel sollte es immer sein, aufkommende Konflikte so schnell wie möglich im Interesse aller Parteien zu lösen.

---

47 Vgl. z.B. Information der Architektenkammer Thüringen, http://www.architekten-thueringen.org/Recht/vertraege.html, besucht 25.08.2001. In Österreich wird die ÖNORM 2110 als vornormierter Vertragsinhalt des öfteren vereinbart, wobei diese allerdings im gesamten Bauwesen zur Anwendung kommt.
48 Z.B. BGH, NJW-RR 1986, S. 1147f; OGH in 8 Ob 591/87.

Eine besondere Problemquelle liegt in der Verzögerung der Planungen. Der Gesetzgeber sollte ein Frühwarnsystem kreieren, damit der Bauherr schon vor oder zumindest während der Entstehung der Verzögerung auf diese reagieren kann. Die Rechtsfolgen lägen u.a. im Ersatz des Verspätungsschaden.[49] Zu diskutieren wären auch Regelungen über die Aufklärungspflicht, welche Leistungen des Planers wie zu vergüten sind. Für den Architekten hat die Rechtsprechung hier im Laufe der Jahre noch keine eindeutige Linie gefunden.[50] Hier könnte einmal der Gesetzgeber auf die inkonsistente Rechtsprechung reagieren und somit das Finden einer praktikablen Lösung nicht den Gerichten überlassen.

d) Qualität der Leistung und Haftung für Mängel

Auch hier ist das Ziel des neuen Ansatzes, einen präziseren Qualitätsmaßstab zu formulieren, was dadurch zu erreichen ist, dass dieser für die Teilleistungen der Vollarchitektur einzeln bestimmt wird. Im folgenden wird zuerst auf die Planung im eigentlichen Sinn eingegangen, um danach die Koordinations- und Überwachungspflichten zu erörtern.

aa) Planung im eigentlichen Sinn

Der Architekt schuldet auch weiterhin eine vertragsgemäße, mängelfreie und rechtzeitige Herstellung des Architektenwerkes. Die Planung ist also dann mangelhaft, wenn „die geplante Ausführung des Bauwerks notwendigerweise zu einem Mangel des Bauwerks führen muss"[51]. Dabei hat das zu verwendende Material dem Stand der Technik zu entsprechen und muss zweckgemäß sein. Über Risiken, die mit der Verwendung neuer Baumaterialien verbunden sind, hat der Architekt den Bauherrn zu unterrichten.[52] Das Ergebnis muss somit funktions- und darüber hinaus genehmigungsfähig sein.

bb) Koordination und Überwachung der Ausführung

Falls neben der bloß technischen Planung des Bauwerks auch die Baukoordination oder Bauüberwachung geschuldet ist, so sind die besonderen Sorgfaltspflichten auch hier einer Checkliste entsprechend darzulegen. So hat der Planer Leistungsschritte, von denen das Gelingen des Bauwerks wesentlich abhängt, die besonders fehleranfällig sind oder bei denen neue Materialien eingesetzt werden, zu kontrollieren.

---

49 Vgl. auch baurechtlicher Ergänzungsentwurf, BauR 4/2001 Sonderdruck.
50 Vgl. *Pauly*, BauR 6/2000, S.808.
51 BGH, BauR 1971, S.58f.; BGH, BauR 1985, S.567.
52 BGH, BauR 1976, S.67.

In der Rechtsprechung tauchen in diesem Zusammenhang immer wieder Probleme bei der Festlegung der Grenzen der Architektenvollmacht auf. Der Architekt erteilt Aufträge an Subunternehmer, ohne hierzu ermächtigt zu sein. Einige Autoren gehen davon aus, dass es eine spezielle Architektenvollmacht gar nicht gibt.[53] In der Tat steht der BGH der Frage der Reichweite einer generellen Architektenvollmacht sehr restriktiv gegenüber.[54] Dem kann nur zugestimmt werden und das „Nicht-Existieren" einer Vollmacht sollte der Klarheit halber ins Gesetz aufgenommen werden.[55]

e) Haftung als Gesamtschuldner

Ein wichtiges regelungsbedürftiges Problem liegt im Haftungsausgleich zwischen Planer und Bauunternehmer. Ausgehend von einer Solidarhaftung des Architekten und des Bauunternehmers sind zwei wesentliche Fälle zu unterscheiden: Beruht ein Mangel sowohl auf einem Ausführungsfehler des Konstrukteurs, d.h. des Bauunternehmers, als auch auf einem *Aufsichts*fehler des Architekten, so sind beide Gesamtschuldner[56], auch wenn der Unternehmer auf Nachbesserung und der Architekt auf Schadenersatz haftet. Im Innenverhältnis haftet der Unternehmer hingegen voll, da dem Architekten mangelnde Aufsicht bei schlechter Ausführung nur bedingt entgegengehalten werden kann.[57] Beruht der Mangel auf einem *Planungs*fehler des Architekten und einer Nichtbeachtung der Warnpflicht durch den Bauunternehmer, so haftet letzterer nur zu einer bestimmten Quote, da sich der Bauherr einen Fehler des Architekten als sein Erfüllungsgehilfe anrechnen lassen muss. Bei einer gemeinsamen Inanspruchnahme von Architekt und Bauunternehmer entfällt somit die gesamtschuldnerische Haftung des Bauunternehmers und es ist von einer alleinigen Haftung in Höhe dieser Quote des Architekten auszugehen.[58] Diese ständige österreichische und deutsche – relativ komplizierte und kritisierte[59] – Rechtsprechung soll den Rechtsadressaten deutlich gemacht werden und Eingang ins Gesetz finden. Es ist durchaus überlegenswert, für jeden Fall eine verschuldensunabhängige gesamtschuldnerische Haftung nach französischem Vorbild einzuführen[60].

---

53 *Quack* in BauR 1995, S.441.
54 Die Vollmacht beschränkt sich beispielsweise auf die pure Anerkennung des Aufmasses (BGH, NJW 1974, S.646) bzw. auf die rein technische Abnahme (BauR 1977, S.428), der Architekt darf allerdings nicht eine rechtsgeschäftliche Abnahme erteilen. Er darf weder den bestehenden Bauvertrag ändern, noch mit Sonderfachleuten oder Subunternehmer Zusatzaufträgen abschließen (OLG Düsseldorf in VersR 1982, S.1147), es sei denn, sie sind unbedeutend (OLG Stuttgart in BauR 1995, S.441).
55 Vgl auch *Kleinholz*, Gutachten III, S.312.
56 BGH, NJW 65, S.1175.
57 OLG Köln, BauR 1996, S.548.
58 BGH, BauR 1971, S.60; OGH 3.7.1984 5 Ob 607/83.
59 *Kaiser*, BauR 1984, S 32ff.
60 Art. 1792ff. *Code Civil*.

Voraussetzung hierfür wäre allerdings auch eine Änderung des Versicherungssystems. Auf jeden Fall wäre ein solches Regelungsmodell sehr zum Vorteil des Bauherrn.

f) Sonstige Rechte und Pflichten

Dem Bauherrn muss in einer Neukodifizierung explizit das Recht eingeräumt werden, Änderungen an den angefertigten Plänen vornehmen zu lassen.[61] Diese Änderungsanweisungen müssen nur durchgeführt werden insofern sie machbar und verhältnismäßig sind. Dabei müssen die Erfordernisse einer Änderung des Bauherrn mit den Interessen des Planers abgewogen werden. Der Architekt hat allerdings den Bauherrn vor etwaigen dadurch bedingten Mehrkosten zu warnen.

Aus der Besonderheit der Architektentätigkeit ergibt sich des Weiteren ein Regelungsbedürfnis für Abschlagszahlungen für Teilleistungen[62], der Pflicht zum Stellen einer prüffähigen Rechnung, eine Dokumentationspflicht des Architekten und vieles mehr, auf was hier nicht mehr eingegangen werden kann.

2. Die behandelnde Tätigkeit am Beispiel des medizinischen Behandlungsvertrags[63]

a) Allgemein

Der medizinische Behandlungsvertrag verdeutlicht das Problem der Klassifizierung im primär zweigleisigen System des (A)BGB: Obwohl er von der hM als freier Dienstvertrag[64], und nicht als Werkvertrag[65], qualifiziert wird, lässt sich

---

61 Der Ergänzungsentwurf fordert ähnliches (a.a.O., E §2).
62 Ergänzungsentwurf, a.a.O., S.5. So aber bereits der RegE § 632.
63 *Engeljähriger*, Ärztlicher Behandlungsvertrag, ÖJZ 1993, S.488; *Völkl-Torggler*, Die Rechtsnatur des ärztlichen Behandlungsvertrages in Österreich, JBl 1984, S.74; *Koziol*, Haftpflichtrecht, Bd II, 1984 unter Arzhaftung, S.117-122. *Deutsch*, Medizinischer Behandlungsvertrag in: Gutachten II, S.1048-1113.
64 Detailliert zur Abgrenzung: *Engeljähriger*, a.o.O., S.490ff. (mwN); *Deutsch*, Neuere Tendenzen und Probleme des Arztrechts, JBl 1984, S.113; *derselbe*, Gutachten II, S.1062f. Eine anschauliche Definition findet sich in jüngerer Rechtsprechung: Der ärztliche Behandlungsvertrag ist als im Gesetz nicht näher typisiertes Vertragsverhältnis zu qualifizieren auf Grund dessen der Arzt dem Patienten eine fachgerechte, dem objektiven Standard des besonderen Fachs entsprechende Behandlung, aber keinen bestimmten Erfolg schuldet (SZ 57/98).
65 Dies deshalb nicht, da beim Werkvertrag ein Erfolg geschuldet wird, was beim Behandlungsvertrag vollständiger Heilung entsprechen würde. Weil nun aber der gesamte Behandlungsprozess von einer Anzahl an unvorhersehbarer und unkontrollierbarer Faktoren abhängt, verneint man die Existenz einer Erfolgsverbindlichkeit. Dasselbe gilt auch für kosmetische Operationen, da auch bei

nicht verleugnen, dass es auch Fälle gibt, in denen einem Behandlungsvertrag unzweifelhaft Elemente eines Werkvertrages innewohnen, so zum Beispiel beim Anpassen bzw. -legen einer Prothese oder eines Gips.[66] Außerdem hat man mit der „richtigen" rechtlichen Qualifikation noch nicht viel gewonnen, da die zur Verfügung stehenden Regeln nicht, oder nur sehr mäßig auf den Spezialfall einer Behandlung zugeschnitten sind.[67] Im Bereich des öffentlichen Gesundheitswesen bestehen zwar detaillierte Regeln (z.B.: ö. *Krankenanstaltengesetz 1954*), deren Anwendung allerdings auf den öffentlich-rechtlichen Bereich beschränkt bleibt.[68] Für den privaten Sektor bleibt, einmal abgesehen von der mittelbaren Wirkung verwaltungsrechtlicher Bestimmungen[69], nur ein Rekurs auf die Rechtsprechung, die sich auch auf diesem Rechtsgebiet als „lückenfüllend" erweist.[70]

b) Geltungsbereich

Unter medizinischer Behandlung verstehen wir die *Aktivität, bei der eine Partei, der Behandler, alle Schritte unternimmt, um den physischen oder psychischen Gesundheitszustand der anderen Partei, des Patienten, zu verändern.*[71]

---

  diesen der Erfolg von physiologischen und psychologischen Faktoren des Patienten abhängt, die vom Arzt nicht von vornherein erkennbar sind (JBl 1992, S.520).
66 Für den Zahnarztvertrag (OLG Innsbruck 9.7.1996). *Deutsch* zufolge (JBl 1984, S.113) handelt es sich um Verträge, bei denen Erfolgselemente Bestandteile des Vertrages sind und somit eine verschuldensunabhängige Gewährleistung möglich ist.
67 Siehe auch *Deutsch*, JBl 1984, 113.
68 Das *KAG* differenziert zwischen Krankenanstalten mit Öffentlichkeitsrecht und Privatspitälern. Für letztere bestimmt § 39 Abs 2, dass das sich aus der Aufnahme ergebende Rechtsverhältnis nach dem bürgerlichen Recht zu bestimmen ist. Die Haftung richtet sich aber auch bei öffentlichen Krankenanstalten nach allgemeinen schadenersatzrechtlichen Regelungen, und nicht nach dem Amtshaftungsgesetz (siehe *Koziol*, a.a.O., S.117). Ganz allgemein gilt, dass durch die Aufnahme in eine öffentliche Krankenanstalt ein zivilrechtliches Vertragsverhältnis begründet wird (siehe *Engeljähriger*, a.a.O., S.496).
69 Zu denken ist hier vor allem an berufs- bzw. standesrechtliche Bestimmungen (vgl. ö. Ärztegesetz 1998), was auch die bloß *mittelbare* Wirkung erklärt, da die Verhaltensnormen in erster Linie für den Beruf und nicht die privatrechtlichen Verträge mit Patienten aufgestellt sind. Vgl. *Deutsch*, Gutachten II, S.1071f.
70 Eine umfassende Übersicht der Rsp in Dtl. bietet *Geiss/Greiner*, Arzthaftpflichtrecht[4], 2001. Vgl. auch die Aufzählung der gegenseitigen Rechte und Pflichten der Parteien eines Behandlungsvertrages bei *Engeljähriger*, a.a.O., S.497f.; *Deutsch*, Gutachten II, S.1064ff. Es ist interessant, dass von den bisher untersuchten Ländern nur die Niederlande eine ausdrückliche Regelung des Behandlungsvertrages im *Burgerlijk Wetboek* (Buch 7, Abschnitt 5, Art 446ff.) haben (Für eine dt. Übersetzung siehe: Nieper/Westerdijk (Hrsg.), Niederländisches Bürgerliches Gesetzbuch, Buch 6 Allgemeiner Teil des Schuldrechts und Bücher 7 und 7A Besondere Verträge, 1995).
71 Die ursprüngliche Definition umfasste auch die Behandlung von Tieren; im vorliegenden Beitrag wollen wir uns allerdings auf Personen konzentrieren, um den Rahmen nicht zu sprengen.

Diese Tätigkeit soll alle relevanten Rechtsverhältnisse erfassen, sei dies nun der Vertrag mit einem (niedergelassenen) Arzt, die Aufnahme in ein Krankenhaus oder der Bereich der Ersten Hilfe.[72] Der Begriff des „Behandlers" ist möglichst weit zu verstehen:[73] Es geht hier nicht nur um Ärzte, sondern um Nothelfer, Zahnärzte, uU Apotheker, Physiotherapeuten, Hebammen, Psychologen, etc. Grenzfälle sind die Schönheitsoperation oder der Besuch beim Friseur[74], die im Regelfall nicht medizinisch indiziert sind, und man deshalb bezweifeln könnte, ob in diesen Fällen der *Gesundheits*zustand des Patienten verändert wird.

c) *Qualität der Leistung*

Im Bereich der „Qualitätskontrolle" kann man zwischen der Qualität der Behandlungsleistung als solcher (d.h. dem Sorgfaltsmaßstab) und der Qualität von Material, Instrumenten und sonstigem Input differenzieren.

Für die anzuwendende Sorgfalt gilt zunächst einmal ein allgemeiner Standard: der Behandler schuldet den Grad an Sorgfalt, den ein vergleichbarer Behandler in dieser Lage zu prästieren hätte. Handelt es sich beim Behandler allerdings um einen Spezialisten, so erhöhen sich die Anforderungen entsprechend. Wenn der Behandler keine ausreichende Fertigkeit besitzt, so muss er zuallererst den Patienten weiterverweisen.[75] Beharrt er trotzdem auf einer Behandlung, so kann er sich nicht auf seine Unerfahrenheit ausreden, da er nach wie vor den objektiven Grad, d.h. den oben erwähnten allgemeinen Standard, vertreten muss. Was die Qualität von Materialien, Instrumenten oder sonstigem Input betrifft, gilt, dass diese dem jeweiligen medizinisch-technischen Standard zu entsprechen haben. Wenn die Behandlung wegen eines Defektes oder einer Fehlfunktion versagt, so haftet der Behandler verschuldensunabhängig.[76] Des Weiteren muss

---

72 Siehe zum Geltungsbereich bei *Deutsch*, Gutachten II, S.1098, wo der faktische Arztvertrag und die Geschäftsführung ohne Auftrag erfasst sind.
73 AA *Deutsch*, Gutachten II, S.1055 u. 1095: nicht medizinische (Hilfs)berufe sollen nicht erfasst sein, Ärzte haften aber sehr wohl für Hilfspersonal. Obige Liste scheint aber gegen den Hintergrund des Aktivitätenmodells durchaus vertretbar. MaW: Sobald im Rechtsverhältnis mit einer der demonstrativ aufgezählten Personen eine Behandlung geleistet wird, sind die entsprechenden Regeln anzuwenden. Dies schließt natürlich nicht aus, dass es sich um Hilfstätigkeiten unter Ägide eines „Hauptbehandlers" handelt.
74 Auf den ersten Blick scheint es absurd, den Friseursbesuch unter Behandlung zu subsumieren. Was aber, wenn der Friseur ein akutes Schuppenproblem konstatiert und ein Spezialhaarwaschmittel empfiehlt?
75 Vgl. Vorschlag bei *Deutsch*, Gutachten II, S.1101.
76 Es scheint gerechter, den Behandler für diesen „Graubereich" fehlenden Verschuldens haftbar zu machen, ganz so wie bei einem Gewährleistungsanspruch. Er kann sich gegen dieses Risiko wohl auch leichter versichern und unberührt von dieser Regelung bleibt natürlich die Frage des Rückgriffes gegen den Hersteller der Geräte. Ein im gegebenen Zusammenhang interessanter Fall wurde unlängst vom EuGH entschieden: C-203/99 Veedfald (Transplantation einer Niere ist ein Produkt und keine Dienstleistung. Somit sind Regeln über die Produkthaftung anwendbar).

geschultes (Hilfs)personal verwendet werden, wobei der Behandler persönlich für seine Gehilfen haftet.

Anhand der vorgeschlagenen Bestimmungen zeigt sich, dass eine positiv-rechtliche Regelung der Qualität der Leistung über das bloße Wiederholen des allgemeinen Prinzips des Sorgfaltmaßstabes hinausgeht. Es wird vielmehr den konkreten Problemen bei einer Behandlung Rechnung getragen, wobei noch Platz für Spezialprobleme wie z.b. medizinische Experimente ist.

d) Aufklärung und Zustimmung

Information bzw. Aufklärungspflichten sind ein wichtiges Element des Behandlungsvertrages, wobei es im Wesentlichen um deren Bedeutung für die Rechtmäßigkeit der gesamten Heilbehandlung (vgl. Strafrecht) und somit für die Haftung geht. Die Idee der Aufklärung des Patienten geht Hand in Hand mit der erforderlichen Einwilligung in die medizinische Behandlung, die nur mit Zustimmung des Patienten zulässig ist. Das Selbstbestimmungsrecht des Patienten verlangt nun, dass der Patient über den Gegenstand und Risiken der Behandlung aufgeklärt wird. Die schwierige Frage ist nun, wie weit eine solche Information bzw. Aufklärung reichen soll. In der jüngeren Rechtsprechung ist in diesem Zusammenhang eine Verschärfung der Anforderungen festzustellen, was zu einem nicht unerheblichen Teil daran liegt, dass sich die Haftung des behandelnden Arztes nicht mehr an einer Verletzung seines Sorgfaltsmaßstabes bestimmt, sondern auf eine Verletzung der Aufklärungspflicht verlagert. Abgesehen von den sozialen und wirtschaftlichen Folgen[77] einer solcherart verschärften Haftung entpuppt sich die (übertriebene?) Risikoaufklärung als zweischneidiges Schwert: Einerseits soll der Patient alles über die Behandlung wissen, um so bei der Erteilung seiner Einwilligung frei zu sein. Andererseits kann ein Zuviel an Information den Patienten verwirren, oder sogar von einer indizierten Behandlung abschrecken.[78] Außerdem ist auch der Zeit- und Kostenfaktor für beide Vertragsparteien nicht zu unterschätzen.

Gegen diesen Hintergrund werden folgende Regeln erwogen: Ausgehend vom Prinzip des ‚*informed consent*' wird die Pflicht zur Aufklärung konkretisiert. So muss der Behandler den Patienten in einer für ihn verständlichen Weise über seinen Gesundheitszustand, die Art der vorgeschlagenen Therapie, die Risiken

---

77 Vor allem Spitalsärzte stehen dieser Entwicklung kritisch gegenüber, weil sie der Meinung sind, dass die heutzutage sehr angespannte (Arbeit)situation in den öffentlichen Spitälern wenig Raum für eine nach juristischen Maßstäben ausreichende Aufklärung ließe. Dadurch gelangen die betroffenen Ärzte in eine Schere: Einerseits müssen sie immer mehr (und länger) Dienst tun – was natürlich der Qualität ihrer Arbeit abträglich ist – und anderereseits wird die Haftung immer strenger (Tageszeitung "Die Presse", 22.11.1999, Rechtspanorama).

78 Siehe schon dazu (und der angeprangerten Praxis der rein schriftlichen Aufklärungen) bei *Deutsch*, JBl 1984, S.114 und derselbe, Gutachten II, S.1103.

(und seien sie noch so unwahrscheinlich[79]), die Alternativen zur Behandlung[80] und die Folgen einer Unterlassung der Behandlung informieren. Diese Pflicht ist nur durch das sog. therapeutische Privileg beschränkt, Information kann also unterdrückt werden, wenn eine Preisgabe die weitere Behandlung des Patienten ernsthaft gefährden würde.[81] Des weiteren soll der Patient auch auf die Aufklärung verzichten können.[82] Allerdings wird man annehmen müssen, dass die Aufklärung nicht ganz entfallen kann, will man nicht die Zustimmung ihres Sinngehaltes entkleiden.[83]

Wenn nun der Patient ausreichend aufgeklärt ist, so macht erst seine oben schon erwähnte Zustimmungserklärung den Behandlungsvertrag rechtmäßig (sog. ‚informed consent').[84] In Frage kommen mündliche, schriftliche oder kombinierte Aufklärungs- bzw. Zustimmungsverfahren, wobei für Formulare die

---

79 Vgl. JBl 1990, S.459=SZ 62/154. Die Wahrscheinlichkeit des Eintrittes eines Risikos macht dieses nicht untypisch; dies hängt nur davon ab, ob das Risiko der Behandlung innewohnt und auch nicht bei Anwendung allergrößter Sorgfalt vermieden werden kann (EvBl 1997/86=SZ 69/199). Eingeschränkt wird dies nur dadurch, dass das Risiko in gewisser Hinsicht relevant sein muss, d.h. es bedarf einer Verbindung des Risikos mit der Möglichkeit des Einflusses auf die Entscheidung des Patienten (RdM 1997, S.153). MaW: Es sind nicht immer alle (typischen) Risiken zu erwähnen. Beispiele: EvBl 1995/149 (Risiko von 2,5 ‰); OGH in 6 Ob 126/98f. („operationsimmanentes Risiko" von 1 ‰; Entscheidungskonflikt); OGH in 4 Ob 335/98p. (Risiko von 0,05 ‰).
80 Einschließlich der Option, von der Behandlung überhaupt abzusehen (EvBl 1990/87). Es müssen nicht alle denkbaren Alternativen genannt werden, sondern bloß die adäquaten (RdM 1994, S.27).
81 D.h. eine komplette Aufklärung ist also dann nicht vonnöten, wenn eine Mitteilung über Schwere oder Folgen von Behandlung für den Patienten nachteilige Folgen zeitigen würden (für das geltende Recht siehe *Koziol*, a.a.O., S.121 mwN). Vgl auch § 5a KAG Z3: Auskunft in „möglichst verständlicher und schonungsvoller Art"; JBl 1985, S.159=EvBl 1985/32=SZ 57/98 (zur Verweigerung der Einsicht in die Krankengeschichte); EvBl 1983/5=SZ 55/144 (sogar bis zu einem Minimum an Aufklärung!). *Deutsch* (Gutachten II, S.1104f.) plädiert gar für eine *Pflicht* zu Schweigen.
82 *Koziol*, a.a.O., S.121 (mwN). Vgl. auch BW Art 7: 448 (3): der Arzt hat die Information an einen Dritten zu geben, so dies im Interesse des Patienten ist. Des Weiteren muss er zuerst einen anderen Arzt konsultieren. Der Aspekt der Information der Angehörigen ist auch dem französischen Recht bekannt: Art 35 des *Code de déontologie médicale* verlangt bei der therapeutischen Ausnahme, dass die Angehörigen informiert werden, es sei denn, dass dies vom Patienten vorher untersagt wurde.
83 Der Arzt kann nicht einfach behaupten, der Patient habe die Aufklärung (stillschweigend) verweigert. Er muss vielmehr das Verhalten des Patienten sorgfältig auslegen, um den richtigen Schluss ziehen zu können. Der Patient kann allerdings die gesamte Entscheidung dem Arzt überlassen, der dann selbst die Vor- und Nachteile verschiedener Behandlungsmethoden beurteilt (RdM 1994, S.92).
84 § 8 (3) KAG. Eine Operation darf nur mit ausdrücklicher oder stillschweigender Zustimmung des Patienten vorgenommen werden (EvBl 1965/217).

erhöhte Beweis- und „Verdeutlichungswirkung" spricht.[85] Die Idee des Vorschlages geht dahin, die inhaltlichen Anforderungen an die Zustimmung – die ja den Abschluss der Aufklärung bedeutet – an den Ernst der Lage zu koppeln, was in einer flexiblen Lösung resultiert, die ein Abstellen auf die Umstände erlaubt. In diesem Lichte verlangt eine Schönheitsoperation ein höheres Maß an Aufklärung als eine Behandlung eines Bewusstlosen, wo die Zustimmung gegebenenfalls sogar ganz entfallen kann.[86] Ähnliches gilt für unerwartete Änderungen/Komplikationen in der Behandlung: eine erneute Zustimmung hängt von der Situation, d.h. der Schwere der Änderungen und der Möglichkeit der Konsultation des Patienten, ab.[87]

e) Haftung

Wie oben bereits dargelegt, muss die Behandlung gewissen Qualitätsansprüchen genügen, um nicht fehlerhaft zu sein. Neben diesen klassischen Kunstfehlerprozessen[88] kann man bei den Haftungsfällen allerdings, wie bereits angedeutet, eine Tendenz hin zu einer verschärften Haftung des Arztes für mangelnde Aufklärung beobachten.[89] Da diese Entwicklung in der Rechtsprechung eine nicht unerhebliche Auswirkung auf das Gesundheitssystem als Ganzes hat,[90] ist es höchste Zeit, die damit verbundenen Fragen legislativ zu beantworten.

---

85 Zur Praxis der Aufklärung in Österreich, siehe Tageszeitung "Die Presse", 22.11.1999, Rechtspanorama.
86 Die Zustimmung entfällt, wenn der Patient in Lebensgefahr schwebt (EvBl 1985/85=SZ 57/207). Dies ist dadurch zu erklären, dass die Unterlassung der Hilfeleistung uU sogar strafrechtliche Konsequenzen haben kann; außerdem haben Ärzte den hypokratischen Eid geschworen. Ein interessantes Problem stellt sich dennoch: Wie sind Erklärungen, die vor dem Unfall bzw. der Operation gegeben wurden, zu beurteilen (z.B. eine geschriebene Notiz oder ein gehauchter Wunsch im Zuge der bisherigen Heilbehandlung)? Vgl. § 10 (1) Z 7 KAG.
87 MaW: man muss eine Operation nicht unterbrechen, um die Zustimmung des Patienten zu erlangen, wenn die Dringlichkeit der Änderungen nicht vorhersehbar war (EvBl 1965/217). Vgl auch § 110 (2) öStGB.
88 *Deutsch* (Gutachten II, S.1068) zufolge muss man zwischen Kunstfehler und Fahrlässigkeit unterscheiden. Kunstfehler ist somit nicht jedes ärztliche Fehlverhalten, sondern "nur die Außerachtlassung elementarer ärztlicher Maßnahmen sowohl der Diagnose als auch der Therapie [...]". Bei allen anderen Maßnahmen hat der Arzt ein breites Ermessen. Er gibt aber selbst zu, dass sich diese Kategorien überschneiden können; deshalb wird die Differenzierung nicht aufgegriffen.
89 *Deutsch* (JBl 1984, S.114) redet von einer „rechtstatsächliche Besonderheit", d.h. die Verletzung der Aufklärungspflicht ist subsidiärer Haftungsgrund für den zwar vermuteten, aber nicht bewiesenen Kunstfehler.
90 Die verschärfte Haftung der Ärzte zwingt diese, sich gegen das neue Risiko zu versichern und zu einer Haltung, die mit defensiver Medizin (zu diesem Phänomen siehe *Deutsch*, Gutachten II, S.1081) nach dem amerikanischen Modell gleichgesetzt werden kann. Außerdem ist es (leider) traurige Realität, dass sich nicht alle Risiken ausschalten

Im Wesentlichen läuft die Lösung darauf hinaus, dem Behandler eine weitreichende Informationspflicht aufzuerlegen. Erfüllt er die gestellten Anforderungen nicht, oder nicht ausreichend, so verletzt er eine vertragliche Pflicht und wird haftbar. Für die Beweislast gilt Besonderes: muss normalerweise der Patient den Behandlungsfehler beweisen (d.h. den Schaden und die objektive Sorgfaltswidrigkeit), so trifft den Arzt bei behaupteter fehlender Aufklärung die Beweislast.[91] Auf allgemeinerer Ebene ist zur Beweisproblematik hinzuzufügen, dass es Möglichkeiten der Beweiserleichterung gibt, wie z.b. den Anscheinsbeweis; des Weiteren kennt die Rechtsprechung eine Umkehr der Beweislast bei Verletzung der Dokumentationspflicht (s.u.).

In Frankreich wird ein interessantes Problem der Haftung diskutiert, nämlich die sog. *„aléa thérapeutique"*, d.h. der Fall eines zwar vorhersehbaren Schadens, dessen Eintritt allerdings unsicher ist und vom Doktor nicht verhindert werden kann, so z.B. die immer bestehende Möglichkeit, sich mit AIDS zu infizieren oder das Versagen einer Betäubung. Ist es in solchen Fällen gerechtfertigt, den Patienten zu kompensieren, obwohl den Arzt kein Verschulden trifft? In Frankreich wurde diese strittige Frage für mit AIDS verseuchte Bluttransfusionen bejaht[92], andere Fälle sind weniger deutlich.[93] Diese Tendenz hin zu einer Art „Erfolgshaftung" á la Gewährleistung leitet zu einem weiteren äußerst brisanten (rechts)politischen Thema über: eine Alternative zu unserem Haftungsmodell wäre beispielsweise das Versicherungsmodel nach dem Vorbild Schwedens[94] oder Neuseelands, wie auch die niederländische Idee einer *„central liability"* des Spitals (Art 7:462 BW). Dieser kurze Blick auf aus deut-

---

lassen und somit ein Bereich überbleibt, für den letzten Endes niemand verantwortlich ist.

91 *Deutsch*, JBl 1984, S.115 (mwN für das deutsche Recht); derselbe, Gutachten II, S.1070f. u. 1073ff. Für Ö. siehe statt vieler: EvBl 1997/86=SZ 69/199. Die erfolgte Aufklärung muss der Arzt als Rechtfertigungsgrund beweisen (RdM 1995, S.91) Der Patient muss allerdings seinen Entscheidungskonflikt darlegen, die bloße Behauptung, er hätte nicht eingewilligt, reicht nicht aus (OLG Linz 20.11.1991). Zur Frage der Beweislastumkehr iVm Schweigepflicht siehe OGH in 1 Ob 254/99f.

92 Civ. I, 12.04.1995, JCP 1995.II.22467 (Anm *P. Jourdain*); Cont. Conc. Consomm. 1995, chr. n° 9, L. Leveneur; D. 1996, 610 (Anm *Lambert-Faivre*); CE 26.05.1995, *N'Guyen, Jouan, cons. Pavan*, JCP 1995.II.22468 (Anm *J. Moreau*); RFDA 1995, 748 (Anm *S. Daël*).

93 Auf allgemeinerer Ebene hat der *Conseil d'Etat* die Grenzen sehr eng abgesteckt: CE, Ass., 9.04.1993, *Bianchi*, D. 1993, 313, (Anm. *H. Legal*); JCP 1993.II.22061 (Anm *J. Moreau*). Jüngste Rsp scheint allerdings auf eine Abkehr von der „Erfolgshaftung" hinauszulaufen.

94 Das *Patientskadelagen* (Patientenschadensgesetz) ist ein verpflichtendes Regime für jeden, der eine medizinische Behandlung leistet. Um für einen Schaden kompensiert zu werden, bedarf es keines Verschuldensnachweises. Wenn die Behandlung jedoch notwendig war, muss es eine alternative Behandlungsmöglichkeit gegeben haben, die den Schaden vermieden hätte.

scher bzw. österreichischer Sicht „extreme" Überlegungen soll primär ein Hinterfragen des bestehenden Systems anregen, ohne diese Vorschläge gleich in eine Neukodifikation aufzunehmen.

f) Sonstige Pflichten

Abschließend gilt die Aufmerksamkeit noch Pflichten, die nicht mit Aufklärung oder Haftung verbunden sind. Zu denken ist hier einmal an Dokumentation des Behandlungsvorganges, was sowohl eine Pflicht des Arztes zur Führung einer Krankengeschichte als auch das Recht des Patienten, darüber zu verfügen, einschließt. In diesem Zusammenhang stellt sich die Frage, was aufzuzeichnen, wie lange dies aufzubewahren ist und was die Rechtsfolgen einer Verletzung dieser Pflicht(en) nach sich zieht.[95] In Anlehnung an öffentlich-rechtliche Bestimmungen[96] ist der Behandler verpflichtet, die Behandlung zu dokumentieren. Dieser Pflicht, die auch zu Beweissicherungszwecken dient[97], entspricht ein Auskunftsrecht des Patienten.[98] Kommt der Behandler seiner Dokumentationspflicht nicht nach, so hat dies u.a. Konsequenzen für das Beweisverfahren:[99] Da der Patient nun schwerer nachweisen kann, dass ein Behandlungsfehler vorliegt, ist eine Erleichterung der Beweislast im Sinne einer Umkehr derselben wünschenswert.[100]

Des Weiteren wird eine allgemeine Pflicht zur Zusammenarbeit der Parteien aufgestellt, wo das Hauptaugenmerk dem Patienten gilt. Ausdrücklich geregelt ist einerseits die Informationspflicht des Patienten (denn nicht nur auf Seite des behandelnden Arztes bestehen Informationspflichten, vielmehr ist auch der Patient angehalten, dem Arzt die erforderlichen Auskünfte zu erteilen[101]) und andererseits die Pflicht, den Aufforderungen des Behandlers Folge zu leisten. In diesem Zusammenhang stellt sich die Frage, ob es sich hierbei um eine Pflicht oder bloß um eine Obliegenheit des Patienten handelt, was u.a. für einen Rück-

---

95 *Engeljähriger*, a.a.O., S.498 (mwN); *Deutsch*, Gutachten II, S.1065 u. 1073.
96 Vgl. § 10 Abs 1 KAG (Z 2: Inhalt der Krankengeschichten; Z 3: Aufbewahrungsfrist) und § 51 Abs 1 ÄrzteG.
97 *Deutsch*, Gutachten II, S.1073: gleiche Position für Parteien im Prozess und beweisrechtliche Konsequenzen.
98 Vgl. § 5a KAG Z 1 und § 51 ÄrzteG.
99 Denn Rechtsfolgen kann es natürlich auch im verwaltungs- bzw. standesrechtlichen Bereich geben. Dies ist jedoch außerhalb der Kompetenz der Autoren und hier auch nicht von Belang.
100 EvBl 1998/24 (Beweislastumkehr bei Verletzung der Dokumentationspflicht); *Deutsch*, Gutachten II, S.1065 (mit Verweis auf die Rsp).
101 *Engeljähriger*, a.a.O., S.498: '[...] Betreuungsmaßnahmen hängen entscheidend davon ab, ob der Patient dem Arzt die erforderlichen persönlichen Auskünfte [...] erteilt.' *Deutsch*, Gutachten II, S.1066.

tritt des Arztes relevant ist.[102] Der Vorschlag geht vorerst nur davon aus, dass der Behandler dem Patienten im Falle einer misslungenen Behandlung die dafür ursächliche fehlende Kooperation des Patienten entgegenhalten kann.

3. Die informierende und beratende Tätigkeit

a) Allgemein

Der letzte der drei Prüfsteine ist ein besonders interessantes Beispiel für das Aktivitätenmodell. Einerseits entbehrt der „Beratungsvertrag"[103] – so man dessen autonome Existenz überhaupt bejaht – einer detaillierten (Analogie)Regelung im Gesetz, mit der Konsequenz, dass diese Rechtsfigur nicht an einen Vertragstyp angelehnt werden kann, sondern von Grund auf geschaffen werden muss. Andererseits ist es ein Faktum, dass das Phänomen „Beratung" in vielen Vertragsverhältnissen existiert, sei dies nun als haupt- oder bloß als nebenvertragliche Pflicht. Mit anderen Worten, die beratende Tätigkeit ist schon jetzt Realität und wird auch als solche, d.h. als Bestandteil, verschiedenster Verträge akzeptiert. Ohne einer detaillierteren Darstellung vorwegzugreifen, kann man die zwei Hauptprobleme wie folgt umschreiben. Was ist „Beratung"? Gilt das Regime sowohl für haupt- als auch nebenvertragliche Pflichten? Um diese Fragen in den richtigen Hintergrund einzubetten, bedarf es einer kurzen Erörterung der praktischen, d.h. wirtschaftlichen Bedeutung von Beratung im weitest möglichen Sinn.

Beratung spielt eine wichtige Rolle im Geschäftsleben. Im Zeitalter der Globalisierung kann das rechtzeitige Finden der richtigen Information entscheidend sein, wobei es nicht nur einen Überfluss an Information gibt, sondern auch einen Bedarf nach speziellem fachlichen Know-how für spezielle Aufgaben.

Aber nicht nur in der Welt der großen Firmen bedarf es Beratung bzw. Information, auch das Bewältigen des täglichen Alltages erfordert Rat und Hilfe.

---

102 Vgl. Erörterung bei *Engeljähriger*, a.a.O., S.498 (mwN). *Deutsch*, Gutachten II, S.1098, tritt in seinem Vorschlag für eine bloße Obliegenheit ein.

103 § 1300 ABGB ist die einzige Bestimmung, die sich mit dem „Rat" befasst. Sie enthält zwei Varianten: Einerseits haftet ein Sachverständiger für fahrlässige Erteilung jeglichen falschen Rates *„gegen Belohnung"*. Für jeden anderen Rat haftet jedermann nur, wenn er wissentlich falsch erteilt wurde (Deliktsvorschrift). Das Kriterium der Abgrenzung ist nach hM die *Gefälligkeit*: für einen selbstlosen Rat gilt die zweite Variante (Vgl. SZ 28/57=EvBl 1955/240, EvBl 1958/56; SZ 30/68; EvBl 1962/160; SZ 34/167; JBl 1981, S.319 Anm *Koziol*; JBl 1982, S.95). In Deutschland finden sich derartige berufliche Haftungsnormen nicht im Gesetz, die Haftung folgt aus den allgemeinen Bestimmungen zur Geschäftsbesorgung bzw. des Werk- oder Dienstvertrages. Einzig §675 (2) BGB stellt klar, dass ohne Rechtsbindungswillen der Auskunft-, Empfehlung- oder Ratgebende grundsätzlich nicht haftet. Eine Haftung kann sich auch hier eventuell aus dem Deliktsrecht ergeben (§826 BGB §823 (2) BGB iVm §263 StGB oder §824 BGB).

Etliche Situationen sind viel zu komplex, um mit ihnen alleine fertig zu werden: Patienten brauchen Beratung in Bezug auf die medizinische Behandlung, v.a. bei Operationen. Streitparteien vertrauen auf ihre rechtliche Beratung, wobei es nicht selten um große Summen Geldes geht. Aber selbst der gewöhnliche Konsument braucht Anleitung. Hochentwickelte Haushaltsgeräte und Unterhaltungselektronik, wie z.b.: Waschmaschinen, Mikrowellen, Videorecorder, DVD-Spieler, Fernseher, Hi-Fi-Anlagen etc. sind ohne Anleitung kaum betriebsfähig. Außerdem braucht man professionelle Beratung schon bei der Anschaffung, um die Notwendigkeit und Tauglichkeit von solcher Ausrüstung bzw. Einrichtung für den Käufer zu bewerten.

b) Geltungsbereich

Die erste Frage, die sich beim Lesen der Liste der Aktivitäten aufdrängt, ist die nach dem Unterschied zwischen „Information" und „Beratung". Ersterer Begriff kann als *Tätigkeit* auch mit dem Rechtsterminus „Auskunft" umschrieben werden;[104] Information im weitest möglichen Wortsinn ist dann der Überbegriff[105] für die zu regelnde Aktivität.

Das neue Regime definiert *Auskunft* als die *Pflicht, den Kunden mit Information zu versorgen*. Beispiel dafür ist ein Vertrag über die Übermittlung von Aktien bzw. Börsenpreisen, die Erstellung eines Wetterberichtes oder das Verfassen einer Marktstudie. *Beratung* ist die *Pflicht, den Kunden zu informieren und eine Empfehlung für eine bestimmte Wahl zu geben*.[106] Diese Tätigkeit wird typischerweise von Notaren, Rechtsanwälten, Banken, Steuerberatern, Investmentberatern und Versicherungsmaklern erbracht.

Die oben definierten Tätigkeiten können nun sowohl haupt- als auch nebenvertragliche Pflichten[107] sein, wobei es im Wesentlichen zwei Möglichkeiten der

---

104 § 1300 ABGB erfasst nach hM sowohl Auskunft als auch Rat (*Koziol*, Haftpflichtrecht II, S.186ff.). Dem BGB ist eine solche Haftungsnorm nicht bekannt.

105 Auch ein Rat bzw. Beratung ist in diesem Sinne nichts anderes als eine Information des Kunden, wenn auch speziellerer Art: es handelt sich nämlich um Information organisiert und limitiert durch das Bedürfnis des Kunden, ein bestimmtes Problem zu lösen. Auch dafür braucht es erst Informationen im eigentlichen Sinne über Vor- und Nachteile einer Lösung.

106 Vgl. *Musielak*, Haftung für Rat, Auskunft und Gutachten, 1974, S.7; Palandt/*Sprau* (2001) Rn 33 (Auskunft ist die vom Anfragenden erbetene Mitteilung von Tatsachen, Beratung ist Erklärung von Tatsachen einschließlich der Darstellung und Bewertung von Entscheidungsalternativen, Empfehlung ist der Vorschlag eines bestimmten Verhaltens als positiv). *Koziol*, Haftpflichtrecht II, 186f.

107 Vgl. *Haller*, Haftung für Rat und Auskunft, Jura, 1997, S.234ff.; Palandt/*Sprau* (2001) § 675 Nr.39. Das ABGB differenziert nicht, was auch nicht weiter verwundert, gibt es so etwas wie einen „Beratungsvertrag" nicht. Vgl. *Harrer* in: Schwimann, Praxiskommentar, § 1300, Rz 4, Hauptleistung oder Nebenpflicht; *Koziol*, Haftpflichtrecht II, S.187, Rat muss nicht die Hauptpflicht sein, wenn der Rat in

Klassifizierung gibt. Entweder man geht von einer (vor)vertraglichen Nebenpflicht neben einer Hauptpflicht aus, oder man nimmt zwei Hauptpflichten in Kombination an. Ersteres gilt v.a. für die Lieferung einer Sache oder Erbringung einer Dienstleistung; letzteres liegt z.b. bei einer Investmentberatung vor, da hier der Beratung (neben dem eigentlichen „Kauf") eine entscheidende Rolle zukommt. Zwischen diesen Beispielen gibt es eine Fülle an Fällen, wo eine solche Klassifizierung primär eine Frage des Geschmackes ist.

Die Lösung des neuen Systems beginnt damit, dass eine Informations- bzw. Beratungspflicht explizit oder implizit entstehen kann.[108] Für die Auskunft bedeutet implizit, dass der Dienstleister Information erteilen muss, wenn dies die Erwartung des Kunden verlangt. Diese Bestimmung ist mit Absicht vage gehalten, um den Gerichten einen weiten Spielraum zu lassen. Implizit im Falle der beratenden Tätigkeit dann, wenn der „Berater" weiß oder wissen sollte, dass der Kunde mit der gelieferten Information alleine keine Entscheidung fällen kann[109] und außerdem dann, wenn er den Eindruck erweckt, dass er das Problem des Kunden lösen wird.[110] Abschließend wird noch eine Liste an Berufen aufgestellt, bei denen eine informierende (alle Arten von Analysten, Architekten, Bauunternehmer, Immobilienmakler u.ä.) bzw. beratende Tätigkeit vorausgesetzt wird (Notare, Rechtsanwälte und jegliche „Berater", Consultanter u.ä.).[111]

c) Qualität der Leistung

Was ist nun ein guter Rat (außer teuer)? Die Streitfrage bei diesem Themenkreis ist, ob es sich bei der Aktivität „Information und Beratung" um Erfolgs- oder Sorgfaltsverbindlichkeiten handelt. Die vorgeschlagene Lösung wählt den Mit-

---

Erfüllung nebenvertraglicher Schutz- und Sorgfaltspflichten erfolgt. Beispiele dafür sind Gebrauchsanleitungen bei Kauf bzw. Werkverträgen, das Erbringen von Information im Rahmen von vorvertraglichen Schuldverhältnissen und das Bank – Kunde Verhältnis (zu Bonitätsauskünfte siehe SZ 34/167).

108 Vgl. die Fälle der Unterlassung der Aufklärung (SZ 43/220=JBl 1971, S.302=EvBl 1971/176). Illustrativ: OGH 2 Ob 224/97y (Warnpflicht des RA geht uU über sein Mandat hinaus). Außerdem gibt es noch eine Fülle an gesetzlichen Informationspflichten, auf die hier aus Platzgründen nicht eingegangen werden kann.

109 Dadurch wird aus einer bloßen Informationspflicht eine implizite Pflicht zur Beratung, was die Tendenz zur einheitlichen Regelung beider Bereiche widerspiegelt.

110 Vgl. BGH, NJW 1989, S.2882, wo dem Auskunft Erteilenden erkennbar ist, dass die Auskunft für den Anfragenden von erheblicher Bedeutung ist und dieser sie zur Grundlage wesentlicher Entscheidungen machen will. Siehe auch: OGH 4 Ob 365/97y, wo es um die Haftung der Bank für „außerberufliche" Aktivitäten ihres Kundenbetreuers ging.

111 Vgl. die Listen der Fallgruppen bei Palandt/*Sprau* (2001) §675 Rn 42ff. und *Harrer* in: Schwimmann, Praxiskommentar zum ABGB², 1997, §§ 1299, 1300.

telweg:[112] Für Auskunft gilt, dass die erteilten Informationen genau und richtig sein müssen. Sollte dies nicht möglich sein, so bedarf es einer Benachrichtigung des Kunden. Beratung hingegen muss prinzipiell (bloß) unter Anwendung der notwendigen Sorgfalt erfolgen, es sei denn, dass im Einzelfall der Erfolg garantiert wurde. Auf konkrete Beispiele umgelegt bedeutet dies, dass bei Übermittlung von Aktienkursen korrekte Daten verlangt werden; eine Ausnahme ist der Wetterbericht, wo man bekanntlicherweise oft irrt. Bei Beratung gilt generell, dass ein Resultat nicht zu garantieren ist. So kann bei einem langzeitigen Investment der Ertrag nach 10 Jahren anders ausschauen als prognostiziert.[113]

Unabhängig von der Frage, ob man nun für einen Erfolg eintritt oder nicht, regelt der Vorschlag die Pflichten für Auskunft *und* Beratung im Detail. In chronologischer Reihenfolge bedeutet dies, dass zuerst die persönlichen Umstände, Vorlieben und Prioritäten des Kunden zu ergründen sind. Dann müssen die relevanten Informationen gesammelt werden,[114] gefolgt von einer Übergabe an den Kunden. Diese Präsentation hat Erläuterungen der Risiken und Alternativen zu inkludieren,[115] soweit diese die Wahl der anderen Partei beeinflussen können, wobei dies überwiegend für die Pflicht zur Beratung gelten wird. Des Weiteren muss sich der Berater/Auskunftsgeber versichern, dass der Kunde die Information richtig verstanden hat (Aufbereitungspflicht). Abschließend besteht noch eine Fragepflicht auf Seiten des Berater/Auskunftsgeber betreff der Informationen, die er vom Kunden in Erfüllung des Auftrages benötigt. Für Beratung gilt *darüber hinaus* noch, dass die Erteilung eines Rates auf einer fachgerechten Analyse der gesammelten Informationen beruht. Außerdem stehen dem Berater drei Möglichkeiten zur Verfügung für den Fall, dass der Kunde nicht kooperiert, d.h. die notwendigen Informationen gibt, nachdem er sowohl danach gefragt (s.o.) *und* über die folgenden Möglichkeiten gewarnt wurde. Er kann entweder von der Beratung absehen, diese auf Basis der vorhandenen Informationen durchführen oder auf eine vergleichbare Person abstellen. Eine wichtige Rechts-

---

112 Vgl. zur gebotenen Unterscheidung zwischen Auskunft und Beratung die französische Entscheidung des CA Paris, 22.11.1996, Juris-Data n° 024274.
113 So auch der OGH in 4 Ob 265/99w.
114 Es darf auf jeden Fall für ungeprüfte Informationen nicht der Eindruck entstehen, dass sie geprüft worden wären (BGH WM, 79, 530). Schon eine Verletzung dieser Nachforschungspflicht kann Haftung begründen, auch wenn der Rat an sich korrekt und in Übereinstimmung mit den Berufsstandards erfolgte, vgl. die niederländische Entscheidung eines ärztlichen Disziplinargerichts (*Centraal Medisch Tuchtcollege* 31-10-1996, Strcrt. 1996, 221: ein vertretender Hausarzt wurde verwarnt, weil er einen Rat bloß telefonisch erteilte, anstatt eine Hausvisite zu machen. Letzteres wäre notwendig gewesen, da der Patient über den Gesundheitszustandes seines vier Jahre alten Sohnes besorgt war. Obwohl es nicht ungewöhnlich ist, in dem vorliegenden Fall auf die Wirkung der Antibiotika zu warten, hätte der Arzt sich doch höchstpersönlich mittels Untersuchung des Kindes davon überzeugen müssen, dass eine Änderung der Behandlung nicht nötig war).
115 Vgl. die Fülle an Rsp für den Behandlungsvertrag. Statt vieler: OGH in 4 Ob 335/98p.

folge dieser Regelung ist, dass der Berater den Entgeltsanspruch für die erbrachte Leistung behält.

d) Haftung

Bei Verletzung einer der oben genannten Pflichten haftet der Auskunftsgebende bzw. Berater *ex contractu*. Mögliche Schäden Dritter sind explizit nicht erfasst, da sie entweder in den Bereich des Deliktrechts gehören oder deren Ersatz mittels der Konstruktion eines Vertrages mit Schutzwirkung Dritter begründet wird, der in diesem Abschnitt ebenfalls nicht geregelt werden soll.[116] Die Beweislast ist ein delikates Thema: Überlegenswert sind Verschuldenspräsumtionen bis hin zu einer verschuldensunabhängigen Haftung. Dabei ist es wichtig anzumerken, dass es sich um dispositive Regelungen handeln soll.

V. Schlussbemerkungen

Wie oben anhand konkreter Beispiele dargelegt, bietet sich dem Betrachter des Dienstleistungsrechts eine wüste Landschaft an kaum nachzuvollziehenden Unterscheidungen, einer unerhörten Flut an Rechtsprechung und somit Rechtsunsicherheit.

Die Bedeutung dieses Themas ist auch dem europäischen Gesetzgeber nicht unbekannt; ein Entwurf für ein einheitliches Recht der Dienstleistungen im Zusammenhang mit Konsumenten war aber wegen der Abstraktheit zum Scheitern verurteilt.[117]

Nachdem das neue System vorgestellt wurde, kann man mit guter Berechtigung fragen, worin die Bedeutung für die Reform des Schuldrechts im deutschen

---

116 Vgl. u.a. *Musielak*, a.a.O., S.19ff.; Strauch, Rechtsgrundlagen für Rat, Auskunft und Gutachten, JuS, 1992, S.899; *Haller*, a.a.O., S.236; BGH in JZ, 1986, S.1111; *Koziol*, Haftpflichtrecht, S.189f.; *Harrer* in: Schwimann, Praxiskommentar, § 1300, Rz 6f. Dies v.a. für den Bereich des Gutachtens, wobei es zwei Meinungen gibt. Einerseits soll jeder, der durch das Gutachten geschädigt ist, klagen können (*Wolff* in: Klang Kommentar, §1300, S.49 u.52.; *Scheucher*, ÖJZ 1961, S.228ff.]. Andererseits die hM: der Berater haftet nur vis-à-vis seinem Vertragspartner, gegenüber Dritten nur unter besonderen Voraussetzungen (SZ 50/98=EvBl 1978/189; JBl 1991, S.249). Für gerichtliche SV gilt jedoch anderes, siehe SZ 50/98=EvBl 1978/189.

117 Die Richtlinie kam zwar über das Entwurfsstadium nie heraus, Griechenland hat diese allerdings nichtsdestotrotz in nationales Recht "umgesetzt" (Gesetz 2251/94). Es ist interessant festzustellen, dass es seit dem Inkrafttreten erst eine Entscheidung des höchsten Gerichts gab, die die ursprünglich sehr ambitionierte Haftung von Dienstleistern empfindlich beschnitt. Siehe dazu *Arnokouros*, Haftung des Rechtsberaters [in Griechisch], Dikaio Epixeirison kai Etairion 5/2001, S. 467-474.

Rechtskreis liegt. Ist es wirklich so, dass eine horizontale Sichtweise (d.h. auf Aktivitäten basierend) zeitgemäßer ist als die traditionelle, vertikale Sicht der Dinge (d.h. ein Vertragsverhältnis unter *einem* Begriff zu subsumieren)? Inwieweit ist ein In-Paragraphen-Gießen von Rechtsprechung vorteilhaft? Kann das neue System mit der endlosen Flut an neuen Verträgen in der wirtschaftlichen Realität Schritt halten? Diese Fragen sind sehr wichtig, aber man sollte die Vorteile des Aktivitätenmodelles nicht außer Acht lassen. Die Auffächerung in neun Basisaktivitäten mit einem Auffangtatbestand ermöglicht maßgeschneiderte Regelungen, die sowohl als Checklisten bei der Abwicklung des Vertragsverhältnisses herangezogen werden können als auch einer effizienteren Lösung von Streitigkeiten dienen.

Die Autoren sind der Meinung, dass – unabhängig vom *Wie?*, d.h. der Sichtweise – eine Regelung der neueren Vertragstypen nötig ist. Um abschließend noch einmal auf die ihrer, und wohl auch zum Teil unserer Zeit weit voraus seienden Gutachten zur Schuldrechtsreform einzugehen, kann man mit *Deutsch* die Problematik wie folgt beschreiben:

> „Zum anderen ist es an der Zeit, das besondere Schuldrecht des BGB zu materialisieren. Gegenwärtig herrschen dort nämlich die abstrakten Schuldverträge vor, abstrakt deswegen, weil sie nicht auf konkrete Tätigkeiten und Ergebnisse bezogen sind."[118]

Der *Reformwille* ist in Deutschland offensichtlich vorhanden (wenn auch unzureichend), wovon die bisherigen Bemühungen das Schuldrechtsmodernisierungsgesetz Zeugnis ablegen. Für Österreich kann man das nicht behaupten, ja ganz im Gegenteil: eine Änderung des ABGB ist nicht auf der (politischen) Agenda.

Nicht nur kann man mittels einer Reform versuchen, nationalen und internationalen juristischen Meinungsverschiedenheiten auf dem Gebiet der Dienstleistungen ein Ende zu bereiten, sondern auch ein zusammenhängendes Regelwerk für die Praxis zu schaffen. Dies bietet dem Gesetzgeber die Möglichkeit, gesellschaftlichen Entwicklungen, wie z.B. der immer strengeren Haftung der Ärzte, mit rechtspolitischen Entscheidungen zu begegnen und dadurch Rechtssicherheit zu schaffen. *Last, but not least* würde der Gesetzgeber mit Hilfe einer konkrete(re)n Ausformung des Dienstleistungsrechts diesem wirtschaftlich äußerst wichtigen Sektor entsprechende Bedeutung beimessen und so auch ein starkes wirtschaftspolitisches Signal senden.

Es liegt am Gesetzgeber, die von der wissenschaftlichen Forschung entwickelte Systematisierung in ein passendes legislatives Gewand zu kleiden. Gewappnet mit diesen neuen Instrumenten kann man dann dem neuen Jahrtausend ruhig entgegensehen.

---

118 *Deutsch*, Gutachten II, S.1090.

Die E-Commerce-Richtlinie 2000/31 und ihre Auswirkungen auf das deutsche und schweizerische Recht, insbesondere das Verbraucherrecht

Schafft die Anpassung des Privatrechts an die elektronische Kommunikation den Sonderstatus des Verbraucherrechts ab?

Annette Nordhausen

I. Einleitung
   1. Grundlagen
   2. Gegenstand der Untersuchung
      a) Schweiz
      b) Deutschland
II. Vertragsschluss
   1. Angebot und Annahme
      a) Geltendes Recht
      b) Geplante Änderungen
   2. Zugang
      a) Erklärungen unter Anwesenden
      b) Erklärungen unter Abwesenden
III. Informationspflichten
   1. Deutsches Recht
      a) Allgemeine Informationspflichten
      b) Besondere – vertragsschlussbezogene – Informationspflichten
   2. Schweizer Recht
      a) Allgemeine Informationspflichten
      b) Besondere – vertragsschlussbezogene – Informationspflichten
IV. Sanktionen aufgrund der Nichteinhaltung von Informationspflichten
   1. Deutsches Recht
      a) Vertragsrechtliche Sanktionen
      b) Verbandsklage
   2. Schweizer Recht
V. Zusammenfassung und Ausblick

I. Einleitung

1. Grundlagen

Die Richtlinie 2000/31 über bestimmte rechtliche Aspekte der Dienste der Informationsgesellschaft, insbesondere des elektronischen Geschäftsverkehrs, im Binnenmarkt, kurz „Richtlinie über den elektronischen Geschäftsverkehr" oder E-Commerce-Richtlinie[1], enthält einerseits Anforderungen an die Anpassung privatrechtlicher Vorschriften an die elektronische Kommunikation, andererseits weitreichende, zum Teil über die Fernabsatzrichtlinie und das deutsche Fernabsatzgesetz hinausgehende Verbraucherschutzregelungen, insbesondere im Bereich der Informationspflichten.

Die Umsetzung dieser Richtlinie wird derzeit in allen Mitgliedstaaten – zum Teil heftig – diskutiert, ob allerdings die Umsetzung weitgehend fristgerecht bis zum 17. Januar 2002 erfolgen wird, erscheint zweifelhaft. Sowohl in der Schweiz als auch in Deutschland sind die Gesetzgebungsvorhaben schon recht weitgehend konkretisiert und sollen fristgemäß in Kraft treten.

Die Richtlinie hat in allen Mitgliedstaaten erhebliche Auswirkungen auf das Zivilrecht. Die Umsetzung ist zum Teil in Sondergesetzen, zum Teil durch Änderungen bestehender Gesetze vorgesehen, wobei dies zum Teil auf die unterschiedlichen Rechtssysteme und Rechtstraditionen zurückzuführen ist.

In der Schweiz werden die Rechtsetzungsprozesse in der EU und deren Umsetzung in den Mitgliedstaaten stets mit großem Interesse verfolgt und dann, wenn die Regelungen Auswirkungen auf den Geschäftsverkehr haben, zum Anlass für Änderungen und Anpassungen des schweizerischen Rechts genommen, wobei die Schweiz als Nicht-EU-Staat die Freiheit hat, Richtlinienvorgaben nur teilweise oder modifiziert zu übernehmen.

In der Bundesrepublik ist die Umsetzung mit dem Schuldrechtsmodernisierungsgesetz[2] und dem Gesetz über rechtliche Rahmenbedingungen für den elektronischen Geschäftsverkehr (EGG)[3] vorgesehen. In der Schweiz sind ebenfalls Entwürfe zur elektronischen Signatur und zum elektronischen Geschäftsverkehr vorgelegt worden, die sich an den entsprechenden Richtlinien orientieren, aber hinsichtlich der Regelungen zum Vertragsschluss darüber hinaus gehen, hinsichtlich der Informationspflichten (in Verbraucherverträgen) hingegen nur den Kernbereich der Regelung übernehmen. In beiden Ländern wird die Richtlinie zum Anlass genommen, einerseits allgemeine Zivilrechtsregeln zu schaffen, die den besonderen Erfordernissen des elektronischen Geschäftsver-

---

1 ABl.EG L 178/1 vom 17. 07. 2000.
2 Regierungsentwurf vom 09. 05. 2001, BT – Drucks. 14/6040.
3 Regierungsentwurf vom 17. 05. 2001, BT – Drucks. 14/6098.

kehrs angepasst sind, andererseits sollen die verbraucherschützenden Regelungen in das allgemeine Zivilrecht (Schuldrecht) einbezogen werden. Ziel ist die Schaffung eines zumindest einheitlicheren Verbraucherrechts, das systematisch nicht mehr länger Sonderprivatrecht ist, sondern in die Kernvorschriften, wie das BGB bzw. das Obligationenrecht, integriert wird.

Dieser Ansatz, der in der Literatur zum Teil heftig kritisiert wird[4], ist im niederländischen Recht mit dem neuen Burgerlijk Wetboek bereits praktiziert, wird jedoch nicht durchgängig in den Mitgliedstaaten verfolgt. So ist beispielsweise in Österreich die Richtlinienumsetzung in einem eigenen Gesetz geplant[5] (mit wenigen Ausnahmen wie Unterlassungsklagen und Schiedsverfahren), die ergänzend zu den allgemeinen Regelungen gelten soll. Hier konnte man sich nicht zu einer einheitlichen Kodifikation entschließen, sieht aber – so die Begründung zu dem Gesetzentwurf – durchaus die Problematik der Aufsplitterung, die aber als hinnehmbar und wegen der besonderen Situation und der fortschreitenden technologischen Entwicklung als sinnvoll angesehen wird.

2. Gegenstand der Untersuchung

Untersucht werden sollen hier die Regelungen zum Vertragsschluss und zu den Informationspflichten. In diesen Bereichen finden sich deutliche Unterschiede in der Regelungstechnik in der Bundesrepublik und der Schweiz, und es soll aufgezeigt werden, inwieweit sich hier Schutzlücken, insbesondere für Verbraucherverträge ergeben. Ferner soll der Einfluss der Besonderheiten der elektronischen Kommunikation auf das Verbraucherrecht insgesamt beleuchtet werden.

a) Schweiz

Anders als in vielen Nachbarländern besteht nach dem schweizerischen Recht keine Trennung von Zivil- und Handelsrecht. In Deutschland bestehen BGB und HGB, in Frankreich Code Civil und Code de Commerce nebeneinander, also ein dualistisches System im Gegensatz zum monistischen System des schweizerischen Rechts, in dem neben dem Zivilrecht auch Handels-, Gesellschafts- und Wertpapierrecht einheitlich kodifiziert sind. Dieses System besteht

---

4 *Honsell*, JZ 2001, 18, 19; *Flume*, ZIP 2000, 1427, 1429; *Hensen*, ZIP 2000, 1151; in der Tendenz auch *Grigoleit*, WM 2001, 597, 604; *W.-H. Roth*, JZ 2001, 475; *Dauner-Lieb*, JZ 2001, 8; im Hinblick auf das AGBG *Ulmer*, JZ 2001, 491; grundsätzlich zustimmend hingegen *Micklitz*, EuZW 2001, 133; *Brüggemeier/Reich*, BB 2001, 213; *Schulze/Schulte-Nölke*, Schuldrechtsreform und Gemeinschaftsrecht, in: Schulze/Schulte-Nölke (Hrsg.): Die Schuldrechtsreform vor dem Hintergrund des Gemeinschaftsrechts, 2001, mit weiteren Nachweisen.

5 Bundesgesetz, mit dem bestimmte rechtliche Aspekte des elektronischen Geschäfts- und Rechtsverkehrs geregelt werden (E-Commerce-Gesetz) – ECG), Entwurf derzeit in der Begutachtung.

seit 1949 auch im italienischen codice civile, der insoweit vom schweizerischen OR beeinflusst ist.

Trotzdem wird auch im schweizerischen OR gelegentlich differenziert, so bei den Bestimmungen über die Firma, die kaufmännische Buchführung und das Handelsregister. Ferner wurde das UWG 1945 aus dem OR[6] ausgegliedert und wird seither als eigenes Bundesgesetz weitergeführt. Konsumentenschutzvorschriften finden sich im geltenden Recht häufig nicht nur im OR, sondern auch in Sondergesetzen, vor allem bedingt durch die Entwicklungen in der Europäischen Gemeinschaft bzw. Europäischen Union, die zu Änderungen des schweizerischen Rechts vor allem durch die sog. Swisslex-Pakete geführt haben.

Das neue Wiener Kaufrecht unterscheidet zwar nicht mehr zwischen kaufmännischem und nicht kaufmännischem Verkehr, es gilt allerdings nicht für den hier interessierenden Konsumentenkauf.

b) Deutschland

Das deutsche Recht geht vom BGB aus, das aber in den letzten Jahren und Jahrzehnten – ebenfalls häufig bedingt durch gemeinschaftsrechtliche Vorgaben – durch eine Vielzahl von Sondergesetzen, insbesondere verbraucherrechtliche Sondergesetze, ergänzt wurde, so dass sich das Vertragsrecht für den zahlenmäßig größten Anteil der Fälle, nämlich die Verbrauchergeschäfte, zum Flickenteppich einer Vielzahl von Vorschriften, die im und um das BGB kodifiziert sind, entwickelt hat. Diese Regelungen zu vereinheitlichen und zu einer einheitlichen Kodifikation zurückzuführen, ist ein Ziel des Schuldrechtsmodernisierungsgesetzes. Ein erster Schritt dazu war bereits das Fernabsatzgesetz[7], das bereits recht weitreichende Änderungen des BGB beinhaltete und damit eine Integration des Verbraucherschutzrechts insgesamt vorbereitet hat.

II. Vertragsschluss

Für den Vertragsschluss gelten grundsätzlich sowohl in der Schweiz als auch in Deutschland die allgemeinen Vorschriften zum Vertragsschluss, die weitgehende Parallelen aufweisen. Diese Grundlagen sollen auch nach den geplanten Änderungen unverändert bleiben, allerdings werden in beiden Ländern die be-

---

6 Früher Art. 48 OR.
7 Gesetz über Fernabsatzverträge und andere Fragen des Verbraucherrechts sowie zur Umstellung von Vorschriften auf Euro vom 27. Juni 2000, BGBl. I 887 (berichtigt am 21. Juli 2000, BGBl. I 1139).

stehenden Regelungen ergänzt um spezielle Regelungen für den elektronischen Vertragsschluss.

1. Angebot und Annahme

a) Geltendes Recht

Die allgemeinen Vertragsschlussregelungen der beiden Länder unterscheiden sich darin, dass im deutschen Recht bei Anpreisungen und Warenauslagen von der invitatio ad offerendum ausgegangen wird, während das schweizerische Recht die Warenauslage nach Art. 7 Abs. 3 OR grundsätzlich als rechtlich bindendes Angebot ansieht und die Nichtbindung nach Art. 7 Abs. 1 OR nur durch eine ausdrückliche Erklärung erreicht werden kann. Im deutschen Recht ist das Regel-Ausnahme-Verhältnis eher umgekehrt.

Erforderlich ist nach beiden Rechtsordnungen für den Vertragsschluss das Vorliegen von zwei übereinstimmenden Willenserklärungen, die auch grundsätzlich gleich definiert werden. Unterschiede ergeben sich allerdings in der rechtlichen Bindungswirkung, wenn auch die entsprechenden Grundnormen des § 145 BGB bzw. Artt. 1 Abs. 1 und 7 Abs. 1 OR zunächst keine Unterschiede erkennen lassen:

> Art. 1 Abs. 1 OR:
>
> Zum Abschlusse eines Vertrages ist die übereinstimmende gegenseitige Willensäußerung der Parteien erforderlich.
>
> Art. 7 Abs. 1 OR:
>
> Der Antragsteller wird nicht gebunden, wenn er dem Antrage eine die Behaftung ablehnende Erklärung beifügt, oder wenn ein solcher Vorbehalt sich aus der Natur des Geschäftes oder den Umständen ergibt
>
> § 145 BGB:
>
> Wer einem anderen die Schließung eines Vertrages anträgt, ist an den Antrag gebunden, es sei denn, dass er die Gebundenheit ausgeschlossen hat.

Grundsätzlich ist sowohl nach dem geltenden schweizerischen als auch nach deutschem Recht das Anpreisen oder die öffentliche Bekanntgabe von Abschlussbedingungen kein rechtlich bindender Antrag. Das schweizerische Recht regelt dies im Gegensatz zum deutschen Recht auch ausdrücklich in Art. 7 Abs. 2 OR:

> Die Versendung von Tarifen, Preislisten und dgl. bedeutet an sich keinen Antrag.

In der praktischen Anwendung ergeben sich hier keine Unterschiede. Das schweizerische OR regelt in Art. 7 Abs. 3 jedoch weitergehend:

> Dagegen gilt die Auslage von Waren mit Angabe des Preises in der Regel als Antrag.

Dieser Fall wird im deutschen Recht als Fall der invitatio ad offerendum behandelt. Die Folgerungen für den elektronischen Geschäftsabschluss wurden in beiden Ländern diskutiert, wobei die überwiegende Auffassung in Deutschland das elektronische Anpreisen als Fall der invitatio ad offerendum ansieht[8]. In der Schweiz wird darauf abgestellt, dass es sich nach Art. 7 Abs. 3 OR um die Auslage von Waren handeln muss, wovon Abbildungen, Attrappen oder Darstellungen in Katalogen nicht erfasst sind, dies müsse ebenso für die elektronische Darstellung gelten[9].

b) Geplante Änderungen

Die Vorschrift des Art. 7 Abs. 2 OR soll nach dem Entwurf erweitert werden auf die elektronische Präsentation:

> Die Versendung oder Veröffentlichung von Tarifen, Preislisten u. dgl., namentlich auf elektronischem Weg, bedeutet an sich keinen Antrag.

Die Annahme eines rechtlich bindenden Angebots soll für die Schweiz mit dem neuen Art. 7 Abs. 3 E-OR ausgedehnt werden auf das elektronische Anpreisen:

> Dagegen gilt die Präsentation, namentlich auf elektronischem Weg, von individualisierten Waren oder Dienstleistungen mit Angaben des Preises in der Regel als Antrag.

Die beiden – im Grundsatz so schon zuvor bestehenden – Vorschriften sollen mit diesen Änderungen lediglich an die ähnlichen Tatbestände angepasst werden, die entsprechend dem herkömmlichen Geschäftsverkehr geregelt werden sollen. Während nach der geltenden Regelung erforderlich war, dass die Ware selbst präsentiert wird, ist dies für elektronische Angebote so nicht übertragbar, denn dort kann immer nur eine Abbildung oder sonstige Darstellung der Ware gegeben werden. Erforderlich soll aber nach der Gesetzesbegründung sein, dass sich lediglich die Darstellung aufgrund der technischen Gegebenheiten ergibt, aber eindeutig erkennbar ist, dass es sich bei der Präsentation um eine „Warenauslage" handelt. Es muss beispielsweise erkennbar sein, ob das Produkt im Stock des Anbieters vorhanden ist. Dies kann durch Angabe der Zahl der verfügbaren Produkte geschehen, die bei jeder Bestellung angepasst wird. Entsprechen diese Angaben nicht den Tatsachen, wird sich der Unternehmer aber wohl an seinen Angaben festhalten lassen müssen, mit der Folge, dass er durch die Art seines Angebots nach der Bestellung des Kunden bereits vertraglich gebunden und somit zur Lieferung verpflichtet ist.

Die vorgesehene Neuregelung in Deutschland folgt mit § 312e Abs. 1 Nr. 3 RegE exakt den Vorgaben der Richtlinie.

> Bedient sich ein Unternehmer zum Zwecke des Abschlusses eines Vertrages über die Lieferung von Waren oder über die Erbringung von Dienstleistungen eines Tele- oder Mediendienstes (Vertrag im elektronischen Geschäftsverkehr), hat er dem Empfänger (Kunden)

---

[8] Dazu mit weiteren Nachweisen *Nordhausen* in: Reich/Nordhausen, Verbraucher und Recht im elektronischen Geschäftsverkehr (eG), 2000, No. 6 ff.
[9] *Gauch/Schluep*, Schweizerisches Obligationenrecht, Allgemeiner Teil, Bd. 1, 4. Aufl. 1987, Rn. 338a.

1. ...
2. ...
3. den Zugang von dessen Bestellung unverzüglich auf elektronischem Wege zu bestätigen und
4. ...

...

Mit diesem Konstrukt einer Bestellung und Empfangsbestätigung wird die Richtlinienvorgabe nahezu wörtlich übernommen, wobei die Qualität dieser Erklärungen – wie in der Richtlinie selbst – nicht ausdrücklich geklärt wird. Auch die Begründung zum Regierungsentwurf lässt diese Frage offen. Dort wird lediglich ausgeführt, dass die Regelung der Richtlinienumsetzung dient und der Begriff des Eingangs durch den in § 130 BGB definierten Begriff des Zugangs ersetzt werden soll. Der dem deutschen Recht ebenso fremde Begriff der Bestellung wird hingegen beibehalten. Aus dem Verweis auf § 130 BGB könnte man den Schluss ziehen, dass die Erklärungen rechtlich wirksam sein müssen, mit der Folge, dass die Bestellung in der Regel als Angebot des Kunden, die Empfangsbestätigung als Annahme zu werten wäre. Dies entspricht m.E. jedoch nicht der Intention der Richtlinie, denn Art. 11 der E-Commerce-Richtlinie regelt – anders als die Entwürfe – nicht mehr den gesamten Vertragsschluss, sondern nur die Abgabe einer Bestellung, nach deutscher Umsetzung und Terminologie die Willenserklärung des Angebots. Auch der Wortlaut des Gesetzentwurfs nach dem der Zugang der Bestellung bestätigt werden soll, lässt m.E. erkennen, dass mit der Bestätigung noch kein Vertrag geschlossen sein soll. Der Unternehmer kann somit das Bestätigungsverfahren automatisieren, was ihm den vielfach zusätzlichen Aufwand der Bestätigung erleichtert. Die rechtliche Qualität dieser Bestätigung ist damit jedoch sehr reduziert. Es wird lediglich eine Informationsverpflichtung konstituiert.

Problematischer ist hingegen die Beurteilung des Anpreisens von Waren auf elektronischem Wege. Während das deutsche Recht weiterhin von der Prämisse ausgeht, dass die Darstellung von Waren im Internet grundsätzlich eine invitatio ad offerendum ist – und noch kein Angebot im rechtstechnischen Sinne[10] – will das schweizerische Recht die bisher für die Auslage von Waren mit Preisangabe geltende Regelung in Art. 7 Abs. 3 OR, dass diese Auslage bereits als Antrag

---

10 Davon gehen auch *Schulze/Schulte-Nölke* aus, Schuldrechtsreform und Gemeinschaftsrecht, in: Schulze/Schulte-Nölke (Hrsg.), Die Schuldrechtsreform vor dem Hintergrund des Gemeinschaftsrechts, 2001, S. 21, erwägen aber weitergehend, ob dieser Ansatz beibehalten werden sollte oder statt auf die invitatio ad offerendum lieber auf die im französischen Recht verwendete Figur der teilweise bindenden offre au public abgestellt werden sollte. Folgt man diesem Ansatz stellt sich wiederum das Problem, dass mit der offre au public eine Rechtsfigur in das deutsche Recht eingeführt würde, die dem System bislang fremd ist und aus diesem Grunde möglicherweise nicht zu der erhofften Klarheit und Übersichtlichkeit führen würde.

anzusehen ist, erweitern auf die elektronische Präsentation, unter der Voraussetzung einer Individualisierung der Waren oder Dienstleistungen und einer Preisangabe. Dies bedeutet, dass ein Anbieter, dessen Präsentation dem schweizerischen Recht unterfällt, bereits mit dieser Präsentation ein rechtswirksames Angebot abgibt und somit der Kunde, der diese Ware bestellt, dieses Angebot annimmt und folglich ein Vertrag zustande kommt. Die Begründung zum Gesetzentwurf stellt ausdrücklich klar, dass von dieser Regelung nur die Fälle erfasst werden sollen, die eine elektronische Parallele zur Warenauslage darstellen. Hierzu ist erforderlich, dass sich aus der Präsentation ergibt, dass es im Stock (Lager) des Anbieters vorhanden ist, also beispielsweise dann, wenn die Zahl der verfügbaren Produkte oder auch generell ihre tatsächliche Verfügbarkeit angegeben ist und diese Angabe auch aktualisiert wird. Es ist aber wohl davon auszugehen, dass sich ein Unternehmer an seinen Angaben festhalten lassen muss, wenn er fälschlicherweise den Eindruck erweckt, dass entsprechende Angaben aktuell sind. Dieser Fall ist im übrigen nach dem UWG zu beurteilen.

2. Zugang

Die für den Vertragsschluss erforderlichen Willenserklärungen sind sowohl nach deutschem als auch nach schweizerischem Recht empfangsbedürftig und bewirken eine Bindungsfrist, die je nach Art ihrer Übermittlung (Erklärungen unter Anwesenden bzw. gegenüber Abwesenden) unterschiedlich lang ist. Die Frist, während der ein Erklärender an seine Erklärung gebunden ist, bestimmt sich aus der Zeit für die Übermittlung seiner eigenen Erklärung, einer Überlegungszeit und der Zeit für die Übermittlung der Erklärung der anderen Vertragspartei. Die Zeiträume werden dabei in beiden Rechtsordnungen nach den für die jeweilige Handlung üblichen oder regelmäßigen Zeiträumen berechnet. Der Zeitpunkt des Zugangs der Erklärungen bestimmt sich sowohl nach deutschem als auch nach schweizerischem Recht nach den allgemeinen Vorschriften, die inhaltlich identisch sind und auch im Wesentlichen unverändert bleiben. Unterschieden wird in beiden Ländern in Erklärungen unter Anwesenden und Erklärungen gegenüber Abwesenden.

a) Erklärungen unter Anwesenden

Erklärungen unter Anwesenden werden im schweizerischen Recht nach Art. 4 Abs. 1 OR sofort wirksam und müssen, wenn nicht etwas anderes bestimmt ist, sofort angenommen werden. Telephonisch übermittelte Erklärungen werden nach Art. 4 Abs. 2 OR der Erklärung unter Anwesenden gleichgestellt und sind ebenso zu behandeln.

In Deutschland finden sich die inhaltlich entsprechenden Regelungen in § 147 Abs. 1 BGB.

In der Schweiz wird die bestehende Regelung in Art. 4 Abs. 2 OR zur telephonischen Übermittlung erweitert auf sonstige Kommunikationsmittel, die einen Dialog unter den Parteien ermöglichen. Eine solche Erweiterung ist in

Deutschland nicht vorgesehen, entsprechende Fallgestaltungen (insbes. Internet-Telephonie) werden aber auch nach deutschem Recht (§ 147 Abs. 1 S. 2 BGB) als Vertragsschluss unter Anwesenden zu qualifizieren sein.

b) Erklärungen gegenüber Abwesenden

Besteht kein direkter Dialog zwischen dem Unternehmer und dem Kunden, in dem Unternehmer und Kunde etwa bei einem Gespräch (Internet-Telephonie) oder mittels Chat unmittelbar schriftlich oder mündlich auf die Erklärungen der jeweils anderen Seite reagieren, werden die Erklärungen als Willenserklärungen unter Abwesenden qualifiziert und der Zugang der Erklärungen entsprechend beurteilt.

Der Zugang von Erklärungen unter Abwesenden ist im Schweizer OR nicht ausdrücklich geregelt, es wird nach Art. 5 Abs. 2 OR jedoch immer angenommen, dass eine Erklärung in der üblicherweise zu erwartenden Zeit beim Empfänger eintrifft. Entscheidend für die Bindungsfrist ist für das schweizerische Recht nicht der Zeitpunkt des Zugangs, sondern die Gesamtzeit bis zum erwarteten Eingang der Antwort auf die Erklärung. Schweigen auf ein Angebot ist sowohl nach deutschem als auch nach schweizerischem Recht grundsätzlich keine Annahme, das Schweizer OR macht jedoch in Art. 6 eine Ausnahme für den Fall, dass wegen der besonderen Natur des Geschäftes oder nach den Umständen eine ausdrückliche Annahme nicht zu erwarten ist und der Antrag nicht binnen einer angemessenen Frist abgelehnt wird.

Im deutschen Recht ist das Wirksamwerden von Erklärungen unter Abwesenden in § 130 BGB geregelt. Abs. 1 bestimmt, dass die Erklärung mit Zugang wirksam wird. Der Begriff des Zugangs wird gesetzlich nicht definiert, aber als der Zeitpunkt verstanden, in welchem der Empfänger der Erklärung deren Inhalt nach gewöhnlichem Verlauf zur Kenntnis nehmen kann. Für den elektronischen Geschäftsverkehr wird überwiegend angenommen, dass elektronische Erklärungen mit der Abrufbarkeit vom Server des Empfängers zugehen[11].

Für den elektronischen Geschäftsverkehr ist für das deutsche Recht eine Konkretisierung zu § 130 BGB in § 312e Abs. 1 Satz 2 RegE dahingehend vorgesehen, dass Zugang immer mit der Möglichkeit des Abrufs (nicht erst mit dem Abruf selbst) gegeben ist.

In der Schweiz sollen die bestehenden Regelungen nicht verändert werden.

---

11 Nachweise aus Rspr. und Lit. bei *Nordhausen* in: Reich/Nordhausen, Verbraucher und Recht im elektronischen Geschäftsverkehr (eG), 2001, No. 11 ff.

III. Informationspflichten

1) Deutsches Recht

a) Allgemeine Informationspflichten

Das deutsche Recht will die allgemeinen – nicht vertragsschlussbezogenen – Informationspflichten nach Art. 5 der E-Commerce-Richtlinie in § 6 E-TDG übernehmen, der entsprechende Entwurf eines Änderungsgesetzes (EGG) wurde am 14. 02. 2001 vom Bundeskabinett beschlossen und soll demnächst im Bundestag beraten werden[12].

Die schon bislang in § 6 TDG geregelten Informationspflichten werden ergänzt um die allgemeinen Informationspflichten nach Art. 5 der E-Commerce-Richtlinie. Diese allgemeine Regelung der Informationspflichten hat einen recht weiten Anwendungsbereich – verpflichtet sind nämlich alle Diensteanbieter – und ist nach § 6 Abs. 2 E-TDG nicht abschließend. Daher tritt diese allgemeine Regelung gegebenenfalls hinter spezielleren Regelungen zurück. Der Verweis auf einige der in § 6 Abs. 2 E-TDG nicht abschließend aufgezählten Vorschriften dürfte sich allerdings mit In-Kraft-Treten des Schuldrechtsmodernisierungsgesetzes erübrigen, da die entsprechenden Gesetze in das BGB integriert und als eigenständige Gesetze aufgehoben werden sollen.

Diese allgemeinen Informationspflichten nach Art. 5 der E-Commerce-Richtlinie und § 6 E-TDG sind nicht vertragsschlussbezogen und gelten daher auch unabhängig von der tatsächlichen oder theoretischen Möglichkeit eines elektronischen Geschäftsabschlusses. Einschränkend zum Anwendungsbereich des TDG, das für jegliche Teledienste gilt, bestehen die Informationspflichten jedoch nur für geschäftsmäßige Teledienste. Der neu eingeführte Begriff der Geschäftsmäßigkeit wird nicht definiert, kann allerdings wegen der eindeutigen Regelung des § 2 Abs. 3, nach der der Geltungsbereich des TDG nicht von der Unentgeltlichkeit bzw. Entgeltlichkeit der Nutzung des Dienstes abhängig gemacht werden kann, nicht anhand des Kriteriums der Entgeltlichkeit definiert werden. Es kann daher nur darauf abgestellt werden, ob der Teledienst einer Vielzahl von Personen oder nur im Einzelfall angeboten wird, womit im Regelfall alle Teledienste nach der Definition des § 2 Abs. 2 TDG erfasst sein werden und lediglich rein private Informationen von den Informationspflichten des § 6 E-TDG ausgenommen werden.

Die Informationen müssen nicht nur generell erteilt werden, sondern – wie auch die Richtlinie fordert – ständig verfügbar, unmittelbar erreichbar und leicht er-

---

12 Entwurf eines Gesetzes über rechtliche Rahmenbedingungen für den elektronischen Geschäftsverkehr – Elektronischer Geschäftsverkehr Gesetz – EGG – BT-Drucks. 14/6098 v. 17. 05. 2001.

kennbar sein. Für Internetangebote bedeutet dies, dass diese allgemeinen Informationen direkt auf der Homepage zu finden sein müssen und beispielsweise nicht erst während des Bestellvorgangs – bzw. auf dem Bestellschein – gegeben werden können. Die Gesetzesbegründung führt hierzu aus, die Informationen müssten an gut wahrnehmbarer Stelle stehen und ohne langes Suchen jederzeit auffindbar sein.

Die einzelnen Regelungen aus Art. 5 der E-Commerce-Richtlinie werden vollständig übernommen und an die Anforderungen insbesondere des Prozessrechts angepasst: So gehört nach § 6 Abs. 1 Nr. 1 E-TDG für juristische Personen nicht nur Name und postalische Anschrift, sondern auch der Vertretungsberechtigte zur ladungsfähigen Anschrift. Die Nennung von öffentlichen Registern wird konkretisiert, wobei die Konkretisierung in § 6 Abs. 1 Nr. 4 E-TDG gleichzeitig abschließend ist. Die übrigen Informationspflichten werden mit Formulierungsänderungen exakt übernommen.

Ebenfalls zu den allgemeinen Informationspflichten gehören die speziellen Informationspflichten für kommerzielle Kommunikationen. Diese sind in Art. 6 der E-Commerce-Richtlinie geregelt und sollen im deutschen Recht in § 7 E-TDG umgesetzt werden. Diese werden unverändert übernommen, von den nach der Richtlinie möglichen Ausnahmen für Angebote zur Verkaufsförderung und Preisausschreiben oder Gewinnspiele, deren generelle Zulässigkeit den Mitgliedstaaten überlassen ist, wird kein Gebrauch gemacht, die bislang bestehenden Vorschriften – vor allem Rabattgesetz und Zugabeverordnung – wurden kürzlich aufgehoben. Dieses bedeutet keine prinzipielle Änderung, auch weiterhin gelten die auch bislang für diesen Bereich einschlägigen Vorschriften des UWG, die auch die Sanktionen für Verstöße regeln. Mit der geplanten Änderung ist daher vor allem eine Klarstellung für Teledienste und insbesondere für die Anforderungen an elektronische Kommunikation bezweckt.

b) Besondere – vertragsschlussbezogene – Informationspflichten

Die besonderen Informationspflichten nach Art. 10 der E-Commerce-Richtlinie, die vor einer Bestellung erteilt werden müssen, sollen nach dem Gesetzentwurf zur Schuldrechtsmodernisierung in §§ 312c (für Fernabsatzverträge) und 312e (für Verträge im elektronischen Geschäftsverkehr) RegE sowie einer Rechtsverordnung über Informationspflichten nach bürgerlichem Recht geregelt werden.

Die Vorgaben der Fernabsatzrichtlinie und deren Umsetzung im Fernabsatzgesetz werden inhaltlich unverändert in § 312c RegE überführt, ebenso werden die Vorgaben der E-Commerce-Richtlinie weitgehend wörtlich übernommen, allerdings in § 312e RegE auf Verträge zwischen Unternehmern erweitert, für die die Informationspflichten grundsätzlich ebenfalls verpflichtend sein sollen. Anders als bei Verbraucherverträgen soll die Einhaltung der Informationspflichten hier jedoch abdingbar sein, eine Regelung, die in ihrer Grundstruktur durch das Regel-Ausnahme-Verhältnis deutlich macht, dass die Informationserteilung regelmäßig auch für Verträge zwischen Unternehmern als erforderlich angesehen wird, die aber durch die Abbedingbarkeit, gerade für dauernde Geschäftsbeziehungen, Praktikabilitätserwägungen berücksichtigt.

Die nahezu wörtliche Übernahme der Richtlinienvorgaben und -formulierungen, ergänzt durch die Ausgliederung und den damit verbundenen Hinweis auf die Regelung der einzelnen Informationspflichten in der entsprechenden Verordnung führt zu langen, komplizierten und damit unübersichtlichen Vorschriften. Problematisch ist auch das Nebeneinander von Regelungen zu Fernabsatzverträgen und zum elektronischen Geschäftsabschluss[13]. Sowohl die Informationspflichten beim Abschluss von Fernabsatzverträgen in § 312c RegE als auch die Pflichten im elektronischen Geschäftsverkehr nach § 312e RegE beinhalten nur grundsätzliche Pflichten und verweisen hinsichtlich einzelner Pflichten auf die neue Verordnung über Informationspflichten nach Bürgerlichem Recht. Die einzelnen Pflichten sind dort wiederum getrennt für Fernabsatzverträge und den elektronischen Vertragsabschluss geregelt. Diese Regelungstechnik, die sich sehr weitgehend an die Richtlinienvorgaben anlehnt, führt zu langen, unübersichtlichen Vorschriften, die in ihrem Anwendungsbereich eine große Schnittmenge aufweisen, aber unverbunden nebeneinander stehen und nur jeweils im letzten Absatz festlegen, dass weitergehende Informationspflichten oder Einschränkungen unberührt bleiben. Da Verträge im elektronischen Geschäftsverkehr, wie in § 312e Abs. 1 RegE definiert, immer auch der Definition des Fernabsatzvertrages nach § 312b RegE entsprechen, hätte sich eine engere Verzahnung oder Verschmelzung der Vorschriften angeboten und wäre auch europarechtlich zulässig, da sowohl die Fernabsatzrichtlinie als auch die E-Commerce-Richtlinie vom Prinzip der Mindestharmonisierung ausgehen und Angleichungen, wenn sie denn für einen Bereich zusätzliche Anforderungen begründen, zulässig sind. Eine solche Abstraktion stünde auch in der Tradition des BGB.

§ 312c RegE bestimmt, dass der Unternehmer dem Verbraucher rechtzeitig vor Abschluss eines Fernabsatzvertrages bestimmte Informationen erteilen muss. In § 312e RegE ist von Unternehmern und Kunden die Rede. Im Gegensatz zu den Begriffen Unternehmer und Verbraucher ist der Begriff des „Kunden" dem BGB fremd. Auch wenn der Begriff in der Vorschrift selbst definiert wird als der „Empfänger" (von was? – des Mediums, dessen sich der Unternehmer zum Vertragsabschluss bedient?), so führt dies nicht zu einer eindeutigen Klärung des Begriffs. Aus Abs. 2 der Vorschrift, nach der die Informationspflichten für Verträge zwischen Unternehmern abdingbar sind, lässt sich rückschließen, dass mit dem Begriff des Kunden sowohl Unternehmer als auch Verbraucher erfasst sein sollen. Damit dürfte es sich bei den „Empfängern" oder „Kunden" um den Vertragspartner des Unternehmers handeln. Von dieser Auslegung geht auch

---

13 So auch *Micklitz*, EuZW 2001, 133.

die Gesetzesbegründung aus, allerdings ohne die Einführung des neuen Begriffs näher zu erläutern oder zu begründen.

Erfreulich ist die grundsätzliche Einbeziehung der elektronisch abgeschlossenen Verträge zwischen Unternehmern, denn angesichts der Besonderheiten des Mediums besteht hier ein Informationsbedarf ebenso wie im Verbrauchergeschäft.

Auch – oder gerade – hinsichtlich der Art der Informationserteilung hätte sich eine einheitliche Regelung angeboten:

§ 312c RegE regelt in Abs. 2:

> Soweit nicht ein anderes bestimmt ist, hat der Unternehmer dem Verbraucher die Informationen nach Abs. 1 Nr. 1 und die in der in Absatz 2 genannten Rechtsverordnung aufgeführten weiteren Informationen in der dort bestimmten Art und Weise alsbald, spätestens bis zur vollständigen Erfüllung des Vertrags, bei Waren spätestens bei Lieferung an den Verbraucher, auf einem dauerhaften Datenträger zur Verfügung zu stellen.

Für den elektronischen Geschäftsabschluss bestimmt § 312e Abs. 1 Nr. 4 RegE:

> ... die Möglichkeit zu verschaffen, die Vertragsbestimmungen einschließlich der Allgemeinen Geschäftsbedingungen alsbald, spätestens bis zur vollständigen Erfüllung des Vertrags, bei Waren spätestens bei Lieferung an den Kunden abzurufen und in wiedergabefähiger Form zu speichern.

Diese Regelung für den elektronischen Geschäftsverkehr gilt zwingend auch für Verträge zwischen Unternehmern und dann, wenn der Vertrag ausschließlich durch den Austausch individueller Kommunikation geschlossen wird. Hier ist der Anwendungsbereich weiter als bei Fernabsatzverträgen, wobei diese Unterscheidung nicht recht einleuchten will, denn Informationen über den Vertrag sind zwischen Unternehmern nicht nur im elektronischen Geschäftsverkehr, sondern auch im Fernabsatz relevant. Die Unterscheidung zwischen der Möglichkeit des Abrufs und dem Zurverfügungstellen auf einem dauerhaften Datenträger bedeutet gerade im elektronischen Geschäftsverkehr technisch keinen erheblichen Aufwand.

Der Begriff des dauerhaften Datenträgers soll – inhaltlich unverändert – in § 360 RegE folgendermaßen definiert werden:

> Informationen oder Erklärungen sind dem Verbraucher auf einem dauerhaften Datenträger zur Verfügung gestellt, wenn sie ihm in einer Urkunde oder in einer anderen lesbaren Form zugegangen sind, die dem Verbraucher für eine den Erfordernissen des Rechtsgeschäfts entsprechende Zeit die inhaltlich unveränderte Wiedergabe der Informationen erlaubt.

Die Beschränkung dieser – weiten – Definition auf Erklärungen an einen Verbraucher ist allenfalls aus der Beweislastverteilung zu Lasten des Unternehmers erklärlich, aber entbehrlich, denn die Beweislast kann auch bei den jeweiligen Sachregelungen, wie beispielsweise den Informationspflichten, geregelt werden. Auf Erklärungen eines Verbrauchers an einen Unternehmer soll die Vorschrift nach Satz 3 ausdrücklich anwendbar sein, für den Ausschluss von Erklärungen zwischen Unternehmern sind keine sachlichen Gründe ersichtlich.

Da elektronisch abgeschlossene Verträge in aller Regel auch Fernabsatzverträge sind, sind die Informationen für Verbraucherverträge im Normalfall ohnehin auf einem dauerhaften Datenträger zur Verfügung zu stellen. Lediglich für Verträge zwischen Unternehmern fehlt diese Verpflichtung, wobei gerade für den elektronischen Geschäftsverkehr in der Regel der Aufwand, Unternehmerverträge und Verbraucherverträge zu unterscheiden, größer sein dürfte, als eine einheitliche Verpflichtung umzusetzen, Informationen auf einem dauerhaften Datenträger zu erteilen.

Die einzelnen Informationspflichten, die in der Verordnung über Informationspflichten nach Bürgerlichem Recht geregelt werden, entsprechen im Detail den Richtlinienvorgaben. Einige dieser Informationen betreffen die essentialia negotii des Vertrages, weshalb ihre Aufnahme als Informationspflichten in die Verordnung problematisch ist, denn es knüpfen sich an eine Verletzung dieser Pflichten unterschiedliche Sanktionen. Während grundsätzlich eine Verletzung der Informationspflichten keine Auswirkung auf die Wirksamkeit des Vertrages haben soll – so ausdrücklich die Begründung zum Gesetzentwurf[14] – kann dies für vertragswesentliche Eigenschaften wohl nicht gelten. Dies hat zur Folge, dass die Informationspflichten der Verordnung noch unterschieden werden müssen nach vertragswesentlichen und nicht vertragswesentlichen Informationen, die jeweils unterschiedlich sanktioniert werden.

2. Schweizer Recht

Das geplante schweizerische Recht übernimmt in Art. 40d E-OR nur einige der in der E-Commerce-Richtlinie vorgeschriebenen Informationspflichten; begründet wird die Beschränkung damit, dass einige der Informationen auf die Entscheidung des Kunden nur beschränkten Einfluss haben und andere ohnehin zu den wesentlichen Elementen (essentialia negotii) gehören, ohne die ein Vertrag nicht zustande kommen kann. Der Zeitpunkt der Informationserteilung wird in dem Entwurf, anders als in der Richtlinie, nicht geregelt, allerdings beginnt die Widerrufsfrist bei Fernabsatzverträgen erst mit Informationserteilung zu laufen, eine Ausschlussfrist ist nicht vorgesehen.

a) *Allgemeine Informationspflichten*

Die Informationspflichten sind nach dem OR-Entwurf auf alle Haustürgeschäfte und Fernabsatzverträge anwendbar, gleich auf welchem Wege sie geschlossen werden. Allerdings legt das schweizerische Obligationenrecht keine allgemeinen Informationspflichten fest, sondern sieht die Verpflichtung zur Erteilung von Informationen nur dann als notwendig an, wenn es zu einem Vertragsschluss kommt.

---

14 Begründung zu § 312e Abs. 3, BT-Drucks. 14/6040, S. 173.

b) Besondere – vertragsschlussbezogene – Informationspflichten

Die besonderen – vertragsschlussbezogenen – Informationspflichten sollen nach dem OR-Entwurf auf alle Fernabsatzverträge, gleich auf welchem Wege sie geschlossen werden, ferner aber auch auf Haustürgeschäfte Anwendung finden. Diese Regelung besticht durch ihre Klarheit und Übersichtlichkeit und lässt sich nicht nur durch die besondere Situation der Schweiz, für die keine Pflicht zu richtlinientreuem Verhalten besteht, erklären.

Art. 40a Abs. 1 E-OR definiert allgemein:

> Die Artikel 40b – 40h sind auf Verträge über bewegliche Sachen und Dienstleistungen, die für den persönlichen oder familiären Gebrauch des Kunden bestimmt sind, anwendbar, wenn der Anbieter der Güter oder Dienstleistungen im Rahmen einer beruflichen oder gewerblichen Tätigkeit gehandelt hat.

Abs. 2 bestimmt Ausnahmen, die im Wesentlichen denen der Richtlinienvorgaben entsprechen. Erfasst sind mit dieser Formulierung nur Verbraucherverträge, wobei nicht der formelle Status der vertragsschließenden Parteien, sondern der konkrete Vertrag entscheidend ist, was zu Abgrenzungsschwierigkeiten führen wird.

Art. 40d E-OR regelt die Informationspflichten im Einzelnen:

> Der Anbieter muss dem Kunden folgende Angaben liefern:
>
> a. seinen Namen und seine Adresse;
>
> b. den Preis der Ware oder der Dienstleistung in Schweizer Franken;
>
> c. die Höhe der Gebühren und Kosten, die dem Kunden entstehen;
>
> d. die Lieferfrist.
>
> Er muss den Kunden zudem über das Widerrufsrecht sowie über die Form und Frist des Widerrufs unterrichten.
>
> Diese Angaben sind dem Kunden auf Papier oder in elektronischer Form mitzuteilen. Sie müssen datiert sein und die Identifizierung des Vertrags ermöglichen.

Mit diesen erweiterten Informationspflichten soll den besonderen Risiken des Fernabsatzgeschäfts begegnet werden, die insbesondere darin liegen, dass der Kunde das Produkt nicht sehen und prüfen kann, er entweder keinen oder nur einen sehr eingeschränkten Kontakt zum Anbieter hat und der Vertragsschluss sehr schnell erfolgen kann.

Hinsichtlich der Angabe von Name und Adresse genügt nach der Gesetzesbegründung die Angabe der postalischen *oder* der elektronischen Adresse. Die Angabe der Adresse wird nur als erforderlich angesehen, um dem Kunden einen Kontaktpunkt zu geben, an den er sich tatsächlich wenden kann, um zusätzliche Informationen zu verlangen, Beanstandungen mitzuteilen oder den Widerruf zu erklären. Nicht erforderlich ist danach die zwingende Angabe der geografischen – wie nach Art. 5 Abs. 1 Buchstabe b vorgesehen – oder ladungsfähigen Anschrift, was für eventuelle Klagen des Kunden gegen den Anbieter erforderlich sein kann. Die Verpflichtung zur Angabe einer ladungsfähigen Anschrift wäre für den Anbieter keine nennenswerte Mehrbelastung, würde aber zu einer deutlichen Erleichterung für betroffene Kunden und damit einer Verbesserung des Verbraucherschutzes führen.

Das Erfordernis der Preisangabe in Schweizer Franken betrifft vor allem ausländische Anbieter. Die E-Commerce-Richtlinie verlangt in Art. 5 Abs. 2 lediglich die klare und unzweideutige Preisangabe. Diesem Erfordernis hätte auch mit einer Pflicht zur Wechselkursangabe genügt werden können, zumal die Gesetzesbegründung darauf verweist, dass eine Angabe des Preises in ausländischen Währungen deshalb problematisch sei, weil dem Kunden der Wechselkurs nicht unbedingt bekannt sei.

Ferner muss der Kunde über alle anfallenden Kosten informiert werden. Dazu gehören neben Transportkosten auch Zollgebühren. Diese sind folglich auch vom Anbieter zu ermitteln.

Die Information über das Widerrufsrecht ist entsprechend der Regelung zu Haustürgeschäften gefasst, was zu einer Angleichung und Vereinfachung von Verbraucherschutzvorschriften führt.

Die Informationen können – in Erweiterung der bestehenden Regelung bei Haustürgeschäften – schriftlich oder auf elektronischem Wege erteilt werden. Mit der Erweiterung auf elektronische Medien wird den Bedingungen des elektronischen Geschäftsverkehrs Rechnung getragen. Verlangt wird zusätzlich die Identifizierbarkeit des Vertrags und die Datierung der Informationen. Die Beweislast für die Informationserteilung obliegt dem Anbieter, an das Medium selbst werden keine weiteren Anforderungen gestellt, die Informationen können also sowohl auf einem Datenträger wie CD oder Diskette als auch ohne einen solchen materiellen Träger, also per e-mail, übermittelt werden.

VI. Sanktionen aufgrund der Nichteinhaltung von Informationspflichten

Die Frage, welche Sanktionen die Nichteinhaltung von Informationspflichten auslöst, ist noch weitgehend ungeklärt. Einigkeit besteht nur darüber, dass die Verletzung der festgeschriebenen Informationspflichten nicht völlig folgenlos bleiben soll und – da eine ausdrückliche Regelung fehlt – prinzipiell die allgemeinen Regelungen Anwendung finden müssen[15].

---

15 Dazu insgesamt und zur Frage, ob die allgemeinen Regelungen der Informationshaftung auf die neu geschaffenen Informationspflichten anwendbar sind, ausführlich *Grigoleit*, WM 2001, 597.

1. Deutsches Recht

Ausdrückliche Regelungen über Sanktionen für die Nichteinhaltung von Informationspflichten bestehen weitestgehend nicht[16]. Lediglich für die Verletzung der allgemeinen Informationspflichten aus Art. 5 der E-Commerce-Richtlinie, die in § 6 TDG geregelt werden sollen, ist eine ausdrückliche Sanktion festgeschrieben. Die Nichteinhaltung der allgemeinen Informationspflichten nach § 6 E-TDG soll als Ordnungswidrigkeit mit einer Geldbuße von bis zu DM 100.000 bedroht werden. Die besonderen – vertragsschlussbezogenen – Informationspflichten werden nicht ausdrücklich sanktioniert, so dass bei ihrer Verletzung grundsätzlich die allgemeinen zivilrechtlichen Haftungsregeln Anwendung finden.

a)   Vertragsrechtliche Sanktionen

Die Nichteinhaltung der Informationspflichten soll jedoch grundsätzlich nicht vertragsrechtlich sanktioniert werden, eine Nichterteilung der Informationen soll grundsätzlich keinen Einfluss auf die Wirksamkeit des Vertrages haben. Dies entspricht allgemein den Auswirkungen von Informationspflichten, wird aber in der Gesetzesbegründung auch noch ausdrücklich bekräftigt[17]. Wie oben bei der Untersuchung der Informationspflichten bereits ausgeführt, muss dieser Grundsatz für die vertragswesentlichen Informationen, die zwar als Informationspflichten nach den entsprechenden Vorschriften ausgestaltet sind, gleichzeitig aber zu den essentialia negotii gehören, aufgehoben werden. Für diese Informationspflichten muss eine Vertragsaufhebung oder möglicherweise auch Vertragsanpassung[18] aus culpa in contrahendo möglich bleiben[19]. Grigoleit beschränkt die Anwendung der allgemeinen Informationshaftung hinsichtlich der besonderen Informationspflichten jedoch auf die Fälle, in denen der spezifische Schutzzweck dies gebietet. Dieser besteht in der störungsfreien vorvertraglichen Willensbildung, für die den Unternehmer die Verantwortlichkeit trifft. Nur wenn diese Verantwortlichkeit durch die Informationspflichten begründet wird, komme eine Anwendung der allgemeinen Informationshaftung in Betracht[20].

---

16   *Schulze/Schulte-Nölke*, Schuldrechtsreform und Gemeinschaftsrecht, in: Schulze/Schulte-Nölke (Hrsg.): Die Schuldrechtsreform vor dem Hintergrund des Gemeinschaftsrechts, 2001, S. 19.
17   Begründung zu § 312e Abs. 3, BT-Drucks. 14/6040, S. 173.
18   Für den Fall, dass der Nachweis gelingt, dass bei ordnungsgemäßer Aufklärung ein Vertrag zu günstigeren Konditionen hätte geschlossen werden können, dazu *Grigoleit*, WM 2001, 597, 598.
19   *Schulze/Schulte-Nölke*, Schuldrechtsreform und Gemeinschaftsrecht, in: Schulze/Schulte-Nölke (Hrsg.): Die Schuldrechtsreform vor dem Hintergrund des Gemeinschaftsrechts, 2001, S. 20; *Brüggemeier/Reich*, BB 2001, 213, 216.
20   *Grigoleit*, WM 2001, 597, 599.

Möglich bleibt die Irrtumsanfechtung, die theoretisch die Schadensersatzpflicht nach § 122 BGB auslöst[21], wobei eine Berufung hierauf ein widersprüchliches Verhalten wäre, wenn der Unternehmer seinen Informationspflichten nicht genügt hat. Ein Schadensersatzanspruch ist daher nach § 242 BGB ausgeschlossen. Da dies der bestehenden Rechtslage entspricht, verzichtet der jetzige Entwurf (im Gegensatz zu Vorentwürfen) auf eine ausdrückliche Regelung.

In Betracht kommt ferner eine Anfechtung wegen arglistiger Täuschung nach § 123 BGB – auch hier ist jedoch im Einzelfall Täuschung und Arglist zu beweisen.

Generell lösen die verschiedenen allgemeinen Möglichkeiten der Haftung zum einen jeweils unterschiedliche Rechtsfolgen aus, was dazu führen kann, dass die Verletzung ein und derselben Informationspflicht je nach Fallgestaltung unterschiedlich sanktioniert wird, zum anderen bestehen für die Ausübung dieser Rechte jeweils unterschiedliche Fristen.

b) Verbandsklage

Eine weitere – in der E-Commerce-Richtlinie ausdrücklich festgelegte – Sanktionsmöglichkeit wird mit dem Unterlassungsklagengesetz – UKlaG[22] – eröffnet. Danach wird den in § 3 des UKlaG näher bezeichneten qualifizierten Einrichtungen eine Verbandsklagemöglichkeit wegen bestimmter Verhaltensweisen eingeräumt. Nach § 1 UKlaG besteht bei unwirksamen AGB-Klauseln ein Unterlassungs- und im Falle des Empfehlens ein Widerrufsanspruch. Hinsichtlich anderer verbraucherschutzgesetzwidriger Praktiken besteht nach § 2 UKlaG ein Unterlassungsanspruch. Zu den Vorschriften, deren Verletzung dem UKlaG unterfällt, gehören neben einer Reihe einzeln benannter Verbraucherschutzvorschriften in Sondergesetzen nach § 2 Abs. 2 Nr. 1 und 2 UKlaG:

1. die Vorschriften des Bürgerlichen Gesetzbuchs, die für Verbrauchsgüterkäufe, Haustürgeschäfte, Fernabsatzverträge, Teilzeit-Wohnrechteverträge und Reiseverträge gelten,

2. die Vorschriften zur Umsetzung der Artikel 5, 10 und 11 der Richtlinie 2000/31/EG des Europäischen Parlaments und des Rates vom 8. Juni 2000 über bestimmte rechtliche Aspekte der Dienste der Informationsgesellschaft, insbesondere des elektronischen Geschäftsverkehrs, im Binnenmarkt (ABl. EG Nr. L 178 S. 1),

....

Damit besteht eine Verbandsklagemöglichkeit im Fall einer Verletzung von Informationspflichten, sowohl der Pflichten in Fernabsatzverträgen, als auch der

---

21 Dazu im einzelnen *Nordhausen* in: Reich/Nordhausen, Verbraucher und Recht im elektronischen Geschäftsverkehr, 2000, No. 20.
22 Gesetz über Unterlassungsklagen bei Verbraucherrechts- und anderen Verstößen, Art. 3 des SMG.

Informationspflichten beim elektronischen Vertragsschluss, wenngleich die Formulierung mit dem ausdrücklichen Hinweis auf die Richtlinie merkwürdig anmutet. Sanktion für eine festgestellte Verletzung der Pflichten ist ein Unterlassungsanspruch – eine angemessene, wenn auch nicht die einzig denkbare Sanktion für Verbandsklagen, die auch für die Durchsetzung von Verbraucheransprüchen wichtig, aber angesichts der beschränkten Möglichkeiten für den direkt betroffenen Verbraucher möglicherweise nicht ausreichend ist.

Sofern die Nichterteilung der Informationen einen Verstoß gegen das UWG darstellt, besteht auch die entsprechende Klagemöglichkeit, allerdings ist auch hier der Kreis der Klageberechtigten beschränkt auf Wettbewerber und Verbraucherverbände und die mögliche Sanktion wiederum ein Unterlassungsanspruch.

2. Schweizer Recht

Das Schweizer Recht regelt ebenfalls nicht ausdrücklich Sanktionen für die Nichteinhaltung von Informationspflichten. Auch hier gelten grundsätzlich die allgemeinen Vorschriften der vertraglichen oder deliktischen Haftung, möglich ist ferner die Anfechtung.

Nach dem geplanten schweizerischen Recht stellt eine Nichterteilung der nach Art. 40d E-OR erforderlichen Informationen und weiterer Informationen nach Art. 10 der E-Commerce-Richtlinie einen Verstoß gegen Art. 3 bzw. 6a nach dem geplanten Änderungsgesetz zum schweizerischen UWG dar. Art. 3 Buchstabe b^{bis} E-UWG konkretisiert den Begriff des unlauteren Verhaltens:

> Unlauter handelt insbesondere, wer:
>
> b^{bis}. Waren, Werke oder Leistungen im Fernabsatz, einschliesslich des elektronischen Geschäftsverkehrs, anbietet und es dabei unterlässt, klare und vollständige Angaben über seine Identität, seinen Sitz oder Wohnsitz, seine Adresse, die wesentlichen Eigenschaften der angebotenen Produkte, deren Preise, sämtliche zu Lasten des Kunden gehenden Kosten oder die Zahlungsbedingungen zu machen.

Damit wird die Verletzung vertragswesentlicher Informationen nicht nur vertragsrechtlich, sondern darüber hinaus als unlauteres Verhalten auch nach dem UWG sanktioniert.

Über diese Konkretisierung des allgemeinen Unlauterkeitstatbestandes wird in Art. 6a E-UWG ausdrücklich auch die Verletzung der besonderen Informationspflichten im elektronischen Geschäftsverkehr als unlauter definiert:

> Unlauter handelt insbesondere, wer Waren, Werke oder Leistungen im elektronischen Geschäftsverkehr anbietet und es dabei unterlässt:
>
> a. klare und vollständige Angaben über eine Kontaktadresse einschließlich derjenigen der elektronischen Post zu machen;
>
> b. auf die einzelnen technischen Schritte, die zu einem Vertragsschluss führen, hinzuweisen;

c. angemessene technische Mittel zur Verfügung zu stellen, mit denen der Kunde Eingabefehler vor Abgabe der Bestellung erkennen und berichtigen kann.

Die Angaben in Buchstabe a betreffen Informationspflichten nach Art. 40d E-OR, die Tatbestände der Buchstaben b und c gehen jedoch darüber hinaus. Sie entsprechen den Anforderungen der E-Commerce-Richtlinie, sind jedoch nicht als Informationspflichten normiert, sondern sind nur Unlauterkeitstatbestände, was insbesondere hinsichtlich der Verpflichtung zum Hinweis auf die einzelnen technischen Schritte, die zum Vertragsschluss führen, bemerkenswert ist, da es grundsätzlich nach allgemeinem Obligationenrecht nicht zu den allgemeinen Vertragspflichten des Anbieters gehört, dem Vertragspartner die Modalitäten des Zustandekommens des Vertrages zu erläutern.

Die wettbewerbsrechtlichen Ansprüche für unlauteres Verhalten werden in Art. 9 UWG geregelt. Sie bestehen zum einen im Anspruch auf Verbot einer drohenden Verletzung, der Beseitigung einer bestehenden Verletzung und gegebenenfalls der Feststellung der Widerrechtlichkeit einer Verletzung, wenn sich diese weiterhin störend auswirkt, ferner die Bekanntmachung oder Veröffentlichung der Entscheidung, sowie Ansprüche nach dem Obligationenrecht auf Schadensersatz, Genugtuung oder die Herausgabe des Gewinns.

Art. 23 E-UWG, der die Artt. 3 und 6a ausdrücklich erwähnt, beinhaltet die strafrechtliche Sanktion und bedroht Verletzungen der dort abschließend benannten Vorschriften mit Geldbuße bis zu 100.000 Franken oder Gefängnis.

Klageberechtigt sind nach dem schweizerischen UWG nicht nur Konkurrenten, sondern nach Art. 10 UWG auch Kunden, die in ihren wirtschaftlichen Interessen bedroht oder verletzt sind, sowie die in Art. 10 Abs. 2 genauer bezeichneten Verbände, wozu Berufs- und Wirtschaftsverbände, Konsumentenschutzverbände und auch der Bund gehören.

V. Zusammenfassung und Ausblick

Dieser Blick auf die Auswirkungen der E-Commerce-Richtlinie auf das deutsche und schweizerische Recht zeigt hinsichtlich der grundsätzlichen Zielrichtung, der Anpassung des Schuldrechts / Obligationenrechts an die Erfordernisse des elektronischen Geschäftsverkehrs und auch in der Verortung dieser Änderungen jeweils in den allgemeinen zivilrechtlichen Kodifikationen, Übereinstimmung.

In beiden Ländern werden die bislang in Sondergesetzen verstreuten Verbraucherschutzgesetze in die allgemeinen zivilrechtlichen Vorschriften überführt. Damit wird das Verbraucherschutzrecht in den Rang der grundlegenden Kodifikation erhoben und ist nicht länger Ausnahme oder Sonderfall des allgemeinen

Zivilrechts, sondern wird sich möglicherweise in der Zukunft sogar zum grundlegenden Maßstab entwickeln.

Die allgemeine Vertragsschlussdogmatik, die sich im schweizerischen und im deutschen Recht ähnelt, bleibt von den technologischen Veränderungen durch den elektronischen Geschäftsverkehr unangetastet, die geplanten Anpassungen sind hier im Wesentlichen Konkretisierungen oder Klarstellungen.

Neu ist sowohl im schweizerischen als auch im deutschen Recht die Verpflichtung des Unternehmers, die technischen Schritte des Zustandekommens des Vertrages zu erläutern. Diese Verpflichtung postuliert auch die E-Commerce-Richtlinie, es dürfte aber für alle Mitgliedstaaten einmalig sein, dass ein Vertragspartner den Vertragsschluss, also die gesetzliche Regelung, erläutern muss.

Diese Verpflichtung ist im deutschen Recht als Informationspflicht ausgestaltet, im schweizerischen Recht soll das Fehlen der Erläuterung ein Unlauterkeitstatbestand werden, eine ausdrückliche Erwähnung als Informationspflicht fehlt.

Die Informationspflichten sind im schweizerischen Recht weitestgehend vereinheitlicht, was zu einheitlichen und übersichtlichen Regelungen für alle Verbraucherverträge führt, im deutschen Recht hingegen wird stark ausdifferenziert, was zu langen, unübersichtlichen Regelungen führt und eine inhaltliche Integration und Vereinheitlichung der Verbraucherschutzvorschriften vermissen lässt. Diese Unterschiede in den beiden untersuchten Rechtsordnungen lassen sich nicht allein aus den verschiedenen äußeren Rahmenbedingungen und der bestehenden bzw. fehlenden Verpflichtung zur Richtlinienumsetzung erklären.

Die Sanktionen für die Nichterfüllung von Informationspflichten ergeben sich überwiegend aus den allgemeinen Haftungsvorschriften, wobei die Regelungen in Deutschland unklar ausgestaltet sind. In der Schweiz besteht neben den allgemeinen Haftungsregelungen nach dem Obligationenrecht eine im Gegensatz zum deutschen Recht weitgehende wettbewerbsrechtliche Haftung.

Die zukünftige Entwicklung der Praxis wird zeigen, ob das Beispiel der beiden untersuchten Länder – trotz der auch hier bestehenden Probleme – Schule machen wird und die bislang durchgängig als Sondergesetze geführten Verbraucherschutzvorschriften in das allgemeine Zivilrecht integriert werden – ein großer Schritt für den Verbraucherschutz und zugleich ein Schritt zu einem Europäischen Privatrecht.

Reform des allgemeinen Verjährungsrechts: Ausweg oder Irrweg?

Andreas Piekenbrock

I. Einführung
II. Die regelmäßige Verjährung nach §§ 195, 199 RegE
  1. Der Inhalt der vorgesehenen Regelungen
  2. Grundsätzliche Würdigung des subjektiv gestaffelten Systems
     a) Verjährung aus der Sicht des Gläubigers
     b) Verjährung aus der Sicht des Schuldners
     c) Verjährung aus der Sicht der Allgemeinheit
     d) Zwischenfazit
  3. Einzelfragen zum Verjährungsbeginn
     a) Fälligkeit des Anspruchs
     b) Gegenstand der Kenntnis
     c) Beweislast
     d) Grob fahrlässige Unkenntnis
  4. Die Reichweite der regelmäßigen Verjährung
     a) Sonderverjährungsregeln im Allgemeinen Teil
     b) Die Gewährleistung im Kaufrecht
     c) Verjährungsfristen außerhalb des BGB
     d) Der Anwendungsbereich der regelmäßigen Verjährung
III. Vereinbarungen über die Verjährung
IV. Hemmung der Verjährung
  1. Harmonisierung von Hemmungstatbeständen
  2. Hemmung durch gerichtliche Rechtsverfolgung (§ 204 RegE)
  3. Hemmung durch außergerichtliche Rechtsverfolgung?
V. Die Aufrechnung mit einer verjährten Forderung
VI. Ergebnisse und Ausblick

I. Einführung

Über die Reformbedürftigkeit des Verjährungsrechts besteht kein Streit.[1] Im Fadenkreuz der Kritik steht insbesondere die Verjährung von Ansprüchen aus

---

1   Vgl. nur Bundesminister der Justiz (Hrsg.), Abschlußbericht der Kommission zur Überarbeitung des Schuldrechts, 1992, S. 26, sowie den vorgelegten Entwurf (im folgenden: KE). Die Begründungen zum Regierungs- (www.bmj.de/ggv/schuldre.pdf =
    (Fortsetzung auf der nächsten Seite)

Vertragsverletzungen, während sie sich bei deliktischen Ansprüchen (§ 852 BGB) bewährt hat. Soweit die Fristen als zu kurz empfunden werden, liegt dies freilich weniger an deren Länge als vielmehr daran, daß sie unabhängig von der Kenntnis des Gläubigers zu laufen beginnen. Dies gilt für das Kauf- und das Werkvertragsrecht (§§ 477, 638 BGB),[2] aber auch für die Haftung rechts- und steuerberatender Berufe.[3] Deren Regreßansprüche verjähren - außer bei den Notaren (§§ 19 Abs. 1 S. 3 BNotO, 839, 852 Abs. 1 BGB) - unabhängig von der Kenntnis des Mandanten in drei (§ 51b BRAO; § 45b PatAnwO; § 68 StBerG) bzw. fünf Jahren (§ 51a S. 1 WPO).

Zwar hat die Rechtsprechung diese Grundentscheidungen des Gesetzgebers verbal immer akzeptiert,[4] aber keineswegs als *bouche de la loi* vollzogen. Im Gegenteil: Schon das Reichsgericht hat Wege gesucht und gefunden, die als zu kurz empfundenen Fristen zu unterlaufen. Dabei lassen sich drei Stoßrichtungen ausmachen:

Dies ist erstens die restriktive oder extensive Auslegung der Verjährungstatbestände selbst. Restriktiv ist bespielsweise die Beschränkung des § 638 Abs. 1 BGB auf enge Mangelfolgeschäden.[5] Gleiches gilt, wenn die kurze Verjährung des Nachlieferungsanspruchs (§§ 480 Abs. 1 S. 2, 477 BGB) bei der Lieferung eines *aliud* keine Anwendung finden soll.[6] Extensiv wird dagegen der Arglisttatbestand in § 477 Abs. 1 S. 1 BGB ausgelegt und auf Verhaltensweisen ohne betrügerische Absicht angewandt, denen kein moralisches Unwertsurteil

---

BR-Drucksache 338/01, S. 195 ff.) und Fraktionsentwurf (BT-Drucksache 14/6040, S. 89 f.) stimmen insoweit mit dem Abschlußbericht wörtlich überein.

2 Vgl. etwa *Peters/Zimmermann*, Verjährungsfristen, in: Bundesminister der Justiz (Hrsg.), Gutachten und Vorschläge zur Überarbeitung des Schuldrechts, Band I, 1981, S. 77 (227 ff.); *Krapp*, Die Verjährung von Käuferansprüchen bei vertragswidrigen Leistungen, 1983, S. 6, 140 f.; *Westermann*, in: Münchener Kommentar, BGB, Band 3, 3. Aufl. 1995, § 477 Rdnr. 1. Für § 477 BGB a.A. *Leenen*, § 477 BGB: Verjährung oder Risikoverlagerung?, 1997, S. 12 ff.

3 *Zimmermann*, NJW 1985, 720 in Fußn. 2; *Oetker*, Die Verjährung, 1994, S. 13 f.

4 BGH, Urt. v. 2.6.1980 - VIII ZR 78/79, BGHZ 77, 215 (223) (zur positiven Vertragsverletzung); Urt. v. 23.5.1985 - IX ZR 102/84, BGHZ 94, 380 (391) (zu § 51 BRAO a.F.); Urt. v. 17.1.1990 - VIII ZR 292/88, BGHZ 110, 88 (93) (zu § 9 Abs. 2 Nr. 1 AGBG); Urt. v. 11.5.1995 - IX ZR 140/94, BGHZ 129, 386 (390) (zu § 68 StBerG).

5 Vgl. schon RG, Urt. v. 10.7.1906 - Rep. VII 551/05, RGZ 64, 41 (43 f.), wonach § 638 BGB nicht anwendbar ist, wenn der Schaden (überhöhter Kaufpreis) nur in mittelbarem Zusammenhang zum Mangel (fehlerhaftes Wertgutachten) steht.

6 Vgl. beispielhaft die Sommer- und Winterweizenfälle: RG, Urt. v. 25.10.1921 - III 378/21, RGZ 103, 77 (78 ff.); BGH, Urt. v. 20.11.1967 - VIII ZR 126/65, NJW 1968, 640. Wie weit die Rechtsprechung im Einzelfall reicht, zeigt OLG Düsseldorf, Urt. v. 25.2.2000 - 22 U 144/99, NJW-RR 2000, 1654 f., wonach auch Qualitätsmerkmale Gattungsmerkmale sein können.

anhaftet.[7] Dies gilt namentlich für den Generalunternehmer bei positiver Kenntnis des Subunternehmers[8] und für die Wissenszurechnung innerhalb größerer Organisationseinheiten.[9]

Die zweite „Korrektur" im Rahmen des Sachmängelgewährleistungsrechts ist der Rückgriff auf konkurrierende Anspruchsgrundlagen. Dies gilt zum einen für deliktische Ansprüche,[10] die bekanntlich kenntnisabhängig verjähren (§ 852 Abs. 1 BGB). Den Weg zur Regelverjährung (§ 195 BGB) ebnete hingegen die Annahme vertraglicher Beratungspflichten,[11] nachdem die *culpa in contrahendo* bei zusicherungsfähigen Sacheigenschaften ausgeschlossen war.[12] Drittens sind Rechtsanwälte und Steuerberater verpflichtet, Regreßansprüche gegen sich selbst zu prüfen und den Mandanten auf deren Bestand sowie die mögliche Verjährung hinzuweisen. Wer dies versäumt, darf sich innerhalb der sogenannten Sekundärfrist nicht auf die eingetretene Verjährung berufen.[13] Mit diesem Kunstgriff, der weit über die *exceptio doli* hinausgeht,[14] wird die einsei-

---

7 BGH, Urt. v. 19.3.1992 - III ZR 16/90, BGHZ 117, 363 (368); Urt. v. 4.10.2000 - VIII ZR 109/99, NJW 2001, 155 (157); Urt. v. 11.5.2001 - V ZR 14/00, NJW 2001, 2326 (2327).
8 Vgl. nur BGH, Urt. v. 20.12.1973 - VII ZR 184/72, BGHZ 62, 63 (66 ff.); Urt. v. 15.1.1976 - VII ZR 96/74, BGHZ 66, 43 (44 ff.); Urt. v. 12.3.1992 - VII ZR 5/91, BGHZ 117, 318 (320).
9 BGH, Urt. v. 8.12.1989 - V ZR 246/87, BGHZ 109, 327 (330 ff.).
10 Die Rechtsprechung fußt im Nebeneinander der kaufrechtlichen Mängelgewährleistung und der deliktischen Produzentenhaftung (BGH, Urt. v. 24.5.1976 - VIII ZR 10/74, BGHZ 66, 315 [318 ff.]; Urt. v. 24.11.1976 - VIII ZR 137/75, BGHZ 67, 359 [363]). Anders noch RG, Urt. v. 19.12.1902 - Rep. II 246/02, RGZ 53, 200 (201), wo § 823 BGB ausdrücklich verneint worden war.
11 BGH, Urt. v. 19.3.1992 - III ZR 170/90, NJW-RR 1992, 1011; Urt. v. 11.3.1999 - III ZR 292/97, NJW 1999, 1540 (1541); Urt. v. 27.11.1998 - V ZR 344/97, BGHZ 140, 111 (115); Urt. v. 27.6.2001 - VIII ZR 227/00, NJW 2001, 2630 (2631).
12 BGH, Urt. v. 16.3.1973 - V ZR 118/71, BGHZ 60, 319 (322); Urt. v. 19.12.1980 - V ZR 185/79, BGHZ 79, 183 (185); Urt. v. 30.10.1987 - V ZR 144/86, WM 1988, 48 (50); Urt. v. 26.4.1991 - V ZR 165/89, BGHZ 114, 263 (266).
13 Vgl. schon RG, Urt. v. 17.5.1938 - III 172/37, RGZ 158, 130 (134). Der Fall weist freilich die Besonderheit auf, daß der Regreßanspruch gegen den Rechtsanwalt im Rahmen des von ihm geführten Amtshaftungsprozesses eine anderweitige Ersatzmöglichkeit (§ 839 Abs. 1 S. 2 BGB) darstellte. Im zweiten Fall (RG, Urt. v. 24.11.1939 - III 196/38, DR 1940, 453) hatte der Rechtsanwalt darum gebeten, ihm bis zum Abschluß des Vorprozesses nicht den Streit zu verkünden. Hier lag eine treuwidrige Verhinderung der Verjährungsunterbrechung (§ 215 BGB) nahe. Der BGH hat diese Rechtsprechung uneingeschränkt übernommen (BGH, Urt. v. 11.7.1967 - VI ZR 41/66, VersR 1967, 979 [980]; Urt. v. 20.5.1975 - VI ZR 138/74, NJW 1975, 1655 [1656]) und auf Steuerberater übertragen (BGH, Urt. v. 20.1.1982 - IVa ZR 314/80, BGHZ 83, 17 [23 ff.]).
14 Vgl. nur *Zugehör*, in Zugehör (Hrsg.), Handbuch der Anwaltshaftung, 1999, Rdnr. 1269. Eine gewisse Ähnlichkeit liegt freilich darin, daß die Hinweispflicht des Rechtsanwalts entfällt, wenn der Mandant in unverjährter Zeit wegen des Haftungsanspruchs
(Fortsetzung auf der nächsten Seite)

tig auf die Interessen der Berufsträger ausgerichtete und daher als unangemessen kurz empfundene Verjährung offen korrigiert.[15]

Allerdings ist diese Tendenz keineswegs einheitlich. So ging die Rechtsprechung bei § 477 BGB mit Rücksicht auf den Willen des Gesetzgebers einen anderen Weg und wendet die Vorschrift auch auf Ansprüche aus positiver Vertragsverletzung an, soweit diese mit einem Sachmangel zusammenhängt.[16] Auch insoweit finden sich freilich Ausnahmen wie der berühmte Tankverwechselungsfall.[17] Beim Handelskauf führt die Lieferung eines genehmigungsfähigen *aliud* nicht nur zur Rügeobliegenheit nach § 378 HGB, sondern - über den Wortlaut hinaus - auch zur Anwendung von § 480 BGB[18] und damit zur kurzen Verjährung (§ 477 BGB). Im Miet- und Pachtrecht werden die §§ 558, 591b BGB (a.F.)[19] - außer bei vorsätzlicher sittenwidriger Schädigung (§ 826 BGB)[20] oder völliger Zerstörung der Mietsache[21] - weit ausgelegt[22] und auf alle Ansprüche erstreckt, die in einem Sachbezug zu der vermieteten Sache selbst stehen.[23] Dabei ist nicht einmal eine Veränderung der natürlichen Beschaffenheit erforderlich.[24] Der eindeutige Wille des Gesetzgebers[25] wird hier so weit befolgt, daß sogar Dritte in den Schutzbereich des § 558 BGB a.F. einbezogen werden.[26]

---

anderweitig anwaltlich beraten war (vgl. nur BGH, Urt. v. 14.12.2000 - IX ZR 332/99, NJW 2001, 826 [828]).

15 Als Mitglied des zuständigen IX. Zivilsenats des BGH beruft sich *Zugehör*, a.a.O. (o. Fußn. 14), Rdnr. 1268, dafür auf verfassungsrechtliche Gründe.

16 RG, Urt. v. 19.12.1902 - Rep. II 246/02, RGZ 53, 200 (203 f.); BGH, Urt. v. 5.4.1967 - VIII ZR 32/65, BGHZ 47, 312 (319); Urt. v. 28.4.1976 - VIII ZR 244/74, BGHZ 66, 208 (214); Urt. v. 2.6.1980 - VIII ZR 78/79, BGHZ 77, 215 (223). Kritisch freilich bereits *Staub*, DJZ 1903, 389.

17 BGH, Urt. v. 26.4.1989 - VIII ZR 312/87, BGHZ 107, 249 (253). Vgl. dazu treffend *Medicus*, Bürgerliches Recht, 18. Aufl., 1999, Rdnr. 363.

18 RG, Urt. v. 18.12.1914 - Rep. II 433/14, RGZ 86, 90 (92 f.); BGH, Urt. v. 9.10.1991 - VIII ZR 88/90, BGHZ 115, 286 (294 ff.).

19 An die Stelle des § 558 BGB a.F. ist am 1.9.2001 der weitgehend inhaltsgleiche § 548 BGB (i.d.F. des Mietrechtsreformgesetzes v. 19.6.2001, BGBl. I, 1149) getreten.

20 BGH, Urt. v. 27.4.2001 - LwZR 6/00, NJW 2001, 2253 (2254).

21 BGH, Urt. v. 7.2.1968 - VIII ZR 179/65, NJW 1968, 694; Urt. v. 15.6.1981 - VIII ZR 129/80, NJW 1980, 2406 (2407). Insoweit a.A. noch RG, Urt. v. 7.10.1919 - III 27/19, RGZ 96, 300 (301).

22 RG, Urt. v. 10.11.1911 - Rep. III 627/09, RGZ 116 (117 ff.); BGH, Urt. v. 28.5.1957 - VIII ZR 205/56, NJW 1957, 1436; Urt. v. 31.1.1967 - VI ZR 105/65, BGHZ 47, 53 (56 ff.); Urt. v. 7.2.1968 - VIII ZR 179/65, NJW 1968, 694 (695); Urt. v. 18.9.1986 - III ZR 227/84, BGHZ 98, 235 (237).

23 BGH, Urt. v. 24.11.1993 - XII ZR 79/92, BGHZ 124, 186 (190 f.); Urt. v. 10.5.2000 - XII ZR 149/98, NJW 2000, 3203 (3205).

24 Vgl. BGH, Urt. v. 18.12.1963 - VIII ZR 193/62, NJW 1964, 545 f. (Fehlen einer Feuerversicherung); Urt. v. 25.4.1997 - LwZR 4/96, BGHZ 135, 284 (291); Urt. v. 27.4.2001 - LwZR 6/00, NJW 2001, 2253 (2254) (Aufgabe einer Milchreferenzmenge).

25 Vgl. insbesondere Protokolle II, 177, 194.

26 BGH, Urt. v. 7.2.1968 - VIII ZR 179/65, BGHZ 49, 278 (280 f.).

Im Bereich der rechts- und steuerberatenden Berufe geht der BGH von einem frühen Schadenseintritt aus[27] und mißt - anders als im Amtshaftungsrecht[28] - Primärprozessen auch keine verjährungsunterbrechende Wirkung bei.[29]

II. Die regelmäßige Verjährung nach §§ 195, 199 RegE

Als Ausweg aus diesem Verjährungslabyrinth ist nunmehr ein grundsätzlicher Paradigmenwechsel vorgesehen.

1. Der Inhalt der vorgesehenen Regelungen

Die regelmäßige Verjährungsfrist soll von dreißig auf drei Jahre abgesenkt werden (§ 195 RegE), dafür aber nicht mehr mit der Entstehung des Anspruchs beginnen, sondern - verkürzt gesagt - mit Fälligkeit und Kenntnis (§ 199 Abs. 1 RegE). Freilich ist kein rein subjektives, sondern ein „subjektiv-gestaffeltes System" vorgesehen, das - nach dem Vorbild zahlloser Sonderverjährungsvorschriften[30] - eine kurze subjektiv angeknüpfte Frist mit längeren objektiv angeknüpften verbindet. Neu ist hingegen, daß die objektive Anknüpfung nicht einheitlich erfolgen soll. So sieht § 199 Abs. 2 S. 1 RegE eine zehnjährige Verjährungsfrist ab Fälligkeit vor. Auf Ansprüche wegen der Verletzung höchstpersönlicher Rechtsgüter, die unter dem besonderen Schutz der Verfassung stehen (Art. 2 Abs. 2 GG), soll diese Frist jedoch nicht anwendbar sein (§ 199 Abs. 2 S. 2 RegE). Für Schadensersatzansprüche ist schließlich eine weitere Verjährungsfrist von dreißig Jahren vorgesehen, die wie § 852 Abs. 1 BGB nicht an die Fälligkeit des Anspruchs anknüpft, sondern an die Schadensursache (§ 199 Abs. 3 RegE). Diese Frist kann daher bei Spätschäden sogar früher ablaufen als die nach § 199 Abs. 2 RegE. Hat etwa ein Steuerberater einen Mandanten erb-

---

27 So ist bei Steuerbescheiden der Zugang und nicht die Bestandskraft maßgeblich (BGH, Urt. v. 11.5.1995 - IX ZR 140/94, BGHZ 129, 386 [389]; Urt. v. 12.2.1998 - IX ZR 190/97, NJW-RR 1998, 742 [743]; a.A. noch BGH, Urt. v. 9.7.1992 - IX ZR 50/91, NJW 1992, 2828 [2829]). Läßt ein Rechtsanwalt einen Anspruch verjähren, entsteht der Ersatzanspruch schon mit Eintritt der Verjährung (RG, Urt. v. 23.3.1917 - Rep. III 463/16, RGZ 90, 82 [84]; BGH, Urt. v. 11.7.1967 - VI ZR 41/66, VersR 1967, 979; Urt. v. 9.12.1999 - IX ZR 129/99, NJW 2000, 1263 [1264]).
28 BGH, Urt. v. 11.6.1985 - III ZR 62/84, BGHZ 95, 238 (242 ff.); Urt. v. 6.2.1986 - III ZR 109/84, BGHZ 97, 97 (110 f.); Urt. v. 11.2.1988 - III ZR 221/86, BGHZ 103, 242 (247); Urt. v. 6.5.1993 - III ZR 2/92, BGHZ 122, 317 (324); Urt. v. 12.10.2000 - III ZR 121/99, NVwZ 2001, 468.
29 BGH, Urt. v. 29.2.1996 - IX ZR 180/95, NJW 1996, 1895 (1896).
30 Vgl. ohne Anspruch auf Vollzähligkeit §§ 852 Abs. 1, 1378 Abs. 4, 2332 Abs. 1 BGB; § 21 Abs. 1 UWG; § 102 UrhG; § 14a Abs. 3 GeschmMG; § 20 Abs. 1 MarkenG; § 37 c SortenschutzG; § 117 Abs. 2 BBergG; § 90 Abs. 1 AMG; § 32 Abs. 1 AtG.

schaftssteuerrechtlich falsch beraten, entsteht der Schaden erst mit dem Erbfall. Die Frist des § 199 Abs. 3 RegE liefe dagegen schon ab Abschluß der Beratung.

2. Grundsätzliche Würdigung des subjektiv-gestaffelten Systems

Die Regelverjährung anhand des subjektiv-gestaffelten Systems auszugestalten, entspricht internationalen Vorbildern.[31] Ob diese Lösung aber auch sachgerecht ist, können wir erst beurteilen, wenn wir uns die Wertungsgrundlagen des Verjährungsrechts vergegenwärtigen. Dies ist jedoch leichter gesagt als getan. Denn kein geringerer als *Karl Larenz* hat bis zuletzt beklagt, Sinn und Zweck der Verjährung seien „nicht unproblematisch".[32] So kann es nicht überraschen, daß es in den meisten älteren Rechtsordnungen zunächst kein umfassendes Verjährungsrecht gab, sondern der Zeitablauf nur punktuelle Rechtsänderungen insbesondere im Sachenrecht zeitigte.[33] Sicher ist aber, daß dem Verjährungsrecht kein allgemeingültiger Grundgedanke zugrundeliegt, der dessen Inhalt entscheidend prädestinieren würde. Die Wertungen sind vielmehr vielschichtig, gegenläufig und zum Teil auch irrational.

a) *Verjährung aus der Sicht des Gläubigers*

Aus der Sicht des Gläubigers ist die Verjährung nur zumutbar, wenn eine faire Chance besteht, die Ansprüche durchzusetzen. In diesem Sinne findet die Verjährung ihre Rechtfertigung in der „beharrlichen Nichtbetätigung des Anspruchs [...] und dem daraus abzuleitenden geringen Interesse des Berechtigten an dem Inhalt des Anspruchs."[34] Dies entspricht dem deutschrechtlichen Rechtsgefühl, wonach der Rechtsverlust die natürliche Folge des Schweigens des Gläubigers ist.[35] Insbesondere bei Schadensersatzansprüchen wird es als absurd empfunden, wenn die Frist zu laufen beginnt, bevor der Schaden bekannt sein kann.[36] Dieser Wertung entspricht § 199 Abs. 1 Nr. 2 RegE, der die zum

---

31 Vgl. nur BT-Drucksache 14/6040, S. 103.
32 *Larenz*, Allgemeiner Teil des deutschen Bürgerlichen Rechts, 7. Aufl. 1989, S. 253. Vgl. auch *Reeves* v. *Butcher*, [1891] 2 Q.B. 509 (511) (per Fry, L.J.).
33 So wurde die *longi temporis praescriptio* erst von *Theodosius II.* (408 - 450 n. Chr.) im Osten (C. 7.39.3 pr., C.Th. 4.14.1) und *Valentinianus III.* (425 - 455 n. Chr.) im Westen (N.V. 27.3) auf *actiones in personam* ausgedehnt (vgl. dazu nur *Amelotti*, La prescrizione delle azioni in diritto romano, 1958, S. 217 ff.). Auch die *limitation of actions* galt anfangs nur für die *nouvelle dissaisine* und wurde erst durch S. 3 Limitation Act 1623 (21 Jac. 1, c. 16.) auf *personal actions* übertragen.
34 Motive I, 291.
35 *O. Reich*, Die Entwicklung der kanonischen Verjährungslehre von Gratian bis Johannes Andreä, 1880, S. 89. Vgl. auch *Mitteis/Lieberich*, Deutsches Privatrecht, 9. Aufl. 1981, S. 34.
36 *Cartledge* v. *E. Jopling & Sons Ltd.* [1963] A.C. 758 (772) (House of Lords per Lord Reid); *Pirelli* v. *Oscar Faber & Partners* [1983] 2 A.C. 1 (19) (House of Lords per Lord Scarman).

Reform des allgemeinen Verjährungsrechts: Ausweg oder Irrweg? 315

Teil „enteignende Wirkung" der Verjährung[37] vor Kenntnis des Anspruchs verhindern soll.

Da das subjektiv-gestaffelte System an die Stelle der bisher dreißigjährigen Regelverjährung treten soll, wird freilich keine *Verlängerung*, sondern - wie schon bei § 852 BGB beabsichtigt[38] - eine aus Sicht des Gläubigers akzeptable *Verkürzung* der Verjährung eintreten. Wenn in einem subjektiv-gestaffelten System dieselbe Maximalfrist zur Anwendung kommt, die bei objektiver Anknüpfung die Regelfrist wäre, liegen die beiden Systeme gar nicht so weit auseinander.[39] Die vorgesehene Frist von drei Jahren wäre bei objektiver Anknüpfung der Regelverjährung eindeutig zu kurz und bedarf der Kompensation durch subjektive Anknüpfungspunkte.[40]

Verworfen hat der Entwurf damit die andernorts praktizierten Lösungen, die bei der Anknüpfung der Verjährungsfristen entweder nach Anspruchsgrundlagen[41] oder dem Inhalt des Anspruchs[42] differenzieren. Diesen Weg waren in Deutschland insbesondere der Kommissionsentwurf (§§ 196 - 199 KE)[43] und darauf aufbauend zum Teil der Diskussionsentwurf (§§ 196, 200 DE)[44] gegangen. „Differenzierte Systeme" versuchen, die „faire Chance" des Gläubigers zu typisieren und im Interesse der Rechtssicherheit die Anknüpfung an die Kenntnis so weit wie möglich zu vermeiden.[45] Solche Versuche, Rechtsänderungen durch Zeitablauf nach der Wahrscheinlichkeit der Kenntnisnahme zu typisieren, sind uns seit alters her überliefert.[46]

Eine Differenzierung nach der Haftungsgrundlage erscheint vor diesem Hintergrund nicht sachgerecht. Zwar wird der Geschädigte bei vertraglicher Haftung die Identität des Schuldners regelmäßig kennen. Dies gilt jedoch nicht in glei-

---

37 Vgl. zum Verhältnis der Verjährung zu Art. 14 Abs. 1 GG *Oetker*, a.a.O. (o. Fußn. 3), S. 19 in Fußn. 32.; *Mansel*, Die Reform des Verjährungsrechts, in: Ernst/Zimmermann, Zivilrechtswissenschaft und Schuldrechtsreform, 2001, S. 333 (349).
38 Vgl. nur Motive II, 741 f.
39 So zutreffend *Leenen*, JZ 2001, 552 (553).
40 Vgl. *Schnaufer*, Die Kenntnis des Geschädigten als Auslöser für den Beginn der Verjährungsfrist, 1997, S. 21.
41 Zur Trennung vertraglicher und außervertraglicher Ansprüche vgl. Art. 2270-1 fr. c.c. (i.d.F. des Gesetzes Nr. 85-677 v. 5.7.1985, J.O. vom 6.7.1985 = DS. lég., S. 372); Art. 2262 *bis* § 1 Abs. 2, 3 belg. c.c. (i.d.F. des Gesetzes vom 10.6.1998, Mon. v. 17.7.1998 = Bull. lég., S. 397).
42 Zur Trennung des Erfüllungs- und des Integritätsinteresses vgl. Art. 3:307 ff. ndl. NBW; Art. 200 russ. ZGB.
43 Kritisch dazu *Haug*, Die Neuregelung des Verjährungsrechts, 1999, S. 21 ff. Positiv dagegen *Unterrieder*, Die regelmäßige Verjährung, 1998, S. 271 ff.
44 Veröffentlicht unter www.bmj.bund.de/ggv/eschurmo.pdf sowie in Ernst/Zimmermann, a.a.O. (o. Fußn. 37), S. 613.
45 Vgl. Motive I, 316 f.; *Mansel*, a.a.O. (o. Fußn. 37), S. 351.
46 Vgl. *Platon*, Nomoi 12.954 c-e; *Diocletianus*, C. 7.35.7.

cher Weise für die Pflichtverletzung und deren Ursächlichkeit, ja nicht einmal für den Schaden selbst.[47] Primäre Leistungsansprüche sind dem Gläubiger hingegen typischerweiser bekannt, weshalb die subjektive Anknüpfung hier sachwidrig wäre.[48] Sie ist aber auch im Ergebnis ungerecht, wenn die Kenntnis ausnahmsweise fehlt. Oder soll der Gebührenanspruch eines Rechtsanwalts nur deshalb nicht verjähren, weil dieser die BRAGO falsch verstanden hat und sich des Anspruchs daher nicht bewußt war? Um diesem Einwand zu begegnen, will der Entwurf der positiven Kenntnis die grob fahrlässige Unkenntnis gleichstellen. Dann könnte der Rechtsanwalt die Gebühren aber immer noch nacherheben, wenn sich die Rechtsprechung zur BRAGO überraschend ändert. Die Erkennbarkeit des Anspruchs ist hier bereits im Ansatz der falsche Anknüpfungspunkt, da es um die Frage der angemessenen Risikoverteilung geht. Das Risiko, seinen Leistungsanspruch nicht zu kennen, hat der Gläubiger aber in gleicher Weise zu tragen wie etwa das Risiko der Preiskalkulation.[49]

b) *Verjährung aus der Sicht des Schuldners*

Wäre die Verjährung ohne die „beharrliche Nichtbetätigung" des Anspruchs nicht möglich,[50] müßten alle Fristen subjektiv angeknüpft werden. Der positivrechtliche Befund ist freilich ein anderer: Viele Verjährungsvorschriften knüpfen ihre mehr oder weniger langen Fristen an die Entstehung des Schadens, unabhängig von der Kenntnis des Geschädigten. Dies gilt namentlich für die hier vorgesehenen Regelungen in § 199 Abs. 2, 3 RegE. Dieser Befund läßt nur zwei Rückschlüsse zu. Entweder die objektive Anknüpfung ist grundfalsch und daher aus dem Verjährungsrecht zu eliminieren. Oder der Verjährung liegen noch andere anerkennenswerte Motive zugrunde. Wir wollen als Arbeitshypothese von letzterem ausgehen.

Aus der Sicht des Schuldners bedeutet Verjährung eine zeitliche Begrenzung seiner Haftung. Dafür werden insbesondere beweisrechtliche Gründe angeführt. So kann sich etwa bei Ansprüchen auf Schadensersatz der (angebliche) Schädiger „in der Regel nur dann sachgemäß verteidigen, wenn der Ersatzanspruch in nicht allzu langer Frist gerichtlich geltend gemacht wird."[51] Bei Zahlungsansprüchen des täglichen Lebens hat der Schuldner ein berechtigtes Interesse, die Erfüllung des Anspruchs nicht unbefristet beweisen zu müssen.[52]

---

47 Vgl. nur *Pirelli* v. *Oscar Faber & Partners* [1983] 2 A.C. 1.
48 So zu Recht *Unterrieder*, a.a.O. (o. Fußn. 43), S. 274.
49 Vgl. nur BGH, Urt. v. 11.5.2001 - V ZR 492/99, NJW 2001, 2464 (2466).
50 So ausdrücklich Motive I, 291.
51 BGH, Urt. v. 17.1.1985 - IX ZR 59/84, BGHZ 93, 278 (280). Ähnlich Motive II, 742.
52 Vgl. Motive I, 297 f.

Auf den ersten Blick vermögen diese Begründungen freilich nicht zu überzeugen. So könnte sich der (angebliche) Schädiger damit begnügen, den gegen ihn gerichteten Anspruch zu bestreiten. Dies gilt insbesondere, seit hierzulande der streitentscheidende Eid durch die Parteivernehmung ersetzt worden ist[53] und ein Regreßprozeß etwa gegen die Erben eines Anwalts auf diesem Wege nicht mehr gewonnen werden kann.[54] Auch die Annahme, daß alte Ansprüche nie entstanden oder erloschen sind,[55] kann nur eine (widerlegbare) Vermutung sein. Es muß daher die Frage erlaubt sein, ob die rechtliche Durchsetzbarkeit eines Anspruchs schon deshalb von vornherein ausgeschlossen werden darf, nur weil dieser alt und schwer beweisbar ist.[56]

Für die zweite Fallgruppe würde bereits eine (widerlegbare) Erfüllungsvermutung genügen, wie sie vor allem im romanischen Rechtskreis bekannt ist.[57] Soweit § 196 BGB dagegen die einschneidende Sanktion der Verjährung vorsieht und damit bewußt vom französischen Vorbild abgewichen ist, geht dies über die schutzwürdigen Bedürfnisse des Schuldners hinaus. Die damals gegebene Begründung, der Eid sei unbillig, weil sich der Schuldner an Geschäfte des täglichen Lebens kaum werde erinnern können,[58] ist nach dessen Abschaffung nicht mehr tragfähig.

Aber auch darüberhinaus ist der vermeintliche Schuldner schutzwürdig, wenn er darlegen und beweisen muß, daß er die Unmöglichkeit der Leistung (§ 282 BGB) bzw. die Pflichtverletzung (§ 280 Abs. 1 S. 2 RegE) nicht zu vertreten hat. Dies ist ihm zeitlich nicht unbegrenzt möglich.[59] Ähnliche Ergebnisse wie nach § 280 BGB werden im Deliktsrecht durch die Umkehr der Beweislast bei der Produkthaftung[60] und die Objektivierung von Sorgfaltspflichten erzielt.[61]

---

53 Vgl. *Piekenbrock*, Der italienische Zivilprozeß im europäischen Umfeld, 1998, S. 292 ff.
54 Vgl. zur früheren Situation anschaulich *Bloch*, JW 1907, 647 (648).
55 *V. Tuhr*, Der Allgemeine Teil des Deutschen Bürgerlichen Rechts, 2. Band, 2. Hälfte, 1918, S. 507.
56 So zu Recht *Mueller*, DJZ 1906, 703 (705).
57 Nach Art. 2275 fr. c.c. kann der Gläubiger die Nichterfüllung an sich nur durch die Eideszuschiebung beweisen (Art. 1357 Nr. 1, 1358 ff. fr. c.c.). Die Rechtsprechung läßt aber auch ein konkludentes Geständnis des Schuldners genügen, nicht geleistet zu haben (Cass. soc. v. 24.5.1967, Bull. civ. 1967 IV, Nr. 421, S. 351; Cass. 2^e civ. v. 13.11.1974, Bull. civ. 1974 II, Nr. 296, S. 245 [246]). Dies liegt bereits dann vor, wenn der Schuldner den Anspuch dem Grunde oder der Höhe nach bestreitet (Cass. soc. v. 22.6.1966, Bull. civ. 1966 IV, Nr. 619, S. 516; v. 6.12.1967, Bull. civ. 1967 IV, Nr. 763, S. 649). Vgl. im übrigen § 1232 ABGB; Art. 2954 it. c.c.; Art. 312 port. c.c.; Art. 154 Abs. 2 des Entwurfs eines schw. OR von Juli 1879.
58 Motive I, 298. Vgl. dazu auch *Unterrieder*, a.a.O. (o. Fußn. 43), S. 87 f.
59 Vgl. dazu *Mansel*, a.a.O. (o. Fußn. 37), S. 342 f.
60 BGH, Urt. v. 26.11.1968 - VI ZR 212/66, BGHZ 51, 91 (103 ff.).
61 Vgl. zur Amtshaftung BGH, Urt. v. 18.5.2000 - III ZR 180/99, NJW 2000, 2672 (2674); Urt. v. 10.5.2001 – III ZR 111/99, NJW 2001, 2626 (2629).

Rechtsanwälte und Steuerberater müssen im Regreßprozeß sogar selbst vortragen, wie sie den Mandanten beraten haben und wie dieser darauf reagiert hat,[62] was nach Vernichtung der Handakten nicht mehr möglich ist.[63] Schließlich ist es auch nicht unbegrenzt möglich zu beweisen, daß eine vertragliche Vereinbarung anders gemeint war als in der Vertragsurkunde niedergelegt.[64] Die verdunkelnde Macht der Zeit[65] wirkt sich demnach auch zulasten des (vermeintlichen) Schuldners aus. Gleichwohl sind Beweisprobleme an sich kein tragfähiger Grund für die einschneidende Sanktion der Verjährung, da dem Zeitablauf durch beweisrechtliche Regelungen Rechnung getragen werden könnte.[66] Es muß daher noch andere Gesichtspunkte geben, die es rechtfertigen, daß ein beweisbarer Anspruch vor Kenntnis des Gläubigers verjährt. Dieser Grund kann nur darin liegen, daß der Zeitablauf in der Person des Schuldners den Eindruck entstehen läßt, ein Vorfall, der möglicherweise zu einem Anspruch geführt habe, sei abgeschlossen.[67] Die Verjährung hat damit haftungsbegrenzende Wirkung[68] und verschafft dem (vermeintlichen) Schuldner die notwendige Übersicht über seine Vermögenslage.[69]

Freilich wäre es konsequent, dieses Haftungsprivileg nur dem gutgläubigen Schuldner zukommen zu lassen.[70] Bei kurzen Sonderverjährungsfristen wie § 477 BGB oder § 51b BRAO - in der Auslegung der Rechtsprechung - ist dies in der Tat der Fall. Ansonsten sieht das positive Recht freilich anders aus: Danach ist „auch der scheußlichste Verbrecher", der Gefangene in Konzentrationslagern zur Zwangsarbeit mißbraucht hat, nicht gehindert, sich auf die Ver-

---

62 Insoweit übereinstimmend BGH, Urt. v. 22.1.1986 - IVa ZR 105/84, NJW 1986, 2570; Urt. v. 9.6.1994 - IX ZR 125/93, BGHZ 126, 217 (225); Urt. v. 4.6.1996 - IX ZR 246/95, NJW 1996, 2571 (2572).
63 Vgl. zur Interdependenz von Verjährung und Aufbewahrung der Handakten BT-Drucksache III/120, S. 79; *Gehre*, StBerG, 4. Aufl. 1999, § 68 Rdnr. 2.
64 Vgl. nur BGH, Urt. v. 11.5.2001 - V ZR 492/00, NJW 2001, 2464.
65 *Windscheid/Kipp*, Lehrbuch des Pandektenrechts, 9. Aufl. 1906, S. 544; *Oetker*, a.a.O. (o. Fußn. 3), S. 36 f.
66 Ein interessantes Beispiel war schon bisher die Viehmängelgewährleistung in Österreich. Danach wird bei Tieren vermutet, daß sie schon vor der Übergabe krank waren, wenn innerhalb bestimmter Fristen Krankheiten auftreten (§ 925 ABGB) und dies sofort angezeigt wird (§ 926 ABGB). Unterbleibt diese Anzeige, verliert der Erwerber nicht etwa sein Recht, sondern nur die Gunst der Vermutung und muß beweisen, daß das Tier schon bei der Übergabe krank war (§ 927 ABGB). Eine solche beweisrechtliche Regelung findet sich auch in Art. 5 Abs. 3 der (Verbrauchsgüterkauf-)Richtline 1999/44/EG v. 25.5.1999 (ABl. EG Nr. L 171/12 v. 7.7.1999) sowie entsprechend in § 476 RegE.
67 *Zimmermann*, JZ 2000, 853 (854).
68 Vgl. zu § 477 BGB *Leenen*, a.a.O. (o. Fußn. 2), S. 12 ff.; *Mansel*, a.a.O. (o. Fußn. 37), S. 346. A.A. *Medicus*, ZIP 1996, 1925 (1928).
69 Vgl. für § 12 Abs. 1 VVG Verhandlungen des Reichstags, Band 241, Anlage Nr. 364, Begründung, S. 28.
70 So namentlich *Unterholzner*, Ausführliche Entwicklung der gesammten Verjährungslehre, 1828, Band 1, S. 31.

jährung zu berufen.[71] Selbst die Frist ist für den gutgläubigen Schuldner nicht kürzer.[72] Der dogmengeschichtliche Ursprung dieser Regelung liegt darin, daß die *dreißigjährige* Aktionenverjährung die *bona fides* des Schuldners nicht voraussetzt hat.[73] Es besteht nach keinem der bisher aufgezeigten Verjährungszwecke Anlaß, die Verjährung bei vorsätzlichen Rechtsverstößen auf unter dreißig Jahre zu verkürzen.[74]

Eine ganz besondere Haftungsbeschränkung steht im Mittelpunkt der Überlegungen zur Verjährung wiederkehrender Leistungen (§ 197 BGB), wo der Gefahr des „Aufsummens" begegnet werden soll.[75] Die kurze Verjährung selbst rechtskräftig festgestellter Ansprüche liegt also ausschließlich im Interesse des Schuldners und erfordert eine objektive Anknüpfung. Die Überleitung des § 197 BGB in das subjektive System ist daher falsch. Freilich wird sich die Gefahr des Aufsummens auf zehn Jahre (§ 199 Abs. 2 RegE) praktisch nur sehr selten realisieren. Im Unterhaltsrecht verhindert zudem § 1613 Abs. 1 BGB, der in besonderer Weise dem Schutz des Schuldners vor großen Forderungen dient,[76] daß sich beispielsweise Rückgriffsansprüche gegen einen zunächst unbekannten Vater auf bis zu zehn Jahre aufsummieren.[77] Zwar kann rückständiger Unterhalt schon bei Verzug verlangt werden, während die Verjährung auf diese Weise nicht unterbrochen wird. Doch ist Verzug kaum denkbar, ohne daß der Gläubiger von dem Anspruch Kenntnis hat (§ 199 Abs. 1 Nr. 2 RegE). Es wird daher kaum zum Rückgriff auf § 199 Abs. 2 RegE kommen, so daß sich die Verjährung überwiegend von vier auf drei Jahre verkürzen wird.

Der größte Nutzen des Entwurfs bei wiederkehrenden Leistungen ist hingegen der Wegfall erheblicher Abgrenzungsprobleme[78] und die Korrektur der Recht-

---

71 BGH, Urt. v. 22.6.1967 - VII ZR 181/65, BGHZ 48, 125 (133). Vgl. dazu auch OLG Stuttgart, Urt. v. 20.6.2000 - 12 U 37/00, NJW 2000, 2680 (2681); *Gebauer/Schulze*, IPRax 1999, 478 ff.
72 So aber beispielsweise Art. 535 Alt. 2 port. c.c. 1867 (bei gutem Glauben 20 Jahre).
73 *V. Savigny*, System des heutigen römischen Rechts, 1841, Band 5, S. 327 ff.; *Windscheid/Kipp*, a.a.O. (o. Fußn. 65), S. 572. Vgl. heute Art. 2262 belg. c.c. n.F. (o. Fußn. 41). Der Konzilsbeschluß von 1215 (X. 2.26.20) hat den bösgläubigen Rechtserwerb zwar aus dem kanonischen Recht eliminiert (can. 98 CIC 1983), sich aber entgegen seinem Anspruch in der Zivilistik nicht durchgesetzt.
74 So zutreffend *Mansel*, a.a.O. (o. Fußn. 37), S. 357.
75 BGH, Urt. v. 9.12.1959 - IV ZR 178/59, BGHZ 31, 329 (335); Urt. v. 10.7.1986 - III ZR 133/85, BGHZ 98, 174 (184). Vgl. zur Genese nur *Unterrieder*, a.a.O. (o. Fußn. 43), S. 115 ff.
76 BGH, Urt. v. 28.10.1964 - IV ZR 238/63, BGHZ 43, 1 (6 f.); Urt. v. 28.3.1979 - IV ZR 58/78, BGHZ 74, 121 (125).
77 Vgl. BGH, Urt. v. 9.5.1984 - IV b ZR 84/82, NJW 1984, 2158 (2159 f.).
78 So werden von § 197 BGB beispielsweise auch Ansprüche auf Schmerzensgeldrente erfaßt, auch wenn der Anspruch ansonsten der Verjährung des § 852 BGB unterliegt (BGH, Urt. v. 30.5.2000 - VI ZR 300/99, NJW-RR 2000, 1412). Beim Annuitätendarle-
(Fortsetzung auf der nächsten Seite)

sprechung zur Rückzahlung von Zinsen und Disagio.[79] Auch im Bereich des § 196 BGB fallen an sich unnötige Abgrenzungsprobleme weg.[80]

c) *Verjährung aus der Sicht der Allgemeinheit*

Daß sich gut- und bösgläubige Schuldner gleichermaßen auf die Verjährung berufen können, zeigt, daß daran auch ein Allgemeininteresse besteht. Insoweit ist jedoch Vorsicht geboten. Denn bei den eigentumsrechtlichen Wurzeln des Verjährungsrechts ging es um das (zum Teil auch fiskalische) öffentliche Interesse an der Klarheit der Eigentumsverhältnisse vor allem an Grundstücken.[81] Aber auch bei Ansprüchen steht es im legitimen Interesse der Allgemeinheit, nach gewisser Zeit Rechtsfrieden wiederherzustellen. Die Bürger sollen sich nicht endlos um uralte Ansprüche streiten, die nur noch schwer nachweisbar sind, *ut sit finis litium*.[82] Diese verdunkelnde Macht der Zeit bekam schon *Justinian I.* zu spüren, der seine Entscheidung, den Kirchen und Klöstern ein Präskriptionsprivileg von hundert Jahren zu gewähren,[83] schnell bereute und zur maximal vierzigjährigen Frist zurückkehrte,[84] weil nach zu langer Zeit keine sicheren Tatsachenfeststellungen mehr getroffen werden können.[85] Denn „die Angelegenheit ist so lange her, daß man über ihre Details nicht mehr nachdenken soll, weil man es sinnvoll gar nicht mehr kann."[86]

Versucht man nun, die Regelungen in § 199 Abs. 2, 3 RegE diesen unterschiedlichen Wertungen zuzuordnen, läßt sich zunächst ohne weiteres festhalten, daß § 199 Abs. 3 RegE - wie bisher § 195 BGB - auf dem Allgemeininteresse an der Verjährung beruht. Es ist daher sachgerecht, daß die Anknüpfung an das schädigende Ereignis beibehalten wird und es auf die Entstehung des Schadens nicht ankommen soll. Die zehnjährige Frist des § 199 Abs. 2 S. 1 RegE bewirkt dagegen eine zeitliche Begrenzung der Haftung. Daher erscheint

---

hen verjährt auch der Anspruch auf den Tilgungsanteil nach § 197 BGB (BGH, Urt. v. 12.6.2001 - XI ZR 283/00, NJW 2001, 2711 [2712]).

79 Vgl. zum bisherigen Rechtszustand BGH, Urt. v. 10.7.1986 - III ZR 133/85, BGHZ 98, 174 (184); Urt. v. 7.12.1989 - III ZR 270/88, NJW 1990, 1036; Urt. v. 15.2.2000 - XI ZR 76/99, NJW 2000, 1637 (1638); *Canaris*, ZIP 1986, 273 (276 ff.). Vgl. zur Kritik *de lege lata* nur *Grothe*, in: Münchener Kommentar, BGB, Band 1, 4. Aufl. 2001, § 197 Rdnr. 2.

80 Umstritten war beispielsweise die Abgrenzung des § 196 Abs. 2 BGB beim Bau eines gemischt genutzten Hauses (BGH, Urt. v. 16.3.2000 - VII ZR 324/99, BGHZ 144, 86 [91]).

81 *Gaius*, D. 41.3.1; *Septimus Severus* und *Antonius Caracalla*, BGU I, 267 = FIRA I (leges), Nr. 84, S. 438. Vgl. auch *D. Nörr*, Die Entstehung der longi temporis praescriptio, 1969, S. 74 ff.

82 *Zimmermann*, JZ 2000, 853 (856).

83 C. 1.2.23; Nov. 9.

84 Nov. 111.

85 Vgl. *v. Löhr*, AcP 10 (1827), S. 66 (67).

86 *Peters*, NJW 2001, 2289 (2290) in Fußn. 11.

es sachgerecht, daß hier eine Abwägung zwischen den Interessen des Gläubigers und des Schuldners nach der Bedeutung der verletzten Rechtsgüter vorgenommen worden ist. Eine solche Differenzierung hat beispielsweise auch der neuere englische Gesetzgeber vorgenommen und bei Klagen aus Körperverletzung und Tod auf die Kenntnis der wesentlichen Tatsachen abgestellt.[87] Außerhalb der Verletzung höchstpersönlicher Rechtsgüter erscheint die Fristverkürzung auf zehn Jahre sinnvoll, auch wenn dies eine Abgrenzung der dort genannten Rechtsgüter erfordert. Man darf gespannt sein, ob sich findige Anwälte oder Richter noch daran erinnern, daß früher einmal „jeder Eingriff in die ungestörte Willensbetätigung" als Freiheitsverletzung (im Sinne des § 847 BGB) angesehen worden ist.[88] Auch die moderne Fortpflanzungsmedizin wird hier noch für interessante Fallgestaltungen sorgen.[89] In jedem Fall muß aber an dieser Stelle nochmals die Frage erlaubt sein, ob der bösgläubige Schuldner in den Genuß der zehnjährigen Verjährung kommen soll. Der Entwurf will auch auf solche Schuldner die regelmäßige Verjährung und damit auch § 199 Abs. 2 RegE anwenden (vgl. nur § 438 Abs. 3 RegE). Zu rechtfertigen ist dies nur, wenn man bei Vermögensrechtsgütern schon nach zehn Jahren eine Befriedungsfunktion für erforderlich hält. Dies erscheint fraglich. Insbesondere ist es widersprüchlich, wenn der gutgläubige Eigenbesitzer für den Rechtserwerb ebenso lange braucht wie der bösgläubige Schuldner für die faktische Befreiung von der Verbindlichkeit. Die dreißig Jahre orientieren sich an der alten metarechtlichen Vorstellung von einer Generation, die zur Rechtsausübung genügen sollte.[90] Unsere schnellebige Zeit tendiert hingegen dazu, diese früher unangefochtene Frist[91] durch Obergrenzen von zehn[92] oder zwanzig Jahren[93] zu ersetzen.

d) Zwischenfazit

Auch wenn die subjektive Anknüpfung bei Primäransprüchen und wiederkehrenden Leistungen nicht überzeugt, wird die Praxis mit dem Grundansatz des Entwurfs leben können. Um den häufigen Streit um wenige Tage zu verhindern, sollte aber für § 199 Abs. 1 RegE - entsprechend § 201 BGB - eine Ultimoverjährung eingeführt werden (vgl. Art. 71 Abs. 1 S. 2 bay. AGBGB). Damit

---

87 Vgl. S. 1 (3) Limitation Act 1963 (11 & 12 Eliz. 2, c. 47); S. 11 (4) Limitation Act 1980 (c. 58).
88 BGH, Urt. v. 14.2.1958 - I ZR 151/56, BGHZ 26, 349 (356) - Herrenreiter.
89 Vgl. nur BGH, Urt. v. 9.11.1993 – VI ZR 62/93, BGHZ 124, 52 (54) – Spermakonserve.
90 Vgl. *Levy*, West Roman Vulgar Law, S. 186 f.
91 Vgl. Art. 2262 fr. c.c.; § 1478 ABGB; Art. 2135 it. c.c. 1865; Art. 1890 rum. c.c.; Art. 1963 sp. c.c.; Art. 2248 malt. c.c.; § 195 BGB.
92 Vgl. § 474 Abs. 1 Nr. 4, 5 ZGB-DDR; Art. 127 schw. OR; Art. 2946 it. c.c.
93 Art. 309 port. c.c.; Art. 249 gr. ZGB.

würde auch der Friedensfunktion der Verjährung gedient, die einfache und klare Verjährungsfristen erfordert.[94]

3. Einzelfragen zum Verjährungsbeginn

Nach dieser grundsätzlichen Würdigung des subjektiv-gestaffelten Systems wollen wir uns nun den Einzelfragen zum Verjährungsbeginn zuwenden. Denn wie immer steckt der Teufel auch hier im Detail.

a) Fälligkeit des Anspruchs

Soweit nunmehr statt der Entstehung des Anspruchs die Fälligkeit als Anknüpfungspunkt gewählt wird, ändert sich nach der insoweit zutreffenden Begründung[95] im Ergebnis wenig. Rechtskonstruktiv ändert sich dagegen einiges, weil nach richtiger Ansicht die Verjährung betagter Forderungen bisher lediglich gehemmt war (§ 202 Abs. 1 BGB). Dies zeigt die Entstehungsgeschichte deutlich. Nach § 158 Abs. 1 des Ersten Entwurfs sollte die Verjährung - wie nunmehr erneut vorgeschlagen - ab dem Zeitpunkt zu laufen beginnen, „in welchem die Befriedigung des Anspruches rechtlich verlangt werden kann."[96] Dieser Zeitpunkt sollte mit dem Entstehen des Anspruchs in den weitaus meisten Fällen zusammenfallen, aber nicht mit ihm identisch sein.[97] Schon im Zweiten Entwurf entschied man sich aber für die Entstehung des Anspruchs (§ 165 Abs. 1 S. 1), um nicht im Allgemeinen Teil eine Legaldefinition der Fälligkeit zu geben, die dem Schuldrecht vorbehalten bleiben sollte.[98] Insbesondere sei es nicht empfehlenswert, bei der Aufstellung der Regel hervorzuheben, „daß der Beginn oder der Lauf der Verjährung unter Umständen durch das Vorliegen gewisser Einreden gehemmt sein könne."[99] Es spricht daher alles dafür, daß § 198 S. 1 BGB nur an die Entstehung des Anspruchs anknüpft und nicht an die Fälligkeit.[100] Systematisch wäre es daher besser, die fehlende Fälligkeit als Hemmungstatbestand auszugestalten und mit § 205 RegE zu harmonisieren. Der Tatbestand könnte in Anlehnung an § 202 Abs. 1 BGB so gefaßt werden, daß die Verjährung gehemmt ist, solange der Schuldner zur Verweigerung der Leistung berechtigt ist. Freilich hat die Rechtsprechung dies selbst überwiegend nicht beachtet und auch beim Entstehen des Anspruchs im Sinne von § 198 S. 1

---

94 Vgl. nur *Mansel*, a.a.O. (o. Fußn. 37), S. 343.
95 BT-Drucksache 14/6040, S. 108.
96 So schon *Unterholzner*, a.a.O. (o. Fußn. 70), Band 2, S. 317.
97 Motive I, 307.
98 Protokolle I, 210.
99 Protokolle I, 210.
100 Vgl. auch BGH, Urt. v. 4.11.1987 - IVa ZR 141/86, VersR 1987, 1235 f.; *Römer*, in: Römer/ Langheid, VVG, 1997, § 12 Rdnr. 8 zur Abweichung in § 12 Abs. 1 S. 2 VVG.

BGB die Fälligkeit mitgedacht.[101] Durch die „Rückkehr zur Fälligkeit" ergeben sich daher keine praktischen Unterschiede.

Im Ansatz ist die Anknüpfung auch zweifellos richtig, da erst ab Fälligkeit im dargelegten Sinne eine faire Chance besteht, den Anspruch durchzusetzen. Niemand würde ernsthaft noch einer Kunstgallerie eine Dauerleihgabe machen, wenn der Herausgabeanspruch verjährt, ohne daß der Anspruch (durch Kündigung) fällig geworden wäre.[102] Die Anknüpfung an die Fälligkeit ist jedoch problematisch, wenn diese von der Vorlage einer (prüffähigen) Rechnung abhängt.[103] Verzögert der Gläubiger die Rechnungsstellung, wird ihm dies von der Rechtsprechung bisher grundsätzlich nicht als treuwidrig entgegengehalten.[104] Es obliegt vielmehr dem Schuldner, durch Fristsetzung die Verjährung nach dem Rechtsgedanken des § 162 Abs. 1 BGB ohne Rechnungsstellung in Gang zu setzen.[105] Im Anwendungsbereich des § 14 Nr. 4 VOB/B kann der Schuldner die Rechnung statt dessen auch selbst erstellen.

§ 18 Abs. 1 S. 2 BRAGO löst den Lauf der Verjährungsfrist dagegen ausdrücklich von der Rechnungstellung und damit der Fälligkeit. Dies erscheint richtig und erinnert an § 158 Abs. 3 des Ersten Entwurfs, wonach die Verjährung dann, wenn die Entstehung des Anspruchs vom bloßen Wollen abhängt, ab dem Zeitpunkt läuft, wo der Anspruch hätte erzeugt werden können. Auf einem ähnlichen Gedanken beruht auch § 1390 Abs. 3 S. 2 BGB. Eine Vereinheitlichung des Sonderverjährungsrechts in diesem Sinne wäre wünschenswert. Im allgemeinen Verjährungsrecht findet sich der Gedanke bisher in § 202 Abs. 2 BGB wieder, der überwiegend auf dem Gedanken beruht, daß dilatorische Einreden, die der Gläubiger selbst zu beseitigen vermag, die Verjährung nicht hindern.[106] § 202 Abs. 2 BGB könnte daher dahingehend modifiziert werden, daß die fehlende Rechnungsstellung durch den Gläubiger keine Hemmung der Verjährung bewirkt.[107] Daß der Entwurf eine solche Regelung nicht enthält, ist bedauerlich.

---

101 BGH, Urt. v. 12.2.1970 - VII ZR 168/67, BGHZ 53, 222 (225); Urt. v. 17.2.1971 - VIII ZR 4/70, BGHZ 55, 340 (341); Beschl. v. 19.12.1990 - VIII ARZ 5/90, BGHZ 113, 188 (193).
102 Vgl. nur OLG Dresden, Urt. v. 21.5.1997 - 6 U 1250/95, Umdruck, S. 17 f.; BGH, Beschl. v. 10.9.1998 - II ZR 177/97, Umdruck, S. 2.
103 Vgl. BGH, Urt. v. 22.10.1986 - VIII ZR 242/85, WM 1987, 267 (269) zu § 27 Abs. 1 AVBWasserV. Gleiches gilt für § 9 Abs. 1 StBGebV sowie für die prüffähige Schlußrechnung nach § 8 Abs. 1 HOAI (vgl. nur BGH, Urt. v. 21.6.2001 - VII ZR 423/99, Umdruck, S. 4) und § 14 Nr. 1 VOB/B (vgl. BGH, Urt. v. 12.2.1970 - VII ZR 168/67, BGHZ 53, 222 [225]).
104 BGH, Urt. v. 11.11.1999 - VII ZR 73/99, BauR 2000, 589 (590); Urt. v. 21.6.2001 - VII ZR 423/99, Umdruck, S. 5.
105 BGH, Urt. v. 19.6.1986 - VII ZR 221/85, BauR 1986, 596 (597 f.).
106 Vgl. nur *Peters*, in: Staudinger, BGB, 13. Bearb. 1995, § 202 Rdnr. 27.
107 Vgl. § 196 Abs. 2 S. 2 KE, wo auf die Möglichkeit der Rechnungsstellung abgestellt wird (vgl. Abschlußbericht, a.a.O. [o. Fußn. 1], S. 59 f.). Ähnlich auch Art. 9 Abs. 2 lit.

(Fortsetzung auf der nächsten Seite)

b) Gegenstand der Kenntnis

Wesentliche Änderungen gegenüber dem geltenden Recht sollen sich freilich ergeben, soweit nunmehr als subjektives Tatbestandselement die Kenntnis „von den den Anspruch begründenden Umständen und der Person des Schuldners" verlangt wird (§ 199 Abs. 1 Nr. 2 RegE). Bei unbefangener Lektüre ist die Kenntnis von der Fälligkeit des Anspruchs also nicht erforderlich. Mit anderen Worten: Ist ein betagter Anspruch fällig geworden, ohne daß der Gläubiger von diesem Umstand Kenntnis erlangt hat, läuft gleichwohl die Verjährung gegen ihn. War der Anspruch hingegen aufschiebend bedingt (§ 158 Abs. 1 BGB) oder befristet (§ 163 BGB), wäre § 199 Abs. 1 Nr. 2 RegE nicht erfüllt. Es käme also wieder einmal auf die bekanntlich umstrittene Abgrenzung von betagten und aufschiebend befristeten Forderungen an.[108]

c) Beweislast

Zweifelhaft ist die Verteilung der Beweislast. Dies gilt freilich weniger, weil es um den Nachweis innerer Tatsachen des Gegners geht,[109] da es einen anerkannten Grundsatz, wonach jede Partei die Beweislast für Tatsachen in ihrer Sphäre trägt, nicht gibt, und sich die vorgesehene Regelung in § 852 Abs. 1 BGB grundsätzlich bewährt hat. Vielmehr ist zu bedenken, daß es bei der Beweislast um die angemessene Zuweisung des Beweisrisikos geht.[110] Aus diesem Grund ist die Übernahme der Beweislastverteilung aus dem deliktischen Sonderverjährungsrecht in die Regelverjährung höchst problematisch. Insbesondere bei vertraglichen Primäransprüchen muß wenigstens das Beweisrisiko beim Gläubiger liegen, wenn man diesem schon das Risiko der Kenntnis abnehmen will.

Falsch wäre es aber auch, die Unkenntnis als Hemmungstatbestand auszugestalten.[111] Denn dieser würde sich auch auf Ansprüche beziehen, bei denen die Frist aus Gründen der Haftungsbeschränkung oder der Beweisbarkeit bewußt objektiv angeknüpft wird (§ 200 RegE). Mit den dann erforderlichen Bereichsausnahmen würde das allgemeine Verjährungsrecht überfrachtet. Es sollte daher die Beweislast im Tatbestand des § 199 Abs. 1 Nr. 2 RegE dahingehend geändert werden, daß die Frist mit der Fälligkeit beginnt, es sei denn, der Gläubiger hat davon keine Kenntnis.

---

a des UN-Übereinkommens über die Verjährung beim internationalen Warenkauf, GBl.-DDR 1989 II, 202 (im folgenden: UN-VerjÜbk).
108 Vgl. nur BGH, Urt. v. 14.12.1989 - IX ZR 283/88, BGHZ 109, 368 (372).
109 So die Bedenken bei *Zimmermann/Leenen/Mansel/Ernst*, JZ 2001, 684 (687).
110 *Stürner*, Die Aufklärungspflicht der Parteien des Zivilprozesses, 1976, S. 7.
111 So aber *Peters/Zimmermann*, a.a.O. (o. Fußn. 2), S. 316; *Heinrichs*, NJW 1982, 2021 (2026); *Zimmermann/Leenen/Mansel/Ernst*, JZ 2001, 684 (687). Vgl. auch Art. 17:105 der Grundregeln des Europäischen Vertragsrechts (ZEuP 2001, 400).

d) Grob fahrlässige Unkenntnis

Zweifelhaft ist auch die Gleichsetzung der grob fahrlässigen Unkenntnis mit der positiven Kenntnis, die bei deliktischen Ansprüchen zu einer erheblichen Veränderung gegenüber dem bisherigen Recht führen würde. Zwar kann es gegenwärtig der positiven Kenntnis von der Person des Schädigers gleichstehen, wenn der Geschädigte vor dieser Kenntnis förmlich die Augen verschließt. Damit wird aber grob fahrlässige Unkenntnis der positiven Kenntnis *nicht* gleichgestellt. Vielmehr geht es nach der Wertung des § 162 Abs. 1 BGB um Fälle des Rechtsmißbrauchs, in denen die Berufung auf die Unkenntnis als bloße Förmelei angesehen würde.[112] Die Reichweite der vorgesehenen Rechtsänderung wird daher verkannt.[113]

Gegen den Rückgriff auf die grobe Fahrlässigkeit wird zum Teil eingewandt, dieser indiziere eine Rechtspflicht gegenüber dem Schädiger, sich von dem Anspruch Kenntnis zu verschaffen,[114] die in der Tat nicht besteht.[115] Dieser Einwand ist jedoch nicht richtig. Zwar spricht § 276 Abs. 1 S. 1 BGB nur vom Schuldner, der Vorsatz und Fahrlässigkeit zu vertreten hat. Die Legaldefinition der Fahrlässigkeit in § 276 Abs. 1 S. 2 BGB ist aber nicht auf die Sorgfaltspflichten des Schuldners beschränkt. Auch § 932 Abs. 2 BGB knüpft bekanntlich an die (grobe) Fahrlässigkeit des Erwerbers an, ohne daß diesen eine Rechtspflicht trifft, sich nach der Eigentumslage zu erkundigen. Gleiches gilt für § 48 Abs. 2 S. 3 Nr. 3 VwVfG, dem im Amtshaftungsrecht eine große Bedeutung beigemessen wird,[116] oder für § 460 S. 2 BGB. (Grob) fahrlässig können daher auch Obliegenheiten in eigener Sache verletzt werden.

Die Bedenken beruhen vielmehr auf der Konturlosigkeit der groben Fahrlässigkeit,[117] deren Definition in der höchstrichterlichen Rechtsprechung bis heute wenig aussagekräftig geblieben ist. Danach handelt bekanntlich grob fahrlässig, wer unter Berücksichtigung aller Umstände „die im Verkehr erforderliche Sorgfalt in ungewöhnlich großem Maße verletzt" und unbeachtet läßt, „was im gegebenen Fall jedem einleuchten mußte."[118] Die Feststellung dieser Voraussetzungen obliegt dem Tatrichter und wird vom Revisionsgericht - zumal nach der Änderung des Revisionszulassungsrechts (§ 543 Abs. 2 Nr. 2 ZPO

---

112 BGH, Urt. v. 9.7.1996 - VI ZR 5/95, BGHZ 133, 192 (198 f.); Urt. v. 16.12.1997 - VI ZR 408/96, NJW 1998, 988 (989): Urt. v. 17.11.1998 - VI ZR 32/97, NJW 1999, 423 (425); Urt. v. 18.1.2000 - VI ZR 375/98, NJW 2000, 953; Urt. v. 12.12.2000 - VI ZR 345/99, NJW 2001, 964 (965); Urt. v. 6.3.2001 - VI ZR 30/00, NJW 2001, 1721 (1722).
113 BT-Drucksache 14/6040, S. 108.
114 *Zimmermann/Leenen/Mansel/Ernst*, JZ 2001, 684 (687).
115 Vgl. nur BGH, Urt. v. 27.3.2001 - VI ZR 12/00, NJW 2001, 2535 (2536).
116 Vgl. nur BGH, Urt. v. 16.1.1997 - III ZR 117/95, BGHZ 134, 268 (284).
117 Dies gestehen auch *Peters/Zimmermann*, a.a.O. (o. Fußn. 2), S. 306, ein, wollen diese Unsicherheit aber im Interesse der Sache hinnehmen, weil vom Gläubiger ein gewisses Maß an Sorgfalt in eigenen Angelegenheiten erwartet werden könne.
118 RG, Urt. v. 26.5.1933 - VII 69/33, RGZ 141, 129 (131).

n.F.)[119] - nur eingeschränkt überprüft.[120] In einer so zentralen Vorschrift wie § 199 Abs. 1 Nr. 2 RegE auf ein unpräzises und revisionsrechtlich kaum nachprüfbares Tatbestandsmerkmal zurückzugreifen, ist mit der Friedensfunktion des Verjährungsrechts nicht zu vereinbaren.[121]

Auch findet sich die Gleichsetzung der groben Fahrlässigkeit im wesentlichen in Fällen, wo es um die Frage geht, ob ein bestimmter Rechtsschein wie der Besitz einer beweglichen Sache für das Eigentum des Besitzers oder der Erlaß eines begünstigenden Verwaltungsaktes für dessen Rechtmäßigkeit eine hinreichende Verläßlichkeitsgrundlage für einen - jedenfalls im weiteren Sinne - gutgläubigen Rechtserwerb bietet. Auch im Bereich der Sittenwidrigkeit nach § 138 BGB wird die Gleichstellung erwogen, wenn die grobe Fahrlässigkeit die Gewissenlosigkeit einer Bank im Umgang mit ihren Vertragspartnern manifestiert.[122] Beim Verjährungsbeginn fehlt dagegen sowohl ein auf seine Verläßlichkeit zu überprüfenden Rechtsschein als auch eine positiv bekannte Sonderrechtsverbindung.

Auch der Verweis auf § 12 Abs. 1 ProdHaftG[123] geht fehl. Dies liegt freilich nicht daran, daß die Regelung auf zwingendem Gemeinschaftsrecht[124] beruht und daher bewußt vom sonstigen autonomen Recht abweicht.[125] Entscheidend ist vielmehr, daß die Regelung auf spezifischen Besonderheiten dieser strengen Gefährdungshaftung für Körper- und Sachschäden (§ 1 Abs. 1 S. 1 ProdHaftG) beruht, die auch im Verjährungsrecht einen tragfähigen Interessenausgleich erforderlich machen.[126] Als Vorbild für das allgemeine Verjährungsrecht ist § 12 Abs. 1 ProdHaftG daher ungeeignet. Augenscheinlich wird dies daran, daß nach § 12 Abs. 1 ProdHaftG jede (und nicht bloß grob) fahrlässige Unkenntnis die Verjährung in Gang setzt.[127] Eine so weitgehende Berücksichtigung der fahrlässigen Unkenntnis im allgemeinen Verjährungsrecht ist, soweit ersichtlich, nur

---

119 I.d.F. des ZPO-RG v. 27.7.2001, BGBl. I, 1887. Zu der Frage, inwieweit hier auch Verfahrensrügen berücksichtigt werden können, vgl. *Piekenbrock*, NJW 2001, 2610 in Fußn. 14.
120 BGH, Urt. v. 28.5.1998 - I ZR 73/96, WM 1998, 2071 (2072); Urt. v. 9.11.1998 - II ZR 144/97, NJW 1998, 425 (426); Urt. v. 15.11.1999 - II ZR 98/98, WM 2000, 153 (154); Urt. v. 15.2.2000 - XI ZR 186/99, NJW 2000, 2585; Urt. v. 17.10.2000 - XI ZR 42/00, BGHZ 145, 337 (340).
121 So zutreffend *Heinrichs*, NJW 1982, 2021 (2026).
122 RG, Urt. v. 21.12.1933 - VI 196/33, RGZ 143, 49 (51); BGH, Urt. v. 9.7.1953 - IV ZR 242/52, BGHZ 10, 229 (233); Urt. v. 8.2.1956 - IV ZR 287/55, BGHZ 20, 43 (52); Urt. v. 26.4.2001 - IX ZR 337/98, NJW 2001, 2466 (2467).
123 BT-Drucksache 14/6040, S. 108.
124 Art. 10 Abs. 1 der Richtlinie EWG/85/374 v. 25.7.1985, ABl. EG Nr. L 210/29 v. 7.8.1985.
125 Vgl. nur BT-Drucksache 11/2447, S. 24.
126 Vgl. insbesondere den zehnten Erwägungsgrund, ABl. EG Nr. L 210/30 v. 7.8.1985.
127 *Cahn*, in: Münchener Kommentar, BGB, Band 5, 3. Aufl. 1997, § 12 ProdHaftG Rdnr. 1.

von *Heinrichs* vorgeschlagen worden[128] und völlig zu Recht nicht aufgegriffen worden. Es sollte daher beim gegenwärtigen Rechtszustand verbleiben, daß die grob fahrlässige Unkenntnis die Verjährungsfrist nicht in Gang setzt.

Damit steht und fällt aber zugleich das gesamte „subjektiv-gestaffelte Einheitssystem", weil bei der Verjährung vertraglicher Primäransprüche, die an und für sich objektiv angeknüpft werden müßte, jedenfalls das Korrektiv der (groben) Fahrlässigkeit unverzichtbar ist. Denn die bestehenden Vertragsbeziehungen begründen in der Tat eine Obliegenheit, jedenfalls mit der *diligentia quam in suis* (§ 277 BGB) die eigenen Ansprüche zu verfolgen.[129] *Peters* und *Zimmermann*, von denen der Entwurf das Einheitssystem und mit ihm die grobe Fahrlässigkeit übernommen hat, wollten diese gebotene Differenzierung nach der Art des Anspruchs der Rechtsprechung überlassen.[130] Eine so weitreichende richterliche Gestaltungsfreiheit mag der englischen Rechtstradition entsprechen (S. 33 Limitation Act 1980), ist aber für eine kontinentaleuropäische Kodifikation des Verjährungsrechts untauglich.

4. Die Reichweite der regelmäßigen Verjährung

Entgegen ihrem Namen ist die „regelmäßige Verjährungsfrist" nicht die regelmäßige Verjährungsfrist; zu zahlreich und bedeutsam sind die Ausnahmen.

a) Sonderverjährungsregeln im Allgemeinen Teil

Bedeutende Abweichungen finden sich schon im Allgemeinen Teil selbst. So soll die dreißigjährige Verjährung ab Fälligkeit (§ 200 RegE) für die in § 197 Abs. 1 RegE genannten Ansprüche erhalten bleiben, soweit sie nicht auf wiederkehrende Leistungen gerichtet sind (§ 197 Abs. 2 RegE). Die Regelung schreibt im wesentlichen § 218 BGB fort (Nr. 3-5) und erhält - entsprechend dem Vorschlag der Schuldrechtskommission (§ 203 KE) - die alte Regelverjährung für dingliche Herausgabeansprüche (Nr. 1) sowie im Familien- und Erbrecht (Nr. 2). Ob diese letzte Bereichsausnahme eine glückliche Wahl ist, ist allerdings äußerst fraglich. Im Familien- und Erbrecht bestehen schon heute Sonderregelungen, die dem subjektiv gestaffelten System folgen (§§ 1378 Abs. 4, 2332 Abs. 1 BGB).[131] Es hätte daher nahegelegen, auch andere Ansprüche der Regelverjährung zu unterwerfen, was jedoch nur für den geburtsbedingten Unterhalt der unverheirateten Mutter (§ 1615 l BGB) vorgesehen ist.[132]

---

128 *Heinrichs*, NJW 1982, 2021 (2026).
129 Insoweit zutreffend BT-Drucksache 14/6040, S. 108.
130 Vgl. dazu *Peters/Zimmermann*, a.a.O. (o. Fußn. 2), S. 306.
131 Anders freilich § 1302 BGB für die Ansprüche bei Beendigung eines Verlöbnisses und § 1390 Abs. 3 S. 1 BGB für den „anfechtungsrechtlichen" Anspruch des ausgleichsberechtigten Ehegatten gegen Dritte. Im zweiten Fall ist die objektive Anknüpfung zur Haftungsbegrenzung erforderlich.
132 Vgl. BT-Drucksache 14/6040, S. 271.

Für Ansprüche, die auch bisher der Regelverjährung unterlagen, führt § 197 Abs. 1 Nr. 2 RegE in Verbindung mit § 204 S. 2 BGB bzw. § 207 S. 2 RegE zu einer unangemessen langen Frist.[133] So verjährt der Vermächtnisanspruch des *nasciturus* gegen seine Mutter oder seinen Vater erst am Abend des 48. Geburtstags. Wenn es zur Begründung der Sonderregelung heißt, „dass sich die maßgeblichen Verhältnisse mitunter erst lange Zeit nach der Anspruchsentstehung klären lassen (z. B. im Erbrecht infolge späten Auffindens eines Testaments)",[134] würde das subjektiv-gestaffelte System voll und ganz genügen.

Besonders unverständlich ist, daß mit der Neuregelung die dreißigjährige Haftung des Testamentsvollstreckers festgeschrieben werden soll. Bisher ist bekanntlich umstritten, ob auf die Haftung des Testamentsvollstreckers die Regelverjährung (§ 195 BGB)[135] oder - im Anschluß an die neuere Rechtsprechung zur Konkursverwalterhaftung (§ 82 KO a.F.)[136] - § 852 BGB Anwendung findet;[137] eine Klärung durch die Rechtsprechung ist bisher nicht erfolgt.[138] Für das neue Insolvenzrecht (§ 62 InsO) hat der Gesetzgeber die Frage nunmehr - in Anschluß an die Rechtsprechung - zugunsten der kurzen Verjährung geklärt und sogar - im Anschluß an § 51b Alt. 2 BRAO - eine Höchstgrenze von drei Jahren nach Abschluß des Insolvenzverfahrens eingeführt.[139] Wieso der Testamentsvollstrecker dagegen für jede leichte Fahrlässigkeit dreißig Jahre haften soll, läßt sich - auch mit Blick auf Art. 3 Abs. 1 GG - nicht begründen, da in beiden Fällen Verwalter fremden Vermögens betroffen sind. Ein Blick auf die kurze Verjährung im Anwaltsregreß rundet diesen Eindruck ab.

b) Die Gewährleistung im Kaufrecht

Im Schuldrecht ist die wichtigste Bereichsausnahme das Gewährleistungsrecht im Kauf- und Werkvertrag, wobei diese Untersuchung auf das Kaufrecht beschränkt bleiben soll. Danach soll die Verjährung - außer bei Arglist des Verkäufers (§ 438 Abs. 3 RegE) - an die Übergabe oder Ablieferung der Kaufsache anknüpfen (§ 438 Abs. 2 RegE) und - wie bisher - alle Rechtsbehelfe auf Nach-

---

133 In diesem Sinne auch *Zimmermann/Leenen/Mansel/Ernst*, JZ 2001, 684 (694). Nach dem gemeinen Recht war die dreißigjährige Verjährung für Minderjährige daher zu Recht nicht gehemmt (*v. Savigny*, a.a.O. [o. Fußn. 73], Band 4, S. 437 f.).
134 BT-Drucksache 14/6040, S. 106.
135 So *Brandner*, in: Münchener Kommentar, BGB, Band 9, 3. Aufl. 1997, § 2219 Rdnr. 15; *Reimann*, in: Staudinger, BGB, 13. Bearb. 1996, § 2219 Rdnr. 22.
136 BGH, Urt. v. 17.1.1985 – IX ZR 59/84, BGHZ 93, 278 (280 ff.). A.A. noch RG, Urt. v. 25.11.1911 – Rep. VI 571/10, RGZ 78, 186 (190).
137 So *Pickel*, Die Haftung des Testamentsvollstreckers, 1986, S. 198 f.; *Riederer v. Paar*, in: Bengel/Reimann, Handbuch der Testamentsvollstreckung, 2. Aufl. 1998, Kap. 12, Rdnr. 77 ff.
138 RG, Urt. v. 16.7.1936 – IV 77/36, JW 1936, 3388 (3390) spricht zwar gegen eine deliktische Natur des Anspruchs, äußert sich aber zur Frage der Verjährung nicht.
139 Vgl. statt aller *W. Lüke*, in: Kübler/Prütting (Hrsg.), InsO, Stand März 2001, § 62 Rdnr. 1.

erfüllung (§ 439 RegE), Rücktritt (§ 440 RegE), Minderung (§ 441 RegE) und Schadensersatz erfassen. Um den Entwurf insoweit sachgerecht würdigen zu können, ist ein kurzer Rückblick auf die Entstehung des Gewährleistungsrechts unentbehrlich.

Daß Gewährleistungsrechte, soweit sie im Kaufrecht überhaupt gegeben waren, zeitlich befristet sind, entspricht langer Tradition.[140] So war die *actio quanti minoris* (= Minderung) auf ein Jahr befristet, die *actio redhibitoria* (= Wandelung) gar auf sechs Monate.[141] Da jedoch von einem *tempus utile* die Rede ist, vertrat das Reichsgericht die - freilich höchst umstrittene[142] - Auffassung, die genannten Fristen könnten erst ab der Kenntnis von dem Mangel zu laufen beginnen. Anderes könne nur gelten, wenn der Mangel durch Nachlässigkeit unentdeckt geblieben war.[143] Mit dieser käuferfreundlichen Rechtsprechung zum gemeinen Recht befand sich das Reichsgericht in Übereinstimmung mit anderen Rechten innerhalb und außerhalb des Reiches. Dies gilt namentlich für Art. 1648 fr. c.c.[144] und für § 933 ABGB a.F.[145] Auch heute ist diese Doktrin für die Haftung bei *vices cachées* - außer in Frankreich selbst - im französisch geprägten Beneluxraum vorherrschend.[146]

Die objektive Anknüpfung, die insbesondere im Bereich des preußischen Rechts (I 5 §§ 343, 345 ALR) praktiziert wurde, entspricht dagegen den Bedürfnissen des Handelsverkehrs nach Rechtssicherheit und der zeitlichen Begrenzung der Gewährleistungshaftung des Verkäufers.[147] Aus diesem Grund knüpfte Art. 349 Abs. 1 ADHGB an die Übergabe der Kaufsache an und statu-

---

140 Vgl. zum alten deutschen Recht nur *Unterholzner*, a.a.O. (o. Fußn. 70), Band 2, S. 305 ff.
141 Vgl. *Ulpianus*, D. 21.1.19.6.
142 Vgl. insbesondere *v. Savigny*, a.a.O. (o. Fußn. 73), Band 4, S. 433 ff.
143 RG, Urt. v. 11.5.1888 - Rep. III 81/88, RGZ 21, 162 (164).
144 Danach ist die *action résultant des vices rédhibitoires „en bref délai"* gerichtlich geltend zu machen. Zwar gehört die Bestimmung der Frist zur Domäne des Tatrichters (Cass. com. v. 18.7.1966, Bull. civ. 1966 III, Nr. 362, S. 320; belg. Cass. 1re civ. v. 23.3.1984, PaS. 1984, 867 [868]), doch läuft sie nicht vor Kenntnis des Mangels an (Cass. com. v. 18.2.1974, J.C.P. 1974 II, 17798 mit Anm. *Thuillier*; v. 18.2.1992, Bull. civ. 1992 IV, Nr. 82, S. 59). Ganz ähnliche Regelungen bestanden in den Niederlanden (Art. 1547 ndl. BW 1837) und in Italien (Art. 1505 it. c.c. 1865).
145 Danach betrug die Gewährleistungsfrist bei Immobilien drei Jahre und bei Fahrnis sechs Monate. Zwar lief diese Frist grundsätzlich ab der Ablieferung. Dem Käufer stand jedoch der Beweis offen, daß der Mangel vorher nicht zu erkennen war (*v. Stubenrauch/v. Cramer*, Commentar zum österreichischen allgemeinen bürgerlichen Gesetzbuche, Band 2, 8. Aufl. 1903, § 933 Anm. 2.b).
146 Vgl. namentlich Art. 1648 lux. c.c. (i.d.F. des Gesetzes vom 15.5.1987, Mém. A Nr. 36 v. 29.5.1987, S. 570); Art. 7:23 Abs. 1 ndl. NBW.
147 Lutz (Hrsg.), Protokolle der Kommission zur Berathung eines allgemeinen deutschen Handelsgesetzbuches, 74. Sitzung v. 25.5.1857, Band 2, 1858, S. 659, 661; ROHG, Urt. v. 23.10.1874, ROHGE 15, 126 (128); Hahn, Commentar zum Allgemeinen Deutschen Handelsgesetzbuch, Band 2, 2. Aufl., 1875, Art. 349 § 5 a.E.

ierte damit das objektive System. Soweit danach Klagen und Einreden wegen solcher Mängel ausgeschlossen sind, die erst nach Ablauf von sechs Monaten aufgetreten sind, liegt eindeutig eine Haftungsbegrenzung vor. Bei der Befristung der Rechtsbehelfe aus bereits erkannten Mängeln kann man dagegen von Verjährung im klassischen Sinne sprechen.[148]

Die Übernahme dieser Regelung ins Kaufrecht des BGB wurde zwar beweisrechtlich begründet, „weil die Ermittlung und Feststellung von Qualitätsmängeln nach Verlauf längerer Zeit kaum ausführbar und für den Verkehr die Zulassung des Zurückgreifens auf solche Mängel nach längerer Zeit im höchsten Grade lästig und hemmend ist."[149] Doch ist diese Begründung im Grunde nichtssagend[150] und wird erst dann verständlich, wenn man „Verkehr" durch „Verkäufer" ersetzt.[151] Es bleibt also dabei, daß die objektive Anknüpfung haftungsbegrenzende Wirkung hat. Sie beizubehalten, erscheint sachgerecht und entspricht - zum Teil mit Rügeobliegenheiten gekoppelt - internationalen Vorbildern.[152]

Ändern soll sich neben der Verlängerung der Gewährleistungsfrist auch die dogmatische Ausgestaltung des Gewährleistungsrechts. Statt ein Recht *auf* Wandelung oder Minderung (§ 462 BGB) zu haben, soll der Käufer nunmehr einseitig zurücktreten oder den Kaufpreis mindern können (§§ 437 Nr. 2, 441 Abs. 1 RegE).[153] Wenn § 438 Abs. 1 RegE dagegen die Verjährung der „in § 437 bezeichneten Ansprüche" regelt, stellt man daher konsterniert fest, daß es sich dort zum Teil gar nicht um Ansprüche im Sinne des § 194 Abs. 1 RegE handelt, sondern um einseitige Willenserklärungen, die zwar befristet sein, aber nicht verjähren können. Wandelung und Minderung sind ja gerade deshalb als Anspruch (§ 462 BGB) ausgestaltet worden, damit das allgemeine Verjährungsrecht unmittelbar Anwendung finden konnte.[154] Bei einseitigen Erklärungen wie etwa der Anfechtung kommt dagegen nur eine entsprechende Anwendung in Betracht (vgl. § 124 Abs. 2 S. 2 BGB). Der Gesetzgeber hat dies erkannt und

---

148 *Gareis/Fuchsberger*, Das Allgemeine Deutsche Handelsgesetzbuch, 1891, Art. 337 - 359 Anm. 176. Diese Unterscheidung findet sich auch in Art. 39 CISG. Abs. 2 regelt die Haftungsbeschränkung auf zwei Jahre. Die Verjährung der Ansprüche aus rechtzeitig (Abs. 1) gerügten Mängeln richtet sich dagegen nach Art. 8 ff. UN-VerjÜbk (o. Fußn. 107) oder dem jeweils anwendbaren nationalen Verjährungsrecht (Art. 3 des Ratifikationsgesetzes v. 5.7.1989, BGBl. II., 586).
149 Motive II, 238.
150 So zutreffend *Leenen*, a.a.O. (o. Fußn. 2), S. 8.
151 So treffend *Schmidt*, NJW 1962, 710.
152 Vgl. Art. 1490 sp. c.c.; Art. 210 schw. OR; § 933 ABGB i.d.F. der Dritten Teilnovelle vom 19.3.1916 (öRGBl. Nr. 69, S. 135), der sich an Art. 349 ADHGB anlehnt (*Klang/Gschnitzer*, ABGB, Band 4/1, 2. Aufl. 1968, § 933 vor Anm. I, S. 550); Art. 1495 Abs. 1, 3 it. c.c.
153 Vgl. insbesondere BT-Drucksache 14/6040, S. 220 f. Zur Wandelung ausdrücklich zustimmend *Canaris*, ZRP 2001, 329 (332).
154 Motive II, 238 f.

will in § 218 Abs. 1 RegE (i.V.m. § 441 Abs. 5 RegE) Rücktritt (und Minderung) für unwirksam erklären, wenn der Nacherfüllungsanspruch verjährt ist.[155] Dies zeigt, daß letztlich die - vom Gemeinschaftsrecht (Art. 5 Abs. 1 S. 2 der Verbrauchsgüterkaufrichtlinie) „geduldete" - Koppelung des Gewährleistungsrechts an das Verjährungsrecht insgesamt falsch ist. Unsere romanischen Nachbarn gehen hier bekanntlich von *déchéance* aus.[156]

Keine Veränderung ist vorgesehen, wenn § 438 RegE auch die Ansprüche auf Schadensersatz nach § 437 Nr. 3 RegE erfaßt, worunter sowohl Mangelfolgeschäden als auch „Schadensersatz statt der Leistung" fällt. Die Ansicht, nur bei der verschuldensunabhängigen Gewährleistung seien die Kürze der Frist und die objektive Anknüpfung gerechtfertigt,[157] hat sich also nicht durchgesetzt. Dies erscheint zumindest vertretbar, da die Exkulpation für den Verkäufer außerordentlich schwierig ist und dieser bei *unbewußter* Fahrlässigkeit in gleicher Weise schutzwürdig erscheint, zumal die spezialgesetzliche Produkthaftung für Körperverletzungen fortbesteht. Die beweisrechtliche Begründung des Reichsgerichts, die Feststellung der Beschaffenheit im Zeitpunkt des Gefahrübergangs sei nach längerer Zeit nicht mehr sicher möglich, erscheint hingegen insbesondere bei langlebigen Wirtschaftgütern verfehlt.

Wenn man diesen Weg geht, sollte man ihn aber auch konsequent zu Ende gehen und konkurrierende deliktische Ansprüche derselben Verjährung unterwerfen (vgl. § 200 KE). Der Entwurf sieht dies dagegen nicht vor und will die Behandlung der weiterfressenden Mängel der Rechtsprechung überlassen.[158] Der BGH wird also noch viel Hirnschmalz auf die Abgrenzung des Integritäts- vom stoffgleichen Erfüllungsinteresse verwenden können[159] und behaupten, er vollziehe nur das Gesetz.[160] Wenn der Entwurf suggeriert, Wertungswidersprüche würden gleichwohl vermieden, „weil die dann geltende regelmäßige Verjährung auf ein ausreichendes Maß reduziert wird,"[161] so ist dies schlicht irreführend, da selbst § 199 Abs. 2 S. 1 den Eintritt des Schadens voraussetzt, ohne den der Anspruch nicht fällig sein kann,[162] und erst § 199 Abs. 3 RegE eine äußerste zeitliche Grenze der Haftung bewirkt. Richtig wäre es daher, § 438 RegE nach

---

155 BT-Drucksache 14/6040, S. 226. Vgl. zur Unmöglichkeit *Knütel*, NJW, 2001, 2519.
156 So nunmehr ausdrücklich Art. 1648 Abs. 1 lux. c.c. n.F. (o. Fußn. 146).
157 *Eidenmüller*, JZ 2001, 283 (286); *Zimmermann/Leenen/Mansel/Ernst*, JZ 2001, 684 (689); *Canaris*, ZRP 2001, 329 (335 f.).
158 BT-Drucksache 14/6040, S. 229. Kritisch zu Recht *Foerste*, ZRP 2001, 342.
159 Vgl. insbesondere BGH, Urt. v. 11.1.1978 - VIII ZR 1/77, NJW 1978, 1051; Urt. v. 24.6.1981 - VIII ZR 96/80, NJW 1981, 2248; Urt. v. 12.2.1992 - VIII ZR 276/90, BGHZ 117, 183 (187); Urt. v. 24.3.1992 - VI ZR 210/91, NJW 1992, 1678; Urt. v. 14.5.1996 - VI ZR 158/95, NJW 1996, 2224; Urt. v. 31.3.1998 - VI ZR 109/97, BGHZ 138, 230 (236); Urt. v. 12.12.2000 - VI ZR 242/99, BGHZ 146, 144.
160 So namentlich *Steffen*, VersR 1988, 977.
161 BT-Drucksache 14/6040, S. 229.
162 So zutreffend *Foerste*, ZRP 2001, 342.

der erheblichen Verlängerung der Gewährleistungsfristen entsprechend § 558 Abs. 1 BGB a.f. auf *alle* Ansprüche auszudehnen, die in der Sachbeschaffenheit der Kaufsache wurzeln. Damit wäre auch der Tankverwechselungsfall zufriedenstellend gelöst.

c)   Verjährungsfristen außerhalb des BGB

Auch bei den zahllosen Verjährungsfristen außerhalb des BGB soll das subjektiv-gestaffelte System nach § 200 RegE nicht zur Anwendung kommen. Dies dürfte darauf beruhen, daß es schlicht an der Zeit gefehlt hat, die einzelnen Tatbestände auf ihre Vereinbarkeit mit dem Paradigmenwechsel abzuklopfen.[163] Oder aber es sollte vermieden werden, daß die von der Änderung betroffenen Interessengruppen das Reformwerk insgesamt zu Fall bringen. Dies erscheint durchaus denkbar, wenn etwa die Verjährung der rechtsberatenden Berufe an die Kenntnis vom Anspruch geknüpft worden wäre. Denn das Ziel der Verjährungsregelung bei Rechtsanwälten und Steuerberatern ist eindeutig eine zeitliche Haftungsbeschränkung.[164]

Es gehört zu den besonderen Schwächen des Entwurfs, daß keine Harmonisierung der Sonderfristen außerhalb des BGB vorgesehen ist,[165] obwohl die Entwurfsbegründung selbst die vielen Sonderverjährungsvorschriften beklagt.[166] So soll beispielsweise § 88 HGB erhalten bleiben, obwohl die Regelung ihrer Zielsetzung nach auf §§ 196 Abs. 2, 201 BGB abgestimmt ist.[167] Es ist abzusehen, daß diese notwendige Harmonisierung nicht mehr erreicht werden wird, wenn die Reform wie vorgesehen in Kraft tritt. Im besonderen Verjährungsrecht sind nur punktuelle Änderungen vorgesehen. So sollen bisherige Ausschlußfristen im Seetransportrecht (§ 612 Abs. 1 HGB) in Verjährungsfristen umgewandelt werden.[168] Ansonsten sind nur redaktionelle Änderungen vorgesehen, die nicht einmal vollständig sind.[169]

---

163   *Zimmermann/Leenen/Mansel/Ernst*, JZ 2001, 684 (687).
164   Vgl. *Bloch*, JW 1907, 647 (648); *Hellwig*, JW 1910, 305 (308). Zu § 32a RAO (i.d.F. des Gesetzes v. 22.5.1910, RGBl. 772) vgl. Verhandlungen des Reichstags, Band 273, Anlage Nr. 309, S. 33 f. Zu § 51 BRAO a.F. vgl. BT-Drucksache III/120, S. 79, Sten. Prot. des Rechtsausschusses, Nr. 16 v. 28.3.1958, S. 12; BT-Drucksache III/778, S. 6. Zu § 29a StBerG (i.d.F. des Gesetzes v. 11.8.1972, BGBl. I, 1401) vgl. BT-Drucksache VI/3456, S. 6.
165   So schon zum Kommissionsentwurf zu Recht *Haug*, a.a.O. (o. Fußn. 43), S. 15.
166   BT-Drucksache 14/6040, S. 89.
167   Vgl. nur *Unterrieder*, a.a.O. (o. Fußn. 43), S. 176 f.
168   Vgl. dazu BT-Drucksache 14/6040, S. 281.
169   So wäre es erforderlich, die Verweisung auf „die für unerlaubten Handlungen geltenden Verjährungsvorschriften des Bürgerlichen Gesetzbuchs" (§ 39 LuftVG; § 14 StVG; § 11 HPflG; § 17 UmweltHG) anzupassen. Oder soll hier auf die in diesen Fällen wohl kaum relevante Bereicherungshaftung nach § 852 S. 1 RegE verwiesen werden?

d) Der Anwendungsbereich der regelmäßigen Verjährung

Der Anwendungsbereich der §§ 195, 199 Abs. 1 RegE würde sich demnach auf die Ansprüche beschränken, die bisher der dreißigjährigen Regelverjährung unterlagen. Dies gilt insbesondere für konkurrierende Anspruchsgrundlagen wie die Haftung aus enteignungsgleichem Eingriff,[170] etwa bei rechtswidriger Verweigerung einer Baugenehmigung,[171] oder Eingriffen in den Gewerbebetrieb.[172] Desweiteren würde die Haftung aus *culpa in contrahendo* nunmehr angemessen begrenzt, zumal diese bekanntlich auch dazu dient, die Voraussetzungen der Arglistanfechtung (§§ 123, 124 BGB) auszuhöhlen.[173] Schließlich käme das subjektive System unter anderem im Bereicherungsrecht sowie bei der Geschäftsführung mit und vor allem ohne Auftrag zur Anwendung. Die Harmonisierung der Verjährung bei konkurrierenden Ansprüchen ist grundsätzlich zu begrüßen. Gleiches gilt für die Verkürzung der Fristen im dargestellten Umfang. Die weitreichende Beibehaltung des objektiven Systems wird freilich dazu führen, daß viele der zu Recht beklagten Verwerfungen im Verjährungsrecht wie die deliktische Haftung bei weiterfressenden Mängeln und die anwaltliche Sekundärhaftung bestehen bleiben werden. Der Entwurf bleibt damit leider auf halbem Wege stehen.

III. Vereinbarungen über die Verjährung

Außerordentlich zu begrüßen ist, daß Vereinbarungen über die Verjährung nunmehr weiträumig zulässig sein sollen (§ 202 RegE).[174] Das weit verbreitete Verbot, die Verjährung durch Rechtsgeschäft zu erschweren oder auf die Einrede im voraus zu verzichten,[175] entstammt der gemeinrechtlichen Klagenverjährung (*praescriptio pactis privatorum mutari non potest*), die die Verjährung prozessual definiert und in die Nähe der für die Parteien bindenden Fristen des

---

170 BGH (GSZ), Beschl. v. 12.4.1954 – GSZ 1/54, BGHZ 13, 88 (98).
171 BGH, Urt. v. 3.7.1997 - III ZR 205/96, BGHZ 136, 182 (184); Urt. v. 18.6.1998 - III ZR 100/97, NVwZ 1998, 1329 (1330).
172 BGH, Urt. v. 4.6.1981 - III ZR 31/80, BGHZ 81, 21 (33); Urt. v. 13.7.2000 – III ZR 131/99, NVwZ-RR 2000, 744; Beschl. v. 28.6.2001 - III ZR 286/00, Umdruck, S. 6.
173 BGH, Urt. v. 31.1.1962 - VIII ZR 120/60, NJW 1962, 1196 (1198); Urt. v. 11.5.1979, V ZR 75/78, NJW 1979, 1983 (1984); Urt. v. 22.2.1984 - IVa ZR 63/82, NJW 1984, 2814 (2815); Urt. v. 16.1.1985 - VIII ZR 317/83, NJW 1985, 1769 (1771); Urt. v. 24.5.1993 - II ZR 136/92, NJW 1993, 2107; Urt. v. 26.9.1997 - V ZR 29/96, NJW 1998, 302 (303).
174 Aus ökonomischer Sicht zustimmend *Eidenmüller*, JZ 2001, 283 (286).
175 Vgl. § 225 S. 1 BGB; Art. 2220 fr. c.c.; § 1502 ABGB; Art. 129, 141 schw. OR; Art. 2936 it. c.c.; Art. 300 port. c.c.; § 474 Abs. 2, 3 ZGB-DDR; § 118 VertragsG-DDR; Art. 322 Abs. 3 ndl. NBW; Art. 198 Abs. 1 russ. ZGB; Art. 22 Abs. 1 UN-VerjÜbk (o. Fußn. 107).

Prozeßrechts gerückt hat.[176] Diese Begründung hat hierzulande ihre Berechtigung schon lange verloren.

Auch in der Praxis hat sich die Regelung nicht bewährt, sondern zu Verwerfungen und Ungerechtigkeiten geführt. So ist ein Verzicht auf die Einrede im voraus nach § 134 BGB nichtig, wenn die Fristverlängerung nicht ausdrücklich erlaubt ist.[177] Versuche, dieses Ergebnis durch teleologische Reduktion der Verbotstatbestände zu vermeiden,[178] haben sich nicht durchsetzen können. Da es an den tatsächlichen Voraussetzungen für ein Stillhalteabkommen (§ 202 Abs. 1 BGB) zumeist fehlt,[179] tritt die Verjährung trotz des Verzichts ein. Wird der unwirksame Verzicht widerrufen, steht dem Gläubiger gegen die Verjährung zunächst die *replicatio doli* zu.[180] Doch bleibt ihm nur wenig Zeit, die Verjährung nunmehr zu unterbrechen;[181] fünfeinhalb Wochen werden hierzulande als sehr viel empfunden.[182]

Der Verjährungsverzicht ist in der Praxis weit verbreitet und dient auch dem Schutz des Schuldners vor überstürzten Klagen zur Unterbrechung der Verjährung. Es trifft daher nicht zu, daß die Verlängerung der Verjährung dringenden Interessen des Schuldners widerspricht.[183] Einen ersten Schritt in die richtige Richtung haben zweifellos § 477 Abs. 1 S. 2 BGB sowie § 414 Abs. 1 S. 2 HGB a.F. (i.V.m. §§ 423, 439 S. 1 HGB a.F., 26 BinSchG a.F.) und nunmehr § 439 Abs. 4 HGB n.F. (i.V.m. §§ 463, 475a HGB n.F.) gemacht, wonach (individualvertragliche) Vereinbarungen zulässig sind. Freilich sollte bei der zu begrüßenden Liberalisierung des Verjährungsverzichts eine Harmonisierung mit der zuletzt genannten Vorschrift erfolgen.

Damit wird aber nicht der schrankenlosen Freigabe von Verjährungsvereinbarungen das Wort geredet. Das Verbot, die Verjährung zu verlängern, wurde vielfach mit Gründen des Gemeinwohls gerechtfertigt;[184] in anderem Zusam-

---

176 Vgl. insbesondere *v. Savigny*, a.a.O. (o. Fußn. 73), Band 5, S. 411 f.; Motive I, 332.
177 Vgl. zuletzt BGH, Urt. v. 19.4.2001 - I ZR 340/98, BGH-Rp 2001, 533 (534).
178 Vgl. etwa *Mader*, JBl. 1986, 1 ff.; *ders.*, in: Schwimann (Hrsg.), ABGB, Band 7, 2. Aufl. 1997, § 1502 Rdnr. 1; *Kessler*, Der Verjährungsverzicht im Schweizerischen Privatrecht, 2000, S. 85 ff.
179 Vgl. nur BGH, Urt. v. 6.7.2000 - IX 134/99, NJW 2000, 2661 (2662); Urt. v. 14.12.2000 - IX ZR 332/99, NJW 2001, 826.
180 Österr. OGH v. 13.6.1975, SZ 48/67, S. 332 f.
181 Vgl. nur BGH, Urt. v. 6.12.1990 - VII ZR 126/90, NJW 1991, 974 (975); Urt. v. 18.12.1997 - IX ZR 180/96, NJW 1998, 1488 (1491).
182 Vgl. jüngst OLG Düsseldorf, Urt. v. 9.2.2001 - 22 U 171/00, NJW 2001, 2265. Großzügiger dagegen wohl österr. OGH, v. 26.2.1974, SZ 47/17, S. 94.
183 So aber ohne jede Begründung *Peters/Zimmermann*, a.a.O. (o. Fußn. 2), S. 311.
184 So ausdrücklich RG, Urt. v. 20.4.1912 - Rep. V 341/11, RGZ 79, 268 (269) (zur Unwirksamkeit eines nach I 9 § 565 ALR wirksam erklärten Verjährungsverzichts nach dem 1.1.1990); Urt. v. 29.4.1932 - II 478/31, RGZ 136, 193 (195); Botschaft des Bundesrathes zum Entwurf eines schw. OR vom 27.11.1979, S. 36. A.A. *Spiro*, Die Begren-
(Fortsetzung auf der nächsten Seite)

menhang war gar von „rechtspolizeilichen Zwecken" die Rede.[185] Dann ist es aber nur konsequent, die Verlängerung kurzer, im wesentlichen haftungsbeschränkender Fristen zuzulassen, solange - unterhalb von dreißig Jahren - Belange des Allgemeinwohls nicht berührt werden.[186] Es ist daher angemessen, daß die rechtsgeschäftliche Verlängerung auf dreißig Jahre begrenzt werden soll (§ 202 Abs. 2 RegE). Aus demselben Grunde wurde auch die Verlängerung der Verjährung nach § 414 Abs. 1 S. 2 HGB a.F. nur bis zur Regelverjährung von dreißig Jahren zugelassen.[187] Dann sollten aber auch die Hemmungstatbestände - außer bei der Verjährung durch Rechtsverfolgung (§ 204 RegE) - auf eine Maximalfrist von dreißig Jahren begrenzt werden.

IV. Hemmung der Verjährung

1. Harmonisierung von Hemmungstatbeständen

Im Bereich der Hemmung und (bisher) Unterbrechung der Verjährung führt der Entwurf in mehreren Bereichen zur Rechtsharmonisierung. So ist es zu begrüßen, daß die Hemmung durch Ersatzverhandlungen (vgl. § 852 Abs. 2 BGB) nunmehr dem allgemeinen Verjährungsrecht zugeordnet wird (§ 203 RegE). Die bisherige Rechtsprechung zur analogen Anwendung der §§ 639 Abs. 2, 852 Abs. 2 BGB war unübersichtlich und von Kasuistik geprägt.[188] Gleiches gilt für das selbständige Beweisverfahren (§§ 477 Abs. 2 BGB, 204 Abs. 1 Nr. 7 RegE), dessen verjährungsunterbrechende Wirkung die BGH insbesondere im Mietrecht bisher nicht anerkannt hatte.[189] Insoweit hat allerdings schon § 548 Abs. 3 BGB n.F. Abhilfe geschaffen, der im weiteren Gesetzgebungsverfahren wieder zu streichen sein wird.

---

zung privater Rechte durch Verjährungs-, Verwirkungs- und Fatalfristen, Band I, 1975, S. 23; *Heinrichs*, Karlsruher Forum 1991, S. 3 (7).

185 Motive I, 299, 300.
186 Für eine Differenzierung nach dem Zweck der Verjährung auch *Oetker*, a.a.O. (o. Fußn. 3), S. 67.
187 *Schröder*, in: Schlegelberger, HGB, Band VI, 5. Aufl. 1977, § 414 Rdnr. 2; *Bydlinski*, in: Münchener Kommentar, HGB, Band 7, 1997, § 414 Rdnr. 51.
188 BGH, Urt. v. 5.4.1984 - IX ZR 71/83, NJW 1984, 2935 (2936); Urt. v. 4.2.1987 - VIII ZR 355/85, NJW 1987, 2072 (2073); Urt. v. 15.12.1988 - IX ZR 33/88, NJW 1990, 326 (327); Urt. v. 28.10.1993 - I ZR 220/91, BGHZ 123, 394 (397); Urt. v. 28.2.1996 - VIII ZR 241/94, NJW 1996, 1962 (1964); Urt. v. 20.11.1996 - VIII ZR 184/95, NJW 1997, 727 (728); Urt. v. 17.12.1997 - VIII ZR 231/96, NJW-RR 1998, 680 (682).
189 BGH, Urt. v. 23.11.1994 - XII ZR 150/93, BGHZ 128, 75 (79 f.) m.w.N.; Urt. v. 18.10.2000 - XII ZR 85/98, NJW 2001, 218 (219).

2. Hemmung durch gerichtliche Rechtsverfolgung (§ 204 RegE)

Der Entwurf stuft viele Tatbestände, die früher die Unterbrechung der Verjährung bewirkt haben (§§ 209, 477 Abs. 2 BGB), zu Hemmungstatbeständen zurück. Dies gilt namentlich für die gerichtliche Geltendmachung des Anspruchs (§ 204 RegE). Der Entwurf folgt damit der Kritik, die gerichtliche Geltendmachung des Anspruchs, die auf einen gerichtlichen Titel gerichtet sei, dürfe die Verjährung nicht unterbrechen, weil dies eine überschießende Wirkung sei.[190] Freilich kommt diese Frage nach bisherigem Recht nur selten zum Tragen. Hat die Klage Erfolg, liegt ein rechtskräftig festgestellter Anspruch vor, der auch weiterhin der dreißigjährigen Verjährung unterliegen soll (§ 197 Abs. 1 Nr. 3 RegE). Auf die ursprüngliche Verjährungsfrist kommt es daher nicht mehr an.[191] Findet der Prozeß dagegen auf andere Weise als durch Sachurteil sein Ende, entfiel schon nach bisherigem Recht die Unterbrechungswirkung (§ 212 Abs. 1 BGB), wenn sie nicht durch erneute Klageerhebung innerhalb eines halben Jahres wiederholt wurde (§ 212 Abs. 2 BGB). Im wesentlichen stimmt dies mit der neuen Regelung überein, wonach die Hemmung sechs Monate nach der anderweitigen Erledigung des Verfahrens endet (§ 204 Abs. 2 S. 1 BGB). Ergebnisrelevant ist die Neuerung insbesondere beim Stillstand des Verfahrens (§ 211 Abs. 2 S. 1 BGB), da dieser hierzulande nicht zur Beendigung des Prozeßrechtsverhältnisses führt.[192] Dort soll keine neue Frist mehr anlaufen (§ 217 BGB),[193] sondern die Hemmung sechs Monate nach der letzten Prozeßhandlung enden (§ 204 Abs. 2 S. 1 RegE). Dies erscheint sachgerecht, da in den Fällen, wo der Stillstand des Verfahrens auf Parteivereinbarungen beruht, etwa ein Musterverfahren abzuwarten, eine Hemmung nach § 203 RegE vorgesehen ist.

3. Hemmung durch außergerichtliche Rechtsverfolgung?

Bedauerlich ist, daß sich der Entwurf auch bei kurzen Verjährungsfristen nicht der Möglichkeit öffnet, die Verjährung von Seiten des Gläubigers einseitig außergerichtlich zu hemmen. Ihre dogmengeschichtliche Begründung findet diese „Justizlastigkeit" der Rechtsverfolgung in den grundlegenden Quellen zur dreißigjährigen *longi temporis praescriptio*, die die außergerichtliche Rechtsverfolgung für irrelevant erklärten.[194] Es darf daher mit Fug und Recht gefragt werden, ob nicht jedenfalls kürzere, objektiv angeknüpfte Verjährungsfristen, die im wesentlichen der Haftungsbeschränkung dienen, außergerichtlich gehemmt werden sollten. So ist es etwa im Anwaltsregreß mißlich, daß die außergericht-

---

190 *Peters/Zimmermann*, a.a.O. (o. Fußn. 2), S. 308.
191 So schon *v. Savigny*, a.a.O. (o. Fußn. 73), Band 5, S. 322, 324 f.
192 Vgl. dagegen *Piekenbrock*, a.a.O. (o. Fußn. 53), S. 181.
193 Vgl. nur *v. Savigny*, a.a.O. (o. Fußn. 73), Band 5, S. 322 f.
194 Vgl. nur *Theodosius II.*, C. 7.39.3.1 und dazu *Amelotti*, a.a.O. (o. Fußn. 33), S. 222; *v. Savigny*, a.a.O. (o. Fußn. 73), Band 5, S. 315 f.; *Windscheid/Kipp*, a.a.O. (o. Fußn. 65), S. 560 f.

liche Inanspruchnahme für die Verjährung irrelevant ist und bei spätem Schadenseintritt sofort (Feststellungs-)Klage erhoben werden muß.

Verschiedene ausländische Rechtsordnungen lassen die Unterbrechung der Verjährung durch einseitige außergerichtliche Handlungen zu.[195] Unterhalb der Friedensfunktion der Maximalfrist von dreißig Jahren erscheint eine außergerichtliche Inanspruchnahme in der Tat hinreichend, um den Rechtsdurchsetzungswillen des Gläubigers zu dokumentieren oder das Vertrauen des Schuldners zu erschüttern.[196] Bedenkt man beispielsweise, daß sich der Bürge sogar noch nachträglich (§ 767 Abs. 2 ZPO) auf die Verjährung der verbürgten Schuld berufen kann,[197] so hat der Gläubiger ein legitimes Interesse, gegenüber dem vermögenslosen Schuldner die Verjährung kostengünstig zu unterbrechen.[198] Da es für eine Streitverkündung an der erforderlichen Abhängigkeit fehlt,[199] wäre die Hemmung der Verjährung durch außergerichtliche Rechtsverfolgung hier ein adäquates Mittel.

Als Vorbild käme § 439 Abs. 3 HGB in Betracht. Diese Regelung geht über den bisherigen § 414 Abs. 3 HGB a.F. hinaus, der - wie § 479 BGB - bei rechtzeitiger Anzeige nur die Aufrechnung zuließ und dadurch § 390 S. 2 BGB verschärfte.[200] Eine einseitige Hemmungsmöglichkeit durch Anzeige des Schadens oder Reklamation bestand auch nach § 94 Abs. 3 EVO und besteht nach Art. 32 Abs. 2 CMR oder nach Art. 58 § 3 CIM.

V. Die Aufrechnung mit einer verjährten Forderung

Fraglich ist schließlich, ob auch weiterhin die Aufrechnung mit einer verjährten Gegenforderung möglich sein sollte, wenn die Aufrechnungslage in unverjährter Zeit gegeben war (§ 215 RegE). Diese Vorschrift geht auf die Aktionenverjährung und die Kompensation des gemeinen Rechts zurück. Die gemeinrechtliche Aktionenlehre beruhte bekanntlich auf der Vorstellung, daß ein Klagerecht immer erst aus einer Rechtsverletzung erwächst.[201] Durch die Aktionenverjährung konnte daher nicht die Schuldforderung erlöschen, sondern nur die Klag-

---

195 Art. 1.973 sp. c.c.; Art. 2943 Abs. 4 it c.c.; Art. 3:317 Abs. 1 ndl. NBW.
196 A.A. freilich Motive I, 330; *Spiro*, a.a.O. (o. Fußn. 184), S. 289 ff.
197 BGH, Urt. v. 12.3.1980 - VIII ZR 115/79, BGHZ 76, 222 (224); Urt. v. 9.7.1998 - IX ZR 272/96, BGHZ 139, 214 (216 ff.); Urt. v. 5.11.1998 - IX ZR 48/98, NJW 1999, 278 (279); Urt. v. 6.7.2000 - IX ZR 206/99, NJW-RR 2000, 1717.
198 So auch *Spiro*, a.a.O. (o. Fußn. 184), S. 290.
199 Vgl. nur BGH, Urt. v. 18.12.1961 - III ZR 181/60, BGHZ 36, 212 (215); Urt. v. 9.10.1975 - VII ZR 130/73, BGHZ 65, 127 (130 f.); Urt. v. 22.12.1977 - VII ZR 94/76, BGHZ 70, 187 (189).
200 *Bydlinski*, in: Münchener Kommentar, HGB, Band 7, 1997, § 414 Rdnr. 76.
201 Vgl. nur *v. Savigny*, a.a.O. (o. Fußn. 73), Band 5, S. 5.

barkeit, so daß sich die (klagbare) *civilis obligatio* in eine (unklagbare) *naturalis obligatio* umwandelte.[202] Um die Kompensation im Prozeß geltend zu machen, bedurfte es aber keiner *actio*, sondern lediglich einer *exceptio*.[203] Die Konsequenz, die *exceptio compensationis* auch dann zuzulassen, wenn die *actio* schon bei Eintritt der Aufrechnungslage verjährt war,[204] wurde aber schon im gemeinen Recht nicht immer gezogen.[205]

Seit *Windscheid* die *actio* hingegen als den gerichtlich verfolgbaren Anspruch definiert hat, der der Verjährung unterliegt,[206] und § 194 BGB ihm insoweit gefolgt ist, müßte die Aufrechnung mit dem verjährten Anspruch ausgeschlossen werden,[207] weil die Verjährung „den Anspruch und damit im Resultat die Obligation vernichtet".[208] Nur diese Lösung würde auch dem Zwecke der Verjährung entsprechen, über alte Ansprüche endgültig Klarheit zu gewinnen.[209]

Wenn sich der Gesetzgeber in § 390 S. 2 BGB anders entschieden hat, zeigt dies, daß der vorherige Rechtszustand im Ergebnis doch beibehalten werden sollte.[210] Denn allein mit der Rückwirkung der Aufrechnung läßt sich § 390 S. 2 BGB nicht erklären.[211] Im Kaufrecht soll sich dies nun noch verstärken, weil der Mangel zur Erhaltung der Aufrechnungslage nicht mehr wie bisher (§ 479 BGB) rechtzeitig angezeigt worden sein muß.[212] Man kann daher mit Fug und

---

202   *Unterholzner*, a.a.O. (o. Fußn. 70), Band 2, S. 309; *v. Savigny*, a.a.O. (o. Fußn. 73), Band 5, S. 378 f.
203   OAG Jena, Erk. v. 31.8.1851, SeuffA 21, Nr. 7; AG Celle, Urt.v. 4.3.1870, SeuffA 24, Nr. 4. Zu Art. 349 ADHGB vgl. ROHG, Urt. v. 23.10.1874, ROHGE 15, 126 (129 f.).
204   So namentlich *v. Savigny*, a.a.O. (o. Fußn. 73), Band 5, S. 403 f.
205   Vgl. *v. Löhr*, AcP 10 (1827), S. 66 (72 f.); OAG Dresden, Erk. v. Jan. 1855, SeuffA 9, Nr. 253.
206   *Windscheid*, Die actio des römischen Zivilrechts, 1856, S. 5 f., 37 f.
207   So in der Tat § 281 Abs. 2 des Ersten Entwurfs (vgl. Motive II, 106), wonach die Aufrechnung mit einer verjährten Forderung genauso unzulässig sein sollte wie mit einer Spielschuld (RG, Urt. v. 19.12.1879, Rep. 66/79, RGZ 1, 129 [130]). Auch im weiteren Gesetzgebungsverfahren war erwogen worden, wenigstens bei Ablauf der regelmäßigen Verjährungsfrist die Aufrechnung auszuschließen (Protokolle I, 361).
208   *Windscheid*, a.a.O. (o. Fußn. 206), S. 41. Den Fortbestand einer „Obligation des natürlichen Rechtsgefühls" wollte er freilich nicht ausschließen.
209   Vgl. *Unterholzner*, a.a.O. (o. Fußn. 70), Band 2, S. 314; Protokolle I, 362. Auch *v. Savigny*, a.a.O. (o. Fußn. 73), Band 5, S. 404 in Fußn. (o), erkennt an, daß es auf den Entstehungszeitpunkt der Hauptforderung nicht ankommen kann, wenn man die Aufrechnung mit verjährten Gegenforderungen für zweckwidrig hält. Vgl. auch *Peters/Zimmermann*, a.a.O. (o. Fußn. 2), S. 311, die die Aufrechnung wegen der unbilligen Überraschung des Schuldners auf konnexe Gegenforderungen beschränken wollen.
210   Protokolle I, 363.
211   So zutreffend *Gursky*, in: Staudinger, BGB, Neubearb. 2000, § 390 Rdnr. 32 a.E.
212   Zur Begründung dieses aus dem Kommissionsentwurf übernommenen Vorschlags heißt es, bei der auf zwei Jahre verlängerten Verjährung sei „ein Mängelanzeigeerfordernis sinnentleert" (BT-Drucksache 14/6040, S. 230). Dies ist nicht richtig, da der Verkäufer

(Fortsetzung auf der nächsten Seite)

Recht davon sprechen, daß der Verjährung - entgegen § 194 Abs. 1 RegE - eben doch nicht der Anspruch unterliegt, sondern das Recht, ihn tituliert und mit Hilfe der Zwangsvollstreckung realisieren zu dürfen.[213] Dagegen müßte es dem Gläubiger nach Ablauf der Verjährung möglich sein, Klage zu erheben mit dem Ziel, den Bestand der verjährten Forderung sowie den Eintritt der Verjährung feststellen zu lassen. Das Interesse an dieser Feststellung (§ 256 ZPO) könnte darin liegen, daß noch eine Aufrechnungslage oder ein Zurückbehaltungsrecht besteht. Denn möglicherweise kann der Gläubiger mit dieser Feststellung nicht warten, bis er tatsächlich die Aufrechnung erklären oder die Zurückbehaltung geltend machen kann, weil sich die Beweislage rapide verschlechtert.

VI. Ergebnisse und Ausblick

Insgesamt hinterläßt der Entwurf im Verjährungsrecht einen zwiespältigen Eindruck. Das subjektiv-gestaffelte System ist zweifellos ein adäquates Mittel, die als überlang empfundene dreißigjährige Regelverjährungsfrist angemessen zu verkürzen. Es wäre daher falsch, von einem grundsätzlichen Irrweg zu sprechen. Doch soll dieses System auch dort zum Einsatz kommen, wo es nicht hingehört (vertragliche Primäransprüche; wiederkehrende Leistungen), nicht aber dort, wo die objektive Anknüpfung zu den größten Verwerfungen geführt hat. Da diese - bis auf die Abgrenzung des engen vom weiten Mangelfolgeschaden - im eingangs dargestellten Umfang bestehen bleiben werden, kann auch von einem Ausweg keine Rede sein. Dazu ist der Entwurf zu konservativ und schlägt nur selten (Vereinbarungen über die Verjährung) wirklich neue Pfade ein. Auf ein modernes und schlüssiges *Anspruchs*verjährungsrecht werden wir in Deutschland also noch länger warten müssen als bis zum 1.1.2002.

---

nach dem haftungsbeschränkenden Zweck der Verjährung nach zwei Jahren ohne Mängelanzeige zu Recht darauf vertrauen darf, die Sache sei „in Ordnung".
213 Diese Ausformung läßt Zweifel an der Prozeßökonomie als Verjährungszweck wachsen (vgl. dazu aber *Mansel*, a.a.O. [o. Fußn. 37], S. 343 f.).

Bericht zur Podiumsdiskussion „Das neue Schuldrecht – seine praktische Bewältigung und die Rolle der Wissenschaft"

Jens Kleinschmidt

Teil der Tagung war auch – in mittlerweile guter Tradition der Tagungen der Gesellschaft Junger Zivilrechtswissenschaftler – eine Podiumsdiskussion, die in diesem Jahr unter der Überschrift „Das neue Schuldrecht – seine praktische Bewältigung und die Rolle der Wissenschaft" stand. Nach Begrüßung und Einführung durch *Dr. Daniela Neumann* (Wiss. Ass. am Institut für Wirtschafts-, Arbeits- und Sozialversicherungsrecht, Abt. 2, an der Universität Freiburg) diskutierten unter der Leitung von *Martin Schmidt-Kessel* (Wiss. Ass. am Institut für Wirtschafts-, Arbeits- und Sozialversicherungsrecht, Abt. 2, an der Universität Freiburg) auf dem Podium *RiLG Dr. Jan Maifeld* (Bundesministerium der Justiz, Referat Schuldrecht), *Notar Prof. Dr. Günter Brambring* (Mitglied der Schuldrechtskommission und der Kommission Leistungsstörungsrecht), *RiBGH Dr. Reinhard Gaier* (stellvertretendes Mitglied der Bund-Länder-Arbeitsgruppe Schuldrechtsmodernisierung), *RA beim BGH Dr. Michael Schultz* (Mitglied des Zivilrechtsausschusses des Deutschen Anwaltsvereins) sowie *Prof. Dr. Dr. h.c. Manfred Löwisch* (Institut für Wirtschafts-, Arbeits- und Sozialversicherungsrecht, Abt. 2, an der Universität Freiburg).

1. Im Mittelpunkt der lebhaft und sachlich geführten Diskussion standen drei Fragenkomplexe. Erstens wurde die These in den Raum gestellt, dass der Regierungsentwurf eine größere Zahl an Generalklauseln und unbestimmten Rechtsbegriffen enthalte als das geltende Schuldrecht. Es wurde gefragt, ob diese Zunahme zu Unsicherheiten in der Auslegung und Anwendung des neuen Rechts führen und die Geschäfte des täglichen Lebens erschweren könnte. In der Auseinandersetzung um die Schuldrechtsmodernisierung wiederholt geäußerte Befürchtungen, ein zum 1. Januar 2002 in Kraft tretendes neues Schuldrecht werde die Praxis – Richter, Rechtsanwälte, Notare – vor große Schwierigkeiten stellen, gaben Anlass zum zweiten Fragenkomplex. Erörtert wurde, wie die Praxis mit dem neuen Recht umgehen und ob sie dieses akzeptieren oder in Teilen darüber hinweggehen wird. Zuletzt galt es, die Rolle der Wissenschaft bei der Entstehung des Schuldrechtsmodernisierungsgesetzes zu bewerten.

2. Bezogen auf die erste Frage verteidigte *Maifeld* den Regierungsentwurf gegen die gelegentlich geäußerte Kritik, dieser enthalte zu viele Generalklauseln und unbestimmte Rechtsbegriffe. Diese Kritik sei nicht berechtigt; eine große

Rechtsunsicherheit sei nicht zu befürchten. Im geltenden Recht gebe es für zentrale Bereiche des Entwurfs keine Entsprechung im Gesetz, so etwa für die zukünftig generalklauselartig erfassten Institute des Wegfalls der Geschäftsgrundlage, der positiven Forderungsverletzung und der culpa in contrahendo, ebenso für andere Teile des Leistungsstörungsrechts. Der Regierungsentwurf stelle den Versuch dar, die dazu im Richterrecht herausgebildeten Strukturierungen einzufangen. Insofern bringe der Entwurf, von wenigen Änderungen abgesehen, keine neuen Generalklauseln. Er stehe vielmehr in der Tradition der richterrechtlichen Entwicklung etwa der genannten Rechtsinstitute. Es sei daher zu erwarten, dass Auslegung und Anwendung der neuen Vorschriften vor dem Hintergrund der bisherigen Rechtsprechung erfolgen werden.

3. Dem schloss sich *Brambring* an, der zudem bereits Zweifel an der These hegte, der Regierungsentwurf enthalte zu viele Generalklauseln. Die im Entwurf zu findenden Generalklauseln seien der bisherigen Rechtsentwicklung entnommen, die selbstverständlich noch nicht scharf konturiert in das Gesetz habe übernommen werden können. Die Generalklauseln stellten eine Chance für die Weiterentwicklung der neu in das Gesetz aufgenommenen Rechtsinstitute durch Rechtsprechung und Lehre dar. Es wäre ein Fehler, die gesetzliche Regelung auf eine Theorie zu fixieren und dadurch eine Weiterentwicklung zu verhindern.

4. *Gaier* sah ebenfalls nicht die Gefahr einer Rechtsunsicherheit, da die angesprochenen Generalklauseln und unbestimmten Rechtsbegriffe lediglich bestehendes Richterrecht kodifizierten. Das gelte sowohl für positive Forderungsverletzung, culpa in contrahendo und Wegfall der Geschäftsgrundlage als auch für § 275 Abs. 2 RegE. In dessen Regelung sei unter anderem die bekannte Rechtsprechung zu § 251 BGB eingegangen. Dem Gesetzgeber sei auch nichts anderes übrig geblieben als die Verwendung von Generalklauseln. Eine ausdifferenzierte Regelung wie im AGB-Recht bringe etwa bei der culpa in contrahendo nichts.

5. Eine differenzierende Einschätzung vertrat *Schultz*, der darauf hinwies, dass das Schuldrechtsmodernisierungsgesetz zwar im Kern ein deutsches Gesetz sei. Es könne aber dennoch ein deutscher und ein europäischer, auf Richtlinienrecht beruhender Teil ausgemacht werden. Im deutschen Teil, der etwa eine Kodifikation von positiver Forderungsverletzung, culpa in contrahendo und Wegfall der Geschäftsgrundlage bringe, sei keine Rechtsunsicherheit zu befürchten. Bedenklich nannte *Schultz* aber die Tatsache, dass das Gesetz insgesamt in großem Ausmaß Spielraum für Interessenabwägungen biete. Er erwog, ob es nicht sinnvoll gewesen wäre, von einer Aufnahme von zusätzlichen Generalklauseln in das Gesetz ganz abzusehen. Schließlich werde es auch gemeinhin als „unfein" betrachtet, auf eine Generalklausel wie § 242 BGB zurückzugreifen.

6. *Löwisch* meldete Zweifel an der Einschätzung an, der Regierungsentwurf bedeute nur eine Fortentwicklung des gesicherten Bestandes an Richterrecht. Als Beispiel nannte er das problematische Verhältnis zwischen § 275 Abs. 2 RegE

und § 313 RegE. Sei die Unzumutbarkeit der Leistung für den Schuldner im Diskussionsentwurf noch eine Frage der Geschäftsgrundlage gewesen, komme sie nach dem Regierungsentwurf im Rahmen der Unmöglichkeitsprüfung zum Tragen. Die Begründung zu § 313 RegE gehe zudem von einer Gleichrangigkeit beider Rechtsbehelfe aus; vorrangig sei sogar die Anpassung des Vertrages zu suchen. Diese Konzeption begründe die Gefahr, dass in Zukunft Richter in verstärktem Maße versuchen würden, richterliche Vertragshilfe zu leisten. Es sei eine zweifelhafte Entwicklung, wenn Richter sich als „Sozialingenieure" betätigten. Auf dieses Beispiel erwiderte *Schultz*, dass die Abgrenzung von Unmöglichkeit und Wegfall der Geschäftsgrundlage schon nach derzeitigem Recht Probleme bereite. Dies gelte etwa für die so genannten „Beschaffungsfälle". In diesem Punkt kämen also keine neuen Probleme hinzu.

7. Skepsis gegenüber der insbesondere von *Maifeld*, *Brambring* und *Gaier* vertretenen Auffassung, der Regierungsentwurf berge nicht die Gefahr der Rechtsunsicherheit, da er lediglich Richterrecht kodifiziere, brachte auch *Calliess* (Hannover) zum Ausdruck. Er betrachtete es als Irrglauben, dass eine Kodifikation von Richterrecht möglich sei, ohne dass die neuen Normen ein Eigenleben entwickelten. Rechtsunsicherheit drohe auch durch die Inkorporierung von Nebengesetzen. Die sich aus dem Entwurf ergebenden Änderungen seien nicht überschaubar, schon gar nicht in der Kürze der zur Verfügung stehenden Zeit. Sowohl *Maifeld* als auch *Schultz* gestanden zu, dass es selbstverständlich bei neuen Regeln auch neue Probleme geben könne. *Maifeld* erwähnte dazu die Regelung des Nacherfüllungsanspruchs im Kaufrecht sowie das Verhältnis der Rechtsbehelfe des Käufers untereinander. Er sehe jedoch keine Gefahr, allein durch die Kodifikation des Richterrechts die Rechtsentwicklung zu beeinflussen. Ebenso wenig bestehe eine solche Gefahr bei der Integration der Nebengesetze. *Löwisch* hingegen bekräftigte seine zuvor geäußerte Ansicht, dass gerade die Regelung der §§ 275, 313 RegE, die ausweislich der Begründung nur Richterrecht in das Gesetz übernehmen, einen Weg für Anpassung und Vertragshilfe eröffneten. Darin komme aber eine andere Grundvorstellung von den Aufgaben von Recht und Justiz zum Ausdruck. Einige Wissenschaftler könnten die nunmehr kodifizierten Regeln zum Anlass nehmen, das Recht in eine andere Richtung fortzuentwickeln. Dieser Prognose widersprach *Gaier*. Die Wissenschaft werde nicht aufgrund der Kodifikation von Richterrecht eine andere Vorstellung von Recht und Justiz entwickeln.

8. Einen weiteren Aspekt der Kodifikation von Richterrecht thematisierte *Faber* (Salzburg) aus österreichischer Sicht. Zumindest im österreichischen ABGB stamme ein Teil der neu hinzu gekommenen unbestimmten Rechtsbegriffe nicht aus der Rechtsprechung, sondern aus der Richtlinie zum Verbrauchsgüterkauf. Aus diesem Grunde drohten Unsicherheiten bei der Auslegung. Daran knüpfe sich das Problem, welche Judikatur die Unsicherheiten beseitigen solle, wobei entweder die nationalen Gerichte oder der Europäische Gerichtshof (EuGH) in Frage kämen. Es sei die Frage, ob es schon im Gesetzgebungsverfahren einkal-

kuliert worden sei, die Auslegung dem EuGH zu überlassen, sowie ob mit häufigen Vorlagen zu rechnen sei. *Maifeld* erwiderte darauf aus Sicht des Gesetzgebers, dass er nicht sehe, wie die Frage der Vorlage bereits im Gesetzgebungsverfahren hätte Berücksichtigung finden sollen. Der von *Faber* und zuvor bereits von *Schultz* gebrachte Hinweis auf den europarechtlichen Ursprung vieler Bestimmungen im Regierungsentwurf deute jedoch ein anderes praktisches Problem an. Derzeit würden Überlegungen angestellt, wie die europarechtliche Herkunft einer Norm im Gesetz kenntlich gemacht werden könne, wobei man beispielsweise an einen Hinweis in der Sammlung der Gesetzestexte denken könne. *Schultz* erwartete eine Zunahme von Fällen, in denen deutsche Gerichte eine Frage dem EuGH werden vorlegen müssen. Er bemerkte aber zugleich, dass es zu dieser Zunahme europarechtlicher Bezüge auch bei Verwirklichung der so genannten „kleinen Lösung" gekommen wäre.

9. *Piekenbrock* (Karlsruhe/Freiburg) ergänzte die Reihe der genannten Generalklauseln um den § 199 Abs. 1 Nr. 2 RegE, der den Beginn der regelmäßigen Verjährungsfrist an den Zeitpunkt knüpft, in dem der Gläubiger von den den Anspruch begründenden Umständen und der Person des Schuldners Kenntnis erlangt oder ohne grobe Fahrlässigkeit erlangen müsste. Die grob fahrlässige Unkenntnis sei nach § 852 Abs. 1 BGB im geltenden Recht der Kenntnis des Gläubigers nicht gleichzustellen gewesen. Es sei von den Verfechtern dieser Gleichstellung bereits einkalkuliert worden, dass der Maßstab der groben Fahrlässigkeit je nach Anspruch zu bestimmen ist, so dass es aufgrund dieses unbestimmten Rechtsbegriffs also wiederum zu Differenzierungen im Verjährungsrecht kommen werde. Dem pflichtete *Gaier* bei. Die genannte Vorschrift sei paradigmatisch für mögliche Verwerfungen, die momentan niemand überschauen könne und die der Preis seien für das hektische und unangemessene Gesetzgebungsverfahren. Bis zu einer Auslegung der Norm durch den Bundesgerichtshof würden Jahre vergehen.

10. Die zweite Frage, die sich auf den Umgang der Praxis mit dem neuen Recht bezog, beantwortete *Maifeld* durchweg positiv. Er habe keine Zweifel, dass die Rechtsprechung mit dem Gesetz werde umgehen können. Es gebe keine Bereiche, die darauf angelegt seien, dass die Rechtsprechung nach Auswegen suchen werde. Seine Auffassung begründete er wiederum damit, dass das Gesetz nichts grundlegend Neues enthalte, sondern von der Rechtsprechungspraxis bereits eingeschlagene Wege weiter gehe.

11. *Brambring* hielt demgegenüber einen Lernprozess für notwendig, da das Gesetz völlig neue Grundstrukturen enthalte. Die Einarbeitung sei jedoch verhältnismäßig einfach; die vielfach aus der Wissenschaft zu hörende Meinung, die Praxis sei mit dem neuen Recht überfordert, müsse sich erst noch erweisen. Für diesen Lernprozess bestehe ein gewisser Zeitdruck, da Rechtsanwälte und Notare das neue Recht spätestens am 2. Januar 2002, eventuell sogar schon vor dessen Inkrafttreten anwenden müssen, so etwa bei der Beratung über Allgemeine Geschäftsbedingungen. Die Akzeptanz des neuen Rechts hänge

deshalb auch von der Stellungnahme der diesen Lernprozess betreuenden Fortbildungsdozenten zum neuen Recht ab.

12. Keine Zweifel daran, dass die Praxis dem neuen Recht folgen wird, hatte *Gaier*. Das beruhe auch darauf, dass die Praxis in souveränem Umgang mit dem neuen Recht in vielen Vorschriften nicht mehr sehen werde als bloße „Paragrafenzitate", die die alten Rechtsinstitute „in neuen Schläuchen" fortbestehen ließen.

13. *Schultz* griff zur Beantwortung der zweiten Frage seine Differenzierung zwischen einem deutschen und einem europäischen Teil des Gesetzes wieder auf. Hinsichtlich des deutschen Teils bestehe kein Grund zur Sorge, da die Praxis hier über bewährte Mittel der Gesetzesanwendung verfüge. Im Hinblick auf den europäischen Teil sei jedoch neues europarechtliches Denken gefordert.

14. Nach Einschätzung von *Löwisch* werde der Praxis die Akzeptanz des Gesetzes nicht leichtgemacht. Der Entwurf sei durch das Verfahren durchgepeitscht worden, während etwa bei der Insolvenzordnung viel größere Zeitabstände zwischen den einzelnen Phasen des Gesetzgebungsverfahrens bestanden hätten. *Löwisch* wies ferner darauf hin, dass die Praxis die Möglichkeit haben werde, die Geltung des bisherigen Leistungsstörungsrechts zu vereinbaren. Die Vorschriften des Leistungsstörungsrechts seien weitestgehend abdingbar, Konflikte mit dem AGB-Recht müssten nicht befürchtet werden, da ja das neue Recht in seiner Begründung für sich in Anspruch nehme, das bisherige Recht ohne Wertungsbrüche fortentwickeln zu wollen. Gegen die Vereinbarung des alten Rechts wandten sich *Brambring, Gaier* und *Schultz*. *Brambring* erwartete eher ein Aufatmen der Rechtsanwender, wenn die Vorschrift des § 326 BGB, dem praktisch häufigsten Fall einer Leistungsstörung, nicht mehr existiere. Es werde daher keinen Rückgriff auf das alte Recht geben. Er könne sich allenfalls vorstellen, dass die Parteien in bestimmten Vertragsgestaltungen den so genannten „großen" Schadensersatz beim Kauf abwählten. *Gaier* ergänzte, dass er keinen Grund sehe, die Geltung der bisherigen Vorschriften zu vereinbaren, wenn sich nach *Löwischs* Zitat aus der Gesetzesbegründung inhaltlich nichts ändere. Eine weitere Befassung mit dem Gedanken einer Wahl alten Rechts ganz beenden wollte *Schultz*, da gerade diese Rechtswahl das zu vermeidende Chaos bringen würde.

15. Der dritte in der Diskussion zu erörternde Fragenkomplex bezog sich auf eine Bewertung der Rolle der Wissenschaft bei der Entstehung des Gesetzes. Dazu befragt bemängelte *Maifeld* die anfänglich nicht sehr hohe Zahl von Äußerungen aus der Wissenschaft zu dem seit Ende der 70er Jahre laufenden Projekt einer Schuldrechtsreform. Äußerungen seien eher aus den Reihen der Praxis gekommen, so etwa auf dem Juristentag im Jahre 1994 in Münster. Auch ein Anfang des Jahres 1999 ergangenes Rundschreiben des Bundesministeriums der Justiz an die zuständigen Landesministerien und die interessierten Verbände habe keine Reaktion aus den Reihen der Wissenschaft nach sich gezogen. Erst

seit Vorlage des Diskussionsentwurfs und insbesondere seit dem Regensburger Symposium im November 2000 gebe es eine breite Diskussion in der Wissenschaft, was sich in der Beteiligung der Wissenschaft an den vom Ministerium eingesetzten Arbeitsgruppen sowie an den verschiedenen seitdem zur Schuldrechtsmodernisierung abgehaltenen Tagungen zeige. Trotz der begrenzten Zeit habe die Wissenschaft eine bedeutende Rolle in der intensiven, wenn auch spät in Gang gekommenen Diskussion eingenommen.

16. Als intensiv bezeichnete auch *Brambring* den Kontakt zwischen Gesetzgeber und Wissenschaft. Insbesondere verwehrte er sich gegen eine Aufteilung von Gesetzgeber und Praxis auf der einen und der Wissenschaft auf der anderen Seite in zwei feindliche Lager. Wünschenswert sei eine stärkere Beteiligung der Praxis an der Diskussion.

17. Die Beteiligung der Wissenschaft müsse nach *Gaier* in drei Phasen unterschiedlicher Qualität unterteilt werden. In einer ersten Phase, die mit dem Abschlussbericht der Schuldrechtskommission begonnen habe, habe jeder die Richtlinien aus Brüssel abgewartet und niemand mehr an die Reform gedacht. Für die Diskussion in der zweiten Phase, die durch den Diskussionsentwurf und das Regensburger Symposium angestoßen worden sei, gebühre der Wissenschaft größtes Lob. Auf diese Weise habe man grobe Schnitzer im Verjährungs- und Leistungsstörungsrecht vermieden. Die gegenwärtig in einer dritten Phase befindliche Diskussion sei jedoch eher negativ zu beurteilen, da die Diskussion oftmals zu einer Profilierung durch Formulierungen und wenig zu Beiträgen in der Substanz genutzt werde. Dabei wünsche sich die Praxis gerade jetzt weniger Fundamentalkritik, sondern erläuternde Hinweise aus der Wissenschaft zum neuen Recht. Dieser Bitte um Erläuterung schloss sich *Brambring* an.

18. Zu lange geschwiegen hat die Wissenschaft auch nach der Bewertung von *Schultz*. Teile von ihr nähmen erst jetzt an der Diskussion teil. Im Ergebnis habe die Wissenschaft zwar einen großen Einfluss ausgeübt; eigentlicher Initiator der Reform sei jedoch Europa durch die Richtlinie zum Verbrauchsgüterkauf gewesen.

19. In diesem Zusammenhang kam auch der viel diskutierte Zeitplan der Reform zur Sprache. Die Skepsis von *Löwisch*, ob das Gesetz überhaupt kommen werde, wurde von *Maifeld* und *Gaier*, der auf die Reformbedürftigkeit des BGB etwa im Bereich der Leistungsstörungen und des Rücktritts hinwies, jedoch ausdrücklich nicht geteilt. Den Zeitplan der Reform hielt *Maifeld* für beeinflusst von der Richtlinie zum Verbrauchsgüterkauf. Es wäre zwar wünschenswert gewesen, mehr Zeit für die Ausarbeitung des Gesetzes gehabt zu haben. Man müsse sich aber darüber im Klaren sein, dass bereits umfangreiche Vorarbeiten stattgefunden hatten. Alles, was jetzt, beispielsweise im Rahmen einer „kleinen Lösung", aus der Modernisierung ausgeklammert werde, werde auch später nicht mehr kommen. Auf Nachfrage von *Piekenbrock*, warum nicht auch die Verjährungsvorschriften außerhalb des BGB – wie im Gutachten von *Peters*

und *Zimmermann* vorgeschlagen – in die Reform einbezogen würden, erklärte *Maifeld*, dass an eine derartige Fortsetzung der Reform zwar gedacht werde. Diese Fortsetzung erfordere aber wegen ihrer politischen Bedeutung ausführliche Beratung. Sie sei erst möglich, wenn das allgemeine Verjährungsrecht des BGB feststehe, und könne daher in diesem Verfahren nicht mehr geleistet werden. Den wiederholten Hinweis auf den von der Richtlinie vorgegebenen Zeitdruck betrachtete *Löwisch* als nicht überzeugend; es handele sich vielmehr um einen Vorwand. In Österreich sei es beispielsweise gelungen, die Richtlinie in nur 15 Paragrafen umzusetzen.

20. Aufgrund des engen Zeitplans seien nach Ansicht von *Löwisch* die wirtschaftlichen Konsequenzen des Gesetzes noch nicht in ausreichendem Maße bedacht worden. Das werde besonders deutlich in der Gesetzesbegründung, die im Diskussionsentwurf noch keine Kosten und im Regierungsentwurf allein sonstige Kosten aufgrund der Änderung der Gewährleistung im Kauf- und Werkrecht prognostiziert habe. Im Wirklichkeit entstünden durch die Reform ganz erhebliche Transaktionskosten, beispielsweise durch die Notwendigkeit neuer, an die Reform angepasster Allgemeiner Geschäftsbedingungen und durch die Feststellung eines möglicherweise geänderten Verbraucherverhaltens. Zur Minimierung der zu befürchtenden Kosten sei zumindest eine Übergangsvorschrift erforderlich. Dem trat *Maifeld* entgegen mit dem Argument, dass die genannten Transaktionskosten ganz überwiegend aus den Folgen der Richtlinienumsetzung bzw. der Neugestaltung des Kaufrechts resultieren. Die Kosten würden also in jedem Fall entstehen, auch bei der so genannten „kleinen Lösung", die nur die Richtlinie umsetze. Eine fristgemäße Umsetzung der Richtlinie sei aber unbedingt erforderlich, um Schadensersatzansprüche zu vermeiden.

21. Indem man die Richtlinie zum Anlass der Reform genommen habe, sei nach Einschätzung von *Gsell* (Bonn) die Qualität der Umsetzung in den Hintergrund getreten. Dass die Umsetzung keine zufriedenstellende Qualität aufweise, zeige sich etwa am Beispiel der unglücklichen Regelung zur Regresskette. *Brambring* empfand die Lösung zur Regresskette dagegen so, dass man damit zurecht kommen könne. Die von *Gsell* andernorts geforderte Lösung, dem Händler den Rückgriff für den an den Käufer gezahlten Betrag in voller Höhe zu gewähren, laufe inhaltlich auf ein anderes Recht hinaus, da dann ein verschuldensunabhängiger Anspruch auf entgangenen Gewinn gegeben werde.

22. Die Rolle Europas bei der Schuldrechtsmodernisierung thematisierte auch *Schulze* (Heidelberg), der eine Schwächung der Autorität des Gesetzes durch europäische Einflüsse prognostizierte. Der deutsche Gesetzgeber erscheine als „Diener Europas". Es sei die Frage, wie sich das Gesetzesverständnis angesichts der Zunahme der Einflüsse Europas sowie anderer Rechtsvereinheitlichungsprojekte wie etwa UN-Kaufrecht, Lando-Prinzipien und UNIDROIT-Prinzipien entwickeln werde. Angesichts der in den Generalklauseln zu erblickenden „Merkzettelgesetzgebung" müsse man außerdem überlegen, ob das nicht in die Richtung eines *case law*-Systems gehe und damit eine Änderung der Methodik

bewirke. Zum letzten Punkt erwiderte *Brambring*, dass die Reform ja gerade ein Mehr an Kodifikation statt an *case law* bringe. Durch die Reform bekomme der Richter mehr Anhaltspunkte an die Hand. Zudem werde der Vertragswille gestärkt. Erst das neue Schuldrecht sei in bezug auf ein im Entstehen begriffenes europäisches Vertragsgesetzbuch diskussionsfähig. Einen möglichen Autoritätsverlust des Gesetzgebers durch Kodifikation von Richterrecht vermochte *Maifeld* nicht zu erblicken. Einbußen an Selbständigkeit bezeichnete er als Konsequenz der Entwicklung zu mehr europäischem Sekundärrecht. *Löwisch* forderte gegenüber den europäischen Einflüssen eine Rückbesinnung auf die klassischen Methoden der Gesetzesauslegung, die in jüngerer Zeit vernachlässigt worden seien.

23. Als Fazit ließ sich aus der Diskussion, wie *Schmidt-Kessel* in seinem Schlusswort betonte, die Erkenntnis ziehen, dass die Zeit zur endgültigen Ausarbeitung und Durchdringung des neuen Rechts drängt und bis zu dessen Inkrafttreten viel sachliche Beschäftigung mit seinen Regeln erforderlich sein wird. Die Podiumsdiskussion konnte Vorbild für diese sachliche Auseinandersetzung sein. Überraschend einhellig sahen die an der Diskussion beteiligten Praktiker die oft beschworene Gefahr von Rechtsunsicherheit durch das neue Schuldrecht als gering an. Auch sie schlossen jedoch nicht aus, dass zu Beginn vereinzelte Schwierigkeiten auftreten könnten. Als ein wichtiges Ergebnis der Veranstaltung kann daher der von den Diskutanten geäußerte Wunsch gelten, dass die erst mit dem Regensburger Symposium in Schwung gekommene breite Diskussion in der Wissenschaft den intensiven, fruchtbaren Dialog mit dem Gesetzgeber fortführe und die Einarbeitung in das neue Recht von Anfang an kritisch begleite und erleichtere.

Autoren und Herausgeber

Markus Artz, Dr., Universität Trier, Professur für Bürgerliches Recht, Handelsrecht, Deutsches und Europäisches Wirtschaftsrecht mit Steuerrecht (Prof. Dr. Peter Bülow), z.Zt. BM Wirtschaft und Technologie Abt. I B1, 11019 Berlin

Eleanor Cashin-Ritaine, Dr., Maître de Conférences, Université de Metz, Faculté de Droit, Ile du Saulcy, 57045 Metz Cedex 1

Georg Caspers, Dr., Wiss.Ass., Universität Freiburg, Institut für Wirtschaftsrecht, Arbeits- und Sozialversicherungsrecht, Abteilung II (Prof. Dr. Dr. h.c. Manfred Löwisch), 79085 Freiburg

Urs Peter Gruber, Dr., Universität Mainz, FB 03, Lehrstuhl Prof. Dr. Peter Huber, Welderweg 9, 55099 Mainz

Beate Gsell, Dr., Wiss.Ass., Universität Bonn, Institut für Römisches Recht (Prof. Dr. Wolfgang Ernst), Adenauerallee 24-42, 53113 Bonn

Jan Dirk Harke, Dr., Kronenstr. 16, 10117 Berlin

Tobias Helms, Dr., Wiss.Ass., Universität Freiburg, Institut für Ausländisches und Internationales Privatrecht, Abteilung II (Prof. Dr. Rainer Frank), 79085 Freiburg

Christoph Jeloschek, Universiteit Utrecht, Molengraaff Instituut voor Privaatrecht, Nobelstraat 2a, NL - 3512 EN Utrecht

Brigitta Jud, Dr., Univ.-Ass., Universität Wien, Institut für Zivilrecht (o. Univ.-Prof. Dr. Rudolf Welser), Schottenbastei 10-16, A - 1010 Wien

Jens Kleinschmidt, LL.M., Universität Regensburg, Lehrstuhl für Bürgerliches Recht, Römisches Recht und Historische Rechtsvergleichung (Prof. Dr. Reinhard Zimmermann), Universitätsstr. 31, 93053 Regensburg

Roland Lohnert, Tilburg University, Dpt. f. Private Law, Postbus 90153, NL - 5000 LE Tilburg

Daniela Neumann, Dr., Wiss.Ass., Universität Freiburg, Institut für Wirtschaftsrecht, Arbeits- und Sozialversicherungsrecht, Abteilung II (Prof. Dr. Dr. h.c. Manfred Löwisch), 79085 Freiburg

Annette Nordhausen, LL.M. Eur., Universität Bremen, FB Rechtswissenschaft, Universitätsallee, 28359 Bremen

Gundula Maria Peer, Mag., Univ.-Ass., Universität Salzburg, Institut für Österreichisches und Europäisches Privatrecht, Churfürststrasse 1, A - 5020 Salzburg

Andreas Piekenbrock, Dr., Rechtsanwalt, Rechtsanwälte Siegmann & Piekenbrock, Baischstr. 5, 76133 Karlsruhe

Christoph J.M. Safferling, Dr., LL.M., Wiss.Ass., Universität Hannover, Lehrstuhl für Zivil- u. Zivilprozessrecht (Prof. Dr. Christian Wolf), Königsworther Platz 1, 30167 Hannover

Rita Sailer, Dr., Wiss.Ass., Universität Freiburg, Institut für Rechtsgeschichte und Geschichtliche Rechtsvergleichung, Germanistische Abteilung (Prof. Dr. Karin Nehlsen-von Stryk), 79085 Freiburg

Peter Schlechtriem, Dr., Dr. h.c., M.C.L., em. Prof., Universität Freiburg, Institut für ausländisches und internationales Privatrecht, Abteilung I, 79085 Freiburg

Martin Schmidt-Kessel, Wiss.Ass., Universität Freiburg, Institut für Wirtschaftsrecht, Arbeits- und Sozialversicherungsrecht, Abteilung II (Prof. Dr. Dr. h.c. Manfred Löwisch), 79085 Freiburg

Götz Schulze, Dr., Universität Heidelberg, Institut für ausländisches und internationales Privat- und Wirtschaftsrecht (Prof. Dr. Dr. h.c. mult. Erik Jayme), Augustinergasse 9, 69117 Heidelberg

ZUM NEUEN SCHULDRECHT.

Das Schuldrecht 2002

Systematische Darstellung der Schuldrechtsreform

hrsg. von Prof. Dr. Harm Peter Westermann, Universität Tübingen, bearbeitet von Prof. Dr. Petra Buck, Universität Hannover, Prof. Dr. Dagmar Kaiser, Universität Mainz, Dr. Jan Maifeld, Bundesministerium der Justiz, Berlin, Prof. Dr. Thomas Pfeiffer, Universität Bielefeld, Prof. Dr. Ingo Saenger, Universität Münster, und Rechtsanwalt am BGH Dr. Michael Schultz, Karlsruhe

2002, ca. 210 Seiten, ca. DM 54,–
ISBN 3-415-02923-9

Kursbuch zum Schuldrecht 2002

Arbeitshilfen mit Text- und Nummernsynopsen

von Dr. iur. Alexander Konzelmann

2002, ca. 90 Seiten, DM 20,–
ISBN 3-415-02922-0

BGB on click

Gesamttext vor und nach der Schuldrechtsreform

Link-Synopse – Nummerierungsvergleich – Änderungsnavigator – Gesetzesbegründung

von Dr. iur. Alexander Konzelmann

2001, CD-ROM in Jewelbox, ca. DM 20,–
ISBN 3-415-02921-2

1001 F

Zu beziehen bei Ihrer Buchhandlung oder beim
RICHARD BOORBERG VERLAG
70551 Stuttgart bzw. Postfach 80 03 40, 81603 München
Internet: www.boorberg.de   E-Mail: bestellung@boorberg.de

WEITERE TITEL AUS DERSELBEN REIHE.

KREBS/NICOLAI/BALDUS/BECKER/BERGER/
DAUNER-LIEB/KLEIN-BLENKERS
Jahrbuch Junger Zivilrechtswissenschaftler 1994
Summum ius, summa iniuria
Zivilrecht zwischen Rechtssicherheit und Einzelfallgerechtigkeit
Kölner Tagung 14.–17. September 1994
1995, 280 Seiten, DM 65,– (Mengenpreise)
ISBN 3-415-02049-5

ARMBRÜSTER/FRANZEN/GEORGI/HAERTLEIN/
HEERMANN/SIEKER/WOLFRAMM
Jahrbuch Junger Zivilrechtswissenschaftler 1995
Privatautonomie und Ungleichgewichtslagen
Berliner Tagung 13.–16. September 1995
1996, 280 Seiten, DM 65,– (Mengenpreis)
ISBN 3-415-02147-5

WILLINGMANN/GLÖCKNER/DEINERT/
DIEDRICH/FINCKENSTEIN/WOLF
Jahrbuch Junger Zivilrechtswissenschaftler 1996
Das deutsche Zivilrecht 100 Jahre nach Verkündung des BGB
Erreichtes, Verfehltes, Übersehenes
Rostocker Tagung 11.–14. September 1996
1997, 270 Seiten, DM 68,–
ISBN 3-415-02328-1

WEBER/STEINBECK/HENNRICHS/INGELFINER/
JACOBS/MÜLLER/RAAB/TREBER
Jahrbuch Junger Zivilrechtswissenschaftler 1997
Europäisierung des Privatrechts
Zwischenbilanz und Perspektiven
Mainzer Tagung 10.–13. September 1997
1998, 308 Seiten, DM 68,–; ISBN 3-415-02443-1

IMMENHAUSER/WICHTERMANN
Jahrbuch Junger Zivilrechtswissenschaftler 1998
Vernetzte Welt – globales Recht
Berner Tagung 9.–12. September 1998
1999, 288 Seiten, DM 68,–; ISBN 3-415-02559-4

ACKERMANN/ARNOLD/ECKARDT/GIESEN/
KLOSE/KRÄMER/LAKKIS/MÜLLER-EHLEN/
RICKEN/SCHNORR/SCHULTES
Jahrbuch Junger Zivilrechtswissenschaftler 1999
Tradition und Fortschritt im Recht
Bonner Tagung 8.–11. September 1999
2000, 238 Seiten, DM 64,–; ISBN 3-415-02727-9

JUD/BACHNER/BOLLENBERGER/HALBWACHS/
KALSS/MEISSEL/OFNER/RABL
Jahrbuch Junger Zivilrechtswissenschaftler 2000
Prinzipien des Privatrechts und Rechtsvereinheitlichung
Wiener Tagung 13.–16. September 2000
2001, 282 Seiten, DM 68,–; ISBN 3-415-02910-7

F1001

Zu beziehen bei Ihrer Buchhandlung oder beim
RICHARD BOORBERG VERLAG
70551 Stuttgart bzw. Postfach 800340, 81603 München
Internet: www.boorberg.de
E-Mail: bestellung@boorberg.de